JN255875

法律学講座双書

民法総則

第九版

四宮和夫　著
能見善久

弘文堂

第9版 はしがき

　今回の改訂は、平成29年に成立した「民法の一部を改正する法律」（法律44号）（いわゆる「債権法改正」）を反映させるためのものである。同法の施行は、**2020年4月1日**であり、まだ、先であるが、民法がどのように改正されるのか、現行民法との関係はどうなのかを明らかにすることは、現行民法を学ぶ上でも重要である。そこで、本版では、現行民法の説明をベースにしながらも、どこがどのように変わるのかを、できるだけわかりやすく解説することにした。そのための方法として、改正される民法についての記述については、[改正民法] という表示をして、かつ、必要に応じて本文とは別の字体で説明を加えるなどにより、明瞭、かつ、わかりやすい記述となるように努めた。特にわかりにくい時効のところでは、新旧対照表、図表も用いて、現行民法と改正民法の関係が把握できるように配慮をした。反面、現行民法と改正民法の両方について記述したので、分量が増えてしまった。また、説明がくどくなってしまったところもある。完全に新法に移行するまでの過渡的な措置としてご容赦いただきたい。しかし、現行民法から改正民法への移行の過渡期の教科書は、それ自体としては重要な意味を持つであろう。改正民法が施行された後は落とされてしまうであろう現行民法についての記述が残っていることによって、改正の背景などが理解しやすくなると思うからである。

　もう1つ、今回の改訂では、「民法の基本原理」や「法規範の意味」などについて、詳しく記述する方針をとった。また、このようなスタンスとも関係するが、本書の各所（たとえば、意思表示や代理の箇所）で、「グロティウス」とか「サビニー」など、外国の法学者に言及しながら説明した。条文の解釈や事例の解決方法の説明が重視される傾向のある最近の教科書において、こうした民法の基礎であったり、民法の淵源とでもいうべき問題がだんだんと居場所を失う傾向にあるのは寂しいことである。本書は、こうした問題についても、力を入れた。

　今回の改訂の原動力になったのは、民法改正のほかに、学習院大学にお

ける民法や比較法の授業の中で学生諸君と議論・対話したことも大きい。
そして、この時期の刊行が可能となったのは、弘文堂の北川陽子さんが、
休み返上で編集作業をしてくださったおかげである。関係者全員に感謝し
たい。

2018年3月

能　見　善　久

はしがき〔初版序〕

　どんな法律にも、いろいろな意味ですきまがある（初版 8 頁参照）。制定された
ときすでにそうだが、時がたって社会が変化すれば、法律と法律が前提した
生活関係とのあいだにずれができて、法律のある部分は役に立たなくなるので、
それだけすきまはふえることになる。民法は制定されてからもう 4 分の 3 世紀
を経ているので、あとからできたすきまも少なくない。もともとあるすきま、
あとからできたすきま、それらを埋めるのは、社会的意思、具体的には慣習と
か条理とかである。学説も自分自身を条理だと主張してこのすきまの補充をめ
ざすものである。だから、本書も、当然のことながら、そのような役目を少し
でも果たそうという立場で書かれている。
　条理によるすきま補充は、相対立する種々の利益の比較衡量によって新しい
規範を創り出すことになるわけだが、純粋の利益衡量は法的安定性を害しかね
ない。法的安定を害しないためには、現行法体系も顧慮しなければならないし、
裁判例（判例）も重視しなければならない。そして、さらに、利益衡量の結果え
られた結論を、できれば、単純な命題に置き換えること（法律構成）も、必要に
なってくる（その法律構成が妥当性を保持しつづけているかをたえず反省することの
必要なことは、いうまでもない）。本書がこれらのことを十分になしとげていると
自負するものではないが、少なくともそのような姿勢で努力したつもりである。
不十分な点は、読者諸氏の率直なご批判・ご叱正によって漸次改善していきた
いとおもう。
　本書の利用上の注意を 2、3。
　(1)　民法をはじめて学ぶ人たちは、第 1 編総論の部分はあとまわしにす
るか、必要に応じて参照するにとどめること、注は、簡単な言葉の説明や
事例（判例を含む）をあげたものだけを読むことを、おすすめする（本書が
講義用テキストとして用いられる場合も、通常は、そのような配慮が必要であろ
う）。民法を或る程度学んだ人たちは、その他の注 —— すなわち、ややむず
かしい問題を扱ったもの、制度の本質を論じるもの、他の制度や規定との
異同ないし関係に関するものなど——も、ぜひ読んでいただきたい（この部
分は演習の材料として利用することもできよう）。
　(2)　本書に採録した判例のうち我妻栄編『改訂民法基本判例集』に出て
いるものには、同書の判例番号をつけておいた。同書によって事実と判文
とをたしかめながら、読んでいただきたい。

iv　　はしがき〔初版序〕

　（3）　引用文献は最小限度必要なものに限った。本書の記述をあきたらな
くおもう人は、せめてこれらの文献には目を通していただきたい。

　本書の内容は、恩師我妻先生の『民法講義』はもちろんのこと、内外の無数
の文献に直接・間接負うており、完成を前にしてまず、これら先学・同学の人
たちの学恩に感謝したい。また、丹念な校正・周到な索引作りをしてくれた武
藤達・瀬川信久両君（ともに東京大学大学院学生）の助力に対し、心からお礼を
申し上げたい。

　昭和47年2月

四　宮　和　夫

　＊この点は──同書と本書との改訂時期が一致するとは限らないところから──
　第3版以降取りやめることにした。

凡　例　v

〔凡　例〕

1　判例の引用は、次の例による。

大判 = 大審院判決　　大決 = 大審院決定

大(連)判 = 大審院連合部判決　　大(連)決 = 大審院連合部決定

最判 = 最高裁判決　　最決 = 最高裁決定

最(大)判 = 最高裁大法廷判決　　最(大)決 = 最高裁大法廷決定

東京控判 = 東京控訴院判決

東京高判 = 東京高裁判決

東京地判 = 東京地裁判決

民録 = 大審院民事判決録

民集 = 大審院民事判例集、最高裁判所民事判例集

高民 = 高等裁判所民事判例集

下民 = 下級裁判所民事裁判例集

判時 = 判例時報

判タ = 判例タイムズ

新聞 = 法律新聞

法協 = 法学協会雑誌

民商 = 民商法雑誌

百選7版Ⅰ・Ⅱ = 民法判例百選Ⅰ・Ⅱ(第7版)　(判例百選第5版から第7版で取り上げられている判例は、学習の便宜を考えて太字で引用した)

2　文献の引用中、「　」は論文を、『　』は著書を示す。

3　法令の略号は、慣例による。

4　法律用語の読み方については、法律学小辞典(有斐閣)による。

5　＊印を付した事項は、重要ではあるが多少細かい問題、議論が対立しており整理が必要な問題、発展途上の議論、時事的な問題などを扱っている。

〔**教科書一覧**〕　本文中に引用した参考文献のほか、参照した民法総則の教科書類の一覧を掲げておく。本文中に、著者名のみで引用した場合には、原則として、以下の文献を意味する。

〔体系書〕

幾代　通『民法総則(第2版)』(青林書院、1984年)

石田　穣『民法総則』（悠々社、1992年）

内田　貴『民法Ⅰ（総則・物権総論）（第4版）』（東京大学出版会、2008年）

梅謙次郎『訂正増補・民法要義巻之一』（有斐閣・復刻版、2001年）

近江幸治『民法講義Ⅰ（第6版補訂）』（成文堂、2012年）

大村敦志『基本民法Ⅰ総則・物権総論（第3版）』（有斐閣、2007年）

大村敦志『新基本民法1総則編』（有斐閣、2017年）

大村敦志『民法読解　総則編』（有斐閣、2009年）

川井　健『民法概論1（第4版）』（有斐閣、2008年）

河上正二『民法総則講義』（日本評論社、2007年）

川島武宜『民法総則』（法律学全集）（有斐閣、1965年）

北川善太郎『民法総則（第2版）』（有斐閣、2001年）

佐久間毅『民法の基礎1総則（第3版）』（有斐閣、2008年）

鈴木禄弥『民法総則講義（二訂版）』（創文社、2003年）

須永　醇『新訂民法総則要論（第2版）』（勁草書房、2005年）

富井政章『民法原論第一巻』（有斐閣・復刻版、1985年）

星野英一『民法概論Ⅰ』（良書普及会、1971年）

山本敬三『民法講義Ⅰ総則（第3版）』（有斐閣、2011年）

米倉　明『民法講義総則(1)』（有斐閣、1984年）

我妻　栄『新訂・民法総則』（民法講義1）（岩波書店、1965年）

〔注釈書〕

谷口知平・石田喜久夫編『新版注釈民法(1)(改訂版)』（有斐閣、2002年）

林　良平・前田達明編『新版注釈民法(2)』（有斐閣、1991年）

川島武宜・平井宜雄編『新版注釈民法(3)』（有斐閣、2003年）

於保不二雄・奥田昌道編『新版注釈民法(4)』（有斐閣、2015年）

〔会社法体系書〕

江頭憲治郎『株式会社法(第7版)』（有斐閣、2017年）

神田秀樹『会社法(第19版)』（弘文堂、2017年）

前田　庸『会社法入門(第12版)』（有斐閣、2009年）

目　次　vii

目　　次

第9版 はしがき

はしがき〔初版序〕

凡　　例

第1編　総　　　論 ………………………………………………………… *1*

第1章　民法の意義 ……………………………………………………… *1*

　　1　民法の規律する生活関係(*1*)　　2　私法と公法(*2*)

　　3　私法の中の民法の位置づけ（一般法と特別法）(*4*)

　　4　民法典(*6*)

第2章　民法の基本原理 ………………………………………………… *8*

　　1　民法の人間像(*8*)　　2　市民法の基本原理(*9*)

　　3　個人の尊厳と男女平等(*12*)

第2編　総　　　則 ………………………………………………………… *15*

第1章　私　　　権 ……………………………………………………… *15*

第1節　法律関係・法規範・権利義務関係 ………………………… *15*

第2節　私権に関する基本原則 ……………………………………… *21*

　　1　公共の福祉(*21*)　　2　信義誠実の原則（信義則）(*23*)

　　3　権利濫用の禁止(*29*)

第2章　私権の主体 ……………………………………………………… *32*

第1節　序　　　説 …………………………………………………… *32*

第2節　自　然　人 …………………………………………………… *33*

第1款　権利能力 ………………………………………………… *33*

　　1　権利能力の意義(*33*)　　2　権利能力の始期(*34*)

　　3　権利能力の終期(*40*)　　4　特別権利能力(*42*)

第2款　意思能力・行為能力 …………………………………… *43*

　　1　意思能力(*43*)　　2　行為能力(*46*)

　　3　制限行為能力者制度(行為能力制度)の限界(*47*)

viii　目　次

第3款　制限行為能力者 49
1　概観(49)　　2　未成年者(51)　　3　成年後見制度(55)
4　制限行為能力者の相手方の保護(79)

第4款　住　　所 82
1　人と場所の関係(82)　　2　住所(83)　　3　居所(85)
4　仮住所(85)　　5　本籍(85)

第5款　不在者 86
1　不在者(86)　　2　不在者の財産管理(86)

第6款　失踪宣告 88
1　失踪宣告制度の必要性(88)　　2　失踪宣告の要件(89)
3　失踪宣告の効力(90)　　4　失踪宣告の取消し(91)

第3節　法　　　　人 95
第1款　総　　説 95
第1　法人の意義・本質 95
1　法人の意義(95)　　2　法人格付与の法的意義(96)
3　法人を構成する契機(99)　　4　法人の本質(100)
5　法人の設立に関する立法主義(102)
第2　法人の種類 103
1　公法人と私法人(103)　　2　社団法人と財団法人(104)
3　公益法人・非営利法人・営利法人(105)
4　内国法人と外国法人(107)
第3　法人の実体 107
1　法人の基礎(107)
2　法人の実体はあるが法人格を有しない団体・財団(109)
第2款　一般法人(一般社団法人・一般財団法人) 110
第1　概　　要 110
第2　一般社団法人の設立 111
1　定款の作成(111)
2　公証人による認証(116)　　3　設立登記(117)
第3　一般社団法人の基本組織 117
1　法人の権利能力(民法34条)(117)　　2　社員(120)
3　法人の諸機関(全体図)(122)
第4　法人の機関 124
1　社員総会(124)　　2　理事(127)

目　次　ix

　　　　　3　理事会(153)　　4　その他の機関(154)
　　第5　解散・清算 ……………………………………………………… 155
　　　　　1　解散(155)　　2　清算(156)　　3　残余財産の処分(156)
　　第6　法人の不法行為責任等 ……………………………………… 157
　　　　　1　責任発生の諸態様(157)
　　　　　2　一般法人法78条による一般法人の不法行為責任(157)
　　　　　3　一般法人法78条の責任の要件(158)
　　　　　4　法人自身の過失責任(160)
　　第7　理事等機関個人の不法行為責任 …………………………… 161
　　　　　1　機関個人が不法行為責任を負うか(161)
　　　　　2　一般社団法人と代表理事の責任関係(162)
　　　　　3　理事等の第三者に対する損害賠償責任（117条)(163)
　　第8　その他（基金制度) …………………………………………… 163
　　第9　一般財団法人 ………………………………………………… 164
　　　　　1　意義・設立(164)　　2　一般財団法人の機関(168)
　　　　　3　その他(169)

　第3款　権利能力なき社団・財団 ………………………………… 169
　　　　　1　権利能力なき社団の意義(169)
　　　　　2　権利能力なき社団の権利義務関係(172)
　　　　　3　権利能力なき財団(177)

第3章　私権の客体 ………………………………………………… 179
　第1節　総　論 …………………………………………………………… 179
　　　　　1　権利の客体(179)　　2　物の概念(179)
　　　　　3　物の独立性・特定性(185)

　第2節　動産と不動産 ………………………………………………… 188
　　　　　1　区別の意義(188)　　2　不動産(189)　　3　動産(193)
　　　　　4　動産・不動産の区別の相対化(194)

　第3節　主物と従物 …………………………………………………… 196
　　　　　1　意義(196)　　2　従物の要件（87条1項)(196)
　　　　　3　効果(198)

　第4節　元物と果実 …………………………………………………… 198
　　　　　1　区別の意義(198)　　2　天然果実(199)
　　　　　3　法定果実(199)　　4　使用利益(200)

x　目　次

第4章　私権の変動 ……………………………………………………… 201

第1節　法律行為総説 ……………………………………………… 201

1　法律行為の意義(201)　　2　法律行為の種類(205)
3　法律行為の解釈(208)

第2節　意思表示 …………………………………………………… 221

第1款　意思表示の意義 ………………………………………… 221

1　意思表示と法律行為(221)　　2　意思表示の構造(223)
3　意思表示の成立・内容・効力(225)

第2款　意思表示の効力 ………………………………………… 225

第1　心裡留保・虚偽表示 ……………………………………… 225

1　心裡留保（93条）(225)　　2　虚偽表示（94条）(231)

第2　錯誤による意思表示（95条）…………………………… 243

1　意義(243)　　2　錯誤の種類(247)
3　錯誤による意思表示の効力(254)
4　他の制度との関係（瑕疵担保責任・共通錯誤・事情変更の原則
など）(262)　　5　95条の適用範囲(264)
6　錯誤による表意者の損害賠償責任(265)

第3　詐欺・強迫による意思表示（96条）…………………… 266

1　自由な意思決定の妨害(266)　　2　詐欺による意思表示(266)
3　強迫による意思表示(275)

第4　消費者契約法における特則 ……………………………… 278

1　制定の背景と経緯(278)
2　消費者契約法の理念と規制対象(278)
3　消費者契約の定義(279)
4　契約締結過程に関する規律(281)
5　契約内容についての規律(285)

第3款　意思表示の効力発生時期 ……………………………… 288

1　到達主義の原則(現97条1項、新97条1項)(288)
2　契約の申込み・承諾の効力発生時期(290)
3　受領能力(293)
4　公示による意思表示(98条)(294)

第3節　法律行為の有効要件 ……………………………………… 295

第1款　序 ………………………………………………………… 295

1　成立要件・有効要件(295)

目　次　xi

　　　　　2　効果帰属要件・効力発生要件(296)

　　第2款　内容に関する有効要件‥‥‥‥‥‥‥‥‥‥‥‥‥‥‥‥‥‥‥‥ 297

　　　　　1　内容の確定性(297)　　2　内容の実現可能性(298)

　　　　　3　内容の適法性(91条)(301)

　　　　　4　内容の社会的妥当性(90条)(306)

第4節　無効・取消し‥‥‥‥‥‥‥‥‥‥‥‥‥‥‥‥‥‥‥‥‥‥‥‥‥‥‥ 319

　　第1款　総　　説‥‥‥‥‥‥‥‥‥‥‥‥‥‥‥‥‥‥‥‥‥‥‥‥‥‥‥‥ 319

　　　　　1　無効・取消しとなる場合(319)　　2　無効と取消しの違い(320)

　　第2款　無　　効‥‥‥‥‥‥‥‥‥‥‥‥‥‥‥‥‥‥‥‥‥‥‥‥‥‥‥‥ 322

　　　　　1　「無効な行為」の意味(322)　　2　無効行為の基本的効果(323)

　　　　　3　一部無効(324)　　4　無効行為の転換(325)

　　　　　5　無効行為の追認(326)

　　第3款　取　消　し‥‥‥‥‥‥‥‥‥‥‥‥‥‥‥‥‥‥‥‥‥‥‥‥‥‥‥ 329

　　　　　1　取消しの意義(329)　　2　取消権者(120条)(329)

　　　　　3　取消しの方法(333)　　4　取消しの基本的効果(334)

　　　　　5　一部取消し(335)

　　　　　6　取り消すことができる行為の有効確定(335)

　　第4款　無効・取消しによる給付の返還義務(新121条の2)‥‥‥‥‥‥ 339

第5節　代　　理‥‥‥‥‥‥‥‥‥‥‥‥‥‥‥‥‥‥‥‥‥‥‥‥‥‥‥‥‥‥ 341

　　第1款　代理の意義と存在理由‥‥‥‥‥‥‥‥‥‥‥‥‥‥‥‥‥‥‥‥‥ 341

　　　　　1　意義(341)　　2　存在理由(341)　　3　代理の法的構造(342)

　　第2款　代理権（本人と代理人の関係）‥‥‥‥‥‥‥‥‥‥‥‥‥‥‥‥ 347

　　　　　1　代理権の位置づけ(347)

　　　　　2　代理権の発生原因（代理権授与行為）(347)

　　　　　3　代理人の義務（対内的義務）(350)

　　　　　4　代理権の範囲（対外的権限の範囲）(353)

　　　　　5　代理権の消滅(359)

　　第3款　代理行為‥‥‥‥‥‥‥‥‥‥‥‥‥‥‥‥‥‥‥‥‥‥‥‥‥‥‥‥ 362

　　　　　1　代理行為の位置づけ(362)　　2　代理行為の成立要件(364)

　　　　　3　代理行為の有効要件(366)　　4　代理の効果(371)

　　第4款　無権代理‥‥‥‥‥‥‥‥‥‥‥‥‥‥‥‥‥‥‥‥‥‥‥‥‥‥‥‥ 372

　　　　　1　無権代理の意義(広義と狭義)(372)

　　　　　2　契約の無権代理の一般的効力(373)

　　　　　3　単独行為の無権代理の一般的効力(377)

　　　　　4　無権代理人の責任(117条)(378)

xii　目　次

　　　　5　無権代理人の地位と本人の地位の同一人への帰属(*381*)

　　第5款　表見代理 ………………………………………………………… *384*

　　　　1　表見代理制度の意義(*384*)

　　　　2　代理権授与表示による表見代理(109条)(*385*)

　　　　3　権限外の行為による表見代理(110条)(*390*)

　　　　4　代理権消滅後の表見代理(112条)(*396*)

　第6節　条件および期限 …………………………………………………… *399*

　　第1款　序 ………………………………………………………………… *399*

　　第2款　条　　件 ………………………………………………………… *399*

　　　　1　条件の意義(*399*)　　2　条件に親しまない行為(*401*)

　　　　3　条件付き法律行為の効力(*401*)

　　第3款　期　　限 ………………………………………………………… *406*

　　　　1　期限の意義(*406*)　　2　期限に親しまない行為(*407*)

　　　　3　期限付き法律行為の効力(*407*)　　4　期限の利益(*408*)

　第7節　期　　間 …………………………………………………………… *411*

　　　　1　意義(*411*)　　2　期間の計算方法(*411*)

第5章　時　　　効 …………………………………………………………… *413*

　第1節　時効制度の意義 …………………………………………………… *413*

　　　　1　時効の意味(*413*)　　2　時効の存在理由(*414*)

　　　　3　日本の時効制度の特徴(*420*)

　第2節　消滅時効 …………………………………………………………… *420*

　　　　1　消滅時効の適用範囲(*420*)　　2　消滅時効の要件(*422*)

　　　　3　消滅時効の効果(*439*)　　4　類似制度(*440*)

　第3節　取得時効 …………………………………………………………… *443*

　　　　1　取得時効の認められる権利(*443*)

　　　　2　取得時効の要件(*445*)　　3　取得時効の効果(*456*)

　第4節　時効障害 …………………………………………………………… *458*

　　　　1　時効の中断(「時効の完成猶予および更新」)(*458*)

　　　　2　時効の停止(時効の完成猶予)(*473*)

　第5節　時効の援用と時効利益の放棄 …………………………………… *476*

　　　　1　援用・放棄と意思の尊重(*476*)

　　　　2　援用・放棄の位置づけと時効学説(*476*)　　3　援用(*478*)

　　　　4　時効利益の放棄(*485*)

目　次　xiii

第6節　時効に関する契約 ……………………………………………… *489*

　　1　時効と契約（*489*）　　2　時効期間を延長する特約（*489*）

　　3　時効期間を短縮する特約（*490*）

事項索引 ……………………………………………………………………… *491*

判例索引 ……………………………………………………………………… *499*

民法典を起草した穂積陳重（写真右端、41歳）、梅謙次郎（中央、36歳）、富井政章（左端、38歳）の3博士の肖像。明治28年民法草案脱稿の際の記念写真である。民法典は、明治29年4月に総則・物権・債権編が、明治31年6月に親族・相続編が公布され、同年7月16日に全体が施行された。
［写真は法政大学の所蔵］

第1編　総　　論

第1章　民法の意義

1　民法の規律する生活関係

　民法とは何か、を論じることは、いろいろな準備作業を必要とする困難な仕事である。そこで、ここでは、民法を抽象的に論じるよりも、民法が何を対象として規律しているかをみることによって、民法を理解する手掛かりとしよう。

　民法は、形式的にいえば、民法典に規定されている法である。民法典は、総則、物権、債権、親族、相続の5編から構成されている。そこに規定されている民法は、一般に「市民社会の法的なルール」を扱うものであるといわれるが（市民社会とは何かについては9、14頁の参考文献を参照）、その中にもいろいろな内容が含まれている。

　第1に、市民社会で活動する主体に関するルールがある。市民社会においては誰でも平等に扱われるのが原則であるが、実際には取引の判断能力が十分でないために保護しなければならない者や、会社や団体（これらを「法人」という）のように、人間とは同じではないが、市民社会において独立の主体として活動することが許されるものがいる。こうした市民社会における主体に関するルールとして、民法は「人」「行為能力」「法人」などに関する一連の規定を設けている（民法典の総則編が扱う。ただし、平成18年の法人制度改正の際に、一部の規定を除き民法から法人の規定が削除された）。

　第2に、市民社会において「人」や「法人」は、互いに取引をし、契約を締結し、活動する。民法は、売買、賃貸借をはじめ、各種の契約についての規定を設け、取引についての基本的なルールを提供している。世の中で行われている経済的取引活動の基礎を民法は提供しているのである（民法典の総則編および債権編が扱う）。

　第3に、「人」や「法人」がその活動によって、他人に損害を加えると、被害者に損害を賠償しなければならない。具体的にどのような場合に損害

2 第1編 総 論

```
┌─────────────────────────────────────────┐
│  ┌─────────────────────────────────┐    │
│  │       主体に関するルール         │    │
│  │     （人・行為能力・法人）        │    │
│  │          ［総則編］              │    │
│  └─────────────────────────────────┘    │
│                                          │
│  ┌─────────────────────────────────┐    │
│  │ 取引に関するルール ／ 損失の負担に関するルール │    │
│  │ （意思表示・契約など）（不当利得・不法行為） │    │
│  │     ［総則編］ ［債権編］        │    │
│  └─────────────────────────────────┘    │
│                                          │
│ ┌──────────────┐ ┌────────────────────┐ │
│ │物権的秩序（所有権など）│ │家族的秩序（婚姻・親子・相続など）│ │
│ │    ［物権編］  │ │   ［親族編・相続編］ │ │
│ └──────────────┘ └────────────────────┘ │
└─────────────────────────────────────────┘
```

を賠償する責任が生じるかを定めているのが「不法行為」制度である。これは、活動から生じる損失の負担に関するルールであるが、取引ルールの一部と位置づけることもできる（民法典の債権編が扱う）。

第4に、市民社会における活動を支える前提的な秩序に関するルールがある。これは、さらに物や財の種類・帰属に関する物権的秩序（民法典の物権編が扱う）と、婚姻・親子といった生活の基盤に関する家族的秩序（民法典の親族編・相続編が扱う）とに分かれる。

このように民法が扱う対象は多様ではあるが、基本的に私人と私人との関係を扱うものである。これと対置され、民法から除外されるのは、国家の行為や行政組織に関する法的ルールである。これは「公法」と呼ばれる世界である。これに対して民法は「私法」の世界に属する。

2 私法と公法

民法は、私法の一般法であるといわれる。一般法ということの意味は、後で一般法・特別法の関係を説明するときに論じることにし、ここでは公法と対置される私法の意味について述べることにする。

従来、比較的有力だった見解は、次のようなものである。すなわち、「封建社会においては個人的生活関係は封建的身分制の中に組み入れられており、私法は公法から分化するに至らなかったが、市民革命が人間の自由と平等を宣言し、自由な所有権を認めるとともに、他方で国家権力の行

使を市民社会の保護に限定したとき、ここにはじめて私法と公法が分化した」。そして、その後、「資本主義の高度化とともに資本主義の矛盾・欠陥があらわになり、それを是正するために、個人的生活関係に対しても国家が干渉し、私的自治の原則も制限を受けるようになり、私法の公法化という現象が生じた」とする見解である（四宮旧版）。要するに、「私法と公法の分化」から「私法の公法化」という流れがある、とみる立場である。これは、私法と公法の区別を一応は承認しつつも、両者を峻別することに対しては疑問を呈する見解である。

　しかし、このような考え方に対して、私法秩序ないし民法の独自の意味を再び強調する見解が主張されている。簡単にいえば、民法に体現されている考え方、たとえば「公的領域と私的領域の区別を公事として議論するという姿勢」「民法を社会生活上の行為規範としてとらえて受け入れるという意識」「私人の権利義務を中心にすえて社会を構成しようという思考様式」「自由と平等という価値の承認」といった基本思想の現在における重要性を再認識しようとする見解が主張されている（大村・後掲参考文献）。

　このような「民法の思想」を強調することが重要であるのはそのとおりであるが、同時に、「経済取引にとっての民法」の重要性も再評価する必要がある。このこと自体は別段目新しい主張というわけではなく、民法を「資本主義社会の法」としてとらえる議論として、これまでにも多くの論者によって主張されてきた（川島・所有権法の理論）。しかし、そこで議論されていたのは、資本主義経済に対応する法制度の構造論的な位置づけとでもいうべきものであり、抽象的・観念的な議論であった。これに対して、現在議論されているのは、民法の法的ルールが取引活動にとってどのような意味をもつかという具体的な機能論である。このようなことが着目されるようになったのには、次のような背景がある。すなわち、これまで契約自由などといいながら、私人の経済活動に対して、多くの行政的・公法的な規制が導入され（「私法の公法化」）、私人が自由に活動するのを妨げてきた。本来はもっと創意を尽くした取引・生産活動を展開し、自由に競争すべき企業活動においても、いわゆる業法や行政指導などで規制がされてきた。こうした公法的規制を必要最低限のものに限定し、私法の世界において、私法的なルールに従って自由な取引を展開することが重要であり、その際

4　第1編　総　論

の基本的な取引ルールを提供するのが民法である。ところがこうした観点から民法のルールを見直したときに、現行民法のルールが必ずしも最適とは限らない。多くの重要な問題について法的ルールの内容が明確でなかったり、判例がなかったりする。事前に自分の行動のメリットとリスクを評価して行動するのには十分ではない。こうした自己設計・自己決定のために必要な民法のルールを検討することが課題であった。平成29年の民法改正はこれに対処するためのものである。

〈**参考文献**〉　塩野宏『公法と私法』行政法研究2（1989年）、大村敦志「民法と民法典を考える──『思想としての民法』のために」民法研究1巻（1996年）、能見善久ほか「債権法改正の課題と方向──民法100年を契機として」NBL別冊51号（1998年）、山本敬三『契約法の現代化Ⅰ──契約規制の現代化』（2016年）

3　私法の中の民法の位置づけ（一般法と特別法）

　私法に関係するのは、民法だけではない。商法、手形法、小切手法、労働法なども私法の一翼をしめる。こうした私法領域の諸法の中で民法はどのような位置にあるのかが問題となる。一般には、民法は私法の「一般法」であるといわれる。商法や労働法は、一般法である民法に対して「特別法」の関係にある。

　(1)　民法が「一般法」であることの意味は何か。一般法と特別法との関係については、「特別法は一般法に優先する」という原則がある。この原則により、同じ問題について特別法の規定がある場合には、特別法の規定が優先的に適用され、一般法である民法の規定は適用されないことになる。これが一般法であることの第1の意味である。法の適用の順序に関するものである。たとえば、売買に関しては、一般法である民法に規定があるだけでなく（民法555条以下）、商法にも商人間の売買に関して規定がある（商法524～528条）。そこで、売買契約の当事者が両方とも商人である場合には、特別法である商法の規定が優先的に適用され、特別法である商法に規定がない事項についてのみ一般法である民法の売買に関する規定が適用される。たとえば、売買の目的物に瑕疵がある場合に買主が売主の瑕疵担保責任（改正民法では特別の無過失責任として規定されていた570条の瑕疵担保責任が削除され、目的物の瑕疵は「契約不適合」の問題であるとして、債務不履行の一般原則が適用されるとの前提でその特則が新562条から564条に定められた）を追及するための要件と

して、商法は民法にはない目的物検査・瑕疵通知義務を買主に課している（平成29年改正の商法526条では、買主が「遅滞なく、その物を検査し」（1項）、「契約の内容に適合しないことを発見したときは、直ちに売主に対してその旨の通知を発しなければ、その不適合を理由とする履行の追完の請求……することができない」（2項）と規定された）。商人間の売買では買主にこのような義務が課されるが、瑕疵（契約の不適合）の意味については、商法に特別の規定があるわけではないので、民法の瑕疵担保責任に関する規定（現570条、契約の不適合について規定する改正民法562〜564条）に戻って、民法の規定の解釈として解決される。このような処理を導く、「特別法は一般法に優先する」という原則は、ある意味で当然のことなので法律にそのことが規定されているわけではない。特別法である商法の規定は、商人間の売買であれば合理的であろうルールをわざわざ設けたのであり、商人・非商人にかかわりなくすべての売買契約に適用される民法のルールよりも、商人間の売買に関しては適したルールとなっているからである。

　(2)　民法が私法の「一般法」であることの第2の意味は、そこに規定すべきルールの性質に関してである。すなわち、私法の一般法である民法には、すべての人に区別なく適用されるルールのみを規定すべきであり、特定の属性を有する人（商人、消費者、法人など）についてだけ適用されるような規定は特別法で規定すべきであるという意味である。実際、これまでは、限定された特別の目的をもった規定や、範囲の限定された規定は、民法の中にではなく、その外に特別法として制定されてきた。たとえば、建物所有を目的とする土地賃貸借契約は、民法の中にではなく特別法である借地法によって規定されてきたし（現在では借地借家法）、法人による債権譲渡の対抗要件についての特例も、民法の中にではなく、特別法によって規律されている（動産債権譲渡特例法）。また、行政的規制とセットになっていたり、消費者など、特定の主体を保護する法律（割賦販売法、通信販売などを規律する特定商取引法など）も、そのような特別の政策が妥当する範囲は限定されるので、民法の中にではなく、特別法として制定されてきた。しかし、ここには民法のあり方についての1つの固定的な考え方が前提となっている。すなわち、民法は、すべての人に区別なく適用される規定のみを有すべきであり、特定の主体を保護するような規定は民法の中で規定されるべきで

6　第1編　総　論

はないという考え方である。

　しかし、民法をこのようにとらえなければならない必然性はない。民法
が市民社会の要請のもとで、すべての市民に平等に適用されるルールを設
けたのは、封建的・身分的差別を廃するためであるが、市民の中に存在す
る資力、経験、知識、能力などの格差を法的ルールに反映させることを積
極的に否定するものではない。そして、市民社会自体が多様化した現在、
その多様性を民法にも反映させることはおかしなことではない。むしろ必
要なことである。たとえば、売買契約に関して、売主が事業者である場合
と非事業者である場合とで異なる規定を設けることなどは、民法の考え方
と矛盾するものではない。日本の民法典にはそのような規定はないが、フ
ランス民法典には職業的売主に関して特別の規定がある。また、ドイツ民
法典も、2000年以降、消費者（13条は、「消費者とは、自然人であって、その者が
法律行為を締結するにあたって、その主たる目的がその者の営業ないし独立自営業に属
さない場合をいう」と定義する）および事業者（14条）の定義規定を設けるとと
もに、消費者契約における消費者からの解約権（クーリング・オフ）（355条）
などの規定を民法典の中に設けた。

4　民法典

　現在の民法典は、1896（明治29）年4月に、前3編（総則・物権・債権）
が、1898（明治31）年6月に後2編（親族・相続）が公布されて、全体が同
年7月16日に施行された（勅令123号）。もっとも、親族編・相続編は、昭和
22年の改正で新憲法の精神に適合するように根本的な変更を受けた（「民法
の一部を改正する法律」昭和22年法律222号）。その後、根抵当権に関する改正や禁
治産・準禁治産制度の改正などがあったが、長らく民法典自体は大きな改
正がなかったところ、2017（平成29）年5月26日に債権法を中心に大幅な
改正が行われた（法律44号）。施行は2020（平成32）年4月1日。民法総則の
分野でも、意思能力、錯誤、代理権、時効に関して大きな改正がなされた。

　〈参考文献〉　川島武宜＝利谷信義「民法㊤」講座日本近代法発達史5巻（1978年）、磯野誠一
　　「民法改正」講座日本近代法発達史2巻（1988年）、大久保泰甫『日本近代法の父──ボワソ
　　ナード』（岩波新書・1977年）、むしろ民法全体にわたるものであるが、星野英一『民法のす
　　すめ』（岩波新書・1998年）。債権法改正に関する全体的な解説書としては、潮見佳男『民法
　　（債権関係）改正法の概要』（きんざい・2017年）などがある

第1章　民法の意義　　7

	日　　本	諸　外　国
		1804　フランス民法典
1870（明3）	太政官に制度取調局設置、箕作麟祥による	1811　オーストリア民法典
	フランス民法典の翻訳など民法編纂の準備	1838　オランダ旧民法典
1875（明8）	大審院設置	
	太政官布告103号裁判事務心得（条理）	
1879（明12）	フランス人ボワソナードを中心に『旧民法	1884　スイス旧債務法
	典』編纂作業開始	1888　ドイツ民法第一草案
1889（明22）	大日本帝国憲法公布	
1890（明23）	『旧民法典』公布（明治26年1月1日施行	
	予定）	
	穂積八束らによる民法典施行反対（民法典	
	論争）	
1891（明24）	第一回帝国議会	
1893（明26）	法典調査会を設置、穂積陳重・富井政章・	
	梅謙次郎を起草委員として民法典の起草作	
	業開始	1895　ドイツ民法第二草案
1896（明29）	民法第一編ないし第三編公布	1896　ドイツ民法典公布
1898（明31）	民法第四編・五編公布	1900　ドイツ民法典施行
	民法典施行（7/16）	1907　スイス民法典（人事法）
1921（大10）	借地法、借家法	1911　スイス新債務法
1922（大11）	信託法	
		1942　イタリア民法典
1947（昭22）	日本国憲法施行（5/3）	1946　ギリシャ民法典
	民法中一部改正法（親族相続法の全面改正、	1951　アメリカ統一商法典
	総則編に信義則・権利濫用禁止規定など新	（UCC）
	設）	
1962（昭37）	建物区分所有法	1966　ポルトガル民法典
1978（昭53）	仮登記担保法	1988　国際物品売買条約発効
1991（平3）	借地法、借家法を改正して借地借家法成立	1992　オランダ新民法典施行
1994（平6）	製造物責任法	
1999（平11）	成年後見関連の民法改正（2000/4/1施行）	
2000（平12）	消費者契約法成立（2001/4/1施行）	
2001（平13）	中間法人法（2002/4/1施行）	2001　ドイツ民法典一連の改
	電子消費者契約・電子承諾通知法(12/15施行)	正：債務法現代化法
		（2002/1/1施行）
2003（平15）	短期賃貸借制度の廃止など担保法の改正	
2004（平16）	動産譲渡登記制度の新設（12/1公布）	
	民法の現代語化・根保証関連の改正(12/1公布)	
2008（平20）	国際物品売買条約を批准	
	民法の法人制度を大改革。一般法人法制定	2016　フランス民法典（債権
2017（平29）	民法（債権関係）の改正	法関係）の改正

第2章　民法の基本原理

1　民法の人間像

　民法が前提とする人間像は、「平等で対等な市民」であり、したがって、民法が規律する取引ルールの対象も「対等な市民間の取引」であると、考えられてきた。

　これは一面では正しい。すなわち、封建制の社会では、社会の構成員は身分的に対等ではなかったが、このような封建制を打破し、資本主義経済を発展させるには、「身分的に対等な市民」を作り出すことが重要であった。その法的な枠組みを作ったのが民法である。このように、「平等で対等な市民」という人間像を確立することの積極的な意味は、封建的身分制を否定し、市民社会の基礎を確立する点にあったのである。

　しかし、現実の市民社会の構成員はさまざまである。職業に携わっている者もいれば、職業をもたない者もいる。職業人の中にも、商人・農民・手工業者などさまざまな知識・経験の異なる人々が市民社会を構成している。これらの人々の間では当然に知識・経験・資力などの点で格差が存在している。ただし、その格差は、法的な取扱いの差を要請するほど大きなものではなかった。それゆえ、ドイツ・フランスやわが国のように民法典とは別に商法典が存在するところもあるが、英米法では商法と民法という区別がない。

　その後、市民社会の構成員間の格差は顕著になった。社会・経済の発展は、取引の中身や方法を高度・複雑にし、これらについて膨大な情報や経験を有する者（事業者ないし法人）と、それらを有しない「消費者」と呼ばれる人々との間の格差が拡大するようになった。そこで、多くの国で事業者と消費者との間の取引については、これを規律する特別な法律（消費者保護法制）を定めるところが増えた。わが国でも、消費者契約法（平成12年法律61号）が制定され、「消費者と事業者との間の情報の質及び量並びに交渉力の格差に鑑み」、消費者と事業者との間で締結される消費者契約に

関して、消費者保護の観点から特別の規律（契約の取消権や不当な契約条項の規制など）が定められた。同法では、「消費者」とは、「個人（事業として又は事業のために契約の当事者となる場合におけるものを除く。）」をいうとされ（2条1項）、「事業者」とは「法人その他の団体及び事業として又は事業のために契約の当事者となる場合における個人」をいうとされている（2条2項）。要するに、事業と関係なく、個人の立場で取引する者は、消費者である。

　もっとも、「消費者」という概念は、相対的・関係的な概念であり、たとえば、食堂を経営している個人が食堂で使う食材を購入する場合は、その者は消費者ではないが、その者が自宅の改築工事について建設業者と契約する場合は、消費者となる（食堂の調理設備の改修工事を頼む場合はどうか、判断が難しい場合が多々ある）。以上のような消費者に関する特別な規律は民法ではなく、消費者に関する特別法で定めるべきであるという考え方が日本ではとられている。しかし、これらの規定を民法の中に規定しても、市民社会の平等性に反するものではなく、かえって実質的な平等を実現することにもつながるであろう。「平等で対等な市民」から「多様性を前提とした実質的平等な市民」へと民法の人間像を転換する必要がある（前述のように、ドイツ民法典には消費者契約に関する規定がある。その関連で、消費者および事業者の定義規定も置かれている）。

　〈参考文献〉　星野英一「私法における人間」岩波講座基本法学1巻（1982年）、大村敦志『消費者法』（法律学大系・1998年）

2　市民法の基本原理

（1）**権利能力平等の原則**　　すべての自然人は、国籍・階級・職業・年齢・性別によって差別されることなく、ひとしく権利義務の主体となる資格（権利能力）を有する、という原則である（富井・116頁は「権利能力は法人に対して其の範囲に制限ある外何人と雖も之を有するを原則とし其身分宗旨姓年齢等に依りて差別あることなし」と述べる）。現在では、憲法14条によって、単に権利能力についてだけでなく、より一般的な形で「法の下の平等」が宣言されているが、既にそれ以前において民法典は、「権利能力平等の原則」を宣言してきた。すなわち、旧民法・人事編1条は、「凡そ人は私権を享有し……私権を行使することを得」と規定し、全ての人が差別なく、平等に権利能力を有す

ることを正面から高邁に規定していた。現行民法典の制定にあたっては、「権利能力平等の原則」はどこの国でも認められる当然の原則であるとしてわざわざ規定することをやめ（梅謙次郎『民法原理・総則編・巻之一』46頁）、代わりに、私権の享有の時期について、1条（現行民法3条）で「私権の享有は出生に始まる」と規定するにとどめた。そして、現在の学説は、3条が権利能力について何ら制限を付けず、単に、その開始の時期を「出生」としたことに、権利能力平等の原則が示されていると解釈している。しかし、人身売買や奴隷制度が世界の一部ではなお行われていることを考えると、この原則を正面から宣言しておくことには意味がある。

〈参考文献〉　近代法が確立したアメリカ南部諸州において、法的に奴隷をどのように正当化していたかについて、能見「人の権利能力──平等と差別の法的構造序説」平井宜雄先生古稀記念『民法学における法と政策』（有斐閣・2007年）所収

(2)　**所有権絶対の原則**　近代的所有権は、なんらの拘束を受けず、何人に対しても主張できる物に対する支配権である。また、思想的には、所有権は、国家の法よりも先に存在する自然権として神聖不可侵の権利であると考えられてきた。

しかし、この原則も現在では修正され、所有権もそれに内在する社会性・公共性によって制約されると考えられている。民法も、所有権の内容について「法令の制限内において」という限定を加えており（206条）、さらに戦後の改正で、「私権は、公共の福祉に適合しなければならない」と規定することで（1条1項）、所有権絶対の原則に修正を加えている。また、憲法29条も、財産権の内容は公共の福祉に適合するように法律で定めること、私有財産は正当な補償のもとに公共のために用いることができることを規定している（憲法29条）。この問題は、土地所有権について特に重要である。もっともわが国では、一方で土地所有権に対してその合理性に疑問がないではない強力な制限を加えながら（補償なしの権利制限の例が多い）、他方で住居地域・商工業地域のゾーニングなどでは規制が不徹底であり、全体として理念が明確でないルールとなっている。

(3)　**私的自治の原則**　私法の分野においては、個人が自由意思に基づいて自律的に自己の法律関係を形成することができる（オートノミー）、という原則である。私人間の法律関係をどのように形成するかは、基本的に

各人の自由な決定に委ねられている（自己決定）。そのための手段として契約がある。契約に関しては「契約自由の原則」のもとで、契約当事者間の合意に基づいて、原則として自由に法律関係を形成することができる（平成29年成立の民法改正で、新521条に契約締結の自由と契約内容の自由が規定された。「（第1項）何人も、法令に特別の定めがある場合を除き、契約をするかどうかを自由に決定することができる。（第2項）契約の当事者は、法令の制限内において、契約の内容を自由に決定することができる。」）。またそのほかに、「社団設立自由の原則」「遺言自由の原則」なども同じく私的自治を支える。反面、自由な活動の結果、自分が被った損害・損失は自分自身で負担しなければならず（自己責任の原則）、自由な活動の結果、過失によって他人に損害を与えた場合には、その賠償をしなければならない（民法709条が規定する不法行為における過失責任の原則）。

　しかし、契約自由の原則が私的自治を支える反面、経済社会の発展の中で、市民間の格差が顕著になり、事業者が一方的に作成する約款による契約は、定型的・大量取引にとって必要であるとしても、作成者に一方的に有利に作られるおそれがあり、不公正な契約となる可能性がある。そうならないように、一定の規律が必要である。事業者と消費者の間の取引で用いられる約款については、主に、消費者契約法がこれに対処する規律を定めている。また、**改正民法**では、事業者間の約款も対象に、約款が契約当事者を拘束するための規律および約款の変更に関する規律を新設した（新548条の2〜548条の4）。

　約款が用いられない場合であっても、事業者と消費者の間の取引では、当事者間の情報・知識・経験・交渉力の格差が大きく、格差を放置したまま取引を行うことは、実質的な契約自由・自己決定を妨げている。そこで、多くの国では、約款を用いた契約ないし事業者と消費者との間の契約（消費者契約）について、不当な内容の契約条項を規制したり、契約締結に際して事業者に情報開示を義務づける立法や判例法理の展開が見られる。日本でも2000（平成12）年に「消費者契約法」が制定された。

　定型的に格差がある当事者間の契約において、格差を是正して、弱者の実質的自由を回復するルールを策定することは、対等な当事者間の取引、企業間の取引などにおいて規制を緩和し、自由な競争を促進するという立

12 第1編 総 論

場と矛盾するものではない。

3 個人の尊厳と男女平等

(1) 個人の尊厳 (憲法13条) と男女平等 (憲法14条1項) の基本的な理念は、憲法において規定されているが、民法2条は、これを民法の解釈に際して基準とすべきことを規定する。本条は、公共の福祉・信義則・権利濫用禁止 (1条) とともに、1947 (昭和22) 年法律222号によって、新設された。

(2) 個人の尊厳は、人格権や人格的利益の保護の根拠となる考え方として、近年重要性を増している。特に、他人の不法行為から守られるべき個人の利益として、個人の尊厳は、最も基本的な法的利益であり、これが侵害された場合には、被害者は、侵害者に対して損害賠償を請求できる (709条)。これまで判例は、個人の尊厳に言及することは多くないが、不当な差別 (男女差別、人種差別、少数者差別、高齢者差別など)、ヘイト・スピーチ、職場や学校でのいじめ、セクシュアル・ハラスメント (最判平成11・7・16労働判例767-14は、「人格の尊厳」を損なう行為であるとする) などは、個人の尊厳を侵害する行為として不法行為となるとする。単に人格権侵害と言ってもよいのであるが、何が問題かをはっきりと示す意味では人格権の内容をなす「個人の尊厳」の侵害という言い方をすることに意味がある (人種差別的言動が不法行為になるとした裁判例として、大阪高判平成26・7・8判時2232-34)。また、個人の尊厳は、人格的利益の中心をなすものであるから、その侵害は人格権侵害として差止請求権の根拠となる。

(3) 男女平等も、民法においてしばしば問題となる。

第1に、まさに本条が要求する法の解釈・運用のあらゆる場面で、男女平等を徹底すべきである。最判昭和61年11月4日 (判時1216-74) は、女児が交通事故にあった事件において、男女間で格差がある女子労働者平均賃金を基準とした逸失利益の算定をしても不合理ではないとしたが、伊藤正己裁判官は、その補足意見で、個人の尊厳および男女の平等の立場から男女を含めた全労働者平均賃金を用いることにも合理性があると述べた。その

---

1) 最判平成7・9・5判時1546-115は、共産党員またはその同調者であることを理由にその労働者を職場で孤立させる行為を「自由、名誉、プライバシー」などの侵害として会社の損害賠償責任を肯定するが、「個人の尊厳」の侵害というにふさわしい。

後、下級審裁判所で、男女間で逸失利益の差があるのは合理的でないとして、女児について全労働者平均賃金に基づく逸失利益を算定する判決が相次いで出されている（東京地判平成13・3・8判時1739-21、東京高判平成13・8・20判時1757-38など）。また、入会権に関しては、「各地方の慣習に従う」ことになっているが（294条）、入会権者の資格などについて、しばしば古い考えでできていることがある。最判平成18年3月17日（民集60-3-773）は、林野に入って薪などを採取することができる入会権について、その入会権者の資格要件を世帯主に限定する入会集団の会則については公序良俗に反しないとしたが、同資格を原則として男子孫に限定する部分については、性別のみによる不合理な差別であるとして民法90条に違反すると判示した。

第2に、男女平等は、雇用契約の場面で重要な意味をもつ。**最判昭和56年3月24日**（民集35-2-300〔百選7版Ⅰ-14〕）は、定年を男子60歳、女子55歳とする就業規則を不合理な男女差別であるとして民法90条によって無効とした（最判平成2・5・28労経速1394-3のほか、同趣旨の判決が多数出ている）。企業において基幹的業務に従事させるコース（総合職などと呼ばれることが多い）と補助的な事務に従事させるコース（一般職）とを分け、女子は一般職としてしか採用しないという就業規則は性別による不合理な差別として民法90条に反するであろう。

第3に、親族・相続の分野も男女平等を徹底しなければならない分野である。裁判上争われたものとしては、民法733条の再婚禁止期間がある（平成28年の民法改正で再婚禁止期間が6カ月から100日に短縮された）。旧733条は、女性についてだけ、前婚の解消・取消しから6カ月を経過しないと再婚できないことを定めていた。これは、前婚と後婚が接近していると、その女性から生まれた子がどちらの婚姻相手との間の懐胎から生まれた子かわからなくなるので、それを防ぐためであった。**最判平成7年12月5日**（判時1563-81〔百選7版Ⅲ-5事件〕）は、女性にのみ再婚禁止期間を設けることは、父性推定（772条）の重複を回避し、父子関係をめぐる紛争の発生を未然に防ぐためであるから、合理的根拠があり、法の下の平等に反しないとした。しかし、その後、最（大）判平成27年12月16日（民集69-8-2427）は、733条の立法目的が合理的であるとの立場を維持しつつも、父性推定の重複を回避する目的からすると、再婚禁止期間のうち100日までの禁止は合理性があ

14 第1編 総 論

るが、100日を超える部分は合理性がなく、憲法14条1項、24条2項に反するとした（この判決には1つの補足意見、2つの意見、1つの反対意見がある）。この判決を受けて、平成28年に733条が改正され、再婚禁止期間は100日に短縮された。もっとも、100日といえども女性の再婚を禁止することが合理的かが問題となる。離婚した女性の再婚を禁止しても、女性が婚姻外で懐胎することは防げないのであり、再婚を禁止することは、その場合に生まれてくる子が非嫡出子となることを意味する。生まれてくる子に対する間接的な制裁となるような再婚禁止期間は適当ではないであろう。また、父性推定の重複、父親の確定困難という点については、現在ではDNAの鑑定で父親を確定することは容易であるから、この点からも女性の再婚禁止を正当化することは難しい。したがって、より抜本的な改正が必要である。因みに、ドイツ民法は1998年に、それまであった女性の再婚禁止期間の規定を削除し、前婚が夫の死亡で解消した場合に妻が再婚したことで父性の推定が重複する場合には、後の婚姻の子と推定する規定をもうけて解決している（ドイツ民法1593条）。また、前婚が離婚で解消した場合には、父を定める裁判で決定する（ドイツ民法1600d条）。

　立法当初においては、単なる理想を謳ったもので、現実に法律の議論で使われることは少ないと思われていた「個人の尊厳」や「男女平等」であるが、着実に社会を変化させる原動力となっている。法を学ぶ者は、こうした変化に敏感でありたい。

〈**参考文献**〉 約款規制について、河上正二『約款規制の法理』（1988年）、消費者契約法について、同「『消費者契約法（仮称）』について」法学教室221号（1999年）、沖野眞已「『消費者契約法（仮称）』の一検討(1)～（7完）」NBL652号～658号（1998～99年）、市民社会ないし市民法については、川島武宜『所有権法の理論』（1949年）、コーイング（久保正幡=村上淳一訳）『近代法への歩み』（1969年）、民法の世界における個人の尊厳について、畑中久彌「民法における人の尊厳」個人の尊厳の誕生から現在まで（特集　人の「尊厳」と法秩序）法学セミナー 62巻5号（2017年）、人種差別に関しては、日本も批准している「人種差別撤廃条約 International Convention on the Elimination of All Forms of Racial Discrimination」（外務省のHP　http://www.mofa.go.jp/mofaj/gaiko/jinshu/conv_j.html を参照

第2編　総　　則

第1章　私　　権

第1節　法律関係・法規範・権利義務関係

(1)　**法律関係**　社会生活の中の全てが法の対象となるわけではなく、法の視点から見て重要な社会的事実だけが、法の適用される対象である。たとえば、ある者が物の所有権を相手方に移転する約束をし、相手方がその代金の支払い約束をする行為があると、民法はこれを重要な社会的事実（法律要件）であると考え、これに対して「売買」に関する「法規範」を適用して、「法律効果」を発生させる。その結果、売主と買主の間に「法律関係」が生じる。売主と買主の間を法的な関係として説明したものが「法律関係」だと言ってもよい。法律関係は、私法の領域では、一般には、当事者間の権利・義務で説明される。たとえば、売主と買主の法律関係は、売主が買主に対して代金請求権を有し（買主から見ると代金支払義務がある）、買主は売主に売買目的物の所有権移転請求権（売主から見ると所有権移転義務）、目的物の引渡請求権（売主の目的物移転義務）があるというように、である。法律関係は、私人と私人の関係として現れる場合だけでなく、埋蔵物を発見して所有権を取得する場合のように、人と物の関係として表れることもある。以上のような法律関係に対して、法が関心を示さない関係、たとえば、人と人の友人関係、大学の教室で一緒に授業を受けているクラスメート間の関係などは、単なる社会関係であり、法律関係ではない。

(2)　**法規範**　およそ社会規範は、社会構成員に対して、一定の行為をなすべきことを、要求・許容・禁止することを内容とする（オースティン(John Austin) の Command Theory）。法規範も社会規範であり、上記のことが当てはまるが、法規範の場合には次の特徴がある。

第1に、その適用範囲が限定されており、法的に重要な社会関係のみを対象としている。たとえば、婚姻関係や親子関係には法規範が適用され、

16　第2編　総　則

夫婦間あるいは親子間の権利・義務の関係が成立するが、友人関係などは法規範の対象とはならない（しかし、友人関係も社会規範や道徳規範の対象となることはある）。

第2に、法的に重要な社会的事実に対して適用される法規範は、その効果を法的な権利または義務（不利益）の形で表現する。たとえば、「売買」と法的に評価される行為があると、一方当事者に売主の権利または義務を与え、他方に買主の権利または義務を与えることを定めたルール（民法555条以下）が法規範である。あるいは、他人に損害を与える行為をした者には、その行為が「故意・過失」と評価される場合には、その損害を賠償する義務を負わせるというルール（民法709条）が法規範である。これらの法規範は、当事者の意思に関係なく適用される（ただし、当事者間の合意で法律関係を決めることができる私的自治の原則が支配する契約の世界では、当事者が別の取り決めをした場合にはその適用が排除される任意法規というものがある）。ちなみに、刑法の規範は権利義務という形式をとらないが、一定の行為の禁止を命じ、それに反する行為に対して不利益（刑罰）を課すという形をとる。

第3に、法規範に従わない行為には、一定の法的なサンクションが加えられる。民法の世界における法規範は、前述のように私人間に権利・義務を与える形をとるので、国家が直接介入してサンクションを加えるのではなく、当事者が権利の実現を求め、最終的には裁判所を通じて権利の実現が図られることによって、その権利に対応する義務を負う当事者が義務違反の責任（損害賠償など）を負うというサンクションが生じるにすぎない。

法規範については、難しい法哲学的な問題が多々があるが、民法の定める法規範を理解する上では次の点を指摘しておくにとどめたい。

まず、法規範の名宛人は誰であるか、すなわち法規範は誰に向けられ、誰がこれによって規律されるのか。法の紛争が最終的には裁判所で決着が付けられるという社会（司法権が確立している国家）では、法規範は裁判所が紛争を解決する基準として機能することが要請されるから、その名宛人は裁判所ということになる。そこで、法規範は**裁判規範**であると言われる。しかし、民主主義国家においては、法規範（法の命題）は、裁判規範であると同時に、社会構成員（私人だけでなく、行政も含まれる）を名宛人とする**行為規範**でもある。もっとも、法規範が私人の行為規範となるのは、私人

第1章 私 権 第1節 法律関係・法規範・権利義務関係 17

が法規範に従わないと裁判所で法規範に従った裁判がなされ、そこで不利益を課される可能があるからである。たとえば、売買契約を締結した買主が代金を支払わなければ、債務不履行（契約違反）の法的な責任（損害賠償責任）を問われるからである。

　次に、法規範は私人に対する行為規範としてであれ、裁判規範としてであれ、社会の構成員に知らされなければならない（ロック『市民政府論（岩波文庫版）』141頁）。これを「公知の原則（promulgation）」と呼ぶ。このことが要請されるのは、1つには「法の支配（rule of law）」の原理からであり（法哲学者 Andrei Marmor の理解。なお、この原理については、日本国憲法には明確には書かれていないが、憲法が前提としている思想といえるであろう）、もう1つには、自由を基調とする民主主義社会においては、私人の社会・経済的な生活にとって、予見可能性が重要であることから、適用される法規範が知られていることが要請されるという考え方からである。制定法は必ず公布されなければならない（日本国憲法には条文がないが、ドイツでは憲法（基本法）82条が公布の原則を定める）。もっとも、慣習法にはそもそも公布という行為がないが、慣習法はそれが適用される社会には知られていることが前提となっている。では、法の解釈や信義則の適用によって具体化された規範についてはどう考えるべきか。抽象的な法規範が裁判で具体的な事件を通じて具体化される場合には、具体化される最初の事件の当事者にとっては事前には「具体化された法規範」の内容は知らされていない。法の具体化（法の解釈）は、憲法によって裁判所に与えられた権限であるが、上に述べた「公知の原則」と緊張関係にあることを認識し、法の解釈や信義則の適用には一定の限界があると考えるべきであろう（「法の解釈」の限界について、能見「法律学・法解釈の基礎研究」星野先生古稀祝賀論文集上巻所収）。

　以上と関連して、法規範がどのような言語的な表現（条文）で公示されるべきかも重要な問題である。法規範が社会構成員の行為規範でもあるとしたら、裁判官や法律の専門家にしかわからないような言語的表現は望ましくなく、一般の私人（平均的な通常人）でもわかるような簡明・平易な表現を使うことが望ましい。フランス民法典は、一般の市民がわかるような言葉で作られることを目指したと言われている。曖昧さを排除するために、正確な言語的表現を用いることも必要であるが（曖昧さが多いと、法を適用す

る際に裁判官の恣意が入り込みやすく、これも避けなければならない）、それが高じると一般の私人には理解が困難な、行為規範としての目的を果たさない法規範になってしまう。

最後に、法規範と倫理規範（道徳）の関係である。この問題については、倫理規範によって法規範の正当化を図る立場（自然法の立場）と、法規範と倫理規範とを峻別する立場（法実証主義 legal positivism の立場。H.A.L.Hart に代表される）とがあるが、詳しくは、後述(4)で説明する（なお、Fuller と Hart の有名な論争がある）。

(3)　**社会規範と法規範**　　社会のいろいろな場面において、その社会構成員が、一定の場合に、一定の行動をとることが期待されており、それに従わないと一定の不利益（サンクション）を受けることがある。これが社会規範である。法規範も、前述の通り、社会規範の一種であるが、社会規範はもっと広く、法規範ではない行為規範を含んでいる。たとえば、ある村で秋祭りには全員が参加する慣例なのにそれに参加しない行為や、入社した社員が会社にサンダルを履いて出社する行為、大学で授業中に学生が食事をする行為などは、それぞれの場所的・人的範囲（部分社会）で前提とされている社会規範に反する行為であり、一定のサンクションを受ける。サンクションの内容は様々であり、村人の冷たい目（非難）であったり、会社からの注意であったり、退室処置であったりする。これらのサンクションは、それぞれの部分社会の中でのみ通用するものであり、法的なサンクションとは異なる。なお、慣習や慣行などの社会規範がその部分社会の構成員に一定の行為を要求し、それに従わないと一定のサンクションが加えられることが正当化される根拠は、どこにあるのであろうか。それが妥当する部分社会の構成員が明示的または黙示的にこれを承認している点に正当性の根拠があるとみるべきであろう。しかし、その内容が憲法からみて不適当（男女平等の原則に反するなど）な場合には勿論、民法の定める公序良俗の基準に反する場合には社会規範としての正当性の根拠が失われる。また、当該社会規範の違反に対する不利益が一定限度を超えたりするとかえって法によって許容されず、不利益を受けた者から不法行為を理由に損害賠償の請求が認められることもある（村八分などは違法とされ、不法行為となることがある）。社会規範に対して、法規範は、全ての社会構成員に妥当

する規範であり、国民の代表者で構成される国会で決定される点に正当性
の根拠がある。ただし、憲法に反してはならない。

　(4)　**倫理規範と法規範**　　倫理規範とは、「正義（justice）」ないし「道徳
（moral）」「倫理（ethics）」（倫理的な意味での正義）が人々に対して、一定の
場面で一定の行為をする（あるいは一定の行為をしない）ことを命じる規範で
ある。その命令に従わなかった人は、正義の観念から批判される。たとえ
ば、電車で身体の不自由な人が立っているときに、座席を譲ることは倫理
規範が命じるところであり、譲らないと倫理的に批判されることがあるが、
法的には何らサンクションはない。また、倫理規範は、それを共有する者
の間だけで通用する規範であり、座席を譲らなくても問題ないと考えてい
る人に対しては通用しない。

　倫理規範と法規範の関係については、両者を混同しないことが重要であ
る。次の点に注意すべきである。

　第1に、法規範の内容は、倫理規範を取り込むものではない。不当な差
別を禁止する憲法14条は、倫理規範としても存在しうる内容を定めている
が、やはり法規範であって、倫理規範ではない。

　第2に、法規範と倫理規範が全く無関係というわけではない。現実に存
在する法規範を倫理的な観点から批判することは可能であるし、望ましく
もある（その内容に賛成するか否かは、全く各人の自由である。死刑廃止論などを考
えよ）。特に、立法に際しては、どのような法律を立法すべきかをめぐっ
てあらゆる議論が許されるのであり、倫理的観点からの議論も当然できる。

　以上は、法規範と倫理規範を区別した上での両者の関係についての議論
であるが、他方で、法規範と倫理規範を区別しないことを主張する者もい
る。ナチス時代の法理論の中には、法規範を抽象的な言語的な命題（「……
の事実（要件事実）がある場合には、……の法律効果が生じる」）として理解する立
場（ケルゼンなど）をユダヤ的として批判し、法規範は具体的なナチスの共
同体思想という価値観を体現したものでなければならないとする見解が主
張された（カール・シュミット（加藤新平・田中成明訳）「法学的思惟の三種類」（1934年）
長尾龍一編『カールシュミット著作集Ⅰ』所収）。このような考えのもとでは、法規
範は同時にナチス的な倫理規範と一致することになる。これは、法規範の
中に特定の価値観が無限定で入り込むことを許すことになり、極めて危険

な考え方である。法規範と倫理規範は区別されるべきである（Holmes, The Path of the Law, 1897や Hart, Positivism and the separation of law and morals, 1958）。

　もっとも、現実には、法規範と倫理規範が区別しにくい場合がある。たとえば、裁判で「正当な理由」とか「信義誠実の原則」に従って権利の行使を認めたり、否定したりすることがある。一見すると、法の世界に倫理の問題が入り込んでいるようにも思える。しかし、これらは法的な観念として理解する必要がある。裁判において、「信義則」に基づいて、一定の義務・責任を認められた者がいたとしても、それは法的な効果（サンクション）が認められただけであって、裁判所がこの者を倫理的に非難をしているわけではない。また、故意・過失で他人に損害を与えた者は、被害者に対して損害賠償の責任を負うことが民法709条には規定されている。これは法規範である。裁判所が加害者の過失を認め、損害賠償を命じる判断をしても、これは法規範を適用した法的判断をしたにすぎない。倫理的な判断をしたわけではない。したがって、被害者は加害者に謝罪をしてもらいたいと考え、「判決で過失が認められたのだから、（内心の倫理的な問題として）謝罪せよ」というのは、法規範の問題と倫理規範の問題を混同している。逆に、裁判で過失が認められなくても、倫理的な非難が正当化されることがある。

　(5)　**権利と義務**　　一定の要件事実があると、一定の法的効果を認めるのが法規範であるが、法規範が認める法的効果は、一般に当事者間の法律関係に言及する形をとる（ＡＢ間に売買契約が締結されると、ＡＢ間に「売買契約の効果」が生じる）。そして、この法律関係は、当事者間の権利・義務に分解される（Ａの「売主の権利」、Ｂの「買主の権利」）。

　法律関係はこのような権利義務の複合体と考えられる。権利とは、法によって保障された生活上の利益を享受しうる地位であり、義務とは、権利に対応する法的拘束である。権利と義務とは、このように対応するのが通常であるが、近代的市民法は個人の自由を基本原理とすることから、権利だけを表面に出すのがならわしとなっている。

　法は、生活関係の当事者に権利を付与することによって、各人にその享受しうる生活上の利益を割り当てて、それを私人相互間でも尊重させるとともに、国家の権力によって擁護するという使命を果たすのである。

（6）　**私権**　　私法上の権利は、私権と呼ばれる。私権は、個人的生活関係において個人が私的利益を享受する地位であり、国民が公権力の主体に対して一定の利益を主張することのできる「公権」（例、参政権）と対照される。なお、私権と公権との中間に社会権とでも呼ぶべき権利（労働者の団結権など）が発生している。

第2節　私権に関する基本原則

1　公共の福祉

（1）　**「私権は、公共の福祉に適合しなければならない」**（1条1項）　　戦後の民法改正に際して追加された基本原則である。私権の内容も、私権の行使も、公共の福祉にそったものでなければならない、という意味である。もっとも、これは私権の理念を謳ったものであり、実際の事件の処理に本条項が使われることはまれである。

（2）　**立法の経緯**　　立法の際には、私権と公共の関係について国会でかなり議論された。昭和22年に開かれた戦後の第1回国会（衆議院・参議院）で、親族法・相続法の改正と一緒に民法の基本原則を民法の冒頭に設ける改正が行われた（「民法の一部を改正する法律」法律222号）。政府原案では、1条1項として「私権は総て公共の福祉の為に存す」とあった。しかし、これでは公共が主で個人の権利が従であるかのような印象を与え、全体主義的な理解がされるおそれがあり、それは憲法の精神に反するという議論がなされた結果、議会多数派（社会党・民主党・国民協同党）の提案に従って、現行条文のような改正案（「私権ハ公共ノ福祉ニ遵フ」）が可決された（その後、平成16年の民法の現代語化によって現在の表現になった）。その改正経緯からしても、公共の福祉の名のもとに個人の権利行使を制限することには慎重でなければならない。

（3）　**機能**　　裁判などで、公共の福祉に言及されるのは、第1に、特別法において個人の権利である所有権などに制限を加えることを正当化するために公共の福祉が使われる場合である。もっとも、これは民法というよりは憲法の問題である（憲法29条）。第2に、私人の権利行使が公共の福祉に反するとして否定される場合がある。しかし、権利行使は、後述する信

22　第2編　総　則

	政府原案	自由党	社会・民主・国協
1条1項	私権は総て公共の福祉の為に存す	私権は公共の福祉に反せざる限度に於いて存す	私権は公共の福祉に遵う
2項	権利の行使及び義務の履行は信義に従ひ誠実に之を為すことを要す	(同左)	(同左)
3項	————		権利の濫用は之を許さず
1条の2	本法は個人の尊厳と両性の平等とを旨として之を解釈すべし	(同左)	(同左)

義則や権利濫用禁止の原則によって制限すれば十分であり、それを越えて公共の福祉を理由に権利行使を直接制限することには慎重でなければならない。

＊　**民法1条の改正の経緯**　　第2次世界大戦後に開かれた第1回国会において「民法の一部を改正する法律」が審議された。その中心は親族編・相続編の改正であったが、民法全体の解釈指針として新憲法の精神にそった一般的原則を1条に設けることも課題であった。かなりの議論ののち、次のような理由で政府原案が修正され、社会・民主・国民協同の三党提案にそった改正提案が可決された。すなわち、政府原案に対しては、「公共の福祉のために私権が存在するものではない。私権は主であって、公共の福祉のために隷従するものではない。原案のごとく『私権ハ総テ公共ノ福祉ノ為ニ存ス』ということは本末を転倒するものであるのみならず、見方によっては、公共の福祉の名の下に基本的人権を無視して、これを犠牲にする虞れがあるのであるから、新憲法の下においてはかような法文を存置することは有害であって、許すべきものではない」という批判などがあった（第1回国会参議院本会議における司法委員会委員長による報告）。そこで各党から修正案が出された。社会・民主・国民協同の三党による修正案については、「この『遵フ』という意味(は)、……ともに存するとか、あるいは何々の線に沿うという意味であります。すなわち私権は公共の福祉の線に沿う、公共の福祉とともにある。公共の福祉と調和協同するという意味だと解釈しているのであります。かように修正いたしますことによりまして、私どもは国民の平和と幸福の増進のために、この私権が十分に保護

1）　最判昭和25・12・1民集4-12-625の原審判決は、上流にダムを作った発電会社のために、村民の流木権を制限するに際して、憲法13条の「公共の福祉」を援用する。

せられ、しかもそれが公共の福祉と調和する、そうして民主主義的な平和主義的な国民生活が、これによりまして完全に行われる」と説明された（第1回衆議院司法委員会議事録第50号（昭和22年10月27日））。なお、自由党も、「この原案を見ますると、……いかにも私権というものを制限する特別のイデオロギーから出ておるものと解釈せらるるの憂いをもっておるのであります。……そこで憲法第13条に則りまして、公共の福祉に反せざる限度において存するのだ、公共の福祉にさえ反せなかったならば、十分これを尊重せらるべきものだ、この意味を明らかにしたいと考えるのであります」として、「私権ハ公共ノ福祉ニ反セサル限度ニ於テ存ス」という修正案を出した（同上衆議院司法委員会議事録）。

〈参考文献〉 沖野眞已「契約の解釈に関する一考察(1)──フランス法を手がかりとして」法協109巻2号（1992年）

2 信義誠実の原則（信義則）

（1） **意義**　社会共同生活の一員として、互いに相手の信頼を裏切らないように誠意をもって行動することを要求するルールのことを信義誠実の原則という（我妻）。この用語は、ドイツ語の Treu und Glauben（ドイツ民法242条）の翻訳であるが、同様の概念はフランス法にもある（1804年のフランス民法1134条は bonne foi を規定する）。その後、2016年の大幅な民法改正によって、現在は1104条で規定。信義則の適用範囲も契約の履行の段階だけでなく、契約の交渉、成立段階に及ぶことが明記された）。日本の民法典の当初の規定にはなかったが、ドイツ法学の影響を受けた大正期ころから学説・判例（大判大正9・12・18民録26-1947）によって認められ（鳩山秀夫「債権法における信義誠実の原則(1)～（5完）」法協42巻1号・2号・5号・7号・8号（大正13年）、我妻栄「民法における『信義則』理念の進展」東大学術大観法学部篇（昭和17年）『債権法における信義誠実の原則』（昭和30年）所収）、戦後の民法改正に際して明文化された。

（2） **適用領域・機能**　**(a) 権利義務の具体化**　信義則は、その法理が形成された諸外国では、本来は、既に存在する権利・義務を具体化するものとされていた。すなわち、契約締結前の交渉段階で適用される原則ではなかった。そこで民法典も文言としては、「権利の行使及び義務の履行は、信義に従い誠実に行わなければならない」と規定している（1条2項）。これでもわが国の信義則の適用範囲は諸外国におけるよりも広い。すなわち、2016年改正前のフランス民法典は、信義則を「契約の履行」に関する原則として位置づけており、ドイツ民法はこれより若干広く「債務の履

行」に関する原則であるが、いずれも債権法に関する原則として位置づけている（現在では、ドイツ法でも、信義則の適用範囲が拡大している）。これに対して、日本の民法典では、債権法に限定するという領域的な限定はなく、「権利の行使及び義務の履行」全般に関する指導原理となっている（物権法や訴訟法の領域においても信義則が使われる）。信義則による権利義務の具体化の例は、たとえば、契約条項が一方の当事者に不当に不利益を与える場合に、その契約条項の効力を制限するというものである。また、被用者の不法行為によって損害を被った被害者に賠償した使用者（使用者責任（715条））から被用者に対する求償権の行使を制限するのにも信義則が適用される（最判昭和51・7・8民集30-7-689〔百選5版Ⅱ-82〕）。

　(b)　規範の創設　　信義則は、さらに、権利義務関係がないところに新たに規範を設定することにも使われている。たとえば、契約交渉中の当事者間においてはまだ契約が締結されていないのであるから、契約上の義務が発生しておらず、したがって、契約交渉中の一方当事者が契約交渉を中断して相手方の期待を害したとしても、契約違反の責任（債務不履行責任）は生じない。しかし、判例・学説は、「社会的接触関係に入った」当事者には「信義則上相手方の期待を不当に害しない義務」があるとし、十分な理由なく契約交渉を中断した場合に、「信義則上の義務」違反を理由として損害賠償責任を負わせる。同様の例として、契約関係に入ろうとする者に対して相手方がこれから締結される契約の重要な内容を説明しなかった場合に、信義則上の説明義務違反があったとして損害賠償責任を負わせる、というものがある。これらは、信義則によって新たに法的規範を創設するものといえよう。もっとも、「規範の創設」と「権利義務の具体化」の区別は困難なことが多い（信義則による不当条項の制限も、それまではなかった規範が信義則によって作られたために制限されたと見れば、「規範の創設」と言えなくもない）。

　信義則上の説明義務違反による責任の性質が不法行為責任なのか、契約責任なのか、それとも第3の責任なのか、につき議論がある。**最判平成23年4月22日**（民集65-3-1405〔百選7版Ⅱ-4事件〕）は、被告信用組合が財務状況が悪いのを隠して出資者から出資を募り、その後破綻したために出資金の返還を受けられなくなった出資者が、出資契約締結前の説明義務違反を理由

として損害賠償を求めた事案である。最高裁は、契約締結前の信義則上の説明義務を肯定したが、その説明義務違反による損害賠償責任は不法行為責任であるとして、3年の消滅時効を適用して原告出資者の請求を棄却した（判決は、「一方当事者が信義則上の説明義務に違反したために、相手方が本来であれば締結しなかったはずの契約を締結するに至り、損害を被った場合には、後に締結された契約は、上記説明義務の違反によって生じた結果と位置付けられるのであって、上記説明義務をもって上記契約に基づいて生じた義務であるということは、それを契約上の本来的な債務というか付随義務というかにかかわらず、一種の背理であるといわざるを得ない」という説明をする。千葉裁判官の補足意見は、この事案の解釈としては法廷意見に賛成しつつも、電気製品の販売業者が電気製品の販売に先立って製品の使用方法について適切な説明をしなかったような場合には、「締結された契約自体に付随する義務」の違反と見ることもでき、この場合には債務不履行責任と考える余地があるとする）。

　(c)　**法律行為の解釈基準**　契約などを解釈する際にも信義則に基づいてすべきことが主張されている（ドイツ民法157条は「契約の解釈は、取引慣行を考慮して、信義誠実の原則に従ってなされなければならない」と規定する）。しかし、契約当事者の合理的な意思を探求する作業（これが本来の意味の契約の解釈）と信義則を用いる解釈の区別ないし関係は不明確である。これについては契約解釈の方法論として後述する。

　(d)　**信義則から派生する諸原則・諸法理**　信義則を根拠にして、そこから派生する原則ないし法理が主張されることがある。これを網羅的に取り上げて説明することは数が多すぎて不可能であるので、以下では主なものをあげるにとどめる。

　　(i)　「権利濫用の禁止」（後に、3のところで詳述）　「権利濫用の禁止」は、権利行使の制限の場面で使われる法理である。信義則は、本来は契約関係ないし債権債務関係にある当事者間で適用される原則なので、契約関係にある一方の当事者が有する権利の行使が制限されるのは信義則の本来的な適用場面である。たとえば、債務者の軽微な不履行で債権者が契約を解除したり、賃貸人にとって実害がないのに賃借人による賃借権の無断譲渡や無断転貸を理由として解除することは、信義則に反するとして解除の効果が認められないことがある。これらは信義則で処理すれば十分で権利濫用として扱う必要がない。これに対して、契約関係にない者の間で

は信義則は本来適用されない。ここで使われるのが権利濫用の禁止である。たとえば、所有権者による物権的請求権の行使が権利濫用になるとして制限される場合である。しかし、日本では、判例・学説によって信義則の適用範囲が拡張され、契約関係にない場面でも適用されるので、所有権に基づく権利行使を制限する場合にも信義則の適用で処理できる。現在では、権利濫用の禁止は、信義則の具体化と考えればよい。

　　(ii)　「事情変更の原則」　　契約の前提となっていた前提条件や環境が変化した場合に、契約をその環境変化に適合させるために、信義則を根拠とする「事情変更の原則（clausula rebus sic stantibus）」が認められる。この原則が適用されると、その効果として、契約の改定または契約の解除が認められる。判例は、その法理自体は承認するものの、その適用の要件を厳しく絞っており、実際にこの法理を適用して、契約内容の変更を命じたり、契約の解除を認めることは多くない。借地借家法の規定する地代等増減請求権は、「事情変更の原則」を明文化したものである（借地借家11条）。

　　(iii)　付随義務　　契約で明確には合意されていないが、契約に付随する義務として契約内容に取り込まれ、その義務違反に対して損害賠償責任が認められる場合に使われる。

　付随義務を認める根拠は何かについては、①契約の解釈または②信義則が考えられる。契約に明示的に言及されていない義務を契約の解釈によって導くことができるならば、信義則を用いる必要はない。日本の裁判所は、合理的意思解釈と称して諸外国と比べると解釈で扱う範囲が広いので、契約の解釈として付随義務を導くことが多い。解釈では難しいと考えられるときに、信義則を援用して「信義則上の付随義務」に言及することがある。

　では、どのような場合に、信義則上の付随義務が認められるか。まず、契約成立前の段階で問題となる付随義務がある。契約はまだ成立していないから、契約の解釈でこれを導くのは難しい。契約締結前に、これから成立する契約の内容についての説明義務（投資を内容とする金融商品におけるリスクの程度、電気製品の使用方法についての説明義務など）がその具体例である。このような説明義務は、契約締結前に問題になるとしても、信義則上、契約に付随する義務と言ってよい（その義務違反は、債務不履行責任を発生させる）。次に、契約成立後の付随義務としては、雇用契約に伴う安全配慮義務があ

る（使用者が従業員の健康・身体の安全が図られる雇用環境を整備する義務であり、その義務が尽くされないために事故が起きて従業員が死亡・負傷した場合に、安全配慮義務違反の責任を使用者に問うことができる）。しかし、これは契約の解釈で導くことができ、信義則を援用する必要はない。さらに、契約終了後の付随義務としては、フランチャイズ契約などにおいて、契約終了後においても競合する仕事をしないことを内容とする義務が認められることがある。もっとも、これも多くの場合、契約で明記されているので、信義則を援用する必要がない。

　信義則上の付随義務が認められる場合に、その性質は何か。信義則によって「契約の付随義務」とされた場合には、当該義務は契約の中に取り込まれることになるので、契約上の義務であり、その違反に対しては債務不履行責任が生じる。その消滅時効も債権の一般の消滅時効が適用される（もっとも、前掲最判平成23・4・22は、契約締結前の説明義務違反を不法行為責任とみている）。

　　(iv)　忠実義務　　他人から、財産管理や事務処理を委託され、そのための一定の権限を与えられている者（事務処理者）は、その他人（事務委託者）のために、権限を行使する義務がある。これは、大きく分けると、①事務委託者に損害を与えないように注意を尽くす義務（善管注意義務。委任の受任者については民法644条、信託の受託者については信託法29条が規定）と②忠実義務（事務委託者の利益を図らなければならず、事務処理者が自分または第三者の利益を図ってはならないこと、競合行為をしてはならないことなどを内容とする。受託者については、信託法30〜32条が規定する。しかし、委任契約の受任者については明文の規定がない。また、会社の取締役については会社法355条に規定があるが、判例は、これを善管注意義務を明確にしたものととらえる。最(大)判昭和45・6・24民集24-6-625〔百選6版I-8〕）からなる。平成29年の民法改正の要綱を議論した法制審議会では、委任の受任者について忠実義務を規定する提案が出されたが、受任者にもいろいろあり、全ての受任者に忠実義務を負わせ、重い責任を課すのは適当でないという理由などで採用されなかった。しかし、代理人やその他の受任者が、与えられた裁量的権限の行使に際して、利益を取得する行為は、本人の同意がなければ許容させるべきではなく、たとえ本人に損害が生じていなくても、その得た利益をはき出す責任を負わせるべき

28　第2編　総　則

である。このような責任を負わせる忠実義務は、損害を賠償させる善管注意義務とは異なる機能を営む。忠実義務が明文で認められていない民法の領域においても、信義則を根拠に忠実義務を認めることができよう（そのような方向の議論として、姜雪蓮「信任義務（忠実義務）のドイツ法的構成」学習院大学大学院法学研究科法学論集22号（2015年）を参照）。

＊　**事情変更の原則の適用が争点となった裁判**　　学説・判例をまとめると、事情変更の原則については、①契約成立時に当事者が基礎とした事情に変更があったこと、②事情の変更が契約締結当時、当事者に予見不可能であったこと、③基礎事情の変更が当事者の責めに帰すべからざる事由によること、④事情変更の結果、当初の契約内容を維持することが信義則上著しく不当と認められること、が同原則適用の要件とされており、その効果としては、契約の解除権または契約内容変更権（契約改定交渉権が発生するという説もある）が発生するとされている。

　　売買契約を締結した後、履行期までの間に、売買目的物の市場価値が高騰し、代金と目的物の価値のバランスが崩れた場合については、下級審では解除または代金の増額変更を認めるものがある（大阪地判昭和34・8・29下民10-8-1812は、昭和23年の契約時には土地価格坪550円だったのが、買主の履行遅滞中に坪2万円に高騰したので、売主からの解除を肯定。東京地判昭和34・11・26判時210-27は、昭和19年に坪50円の土地売買契約締結、その後坪数確定時には100倍に値上がりした場合に、売主からの解除を認める。札幌地判昭和51・7・30判時851-222は、売買代金の増額変更を認める）。しかし、最判昭和26・2・6民集5-3-36は、家屋価格が高騰した場合に、売主からの解除を否定した。また、代物弁済予約において代物弁済の目的物の価格が予想外の事情で高騰した後に予約完結権が行使された場合には事情変更の原則の適用を否定する判例がある（最判昭和31・5・25民集10-5-566など）。さらに、貨幣価値の減少によって金銭債権の価値が実質的に下落した場合については、金銭の価値にかかわる問題であり、政策的考慮も加わり、事情変更の原則の適用を否定する（最判昭和36・6・20民集15-6-1602（昭和9年の20円勧業債が昭和32年に償還される場合の増額評価を否定）。事情変更の原則を適用して、当事者の利益のバランスの回復を図ることに対しては、裁判所は一般に慎重である。

　　最判平成9年7月1日民集51巻6号2452頁〔百選7版Ⅱ-45事件〕は、ゴルフ場の土砂崩壊などで復旧に多額の費用がかかったために、ゴルフ場経営会社が会員に追加預託金の支払いを求めたところ、これを拒否した会員から、会員資格を有することの確認を求めた訴訟である。被告のゴルフ場経営者は、事情変更の原則を援用して、地盤崩壊で予想外に多額の費用が掛かったので、預託金の追加支払いに応じることなく、施設の優先的優待的利用権を主張することはできないと反論した。原審は、会社側の主張を認めたが、最高裁は、事情変更の原則が存在することを承認しつつも、「事情変更の原則を適用するためには、契約締結後の事情の変更が、当事

者にとって予見することができず、かつ、当事者の責めに帰することのできない事由によって生じたものであることが必要」であるとし、この要件が本件では充たされていないとして、適用を否定した。預託金会員制のゴルフクラブにおいて、会員数の減少、会員権価格の下落などによって経営が苦しくなったために、会員からの預託金返還請求に対して、クラブ側がこれを拒む理由として事情変更の原則を援用する紛争が多発しているが、裁判所は、事情変更の原則を適用すべき要件が認められないとして否定することが多い（たとえば、東京高判平成11・5・26東高時報50-1=12-6）。

〈**参考文献**〉 好美清光「信義則の機能について」一橋論叢47巻2号（1959年）、内田貴「現代契約法の新たな展開と一般条項」NBL514号―517号（1993年）

3 権利濫用の禁止

（1）**意義**　権利の行使の結果として他人に損害を与えることがあっても、原則として責任を負うことはない。たとえば、土地の所有者が地下水利用のために井戸を掘ったことで近隣の地下水利用者に損害を与えたとしても、その行為は原則として違法ではない。あるいは、債権者が債務者との契約で合意した担保権を実行することは、たとえ債務者にとって苛酷であっても、原則として正当な権利行使として許される。しかし、権利の行使といえども、それが権利の濫用と評価されるような場合には、権利行使は違法となり、制限される。

（2）**立法の経緯**　明文がなかった昭和22年以前においても、判例・学説においてこの法理は認められていたが、昭和22年の民法改正の際に、これを明文化し、「権利の濫用は之を許さず」という条文が新設された（1条3項）。政府の原案では、信義則に関する規定があれば権利濫用禁止の規定は不要だとして置かれていなかったが、社会党・民主党・国民協同党の修正案によって追加された。信義則の規定があっても権利濫用禁止の法理が必要となる場面もあるかもしれないし、信義則の規定とともに権利濫用禁止の規定を設けている国（ドイツ）もあるということを理由に挙げているが、それ以上の深い議論はなかった。日本では信義則の適用範囲が広く解されているが、本来、信義則は、契約関係にある当事者間において認められる原則であるから、所有権に基づいて占有者に対して妨害排除請求権を行使する場合などには適用がない。そこで、このような場面で権利濫用禁止の法理が必要となる。しかし、所有権の行使などについても信義則が適

30 第2編 総 則

用されると考えると（通説）、権利濫用禁止の法理が必要な場面は想定しにくい。この規定は、諸外国の類似規定と比較すると、その範囲が広い点に特徴がある。すなわち、ドイツ民法では、他人を害する目的のみから権利行使をする場合（これをシカーネ（Schikane）という）を権利濫用として禁止している（ドイツ民法226条）のに対して、わが国の権利濫用禁止の規定は、そのような限定的な立場をとっておらず、広く客観的な判断から権利濫用を禁止している。比較的わが国の立場に近い規定を有するスイス民法典でも「明白な濫用」（スイス民法2条2項）に限定しており、わが国はこれよりも広い。

(3) **権利濫用の要件** (a) **主観的要素と客観的要素** 判例で展開されてきた権利濫用禁止の法理は、当初はドイツ法の影響もあって、加害意思・加害目的をもってする権利行使のみを権利濫用として禁止していたが（東京控判明治40・6・6法曹記事17-6-70）、やがて同法理は私権間の権利調整の要素を加味し、その成否の判断も客観的要素（当事者間の利益状況の比較）と主観的要素（害意）の両方の視点から行われるようになった。[2] しかし、学説では、権利濫用の法理を、個人の権利を社会共同生活の利益の観点から制限する法理として理解するものが有力となった（鳩山、末川）。権利の社会性を強調するこの立場は、戦後の民法改正の際に、公共の福祉の観点から私権を制限しようとする立場に連なるものである。政府原案にあった「私権は総て公共の福祉の為に存す」という規定もこのような考えの現われである。しかし、このような理解は日本国憲法の立場と整合的でないとの理由から修正され、前述のように、公共の福祉を理由とする私権制限は後退した。その代わりに、「権利の濫用は之を許さず」という規定が追加された。実質的に権利行使を広く制限することを可能にする規定が残ったといえよう。

(b) 戦後の判例は、権利の行使によって実現される権利者個人の利益とそれが相手方または社会全体に及ぼす害悪との比較衡量、という客観的な判断基準を重視する傾向を示している。これに対しては、客観的利益衡

---

2) **大判昭和10・10・5民集14-1965〔百選7版Ⅰ-1〕〔宇奈月温泉事件〕**は、そのような判例の代表であり、これにより権利濫用法理が確立したといわれる。

量を重視しすぎると、多数（公共）の利益ないし強者の利益が常に勝つことになり適当でないという反省がされている（幾代、四宮旧版）。たとえば、多数人が利用する空港やその他の公共施設に対して、被害を受ける近隣の住民が自己の権利が侵害されていることを理由に権利行使を求めたり、損害賠償を求める行為は、客観的利益衡量を重視する立場では権利濫用とされてしまうおそれが高いが[3]、それは適当でない。主観的要素をも考慮し、権利行使者が加害目的を有しないことは、権利濫用の判断において考慮すべきである（加害目的がないので、権利濫用とまではいえないという判断がされる可能性がでてくる）。

(4) **効果**　外形上は権利の行使と見える行為が権利の濫用とされた場合には、次のような効果を生じる。

(a)　権利の行使が濫用となる場合には、権利行使の効果が生じない。たとえば、所有権に基づく妨害排除請求が権利濫用となるときは、所有権の行使自体が認められないし（前掲注2）大判昭和10・10・5〔宇奈月温泉事件〕）、解除権の行使が濫用となる場合には、解除の効果が生じない。また、時効の援用が権利の濫用となる場合には、時効を援用できない[4]。

(b)　権利の行使が濫用となる場合に、その行為によって相手方の利益を害しているときは、権利行使者に不法行為による損害賠償の責任が生じる（民法709条）。相手方からの差止請求（妨害排除）が認められる場合もある。具体的には、土地所有者による行為が、近隣の生活妨害となったり、公害となったりする場合（**大判大正8・3・3民録25-356〔百選7版Ⅰ-2〕）〔信玄公旗掛松事件**〕、建築物が隣人の日照を害する場合（最判昭和47・6・27民集26-5-1067）、地下水汲み上げによって隣地の地下水利用者に損害を与える場合（大判昭和13・6・28新聞4301-12）などがある。

(5) **権利濫用の機能**　権利濫用の法理は、一般条項として、制定法の硬直さを緩和し、裁判基準の創造を可能にする機能を有する。この点で、信義則と類似する。

3）　賃貸人からの飛行場敷地返還請求を退けた最判昭和40・3・9民集19-2-233〔板付飛行場事件〕、土地所有者からその所有地上に無断で敷設した鉄道線路の撤去請求を退けた大判昭和13・10・26民集17-2057〔高知鉄道線路撤去請求事件〕。

4）　**最判昭和51・5・25民集30-4-554〔百選5版Ⅰ-2〕**は、信義則違反も理由とする。

第2章　私権の主体

第1節　序　　説

　近代法の権利義務関係は、「人」（権利義務の主体）、「物」（権利の客体）、「行為」（権利義務を発生させる取引など）の要素に分解することができる。ここで最初に扱うのは、「人」、すなわち「権利義務の主体」である。民法の「人」に関する基本的視点は、第1に、自然人に関して対等で平等の原則を徹底することである（「権利能力平等の原則」）。これによって、人は、法的な権利義務の帰属点としては、具体的な人間としてではなく（具体的な人間を想定すると格差が表面化する危険がある）、抽象的な存在としてとらえられるようになる。これが「法人格」という概念の成立を可能にする。第2に、しかし、民法は具体的な人間像を全く捨象してしまったわけではなく、たとえば、判断能力の不十分な者を保護するための特別の制度を設けている（未成年者・成年被後見人・被保佐人・被補助人の「行為能力」を制限することで保護）。また、民法典にはなく、消費者契約法の中に規定されている概念であるが、「消費者」や「事業者」という具体的な人を想定し、その間の知識・経験などの格差を考慮して、「消費者」を保護することがなされている（諸外国ではドイツ民法典のように、民法典の中で「消費者」「事業者」を規律するところもある）（前述6頁参照）。第3に、自然人以外に何が権利義務の主体となりうるか、という視点から、法人制度（社団・財団）が設けられている。人の集団（社団）や財産の集合体（財団）も、一定の手続を経て権利義務の主体となりうる。法人制度は社会・経済の発展に不可欠だが、団体的規律によって個人（団体構成員）の自由が制約される側面があることを認識することも重要である。また、「法人」には、解散や合併という特殊な法人格消滅原因があるが、他面で、死亡ということがないので、解散事由が生じないかぎり、永久に存続するという特殊性がある。ここから、個人と法人の不均衡という問題が生じうることにも注意する必要がある（個人の財産は、

相続の度に、遺産分割や相続税の支払いなどのために減少するが、法人には相続がないので、個人の場合のような減り方をしない。これによって法人に土地などの財産が集中・蓄積されるとすると問題がある）。

第2節　自然人

第1款　権利能力

1　権利能力の意義

　権利能力とは、権利・義務の主体となりうる資格である。たとえば、土地や建物の所有者になることができる資格が権利能力である。民法3条1項は、「私権の享有は、出生に始まる」と規定することで、人間（自然人）が出生によって当然に権利能力を取得することを定めた。すべての人間（自然人）が完全かつ平等な権利能力を有するという近代法の原則は、直接的な形ではここに明言されていないが、現代の社会においては当然に認められる原則として前提とされており、その上で権利能力の始点を規定したのが本条である（なお、本条成立までの経緯については、前述9頁以下参照）。

　　＊　**完全かつ平等な権利能力**　　この原則には2つの側面がある。第1の側面は、人
　　間であれば誰でも完全かつ平等な権利能力を有することである。赤ん坊は、自分で
　　は取引をすることはできないが、親が代理することで、物の所有権を取得すること
　　ができる。その意味で、赤ん坊も、完全かつ平等な権利能力を有する。第2の側面
　　は、人間以外は権利能力を有しないということである。いくら自分のペットの猫を
　　かわいがっていても、遺言で猫に財産を与えることはできない。猫は人間ではなく、
　　権利能力を有しないからである。これまではもっぱら第1の側面における「権利能
　　力の完全・平等の原則」が語られてきた。現在では規定することもないほど当然の
　　この原則も、近代以前の社会ではそうではなかった。人の身分によって取得できる
　　権利に制限があるのがむしろ一般であった。古代ギリシャの都市国家（アテネなど）
　　では奴隷制度があり、奴隷は権利・義務の主体になりえなかった。そこまで時代を
　　遡らなくても、中世のドイツでは貴族の土地は、貴族の身分を有する者しか所有で
　　きず、一般市民・農民はこれを購入して所有者になることができなかった。その意
　　味で、一般市民・農民の権利の主体となりうる資格（権利能力）が制限されていた
　　わけである。このような不平等・不完全な権利能力を廃止し、すべての人間に完全
　　かつ平等な権利能力を認めることを主張したのが近代自然法学者や啓蒙主義の哲学
　　者たちであった（たとえば、ジョン・ロックの『市民政府論』）。そして、これらの思

34 第2編 総 則

想の影響のもとで成立した諸法典において権利能力の完全・平等の原則が確立する。たとえば、1804年のフランス民法典では、「すべてのフランス人は私権を享有する」（8条）、1811年のオーストリア民法典では「すべての人は、生まれながらの、理性のみによって当然に認められる権利を享受し、したがって法人格ある者とみなされる。奴隷または農奴、およびこれらに関わる権力の行使は、本諸邦（注・オーストリア＝ハンガリア帝国を構成する諸邦のこと）においては許さない」（16条）、などといった規定が設けられた。

　最近、「権利能力の完全・平等の原則」の第2の側面が若干議論されている。たとえば、裁判で原告となる資格（原告適格）の有無に関してであるが、アマミノクロウサギを原告とするゴルフ場開発許可取消しの訴えの適法性が問題となったことがある。訴えは却下されたが（鹿児島地判平成13・1・22〔環境法判例百選2版-81〕）、環境訴訟において誰に原告適格があるかという問題としてまじめに議論すべきである。アメリカでは、動物を原告として訴えを提起することも認められており、環境訴訟として一定の役割を果たしている（参考文献参照）。また、将来深刻な問題となりうるものとしては、科学の進歩によって「クローン人間」などが可能となり、人とそれ以外のものとの境が問われるようになることがあげられる。

〈**参考文献**〉　能見善久「人の権利能力──平等と差別の法的構造・序説」平井宜雄先生古稀記念『民法学における法と政策』（2007年）所収、星野英一「私法における人間──民法財産法を中心として」岩波講座・基本法学1（1983年）、エールリッヒ（川島武宜＝三藤正訳）『権利能力論』（1941年訳）、山村恒年＝関根孝道編『自然の権利』（1996年）、Christopher D.Stone, Should trees have standings? (1972), Roderick F.Nash, The rights of nature (1989)

2　権利能力の始期

　人間は、いつの時点から権利・義務の主体になることができるか（実際は権利について問題となる）、という問題である。<u>出生によって権利・義務の主体となる資格を取得するのが民法の原則である</u>が（3条1項）、相続などいくつかの重要な問題に関しては、胎児についての例外が定められている。

　(1)　**出生の時点**　　出生は時間がかかるものであり、出生過程のどの時点をもって出生とするかについては、民法はなんら規定していない。そこで、権利能力制度の趣旨・目的を考えながら、決めなければならない。刑法では、堕胎罪（212条）と殺人罪（199条）とを区別する基準として出生があったか否かが問題とされ、母体から一部露出することで出生があったとされる（大判大正8・12・13刑録25-1367）（刑法は侵害を防ぐという観点から早くなる傾向がある）。民法では、相続などの法律問題を考えたときに、出生児にどの時

点から権利・義務の主体としての地位を与えるのが適当か、という観点から判断することになる。その結果、刑法におけるよりも後の時点の、生きて母体から完全に分離した時（全部露出説）と、さらに独立の呼吸を始めるにいたった時（独立呼吸説）の、どちらを出生の基準とすべきかが、争われている。

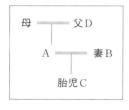

出生の時期をどのような基準で判断するかは、相続関係者の利害に影響する。たとえば、Aが妻Bと胎児Cと父親Dを残して死亡した場合に（〈図〉参照）、(i)その胎児Cが生きて生まれた直後に死亡したのであれば、Aを相続するのは、妻Bと胎児Cであるが（886条1項・887条1項・890条）（そして生まれた子Cがすぐに死亡すれば、いったん子Cが相続したAの財産は、結局すべてBのところに行く）、(ii)胎児Cが死んで生まれたときは、妻Bと父親Dが相続人となる（886条2項・889条1項1号・890条）。結論として、全部露出説（分離説）が適当である。すなわち、胎児が母体から完全に分離した時点で、独立の呼吸をしていなくても、少しでも生存の徴表を示す場合には、生きて生まれたと扱うのが適当であろう（出産における母子の健康という観点からではあるが、世界保健機関（WHO）は1950年の Health statistics において、次のように定義した：「出生（LIVE BIRTH）とは、……受胎生成物が母体から完全に排出または娩出された場合で、それが母胎からの分離後、……呼吸している場合または心臓の拍動……のような生命の証拠のいずれかを表す場合である」。アメリカではルイジアナ州など、これに従うものが多い。Louisiana Revised Statutes §40：32）。全部露出説によれば、結果的に、その子を中心として、より近い関係にある者を保護することになる（妻Bを父Dよりも保護する）。

　(2)　**出生の証明**　　人の出生の時期（年月日）を後から証明する場合には、戸籍簿の記載は有力な証拠となる。しかし、それは実体関係を左右するものではなく、したがって、戸籍簿の記載が事実と異なっている場合に、医師・助産師等の証明でこれを動かすことが可能である。

　(3)　**胎児**　　(a)　胎児はまだ生まれていないから、出生が権利能力の始期であるという原則（3条1項）からすると、本来権利能力を有しない。したがって、父が死亡した時点で胎児であると、胎児は父を相続できないこ

とになる。しかし、やがて生まれることが予想されており、また、父の死後生まれても親子関係は認められるのに（嫡出子について772条。また、戦時中の1942年に設けられた787条（旧835条）の死後認知も、父の死後生まれた子からの訴えを主に想定していた）、相続ができないというのは適当でない。胎児が相続できないとなると、同じく父の子でありながら、父が死亡した時点で既に出生している子は相続し、まだ出生していなかった胎児は相続しないことになり、不公平が際立つ。そこで、各国とも、なんらかの形で、胎児を既に出生している子と同様に扱うこととしている。すべての法律関係において胎児を既に生まれたものとみなす「一般主義」（スイス民法31条2項は「子は、生きて生まれてくることを条件として、出生前において権利能力を有する」と規定するが、適用範囲が明確でない）と、相続など個別の法律関係においてのみ胎児を既に生まれたものとみなす「個別主義」（フランス民法、ドイツ民法など）の立場がある。民法は、適用範囲の明確な「個別主義」をとっている。すなわち、不法行為の損害賠償請求（721条）と相続（886条）・遺贈（965条）において、「胎児は、……既に生まれたものとみなす」としている。いずれの場合も、文言上は明らかではないが、生きて生まれてくることが必要である。

　(b)　胎児が一定の法律関係において例外的に生まれたものと扱われるとして、その具体的な意味については議論がある。判例は、不法行為の損害賠償請求権の取得に関してであるが（721条）、胎児は胎児である間に権利能力を取得するのではなく（〈図〉のpからrの間）、生きて生まれてきた場合に、遡って権利能力があったものとみなされるとしている（大判昭和7・10・6民集11-2023〔百選6版Ⅰ-3〕〔阪神電鉄事件〕）。したがって、胎児である間は権利能力がないので、母が胎児を代理して積極的な行為をすることはできない。すなわち母Xは、胎児Zを代理して損害賠償請求の訴えを提起したり、加害者と和解などをすることができない（代理行為を認めるには、代理

される本人に権利能力がなければならない）。これらの積極的行為をするには、胎児Ｚが出生するまで待っていなければならないことになる。

　相続についても同様に考えると、たとえば、父Ａが死亡した時点で胎児であった者Ｚは、生きて生まれてきた場合には、遡って父を相続した扱いを受ける。胎児である間は、胎児は相続や遺産分割に関与できない。しかし、後に相続人になる胎児Ｚを除くと、Ａの相続人が配偶者Ｂと弟Ｃだという場合に、ＢＣがその相続分に応じて相続するという扱いをするのは適当でない。なぜなら、ＢＣが法定相続分（妻Ｂ：弟Ｃ＝３：１）に応じてＡの所有していた不動産について相続登記をして、弟Ｃが第三者にその持分譲渡の登記をしてしまう可能性があるからである（Ｚが生きて生まれてくると、弟Ｃは相続できなかったことになるので、弟の共有持分の登記は無効であり、第三者も弟Ｃから不動産の権利を取得できないのであるが、それでも弟Ｃが事実上持分譲渡ができてしまうことが問題である）。登記実務上は、胎児Ｚが相続権を有するものとして、ＺＢの共同相続登記ができるとされている（明治31・10・19民刑1406号回答。Ｚの母Ｂが登記申請する。権利者はＢと「亡Ａ妻Ｂ胎児」と記載される）。これは、阪神電鉄事件の判例の立場と矛盾するようだが、相続人（相続人となることが予定されている胎児を含む）の利益を守る保存行為としての相続登記について、その利用範囲を広げたものにすぎず、このような登記ができるとしても、胎児自身の権利能力を認めたものと理解すべきではない。

　＊　阪神電鉄事件と不法行為に関する胎児の権利能力　　この事件は、Ｘ女とＺ（Ｘ女とＡ男の間の子）が、Ａ男がＹ電鉄会社の過失によって事故死したことによる損害賠償を請求した事件である。ＡとＸは内縁関係にある男女で、婚姻届出を出す予定であったが、その直前にＡが事故死した。そこで、Ｘは事実上の妻としてＡから扶養を受ける地位にあったところ、事故でその地位を失ったとして、そのことによる財産的損害の賠償および慰謝料を請求した。また、Ｚは事故当時胎児であったが、やはりＡの死亡によって受けられるはずであった扶養料を失ったとして、財産的損害の賠償を請求した。Ｙ側は、Ｘらの被侵害利益を争ったほか、仮にＸ・Ｚに損害賠償請求権があったとしても、Ａの実父Ｆが全ての親族を代表してＹと示談して賠償金を受領したから、Ｘらは賠償請求できないと争った。争点の１つが、Ｚが胎児である間に母ＸがＺを代理して示談に合意したことが有効か否かであった。

　⑴　**前提問題（721条と886条の関係）**　　886条が適用される場合であれば、嫡出子となる胎児は父自身の損害賠償請求権の相続について「既に生まれたものとみな」されるので、721条を使うことなく、事故当時（Ａ死亡時）に胎児であった者に損害

38 第2編 総 則

賠償請求権を帰属させることができる。しかし、この事件のZは非嫡出子であったので、父の認知がないと相続権が発生しなかった（しかも当時は死後認知（787条）の制度がなかった）。そこで、胎児であったZがAの死亡を理由とする損害賠償請求権を取得するには、721条を援用して胎児であるZが「損害賠償の請求権については、既に生まれたものとみな」されるとして、①扶養権侵害を理由とする財産的損害の賠償請求の主張、②慰謝料については遺族固有の慰謝料請求権（711条）の主張をする必要があったのである。

　(2)　Zが胎児である間の法的地位　　Zが胎児である間に母によってなされた代理行為の効力が問題となるが、仮に、母に代理権があったとしても、胎児にその時点で権利能力がなければ、代理行為は有効となる余地がない。では、721条によって「生まれたものとみなされる」結果、胎児の出生前の権利能力はどうなるのか。解除条件説は、胎児中でも胎児の権利能力を認め（したがって、胎児を代理できる者がいれば代理行為もできる）、生きて生まれてこなかった場合（解除条件の成就）には、権利能力がなかったものとする。これに対して、停止条件説は、胎児である間に権利能力を認めるわけではなく、生きて生まれてきた場合（停止条件の成就）に、損害賠償請求権の取得に必要な限りで権利能力を行為時（損害賠償請求権発生時）まで遡及させる。判例の立場も停止条件説と言われており、この事件でも「民法ハ胎児ハ損害賠償請求権ニ付キ既ニ生レタルモノト看做シタルモ右ハ胎児カ不法行為ノアリタル後生キテ生レタル場合ニ不法行為ニ因ル損害賠償請求権ノ取得ニ付キテハ出生ノ時ニ遡リテ権利能力アリタルモノト看做サルヘシト云フニ止マリ胎児ニ対シ此ノ請求権ヲ出生前ニ於テ処分シ得ヘキ能力ヲ与ヘントスルノ主旨ニアラ」ず、と判示している（判決文中の「出生ノ時ニ遡リテ権利能力アリタルモノト看做サルヘシ」という部分が、権利能力がどの時点まで遡及するかということを言おうとしているならば、「出生ノ時」ではなく「不法行為ノ時」でないとおかしい。しかし、この文の「遡リテ」は「出生ノ時ニ」にかかるものとして読むのではなく、「出生ノ時ニ、遡リテ権利能力アリタルモノト、看做サルヘシ」というように読むのかもしれない）。判決の趣旨は、胎児に損害賠償請求権を取得させる目的のためだけに権利能力を遡及させるが、出生前に権利能力までは与えられない、ということであろう。

＊＊　**出生前の権利侵害（民法721条の適用範囲）**　　民法721条は、「胎児は、損害賠償の請求権については、既に生まれたものとみなす」と規定することで、①損害賠償請求権が、胎児に権利能力がなくてもその胎児に帰属することを直接的には規定しているが、②民法709条の問題としては、不法行為が成立するための前提となる被侵害権利ないし法的利益についてはどう考えるのかという問題が別にある。被侵害利益ないし法的利益も胎児に帰属しているという扱いをするのか、という問題である。これを肯定しないと、胎児に損害賠償請求権が帰属することの説明が困難である。阪神電鉄事件では、胎児Zには、胎児である間は権利能力がないが、将来の扶養請求権が帰属しているとみなし、その侵害による損害賠償請求権も胎児に帰属

するという扱いをしていると考えることができる。

　このように、721条が胎児について、出生前の被侵害利益の帰属を認めているという理解をすると、721条は、かなり広い適用範囲を有することになる。たとえば、母が受けた加害によって胎児も健康被害を受け、障害や病弱性をもって生まれてきた場合や胎児の名誉が毀損された場合などに、721条で胎児に対する不法行為を肯定し、生きて生まれた子に損害賠償請求権を認めることが可能となる（民法の起草者たちは、これらの場合を肯定する。ただし、生きて生まれてこないとこれらの不法行為は認められない。最近の判例は、医療過誤で出産過程で胎児に健康被害を与えた場合に、生きて生まれてくれば、逸失利益の賠償を認めるが、死産の場合にはこれを認めず、親の精神的損害の賠償を認めるにすぎない）。外国（アメリカの多くの州）では、胎児自身の権利（fetal rights）を認める立場から、胎児に対する加害行為でその胎児が死亡した場合にも、その両親などに胎児が取得した損害賠償請求権を与える立法ないし判例法がある。胎児自身の権利を認めるこの立場は、堕胎をどう扱うかという難しい問題にぶつかる（胎児自身に帰属する権利の中に、胎児の「生きる権利（right to life）」が含まれるというのは、この立場からは自然に導かれる）。

＊＊＊　**受精卵（胚）は胎児か**　　生命科学の発達は、従来の法律学が予想もしなかった新しい問題を提起する。その1つに、受精卵の保存や、卵子・精子の保存という問題がある。人工授精の一方法として排卵誘発剤などを使って多数の卵子を母体から取り出し、母体外で人工的に受精させ、受精卵を再び母体に戻す医療技術が確立している（体外受精、IVF（In Vitro Fertilisation））。母体に戻された受精卵が着床した場合には、それが胎児であることに疑問はないが、母体外で保存されている受精卵は法律的にどのような扱いを受けるべきか。母体に戻す前に精子の提供者（父親）が死亡し、その後に受精卵が母体に戻されて着床し、やがて生まれた子は父親を相続できるのか。受精卵は胎児でないということになれば、父死亡時に胎児でもなかった受精卵には相続権はないことになる（胎児に関する例外規定を拡張的に類推適用する余地がないではないが）。IVFの方法による受精卵は、着床が失敗したときのためのことを考えて複数つくられることがあり、これを凍結して保存する技術も確立しているので、これを使うと父死亡後に胎児となり出生する子（死後懐胎子などと呼ばれる）が生じることがある。この場合に、子に父との親子関係を認めることができるか、父の死亡による相続を認めるかなどが問題となる。**最判平成18・9・4民集60-7-2563**〔百選7版Ⅲ-33事件〕は、凍結精子によって男性の死後生まれた子からの死後認知請求を否定し、父子関係の成立を認めない。現行の民法の規定では相続権を認めるのは難しいが、父子関係は認めるべきであろう（父の血族との間でも血族関係が生じる）。父の死後に受精卵を母体に着床させることは望ましくはないかもしれないが、生殖医療の行為規範（倫理基準）の確立・遵守の問題と生まれた子の保護は別に考えるべきである。子に「罰」を与えるような思考方法はやめるべきである。

40 第 2 編 総　則

〈参考文献〉　石井美智子「生と死」ジュリスト1126号（1998年）、大村敦志「人口生殖論議と『立法学』」『法源・解釈・民法学』所収（1995年）、橳島次郎「フランス『生命倫理法』の全体像」外国の立法33巻2号（1994年）、総合研究開発機構＝川井健編『生命科学の発展と法──生命倫理法試案』（2000年）、K. Savell, Is the 'Born Alive' Rule Outdated and Indefensible?, 28 Sydney L. Rev. 625（2006）

3　権利能力の終期

(1)　**死亡による終了**　　自然人の権利能力は死亡によって終了する。死亡したか否か、およびその時期は、いろいろな法律関係に影響する（特に相続関係が重要）。

(2)　**死の概念とその判断基準**　　伝統的な心臓死を前提とする場合には、脈拍停止、呼吸停止、瞳孔散大の3徴候で死を判断してきた。しかし、最近では、脳死をもって人の死とする考え方が主張されるようになってきたため、死とは何か、それをどのように判定するか、が議論されている。1997年にいわゆる臓器移植法が成立し、脳死した者からの臓器移植ができるようになったが、死を一般的に定義することはしなかったところ、2009年に死とは脳死を含むという一般的な考え方を前提にした法改正（法律83号）が行われた。しかし、脳死を含めると、死の概念に幅があることになり（選択可能性があると言ってもよい）、死亡の時間的順序が問題となる相続などの場面でどのように扱われるべきか、問題が残されている。

〈参考文献〉　伊東研祐「『死』の概念」ジュリスト1121号（1997年）

(3)　**死亡の証明とその証明の困難を救う制度**　　死亡は、医師の死亡診断書または死体検案書によって認定される。それが得られないときは、「死亡の事実を証すべき書面」（死亡目撃者の事実陳述書）によって確認される（戸籍法86条3項）が、証明の困難な場合も少なくない。これに対処する制度として、次のものがある。

(a)　**認定死亡**　　戸籍に死亡を記載するには、死亡診断書または死体検案書の添付を必要とするが（戸籍法86条2項）、死体が発見されないときは、これを添付することができない。しかし、死亡の確認はないが、危難に出会って、諸般の事情から死亡が確実視されるときは、失踪宣告手続を待たずに、取調べに当たった官庁または公署が死亡の認定をして死亡地の市町村長に死亡報告をし、これによって戸籍に死亡の記載がなされることにな

第2章 私権の主体 第2節 自然人 41

っている(同法89条)。これは、死亡の蓋然性が高い場合に、一応死亡として取り扱おうとする便宜的な制度で、生存の確証が出てくると当然に効力を失う(最判昭和28・4・23民集7-4-396)(この点が失踪宣告と異なる。失踪宣告では失踪宣告の取消しが必要)。

(b) **同時死亡の推定（32条の2）** 数人の者が死亡し、そのどちらが先に死亡したか明らかでない場合には、どのように扱うべきか。相続に関して問題となる。たとえば、船が氷山に衝突して、乗っていたＡＢ夫婦の一家4人のうち、夫Ａとその息子Ｃが死亡し、妻Ｂと娘Ｄとがボートによって救出された場合に、Ａの財産を妻Ｂと娘Ｄとがどのように相続するか、といった

死亡時期不明の場合の相続関係

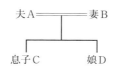

Ａの財産の帰属先

①Ａが先死、Ｃが後死した場合
　妻Ｂ：$\frac{1}{2}+\frac{1}{4}$
　息子Ｃ：0 (いったん$\frac{1}{4}$を相続するが、その死亡でこれも母Ｂに行く)
　娘Ｄ：$\frac{1}{4}$

②Ｃが先死、Ａが後死した場合
　（Ａの相続人はＢＤのみ）
　妻Ｂ：$\frac{1}{2}$
　娘Ｄ：$\frac{1}{2}$

③同時死亡の場合
　（Ａの相続人はＢＤのみ）
　妻Ｂ：$\frac{1}{2}$
　娘Ｄ：$\frac{1}{2}$

問題が生じる。夫Ａと息子Ｃの死亡の先後が確定すれば、特別の問題は生じない。たとえば、①Ａが先に死亡した場合は、妻Ｂが2分の1を相続、息子Ｃと娘Ｄが各4分の1を相続し、続いて死亡した息子Ｃの相続分が全部母Ｂに行く。結局、Ａの財産について、妻Ｂは$\frac{1}{2}+\frac{1}{4}$を取得し、娘Ｄが$\frac{1}{4}$を取得する。②逆に、Ｃが先に死亡した場合には、Ａが死亡した時点では相続人はＢとＤのみであるから、ともに$\frac{1}{2}$ずつ相続する。しかし、①か②かの証明ができない場合が問題である。証明ができないと、事実上財産を先に押さえた者が有利になるが、それは合理的でないので、同時死亡を

推定する規定を設けた。その結果、先の例では、父Aと息子Cとの間では、どちらの方向にも相続が生じない[1]。32条の2は、同時死亡を推定するだけであるから、何らかの方法で死亡時期の先後を証明できれば、それによる。

本条の推定は、数人が同一の危難によって死亡した場合だけでなく、一方が内地で明確な時期に死亡し、他方が外地で不明な時期に死亡した場合にも適用される。

(c) **失踪宣告**　　長い間生存不明の状態が続き、死亡の蓋然性が高いのに、死亡が確認できないと、その相続人は相続することができず、配偶者は再婚することができない。そこで、こうした利害関係人のために、長期の生存不明者に関する法律関係を確定する必要がある。このための制度が失踪宣告である（30条）。一定の手続を経て、裁判所が失踪宣告をすると、その者は死亡したものとみなされる。もっとも、失踪宣告を受けた者が実際には他の場所で生存していて、そこで法律関係を形成していた場合に、それが失踪宣告で消滅することになるわけではない。詳細は、後述する。

4　特別権利能力

(1) **一般的権利能力と特別権利能力**　　すべての自然人は、等しく権利能力を有する。すなわち、権利・義務の主体となる資格を有し、権利・義務の帰属点となる（これを称して一般的権利能力を有するという）。しかし、権利の種類によってはその享有を制限される場合がある。現在の法制度のもとでは、そのような制限があるのは、天皇制に関連する例外的扱いのほかは、外国人である。外国人には、特定の権利を取得することが制限される場合がある（特定の権利を享有しうる資格を特別権利能力という）。

(2) **外国人の地位**　　(a) **例外的に差別是認**　　法発達史上、古くは外国人が権利能力を制限された国・時代もあったが（Blackstone によれば、イングランドでは外国人は土地所有の権利がなかった）、その後、相互主義（その外国人の本国で、こちらの国民に権利能力を認めるならば、こちらでもその外国人に権利能力

1）　相続法の規定には同時死亡の場合に相続が生じない旨の原則が明確には規定されていないが、887条2項は、被相続人の子が「相続の開始以前に死亡」（「以前」は同時を含む）すると子は被相続人を相続せず、代襲相続が行われることを規定している。これは、同時死亡の場合には相続が生じないことを前提とした規定である。

を認めるという考え。ドイツ民法施行法86条がこの原則を採用する）が有力になった。さらに平等主義（その外国人の本国法の扱いに関係なくこちらでは平等に扱う）も主張されているが、完全な平等主義を採用する国はない。日本の民法自体は、「外国人は、法令又は条約の規定により禁止される場合を除き、私権を享有する」（3条2項）と規定し、平等主義に立脚しているが、法令・条約による制限を認めている（後述(c)参照）。なお、外国人の土地所有については、特別法で相互主義がとられている（外国人土地法1条・2条）。もっとも、相互主義の条件を充たしていないとして特定の国の国民に日本の土地所有を制限するためには「勅令（日本国憲法下では政令と読み替える）」が必要だが、その「勅令（政令）」は出されていない。

　(b)　「外国人」とは、日本の国籍を有しない自然人のことで、無国籍人も外国人である。外国人については、基本的人権以外の点では憲法上の保障がないと解されており、合理的な理由があれば、人権侵害とならない範囲で、その権利能力を制限することは許容されると考えられている。また、その制限は法律によらなくても命令や条約によるのであってもよいとされている（3条2項）。外国人に権利能力が制限されている場合に、外国人にその権利を取得させる契約は無効である（大判明治36・4・10刑録9-515）。

　(c)　法令で制限する例としては、(i)相互主義による制限を設けるものとして、国または地方公共団体に対する損害賠償請求権（国賠法6条）、土地所有権（外国人土地法1条・2条）、鉱業権・租鉱権（鉱業法17条・87条）、無体財産権（特許法25条など）、(ii)取得自体は制限されないが、登記・登録が制限される場合として、日本船舶の所有権（船舶法1条2号、商法702条）、日本航空機の所有権（航空法4条）、電気通信事業や放送事業などを行う会社の株主権（日本電信電話株式会社法6条は外国人全体での議決権割合が$\frac{1}{3}$以上となると制限される。放送法93条1項6号、116条など）、(iii)権利の救済が制限される場合として、著作権法6条、(iv)公証人（公証人法12条）などの職業についての制限などがある。

第2款　意思能力・行為能力

1　意思能力

(1)　**私的自治の原則とその前提条件**　　近代法の支配するわれわれの社会

44　第2編　総　則

では、各人は契約などによって自ら法律関係を形成していく自由がある反面、自分の自由な意思で形成した法律関係によって拘束される（契約を締結した者は、その契約に拘束される）。このような考え方を**私的自治の原則**（ドイツ語の Privatautonomie）ないし**意思自治の原則**（フランスで言う autonomie de la volonté）と呼ぶ。しかし、自分の自由意思に基づく行為に拘束されるという原則が妥当するには、その行為が自己の正常な意思決定に基づいていることが必要とされる。換言すれば「正常でない意思決定」によってなされた行為は、行為者を拘束しない。

　正常でない意思決定には、大別して2種類のものがある。第1は、行為者に自己の行為の意味を判断するだけの能力が欠けている場合である。第2は、意思決定をする際に他から騙されたり、強制を受けたり、あるいは、自分で誤解したために自由な意思決定が歪められた場合である。前者がここで取り上げる意思能力・行為能力の問題である。後者は、詐欺・強迫、錯誤などの問題として扱われる（後述243頁以下）。

　(2)　**意思能力の意義**　　意思能力とは、自己の行為の法的な結果を認識・判断することができる能力をいう。たとえば、買主として売買契約を締結すると、買った物の所有権を取得し、その代わりに代金を支払う義務が生じることを認識することができる能力である（ここでいう「意思」は日常用語の「意志」とは異なる法的に特殊な意味で用いられている）。行為の種類・内容によっても異なるが、おおよそ7歳から10歳の子供の判断能力であると考えられている。このような意思能力がない者（意思無能力者）がした行為を法的に有効として扱うことは適当でないので、現行民法典には明文の規定はないが、これを無効とするのが判例（**大判明治38・5・11民録11-706〔百選7版Ⅰ-5〕**)・通説である。

　▶ ［改正民法］ ─────────────────────────────
　　　新3条の2は、「法律行為の当事者が意思表示をした時に意思能力を有しなかったときは、その法律行為は、無効とする」と規定して、この原則を明文化した。
　　　意思能力をめぐる紛争としては、遺言に関する紛争が重要である。遺言者に遺言作成当時、意思能力がなかったことを理由に遺言の無効が争われる紛争が増加している（東京地判平成4・6・19家裁月報45-4-119は、公正証書遺言について遺言者に意思能力がなかったとして遺言を無効とした）。理論的には、意思能力の有無に関して遺言特有の問題があるわけではないが、遺言は本人の死に臨んでの処分であり、

できるだけ有効にしたいという要請と、判断力が欠けていたように思われる者の遺言を認めるとかえって本人の真意でない処分がされてしまう危険があるので慎重を要するという要請の板挟みになる中で、意思能力の有無を、しかも、本人死亡後に判断する点に難しさがある。なお、961条が規定する「遺言能力」（15歳未満の者の遺言能力を否定する）は意思能力の問題ではなく、遺言をする行為能力の問題である（ただし、その違反の効果は取消しではなく無効）。部会資料73A24頁以下参照。

　意思能力に類似する概念として責任能力がある。意思能力は契約などから生じる法的な効果に拘束されるための前提条件を問題としているのに対して、責任能力は不法行為から生じる損害賠償の責任などを負わせるための前提条件を問題とするものである。不法行為の責任を負わせるには、自分の行為が他人に損害を与え、かつ、そのことが法的な責任を生じさせることを認識できることが必要である。このような判断能力を責任能力といい、責任能力がない者が他人の権利を侵害して損害を与えても、損害賠償責任を負わない（民法712条・713条）。常識的には責任の有無ないし行為の是非についての判断能力である責任能力の方が、売買などの意味を理解する能力よりも容易に肯定されるように考えられる。しかし、責任無能力者の加害行為については監督者が責任を負うことになっており（714条）、幼少者や精神的障害者自身の責任能力を肯定してその損害賠償責任を認めるよりも、その責任能力を否定して監督者に責任を負わせる方が、かえって被害者の救済になることから、判例上は責任能力の下限を意思能力の下限よりも高いところに設定してきた。

＊　**意思無能力による無効をめぐる問題**　　(i)「意思無能力による無効」と「行為能力の制限による取消し」の関係が議論されている。成年被後見人のような制限行為能力者（行為能力が制限されている者）の行為は、行為の当時、意思能力があったか否かを問題にすることなく、取り消すことができる（9条など）。しかし、行為の当時、意思能力がなかったことを証明できた場合には、意思無能力を理由として、行為の無効を主張することもできる。要するに、制限行為能力者側は行為の取消しと無効の主張のどちらも認められる、というのが通説である。これに対しては、意思無能力による無効を認めることは、制限行為能力者制度を無意味にするという理由で、行為能力の制限を理由とする取消しのみを認めるべきであるという説が主張されている（舟橋、薬師寺）。しかし、取消しと無効のいずれも認められるということでよいのではないか。意思能力がなかったことを証明して無効を主張することの方が一般に困難であるが、その困難な証明に成功したならば取消しよりも有利な無

46 第2編 総 則

効を主張することを認めるのは（無効は取消しと違って時効がないので、時効によって取消しが主張できなくなってからでも無効を主張できる）、要件と効果の均衡がとれていて適当である。

(ii) 意思無能力による無効を誰が主張できるか。無効は取消しと違って、誰でも主張できると考えられているが、意思無能力による無効は、意思無能力者を保護するための制度であるから、その者の側からだけ無効を主張できると考えるべきである。

(iii) 意思無能力による無効は意思無能力者の側からしか主張できないとすると、その点では取消しに似てくる（取消しは取消権を有する特定の者しか主張できない）。この考え方をさらに一歩進めて、効果の点でも無効と取消しとを近づけるべきではないか、が問題となる（取消的無効）。たとえば、取消しと同じように（126条）、無効を主張できる期間を制限することが考えられる。これは、意思無能力者をどの程度保護すべきか、無効の主張にも期間制限を設けることで相手方の保護も考えるべきか（取引の安全）、という視点から解決すべき問題である。結論としては、意思無能力者保護を重視して、意思無能力による無効については126条の期間制限を適用しないというのが適当であろう。

〈**参考文献**〉 須永醇「権利能力、意思能力、行為能力」民法講座Ⅰ（1984年）

2 行為能力

(1) 制度の必要性　　自分の行為の結果を認識できる能力が意思能力であるとすると、意思能力の有無を基準に、意思能力者の行為は法的に有効とし、意思無能力者の行為は無効とすることで十分のようにも思える。しかし、意思能力制度だけで対処するには次のような問題がある。

第1に、意思無能力者が自分の行為の効力を否定するには、行為の当時意思能力がなかったことを証明しなければならないが、その証明は困難なことが多い（精神的障害のために判断能力が十分でない者であっても、常時判断能力がないわけではなく、十分な判断能力を備えていることがあるため、かえって行為の当時意思能力がなかったことを証明するのが困難になる）。そして、その証明ができなければ、結局、行為は有効とされ、意思無能力者が不利益を被る可能性がある。そこで、意思能力のない者を定型化し、その類型に属する者については一律に取引能力を制限し、そうすることでその者が財産を散逸したり義務を負担したりすることから保護することが必要である。

第2に、意思能力を欠如する者の行為の効力を否定することは、これらの者を保護するために必要であるとしても、その反面、意思無能力者と取

引をした相手側に損害を与えることがある。そこで取引の安全を図るために、意思無能力者を定型化し、取引の相手方からわかりやすくすることが要請される。

(2) **行為能力の意義**　以上のように、意思無能力者の保護を確実にし、同時に取引の相手方に不測の損害を与えないようにする制度が行為能力制度である。すなわち、意思能力が完全でない者を定型的に、未成年、成年被後見人（旧禁治産者）、被保佐人（旧準禁治産者）および被補助人（ただし被補助人は常に行為能力が制限されるわけではなく、補助人の同意がないと単独で行為できないとされた場合にのみ行為能力が制限される。17条1項）に分類し、これらの者は独立して取引をする能力（行為能力）が制限されていると扱う。これらの者は、独立して取引をすることができないので、その利益を図るために、民法は制限行為能力者の保護機関を同時に設けた。すなわち、未成年者には親権者・未成年後見人、成年被後見人（旧禁治産者）には成年後見人、被保佐人（旧準禁治産者）には保佐人、被補助人には補助人である。そして、制限行為能力者が単独で行った行為は取り消すことができる。

＊　**未成年者における意思能力と行為能力の関係**　意思能力と行為能力の関係について一般になされる説明にはわかりにくいところがある。一方で、行為能力については、意思能力の有無を画一的・定型的に判断するための基準を設け、その定型に属する者については行為能力がないものとする、と説明される。ここでは、個別的・実質的判断でなされる意思能力に対して、画一的・定型的になされる行為能力とが対置されている。これによって成年被後見人（旧禁治産者）・被保佐人（旧準禁治産者）については一応説明できるが、未成年者の行為能力が否定される理由は十分に説明できない。なぜなら、意思能力の下限は一般に7歳から10歳くらいの子供の判断能力であるとするのであるから、15歳くらいの子には問題なく意思能力が認められる。それにもかかわらず、20歳に達しないと行為能力が認められないからである。未成年者における意思能力と行為能力の関係は個別的・実質的判断と画一的・定型的判断の違いからは説明できない。これをどのように考えるべきであろうか。未成年者の場合に行為能力が制限されるのは、意思能力が十分でないからではなく、むしろ社会的な経験が十分でないために、適切な判断ができない危険を考えて、特別に行為能力を制限したものというべきであろう。

3　制限行為能力者制度（行為能力制度）の限界

(1)　婚姻・認知・遺言などの身分の変動をもたらす行為については、本人の意思を尊重すべきであるから、行為能力の規定は当然には適用されな

48 第2編 総 則

い。これについては、法律が特別の行為能力を定めることが少なくない（例、婚姻につき731条・737条、認知につき780条、遺言につき961条・962条）。なお、行為能力の制度は、人が契約その他の法律行為をする場合に必要な判断能力の基準を定める制度であって、手術を受ける決意をするとか、臓器移植の承諾をするという自己決定のために必要な判断能力の基準を定めるものではない。未成年者・成年被後見人などがどこまでこうした問題について自己決定ができるのかが問題である（後述54頁注＊「未成年者の自己決定」参照）。

　(2)　民法の制限行為能力者制度は、独立取引能力が不十分であることによる財産の減少を防止しようとするものであるから、結局は有産者を保護する機能をいとなむことになる。独立取引能力の不十分な労働者の保護については、社会法による規制をまたなければならない（労基法56条以下）。また、制限行為能力者の締結した雇用契約（民法623条以下）ないし労働契約（労基法13条以下）が制限行為能力のゆえに取り消された場合に、就業関係の遡及的無効をそのまま認めることは、現実に就業した者の利益を害するので適当でない（働いた分の賃金などが問題となる）。無効が遡及することを否定すべきであるが、これは雇用契約・労働契約に関する無効・取消しの効力の制限一般の問題として処理することができよう。

　(3)　制限行為能力者制度は、法律上の保護者（法定代理人・保佐人・補助人）をもつ制限行為能力者にとっては、一般には利益にこそなれ不利益をもたらすものではないが、保護者を欠く制限行為能力者（親権者のない未成年者の多くは未成年後見人を欠くといわれている）にとっては、必要な取引ができないことになって、かえって有害である。国家ないし公的な機関が保護者となる制度をつくる必要があるとともに、保護者を欠く制限行為能力者も、生活に必要な契約は有効になしうると解すべきである（9条但書）。

　(4)　制限行為能力者の相手方は、たとえ制限行為能力者を能力者と信じ、かつ、そう信じることについて過失がない場合でも、保護されないため、制限行為能力者制度は取引の安全を害する。民法は、制限行為能力者が「詐術」を用いた場合には制限行為能力者からの取消しを認めないとすることで、ある程度取引の安全にも配慮しているが、十分ではない。

　(5)　取引の安全がとくに必要な一定の取引類型では、そもそも行為能力の有無を問題とすることが適当でないものがある。たとえば、電車に乗る

契約、自動販売機で物品を購入する契約、公衆電話機を利用する契約などでは、これらのサービスの提供者が利用者の行為能力を事前に確かめることが困難なだけでなく、そもそも行為能力が制限されていることを理由として契約の効力を否定することを認めること自体が適当でない（特に相手方からサービスの給付を受けて、制限行為能力者側も対価を支払った後で取消しを認めるのは適当でない）。制限行為能力者が電車に乗る・物品を受け取る・電話をかけるなどの行為をしたことで、これらの契約の法的な拘束力を受けることが社会的な取引慣行として確立していると考えるべきであろう（こうした行為を社会類型的行為などという）（9条但書）。もっとも、制限行為能力者がキセル乗車をした場合に、違約金をとれるかどうかは別の問題である。違約金をとるには行為能力が必要であろう（ただし、「詐術」の問題となる余地がある。21条）。なお、最近はコンピュータ・ネットワークの発達により、電子的な取引が現実に行われるようになってきており、ここでも行為能力などの規定を適用すべきかが議論されている。

〈参考文献〉　神田博司「事実的契約関係と行為能力」民法の争点（ジュリスト増刊、1978年）、須永醇「いわゆる事実的契約関係と行為能力」熊本法学創刊号（1964年）、五十川直行「いわゆる『事実的契約関係理論』について」法協100巻6号（1983年）、内田貴「電子商取引と法」NBL600号—603号（1996年）

第3款　制限行為能力者

1　概　観

（1）**制限行為能力者**　平成11年（1999年）12月8日に成立、平成12年（2000年）4月1日から施行されたいわゆる成年後見法（正式には「民法の一部を改正する法律」平成11年法律149号）は、これまでの無能力者制度を見直し、新たに本人の「自己決定の尊重」および「ノーマライゼーション（normalization）」（できるだけ本人の能力を活かし、できることは本人に任せるという考え方）を重視する成年後見制度を設けた。これにより、従来の「禁治産者宣告」「準禁治産者宣告」の制度が廃止され、「無能力者」という概念も廃止された。しかし、行為能力が制限されるという制度は残り、「制限行為能力者」という概念で、行為能力を制限される者を包括的に呼ぶことになった。制限行為能力者としては、「未成年者」のほか、成年後見制度で保護を受ける「成年被後見人」「被保佐人」「被補助人」がある。ただし、

50 第2編 総 則

「被補助人」の全てが行為能力を制限されるのではなく、「特定の法律行為をするにはその補助人の同意を得なければならない旨の審判」を受けた被補助人だけが単独で特定の法律行為をすることができないので、その意味で行為能力を制限される（17条1項参照）。「被補助人」であっても、補助人に特定の行為について代理権を与えるにすぎない場合は、本人（被補助人）も自ら単独でその行為をすることができるので、行為能力が制限されるわけではない。被補助人には行為能力を制限される者と制限されない者の2種類あることに注意する必要がある。同様に、任意後見が開始した場合にも（任意後見制度については76頁参照）、任意後見人は後見事務に関して代理権を授与されるにすぎず、本人が自ら行為をすることが制限されるわけではないので、本人の行為能力は制限されない（この場合の本人は制限行為能力者という範疇に含まれない）。

(2) **責任無能力との関係**　成年後見制度の新設に伴って使われるようになった新しい概念が民法のその他の領域に与える影響について注意しておく必要がある。ここでは不法行為責任の前提として要求される責任能力との関係について整理しておく。

従来の禁治産宣告の要件であった「心神喪失」という表現が成年後見制度では使われなくなったことから、不法行為の責任能力を規定する民法713条も、「精神上の障害により自己の行為の**責任を弁識する能力を欠く状態**」という表現に改正された。この規定を受けて民法714条では「責任無能力者」という表現を用いることになった。

なお、民法7条では、後見開始の要件として「事理を弁識する能力」の欠如という表現を用いているが（「精神上の障害により」という限定がついている）、「事理弁識能力」という概念は、これまで不法行為における過失相殺（民法722条2項）ができる場合の基準として判例上使われてきた（たとえば、東京高判昭和42・12・12判タ215-106など多数）。すなわち、未成年者の過失相殺を肯定するための「被害者の過失」は、不法行為責任を発生させる要件を充たしている必要はなく、したがって「責任を弁識する能力（責任能力）」までは必要ないが、「事理弁識能力」は必要である、という議論がなされてきた。成年後見制度の新設で、「事理を弁識する能力」という表現が行為能力の有無を判断する基準としても使われることになったために、「過失

相殺能力としての事理弁識能力」と「行為能力の判断基準としての事理弁識能力」とで同じ用語が使われるようになってしまった。同じ表現を使っていても、使われる場面が異なるから、別のものと考えるべきであるが、混乱を避けるために表現の整理をする必要があろう。

2　未成年者

(1)　**成年期**　「年齢20歳をもって、成年とする」(4条)。年齢は、出生の日から起算して、暦に従って計算する (年齢計算ニ関スル法律)。期間の計算をする場合には、「初日は算入しない」のが原則だが (民法140条)、年齢計算では初日を算入するので、4月1日生まれの者は、4月1日から計算して、翌年3月31日の終了によって満1歳になる (143条2項)。

　未成年者が婚姻をすると、これによって成年に達したものとみなされる (753条)。これを婚姻による成年擬制という。婚姻によって新たな経済単位の担当者となること、および、制限行為能力者のままでは婚姻の独立性を害するおそれがあることを考慮した制度である。要するに、婚姻生活を保護するための制度である。

　なお、成年年齢に関しては、2019年 (令和元年) 6月14日に公布された民法改正法 (成年年齢関係) によって18歳に引き下げられた (施行は、2022年4月1日)。同時に、婚姻年齢を男女とも18歳とする改正がなされ (731条)、婚姻による成年擬制の制度も廃止された (753条削除)。

*　　**成年年齢・婚姻年齢引き下げ等の改正**　　成年年齢を18歳に引き下げる改正民法4条は、施行日 (2022年4月1日) 以後に18歳に達した者に適用されるので、これらの者は18歳に達した時から成年となる。この法律の施行に際して20歳未満18歳以上の者は、現行4条では未成年であるが、改正法の施行日に成年となる (一度に多数の者が成年になるので、成人式が大変だ)。ただし、改正法のもとでも、喫煙や飲酒は関連の法律で20歳未満の者には禁じられる。婚姻年齢も男女とも18歳となり (女については16歳から引き上げ)、成年年齢と同じになるので、父母の同意でできる未成年婚姻の制度は廃止される (737条の削除)。

(2)　**未成年者の行為能力**　　**(a)　原則**　　未成年者が「法律行為」をするには「その法定代理人の同意を得なければならない」(5条1項)、これに反する行為は「取り消すこと」ができる (5条2項)。

　(i)　「法律行為」の正確な意味については後述する。売買・贈与・

賃貸借などの契約が法律行為の典型である。婚姻など身分上の行為については、特別の定めがあり、本条の適用はない。

　(ii)　「法定代理人」とは、通常は親権者（818条・819条）であるが、親権者がいないときには未成年後見人が指定ないし選任され（838条1号・839条・840条）、これが法定代理人となる。親権者は、父母であり（818条1項）、**共同親権**といって父母が共同して親権を行使するのが原則だが（818条3項）、父母の一方のみが同意を与えることもある（たとえば、父または母が、契約書の親権者の欄に自分の名前だけを書くが、父母の共同の同意を意図して書く場合である（825条参照））。

　(iii)　「同意」は黙示でもよく（大決昭和5・7・21新聞3151-10）、内容を予見しているのなら包括的に与えてもよい、と解されている。同意は、未成年者に対してなされるのが普通だが、取引の相手方に対してなされてもよいであろう。事後の同意は、とくに「追認」と呼ばれ、取引の相手方に対してなされなければならない（123条）。

　(iv)　「取り消すこと」ができる、というのは、未成年者またはその法定代理人の一方的意思表示によって、その行為がはじめから無効だったものとすることができる、という趣旨である。

　＊　未成年者の財産処分と法定代理人の権限・義務　　未成年者が財産を処分する方法には、基本的に2つの方法がある。第1は、未成年者が法定代理人（親権者など）の同意を得て、自分で取引行為を行う方法である。高校生が親の同意を得て、店で商品を購入したり、雑誌を定期購読するために契約書にサインして雑誌の出版社に郵送するなどといった場合である。ただ、親の同意があったか否かが契約の相手方にはわからないので、それを確認するために、契約書に親の署名捺印を要求されることがある（同意は黙示でもよいから、署名捺印が必須なわけではないが、相手方からすれば後で同意があったことを証明しやすい）。第2の方法としては、法定代理人自身が未成年の子に代わって、取引を行う場合である（代理行為）。法定代理人が、子の名義で銀行に預金口座を開設したり、子の名義で不動産を購入する場合が、これである（ただし、子名義の預金は、子がその預金口座を管理している実体がないと、税務署によって、親の死亡・相続時に、親の財産として扱われることがあるので注意が必要）。

　法定代理人の権限という観点からみれば、第1の方法に際しては、法定代理人は同意権を行使しており、第2の方法では代理権を行使している。法定代理人には、代理権と同意権があることになる。どちらの方法をとるかは、法定代理人が自由に選択できるが、未成年者が幼少でたとえ同意を与えても単独で取引をすることができないような場合には（意思能力がない）、第2の方法をとるしかない。民法5条は、

第1の同意の方法による場合についての規定であり、代理の方法による場合については民法824条・825条・826条などが規定する。

　法定代理人がどちらの方法であれ、権限を行使して、未成年者の財産が処分される場合には、効果が帰属するのは未成年者であり、未成年者にとって有利な場合もあれば、未成年者の財産が減少する危険もある。そこで、未成年者の財産を管理する法定代理人（親権者、後見人）は、未成年者の利益を害しないように行為する義務が負わされている。第1に、未成年者の利益と相反する行為については法定代理人の代理権が制限される（親権者について、826条。後見人について、860条）。第2に、未成年者の財産を管理する上での注意義務である。もっとも、後見人は、869条が644条を準用するので善管注意義務が負わされているが、親権者は827条で自己のためにするのと同一の注意義務しか負わない。子の財産はほとんど親が与えた財産だからという発想があるのかもしれないが、第三者（祖父母からの贈与、子の負傷による加害者からの賠償）から与えられる財産もあり、それを管理する親権者は善管注意義務を負うとするのが立法論としては適当であろう。ドイツ民法典は、日本と同じであるが、フランス民法典では、親権者も後見人と同様の善管注意義務を負うとしている。

　(b)　例外　　次の行為は、未成年者でも単独で行うことができる。

　（i）「単に権利を得、又は義務を免れる法律行為」（5条1項但書）単純な贈与を受けるのが典型である。このような法律行為は未成年者にとって有利にこそなれ、不利になることはないからである。

　（ii）「自由財産」の処分（5条3項）　　文房具を買うために親が与えた金銭のように、「法定代理人が目的を定めて処分を許した財産」は、その目的の範囲内で処分することができる。また、毎月の小遣銭のように、「目的を定めないで処分を許した財産」は、未成年者が好きなように処分することができる。しかし、親が未成年者に小遣として与えることが当然に自由処分を許したことになるわけではないであろう。小遣銭を貯めてかなりの高額になった金銭で高額商品を買うことは、その取引について個別の同意が必要であろう。

　（iii）営業を許された未成年者の営業に関する行為（6条1項）　　営業を許された以上、その営業に属する行為を単独でできないと困るからである。「営業」とは、広く営利を目的とする独立の計画的・継続的事業をいい、自由職業も含む[1]。しかし、未成年者が親の許可（823条）を得て職業

1）　大判大正4・12・24民録21-2187は、芸妓稼業も含むとする。

54 第2編 総 則

についたというだけでは、ここでいう「営業」を許された場合に該当しない。使用者のもとで従業員として働くのは、使用者の指図に従って行動するのであって、独立に取引をするのと異なるからである。

　営業の許可を得ると、営業に関する一切の行為を単独ですることができるようになるが[2]、その範囲は明確でない。住宅ローンなどは含まれないことになろうか。なお、営業を許可された未成年者が商業を営む場合には、商業登記簿に登記をしなければならない（商法5条）。この登記がなくても、営業許可によって取得した行為能力に影響はないが、商業取引は制限されることになる。

　いったん与えた許可であっても、「未成年者がその営業に堪えることができない事由があるときは」、その法定代理人は、「第4編（親族）の規定に従い、その許可を取り消し、又はこれを制限する」ことができる（6条2項・823条）。許可の取消しは、既になされた取引には影響を与えない。営業の許可を取り消した場合には、商業登記簿上の登記も抹消することになる（商法10条）。

　　　　(iv)　労働契約について、労働基準法58条1項は、法定代理人が未成年者を代理して契約を締結してはならないとしている。未成年者の保護のために法定代理人の代理権を制限したものである。したがって、未成年者自身が雇主と労働契約の締結をすることになるが、民法5条1項の規定が排除されるわけではないので、その労働契約の締結について法定代理人の同意が必要である（大阪高判昭和54・7・18刑事裁判月報11-7・8-768）。労働契約を締結した未成年者はその労働契約に関しては訴訟行為をすることができ（民訴法31条但書）、特に、賃金請求の訴訟は未成年者本人が独立して提起することができる[3]。

　＊　**未成年者の自己決定**　　契約締結や身分上の行為については、民法は何歳から未成年者が自分でできるかについて規定を設けている。しかし、手術を受けるか否か、臓器提供をするか否かといった自分の健康・身体についての判断は、何歳から単独でできると考えるべきかについては民法上は明確でなく議論がある。養子縁組の承諾能力（797条1項）や遺言能力（961条）は15歳であり、労働契約についても15歳を

---

2)　前掲大判大正4・12・24は、芸妓の衣装購入を営業に関する行為とした。
3)　名古屋高判昭和38・6・19判時343-2は、満15歳以上の未成年労働者について訴訟能力を認める。

１つの基準としているので、15歳以上は原則として自己決定の能力があると考えて
よい。しかし、未成年者の判断能力の発達の程度は個々の未成年者毎に異なるから、
15歳を絶対的な基準と考えるべきではなく、15歳未満でも判断能力がある場合があ
るであろうし、逆に15歳以上でも判断能力が十分でない場合もある。①未成年者に
判断能力がある場合にも、親権者の同意なしにできることと、親権者の同意が必要
なこととがある。たとえば、遺言は未成年者が親権者の同意なしにできる。手術を
受けたり、特定の治療行為を拒否したりする決定を単独ですることができるか（実
際には、病気の子が手術を受けたいという意思を有しているが、親権者が信仰上の理由か
ら輸血を伴う手術を拒否しているような場合に、医師が親権者の意向に反して子の手術を
してよいか、という形で問題となる）。親権者には子の監護権があるので（820条）、原
則として親権者の同意が必要であると考えるべきであろう。しかし、親権者が同意
しないことで子の生命が危険にさらされる場合には、不同意は親権濫用となり、親
権を行使できないと考えるべきであろう（したがって、医師が手術をしても親権を害
することにならない）。②未成年者に判断能力がない場合には、未成年者の意思は法
的な意味をもたない。親権者が決定すべきである。たとえば、未成年者がいやだと
言っても親権者は治療を受けさせることができるし、逆に、子が一定の治療を受け
たいと言っても、親権者の判断で治療を受けさせないことができる。しかし、親権
者の判断が明らかに子の生命・身体を危険にさらしたり、子の福祉に反するような
場合には、ここでも親権濫用によって親権者の決定が制限される場合がある（その
判断は未成年者に判断能力がある場合よりは慎重にされる必要がある）。

〈**参考文献**〉　平野哲郎「新しい時代の患者の自己決定権と医師の最善義務——エホバの証人輸
血事件判決がもたらすもの」判タ1066号（2001年）が参考になる

３　成年後見制度

(1)　禁治産・準禁治産制度から成年後見制度へ　　**(a)　制度の概要**　　平成
11年（1999年）12月８日に成年後見制度に関係する４つの法律が成立し（施
行は平成12年４月１日）、それまでの禁治産・準禁治産制度が廃止され、新し
く成年後見制度が設けられた。４つの法律とは、①「民法の一部を改正す
る法律」（法律149号）、②「任意後見契約に関する法律」（法律150号）、③「民
法の一部を改正する法律の施行に伴う関係法律の整備等に関する法律」
（法律151号）、④「後見登記等に関する法律」（法律152号）である。

①は、従来の禁治産・準禁治産制度を廃止し、これに代えて補助・保
佐・後見の3類型を柱とする新たな成年後見制度を設けるものである。こ
れまで使われてきた「無能力者」という表現も廃止され、未成年者・成年
被後見人・被保佐人・被補助人（補助開始の審判を受けた被補助人の全てが行為

56　第2編　総　則

〈表〉成年後見制度の利用状況

	禁治産宣告数	準禁治産宣告数	後見	保佐	補助	任意後見登記	任意後見監督人選任
昭和24	148	433					
25	131	448					
30	294	738					
35	480	577					
40	508	445					
45	572	399					
50	611	462					
55	669	460					
60	937	526					
平成 1	1357	532					
5	1759	654					
6	1892	733					
7	2008	691					
8	2242	730					
9	2503	825					
10	2751	852					
11	2960	747					
12	成年後見関連法施行		7451	884	621	655	51
13			9297	1043	645	938	103
14			12746	1521	737	1,703	147
15			14462	1627	805	2,669	192
16			14532	1687	784	3,602	243
17			17910	1968	945	4,732	291
18			29380	2030	859	5,420	360
19			21297	2298	967	6,669	426
20			22,532	2,539	947	7,095	441
21			22,983	2,837	1,043	7,809	534
22			24,905	3,375	1,197	8,904	602
23			25,905	3,708	1,144	8,289	645
24			28,472	4,268	1,264	9,091	685
25			28,040	4,510	1,282	9,219	716
26			27,515	4,805	1,314	9,791	738
27			27,521	5,085	1,360	10,704	815
28			26,836	5,325	1,297	10,616	791

　＊　禁治産宣告・準禁治産宣告の新受件数には、宣告の取消しも含まれているがわずかである。
　＊　平成12年から平成19年までの後見・保佐・補助の数字は、4月から翌年3月までの各申立件数である。平成20年からは1月から12月までの申立件数である。実際に認容されるのは、その内の90〜95％くらいである。
　＊　任意後見登記数は、任意後見契約が締結され、それが登記された数であるから、任意後見開始を意味しない。これは家庭裁判所による任意後見監督人選任の件数で示される。登記数は法務省の登記統計による。
　以上の資料については、司法統計および毎年公表される最高裁判所事務総局家庭局『成年後見関係事件の概況』による。

能力を制限されるわけではなく、特定の法律行為をするために補助人の同意を要する旨の審判を受けた被補助人だけが行為能力を制限される（民法17条1項））を包括する概念として「制限行為能力者」という表現が使われることになった（例、現行民法20条・21条。新13条1項10号・20条参照。正確には、民法現代語化の際に、それまでの「制限能力者」という表現を改めて、「制限行為能力者」とした）。なお、これまでの禁治産・準禁治産制度は廃止されたが、旧法のもとで禁治産宣告を受けていた者は成年被後見人とみなされ、心神耗弱を理由に準禁治産宣告を受けていた者は被保佐人とみなされる（民法改正附則3条1項2項）。これらの者については本人・利害関係人の申請に基づき、成年後見登記ファイルへの登記がなされると、それまであった禁治産宣告・準禁治産宣告の記載のない新しい戸籍が作られる（後見登記法附則2条、戸籍法施行規則改正附則4条）（戸籍上は記載されないが、本籍のある市町村で発行する「身分証明書」には「禁治産者」でないことを証明する欄がある。このような制度が残っているのは問題であろう）。旧法のもとで浪費者であることを理由として準禁治産宣告を受けた者については、戸籍上の記載も含めて従来のままの扱いとなるが（民法改正附則3条3項）、新法のもとでは行為能力を制限する理由がないので、準禁治産宣告の取消しを請求することができると考えるべきであろう。

　②は、本人（委任者）が将来自分の判断能力が十分でなくなった状況のもとにおける財産管理や療養看護に関する代理権を受任者（任意後見人）に与える任意後見制度を定めるものである。

　③は、従前、禁治産者・準禁治産者を各種資格の欠格事由としていた諸法律を見直すものである。たとえば、弁護士の欠格事由としては、これまで「禁治産者又は準禁治産者」が挙げられていたが（弁護士法7条4号）、本改正により欠格事由は「成年被後見人又は被保佐人」に限定されることになった。被補助人は欠格事由に該当しない。

　④は、後見登記に関して規定する。取引の安全を図る必要から、後見・保佐・補助が開始した場合には、その旨の登記が後見登記ファイルになされる。従前のように戸籍に記載されることはなくなった。任意後見契約についても、任意後見人の代理権の範囲などを明確にしておく必要があるので、任意後見契約が締結された場合には、代理権の範囲など一定事項が登記される。

(b) 禁治産・準禁治産制度の特徴と問題点　　従前の禁治産・準禁治産制度は、次のような二段階の基本的構造を有していた。すなわち、①第一段階として、判断能力が十分でないために単独で取引を行うことができない者について、**行為能力を制限**する（禁治産宣告・準禁治産宣告）。これによって判断能力が不十分な者が不利益な取引をすることで財産を失うのを防ぐのである。こうした保護は、本人の財産的損失を防ぐという意味でいわば「消極的保護」ということができる。②第二段階の問題として、行為能力を制限された者が社会生活上必要な行為をすることができるように支援するための制度が必要となる。単独では行動できない禁治産者については代理権・取消権を持つ後見人を付し、また、単独で行動できるが判断能力が十分でない準禁治産者については同意権を持つ保佐人を付することで、禁治産者・準禁治産者の生活を積極的に支援するのである。民法親族編に規定する**後見・保佐の制度**がこの部分を担っていた。禁治産者の例でいえば、本人が禁治産宣告を受けると、後見人が付され、これが法定代理人として、禁治産者に代わって必要な行為をしてくれる。居住場所を確保するために賃貸借契約を締結したり、生活費を工面するために株式や証券を売却するといった財産的な行為から、電気・水道料金の支払い、食品の購入といった日常的な取引、さらには入院が必要な場合の入院契約など身上に関する行為についてまで、後見人が代理人として禁治産者の世話をしてくれることになる。これは本人の「積極的保護」を図るものといえよう。

　しかし、従来の制度は、現在の社会の需要に十分対応できる制度となっておらず、また使いにくいという批判が強かった。

　第1に、従来の制度はどちらかというと前述の「消極的保護」の側面（行為能力を制限することで判断能力欠如者を財産散逸から保護する）に重点があった。そして本人を後見制度で「積極的保護」するためにも、行為能力を制限することが前提として必要であるという考え方に基づいていた。しかし、制度の設計としては、行為能力の制限をすることなく本人の保護のための措置を充実させることも考えられる。たとえば、本人の行為能力を制限することなく、特定の者に代理権を与えて必要な行為をしてもらう、ということもありうる考え方である。ドイツの世話人制度はこの方向をめざすものである。この方が「本人の意思尊重」「ノーマライゼーション」という

思想にはより合致するであろう。しかし、わが国では、従来の禁治産・準禁治産制度との連続性を重視した。そのため、これまでよりは本人の意思を尊重するようになったが、新しい成年後見制度における後見・保佐類型は、従来の禁治産・準禁治産と基本的に変わりがない（ただし、後見・保佐の場合の本人は、「日用品の購入その他日常生活に関する行為」は単独でできるとされた（9条但書・13条2項但書））。

第2に、判断能力が不十分という場合にも、その程度は人によってさまざまであり、従来の禁治産・準禁治産の2類型では十分対応できなかった。そこで、各人の判断能力に応じた柔軟な制度が要望されていた。新しい成年後見制度は、後見（旧禁治産）・保佐（旧準禁治産）類型に加えて、補助類型を新設し、ある程度この要請に対応しようとしている。また、3類型の間の差を小さくして連続的な制度にしている。

第3に、禁治産宣告・準禁治産宣告が戸籍に記載されることを嫌って、これらの制度を利用しない者が多いという批判もあった。平成11年の法改正では、成年後見の事実を戸籍に記載することが廃止され、新たに設けられた後見登記ファイルに登記することとされた。しかし、本籍のある市町村で発行する「身分証明書」には「禁治産者」でないことを証明する欄があることに注意。

(c) 成年後見制度の概要　　いわゆる成年後見制度といわれるものには、大きくわけて法定後見制度と任意後見制度とがある。

法定後見は、本人の判断能力の低下が一定のレベルまで低下したときに、家庭裁判所の審判によって開始される制度である。本人の判断能力の低下の程度によって（判断力低下の程度が軽い順に）補助、保佐、後見のいずれかの成年後見制度が開始される。補助人、保佐人、後見人などの保護機関は家庭裁判所が選任する。

これに対して、**任意後見**は、本人が判断能力を有している間に、将来、自分の判断能力が不十分になった場合のことを考えて、あらかじめ将来の後見事務について特定の者（任意後見契約締結の時点では任意後見受任者であり、将来任意後見が開始すると任意後見人になる）に代理権を与える契約を締結するというものである。どういう事項について、誰を任意後見人とするかについては、本人が契約で自由に定めることができる点が法定後見制度とは異

なる（もっとも任意後見契約法が適用されるためには任意後見契約が同法2条1号が規定する内容を有するものでなければならない）。本人の意思を最大限尊重する点に特徴があるが、任意後見が開始する時点では本人の判断能力が低下して任意後見人を監督することができないので、家庭裁判所が選任する任意後見監督人が置かれる。

以上のほかに、**公的機関の監督を伴わない民法上の任意代理権授与契約**（委任契約）を用いることもできる。すなわち、当事者間の契約で特定の者に任意代理権を授与して、本人の判断能力が低下した場合に、本人のための事務を行わせることもできる。

ところで、成年被後見人になると、社会生活上いろいろな制約を受けるという問題がある。まず、各種の法律で成年後見開始の審判を受けていることが欠格事由となる職業・職務などがある。現在、約200の欠格条項が各種の法律に規定されていると言われている。また、法律上の制約ではないが、社会生活において事実上の各種制約を受けている。欠格条項については、かなり多数のものがあり、そのことが成年後見制度の利用を妨げている一因である可能性が指摘されており、2014年に日本がようやく批准した障害者権利条約（Convention on the Rights of Persons with Disabilities）との関係でも、これら制約についての見直しが必要であると考えられている。成年被後見人に認められない権利・職業としては、選挙権・被選挙権（公職選挙法11条）、会社取締役（会社法331条1項2号）、信託の受託者（信託法7条）、弁護士・司法書士・歯科医師などがある（弁護士法7条4号など）。

〈**参考文献**〉「特集・新しい成年後見制度」ジュリスト1172号（2000年）、能見善久「成年後見制度の可能性と限界」書研所報46号（創立50周年記念論文集）（2000年）、小林昭彦＝大門匡＝岩井伸晃＝福本修也＝原司＝岡田伸太『新成年後見制度の解説』（2000年）、新井誠＝赤沼康弘『成年後見制度―法の理論と実務（第2版）』（2014年）、菅富美枝『成年後見制度の新たなグランド・デザイン』（2013年）

(2)　**法定後見制度**　(a)　**補助**　(i)　**意義**　軽度の痴呆、知的障害、精神障害などの状態にある者を対象とする制度である（「精神上の障害により事理を弁識する能力が不十分である者」（15条1項））。

従来の準禁治産宣告の要件である心神耗弱にはいたらない程度の、軽度の判断能力の欠如がある者については、これを保護する制度がこれまで民法にはなかった。これらの者は、通常の行為に関しては一応判断能力があ

〈表〉　旧制度・法定後見・任意後見の相互比較

〈旧制度〉

	禁 治 産	準 禁 治 産
要　　件	心神喪失の常況	心神耗弱・浪費
保護機関	後見人	保佐人
権　　限	代理権・取消権	同意権

〈法定後見制度（新制度）〉

	後　　見	保　　佐	補　　助
要　　件	事理弁識能力が欠如	事理弁識能力が著しく不十分	事理弁識能力が不十分
保護機関	成年後見人	保佐人	補助人
権　　限	代理権・取消権	同意権・取消権付加的に代理権	同意権・取消権または／および代理権
対象行為	全ての法律行為9条但書に注意	民法13条1項所定の行為	特定の法律行為

公的機関の監督を伴う任意後見制度（新制度）
事理弁識能力の欠如・著しく不十分・不十分によって代理権発生 任意後見人の代理権の範囲は契約による 家庭裁判所による任意後見監督人の選任

民法上の任意代理権授与契約（公的機関の監督を伴わない）

り、単に高度な判断を要する取引行為等に関する判断能力が十分でないというにすぎない。したがって、高度の判断を必要とする場合にだけ本人保護のための介入をすればよい。たとえば、本人の生活費工面のために所有する不動産を売却する必要があり、そのためには補助人を付けて本人保護を図る必要があるが、売却以外の日常生活においては本人の意思決定に任せておいて支障がないというような場合には、不動産売却に際してだけ成年後見制度を発動すればよい。このように、本人の判断能力の程度、本人保護の必要性に応じて、柔軟な対応ができるようにしたのが補助類型であ

62　第2編　総　則

る。補助が必要である場合であっても、本人には不十分ながらも判断能力があるから、補助制度を利用するか否かについて本人の意思を尊重するのが適当である。そこで、補助を開始するには本人の同意が要求される（15条2項）。このようにして「自己決定の尊重」と「本人の保護」の調和が図られている。

　　(ii)　要件　　「精神上の障害により事理を弁識する能力が不十分である者」であること（15条1項）。これに該当するか否かの判断基準は、民法13条に列挙する重要な取引の一部について本人の判断能力が不十分と考えられるか否か、ということになろう。民法13条に列挙する行為のすべてについて判断能力がないと考えられる者については、保佐類型を利用すべきであり、また、およそすべての取引行為についての判断能力が欠如していると考えられる者については後見類型を用いるべきであって、補助類型を利用することはできない（15条1項但書）。すなわち、3類型の間の流用を認めないこととなっている。

　　(iii)　手続　　①家庭裁判所への審判請求　　「本人、配偶者、4親等内の親族、後見人、後見監督人、保佐人、保佐監督人又は検察官の請求」に基づいて補助開始の審判がなされる（15条1項）。福祉関係の行政機関にも申立権を認める必要があるという議論が有力であった一方、行政機関が積極的に介入することには疑問を呈する意見も強く、結局民法の中には規定は設けられなかったが、「精神保健及び精神障害者福祉に関する法律」（51条の11の2）および「知的障害者福祉法」（28条）の中で、市町村長が「精神障害者」または「知的障害者」につき、「その福祉を図るため特に必要があると認めるときは」、成年後見制度を発動するために家庭裁判所に審判を請求できることを規定した。老人福祉法32条にも高齢者を対象とした同旨の規定がある。

　　②本人の同意　　本人以外の者が補助開始の審判を請求した場合には、「本人の同意」があるか否かが確かめられる。そして本人の同意があった場合にのみ、補助開始の審判がなされる（民法15条2項）。本人の同意を要求するのは、前述のように本人の「自己決定の尊重」のためである。

　　③補助開始の審判　　家庭裁判所は、本人の判断能力が補助類型に該当すると判断するときは、補助開始の審判をし（民法15条1項本文）、本

人（被補助人）に補助人を付する（16条・876条の7）。しかし、補助開始の審判によって補助人が付されても、当然に被補助人の行為能力が制限されるわけではない。本人（被補助人）の判断能力がどのような取引について不十分であるかは各人によって異なるので、民法は、一律に被補助人の行為能力を制限するのではなく、本人・補助人などの請求をもとに、家庭裁判所が、「特定の法律行為」を指定して（たとえば「不動産の売却」、「遺産分割協議」など、民法13条1項に列挙する行為の一部を指定する）、「被補助人が特定の法律行為をするにはその**補助人の同意を得なければならない旨の審判**」をするとしている（17条1項）。補助人の同意が必要とされる行為を、被補助人がその同意を得ないでした場合には、補助人はこれを取り消すことができるので（民法17条4項・120条1項。なお、被補助人自身にも取消権がある）、その意味で被補助人は行為能力が制限される。しかし、被補助人の行為能力を制限する審判をするには本人の同意が必要とされる（17条2項）。本人には不十分ながらも、一応判断能力があるので、本人の意思を尊重するためである。

　家庭裁判所は、補助人に同意権を与える代わりに、あるいは同意権とともに、本人等の請求に基づき、補助人に特定の法律行為についての**代理権を与える旨の審判**をすることもできる（876条の9）。補助人に代理権を付与する場合にも、本人の同意が必要である（876条の9第2項・876条の4第2項）。なお、補助開始の審判は、17条1項の審判または補助人に**代理権を与える旨の審判**のうちの少なくともいずれかとともになされる（15条3項）。

　　　　④補助の登記　　補助開始の審判があったこと、補助人の同意を要する行為の内容、補助人の代理権の範囲などは、後見登記ファイルに登記される（後見登記4条）。後見登記の意味・問題点についての詳細は、後見の箇所を参照。

　　(iv)　補助開始の効果　　①補助人　　補助開始の審判を受けると、本人（被補助人）には補助人が付される（16条）。補助人の欠格事由については、後見人の欠格事由に関する847条が準用されている（876条の7第2項）。847条では、未成年者は欠格事由となっているが、その他の制限行為能力者であることは欠格事由に該当しないので、成年被後見人が補助人に就任することも法律上は可能である（しかし、被補助人よりも判断能力の低い成年被

64　第2編　総　則

後見人が補助人になるのはおかしい）。もっとも補助人は家庭裁判所が職権で選任するので（876条の7第1項）、実際には成年被後見人が補助人に選ばれることはないであろう。

　　　②補助人の同意権・取消権（17条）　　被補助人は事理を弁識する能力が不十分であるために、「特定の法律行為」についての保護が必要な者であるから、どのような行為について保護が必要であるかその範囲を定める必要がある。これは家庭裁判所が補助人などの請求に基づいて決定する。このようにして補助人の同意が必要であるとされた行為について、被補助人が補助人の同意を得ずに行った場合には、本人および補助人はこれを取り消すことができる（17条4項・120条1項。補助人が同意しない場合につき、17条3項参照）。従来の準禁治産者に対する保佐人は、同意権はあるが取消権はないというのが判例であったが、保佐人に取消権がないと準禁治産制度による本人保護が十分にできないという批判が有力であった。そこで成年後見制度では、後述する保佐類型の場合はもちろん（13条4項）、補助についても、補助人に同意権しか与えないと被補助人の保護が十分できないという考えから、取消権も認めることにした（17条4項）。補助人に取消権を与えることで、本人の行為能力を制限することは、たとえ本人の同意があるとはいえ（同条2項）、自己決定の尊重という理念にはそぐわないものであり、立法論としては疑問がなくはない。

　　　③補助人の代理権（876条の9）　　家庭裁判所は、補助人に「特定の法律行為について」代理権を与えることができる。たとえば、本人（被補助人）が賃貸アパートを所有している場合に、その賃貸借契約を締結するための代理権を補助人に与えるというようなことが一例である。補助人に代理権が与えられても、本人の行為能力が制限されるわけではなく、本人が単独でこれらの行為をすることは妨げられない。そのため、本人の行為と代理人の行為とが競合・抵触することが考えられるが、これは一般の代理の場合にも生じることであり、同様に解決すればよい。

　＊　**補助人の同意権・取消権と代理権の関係**　　補助人に同意権・取消権を与えるか、代理権を与えるか、は別々に判断される。したがって、組み合わせとして次のような場合が考えられる。①補助人に「特定の法律行為」について同意権・取消権が与えられ（被補助人は単独でその「特定の法律行為」をすることができなくなる）、かつ、

代理権も与えられる場合。被補助人としては活動が制限される程度が最も大きい。②補助人に「特定の法律行為」についての同意権・取消権のみが与えられ、代理権は与えられない場合。③補助人に「特定の法律行為」についての代理権のみが与えられ、同意権・取消権は与えられない場合。本人はその「特定の法律行為」を単独ですることもできるし、代理権を有する補助人がこれをすることもできる。被補助人の自由度が大きい。④補助人に与えられた同意権・取消権の対象となる「特定の法律行為」の範囲と、補助人に与えられた代理権の対象となる「特定の法律行為」の範囲が異なる場合（これは結局、①②③のどれかに帰着する）。このようにいろいろな場合が可能であるのは、補助類型が使われる場合の本人の判断能力・保護の必要性が多様であり、各人についての多様なニーズに対応できる柔軟な制度とすることが求められるからである。なお、以上のほかに、⑤補助人に同意権・取消権も代理権も与えないことが論理的な選択肢としては考えられるが、これは認められない（15条3項）。補助類型は本人の法律行為（およびそのための意思決定）を支援する制度であって、身の回りの世話などの事実行為をするための制度ではないから、補助人に同意権・取消権または代理権のいずれも与えないことは制度の目的に反する（なお、18条3項）。

＊＊　**本人の私的自治への介入と補助人の同意権・取消権・代理権**　　法制審議会における審議の際に、補助人に取消権を認めるべきかが議論になった（「成年後見制度の改正に関する要綱試案」）。補助類型はできるだけ本人の行為能力を制限せずに、本人の保護を図ることを目的とする制度であるから、本人が補助人の同意なしにした「特定の法律行為」を補助人が取り消すことができるとすることは、結局は本人の行為能力を制限することになり、「本人の意思尊重」「ノーマライゼーション」の理念に反するように思われる。それでは、補助人に「特定の法律行為」について代理権を与えるだけならば、本人の私的自治への介入にならないかといえば、これもそう簡単にはいい切れない。補助人に代理権を与える場合には、本人はなお単独で法律行為をすることができるので、その意味では本人の行為能力は制限されていないが、補助人が本人の意思を確かめないで代理行為をすることもあるので、これもある意味では本人の私的自治への干渉といえなくはない。要するに、補助人に同意権・取消権を与える場合には、本人としては、欲しない結果を押しつけられることはないが（補助人の同意は必要でも行為をするのは本人だから）、自分のしたいことができないことがある。これに対して、補助人に代理権を与えた場合には、本人としては、自分のしたいことを妨げられることはないが、欲しない結果を押しつけられることがある（代理人が本人の意思に反してした代理行為も相手方に対する関係では有効だから）。結局、同意権・取消権と代理権とでは、本人の私的自治への介入の仕方が異なり、介入の程度の大小は簡単には比較できない。しかし、代理権付与は本人が積極的に行為をする自由を制限しないという意味で、やはり「本人の意思尊重」という理念により適合的であるといえよう。

66　第2編　総　則

〈**参考文献**〉　大村敦志「『能力』に関する覚書」ジュリスト1141号（1998年）

　　④補助監督人　　補助人を監督する必要がある場合、補助人と被補助人の利益が相反する場合などのために、補助監督人をおくことができる（876条の8）。社会福祉関係の法人を補助監督人として、そのもとで個人が補助人として活動するというような形態が考えられるであろう。

　　(v)　補助の終了　　補助の原因が止んだときは、家庭裁判所は、利害関係人からの請求により（本人を含む）、補助開始決定を取り消さなければならない（18条1項）。本人の事理弁識能力が回復した場合でなくても、補助が必要とされた事情がなくなったために17条1項の審判および補助人に代理権を付与する審判の全てが取り消される場合には、補助開始の審判も取り消される（18条3項）。なお、本人の判断能力が、「事理を弁識する能力が著しく不十分」な程度に低下したり、「事理を弁識する能力を欠く」常況になった場合には、補助では対応できず、保佐ないし後見による保護が必要になる。その場合には、利害関係人の請求により保佐ないし後見開始の審判がなされるが、その際に補助開始の審判が取り消され、補助は終了することになる（19条）。

　(b)　**保佐**　(i)　意義　　「精神上の障害により事理を弁識する能力が著しく不十分」な者が保佐制度の対象となる（11条）。従来の準禁治産の制度に相当する。準禁治産では「心神耗弱」が要件とされていたが、わかりにくいので表現を改めた。しかし、実質は同じである。なお、浪費者については以前からその行為能力を制限することに対して批判が多かったので、保佐類型の対象としないことになった。

　　(ii)　要件　　「精神上の障害により事理を弁識する能力が著しく不十分」な者であること（11条）。簡単な取引については自分で判断して行動することができるが、民法13条に列挙するような重要な取引についてまで単独でするだけの判断能力はない、という場合である。しかし、人の判断能力の差異は連続的であるから、補助のための要件である「事理を弁識する能力が不十分」や後見のための要件である「事理を弁識する能力を欠く」との限界は明確ではない。判断能力の低下の状況については鑑定に基づいて判断される（家事法119条）。

　本人の判断能力が「事理を弁識する能力を欠く」程度に至っているとき

は、家庭裁判所は保佐開始の審判をすることができない（11条但書）。後見の対象とすべきだからである。しかし改めて後見開始の審判の申立てがなされなければならない。

　かつての準禁治産宣告については、「心神耗弱者」「浪費者」の要件が充たされていても、裁判所が裁量的に準禁治産宣告をしないことができるか否かの議論があった[4]。成年後見制度のもとでも、審判の申立てが本人の福祉のためというよりは関係者の利益のために行われるという特別な事情がある場合には、保佐開始の審判をしないことも許されるであろう。

　　(iii)　手続　①審判の請求　「本人、配偶者、4親等内の親族、後見人、後見監督人、補助人、補助監督人又は検察官の請求」によって、家庭裁判所は保佐開始の審判をする（11条）。市町村長も、一定の場合に審判の請求ができる点は補助の場合と同様である。

　　　②本人の同意不要　保佐の対象となる者は、補助の対象となる者よりも判断能力が不十分である程度が大きく、これを保護する必要性も大きいことから、保佐開始の審判をするについては、本人の同意は必要とされない。もっとも、後述する「特定の法律行為」についての代理権を保佐人に与える場合には、本人の同意を必要とする（876条の4第2項）。

　　　③保佐開始の審判　保佐開始の審判があると、補助開始の審判の場合と異なり、法律上当然に保佐人の同意を要する行為が決まる（13条1項）。しかし、13条1項に列挙されていない行為についても、保佐人の同意に服させるのが適当なときは、関係者の申立てにより家庭裁判所は保佐人の同意を要する旨の審判をすることができる（同条2項）。その他、特定の法律行為について保佐人に代理権を与える審判がなされることもある（876条の4）。

　　　④保佐の登記　保佐開始の審判をした裁判所・その年月日、保佐人の同意を要する行為、保佐人の代理権の範囲などが後見登記ファイルに登記される（後見登記4条）。

　　(iv)　保佐開始の効果　①保佐人　保佐開始の審判がなされると、

4）　東京高決平成3・5・31判時1393-98は、本人にとって準禁治産宣告をする必要がなく、かえって本人の福祉に反するような場合には宣告をしなくてもよいとする。これに対して、大判大正11・8・4民集1-488は必要的であるとする。

68　第2編　総　則

本人（被保佐人）に保佐人が付される（12条）。保佐人についても、その欠格事由として847条が準用されている（876条の2第2項）。補助人について述べたのと同じ問題がある。被保佐人よりも判断能力の低い成年被後見人が保佐人になることができるのはおかしい。

　　　②被保佐人の行為能力　　被保佐人は、民法13条1項の定める重要な財産行為および13条2項で保佐人の同意が必要とされた行為については、保佐人の同意なしに単独ですることができず、同意なしに行ったときは、これを取り消すことができる（13条4項）。その他の財産行為は、単独ですることができる。保佐制度の目的は、重要な財産の減少・消費を防止することにあるからである。

　保佐人の同意を必要とする行為として、民法が列挙する行為は次のとおりである（13条1項）。

　1号　「元本を領収し、又は利用すること」

　2号　「借財又は保証をすること」　　判例は「借財」のなかに手形の振出（大判明治39・5・17民録12-758〔ただし、後見人の行為に関する（864条該当）〕）、時効完成後の債務承認（大判大正8・5・12民録25-851〔ただし後見人の行為に関する（864条該当）〕）を含ませる。しかし、手形の振出については原因関係のみが取り消しうべき行為であり、手形の振出自体は有効と考えるべきである。

　3号　「不動産その他重要な財産に関する権利の得喪を目的とする行為をすること」　　改正前の規定は「不動産又は重要なる動産」となっていて文言上は債権・有価証券・知的財産権などが含まれなかったために、判例は、株式（大判明治40・7・9民録13-806〔ただし親権を行う母の行為に関する（旧法886条）〕）・電話加入権（大判昭和9・5・5民集13-562）などについては本号の類推適用で解決してきた。この点は法改正で解決された。

　4号　「訴訟行為をすること」（民訴法32条・34条2項参照）

　5号　「贈与（549条以下）、和解（695条以下、民訴法32条2項）又は仲裁合意（仲裁法（平成15年法律第138号第2条第1項に規定する仲裁合意をいう。）をすること」

　6号　「相続の承認若しくは放棄又は遺産の分割をすること」（920条以下・938条以下）

　7号　「贈与の申込みを拒絶し、遺贈を放棄し（986条）、負担付贈与の申込みを承諾し（553条）、又は負担付遺贈（1002条・1003条）を承認すること」

8号 「新築、改築、増築又は大修繕をすること」（これらを目的とした請負契約をすることを指す）

9号 「第602条に定める期間を超える賃貸借をすること」（被保佐人が単独でしてよい保存的・管理的行為の範囲を越えるから）

▶ ［改正民法］───────────────────────────────

10号が新設され、「前各号に掲げる行為を制限行為能力者（未成年者、成年被後見人、被保佐人及び第17条第１項の審判を受けた被補助人をいう。以下同じ。）の法定代理人としてすること」が追加された。このような規定が新設されたのは、現102条によれば、代理人は制限行為能力者でもよいとされており、被保佐人が未成年者の後見人になったり、成年被後見人の後見人になったりすることが制限されていないため（後見人の欠格事由は847条に規定されているが、そこには保佐人は含まれていない）、法律上も、実際上も、被保佐人が未成年後見人になったり、成年後見人になったりすることが考えられるからである。しかし、被保佐人Ａが成年後見人となって、成年被後見人Ｂの法定代理人として、Ｂの不動産の処分を、保佐人Ｃの同意なくできるというのは適当でないので、10号が追加された。なお、10号の新設に合わせて、新102条但書では、「制限行為能力者が他の制限行為能力者の法定代理人としてした行為」については、「行為能力の制限」を理由に取り消せることを規定した。この場合に取消権を有するのは、「他の制限行為能力者」であるＢ、被保佐人Ａ（法定代理人の地位にある）、および同意権を有する保佐人Ｃである（新120条１項）。

このほかに、家庭裁判所は、保佐人の同意を必要とする行為を追加することができる（同条２項）。

以上の行為についての同意は、黙示でもよく、事後でもよい（準禁治産者に関して、大判昭和６・12・22裁判例（５）民286）。なお、被保佐人の利益を害するおそれがないのに、保佐人が同意をしないときは、家庭裁判所が「同意に代わる許可」を与えることができる（13条３項）。

③被保佐人の能力と保佐人の同意権・取消権　　被保佐人は、民法13条１項で定める行為をするには、保佐人の同意を得なければならない。被保佐人がこれらの行為を保佐人の同意なく行うと、保佐人はこれを取り消すことができる（13条４項・120条１項）。このような意味で被保佐人は行為能力が制限されている。この制限は保佐開始の審判によって当然に生じるものであり、補助の場合と異なる。また補助の場合には、補助人に代理権を与えるだけで、行為能力を制限しないこともできるが、保佐の場合には、

行為能力を制限しないで代理権だけを与えることはできない。なお、保佐人の同意を要する行為の範囲は審判によって拡大することが可能である（13条2項）。

④保佐人の代理権（876条の4）　　家庭裁判所は、保佐人に「特定の法律行為について」代理権を与えることができる。保佐類型では、一定の重要な法律行為について保佐人の同意を得ることが必要とはいえ、行為をするのは被保佐人自身である。保佐人が被保佐人に代わってする権限（代理権）は当然には与えられない。しかし、補助の場合と同様に、保佐類型においても、本人の保護のために保佐人に代理権を与えることが適当な場合がありうる。そこで、876条の4は、保佐人に代理権を与えることができるものとした。ただし、保佐人に代理権を与えると、本人が希望しない結果が生じる可能性があるので、代理権付与に際しては被保佐人の同意を必要とする（876条の4第2項）。保佐人に同意権・取消権と代理権の両方がある場合の両者の関係については、補助人の場合の説明を参照。

⑤保佐人の事務遂行　　保佐人は、保佐の事務を行うにあたっては、被保佐人の意思を尊重し、かつ、その心身の状態および生活の状況に配慮しなければならない（876条の5）。

⑥保佐監督人（876条の3）　　必要に応じて保佐監督人がおかれる。

（ⅴ）　保佐の終了　　保佐の原因がなくなった場合には、家庭裁判所は保佐開始の審判を取り消す（14条）。被保佐人の判断能力がさらに低下し、事理を弁識する能力を欠如する常況になった場合には、利害関係人の請求により後見開始の審判によって後見に移行する。その際、保佐開始の審判は取り消される（19条）。

（c）　後見　　（ⅰ）　意義　　精神上の障害により判断能力を欠く者についての保護を図るのが後見である（7条）。従来の禁治産の制度に相当する。判断能力を欠く者は、自分で取引行為をしたり、意思決定をすることができないから、代わりにこれらの行為をしてくれる者（代理人）が必要である。これが成年後見人であり、本人に代わって意思決定をするが、**成年後見制度は本人が意思決定ができないことを補う制度**であるから、意思決定と関係がない事実上の行為や身上監護（日常的な身の回りの世話）は、成年後見人の職務ではない（これは成年後見人が本人介護のために契約で雇った者や、社会

福祉施設などが担うことになる。介護保険制度が機能するのはこの分野である）。また、意思決定に関わる行為であっても、代理になじまない行為はすることができない。たとえば、臓器提供の意思表示や遺言作成などは、成年後見人にはできない。成年被後見人が行った法律行為は、原則として取り消すことができるものとされるが、日用品の購入など日常生活に必要な範囲の行為については、単独で行為をすることができる（9条但書）。その方がかえって本人の保護になると考えられるし、本人の判断を尊重することにもなるからである。

　(ii)　要件　「精神上の障害により事理を弁識する能力を欠く常況」にある者であること（7条）。これに該当するか否かの判断は、医師などの鑑定に基づいて行われる（家事法119条）。

　(iii)　手続　①家庭裁判所への審判請求　「本人、配偶者、4親等内の親族、未成年後見人、未成年後見監督人、保佐人、保佐監督人、補助人、補助監督人又は検察官」の請求によって後見開始の審判が行われる（7条）。行政機関による審判の請求については、補助、保佐の場合と同様である。

　　②本人の同意不要　本人は判断能力が欠如しており、もはや同意もできないから、本人保護の必要性が優先され、本人の同意なしに、後見開始の審判がなされる。

　　③後見開始の審判　家庭裁判所は、7条の要件が充たされていると判断したときは、後見開始の審判を行う。

　　④後見の登記　後見開始の審判がなされると、裁判所書記官の嘱託に基づいて法務局の後見登記ファイルに登記がなされる（成年被後見人の氏名・出生年月日・住所・本籍、成年後見人の氏名・住所など（後見登記4条））。従来の制度では、禁治産・準禁治産宣告を受けたことが戸籍に記載されたため、そのことへの心理的抵抗もあって禁治産・準禁治産制度が利用されてこなかったという批判があった。そこで、新制度では戸籍への記載はやめることとなったが、戸籍とは別に設けられる後見登記ファイルには登記される。本人の行為能力の制限および成年後見人の権限を公示することで、取引が円滑に行われるようにするためである（特に代理権の範囲を公示する点は意味がある）。しかし、「成年後見の登記がないことの証明書」も発行され

ることになっているために（後見登記10条）、今後、取引先が一定年齢以上の高齢者などと取引する場合には、「成年後見の登記がないことの証明書」の提出を求めることも考えられる。高齢者が差別的な扱いを受けないような取引慣行が確立することが望まれる。

(iv) 後見開始の効果　①本人の行為能力の制限　後見開始の審判によって、本人は取引をする行為能力が制限される。すなわち、成年被後見人の法律行為は取り消すことができる行為となる（9条）。ただし、「日用品の購入その他日常生活に関する行為」については、取消しの対象とされない（9条但書）。たとえば、成年被後見人が食料品店で食料品を購入するなどがその例である。9条但書はこれらの行為については取り消せないというにすぎないから、理論的には行為の当時、本人に意思能力がなかったことを理由に無効を主張することは可能である。しかし、品物を選択して代金を支払うなどの行為をした場合には、意思能力はあったといえるであろうから、取引の後で意思能力欠如を理由とする無効が問題となることはないであろう。いわゆる社会類型的行為（自動販売機でのジュース購入など）や電子取引については、行為能力の制限を理由とする取消しはもちろん、意思能力の欠如を理由とする無効の主張も制限すべきであろう。

②成年後見人の選任　後見開始の審判を受けた者（成年被後見人）には、成年後見人が付される（8条）。従来の禁治産の制度では、配偶者が法律上当然に後見人になるものとされていたが（旧840条）、高齢者が禁治産宣告を受ける場合には、その配偶者も高齢であるため、後見人の職務を遂行することが困難であることが多い。そこで、このいわゆる配偶者法定後見制度を廃止し、家庭裁判所が個々の事案毎に最も適切な者を成年後見人として選任することとした（843条）。個人が成年後見人に選任される場合には、親族が選任されることもあるが、弁護士・司法書士・社会福祉士など専門職が選任されることが多い。また、親族でも、専門職でもない市民ボランティアなどが選任されることもある（詳細は、最高裁判所事務総局家庭局「成年後見関係事件の概況（平成28年1月〜12月）」を参照）。法人を成年後見人に選任することもできる（同条4項）。社会福祉協議会など福祉関係の公益法人が選任されることがある。ただし、成年被後見人が入所している施設などは、成年被後見人と利益が相反することもあるので、家庭裁判所は、

これら法人を成年後見人に選任する場合には、利害関係の有無などを判断して慎重に選任する（同条4項）。成年後見人は、複数であってもよい（843条3項・859条の2）。成年後見人の欠格事由は、847条に規定されている。これによると、法律上は、未成年者以外の制限行為能力者が成年後見人になることは制限されていない。被保佐人が成年後見人になることは実際にもありうる。それを前提として、13条1項10号の新設、102条の規定の改正などが行われた。

　　　　③成年後見人の職務・権限・義務　　成年後見制度の諸問題のうち、成年被後見人の行為能力の制限については、民法総則編に規定されているが、成年後見人の職務・権限・義務については、親族編に規定されている（保佐・補助についても、関連規定が民法総則編と親族編に分かれている）。したがって、詳細は、親族法に関する書物に譲るが、要点は以下のとおりである。成年後見人の職務の内容は、次の3つに分けることができる。
（α）第1に、財産行為についてである。財産行為については、成年後見人は、「被後見人の財産を管理し、かつ、その財産に関する法律行為について被後見人を代表する」（859条1項）。「代表する」とは包括的代理権を有することである。ただし、その代理権には一定の制限がある。まず、居住用建物の処分など、本人の生活に重要な影響を与える取引行為については、家庭裁判所の許可を要する（859条の3）。また、複数の成年後見人が選任された場合には、それぞれが単独で代理権などを行使できるのが原則であるが、家庭裁判所が職権で、権限の共同行使または各人の職務・権限の分掌を定めることもできる（859条の2）。利益相反行為についても代理権が制限される（860条）。また、後見監督人がいる場合には（849条）、一定の行為（13条1項に規定する行為）について、後見監督人の同意を必要とする（864条）。さらに、家庭裁判所は、後見事務に関して一般的な監督権限があり、後見の事務に関して必要な処分を命じることができる（863条）。成年後見人が権限内の行為をするにあたっては、善管注意義務を尽くさなければならない（869条、644条）。したがって、成年後見人が善管注意義務に反して、成年被後見人に損害を与えた場合には、債務不履行ないし不法行為による責任を負う（東京地判平成11・1・25判時1701-85は、禁治産者の後見人がブローカーのいいなりになって不動産鑑定評価よりも大幅に安い価格で売却した行為について、後見人の不法行為責任

74　第2編　総　則

を認めた）。成年後見人は広範な権限を有するので、その責任の有無・義務
違反の有無を判断するのが難しいが、成年被後見人の財産を不当に安い価
格で売却する行為、不必要に危険な投資行為で損失を与える行為などは善
管注意義務違反とされることがある。また、成年後見人が自分の利益を図
る行為や合理的な理由なく成年被後見人の意思に反してした財産処分行為
も、たとえ損害額が少額でも、858条の規定する本人の意思尊重義務との
関連で善管注意義務違反となることがある。もっとも、成年後見人が自分
の利益を図る行為などは実質的には忠実義務の問題であり、その違反が認
められる場合には、成年後見人の代理権をそもそも否定して処分行為の効
力を否定すべきである（前掲東京地判平成11・1・25は、不必要な弁護士への委任を後
見人の権限外行為として無効とする）。（β）成年後見人は、後見事務を行うにあ
たっては、「成年被後見人の意思を尊重し、かつ、その心身の状態及び生
活の状況に配慮しなければならない」（858条）。意思尊重義務・身上配慮義
務があると言ってよいが、その違反がどのような法的効果をもたらすのか
明確でない。成年後見人の善管注意義務違反を判断するときの考慮要素に
なると言えよう。（γ）平成28年制定の成年後見制度利用促進法（平成28年
法律29号）および円滑化法（平成28年法律27号）に基づいて、これまで成年後見
人が後見事務を円滑に行う上で障害となっていた事柄について、新たに成
年後見人に権限を認めた。すなわち、成年被後見人への郵便物についての
管理の権限が認められることになった。具体的には、成年後見人の請求に
基づいて、家庭裁判所は、一定期間、成年被後見人宛ての郵便物を成年後
見人に送付することを信書送達事業者に嘱託することができるほか（860条
の2）、成年後見人は成年被後見人宛ての郵便物を開封することができる
（860条の3第1項）。（δ）成年後見人による本人の財産の横領などから本人
の財産を保護するため、家庭裁判所が後見開始の審判をする際に、成年後
見支援信託を用いて財産保護をする必要がある判断した場合には、親族後
見人とともに専門職後見人（弁護士など）が選ばれ、本人の金銭・預金（現
金化した上で）などの財産を金融機関に信託の形で預ける成年後見支援信託
契約が締結されることがある。この信託契約が締結されると、成年後見人
がある程度まとまった金銭を必要とする場合には、家庭裁判所からの指示
書を受けて、この金融機関にこれを示して金銭の引き出しをすることにな

る。こうして、成年後見人による大金の横領を防止することができる。日常的に必要な金銭は、成年後見人が管理する。株式・不動産などの財産は成年後見支援信託として信託することはできない。銀行預金などは、預金を引き出して金銭にしてから信託することになっている。このように成年後見支援信託に際して、財産の形態が変わることは、成年被後見人が遺言を作成していた場合に、問題を生じることがある（成年後見支援信託として設定された金銭信託は、預金なのか、金銭なのか、など）。遺言の解釈の紛争が生じる可能性がある（東京地判平成27・7・15金融法務事情2045-90は、成年後見に関係しない場合であるが、不動産、株式、預貯金、現金と分類した上で、それぞれの取得者を定めた遺言が作成された後、本人が預貯金の払戻しを受け、現金化した場合に、それを誰が取得するのかが問題となった事案で、裁判所は遺言者の財産の最終形態で判断した）。この問題は成年後見支援信託を用いない場合でも、成年後見人が成年被後見人の財産の形態を変えた場合にも生じる問題である。

＊　**身上監護に関する後見人の権限・義務**　　成年被後見人の身体・生活・健康などに配慮することを身上監護と呼んでいる。こうした身上監護に関する行為について、成年後見人はどのような権限と義務を負うのかは、大きな争点の１つである。たとえば、成年被後見人が病気になり、治療・手術などが必要とされるときに、成年後見人にはどのような権限・義務があるのか。このような状況でなされるべき行為にはレベルの異なる幾つかのものがある。①まず、治療・手術を受けるか否かの決定をしなければならない。②次に、選定した医師・病院と治療契約・入院契約を締結することになる。③さらに、実際に病気の成年被後見人を病院まで連れて行ったり、医師の説明を聞いたりすることが必要となる。

　これら一連の行為のうち、①は、純粋に身上に関する意思決定である。治療・手術といっても副作用があったり、危険度の高い手術があったりもする。このような治療・手術を受けるか否かを決定することは、極めて重要な意思決定である。したがって、後見に付されていても、本人が判断できるのであれば、本人が決定すべきものである（成年被後見人が婚姻の意味を理解できるならば本人の判断で婚姻できるのと同様である）。しかし、治療・手術の意味について本人に判断能力がない場合には、誰かが代わって判断しなければならない。このような身上監護に関する意思決定は、財産行為ではないので、当然には成年後見人の代理権の範囲に入らない（859条）。しかし、「成年後見人は、成年被後見人の生活、療養看護……に関する事務を行う」義務があると考えるべきであり（義務まであるか明確でないが、民法858条参照）、その義務に対応して、手術などについての意思決定もできると考えるべきであろう。立法論としては、ドイツ民法のように通常の治療と重大な治療行為を分け、後者に

76　第2編　総　則

ついては裁判所の許可を得て行うというのが適当であろう（ドイツ民法1904条）。

　次に、②の治療契約・入院契約の締結は、財産行為として成年後見人の本来の代理権の範囲に含まれる（民法859条）。

　③の行為は、身上監護に関する事実行為である。成年後見制度は、本人の判断能力の低下によって困難となった意思決定をサポートする制度であるから、事実行為をすることは成年後見人の義務ではない。しかし、誰かが医師の説明を聞いたり、本人を病院に連れて行くように手配する義務はあるというべきであろう（その根拠も民法858条または869条の準用する受任者の善管注意義務（644条）に求めることになろう）。

　　　④成年後見監督人　　必要に応じて成年後見監督人がおかれる（849条）。

　(ⅴ)　後見の終了　　民法7条に定めた原因（事理を弁識する能力が欠如する常況）がなくなった場合には、家庭裁判所は後見開始の審判を取り消さなければならない（10条）。それ以外の後見終了事由について、民法には規定がないが（委任の終了に関する653条は準用されていない）、成年被後見人が死亡すれば、成年後見は終了し、成年後見人の権限・義務は終了すると考えられている。しかし、成年被後見人の死亡後には、葬儀その他処理を必要とする事務が残っていることが多い。これらについて成年後見人の権限が及んでいるのかがはっきりしない（874条が654条を準用しているが）。そこで、平成28年の成年後見制度利用促進法および円滑化法に基づいて民法を改正し、成年被後見人の死後も、相続人が相続財産を管理することができるに至るまで、相続財産の保存に必要な行為、相続財産に属する債務の弁済、火葬・埋葬に関する契約の締結（これについては家裁の許可必要）などをする権限を与えた（873条の2）。その他の後見終了に伴う問題については、民法870条以下に規定されている。

　(3)　**任意後見制度**　　(a)　**意義**　　本人が判断能力を有している間に、将来、自分の判断能力が不十分になった場合のことを考えて、あらかじめ将来の後見事務について特定の者（任意後見人）に代理権を与える契約をすることができる。これを任意後見契約という。このような委任契約を締結すること自体は特に法律がなくても有効にできると考えられている。しかし、こうした任意後見契約では、任意後見人に代理権が発生する時点では本人の判断能力が不十分ないし欠如する状況になっているから、本人自

身は代理人（任意後見人）を監督することができない。そのため、代理人による職務の適正な遂行をどのように確保するかが問題とされていた。また、法的にはこのような任意後見契約は民法上可能でも、社会的には必ずしも認知されておらず、取引相手から任意後見人の代理取引に応じてくれないという問題もあった。そこで、これらの問題に対処するために、法定後見制度の改正とともに、任意後見制度についても特別法（任意後見契約法）が制定された。なお、任意後見契約に基づいて任意後見人の代理権が発生しても、法定成年後見の場合と異なり、本人の行為能力が制限されるわけではない。本人意思の尊重とノーマライゼーションという観点から、任意後見契約の利用が期待されている（最近、利用が増加している。56頁の表を参照）。

(b)　**任意後見契約の成立**　　任意後見契約は、その内容の重要性、紛争予防、適正確保の観点から、公証人の作成する公正証書によることが必要とされる（任意後見3条など）。

(c)　**任意後見契約の内容**　　(i)「委任者が、受任者に対し、精神上の障害により事理を弁識する能力が不十分な状況における自己の生活、療養看護及び財産の管理に関する事務の全部又は一部を委託し、その委託に係る事務について代理権を付与する委任契約」であって、家庭裁判所により任意後見監督人が選任された時から効力を生ずる旨の停止条件がついていることが必要である（任意後見2条1号）。

(ii)「精神上の障害により事理を弁識する能力が不十分な状況」に対処するための代理権を与えるものであること（任意後見2条1号）。「事理を弁識する能力が不十分な状況」に対処するための代理権ということは、本人に少なくとも法定後見における補助類型が使われる程度の判断能力の低下が生じていることが必要ということである。したがって、高齢や病気で動けなくなった場合に受任者に包括的な代理権を与えるという契約は、本人の判断能力の低下に対処するために代理権を付与するわけではないから、任意後見契約法が適用される任意後見契約ではない。法定後見における保佐・後見類型が使われる「判断能力が著しく不十分」ないし「判断能力が欠如」した状況に対処するための代理権というものでもよく、これも任意後見契約法の適用を受ける任意後見契約である。なお、いずれの場合も代

78　第2編　総　則

理権が発生する時期は任意後見監督人が選任された時である （(d)参照）。

　(iii)　誰を任意後見人とするかについては制限はない。本人の親族・知人、弁護士・司法書士・社会福祉士などの専門職、信託銀行・保険会社など財産管理を専門とする法人であってもよい。複数の任意後見人を定めることも自由であり、各人の権限は任意後見契約によって定まる。任意後見契約は委任契約であり、代理権は任意代理権の授与なので、制限行為能力者を選任することも可能である （改正民法新102条本文が適用される）。もっとも、選任された任意後見人が後から成年後見開始の審判を受けると、委任は終了する （民法653条3号）。

　(d)　**任意後見契約の効力発生**　本人について判断能力の不十分な状況が生じ、かつ、家庭裁判所が任意後見監督人を選任した時点で効力が発生する （任意後見2条1号の定義参照）。

　(e)　**任意後見契約の効力**　(i)　**本人の行為能力**　任意後見契約の効力が生じても、本人の行為能力は制限されない。したがって、本人は取引の判断ができる状態にあるときは単独で取引ないし意思決定をすることができる。

　(ii)　**任意後見人の職務・権限**　どのような行為についての代理権を任意後見人に与えるかは、すべて任意後見契約によって定められる。生活・療養看護および財産管理に関する包括的な代理権を与えることもできるし、特定の行為 （たとえば、「不動産の管理」、「遺産分割」など） に限定した代理権を与えることもできる。任意後見人が弁護士である場合には、与えられた代理権の範囲内で訴訟をする権限を与えることもできる。いずれの場合も、代理権の範囲は公正証書に記載されるとともに （ただし、法務省令で定められる様式に従う必要がある）、代理権の範囲を公示するために法定後見の場合と同様に、法務局の後見登記ファイルに登記される （後見登記5条）。

　(iii)　**任意後見人となる者の資格**　誰でも本人との契約によって任意後見人になることができる。必要な資格は特にない。制限行為能力者であってもかまわない。ただし、未成年者、破産者、「被後見人に対して訴訟をし、又はした者」など、法定後見の欠格事由 （民法847条） に該当する者は、任意後見人としても適当でないので、これらの者との間の任意後見契約は契約としては有効であっても、家庭裁判所が任意後見監督人の選任

の審判をしないために、結局、任意後見契約の効力を生じない可能性がある（任意後見契約は任意後見監督人の選任によって効力が生じるから）。制限行為能力者が任意後見人として選任されている場合にも、同様の問題がある。法人（営利法人を含む）の任意後見人や複数の任意後見人なども可能である。

(iv) **任意後見の終了**　任意後見監督人が選任される前は、本人・受任者のいずれからでも公証人の認証を受けた書面によって任意後見契約を解除できる（任意後見9条1項）。任意後見監督人が選任された後は、正当な事由がある場合に限り、家庭裁判所の許可を得て任意後見契約を解除することができる（同条2項）。また、任意後見監督人が選任された後に法定後見が開始すると、任意後見契約は終了する（同10条3項）。

(v) **法定後見（補助・保佐・後見）との関係**　①できるだけ本人の意思を尊重するのが適当であるから、任意後見契約が存在するときは、原則として、法定後見（補助・保佐・後見）はなされない（任意後見10条1項）。しかし、任意後見契約で定めた代理権の範囲では狭すぎて本人を保護することができない事情が生じたときには、本人の保護のためにより広い代理権を与えることが必要になる。このようなときは、もはや任意後見では対応できないので、法定後見を開始する必要がある。本人の判断能力の程度に応じて、補助・保佐・後見のいずれかで保護することになる。

②法定後見（補助・保佐・後見）が開始した場合には、任意後見契約は終了する（任意後見10条3項）。残っていると、任意後見人と法定後見人との関係が複雑になるからである。

(4) **公的機関の監督を伴わない任意代理権授与**　任意後見契約法の適用を受けることの意味は、家庭裁判所の選任する任意後見監督人が任意後見の執行を監督する点にある。こうした公的機関による監督がなくてもよいのであれば、通常の代理権授与契約で受任者に後見事務を委任することで足りる。この場合には任意後見契約法が要求する各種の要件・手続を充たす必要はない。たとえば、公正証書による契約書の作成などは不要である。しかし後日の紛争回避のために公正証書によって作成することが望ましい。

4　制限行為能力者の相手方の保護

(1) **制限行為能力者保護と取引安全の調和**　既に述べたように、制限行

80　第2編　総　則

為能力者と取引をした者は、相手方が制限行為能力者であることについて
善意であっても、取引を確定的に有効なものとすることはできず、制限行
為能力者側の取消権にさらされる。制限行為能力者制度は、基本的に、取
引の安全を多少犠牲にしても、制限行為能力者の財産を保護しようとする
制度なのである。しかし、民法は、制限行為能力者の保護と取引の相手方
の利害を調整するために、若干の制度を設けている（行為能力制限を公示する後
見登記については71頁など参照）。

　第1は、制限行為能力者が「詐術」を行った場合である（21条）。いかに
制限行為能力者を保護する立場にあっても、制限行為能力者が「詐術」に
よって相手方に自分を行為能力者と信じさせたような場合には、制限行為
能力者側に取消権を認めてこれを保護することは適当でない。このような
理由から、民法は制限行為能力者に「詐術」があった場合に関しては、制
限行為能力者側の取消権を排除した（21条）。

　第2は、制限行為能力者側から取り消されるかもしれないという相手方
の不安定な地位を解消するための諸制度である。取消権の短期消滅（126
条）と法定追認（125条）がこれである。また、制限行為能力者の相手方は、
詐欺や強迫による取消権の相手方に比べて特に保護する必要があるので、
催告権を与えて、法律関係を速やかに確定することを可能にした（20条1項。
新20条1項は制限行為能力者を定義した括弧書の部分を削除した。既に、新13条1項10号で定
義しているためである）。

　(2)　詐術を用いた場合の取消権の排除（21条）　　(a)　要件　　(i)「行為能
力者であることを信じさせるため」詐術を用いたこと　　保護者（法定代
理人・保佐人・補助人）の同意があったと誤信させようとした場合も、こ
れにあたるとする下級審判決もあるが（新潟地判昭和44・10・31判時586-86）、制
限行為能力者であることを相手方が知った以上は、相手方としては保護者
の同意があったか否かを確認する義務があるというべきであろう。

　　　(ii)「詐術を用い」たこと　　判例は、①はじめ、単に行為能力者
であると陳述するだけでは本条の詐術にならず、積極的に詐欺の手段を用
いることを要するとしていた。[5]②しかし、やがて積極性を要求しなくなり、

---

5)　大判大正6・9・26民録23-1495は、準禁治産者の事件。この基準で「詐術」がなかった
　　とした。

第2章　私権の主体　　第2節　自然人　　*81*

催告の相手方と民法20条の効果

	本人に催告・無確答の効果			保護者に催告・無確答の効果		
	未成年者	成年被後見人	被保佐人・被補助人	親権者	成年後見人	保佐人・補助人
本人の能力制限中	催告無効	催告無効	無確答＝取消し[(1)]	追認	追認	追認[(2)]
本人の能力回復後	追認	追認	追認	催告無効	催告無効	催告無効

注（1）　当該行為につき、保佐人・補助人に同意権が与えられていて、本人が単独で行為ができない場合
　　　（20条4項）。
　（2）　保佐人・補助人への催告に対する無確答は、その行為について同意権・取消権がある場合に、追
　　　認の効果が生じる（20条2項・13条1項・同2項・17条1項）。

　さらには、行為能力者であることの言明ないし行為能力に関する表示を明示しなくてもよいとするようになった。[6]③判例が現在採用している基準は、①と②の中間の立場といえる。すなわち、制限行為能力者の単なる黙秘は詐術にならないが、制限行為能力者であることを黙秘していた場合でも、それが制限行為能力者の他の言動などと相まって、相手方を誤信させ、または誤信を強めたと認められるときは、詐術にあたる、という基準である**（最判昭和44・2・13民集23-2-291〔百選6版Ⅰ-6〕は、準禁治産者の「詐術」を否定）**。このように判例が推移してきたのは、ほとんどが準禁治産者の事件においてであるが、無能力者制度の弊害を緩和して、できるだけ取引の安全をはかろうとしたからである。

　従来の判例の基準がそのまま成年後見制度のもとでも妥当するかは慎重な検討が必要である。一方で浪費者であることを理由とする行為能力の制限がされなくなった分は、従来の準禁治産者の範囲より狭くなり、他方で、被補助人（補助人の同意が必要な場合）の分は従来よりは広くなった。そこで、被保佐人については従来よりも制限行為能力者を保護する方向に働き、被補助人については制限行為能力者保護よりは取引安全保護の方向に働く可能性がある。

　　　　（iii）　相手方が行為能力者だと信じたこと　　詐術があっても、相手方が制限行為能力者であることを知っていた場合には、相手方を保護する必要はないので、本条は適用されない。未成年者であることを知りつつ、

　6）　大判昭和8・1・31民集12-24は、準禁治産者が「自分は相当の資産があるから安心してくれ」と言ったことも「詐術」になるとした。

82　第 2 編　総　則

契約書の生年月日欄に成年となるように虚偽の誕生日を記載させたような相手方は、本条で保護されない（類似の事案として茨木簡判昭和60・12・20判時1198-143）。

　(b)　効果　　制限行為能力者側は、その行為を取り消すことができない（21条）。相手方からの取消しは認められるか。そもそも制限行為能力者との取引では、制限行為能力を理由とする取消しは制限行為能力者側からのみでき、その相手方からは制限行為能力を理由として取り消すことはできない。しかし、制限行為能力者が「詐術」を行った場合には、相手方は民法96条で詐欺を理由とする取消しが認められないかが問題となる。ここでいう「詐術」が当然に民法96条の詐欺にあたるわけではないが、行為能力者であることが重要である契約の場合には、詐欺を理由とする取消しを相手方に認めてよいであろう（他人の財産を運用・管理する契約など）。

　(3)　相手方の催告権（20条）　　制限行為能力者の相手方は、その行為が取り消されるかどうかがわからない状態で不安定である。このような不安定状態を解消するために相手方に催告権が認められている。相手方は、取り消しうる行為について、制限行為能力者側に対して、一定の期間を定めて、追認をするか否かの確答を促すことができる。そして、もし、その期間内に制限行為能力者側が確答を発しなかったときは、次の基準で追認ないし取消しの効果があったとみなされる（前頁表を参照）。すなわち、催告を受けた者が単独で追認しうる場合ならば追認があったとみなされ（20条1項・2項）、催告受領者が単独では追認できない場合ならば取消しがあったとみなされる。もっとも、成年被後見人や未成年者は、催告を受領する能力がないので、これらの者に対して催告をしても、催告の効果は生じない。この場合は、その法定代理人に対して催告しなければならない。そして、法定代理人（親権者・後見人のほか、特定の行為につき保佐人・補助人）が追認できる行為については、催告期間内に確答がなければ追認が擬制される。

第 4 款　住　　　所

1　人と場所の関係

われわれの形成する法律関係において、特定の場所が重要な意味をもつ

ことが少なくない。民法は、最も問題となる住所と居所について、一般的な規定を置いた。

2　住　　　所

(1)　**住所の効果**　　住所には、いろいろの法律効果が与えられている。

　(a)　**民法上の効果**　　住所は、不在者および失踪の基準 (25条・30条)、債務を履行する場所を定める基準 (現484条、新484条1項)、相続の開始地 (883条) を定める。たとえば、借金の返済をする債務者は、弁済場所について特別の合意をしていない場合には、弁済時の債権者の「住所」でしなければならない (484条)。

　(b)　**その他の法律における効果**　　民法以外の法律でも「住所」に一定の効果が与えられている場合がある。手形行為の場所 (手形法2条3項・4条・21条・22条2項・27条、小切手法8条)、国際私法における準拠法決定の基準 (法適用通則法5条・6条1項)、裁判管轄の基準 (民訴法4条2項、人訴法4条1項等) などのほか、選挙権を行使できる場所を決定する基準 (公選法9条2項) など公法上の問題についても「住所」が基準となっている。

　このように「住所」の概念は、いろいろな法律で使われており、その意味では諸法に共通の概念である。そして、それぞれの法律で「住所」についての定義をしていない場合には、民法22条に規定する「住所」の意味 (「生活の本拠」) が諸法でも適用される (民法典の中には、民法に固有の規定だけでなく、「住所」や「期間」など、「諸法の一般原則」ともいうべき規定がある)。しかし、それぞれの法律において「住所」を基準として解決しようとしている問題が異なるから、「住所」の具体的判断は異なることがありうる。

(2)　**住所の意義**　　民法は、フランス民法 (102条) にならって「各人の生活の本拠」をもって住所とする (22条)。

　(a)　「生活の本拠」とは、人の生活の中心である場所をいう。住所の決め方には、形式主義と実質主義がある。住民登録や本籍地といった基準で形式的・画一的に住所を決めるのを形式主義、これらの形式的基準によらずに実質的な生活をしている場所を住所とするのを実質主義という。「生活の本拠」とは実質主義によることを明らかにしたものである (旧民法人事編261条は、住所は本籍地にあるとする形式主義の立場をとっていた)。

84　第 2 編　総　則

　(b)　さらに「生活の本拠」がどこにあるかを判断する際に、その人の「定住の意思」を基準に判断する意思主義（主観主義）と客観的事実に基づいて判断する客観主義の考え方がある。外国の立法例には意思主義が多い（フランス民法102〜111条、スイス民法23条 1 項）。わが国の規定はその点が明確でないが、判例は、かつては意思主義をとっていたが、その後、客観主義の傾向を示している。定住の意思は外部から認識しにくいからである。もっとも、住民票記載のための住所を定めた旨の届出（住民基本台帳法）や転居通知など、外部に現れた定住の意思は、客観的に生活の本拠を認定する場合の重要な資料となるであろう。

　(3)　**住所の個数**　　このように、住所は実質的・客観的に判断すべきであるとすると、現代人の複雑に分化した生活状態にあっては、それぞれの生活関係について適当な住所が認められてよい。たとえば、家庭生活については甲地、職業に関する生活関係については乙地、というように住所が生活関係の種類に応じて分化することを認めるべきである。かつては、住所単一説が支配したが、近時は複数説（法律関係基準説）が支配的である。判例は必ずしも明確でない。

　＊　**単一説か複数説かに関する判例の態度**　　(a)　最高裁判決の中には、選挙権の要件としての住所に関し、抽象論として単一説的立場を説くものがある（最判昭和35・3・22民集14-4-551）。すなわち、私生活面が甲地、事業活動面が乙地にある者（訴外）の公職選挙法上の住所を甲地にあると判断するにあたり、「選挙権の要件としての住所は、その人の生活にもっとも関係の深い一般的生活、全生活の中心をもってその者の住所と解すべく、所論のように、私生活面の住所、事業活動面の住所、政治活動面の住所等を分離して判断すべきものではない」と述べる。

　(b)　しかし、前掲最判昭和26・12・21は、本人が職務上居住する東京ではなく、家族が耕作に従事する農地所在地を、その人の住所と見て不在地主ではないと判断した。これは暗黙のうちに複数の住所を認めたものと解される。また、寄宿寮に入っている学生の公職選挙法上の住所を郷里ではなく、寄宿寮であるとした最（大）判昭和29・10・20民集8-10-1907〔百選 4 版 I -7〕〔茨城大学星嶺寮事件〕は、表面上は「生活の本拠」がどこにあるかを問題にするが、実質的には公職選挙法上の住所を

---

1)　大決昭和 2・5・4 民集6-219、最判昭和26・12・21民集5-13-796は農地買収の際の不在地主か否かを決める基準となる住所について、抽象論ながら「住所意思」を問題とする。
2)　最判昭和27・4・15民集6-4-413は、「各般の客観的事実を総合して判断すべきもの」という。

公職選挙法の精神に従って判定したものと考えられ（法律関係基準説）、したがって
複数説が親しみやすい（現在では、公職選挙法上の住所は、原則として住民基本台帳に
基づく永久選挙人名簿によることになっていることに注意）。このように判例は、表面
では単一説をとりながら、実質は複数説に接近しつつある。

〈**参考文献**〉　末弘厳太郎「住所に関する意思説と単一説」法協47巻 3 号（1929年）、川島武宜
「民法体系における『住所』規定の地位」民法解釈学の諸問題所収（1949年）

3　居　　所

(1)　人が多少継続的に居住するが、その生活との関係の度合いが住所ほ
ど密接ではない場所を、居所という。

(2)　居所は、住所の補充としての機能を営む。

(a)　「住所が知れない場合」には、居所を「住所とみなす」（23条 1 項）。

(b)　「日本に住所を有しない者」については、「その者が日本人又は外
国人のいずれであるかを問わず」、「日本における居所をその者の住所とみ
なす」（23条 2 項）。ただし、渉外的法律関係について、準拠法を定める法律
が住所地法によるべき旨を定めている場合には（例、遺言準拠法 2 条 3 号）それ
による（23条 2 項但書）。

4　仮住所

法律行為の当事者が、一定の場所を仮住所に選定したときは、「その行
為に関しては、その仮住所を住所とみなす」（24条）。仮住所は、取引の便
宜上、当事者の合意によって定められるもので、住所のように定住の事実
を要するものではない。

5　本　　籍

国民の身分関係を公証登録する公簿、すなわち「戸籍」を編成する基準
となる場所を、本籍という（戸籍法 6 条・9 条・13条参照）。それは、戸籍を編
成し表示するための手段にすぎないもので、住所とはまったく関係がない。

86　第2編　総　　則

第5款　不在者

1　不在者

　従来の住所または居所を去って容易に帰って来る見込のない者を、不在者という。このような者については、本人のために、あるいは利害関係人のために、なんらかの善後措置を講ずる必要がある（個別的なものとしては公示による意思表示（98条）・登記抹消手続（不動産登記法142条）がある）。まず最初の段階において、主として不在者自身のために、その財産管理に国家が干渉することは、諸国の立法例の認めるところである。さらに進んで、不在者が長期にわたって生死不明の状態をつづける場合に、その者をめぐる法律関係をどのように扱うかに関しては、立法例が分かれている。フランス民法の系統は、時日の経過とともに、死亡の推定を強化し、残存者の権利を増加させるが、死亡宣告はついに行わない。しかし、それでは法律関係を確定しえない。日本民法は、ドイツ民法系統の立法例にならって、不在者の生死不明の状態が一定期間つづくと、利害関係人のために、不在者の死亡宣告を行って、法律関係を清算することにしている。これが失踪宣告である。

2　不在者の財産管理

　(1)　**不在者に財産管理人のいない場合**　　(a)　不在者が管理人（委任管理人）を置かず、しかも法定代理人も欠く場合に、「利害関係人又は検察官の請求」があれば、家庭裁判所は、「その財産の管理について必要な処分」を命ずることができる（25条1項前段）。「必要な処分」の主要なものは財産管理人の選任である。

　財産管理が不要になった場合、すなわち、本人が後日に至り「管理人を置いたとき」（25条2項）、本人がみずから財産を管理することができるようになったとき、またはその死亡が分明となり、もしくは失踪の宣告があったときなどには、家庭裁判所は請求権者の申立てにより又は職権で、その命じた処分を取り消すことを要し（家事法147条）、これによって不在者の財産管理が終了する。

(b)　**選任管理人の地位**　（i）　権限　　家庭裁判所の選任する管理人の権限は、裁判所の命令の内容によって決まる。権限の範囲が明白でない場合に関し、法は、不在者の財産について民法103条に定める「保存行為」をなす権限を有することを前提に、これを超える行為（例、不在者の子に教育資金・結婚資金を与える行為）を必要とするときは、家庭裁判所の「許可」を得てこれをなすことができる旨を、規定している（28条前段）。

選任管理人の権限は財産管理権であり、管理人の選任・辞任・改任は不在者本人の意思とかかわりなく行われるから（家事法146条）、選任管理人は一種の法定代理人である。

（ii）　対外的地位　　その権限の範囲内で、対外的に本人のために法律行為をなす代理権がある。したがって法定代理人として理解されている。

（iii）　対内的関係　　この管理人は裁判所が選任したものであるが、法は不在者との間の委任の規定（644条・646条・647条・650条）を準用し（家事法146条6項）、そして、さらに委任者に当たる者が不在である事実を考慮して、特別の規定（民法27条・29条）も設けた。

（2）　**不在者が財産管理人を置いている場合**　　不在者の置いた管理人（委任管理人）の権限は、通常委任契約によって定まり（権限の定めがなければ103条の適用がある）、報酬の有無も委任契約によって定まる（特約がなければ無報酬）。

しかし、次の2つの場合には、委任契約によることはできず、国家の関与が必要となる。

（a）　「本人の不在中に管理人の権限が消滅したとき」は、不在者に管理人がいなかった場合と同一の事態に立ち至るから、(1)の場合と同じように取り扱われる（25条1項後段）。

（b）　「不在者の生死が明らかでないとき」は、本人による管理人への監督はもはや期待することができず、本人のためにも社会的見地からも、国家による監督が必要となる。家庭裁判所は、事情に応じて、利害関係人または検察官の請求により「管理人を改任する」こともできるし（26条）、従来の管理人を監督しつつ、これに選任管理人とほぼ同じような権限と義務を与えることもできる（27条2項3項・28条後段（前段と対照せよ）。なお家事法146条参照）。

88　第2編　総　則

(3)　**不在者に法定代理人のある場合**　　この場合には、法定代理人（親権者・後見人）が法律の規定に従って不在者の財産を管理するから、特別の措置を講じる必要がない。

第6款　失踪宣告

1　失踪宣告制度の必要性

不在者の生死不明の状態が長期間続くと、その者をめぐる法律関係を確定することができず、関係者が困ることが生じる。もっとも、不都合の程度は、問題となっている法律関係においてかなり異なる。

第1に、債権的な関係は、失踪宣告を使わなくても通常は解決できる。たとえば、借家人が賃料を支払わないで行方不明になってしまった場合には、家主は、借家人の賃料不払を理由に契約を解除すれば賃貸借関係を終了させることができる。ただ解除をするにも相手が行方不明なので、どうやって解除の意思表示をするかという問題があるにすぎない。不在者の近親者がいたとしても、近親者は賃貸借契約の当事者ではないから、これに解除の意思表示をしても解除の効力を生じない。このような場合に不在者に対して解除の意思表示をするには、公示による意思表示 (98条) ですればよい。不払分の賃料は、不在者の財産から強制執行によって弁済を受ければよい (ただし、3(3)を参照)。このように失踪宣告制度を利用しなくても解決できるのであれば、家主が不在者の失踪宣告を求めることを認める必要はない (それゆえ、家主などは失踪宣告を申し立てることのできる「利害関係人」には該当しないと考えられている)。

第2に、身分関係・相続関係に関する問題では失踪宣告の必要性が高い。たとえば、失踪者の配偶者が再婚をしようとしても、失踪者との婚姻を解消させないとできない。長期の生死不明は離婚原因 (770条1項3号) になっているので、離婚訴訟を提起して離婚判決をもらえば、再婚ができるようになるが、離婚すると、今度は相続ができない。このような場合には失踪宣告が意味をもつ。また、不在者の配偶者・子など不在者が死亡すれば相続できる地位にある者は、不在者の死亡が確定しないと、いつまで経っても相続することができない。ここでも失踪宣告が必要となる。

第2章　私権の主体　第2節　自然人　89

　このように不在者の生死不明の永続した場合に、一応その者の死亡を擬制して、法律関係を確定するのが、失踪宣告の制度である。

2　失踪宣告の要件

　失踪宣告は、家庭裁判所が次の要件が備わったときに、審判によって行う（30条、家事法39条、家事法別表一［56］）。

　(1)　**実質的要件**　(a)「不在者の生死が明らかでない」こと、すなわち、不在者について、なんらの消息もないために、生存の証明も死亡の証明もたたないこと。

　(b)　生死不明が一定期間継続すること。失踪期間には2種ある。

　(i)　普通失踪　失踪者の生存が証明された最後の時から「7年間」（30条1項）。

　(ii)　特別失踪（危難失踪）　「戦地に臨んだ者、沈没した船舶の中に在った者その他死亡の原因となるべき危難に遭遇した者」については、「戦争が止んだ後、船舶が沈没した後又はその他の危難が去った後1年間」（30条2項）。実際には、普通失踪と危難失踪のどちらに該当するか明確でない場合もある。たとえば、台風接近中で荒れている海岸に釣りに出かけて、そのまま戻って来なかったとしても、海に落ちたことが推認できないで、かえって別な原因で失踪した可能性もある場合には、危難失踪は否定される。しかし、普通失踪の所定の期間を経過していればこれが認められる。

　＊　**戦時死亡宣告**　第2次世界大戦によって生死不明で未帰還となった者について、一定の要件のもとで、厚生労働大臣（立法時は厚生大臣）が失踪宣告の請求をすることができることとされた（未帰還者に関する特別措置法（昭和34年法律7号）2条）。すなわち、昭和21年1月1日以後生死が分明でない者、昭和22年1月1日以後昭和27年12月31日までの間に生存していたと認められる資料はあるが、昭和28年1月1日以後生死が分明でない者のうち、諸般の事情により現に生存していないと推測される者については、民法30条の利害関係人の請求がなくても、厚生労働大臣が未帰還者の留守家族の意向を尊重しながら、独自に失踪宣告の請求をすることができることにした。このようにしてなされた失踪宣告を戦時死亡宣告という。宣告の手続、効果などは、一般の失踪宣告と同じである。戦時死亡宣告の取消しは、厚生労働大臣のほか、本人・利害関係人が請求できる。親と離れ離れになって中国に残留した子供についても、戦時死亡宣告がなされたが、身元が判明すれば、戦時死亡宣告の取消しがなされる。

失踪宣告およびその取消しによる権利変動

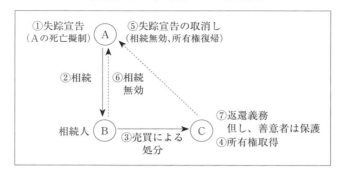

(2) **形式的要件** (a) **「利害関係人の請求」** 利害関係人とは、失踪宣告を求めるについて法律上の利害関係を有する者で、失踪宣告の結果を他の訴訟事件の証拠にしようとする者などは含まれない（大決昭和7・7・26民集11-1658〔もっとも、本決定による具体的事案の解決は不当〕）。

(b) 公示催告の手続。普通失踪の場合は3か月の公告期間、特別失踪の場合は1か月の公告期間（家事法148条3項）。

3 失踪宣告の効力

失踪宣告を受けた者は、普通失踪にあっては30条1項の「期間が満了した時」、危難失踪にあっては「危難が去った時」に、「死亡したものとみなす」（31条）。

(1) **失踪宣告の効力の及ぶ範囲** 死亡したものとみなすというのは、失踪者の従来の住所または居所を中心とする法律関係について、失踪者が死亡した場合と同じ法律効果を認めることをいう。失踪者本人の権利能力が消滅するわけではない。したがって、失踪者が実際には別の場所で生きていた場合に、その地で行った契約などは全て有効である。

(2) **擬制主義** 「死亡したものとみなす」というのは、立案者としては、「反対の証拠出ずるまでは死者と看做す」という趣旨で、ドイツ民法（現在は、失踪法で規定されている）やスイス民法（38条）のように推定主義を採るつもりだった。それが立法の過程で、「失踪宣告取消し」の制度が認められ、死亡の効果を阻止するためには宣告を取り消さなければならず、

反証をあげただけでは死亡の効果がさかのぼって否定されることはないことになった（擬制主義）。この変更は、人の生死に関する法律関係を画一的に取り扱おうとするためである。

(3) **死亡効果発生時期**　失踪宣告によって死亡の効果が発生する時期については、立法例は分かれているが、民法は、普通失踪については、失踪期間満了の時とする。危難失踪については、「危難が去った」時に死亡の効果が発生する。危難によって死亡したとみなされる者が失踪期間の間生きていたとみるのは、不合理だからである。このように、死亡の効果が期間満了の時または危難の去った時までさかのぼり、その時から宣告までになされた利害関係人の行為は、宣告によって影響を受けることになる。たとえば、その間に失踪者Aを被告として言い渡された確定判決は、その後の失踪宣告によって失踪者Aは判決よりも前の時点で死亡したものとみなされ、判決の時点では既に相続が開始していたことになるので、相続人に対しては判決の効力は及ばないと解されている[1]。

4　失踪宣告の取消し

(1) **概観**　失踪宣告がなされても、本人が生きていたことが明らかになったり、失踪宣告によって死亡したとみなされたのと異なる時期に死亡したことがわかった場合には、失踪宣告を取り消して、事実に沿った扱いをしなければならない。これが失踪宣告の取消しである。

失踪宣告が取り消されると、本人が死亡したことを前提に作られてきたそれまでの法律関係（配偶者の再婚や相続）は、その基礎を失うことになる（32条）。本人の利益と失踪宣告を信頼して行為をした善意者の利害との調整が問題となる。

(2) **要件**　次の要件が備わる場合には、家庭裁判所は審判によって失踪宣告を取り消さなければならない（32条1項本文）。

(a) **実質的要件**　次のいずれかの事実の証明があること。

(ⅰ)　「失踪者が生存すること」

---

1)　大判大正5・6・1民録22-1113は、直接にはこのような確定判決に基づく強制執行の可否が問題となった事件だが、その前提として確定判決の効力を問題とする。

92　第2編　総　則

　　（ii）　宣告によって死亡したものとみなされる時と「異なる時に死亡したこと」

　　（iii）　このほかに条文には明確に書かれていないが、本人が失踪期間の起算点以後のある時点に生存していたことが証明されれば、失踪期間の起算点をずらす必要が生じる。その結果、失踪宣告に必要な期間を満了していない場合はもちろん、その期間を経過している場合でも、「死亡」したとみなされる時期を修正する必要があるので、もとの失踪宣告は取り消される。

　　（b）　形式的要件　　「本人又は利害関係人の請求」

　（3）　失踪宣告取消の効果　　（a）　遡及効の原則　　取消しの審判が確定すると、はじめから失踪宣告がなかったと同一の効力を生じる。すなわち、失踪宣告（「死亡」）を原因として生じた権利義務の変動は生じなかったことになる。①たとえば、失踪者Aが「死亡」したとしてなされた相続は無効であり、相続人Bは取得した財産をAに返還しなければならない。Bから相続財産を譲り受けたCも、その権利を取得できない。②また、「死亡」によって解消した配偶者との婚姻関係も復活することになる。

　しかし、失踪宣告取消しまでの間になされた全ての財産移転行為が無効となると、第三者に不測の損害を与えるおそれがある。また、配偶者との婚姻関係の復活は、配偶者が再婚していた場合には、困難な問題を生じる。そこで、失踪宣告取消しの遡及効を一定の場合には制限することが必要となる。

　　（b）　遡及効の制限　　民法は遡及の原則に対して、(i)善意の行為の有効（32条1項後段）と、(ii)返還義務の範囲（同条2項）について例外（同項但書）を認めた。

　　　（i）　善意の行為の有効　　「失踪の宣告後その取消し前に善意でした行為の効力に影響を及ぼさない」（32条1項後段）。失踪宣告、すなわち失踪者の「死亡」を前提に「善意でした行為」は無効にならない、とすることで、失踪宣告を信じた善意者を保護しようとしたものである。しかし、具体的にどのような場合がこの例外に該当するのかについては議論がある。財産取得行為の場合と身分行為の場合とでは考慮すべき事情が異なるので、分けて考える必要がある。

①財産取得行為　　（α）　失踪宣告の効果によって、失踪者から直接権利を取得した者（相続人・受遺者・生命保険金受取人）は常に返還義務がある。32条1項後段で保護しようとしているのは、失踪宣告を信頼して新たに取引関係に入ってきた者である。たとえば、失踪者Aを相続した相続人Bから、相続財産を譲り受けた善意のCは、保護すべきであるが、相続人B自身は失踪宣告を信じたから財産を取得したというわけではないので、信頼保護という理由で相続人Bの財産取得を保護する必要がない。要するに、**直接取得者**（相続人・受遺者・生命保険金受取人など）は、善意であっても保護されないのである。

　　　　　　（β）　失踪宣告の取消しで影響を受けるのは所有権移転の効果を生じる**処分行為**（例、BC間の売買による所有権移転行為）であって、債権債務を発生させるだけの債権行為（例、BC間の売買の約束）は原則として影響を受けない。処分行為が契約に基づく場合には、両当事者とも善意でなければならないというのが判例である。[2]しかし、たとえ処分行為者B（たとえば相続人）が悪意であっても、権利を取得する者Cが善意なら、その処分行為は効力を失わないと解釈することが、取引の安全を保護しようとした規定の趣旨に合うであろう。

　　　　　　（γ）　善意者を保護するとして、その次の転得者（善意者Cからの譲受人D）が悪意である場合に、転得者は権利を保持できるか（絶対的構成）、それとも悪意の転得者は権利取得を失踪者に主張できないとすべきか（相対的構成）、という問題がある。類似の問題は、善意者を保護する他の制度でも生じるので（たとえば94条2項、110条の適用が問題となる場合）、それらの解決と比較しながら検討すべきであるが、相対的構成は複雑かつ困難な問題を含むので、ここでは絶対的構成に従っておきたい。

②身分行為　　失踪宣告によって失踪者Aとその配偶者Bとの婚姻関係が解消したために、BがCと再婚したところ、Aが生存していることがわかり、失踪宣告が取り消された場合にどうなるか。仮に特別な規定がないと、失踪宣告の取消しによってAB間の前婚が復活するが、それだ

2）　大判昭和13・2・7民集17-59は、失踪者Aの不動産がその相続人Bを経てC、さらにDへと譲渡され、BとDが悪意であった事案で、AからDに対する登記抹消請求を認める。

けではＢＣ間の後婚は当然には無効にならないので、ＡＢとＢＣの重婚状
態が生じる。重婚の場合には、重婚禁止規定（732条）に違反することにな
る後婚の「各当事者（ＢＣ）」、その親族または検察官、「当事者の配偶者
（Ａ）」が後婚を取り消すことができる（744条）。要するに、前婚が保護され
ているのである。しかし、失踪者の残存配偶者Ｂとしては失踪者Ａの長期
の生死不明を理由に離婚ができたくらいであるから（770条1項3号）、前婚
を無条件に保護するのは適当でない。むしろ後婚を一定範囲で保護すると
いう考えが適当である。どのように後婚を保護するかについてはいろいろ
な見解が主張されている。①32条1項後段を適用して、両当事者（ＢＣ）
とも善意なら、後婚の効果を維持し、その反面で前婚は復活しないとする
説（我妻・新訂民法総則、なお昭和25・2・21民甲520民事局長回答）、②婚姻について
は当事者の意思を尊重すべきであるから、同項後段の適用はなく、常に後
婚のみが有効であると解する立場がある（我妻＝立石＝唄・判例コンメンタールⅦ）。
②の立場でよいと思うが、残存配偶者Ｂが失踪者Ａが生存していることが
わかったならば、Ａとの婚姻生活に戻りたいと考えている場合もあるから、
後婚については離婚できるとすべきであろう（770条1項5号「婚姻を継続し
難い重大な事由」があるとみる）。

　　　（ii）　直接取得者の返還義務の範囲　　失踪宣告を直接の原因として
財産権を取得した者（相続人・受遺者・生命保険金受取人など）は、善意・悪意
にかかわらず、宣告の取消しの結果その財産についての「権利を失う」こ
とになり、取得した財産を返還しなければならない。また、その対価を得
てその財産を処分していれば、その対価を返還しなければならない。これ
を保有する「法律上の原因」を欠いているからである（703条）。このよう
に直接取得者は不当利得を理由に現存利益を失踪者に返還しなければなら
ない。不当利得の返還義務の範囲については、民法703条・704条に原則的
な規定があるので、これと32条2項との関係が問題となる。通説は、32条
2項に独自の意味をもたせようとして、受益者の善意・悪意を区別するこ
となく、一律に「現に利益を受けている限度」で返還すればよいと解する
が、不当利得の一般原則以上に悪意者を保護する必要はないであろう。32
条2項は善意の場合の返還義務の範囲について規定したものと解するのが
適当である。このように解すると、32条2項は703条と同じことを規定し

たことになり、32条2項は不当利得の原則を確認しただけのこととなるが、703条・704条のほかに本条項があるからという形式的な理由だけで、本条項に独自の存在理由があるかのように解釈する必要はない。

（c）**時効による取得**　失踪宣告によって直接（相続人）・間接（相続人からの転得者）に財産権を取得した者が、財産を長期占有して取得時効の要件を備えた場合には（10年ないし20年の取得時効（162条1項・2項））、宣告が取り消されても、影響を受けない。

第3節　法　　人

第1款　総　　説

第1　法人の意義・本質

1　法人の意義

　自然人以外で権利義務の主体となりうるものが法人である。人の集合である団体（これを社団という）や財産の集合体（これを財団あるいは目的財産という）は、それ自体が権利義務の主体となりうると便利である。たとえば、団体が団体自身の名前と資格で契約を締結したり、不動産を所有したりすることができると、法律関係も簡便となり、団体構成員にとっても利益が大きい。しかし、これら団体や財産の集合体が法の世界において権利義務の主体となるためには、法律の定める一定の要件を充たして「法人格」の付与を受けなければならない。団体や財産の集合体という社会的実体があっても、当然には法人格を取得しないのである。この点が当然に法人格を取得する自然人と異なる。どのような団体ないし財産の集合体に法人格を与えるかは、各種の法律に規定されている。

　平成18年の法改正前は、民法に公益法人に関する規定があったが、法改正後は民法には各種の法人に共通する一般原則を規定するにとどめ、非営利（公益法人を含む）の法人に関する規定は、一般法人法（正式には「一般社団法人及び一般財団法人に関する法律」（平成18年法律48号。平成20年12月1日から施行））に置かれることになった。営利法人に関しては、会社法が規定する。以下では、

民法に残った法人の一般原則および非営利法人の一般法である一般法人法について説明する（一般法人法を非営利法人の一般法と見ることには否定的な見解もある。佐久間毅「法人通則──非営利法人法制の変化を受けて」NBL1104号（2017年））。

2　法人格付与の法的意義

　ある団体が法人格を取得し、権利義務の主体となることは、法的にはどのような意味があるか。抽象的な言い方をすれば、団体の構成員ではなく団体自身が権利義務の統一的な帰属点になることが、ある団体が法人となることの意味である。これをさらに、団体が取引などの積極的活動を行う上での意味と、取引の結果生じる権利義務の帰属および責任に関しての意味とに分けて考えてみる。

　(1)　**積極的活動にとっての法人の意味**　　団体が法人格を取得すると、その団体の名前（例、一般社団法人Z協会）で契約を締結するなどの取引行為を行うことができる。団体の名前で賃貸借契約を締結したり、銀行の預金口座を開いたりすることができる。また、訴訟において、自己の名で行動することができる。もっとも、多くの取引では、法人格がなくても団体の名前で取引活動が行われている。たとえば、銀行の口座などは、法人格がない団体であっても団体名で開設することが可能である（ただし、口座の不正利用・犯罪利用を防ぐために平成14年に制定された本人確認法（平成14年法律32号）で金融機関の本人確認義務が定められ、団体側は団体の実体があることを示すために、団体の規則などの提出を口座開設にあたって求められる。なお、本人確認法は平成19年に廃止されたが、金融機関の本人確認義務は、「犯罪による収益の移転防止に関する法律（平成19年法律22号）」に引き継がれている）。また、訴訟でも、法人でない社団または財団で代表者または管理人の定めがあるものは、その名で訴えたり、訴えられたりすることができる（民訴法29条）。このように社会的な活動面では法人格は必須ではない。

　(2)　**権利義務の帰属および責任にとっての法人の意味**　　(a)　**権利の帰属**　　権利は、団体の構成員（社員）や代表者（代表権のある理事）に帰属するのではなく、端的に団体そのものに帰属する。法人格を有しない団体では、その所有する不動産について、団体名による登記ができないとされているが（最判昭和47・6・2民集26-5-957および昭和23・6・21民事甲1897号民事局長回答を

法人と構成員（社員）の関係

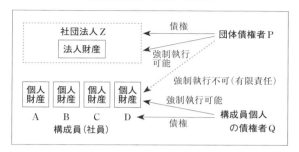

参照)、法人になればその名で登記することができる。これによって、団体自身の財産が名実ともにできるのである。

(b) **義務の帰属と責任**　(i) 法人である団体が負担した債務は、団体自身に帰属し、構成員（社員）は債務者とならない。また、団体の代表者も債務者にはならない。

(ii) 団体自身が義務の主体（債務者）となるのであるから、団体の債務は団体自身の財産で弁済することになる。「債務」の支払のために自分の財産から支出しなければならないことを「責任」があるという言い方をするが、このような義務（債務）に対応する責任も、団体自身が負うのである。その反面、構成員や代表者は原則として「責任」がない。すなわち、構成員は、自分の固有財産で団体の債務を弁済する必要がない。これを会社法上の法人である株式会社についていえば、会社の構成員（株主）は、会社設立に際して出資した額は会社の財産となり、会社倒産などの場合には全て会社債権者への弁済に充てられるが、出資額以上に会社債権者に支払う義務や責任はない。これを株主の「有限責任」という。非営利目的の法人である一般法人法上の一般社団法人では、その構成員（社員）は、株式会社の場合と異なって、法人設立に際して必ず出資をしなければならないというわけではないので、「有限責任」という表現は正確ではないが、団体債権者に対して直接責任を負わないという意味でやはり「有限責任」を負うにすぎない。

＊　**法人と構成員（社員）の有限責任**　一般に、法人は構成員の有限責任を作り出す制度だといわれている。しかし、法人格のある団体であっても、持分会社のよう

98 第2編 総 則

に構成員（社員）の無限責任を認めるものがあり（会社法580条1項）、法人格が必然的に構成員の有限責任に結びつくわけではない。そこで、法人の意味は、むしろ団体の債権者保護のために団体固有の財産を作り出す点にある、という有力な批判がある（星野）。以上のような議論をふまえ、法人がもつ意味については次のように考えるべきであろう。

ある団体を法人にすることには、①団体債権者Pがあてにできる「団体財産の創出」と、②「構成員の有限責任」の2つの意味がある。問題は、両者の関係である。①と②との間には、一定の論理的関係があると考えるべきであろう。すなわち、①「団体財産の創出」があり、団体債権者の保護が十分に図られている場合には、団体債権者は構成員の個人財産をあてにする必要はないので、構成員の有限責任が認められる（換言すれば、②構成員の有限責任を認めるためには、①団体財産の創出を確実にしなければならないという関係がある）。これに対して、団体財産の創出が十分でない場合には、会社債権者保護のために、構成員の無限責任を認める必要がでてくる。たとえば、合名会社では、配当についての規制がなく、社員に対する過大な配当によって会社財産が減少することがある。そこで、会社債権者の保護のためには構成員の無限責任を肯定する必要があるのである（有限責任の否定）（会社法621条・623条1項・580条1項）。

〈**参考文献**〉 星野英一「いわゆる『権利能力なき社団』について」民法論集1巻所収（初出、法学協会雑誌84巻9号・1967年）

＊＊ 法人格否認の法理 (a) 法人は、その構成員とは別の法主体を作り出す技術である。これを構成員から見て、法人は「他人性」（構成員と法人が異なる法主体であること）を作出する、ということができる。その結果、法人の構成員は、法人と自分とは別の法主体であると主張し、法人の行為について自分は責任を負わないと主張することができる（有限責任の享受）。しかし、法人と構成員を他人とみることが、ある規範との関係で正義に反すると考えられる場合には、法人の存在そのものを否定してしまうわけではないが少なくともその法規範の適用に関する限り、法人の形式を無視し、法人とその構成員ないし設立者とは別の法主体であるという法人の法理を排除する必要がある。個人会社や親会社・子会社関係について判例によって承認されるに至った法人格否認の法理は、以上のような観点から理解される。この法理については実定法上の根拠はないが権利濫用の禁止（1条3項）に求めることが可能である。

(b) 判例が法人格否認の法理を適用する場面には、次のような2つの類型がある。

(i) **法人格の濫用の場合** 法人の形式を、法律の規定や契約上の義務を回避するために、または、債権者を害するために濫用した場合には、「他人性」を否定して、濫用を徒労に終らせるようにする（例、最判昭和48・10・26民集27-9-1240〔居室の明渡義務・延滞賃料等の債務を負ったA会社が履行請求の手続を誤らせるために新会社を設立した場合〕）。

(ii) **法人格の形骸化の場合** 濫用とはいえない場合でも、法人の形式の利用

者と法人とが実質的・経済的に同一とみられるような場合には、法人の形式を無視して、実体に即した規範の適用をする（最判昭和44・2・27民集23-2-511〔店舗の賃借会社の代表者が個人名で賃貸人と和解して合意解除に同意した場合に、その効力が会社に及ぶとする〕）。

〈参考文献〉　江頭憲治郎『会社法人格否認の法理』（1980年）

3　法人を構成する契機

　法人を成り立たせる契機は、次の3つに分析することができる。

　(1)　**実体的契機**　　まず、社会的・経済的観点からみて、自然人でなくして取引の主体となるのに適した実体（社団・財団）が存在しなければならない。実体的契機を重視することは、ある団体がこのような実体を有するならばこれに法人格を付与すべきであるという主張にもつながる。なお、実体的契機の問題は、株式会社などの営利法人と非営利目的の法人とでは異なり、前者では株主が1人しかいない「一人会社」も認められるが、一般社団法人ではこの制度が団体活動を支援・促進することを目的の1つとして制定されたことから社員1人による設立は認められないことに注意すべきである。[1]　なお、一般社団法人制度の目的はこのように団体活動を支援・促進することであっても、現実には単なる法的帰属点を作るために一般社団法人が設立されることがある。たとえば、個人の財産管理目的で一般社団法人を設立する場合やいわゆる民事信託の受託者となる法主体を作り出すために一般社団法人を設立する場合が考えられる。これらは、団体活動を目的とするとは言いにくいが、非営利活動のために一般社団法人を利用するのであれば、禁止されるべきではない。

　(2)　**価値的契機**　　しかし、上記のような実体を有するものが当然に法人になるものではない。法人の根拠法となるそれぞれの実定法は、政策的見地から価値判断を加え、その社会の歴史的・社会的事情のもとで取引の主体となるに値すると判断したものに限って、法人格を付与する。

　(3)　**技術的契機（法人格）**　　法人は、自然人でない存在（社団や財団）を権利義務の統一的な帰属点たらしめる技術であり、この技術的契機こそ、

---

1)　平成2年の改正で商法165条から発起人7人以上を要する旨の規定が削除されたことから、発起人1人による会社設立が可能となった。非営利目的の一般社団法人については、設立時の社員を2人以上とする議論がなされた。なお、後述112頁参照。

100　第2編　総　則

取引の平面における法人の本質をなすものである。

4　法人の本質

　法人の本質に関しては、従来、(a)法人擬制説、(b)法人否認説、(c)法人実在説（これはさらに、(i)有機体説、(ii)組織体説に分かれる）などが主張されてきた。現在の法律問題を解決するにあたっては、どれかの説に立たなければならないというものではなく、その意味では法人本質論は実益が乏しい議論である。しかし、法人に関する問題は基本的なところで法政策・価値判断に影響されるところが大きく、これら法人の本質に関する各説は、歴史的にそれぞれの時代の法政策・価値判断を反映したものである点で、現在でも参考に値する。したがって、各説を平面的に比較するのは必ずしも適当ではないが、あえて比較するならば、法人擬制説は、**3**で述べた技術的契機を、法人否認説は実体的契機の一部を、有機体説は実体的契機を、組織体説は実体的契機と価値的契機を、それぞれ重視するものであるといえよう。

　＊　**法人の本質に関する学説**　　(a)　**法人擬制説**　　サビニー（1779—1861）によって19世紀半ばに主張された考え方。権利の主体となりうる実体は本来自然人に限るべきであり、法人は法が特に自然人に擬制したものである、と説く（『現代ローマ法体系第2巻』§85）。もともとは個人主義的な思想に基づいている。法人擬制説は、法人の技術的契機のみに着眼するものである。サビニーは、法人自体が権利・義務の帰属点となること、団体の構成員は法人の債務について責任を負わないこと（有限責任）などを明らかにした。なお、法人は権利・義務の帰属点である以上、身分的な権利を除き、あらゆる財産的な権利の帰属点になりうるとして、被相続人の指定によって法人を相続人とすることを認める（ドイツ民法1923条、2101条2項はこの立場を承継）。法人が権利・義務の帰属点を作り出す法的な技術であること、およびそのことの法的な意味（法人の債務と構成員の有限責任など）を明らかにしたのは、その功績であり、この点では現在の法人学説にも影響を与えている（たとえば、川島・民法総則）。しかし、実体的契機に着目しないこの説は、どのような実体に法人格を与えるべきかという問題については直接答えるものではなく、その点は法政策に委ねることになる。したがって、この説は、19世紀中頃のドイツにおいては、団体の成立を制限しようとした特許主義を支えたが、現在では、逆に、いわゆる「一人会社」のように社団としての実体がないものに対しても法人格付与を否定しないというように、法人の範囲を広げる方向にも作用している。ちなみに、ドイツ法の系譜とは異なるが、イングランドの法人論は現実的・機能的であり、サビニーより

も前に擬制説に近い議論が主張されていた。たとえば、エドワード・コークの議論を引き継いだブラックストンは、一人法人を認めるにあたって次のように説明している。「法人の観念はローマ法に由来するが、……我々の法は、イングランド国民の才能によって、これを一層洗練し、改善した。特に、1人の構成員からなる一人法人の考え方はローマの法律家たちは観念したことがなかったものである。」(Blackstone, Commentaries on the Law of England, Book 1, p. 469)。イギリスの法制史家のメイトランドも、ギールケの実在説的団体論と対比して、イングランドの法人論がきわめて現実的であると述べている。

(b) **法人実在説** 法人は法の擬制した空虚なものではなく、社会的実在である、と主張する。その中にも次の態様がある。

(i) **有機体説** 団体は自己固有の意思（団体意思）と行為を有する有機体として、社会的活動単位となりうるものであり、法人はこのような社会的実体に法主体性を認めたものである、と説く学説。ドイツ固有法研究者（ゲルマニステン）であるギールケ（1841—1921）やベーゼラー（1809—1888）によって主張された。これは、法人の実体的契機を、そしてこれのみを強調する立場であり、法人の実体の構造を特に団体について明らかにし、また、その実体の社会的活動単位である事実をそのまま法の世界に反映させる機能を営んだ点に、特徴がある。それは団体を有機体とすることによって自然人との同一性を強調し、こうした団体にも法人格（すなわち権利能力）を認めるべきであると主張したものである。それは、資本主義の高度化とともに現われた団体（特に会社）の増加に対して、団体設立の自由に対する時代の要望を反映するものでもあった。だが、法人の実体を有機体と把握したことは、ゲルマン的団体（地縁的共同体など）にはふさわしかったとしても、近代的団体（会社など）や財団には適当ではなかった。

(ii) **組織体説** 法人は、法人格を与えられるに適した法律的組織体である、とする。フランスのサレイユ（1855—1912）などによって主張された。それは、法人をもって現実の世界で一定の利益をもち、それを実現するための機構を備えている集団が、法秩序から評価を受けて法的組織体として再編成されたものとみる。わが国では支持が多い。組織体説は、法人の実体を有機体とみる誤りから免れているのみならず、単なる社会的実体を直ちに法人とすることなく、社会的実体を法人格に媒介するところの価値的契機をも重視する点において、有機体説を修正補充するものである。しかし、法人の技術的契機に対して認識が不足しているのみならず、法的に法人にふさわしい組織体が法人であるというトートロジーを言っているにすぎない面がある。

〈**参考文献**〉 石本雅男『法人格の理論と歴史』（1949年）、川島武宜「企業の法人格」田中（耕）還暦記念論集所収（1952年）、同「法的構成としての『法人』」鈴木古稀記念論集下所収（1975年）、福地俊雄「法人理論の対象について」民商38巻2号（1958年）、林良平『新版・注釈民法(2)』（1991年）、星野英一「法人論」民法論集4巻（1978年）など

5 法人の設立に関する立法主義

(1) 近代資本主義社会は、一方では個人主義が徹底し、他方では国家権力が増大したために、個人と国家との中間に諸団体の介在することを好まず、当初は、団体を禁圧する態度をとった（フランスでこの傾向が特に顕著であった）。すなわち、法人は、主権者の命令または法律が特に認める場合のほか、設立することができなかったのである（特許主義）。しかし、資本主義の進展とともに、資本団体の設立が要請され、法人成立の要件は緩和されるに至った。法人たる実体を備えるものに当然法人格を承認する自由設立主義を採用する立法さえ出現している（スイス民法52条2項・60条）。しかし、わが国は、自由設立主義をとらず、「法人は、この法律その他の法律の規定によらなければ、成立しない」としている（33条1項）。自由設立主義は、法人の法律関係を不明確にし、取引の安全を害すると考えたのである。

(2) いかなる条件があれば法人格が付与されるかは、法人の種類によって異なるが、平成18年法改正前の民法の規定する公益法人については、許可主義がとられていた（旧34条）。しかし、法改正後、民法の公益法人制度は廃止され、一般法人法の下では準則主義での一般法人（一般社団法人・一般財団法人）の設立が可能となった。その一般法人の中から一定の条件を充たし公益認定を受けたものが公益法人となる。

* **法人設立方式の態様** (1) **許可主義** 設立を許可するか否かを主務官庁の自由裁量にゆだねるもの。そのため、司法審査の対象にならないとされていた（最判昭和63・7・14判時1297-29）。旧公益法人についてこの方法が採られていた（旧34条）。なお、医療法人のように、当初は民法の公益法人として設立されていた団体でも、その後特別法（医療法）によって規律されるようになった団体については認可主義に移行している点に注意すべきである。

  (2) **準則主義** 法律の定める組織を備え、一定の手続によって公示（法人登記）したときに法人の成立が認められるもの。要件を充足しているか否かは、公証人による定款認証や法人登記に際して審査されるが（後者は形式的審査）、特定の所管庁による関与がない点で自由度が大きい。非営利の一般法人（一般法人法10条・22条）、営利法人である株式会社・持分会社（会社法26条・49条・575条・579条）、労働組合（労働組合法11条）、弁護士会（弁護士法31条2項・34条・45条3項・50条）、中小企業等協同組合法に基づく組合（同法30条）等について、この方法が採られている。営業をするために免許が必要なことがあるが、これは法人格の取得とは関係がなく、営業免許がなくても法人格を取得できる（大判大正10・6・24民録27-1236〔相

互保険会社〕）。なお、一般法人法で設立された一般法人が公益法人となるためには、公益認定等委員会・審議会の諮問に基づいてなされる行政庁の認定を受けなければならない（公益認定法4条）。行政庁による認定は行政行為であり、司法審査の対象となる。

(3) **認可主義**　主務官庁の裁量性のある設立許可と異なり、法律の定める要件を具備して主務官庁に申請をすれば、必ず認可を与えなければならないとするもの。主務官庁に裁量権がなく、認可の要件が充たされているのに認可が与えられなかった場合には、裁判所の司法審査の対象となる。各種の協同組合（消費生活協同組合法57～59条、農業協同組合法59～61条）、健康保険組合（健康保険法9条・12条・15条）、学校法人（私立学校法30条・31条）、医療法人（医療法44条・45条）等について、この方法がとられている。

(4) **認証主義**　法律の定める条件を充たしていることを確認するという点で準則主義に近いが、所管庁が「認証」する行為を必要とする点が異なる。しかし、認証は単なる確認行為であり、認可とは異なる。宗教法人や特定非営利活動促進法上の法人（いわゆるNPO）については、信教の自由という憲法的価値の尊重から、あるいは市民活動に国家が過度に干渉すべきでないという政策的観点から、認可主義ではなく、認証主義がとられている（宗教法人法12～14条、特定非営利活動促進法10条・12条）。

(5) **特許主義**　各個の法人を設立するために特別の法律の制定を必要とするもの。歴史的には国家の特許（英語ではcharterという）によって初めて営利法人の成立が認められる時代があった（イングランドでは東インド会社がエリザベス1世から1600年にRoyal Charterを得て設立された）。しかし、その後、一般的な法人設立方法としてはとられなくなり（Joint Stock Companies Act 1844によってイングランドでは準則主義のもとで一定の要件を充たして登録することで会社設立が認められるようになった）、現在では、国家がその資本の一部を独立させる（そして多くの場合事業を営ませる）など、特殊な場合にのみとられる。この方法によって設立される法人には、日本銀行・住宅都市整備公団・国民金融公庫など、種々の類型がある。これらの法人のことを特殊法人と呼ぶことがある。

(6) **当然設立**　地縁団体（地方自治法260条の2参照）および相続人不存在の場合の相続財産（民法951条）は、法律上当然に法人とされる。この種の法人は、種々の特殊性を持っている。

第2　法人の種類

1　公法人と私法人

(1) 国家的公共の事務を遂行することを目的とし、公法に準拠して成立した法人を、公法人と呼び（例、国・公共団体・土地改良区）、これに対して、

私人の自由な意思決定による事務遂行のために、私法に準拠して設立された法人を、私法人と呼ぶ（例、会社・一般社団法人・一般財団法人・私立学校）。

(2) 公法人は、それぞれ個性を持ち、その任務・成立の根拠ばかりでなく、組織の決定・なんらかの強制的権能（特に、賦課金・徴収金等につき、滞納処分の方法によることができること）・国家的監督・行政体系上の地位等において、程度の差ではあるが、私法人と異なる特色を有している。それにもかかわらず、公法人も、私法人と同じように財産を所有し、私人と対等の立場で私法的法律関係を形成するのであって、その限度では、私法上の権利能力を有し、私法の適用を受けるのである（商法2条）（国家の財産主体としての側面は、「国庫」と呼ばれることが多い（民法239条2項・959条））。

もっとも、旧憲法の下では、公法人は、財産的法律関係についても、公権力の行使に関する限り、民法上の不法行為責任を負わず（例、試運転中の消防自動車が人をひき殺した場合（大判昭和8・4・28民集12-1025））、また司法的訴訟手続（司法裁判所による裁判・民事訴訟法に基づく強制執行）の支配の外に置かれていた。しかし、戦後、国家の民主化・法の支配が要求されるとともに、行政裁判所は司法裁判所に統合され、また、公務員の不法行為について国家・公共団体が賠償責任を負うことになった（国家賠償法）。このような私法的原理の貫徹の結果、公法人の特殊性はかなり減少した。

2 社団法人と財団法人

(1) 私法人は社団法人と財団法人に2分される。法的な理念型としては、社団法人は、社員を不可欠の要素とし、社員総会が最高の意思決定機関となって自律的活動を行う（理事は、業務執行機関である）。これに対し、財団法人は、社員や社員総会を欠き、設立者が拠出した財産を基礎に、定款に示された設立者の意思を活動の準則とする（意思決定および業務執行は理事会が行い、評議員会は理事の選任・解任、定款変更など一定の重要事項について決定する）。

(2) 社団法人と財団法人の理念的・抽象的な区別は以上の通りであるが、現実は、理念通りではない。現実に設立されている法人においては、その実体と選択された法人の形式（社団法人か財団法人か）がずれている場合がある。たとえば、個人会員が多数いる組織であって、会員が意思決定にも事実上関与しているものであれば、その実体は社団のように思えるが、実

際には財団法人として設立され、会員組織は当該財団法人が運営する事業でしかないという例がよくある（財団法人は社員総会がないので意思決定が容易である）。しかし、意思決定の面倒を避けるために財団法人の形式を流用することは好ましいことではない。

　そもそも財団法人については、どの程度自由にその設立を認めるかという問題がある。諸外国では、社団法人の設立は、結社の自由・団体設立の自由の思想から、広く認めるが、財団法人については比較的抑制的な政策をとっているところが多い（ドイツ、スイスなど）。これに対して、日本では、一般法人法が非営利を目的とする社団法人だけでなく、非営利目的の財団法人の設立も準則主義で認める。財団法人の利用方法を拡大する新しい動きと言えよう。もっとも、外国には財産拠出者に利益を配当する営利の財団を認めるところもある。財団法人も多様な発展をしている。

3　公益法人・非営利法人・営利法人

　⑴　民法は、法人を①「学術、技芸、慈善、祭祀、宗教その他の公益を目的とする法人」、②「営利事業を営むことを目的とする法人」、③「その他の法人」に分けている（33条2項）。もっとも、民法上はこの分類に特に意味があるわけではなく、民法33条2項は、全ての法人がその設立、組織、運営、管理については、「この法律その他の法律」に準拠しなければならないことを宣言する意味しかない。

　①の法人は、一般に「公益法人」と呼ばれるが、根拠法はさまざまである。狭義では、一般法人法で設立され、公益性の認定を受けた法人が「公益法人」である（公益認定法2条・4条）。しかし、広義では、社会福祉法が定める社会福祉法人や、私立学校法が定める学校法人なども公益を目的とする法人であり、講学上は「公益法人」に分類することができる。注意すべきは、一般法人法上の一般社団法人・一般財団法人は、国・都道府県に設置されている公益認定等委員会ないし審議会によって公益性の認定を受けなくても、公益目的の事業を行うことは自由なことである。ただ、公益性の認定を受けないと、公益法人のための優遇税制の適用を受けられないにすぎない。②の営利目的の法人は、会社法の適用を受け、株式会社、持分会社などとして設立される。③の「その他の法人」は、①②以外の法人な

ので、いろいろな法人がこのカテゴリーに含まれることになる。たとえば、公益でも営利でもない目的、すなわち中間的な目的を有する法人である。その他、地方自治法260条の2が定める「地縁による団体」も、ここに分類されるであろう。

(2) 平成18年の法人法制の改正前においては、公益を目的とする法人については、民法その他の法律が規定し、営利目的の法人については会社法が規定していた。しかし、公益も営利も目的としない団体（例、社交クラブ・同窓会・学会・町会・相互扶助をはかる会など。これを「中間的団体」とか狭義の「非営利団体」と呼ぶ）については、一般的な根拠法がなく、特別法がないと法人を設立することができない状況が長く続いていた。平成13年に中間法人法が制定され、これら中間的団体にも準則主義で法人格を取得する道が開かれたが、同法は必ずしも使い勝手がよいものではなかった。最大の問題は、中間法人法によって設立された中間法人と民法の公益法人は、別の根拠法に基づいて設立された類型の異なる法人であったため、中間法人から公益法人に移行しようとすると、中間法人をいったん解散してから改めて公益法人を設立するしかなかった。しかし、中間的団体と公益目的団体の境界は流動的である。たとえば、実際には公益目的事業を行いながら、しばらくは中間法人として実績を積んでから公益法人になりたいと考える団体がかなりあるにもかかわらず、当時の法制度の下ではこのようなことができなかった。要するに、当時の制度は、幅広い非営利目的の中間的団体の中から公益法人が生まれてくるということを理解したものではなかった。平成18年に制定（平成20年施行）された一般法人法は、このような中間法人法の欠点を解消し、まず、広く非営利目的（公益目的を含む）の法人（一般社団法人・一般財団法人）が準則主義で設立できるようにした上で、その中から公益法人としての条件を充たしているものが公益性の認定を受けて公益法人となれるようにした（次頁の〈図〉参照）。比喩的な言い方であるが、公益性の認定を受けない一般法人を「1階部分」、公益性の認定を受けて公益法人となったものを「2階部分」などと呼ぶことがある。しかし、どちらも、法人設立の根拠となっているのは一般法人法である。

一般法人と公益法人の関係

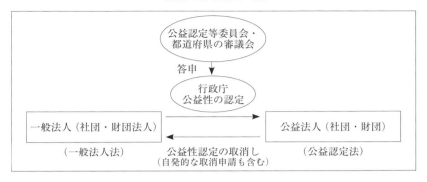

4　内国法人と外国法人

　法人は国家の法が創設するものであり(33条1項)、しかも法人の認否は自国の公益に関するものであるところから、かつては、外国法人は国内において当然には法人格を認められなかったが(たとえば、旧民法人事編6条)、各国間の交通・貿易の発達は漸次これに対する例外を要求するに至った。民法も、外国法人のあるものについては、国内においてもその法人格を認め(35条)、登記による公示(36条)を要求しているが、ただ、特別権利能力に一定の制限を加えている(35条2項)(会社法は、必ずしも権利能力の制限というわけではないが、外国会社に関しては、若干の規定(会社法817～823条)を設けている)。

第3　法人の実体

1　法人の基礎

(1)　法人の実体的基礎　　法人は商品取引の世界において、権利義務の統一的帰属点たりうる実体を備えたものでなければならない。しかし、そこでいう「実体」の意味は、非営利団体と営利団体では異なる。営利団体では、構成員(株主)が1人しかいない一人会社が許容されているように(親会社が子会社の唯一の株主となる100パーセント子会社のように実例は多い)、そこでいう実体とは、社団性ではない。むしろ法的処理の必要性に基づいて、構成員自身の財産と営業から、分離独立させた会社の財産と営業をきちん

と区別していることが、その会社に法人格を認める実体的根拠ということになろう。これに対して非営利団体では、社団性がより重視される傾向がある（一般社団法人では設立時には2人以上の社員が存在することが要求される）。しかし、法人の実体的根拠を強調しすぎてはならない。たとえば、個人が単に財産管理のための法的帰属点を作ることを目的として一般社団法人を設立するような場合も、団体の実質があるとは言いにくいが、一般社団法人がこのような使われ方をすることも許容されると考えるべきである。

(a) 人的結合体として、そのような実体を備えるのは社団であるが、組合の形式をとる団体の中にも、団体性が強くて社団に準ずる実体を備えたものがあり、これも、広い意味では「社団」と呼ばれることがある（権利能力なき社団はこのような組合を含む）。また、営利団体は、組合的性格を有する場合にも、特に、法律関係の簡易化のために社団法人として設立することが認められている（合名会社などの持分会社（会社法575条以下））。

(b) 法人の基礎としては、一定の目的に捧げられた財産（目的財産などという）で理事会などの管理機構を有するものでもよい。これは財団法人の実体的基礎となる。

(2) **法人の基礎としての組織**　法人は、それを構成する個人・財産の変動にかかわりなく同一性を保持しつつ、統一体としてその使命を追求することのできるような組織を有することを、要求されている。法人の基礎としてふさわしい組織を、一般法人法の規定から推論すれば、次のような条件を備えることである、といえよう。①構成員・財産を統合する中心となるところの「目的」の確定（一般法人法11条1項1号）、②法人を他から明確に区別する標識となる「名称」の存在（同11条1項2号）、③法人の場所的個性を明確にし、その活動の本拠となる「住所（事務所）」の存在（同11条1項3号）、④法人に秩序を与える「根本規則（定款）」の制定（同10条）、⑤法人の統一的行動を可能にする「機関」の存在（同60条）。

地方公共団体が、特別の規定なくして、私法上、法人として取り扱われるのも、それらがこのような法人としての実体を備えているからにほかならない。なお、地縁による団体（町内会など）も、市町村長の認可を得て法人格を取得することができる（地方自治法260条の2）。

＊　社団と組合　　(a)　両者の違い　　①社団は、はじめから構成員の変動すること
の予定された団体で、将来加入する構成員をも拘束する定款をもち、団体の意思
（多数決で決まる）を体して団体を代表する機関によって運営され、その財産や義務
は構成員の財産や義務から独立している。②これに対し、組合は、特定の人たちが
普通の契約によって相互に義務づけ合う契約関係である（667条1項参照）。そして、
その構成員間の法律関係は、共同の事業を行うという組合目的による制約を受けて
団体性を帯びる。たとえば、組合財産は各構成員に組合的共有（合有）として帰属
し、構成員は各自その持分を処分することを制限され（676条）、組合の業務活動に
よって生じた債務についても、ともかく組合財産が責任を負う点、各組合員は共同
の利益を害さず共同の利益のために行動すべき忠実義務を負う点（忠実義務につい
ては、民法には明確な規定がない。組合には受任者の権利義務に関する規定が準用されるが、
委任にも忠実義務に関する規定がない。しかし、それらの規定の解釈論から導かれる）、各
組合員に組合の業務や財産の状況を検査する権利が与えられる点（673条参照）など
は、団体性の表れである。けれども、その活動は構成員全員によるか、全員によっ
て選ばれた者によってなされ、その財産は全構成員に帰属し、その債務については、
共同の財産のみならず各構成員の個人財産も責任を負い、組合への加入には全構成
員の同意を必要とする点では、構成員間の契約という性格が出てくる。
　　(b)　違いの相対化　　もっとも、以上のような差異は単なる理念型的対立にすぎ
ない。民法は、組合についてしか規定していないし（社団については団体が一般社団
法人になった場合の規定が一般法人法にあるだけである）、現実の団体の中には、両類
型の中間的なものも少なくない。組合契約の形式をとるもののなかでも、継続的存
在を予定し、代表者の定めのあるものは、社団に準ずる団体性を有すると考えられ、
判例は、このような組合に対しては、民事訴訟法29条を適用して、訴訟当事者能力
を認めている（最判昭和37・12・18民集16-12-2422参照）。

2　法人の実体はあるが法人格を有しない団体・財団

　客観的には法人となるに適した実体を持ちながら、法の評価を得ていな
かったり、団体自体が法人格を取得するための手続をとらないために、法
人格を有しない団体や財団がある。これを「権利能力なき社団」・「権利能
力なき財団」という。一般法人法の制定によって、非営利目的（公益目的
を含む）の団体・財団は、準則主義で法人格を取得することができるよう
になったので、法人格を取得したいがそれができない団体をこの法理で救
済するという必要性はなくなった。それでも権利能力なき社団・財団の法
理がなお必要か、必要であるとすればどのような意味においてか、新たな
状況下での議論をする必要がある。詳細は、後述する（169頁以下）。

110　第2編　総　　則

第2款　一般法人（一般社団法人・一般財団法人）

第1　概　　要

　平成18年の法人法制の改正によって、(1)それまで民法34条によって設立されていた民法の公益法人制度が廃止され、民法にあった法人に関する規定のほとんどが削除された（いわゆる「整備法」（平成18年法律50号）38条）。また、(2)非営利目的の法人を設立するための法律として「一般社団法人及び一般財団法人に関する法律」（平成18年法律48号）（以下、「一般法人法」と略称する。なお、この款においては原則として同法については条数のみで表す）が制定され、非営利目的の法人が準則主義で設立できるようになった。この法律の中では「非営利」という表現は使われていないが、「社員に剰余金又は残余財産の分配を受ける権利を与える旨の定款の定めは、その効力を有しない」（11条2項）と規定されており、非営利目的の法人が想定されていることが明確にされている。(3)非営利を目的とする一般法人のうち、積極的に一定の公益事業を目的とする法人は、公益認定を受けて公益法人となることができる。公益認定の手続、要件などについては、公益認定法に規定されている（平成18年法律49号）。(4)従来の、民法34条によって設立された公益法人は一般法人法の施行日である平成20年12月1日から5年の期間内に、新制度における公益の基準に基づいて公益認定を受けるか（整備法44条）、公益認定を受けないで一般法人に移行するか（整備法45条・115条1項）、解散するか（整備法46条）を選ばなければならなくなった。一般法人に移行する場合には、これまで公益目的の事業に使われてきた財産が一般法人の下で自由に別の目的に使えるのは適当でないことから、一般法人に移行した後も、公益目的のために使わなければならないものとされている（整備法119条で規定する「公益目的支出計画」を作成する必要がある）。

　以上のような内容を有する新法人制度は、それなりに合理性がある制度であるが、旧公益法人で公益性の新基準に適合しないために一般法人に移行しなければならない法人の取扱いについては問題も多い。何よりも重要なことはその際の基本的考え方である。すなわち、これまでの民法旧34条

のもとでは比較的「緩い公益性」の基準で国家から公益法人としての活動が許されてきたのが、基準が変更されて公益法人として存続できなくなることをどう見るべきかである。いくら主務官庁の許可主義で設立された公益法人であっても、これら法人は国家の行政組織の一部なのではなく、市民のイニシアティブによって設立され、市民によってその基本財産が拠出された団体・財団なのであるから、国家の都合によって左右されない、独自の団体・財団としての利益が公益法人にもあるはずである。また、公益性に関する新しい基準により、新制度の下では公益法人としては存続できないことがあるとしても、団体としての活動は保障される必要があろう。整備法は、これら法人のために一般法人への移行の道を開いてはいるが（整備法45条・115条以下）、いろいろな条件が規定されているために、一般法人への移行が簡単にできない場合もある（共済的な団体で公益法人となっていたものについて特に問題があるが、詳細は専門書に委ねる）。

　以上のほか、公益認定制度にもいろいろな問題点があるが、ここでは触れない。本書では、非営利目的の法人の一般法たる地位を有する一般法人法の問題に焦点を当てることにする。説明の順序としては、まず、一般社団法人について取り上げ、後で、一般財団法人について特に注意すべき点に触れる。

第2　一般社団法人の設立

1　定款の作成

(1)　**設立時社員による定款作成**　　一般社団法人の設立には、まず、社員になろうとする2人以上の者（設立時社員）が定款を作成する必要がある（「設立時社員」については、10条1項に定義がある）。定款作成は、社員になろうとする者による社団設立行為であり、合同行為である。すなわち、どのような社団を設立するのか、その骨格を定め、社団を設立する意思を表明する行為である。ただ、社団設立行為としての定款作成は、単に社員になろうとする者全員が意思を表明するだけでは足りず、全員の署名または記名押印が必要である（10条1項）。また、定款が効力を生じるためには、公証人による認証が必要である（13条）。

　定款作成は、設立時社員の意思表示を要素する法律行為であるから、民

法が定める法律行為および意思表示に関する規定が原則として適用される。したがって、定款の内容が強行規定や公序良俗（民法90条）に違反する場合や設立時社員の定款作成行為（社団設立行為）に意思表示の瑕疵がある場合には、定款作成行為ないし社団設立行為の効力が問題となる。この点については、後述(3)で述べる。

  ＊ **一人法人の設立は可能か？**   社員の数が成立後に1人となっても、一般社団法人の解散事由にならないことは明らかであるが（148条4号で「社員が欠けたこと」が解散事由となっている）、法人設立時に社員が1人でもよいのかは条文の文言からは必ずしも明らかでない。「公益法人制度改革に関する有識者会議・非営利法人ワーキング・グループ（座長は能見）」がまとめた「非営利法人制度の創設に関する試案」が作られる過程では設立当初から社員1人でよいという案も検討されたが、最終的に報告書は設立時には2人以上の社員を必要とする案になった。法務省の「一般社団法人及び一般財団法人制度Q&A」もこの立場に基づいて設立時には2人以上の社員が必要という立場を採る。ただ、一般法人法10条の文言を見ると、このことは必ずしも明確ではない。同条は、定款作成について、「一般社団法人を設立するには、その社員になろうとする者（以下「設立時社員」という。）が、共同して定款を作成し、その全員がこれに署名し、又は記名押印しなければならない」と規定し、会社法26条の、「株式会社を設立するには、発起人が定款を作成し、その全員がこれに署名し、又は記名押印しなければならない」と類似の規定であるが、後者では発起人は1人でもよいと解されている（江頭、神田など）。一般法人法の規定には「共同して定款を作成し」という文言があるが、これだけで一般社団法人の場合には2人以上の設立時社員が必要であると解するのは根拠が弱い（2人以上の設立時社員を必要とする趣旨ならば、「その社員になろうとする2人以上の者」という表現を用いれば簡単に実現できたはずである）。そこでより実質的な根拠を考える必要がある。第1に、政策的な観点も考慮すると、一般社団法人が詐欺的な行為に使われたり、暴力団に悪用されたりすることを防ぐために一人法人の設立を認めないということが考えられるが、そのような目的のために設立に際してのみ2人以上の社員を要求して会社法とは異なる立場を探っても、意味がないであろう（設立後は社員が1人でもよいから）。第2に、一般社団法人は公益認定を受けることができるが、公益法人では一人法人は適当でないという考えもありうる。しかし、それは公益認定法で対処すべき問題である。第3は、非営利目的の一般社団法人では法人格は単なる道具ではなく、団体活動を支援するための制度なのだから、団体の実態がない1人での設立は認めるべきないという考えである。これを根拠とすべきであろう。

(2) **定款の記載事項**   定款の記載事項には、(a)必ず記載しなければならない**必要的記載事項**（11条1項）、(b)「この法律（一般法人法）の規定により定款の定めがなければその効力を生じない事項」（**相対的記載事項**）およ

び(c)「その他の事項でこの法律(一般法人法)の規定に違反しないもの」
(**任意的記載事項**)がある (12条)。また、(d)書いてもそれに効力が与えられ
ない**無益的記載事項**とでもいうべきものがある (11条2項など)。

必要的記載事項は、一般社団法人の①目的、②名称、③主たる事務所の
所在地、④設立時社員の氏名または名称および住所、⑤社員の資格の得喪
に関する規定、⑥公告方法、⑦事業年度の7項目である (11条1項)。これ
らの事項を書かないと定款は無効となる。

相対的記載事項は、その事項については定款に定めないと効力が生ぜず、
定款以外の内規などに記載しても効力を生じない事項である。たとえば、
一般社団法人では理事会を置くことも(「理事会設置一般社団法人」)、置か
ないこともできるが、理事会を置くのであれば、定款に記載しなければなら
ない (60条2項は、「一般社団法人は、**定款の定めによって**、理事会、監事又は会計監
査人を置くことができる」と規定する)。そのほか、理事会設置一般社団法人に
おける社員総会の法定決議事項以外の決議事項 (35条2項)、基金制度を設
ける場合にはその旨の記載 (131条) など、いろいろなものがある。ところ
で、これらの事項を定款以外の内規のようなものに記載した場合に、それ
が何らの意味も持たないのかという問題があるが、これについては後掲
(＊) を参照。

任意的記載事項は、書かなくても、書いてもよい事項であるが、定款に
書くことで、その変更には定款変更の手続が必要となる。理事の数、理事
の任期などがその例である。なお、代表権の制限のように見える定めが、
定款に定められたものか、単なる内規に定められたものかで、一般法人法
77条5項の「代表権の制限」になるか否かの判断が影響を受ける可能性が
あることに注意すべきである。たとえば、理事長と副理事長に代表権を与
える一般社団法人において、「副理事長は理事長に故障があった場合に代
表権を行使する」という定めが定款にある場合には、これは副理事長の代
表権の制限と見るべきである (77条4項の権限が制限され、5項で「善意の第三
者に対抗できない」ことになる)。これに対して、内規で同様のことを定めた
にすぎない場合には、それは法人内部の手続を定めただけであり、代表権
の制限とは考えるべきではない (77条5項は適用されず、副理事長の代表行為は
常に有効)。

114　第2編　総　則

無益的記載事項は、それを定款に書いても無効とされるものである。一般社団法人では、社員が剰余金の分配を受けたり、残余財産の分配を権利として受け取ることはその非営利性に反するので認められない。したがって、このような権利を定款に記載しても無効である（11条2項）。ただし、残余財産の分配に関しては、清算法人の社員総会で決議して残余財産をその時の社員に分配することは非営利性に反しないので認められる（もっとも、これも非営利性に反するという批判がある）。

＊　**定款ではない内規等で「理事会」の定めを置くことの意味**　　一般社団法人では、理事会設置型と理事会非設置型で、理事の権限、社員総会の権限などが大きく異なる（詳細は、後述123頁）。たとえば、理事会非設置の一般社団法人では各理事に業務執行権がある（76条1項）のに対して、理事会設置一般社団法人では各理事の業務執行権が制限される（91条1項）。また、理事会非設置型では社員総会は全ての事項について決議できるのに（35条1項）、理事会設置一般社団法人ではその権限は大幅に理事会に委譲され、社員総会の権限は一般法人法に規定のある事項および定款で定めた事項に限られる（35条2項）。このような理事会設置一般社団法人は、営利目的で効率性を最大限に追求する組織としては合理的な形かもしれないが、非営利目的の一般社団法人では必ずしも合理的とはいえない。たとえば、小規模な非営利団体の中には、代表理事に代表権や業務執行権を集中させるのではなく各理事に業務執行権を残し、また社員が積極的に法人の運営に参加しているという意識を持たせるために社員総会の権限を制限したくない、というものも多いであろう。これらの団体にとっては、一般法人法上は、理事会を設けなければよいのかもしれないが、理事、社員総会の権限を残しつつ理事会を設けたいと考える団体も多いのである（現にこれまでの多くの団体では理事会があった）。しかし、一般法人法は、この点での柔軟性を欠いており、理事会を設けつつ、社員参加的な組織を作ることを認めない。このようなことが生じたのは、一般法人法が会社法の規定に倣った結果であり、小規模でいろいろなタイプの団体がある非営利法人の世界が営利法人の世界とは異なることを十分理解しなかったからである。そこで、このような問題の打開策の1つとして、定款にではなく、一般社団法人の内規に理事会の定めを設けることが考えられる。こうすれば、内規で定めた理事会は、一般法人法上の理事会としての意味を持たないので、一般理事の業務執行権限や社員総会の権限を制限することにならない。そして、内規上の理事会は、理事の多数決で業務執行上の意思決定をする際に、合議体としての事実上の「理事会」で決定することを要求する内部的な準則としての意味を有することになろう。これによって一般法人法が規定する理事会の決議方法についての厳格性（一般法人法の解釈として委任状を定足数に勘定しないとされる可能性がある）を緩和することもでき、理事が全国に分散しているために理事会の定足数を充たすことが困難な学会などの団体も（学会が一般社団法人の形態をとる

場合の話であるが）、法人の運営をその団体の実態に即した方法で支障なく行うことができる。

(3) 社団設立行為（定款作成行為）の瑕疵　社団設立行為は、社団設立をめざす複数人の社団を設立するという意思表示であり、定款作成行為はその一部をなすと考えるべきであろう。したがって、定款作成行為に瑕疵があれば、社団設立行為にも瑕疵があると考えることになる。このような考え方のもとで、定款作成行為を含む社団設立行為に瑕疵があった場合に、どのようなことが生じるかを整理しておく。社団法人の設立前の段階で瑕疵が問題となる場合と、社団法人設立後（設立登記後）とで区別する必要がある。

　　（i）　社団法人の設立登記前においては、会社の設立準備段階の場合と同様に、発起人組合や設立中の会社（権利能力なき社団）に相当するものを想定できないわけではないが、一般社団法人の場合にはそこまでのことを考える必要はないのではないか。社員になろうとする者によって合同で、社団設立行為として定款作成が行われると考えれば十分であろう。このような定款作成行為に瑕疵があれば、定款の全部または一部が無効となる。定款の内容が強行規定や公序良俗に反する場合には、定款は全部または一部が無効となる。社団設立行為は、ここで頓挫し、これ以上先には進めない。また、定款作成行為について一部の定款作成者に意思表示の瑕疵があれば、民法の原則に従って、その意思表示の取消しを主張できる。その者は定款作成者としての地位から離脱する。残りの者だけで社団設立行為を続行し、公証人の認証を受け、法人設立登記を経れば、一般社団法人が成立する。その後は、瑕疵ある意思表示をした者は、(ii)に述べる設立取消しの訴えによらなければならない（267条1号）。

　　（ii）　社団設立後（設立登記後）は、一般社団法人の設立無効や取消しは、一定の制限を受ける。一般社団法人の成立後は、いろいろと取引を開始するので、その後に社団法人の設立が無効となったり、取り消されたりしては、取引の安全を害するからである。一般法人法は、社員、理事、監事等による「設立無効の訴え」（264条1項1号）または「設立の取消しの訴え」（267条）によらなければ社団法人の設立を否定できないとしている。前者は、社団設立行為に重大な瑕疵があった場合にのみ認められる。条文

116 第2編 総 則

上は明確に規定されていないが、定款の内容が強行規定や公序良俗に反していた場合などが考えられる。後者は、設立時の社員が「設立に係る意思表示を取り消すことができるとき」に、その社員から訴えを提起するものである（267条1号。類似規定が持分会社について、会社法832条にある。なお、取消しの効果は不遡及、274条）。設立時社員が詐欺・強迫によって意思表示をした場合が考えられる。錯誤無効については、規定の文言からは含まれないが、錯誤無効の場合も詐欺・強迫による意思表示と同様に、267条が類推適用されると考えられる。ただし、改正民法の新95条は、錯誤の効果を取消しとしたので、今後は、267条の適用でよい。

267条1号は、社団設立行為について、瑕疵ある意思表示をした社員が1人でもいる場合には、一般社団法人の設立の取消しの訴えが認められるかのような規定になっているが、原則として瑕疵ある意思表示をした者のみが社員の地位を離脱すると解すべきであり（設立取消しの判決があっても、276条1項により他の社員全員の同意で法人を継続させることも可能だが）、267条1号の適用は残りの社員だけでは社団設立行為ができない場合だけに限定すべきである。設立時社員の全員が錯誤をしていたなどという場合も同様に扱われる。残りの社員が1人となる場合は、設立取消しの訴えはできないと考えるべきであろう（設立時には2人以上の社員が必要と解されているが、退社や死亡で事後的に減って1人になることはかまわないとされている（148条4号参照）。これと同様に考えればよい）。

2　公証人による認証

定款は、公証人の認証がないと定款としての効力を有しない（13条）。公証人は定款が法令に違反しないかを確認して認証するが、法令に反しているか否か一義的には分からない場合もある。このような場合に、公証人の認証があったとしても、後で法令違反などが明らかになれば、一般社団法人の設立無効などが問題となる。また、一般法人法は、主務官庁による許可主義を廃して準則主義によって設立できるようにしたものであるから、公証人が法令に従って定款が作られているか否かを確認することは当然としても、法令違反があるかどうか明確でない場合に、公証人の判断で当該定款を法令違反であるとして認証しないということは避けるべきであろう。

グレー・ゾーンにおける最終的な判断は裁判所がすべきだからである。行政による規制から公証人による規制がとって代わるのでは自律的な法人制度を目指した法の目的に反する。

公証人の認証によって定款としての効力が生じると、設立時社員はその定款に従って、一般法人法が規定する手続で、一般社団法人の設立準備行為を行う (15条以下)。たとえば、法人設立時の理事が定款に定められていない場合には、設立時社員は、設立時の理事を選任する (15条)。

3 設立登記

定款は、社団を設立しようという設立時社員間の法律行為であるが、それが目的とする法人成立という効果が生じるためには、設立登記が必要である (22条)。民法旧34条によって設立された旧公益法人は主務官庁の許可によって成立し、登記は対抗要件でしかなかったが、一般社団法人では設立登記は法人の成立要件である。会社法の規律と同様である。

設立登記において登記すべき事項は、一般法人法301条2項に規定されている。

第3 一般社団法人の基本組織

1 法人の権利能力 (民法34条)

(1) 一般的権利能力　(a) 法人は、取引単位たるにふさわしい実体があると判断されることによって、権利義務の統一的帰属点たる資格を与えられたものである。したがって、それが一般的権利能力を有するのは当然のことである。法人は、その法人格によって、その構成員から独立し、したがって、法人の名において権利を取得し義務を負担するばかりでなく、自己の名において登記することができ、また、法人の財産や債務は構成員や代表者の財産や債務とは直接の関係を持たないのである (例外、持分会社の社員につき、会社法580条)。

(b) しかし、外国法人は、国内において全て当然に法人格を認められるわけではない。その法人格をわが国においても認められるのは、「国、国の行政区画」、「外国会社」および「法律又は条約の規定により認許された外国法人」に限られる (民法35条1項)。認許されない外国法人は権利能力

118　　第 2 編　総　　則

のない社団・財団として取り扱われる。ここに「外国法人」というのは、外国法に準拠して成立した法人をいうものと解されている。

　これら認許された外国法人は、原則として、「日本において成立する同種の法人と同一の私権を有する」が、「外国人が享有することのできない権利」および「法律又は条約中に特別の規定がある権利」は、例外的に享有しえない（民法35条 2 項）。

　(2)　**特別権利能力**　　(a)　**一般的権利能力の制限**　　自然人の場合には、一般的な権利能力が認められる以上、個別の場合に権利能力が制限されることはないが（外国人には例外がある）、法人については法人というものの性格上権利能力が制限される場合がある。これを従来、特別権利能力の問題と呼んできたが、要するに、特別な理由で法人の一般的な権利能力が制限される場合のことを言う。すなわち、ある種の権利は法人には帰属しない場合がある。

　たとえば、法人が法人格を認められるのは、それを取引の主体とするためだから、財産法上の権利義務が法人に帰属するのは当然であるが、身分上の権利義務、肉体の存在を前提とする権利義務は、法人には帰属しえない。また、自然人に限られる地位に就くことも法人にはできない[1]（65条 1 項 1 号（理事および監事）・173条 1 項（評議員）、会社法331条 1 項 1 号（取締役）など）。ただ、独自の社会的実体を有する以上、名称権・名誉権（最判昭和39・1・28民集18-1-136〔代々木診療所事件〕）のような人格権は認められる。

　(b)　かつては、判例（例、大判昭和16・3・25民集20-347）・学説とも、民法旧43条（現34条）でいう「定款又は寄附行為で定められた目的の範囲」とは、法人の権利能力の範囲を意味すると解するものが有力であった（民法現34条では、「定款その他の基本約款で定められた目的の範囲」という文言に改正された）。この立場によれば、目的の範囲外の権利取得・義務負担は一律に当然無効となる。相手方が善意無過失でも法人の行為を有効とする余地がない。しかし、法人が独自の社会的存在として現実に活動するものである以上、その取引の相手方を保護する必要もあり、絶対的な無効をもたらすこの立場に対しては批判が強くなった。現在では、法人の目的は法人の行為能力を

---

1)　大判昭和 2・5・19刑集6-190は、北海道土功組合員にはなれるが、その評議員にはなれないとする。

第2章　私権の主体　第3節　法　人　*119*

制限するにすぎないという説が支配的である。この立場によれば、その法
人の目的に関係がなさそうな権利でも、目的の範囲内の事業遂行に必要な
らばその権利を取得するための行為能力が法人にあることになり、したが
ってその権利を取得することができることになる[2]。また、法人の行為能力
の制限は、結局は法人の理事の代表権の範囲の問題に帰着するが、こう解
すると、法人と取引をする善意の相手方を表見代理によって保護すること
も可能となる。ただし、民法34条違反の法人の行為について、どこまで表
見代理で解決すべきかについては議論がある（後で、一般法人法77条に関して
説明する）。また、そもそも民法34条をどの範囲の法人について適用すべき
なのか（営利法人についても適用すべきなのか）も議論されている。この点に
ついては、法人の目的による能力制限の規定が平成18年の法人法制の改正
に際して民法34条として民法に残されたのは、同条が一般法人だけでなく、
各種の法人に適用される一般的な規定であることが理由であるが、営利法
人については適用されないという解釈はありうる。

* **ウルトラ・ヴァイレース**（ultra vires）**の法理**　　民法34条は、沿革的にはイギリ
ス法のウルトラ・ヴァイレース（「越権行為」の意味）の法理を承継したものである。
ドイツ法、フランス法の影響が強い民法の中にあって、イギリス法を承継したもの
として興味深い（ちなみに民法416条もイギリス法の法理を承継したものであり、イギリ
スに留学した穂積陳重の影響が見られる）。イギリスにおける同法理は、もともとは特
別法によって設立が認められた法人について、その目的以外に法人財産を用いては
ならない、という判例法から始まったものであったが、その後、イギリスでは広く
会社一般に適用された。しかし、同法理を承継したアメリカでは、この法理を制限
する会社法の立法が各州でなされるに至った。また、イギリスでも営利法人（会
社）については、同法理は機能しなくなっているが、公益法人については同法理が
なお機能している。公益法人は、営利活動をしないので、その財政的基盤が弱く、
そのため法人の財産が目的外の活動によって流出することを防ぎ、法人財産を確保
することが重要だからである。わが国でも、会社については民法34条は適用されな
いという解釈が主張されている。判例は、民法34条を全ての種類の法人について適
用するが、営利法人（会社）については、会社の目的を広く解することによって、
民法34条の適用を実際上制限している（**最(大)判**昭和45・6・24民集24-6-625〔百選6

2）　銀行が漁業権を抵当にとり、抵当権実行の結果、自ら競落人となって漁業権を取得した
　場合に関し、そのような漁業権の取得は「銀行カ其ノ目的タル事業ヲ遂行スルニ必要ナル行
　為」であることを理由として、銀行の漁業権についての「権利能力」を認めた判例がある
　（大判昭和13・6・8民集17-1219）。

版 I - 8〕〔八幡製鉄政治献金事件〕)。

〈参考文献〉　竹内昭夫「会社法における Ultra Vires の原則はどのようにして廃棄すべきか」
アメリカ法創刊号（1965年）、佐久間毅「法人通則―非営利法人法制の変化を受けて」
NBL1104号-44頁（2017年）

2　社　　員

(1)　**社員の意義**　　一般社団法人においては、社員は社団の構成員であり、特別に重要な意味を有する。社団が設立されるのは、まさに、社員の意思に基づくものであり（複数の社員がいる場合にはその全員の合同の意思）、また、非営利目的の一般社団法人の社員は社団の運営についても重大な関心を持っているのが通常である。この点で、株式会社における株主のように経済的な利益（配当）をあてにしている者とは異なる。非営利目的の一般社団法人における社員は、法人から経済的な利益を受けないのであるから（共益的な社団では社員が利益を享受しないわけではないが）、社員の関心は社団の運営そのものにあるのである。

　このような非営利目的の一般社団法人の社員の意義を考えると、本来は株式会社における株主とは根本的に異なる扱いをすべきだったといえよう。たとえば、社員を構成員とする社員総会は、常に最高の意思決定機関であるのが立法論としては望ましいが、一般法人法は理事会設置一般社団法人においては社員総会の権限を大幅に制限している（35条2項）。立法論としては適当でない。将来的には見直しを期待したい。

(2)　**社員の資格の得喪**　　社員の資格の得喪に関しては、定款の必要的記載事項になっている（11条1項5号）。したがって、それぞれの法人によって異なるが、たとえば、手続的には、社員総会の決議によるとか、理事会の決議によるなどと規定されることが多いであろう。社員の資格の実質的要件について定款で規定することも可能である。たとえば、専門的な団体では一定の職業的資格を有する者だけが社員の資格を有するとしたり、地域の商店街の発展を目的とする団体などではその地域で商店を経営する者だけが社員となれるとしたりすることも考えられる。公益認定を受ける場合は別として、一般社団法人は非営利目的であれば自由に設立できるのであるから、当該社団の目的からして男性だけに社員資格を与えたり、逆に女性だけに社員資格を与えることも可能である（ただし、不合理な社員資格の

制限・差別は、公序良俗に反するとされる場合がある。たとえば、会員制ゴルフクラブなどで外国人を差別するような資格制限がある場合）。なお、当該一般社団法人が公益性の認定を受けて公益法人になろうとする場合には、社員資格の制限・差別は厳格に判断される（公益認定法5条14号イ）。

　社員の地位は、その団体活動に参加する自由な意思に基づくものであり、したがって、団体の活動に参加する意思がなくなった場合には、脱退する自由が保障されなければならない。一般法人法は、社員にいつでも退社する自由を保障している（28条）。定款で別段の定めを設けることはできるが、不合理な制限は無効と解すべきであろう（組合契約に関する事件であるが、**最判平成11・2・23民集53-2-193**〔百選7版I-17〕）。また、仮に、有効な制限でも、やむを得ない事由があるときは、社員はいつでも退社できる（28条2項）。

　なお、社員は法人であってもかまわない。業界団体などの場合、会社が社員となる一般社団法人を設立することになろう（ただし、法人は理事にはなれない。後述）。

　(3)　社員の権利・義務　　社員は、社員総会の構成員として、そこで議決権を行使することができる（48条）。この権利も定款で別段の定めをすることができるが、ここでも株式会社の株主とは異なり、一般社団法人の社員は経済的な利益を享受しないのであるから、社団の運営に参加することが社員となることの最大の目的であり、社員の議決権の制限は合理的なものだけが許されると解すべきであろう。

　その他、社員は単独で法人の業務執行について一定の監督的な権利を行使することができる。このような権利としては、理事の定款違反行為等についてその差止めを請求する権利（88条）、一般社団法人に対して理事等の責任追及の訴えを提起するように求める権利（278条）、一般社団法人の計算書類等の閲覧請求権（129条）などがある。また、任務懈怠を理由とする理事等の法人に対する責任（111条）を全部免除する場合には、総社員の同意が必要なので（112条）、各社員はいわば拒否権を行使できる。

　他方、社員の義務としては、定款で定められれば、一般社団法人の経費を支払う義務を負う（27条）。一般社団法人は積極的に収益を上げる活動をすることは予定されていないので、法人の活動のために必要な経費を社員から徴収する必要が生じることが多いからである。

122 第2編 総 則

　既に述べたことであるが、一般社団法人は非営利目的の法人であるから、社員に利益を分配することができない。社員には利益配当請求権や、残余財産の分配請求権などを与えることはできない (11条2項)。

　(4) **社員の地位の譲渡・相続**　一般法人法には、社員の地位の譲渡ができるか否かについて規定がない。非営利目的の一般社団法人では、社員には「持分」といったものがないので、社員の地位を譲渡する必要はあまりない。しかし、共益的な権利と結びついている社員権もあるので、原理的に譲渡できないとまで言う必要はない。それぞれの一般社団法人が決めればよいが、「社員の資格の得喪」については定款で定めることになっているから (11条1項5号)、定款で定めれば譲渡できると考えるべきであろう。

　社員の地位の相続についても同様である。定款で定めれば、相続も可能であると解したい。この場合に、一般社団法人の所有する施設を利用する共益的な権利が、社員の地位の相続に伴って相続人に移転する。共益的利益に経済的価値がある場合には、これに相続税がかかる可能性があるが、これは税法の問題である。

3　法人の諸機関（全体図）

　法人の業務は、法人の諸機関によって行われる。一般社団法人に設けられる機関のうち、必置の機関は、**社員総会**と**理事**である (35条・60条1項)。社員総会は、法人の最終的な意思決定機関であり、理事は業務執行機関である。定款の定めによって置くことができる機関は、理事会、監事、会計監査人である (60条2項。ただし、監事・会計監査人は大規模一般社団法人においては必置である。61条・62条)。機関をどのように設けるか（「機関設計」などと言われる）については、いろいろな組み合わせがあり得るが、ここでは重要な理事会設置か非設置か[3]という区別についてだけ触れる。

---

3) 用語の問題として、理事会設置の一般社団法人については、一般法人法16条1項で「理事会を置く一般社団法人」を「理事会設置一般社団法人」と呼ぶとされている。これに対して理事会を置かない一般社団法人については、法律上は特に呼称が定められていない。「非理事会設置一般社団法人」という言い方もありうるが、「非」が何を否定するのか日本語としては幾つかの可能性があり不明確なので、「理事会非設置一般社団法人」という呼称の方が明確性の点で適当と考える。本書では「理事会非設置(の)一般社団法人」という呼び方をする。いずれにせよ、法律上の用語ではないので、どちらの呼称が正しいという問題ではない。

理事会を置くか否かは、各一般社団法人が自由に決められるが（一般財団法人では必置。170条1項）、理事会を設置するか否かで次のような大きな違いがある（下記の〈表〉も参照）。①理事会設置一般社団法人では、各理事の業務執行権が奪われ、代表理事に集中している。法人の業務をトップダウン式に行う場合に向いている（取締役会で選ばれた代表取締役が業務執行権をもってリーダーシップを発揮する会社に似ている）。②また、理事会設置の一般社団法人であれば社員が有する監督的権能が監事によって行使されるために、社員の権限も縮小させられている（85条・88条2項など）。③さらに社員総会が決定できる事項も理事会設置一般社団法人では制限されている（35条2項）。

理事会設置一般社団法人	理事会非設置一般社団法人
①理事には業務執行権がない（76条1項） 代表理事に業務執行権（91条） 理事の数は3人以上（16条1項・65条3項）	①理事に業務執行権（76条1項） 理事1人以上（60条1項）
②監事が必置（61条） 社員の監督的権能が縮小（85条・88条2項）	②社員に監督的権能（85条・88条1項）
③社員総会は、一般法人法が定める事項および定款で定めた事項についてのみ決議できる（35条2項）	③社員総会は、全ての事項について決議できる（35条1項）

こうした違いを見ると、理事会設置一般社団法人は、一般的には社員が多数いる大規模な一般社団法人には適している。これに対して、理事会を設けない一般社団法人は、比較的小規模で理事、社員全員が法人の運営に

参加する団体に適していると言えよう。営利目的の会社と異なり、非営利目的の団体では、後者のような全員参加型の理事会非設置の一般社団法人への需要も多いのではないか。こうした全員参加型の小規模な団体でも理事会を設けたいというニーズは当然あるはずである。一般法人法の基本的スキームを検討した「公益法人制度改革に関する有識者会議・非営利法人ワーキング・グループ」では、理事会を設けても社員・社員総会の権限を残すことができるような柔軟な制度を望む意見が多かったが、法制度的に無理であるという見解によって否定されてしまった（その真意は会社法にない仕組みを考えると条文作成に時間がかかり困難であるということにあったのではないかと推測する）。

第4 法人の機関

1 社員総会

(1) 社員総会の権限 (a) 一般的権限 社員総会は、「この法律に規定する事項及び一般社団法人の組織、運営、管理その他一般社団法人に関する一切の事項について決議をすることができる」（35条1項）。ただし、理事会設置一般社団法人では、社員総会の権限が制限され、「この法律に規定する事項及び定款で定めた事項に限り、決議をすることができる」（35条2項）。

　一般法人法によって社員総会の決議事項とされているものには、たとえば、社員の除名（30条1項）、理事・監事・会計監査人の選任（63条1項）・解任（70条1項）、理事の利益相反取引についての承認（84条）（ただし、理事会設置一般社団法人では理事会の承認。92条1項）、任務懈怠を理由とする理事等の法人に対する責任の一部免除（113条1項）、定款の変更（146条）、事業の全部譲渡（147条）、解散（148条3号）、定款に定めがない場合の残余財産の帰属（239条2項）、吸収合併契約の承認（247条・251条1項）、新設合併契約の承認（257条）などがある。これらについては、たとえば定款で理事会の決議でよいとするような定めを設けても無効である（35条4項）。これらの決議事項は、当該法人にとってきわめて重要な事項であり、社団の構成員からなる社員総会で決議する必要があるからである。ただし、理事の利益相反取引の承認については、理事会設置一般社団法人の場合に限って、社員総会ではなく理

事会の承認でよいことを法定している（92条1項）。上記の社員総会の決議
事項のうち、社員の除名（30条1項）、監事の解任（70条1項）、理事等の責任
の一部免除（113条1項）、定款変更（146条）、事業の全部譲渡（147条）、解散
（148条3号）、合併契約の承認（247条・251条1項・257条）の決議は、特別多数決
によることが必要である（49条2項）。

　法律で社員総会の決議事項とされているもの以外に定款で社員総会の決
議事項を定めることは自由である。たとえば、理事会設置一般社団法人で
は、理事の利益相反取引についての承認は理事会が行うことになっている
が（92条1項）、これを社員総会の権限とすることも許されるであろう（会社
の場合につき、江頭同旨）。小規模の一般社団法人において、理事会を設けても、
社員が法人の運営に関与したいと考えることは理由のあることであり、団
体自治の理念にも合致するからである（92条は、理事会・社員総会以外の機関
に「承認」を委ねることを禁止する意味では強行規定であるが、35条2項の規定と合わ
せて読むことで、このようなことが許されると解したい）。

　定款に決議事項として定めていない事項についても、理事会非設置の一
般社団法人では社員総会が決議することができる。社員総会は社団法人の
最高で最終的な意思決定機関だからである。しかし、理事会設置一般社団
法人では、定款に定めのない事項については、法定の決議事項でない限り、
社員総会は決議権がない（35条2項）。

　(b)　**決議できない事項**　　社員総会の一般的権限の範囲内に含まれる場
合であっても、「社員に剰余金を分配する旨の決議」は、一般社団法人の
非営利性に反するのでできない（35条3項）。たとえば、理事会非設置の一
般社団法人では社員総会は定款に規定がなくても全ての事項について決議
する権限があるが（35条1項）、剰余金分配については決議できないのである。
これに対して、一般社団法人が解散した場合の残余財産の帰属については、
定款で帰属先が決められていないときは、清算法人の社員総会で帰属先を
決議することができる（239条2項）。

(2)　**社員総会の方法**　　(a)　**社員総会の招集**　　社員総会には、毎事業年
度の終了後に招集される定時社員総会と、必要に応じて招集される臨時社
員総会がある（36条）。招集は原則として理事が行うが（36条3項）、総社員の
議決権の10分の1以上の議決権を有する社員も招集を請求することができ

126　第2編　総　則

る（37条1項）。この場合、まず理事に対して招集を請求するが、理事が招集しないときは、裁判所の許可を得て社員自らが招集することができる（37条2項）。

　社員総会の招集に際しては、これを招集する理事または社員は、社員総会の日時・場所、社員総会の目的などを定め、社員総会の日の1週間前までに社員に通知を発信しなければならない（38条・39条）。

　社員総会の招集手続が法令・定款に違反したり、著しく不公平である場合には、社員等は、社員総会決議取消しの訴えを提起することができる（266条1項）。

　　(b)　**社員総会における決議**　　(i)　議決権（48条）　　社員が出資などをしない一般社団法人においては、資本多数決という考え方を採用することはできない。また、非営利目的の一般社団法人においては社員の間で議決権について差を設ける理由が一般にはないので、社員の議決権は平等であるのが原則である（48条1項本文）。しかし、当該一般社団法人が合理的な理由の下で社員の議決権について差を設けることが望ましいと考える場合には、定款で別段の定めをすることができる（同項但書）。ただし、その場合でも「社員総会において決議をする事項の全部につき社員が議決権を行使することができない旨」の定款の定めは無効である（48条2項）。議決権の差を設けることが望ましいと考えられる場合としては、社団の経費を一部の社員だけが負担するような場合に、経費を負担する社員（維持社員）と経費を負担しない社員（普通社員）との間で議決権について差を設けることなどが考えられる（たとえば、維持社員は2票の議決権、普通社員は1票の議決権というような区別も可能であろう）。

　　(ii)　決議の方法（49条）　　社員総会における決議は、原則として、総社員の議決権の過半数を有する社員が出席し、出席した当該社員の議決権の過半数で行う（49条1項）。ただし、一定の重要な決議事項については、「総社員の半数以上であって、総社員の議決権の3分の2以上の多数」で行う（49条2項）。特別多数による決議が必要な決議事項は、一般法人法49条2項に列挙されている（前述(1)(a)を参照）。

　　(iii)　議決権行使の方法　　社員自身が社員総会に出席して議決権を行使するのが原則であるが、社員の代理人による議決権の行使も許される

（50条1項）。また、社員が実際には社員総会に出席しないで、書面で議決権を行使することもできる（51条1項）。

　持ち回り方式で議決することはできない。社員間で議論する場が保障されなければならないからである。もっとも、社員総会で議論・決議される事項について提案がなされた場合において、社員全員が書面または電磁的記録により同意の意思表示をしたときは、社員総会を省略し、当該提案を可決する旨の社員総会の決議があったものとみなすことができる（58条1項）。

　　　(iv)　議事録　　社員総会の議事については、議事録を作成し、10年間、主たる事務所に備え置かなければならない（57条1項・2項）。

　(3)　**社員総会決議の瑕疵**　　社員総会の決議に対しては、その瑕疵の程度、性質に応じて、社員総会決議不存在確認の訴え（265条1項）、社員総会決議無効確認の訴え（265条2項）、社員総会決議取消しの訴え（266条）を提起することができる。詳細は省略する。

2　理　　事

　(1)　**理事の地位（資格・理事の任免）**　　(a)　**理事の地位**　　理事は、法人の業務執行機関である（60条・76条1項）。ただし、理事会設置一般社団法人では、各理事には業務執行権限はなく、単に理事会の構成員となるにすぎない（90条1項）。理事会非設置の一般社団法人では1名以上の理事を（60条1項）、理事会設置一般社団法人では3名以上の理事を置かなければならない（65条3項）。理事会設置一般社団法人であるか否かは登記事項である（301条2項7号で理事会設置一般社団法人である旨が登記事項とされている）。

　なお、小規模の一般社団法人で、社員全員が法人の業務執行に関わることを希望する場合には、社員全員を理事とすることもできる（会社法331条2項を参照）。

　　　(b)　**理事の選任・終任**　　理事は、社員総会で選任される（63条1項）。選任された理事の氏名は登記される（301条2項5号）。選任されると、理事は一般社団法人と委任ないし委任類似の関係に立つ（64条）。理事の任期として2年を超える期間を定めてはならない（66条）。あまり長い任期だと社員が理事の適否を判断する機会を奪われ、健全な法人運営にとって好ましくないからである。

128 第2編 総 則

　理事は、任期が満了すれば退任するほか、社員総会の決議があれば任期途中であってもいつでも解任される（70条1項）。解任のための理由は不要であるが（民法651条）、解任に正当な理由がない場合には、解任された理事は一般社団法人に対して解任によって生じた損害の賠償を請求できる（70条2項、民法651条2項）。

　辞任については一般法人法には規定がないが、理事の方からはいつでも自由に辞任することができると解されている（民法651条1項）。その他、委任の終了事由に関する規定（同653条）が適用されるので、一般社団法人または理事が破産手続開始の決定を受けた場合や、理事の死亡の場合には、理事の任務は当然に終了する。理事が成年後見開始・保佐開始の審判を受けた場合には、理事の欠格事由が発生するので（65条1項2号）、当然に理事の任務は終了すると解される。

　理事の任期満了・辞任・解任・死亡などの理由で理事が退任し、これによって法律または定款で定められた理事の員数が欠けた場合には、任期満了・辞任によって退任した理事は、新任の理事が選任されるまで理事として職務を遂行する（75条1項）。しかし、背任など重大な任務違反で解任された理事が任務を続行するのは適当ではないから、75条1項は任期満了・辞任によって退任した理事の場合にのみ適用される（理事を解任するには理由が不要なので、解任された理事の全てが不適当なわけではないが解任の場合には適用されない）。理事の員数が足りずに、業務執行に支障があるときは、職務代行者の選任を裁判所に求めることになる（75条2項）。

　(c)　理事の資格　　理事の資格については、一般法人法は一定の欠格事由を規定する。すなわち、①法人、②成年被後見人・被保佐人、③一定の犯罪を犯し、刑に処せられ、その執行終了またはその執行を受けることがなくなった日から2年を経過しない者、④禁錮以上の刑に処せられ、その執行を終わるまでまたはその執行を受けることがなくなるまでの者は、理事となることができない（65条1項各号）。監事についても同様である（65条1項）。

　法人が理事になれるか否かについては、立法論としては議論があるところであるが、理事は理事会で議論をしたり、実際に業務執行の決定をしたりするので、自然人であるのが適当である。法人が理事になると、法人自

体は議論などはできないので、法人を代表する者が理事として行動することになるが、理事として具体的に行動する者（当該法人の代表者）が一般社団法人が関わらないところで交代したりするのも適当でない。なお、理事と異なり、社員は法人でもかまわない（業界団体が一般社団法人を設立する場合など例が多い）。こうした業界団体では、理事は社員たる会社の代表取締役などが個人としてなることが多い。

(2) **理事と法人の関係**　(a)　**委任関係**　理事は、法人とは委任ないし委任類似の関係にたつ（64条）。理事は、法人から法人の業務等について委任を受け、理事は法人のために委任された事務を行うからである。法人と理事の関係に関する多くの問題については、一般法人法の中に規定があるので、これによって解決できるが、規定がない問題については、民法の委任の規定を適用ないし参考に解決することになる。そのような問題としては、委任の終了に関する問題（民法651条・653条）、理事（受任者）の善管注意義務の問題（同644条）などがある。善管注意義務以外の理事の義務については、一般法人法83条（忠実義務）・84条（競業および利益相反取引の制限）に規定がある。

(b)　**理事の業務執行権限等**　(i)　**理事会非設置の一般社団法人**の場合は、原則として各理事が業務執行権限を有する（76条1項）。ただし、定款によって理事の業務執行権限を制限することは可能である。定款に代表理事（理事長）の定めがあるだけではその他の理事の業務執行権限は当然には制限されないが（ただし、代表権は代表理事だけが持ち、その他の理事は代表権を制限される）、常務理事の定めがある場合には、それ以外の理事の業務執行権限を制限する趣旨であると解すべきであろう。

業務執行権限を有する理事が複数いる場合には、法人の業務はこれらの理事の過半数で決定する（76条2項）。ここで言う業務とは、法人の内部的な業務であり、対外的な行為を伴う場合（たとえば売買契約の締結）にはそのための内部的な意思決定をすることを意味する。理事の過半数で決定した業務を対外的にどのように行うかは法人の代表の問題である（代表権のある理事が行う）。たとえば、業務執行権限がある理事ＡＢＣがいる場合に、当該法人が事務所用の建物を特定の第三者Ｚから賃貸することについての法人の内部的な意思決定はＡＢＣの過半数で行う（例：ＡＢが賛成すれば内部的

130 第2編 総 則

な意思決定があったことになる)。この業務を執行するために、Zと賃貸借契約を締結することは法人を代表する行為であり、代表権を有する理事が行う。特定の代表理事の定めがない場合には、理事全員に代表権があるので(77条1項・2項)、ＡＢＣのいずれも法人を代表してZと賃貸借契約を締結することができる。Aが代表理事とされている場合には、対外的な代表行為(法人を代表して賃貸借契約の締結)はAが行う。

　(ii)　**理事会設置一般社団法人**の場合は、代表理事および理事会の決議で業務執行権限を与えられた理事(これを、法律用語ではないが「業務担当理事」とか「業務執行理事」などと呼ぶことがある)のみが業務執行権限を有する(91条1項)。たとえば、理事長、常務理事が置かれる理事会設置一般社団法人においては、業務執行権限は、代表理事である理事長および業務執行権限を有する理事として理事会で選任される常務理事にあることになる。このようにして代表理事と業務執行理事が複数いる場合には(代表理事が複数いる場合もある)、業務執行の内部的意思決定をどのようにするかという問題が生じる。この点については法律には規定がない。まず、理事会が業務執行の分担方法などを決めればそれによることになる(90条2項1号)。たとえば、代表理事と業務執行理事がいる場合には、代表理事の指揮の下で業務執行理事が業務執行の一部を担当するというのが理事会の趣旨であることが多いと思う(会計担当の常務理事、一定地区担当の常務理事などというのがありうる)。業務執行の分担方法について理事会の決定がない場合には、76条2項を類推適用して、業務執行権限のある者の過半数で決することになろう。

　なお、常務理事に代表権まで与えるかは別の問題で、それは可能であるが、多くの場合には常務理事というだけでは代表権まで与える趣旨ではないことが多いであろう。いずれにせよ、代表権のある理事(代表理事)は登記事項なので(301条2項6号)、登記によって明確にされる。

　代表理事(理事長)および業務担当理事(常務理事など)以外の理事は業務執行権限を有しない。その他の理事は理事会の構成員として、理事会を通じて法人の業務に関与するにすぎない(90条)。

　(c)　**理事の対外的権限(法人の代表)**　　(i)　代表理事の選定方法　　①**理事会非設置の一般社団法人**では、各理事が法人を代表する(77条1項本文)。

ただし、定款、定款の定めに基づく理事の互選、社員総会などで代表理事を定めた場合には（77条3項）、その代表理事だけが代表権を有する（77条1項但書）。理事および代表理事は登記事項になっているので（301条2項5号・6号）、理事全員に代表権がある場合には、理事全員について、代表理事である旨の登記をする（一般社団法人登記簿のイメージについては一般社団法人等登記規則別表1を参照）。理事の中の一部の者だけが代表権を有する場合には、その理事が代表理事である旨の登記をする。

　社員総会などで代表理事が選定されたのに、理事全員が代表理事である旨の登記が残っていた場合には、代表理事として選定された理事以外の理事は代表権を失うのであるが、その旨の登記がないので、これら理事の代表権喪失を「善意の第三者」には対抗できない（299条1項）。この場合、それまで代表権を持っていた理事についての代表権の喪失は、77条5項でいう代表権に「加えた制限」の問題のようにも思えるが、299条1項の問題として解決される。77条5項は、代表権はあるが、それに一定の制限を加えた場合の規定と解することになろう。

　定款、定款の定めに基づく理事の互選で代表理事を定めることになっている場合で（「この一般社団法人は理事長が代表する。理事長は理事の互選で選任する」という定款はよくある）、まだ代表理事が選定されていないときは、一般の理事の代表権はどうなるのか。実際に問題となるのは、選定されていた代表理事が死亡したことなどで代表理事がいなくなった場合である。次の理事長（代表理事）が選定されるまで、一般の理事全員の代表権が復活するのか否かである。この点については、定款の解釈によって決まると考えるべきであろう。先に挙げた定款の例では、必ず理事長を選定することが予定されていると考えられるので、このような定款の下では理事長が欠けてもその他の理事の代表権は復活しない。しかし、現実的な例ではないかもしれないが、「各理事はこの一般社団法人を代表する。ただし、理事の中から代表理事を選定することができる」というような定款の規定があり、この規定に基づいて1人の代表理事が選定され、登記された後、当該代表理事の死亡で代表理事が欠けた場合には、理事全員の代表権が復活すると考えるべきであろう（これは定款の解釈の問題であり、法律の解釈の問題ではない）。このように考えた場合には、登記上は理事全員を代表理事とする変

更登記をすることになる（303条）。このように定款の解釈の問題として解決するのは、一方で一般法人法の条文はこの点について必ずしも明確な規律を定めていないことと、定款の解釈の問題とすることが団体自治の思想に合致すると考えることからである。

　　　②**理事会設置一般社団法人**では、理事会で理事の中から代表理事を選定しなければならない（90条3項）。理事および代表理事は登記事項である（301条2項5号・6号）。

　⒤　代表理事の権限　　理事会設置、理事会非設置のいずれの場合であれ、代表理事の権限は、「一般社団法人の業務に関する一切の裁判上又は裁判外の行為をする権限」である（77条4項）。代表理事の権限は包括的なのである。一般の代理権が個別の事項について与えられるのと異なる。それゆえ、法文上代表理事の権限は「代理」ではなく、「代表」という表現が用いられているが、実質は代理と同じである。

　⒤⒤⒤　代表理事の権限の各種制限　　代表理事の代表権は包括的であるが、幾つかの制限がある。それらの制限の性質は必ずしも同じではなく、したがって、その違反の効果も同じではない。

　（*α*）　定款・総会の決議による制限　　代表理事の権限に、定款や社員総会の決議で制限が加えられることがある。たとえば、複数の代表理事がいるが（例：理事長と副理事長を代表理事として登記）、定款で「副理事長は理事長に故障がある場合に法人を代表する」と規定して副理事長の代表権を制限する場合は、一般法人法77条5項にいう「権限に加えた制限」の例といえよう。しかし、こうした代表権の制限は、善意の第三者に対抗することができない（77条5項）。このような善意者保護規定があるのは、定款による代表権の制限は登記で公示されるわけではなく、また、一般社団法人と取引をする相手方に定款を見て代表理事の代表権が制限されているか否かを確かめることを要求するのも取引の安全・迅速を害することになり適当でないからである。

　ここでいう「善意」とは、代表権の制限があることを知らないことである。代表権の制限があることを知っているが（定款の中身を知っている）、その制限が解除されたと信じていた場合（たとえば、上記例では、理事長に故障があるので副理事長が法人を代表していると思った場合）は、相手方は「善意」で

はないので77条5項では保護されない。しかし、代表権の制限が解除されていると信じたことは民法110条の表見代理規定の類推適用によって保護される余地がある（**最判昭和60・11・29民集39-7-1760〔百選7版Ⅰ-31〕**。ただし、民法旧54条が問題となった事件である）。「善意」の証明責任については、第三者側にあるというのが、民法旧54条に関する判例であった（上記最判昭和60・11・29）。しかし、代表理事の権限は、通常の代理権と異なり包括的な代理権（代表権）であるから、その制限を主張する側（法人側）が第三者の「悪意」を証明すべきである。

　ところで、民法旧54条のもとでは、「法人の不動産その他の固定資産の売却については、理事長（代表理事）は、理事会の承認を得なければならない」といった定款の定めがよくあり、これは定款による代表権の制限の典型的な例とされていた（前掲最判昭和60・11・29も水産業協同組合の場合であるが、このような定款の定めが問題となった）。しかし、このような代表権の制限は、理事会設置一般社団法人においては一般法人法90条4項1号が「重要な財産の処分」について理事会の承認を要求していることに対応するものであり、単なる定款による制限と見るべきではない（同条項は、理事会の決定を重視した規定である）。法律で要求されている理事会の決議は単なる内部的手続の問題ではないと考えるべきであるが、そのような考えを前提にしつつも、これに違反した代表権の行使も無効でない、あるいは、一般法人法77条5項を適用して悪意者に対してのみ無効を主張できるという見解もある。しかし、これはおかしな考え方である。法律上必要な決議を欠く代表行為については77条5項は適用されず、相手方に悪意または過失がある場合には、法人側から無効を主張しうると解するのが適当である（悪意または有過失の証明責任は法人側にある）。その結果、法人側からすれば77条5項が適用されるより保護が厚くなる。詳細は、次の（β）参照。

　　　（β）　法定の決議の必要性による制限　　代表権が法定の決議の必要性から制限を受ける場合としては次のようなものがある。①90条4項が要求する理事会の決議、②事業全部譲渡の場合の社員総会の決議（147条・49条2項5号）などである。

　①理事会設置一般社団法人では、代表理事が90条4項に列挙された行為（一定の重要な取引）をする場合には、理事会の決議が必要とされる。たと

えば、法人にとって重要な財産である事務所用建物の敷地を第三者に売却する行為は理事会の決議に基づくことが必要であり、これなしに代表理事が売買契約を第三者と締結した場合に、その効力が問題となる。類似の規律（会社法362条2項）がある株式会社に関しては、必要な取締役会の決議を経ることなく行われた代表取締役の取引行為は、代表取締役の権限内ではあるが内部的な意思決定に瑕疵があるととらえられ、原則として有効であるが、相手方が必要な決議を経ていないことを知りまたは知り得べかりしときには、法人から無効を主張できると解されている（最判昭和40・9・22民集19-6-1656、最判平成21・4・17民集63-4-535。民法現93条但書の類推法理がベースにある）。一般法人法90条4項が規定する取引についても同様に考えることになろう。すなわち、77条5項は90条4項違反の場合については適用しないことになる。その結果、相手方に過失がある場合も、法人側は、代表理事の行為の無効を主張しうる。

　②の社員総会の決議を欠く代表行為は、事業譲渡等の行為の重要性から考えて、無効と考えるべきであろう（江頭）。したがってこの場合にも77条5項は適用されず、社員総会の決議を必要とする法律の規定を知らなかった相手方は保護されない。ただし、社員総会の決議があると思ったのに実際にはなかったという場合は民法110条の類推適用の余地がある。

　　＊　**法律が要求する理事会の決議を欠く代表理事の行為の効力**　　一般法人法90条4項は、会社法362条4項の規定を移植したものであるが、「重要な財産の処分」などを代表理事が理事会の決議なしに行った場合の効力がどうなるかについては、明確でない。すなわち、一般法人法90条4項は単に「理事会は、次に掲げる事項その他の重要な業務執行の決定を理事に委任することができない」と規定しているだけであるが、これが、77条4項が規定する代表理事の「一般社団法人の業務に関する一切の裁判上又は裁判外の行為をする権限」（代表権）を制限しているのか否かが、明確ではない。類似規定（会社法362条4項・349条4項・5項）を有する会社法については、判例（前掲最判昭和40・9・22、前掲最判平成21・4・17）は、取締役会の決議は、代表取締役の対外的な代表権を制限するものではなく、内部的な意思決定上の必要な手続の問題であるととらえる。したがって、代表取締役の行為は原則として有効だが、相手方が悪意または有過失の場合に例外的に無効になるとする。しかし、この説明には、目指す結論と説明の仕方にずれがあるように思う。判例の説明は、この場合は代表権そのものの制限ではないので、原則として有効だが（すなわち軽い瑕疵なのだということを示唆している）、相手方に過失があると相手方は保護さ

第 2 章　私権の主体　第 3 節　法　　人　　*135*

れない、というものである（会社法349条 5 項によって解決するのではなく、代理権濫用
の法理で解決している）。一般法人法の規定でいえば、77条 5 項が適用される代表権
の制限の場合よりも（77条 5 項では「善意」であれば第三者は保護される）、内部的な
意思決定上の手続違反の場合の方が（この場合は相手方に過失があると保護されない）、
相手方の保護が厳格になっている。しかし、これは、逆ではないか（民法に公益法
人の規定があったときには、内部的意思決定手続という場合には、民法旧52条違反が考え
られていた。理事が複数いる場合に、単独代理の原則がとられていたが、同条によって内
部的な意思はその多数決で決定することになっていた。しかし、これに反しても理事の代
表権の制限にならないと解されていた）。判例の立場からすると、90条 4 項の制限は法
律が定めた制限であるから、相手方も法律の規定は知っているべきであるが（「法
律の不知は保護しない」）、定款による制限についてはそうは言えないから、両者で扱
いが異なるのはおかしくないということになるのであろう。確かに、法律によって
「代表権を制限」している場合ならこのようにも言えるが、90条 4 項は代表権を制
限しているのではなく、単に内部的な意思決定手続上の制限を加えているにすぎな
いという理解をすると（判例）、やはり説明としては適当でない。

　ではどのように解決するのが適当か。 2 つの方法が考えられる。 1 つは、内部的
な意思決定手続の違反がある場合には、代表理事の行為は有効であり、相手方に悪
意がある場合にだけ無効とするという解決である。結果的に、77条 5 項を適用する
のと同じであるが、信義則による悪意の抗弁として処理することも考えられる。会
社法362条で要求される一定の重要取引についての取締役会決議の欠如の場合に関
しては、相手方に過失があっても有効とすべきだという見解が多いが（江頭ほか）、
これと同じ処理をすることになる。もう 1 つの方向は、90条 4 項で必要とされる理
事会の決定は単なる内部的な意思決定上の手続ではなく、それを欠く場合には代表
理事の権限が制限されるとする考え方である。しかし、このように考えると、本来
は77条 5 項が適用されそうだが、90条 4 項は法人にとって重大な一定の取引につい
て、法律で代表権を特に制限する場合なので、77条 5 項は適用されず、取引の相手
方が悪意または有過失の場合は、法人がその取引の無効を主張できるとする考え方
である。後者が適当である。

〈**参考文献**〉　竹内昭夫「最高裁判所民事判例研究（最判昭和40年判決の評釈）」法協83巻 4 号
151頁は、判例法理に反対し、法人は相手方悪意の場合にしか無効を主張できないという。
佐久間毅「法人通則——非営利法人法制の変化を受けて」NBL1104号44頁（2017年）も、77
条 5 項を類推適用して、原則有効、相手方悪意の場合だけ無効とする立場

＊＊　法令による代表権の制限と民法旧54条（一般法人法77条 5 項の前身）　　一般法
人法の下では生じない問題であるが、民法旧54条に関しては、法令による代表権の
制限の場合に、同条が適用されるべきかについて次のような議論があった。たとえ
ば、公法人の機関（例、市町村長）が、法令によって権限を制限されている場合が
ある。具体的に言えば、地方公共団体の長は、現金の収受や小切手の振出について
の権限を有せず、これらは出納長ないし収入役の専権とされている（地方自治法149

条・170条)。こうした地方公共団体の長が法令による制限に反して私法上の行為(問題となるのは借入行為に伴う現金の収受)を行った場合にどうなるかである。これは権限外の行為と解されていたので、原則として無効となるが、その場合にも取引の安全を理由に相手方を保護する余地があるか否かが問題となる。学説・判例とも、法令による代表権の原始的制限の場合には、定款等による制限と異なり、民法旧54条は適用されないと考えていた。定款の制限を知らないことは保護の理由になるが(法人と取引をする者は常に法人の定款を取り寄せなければならないとなると取引が阻害される)、法令による制限は誰でも知っているべきであるというのが理由である(もっとも、法律だけでなく政令などの下位法規による制限については誰でも知っているべきだという前提が当然に成り立つとは言えないのではないか)。したがって、法令による制限を知らない善意無過失の相手方も民法旧54条はもちろん民法110条で保護されることもない。

　法令上の制限は相手方が知っているべきだという前提にたったとしても、その制限を解除する法令上の要件が充たされていると相手方が信じたような場合(必要な議会の決議があったと信じたような場合)には、民法110条の表見代理を類推適用する余地がある(大判昭和16・2・28民集20-264)。ただし、判例は、民法110条の「正当な理由」を肯定することに慎重である(最判昭和34・7・14民集13-7-960〔百選4版 I - 32〕)。

　　　(γ)　利益相反行為となる場合の代表権の制限(83条)　　理事は、法人に対して忠実義務を負っており(83条)、その具体化として法人の利益と競合する行為(84条1項1号)、理事と法人の利益が相反する行為(同項2号・3号)については、社員総会の承認(理事会非設置の一般社団法人の場合)または理事会の承認(理事会設置一般社団法人および一般財団法人の場合)が必要とされる(84条・92条1項・197条)。このうち代表権の制限に関係するのは、84条2号・3号が規定する場合であるが、詳細については、「理事の忠実義務」のところで説明する(146頁)。

　　　(δ)　理事会非設置一般社団法人における理事の多数決を欠く代表行為　　理事会非設置の一般社団法人では、業務執行の内部的意思決定は理事の多数決で行われる(76条2項)。理事の多数決を経ることなく代表理事が法人を代表して第三者と取引をした場合はどうなるか(民法旧52条で同様の問題があった)。判例は、民法旧52条は法人の内部規律を定めたものにすぎないので、同条に違反する理事(当時の理事には代表権があった)の対外的行為の効力は否定されないとする(大判大正7・3・8民録24-427)。ただし、「民法旧54条の律意」を根拠として「悪意の第三者」に対する関係では無

効とする（大判昭和15・6・19民集19-1023）。一般法人法における76条2項についても、民法旧52条の判例は引き継がれるべきであろう。説明の仕方としては、76条2項が要求する「理事の多数決」は代表権の制限ではないから、本条項に反する代理行為も一応有効であるが、信義則上、悪意の第三者に対しては、法人側から無効（効果不帰属）を主張することができる、とすべきであろう。もっとも、このように解すると、理事会設置一般社団法人の代表理事が理事会の決議を経ないで90条4項に規定する取引をした場合の解決と異なることになる（この場合は第三者が悪意または有過失の場合に無効になるというのが判例）。単なる理事の多数決は外部からはわかりにくいのに対して、理事会の決議は議事録が保存されるなど（97条）、後者の方が重要な手続であり、かつ、第三者に対してその瑕疵を主張しやすい、と考えることになろうか。

（ε）　代表理事の代表権（代理権）の濫用　　法人の代表理事が客観的にはその代表権の範囲に属する行為を、自己または第三者の利益を図るために行った場合を、無権代理としてではなく、権限濫用として処理するのが通説・判例である。たとえば、一般社団法人Ｚの代表理事Ａが銀行Ｂから融資を受けたが（「多額の借財」（90条4項2号）ではないので、理事会の決議はいらない場合を考える）、代表理事Ａはこれを法人のために使う意図はなく、自分の借金の返済に充てようと考えていた場合である。この場合、Ａが代表理事としてする一般社団法人Ｚと銀行Ｂの間の融資契約は有効に成立するが、代表理事Ａはその代表権を自己の利益のために濫用している。このような行為は原則として有効であるが、相手方Ｂが代表理事Ａの意図を知りまたは知り得べきときは、民法現93条但書を類推適用して無効とするのが判例である（最判昭和38・9・5民集17-8-909、最判昭和44・4・3民集23-4-737）。これに対して、心裡留保の規定を類推適用するのではなく、代理権の範囲内の行為として一応有効（法人への効果帰属）とし、信義則上、悪意または重過失の相手方に対しては、法人は無効（効果不帰属）を主張しうる、という構成によって処理することも考えられる（四宮旧版）。両者では相手方に過失がある場合の扱いが異なる。代表理事の権限濫用の場合に法人の保護は弱くなってもやむをえないので、後説が適当であろう。なお、上記の例は、84条1項2号・3号が規定する利益相反行為と類似するが、利益

138 第2編 総 則

相反行為は定型的・客観的に法人の利益と理事の利益が相反する行為であり、これに対して代表権（代理権）濫用の事例は、客観的に利益相反となる行為ではなく、単に代表者の主観的な意図と行為の結果が法人の利益を害する場合である。**改正民法**では、代理権の濫用について、新107条が新設され、相手方に悪意または過失がある場合には、無効（無権代理）を主張できることが規定された。前述（β）の場合とのバランスが問題となろう。

　　　　（ζ）　法人の目的による制限（民法34条）　　①制限の意味と役割　　民法34条にいう「定款その他の基本約款で定められた目的の範囲」は、一般には法人の行為能力の制限と考えられている（目的外の行為は取消しではなく無効とされる点が自然人の行為能力の場合と扱いが異なるが）。しかし、法人の取引活動は代表理事という法人の代表者による代理行為にほかならないという立場から、法人の目的による制限は代表理事の代表権（代理権）の制限にほかならない、と考えるのが適当である。なお、「定款」という用語は一般社団法人だけでなく一般財団法人の場合にもいう（民法旧34条の公益財団法人では「寄附行為」と呼んでいたが、わかりにくいので一般法人法では「定款」という表現に改められた）。「基本約款」とは、民法34条が適用される法人の全てにおいて必ずしも「定款」という表現が用いられているわけではないので、それら法人の根本規則を指すために使われた表現である。このような基本約款も法人の目的の範囲を定める。「法人の目的」によって法人の行為能力が制限される例については後述するが、本条は民法の規定であることからわかるように、一般法人について適用されるだけでなく、その他の全ての法人に適用される規定である（会社についても適用される。ただし、反対論が有力）。

　ところで、代表理事は理事としていろいろな義務を負っているが、法人の目的を遂行し、社員の利益・法人の財産の維持を図ることも、受任者としての理事の「義務」である。したがって、代表理事が法人の目的外の行為をすることは、法人に対する義務の違反となる。しかし、義務違反の行為が対外的に当然に無効となるわけではない。たとえば、単なる「善管注意義務」違反の行為は法人に対する代表理事の損害賠償責任を生じさせるが、その行為が第三者との間の取引行為である場合に、代表理事の代理権

を越えるものとして当然に無効になるわけではない。しかし、「目的」外取引は義務違反の中でも重大であり、法人の財産に予想外の不利益をもたらす危険が大きいことを考慮して、民法34条は、この義務（目的遵守義務）を代表理事の「権限」の制限にまで高め、目的外取引の効果は法人に帰属しないとしたのである。民法34条は代表理事の目的外行為から法人の財産を守るための制限である。

　　　　②目的外行為の効果　　このような立場からは、理事の目的外の行為は、絶対的な無効ではなく、無権代理の場合と同様な意味での「無効（効果不帰属）」と解するのが論理的帰結のように思える。確かに、後述するように、諸種の要素を考慮して無効とするか否かを考慮する点では絶対的な無効とは異なり、無権代理の無効（効果不帰属）と近い点がある（相手方が目的外行為であることについて善意無過失である場合には表見代理の規定を類推適用してよく、この点でも無権代理に近い）。

　しかし、完全に無権代理と同じでもない。すなわち、法人の目的による代表理事の代表権（代理権）の制限は、定款によって定まる客観的な制限であって、社員総会の通常の決議などで追認することができない強い制限である点に、本人の追認が認められる一般の代理権の制限とは異なる特殊性がある。ただし、定款変更に必要な特別多数決でならば追認できる。しかし、その場合にも、目的外行為によって生じる代表理事の対内的責任をどうするかという問題は残る。一般法人法では、全部免責は総社員の同意（財団法人では総評議員の同意）(112条)、一部免責は社員総会の特別多数決で可能とされている（113条・49条2項3号）。

　　　　③目的外行為の判断基準　　目的外の行為か否かを判断する際には、民法34条の趣旨その他の要素を考慮に入れて判定すべきである。具体的に言えば、その法人が営利法人であるか否か（営利法人については、そもそも民法34条の適用がないと考えることもできるが、仮に適用があるとしても、その経済的活動のゆえに、その法人の利益となる行為は広く目的の範囲に含まれる方向で考えるべきである）、非営利法人（一般法人を含む）であれば問題の行為が総社員の利益や法人財産の維持にとってプラスになるか否か（プラスになるなら有効となる方向で考える）、無効とすることが取引の安全を害しないか、当事者間の公平信義に反しないか、無効とする必要性の強さ（当事者双方が履行済

140 第2編 総 則

みの場合にも取引の無効を認める必要性は大きくない）を考慮しながら、問題と
なっている事態に最も適切な解決をはかるべきである。

　　　　④目的外行為をした代表理事の責任　　「法人の目的」は、(ア)
目的外行為の効力を否定するという効果（民法34条）と、(イ)代表理事の義務
違反の責任を発生させるという効果について基準となる。③に述べてきた
ことは(ア)の効果を発生させる基準としての「法人の目的」をどのように考
えるかという問題であった。では、法人内部における理事の責任の問題と
して考えたときに、定款で定められる法人の目的はどのような意味を持つ
か。取引の安全を考慮してその行為が民法34条との関係では「目的の範
囲」内の行為として有効とされる場合でも、法人の利益を害する定款違反
の行為（法人の目的は定款記載事項）は善管注意義務違反となり、理事の損害
賠償責任を発生させると考えるべきであろう（111条1項）。このように考え
たときには、営利法人（会社）については民法34条を適用しないという立
場をとったとしても、定款記載の目的に反する行為については取締役の責
任が発生することになる（前田達明「法人の目的」法学教室213号と結論的に同じ）。

＊　法人の目的外行為の効力に関する判例　　判例は、従来、その行為が「目的の範
囲」内に属するか否かによって一律に効力を決してきた。そして「目的の範囲」内
か否かについて意識的にとってきた基準は、定款の「記載文言より推理演繹し得べ
き事項」または「定款に具体的に記載したる事項を遂行するに必要なる事項」に該
当するかどうか（大判昭和6・12・17新聞3364-17〔幡州鉄道事件〕）、そして、「必要」
か否かは、「定款の記載自体から観察して客観的に抽象的に必要であり得べきかど
うか」による（最判昭和27・2・15民集6-2-77）、というものであった。しかし、現
実にはこのような基準に忠実に従ってきたわけではなく、営利法人については目的
による制限を無視し、非営利法人（協同組合の事例が多い）についても、近時は、法
人財産の維持や助成目的にプラスになるか否かという判断基準を、意識的にか無意
識的にか採り入れる傾向を示している。また、協同組合の員外貸付の無効の主張を
制限する判例（(iii)参照）さえ、出現している。このように、判例は、民法34条の制
限を法人にとって絶対的な制限とはもはや考えていないのである。
　　(i)　営利法人の場合には、目的の範囲を広く解することで事実上制限がないに等
しい解決をするのが現在の判例である。しかし、古い判例では、功労者への報酬の
約束（大判明治36・1・29民録9-102）や手形の支払保証（大判明治40・2・12民録13-
99）を目的の範囲外としたことがある。やがて、制限を漸次ゆるめ、手形の支払保
証（大判大正元・12・25民録18-1078）や功労者に対する慰労金の贈呈（大判大正2・
7・9民録19-619）は、認められるようになり、代理・周旋・仲立・信託等を営業

とする会社の金銭の貸付（大判大正5・11・22民録22-2295）、機械類を販売する会社の機械製作の引受（大判昭和5・9・11新聞3179-14）、鉄道会社の石炭採掘権の取得（前掲大判昭和6・12・17）、銀行の抵当権実行による漁業権の競落（前掲大判昭和13・6・8（119頁））、また銀行が取引先のために物上保証人となったり（最判昭和33・3・28民集12-4-648）、連帯保証人となること（最判昭和30・10・28民集9-11-1748）も、それぞれ目的の範囲内に属するとされるようになった。政治献金も目的の範囲内とされる（**最（大）判昭和45・6・24民集24-6-625〔百選6版Ⅰ-8〕〔八幡製鉄政治献金事件〕**は、会社における「目的の範囲内の行為とは、定款に明示された目的自体に局限されるものではなく、その目的を遂行するうえに直接または間接に必要な行為であれば、すべてこれに包含される」との一般論のもとで、政治献金も「会社の社会的役割を果たすためにされたものと認められる限りにおいて」目的の範囲内の行為であるとする）。ただし、同じく政治献金であっても、「公的な性格を有し」、かつ、「構成員の脱退の自由がない」税理士会がする場合には、その目的の範囲外の行為となる（**最判平成8・3・19民集50-3-615〔百選7版Ⅰ-7〕〔南九州税理士会政治献金事件〕**）。

(ii) 非営利法人については、目的による制限は近時やや緩和されたとはいえ、まだ根強く残っている。①判例は、協同組合における員外取引・員外貸付を原則として目的外行為ゆえに無効とする。たとえば、組合員の製作した生糸の加工および販売を目的とする同業組合が、組合員のためにまゆを買い入れその代金債務を引き受けた行為（大判大正元・9・25民録18-810）、信用組合の員外貸付（大判昭和8・7・19民集12-2229）、信用組合の債務引受（大判昭和16・3・25民集20-347）を目的の範囲外とする。その後、最高裁のもと、農業協同組合の員外貸付（**最判昭和41・4・26民集20-4-849〔百選6版Ⅰ-7〕**〔代表理事・借主ともに定款違反を知っていた〕）、労働金庫の員外貸付などを無効とする（**最判昭和44・7・4民集23-8-1347〔百選7版Ⅰ-81〕**〔ただし、信義則を援用して無効の主張を制限する〕）。協同組合以外の事件としては、「博愛慈善の趣旨に基づき病傷者を救治療養すること」を目的に病院経営をする財団法人が、国民健康に関する新事業（健康学園の経営）を行うために、許可を経ない段階で病院経営にとって重要な財産である敷地・建物・備品を売却した行為（最判昭和51・4・23民集30-3-306〔京都施薬院協会事件〕）を、目的の範囲外としたもの、強制加入の法人である税理士会が特定の政治団体に政治献金をすることは同法人の目的の範囲外で無効であるとするものなどがある（前掲最判平成8・3・19）。②もっとも、他方では、農業協同組合がその経済的基礎を確立するため、りんごの委託販売を営むことを計画し、組合員でないりんご移出業者たちとのあいだに、その集荷したりんごの販売委託を受けて手数料を受け取る契約をし、彼らに集荷に要する資金を貸し付けた事案に関し、組合の付帯事業の範囲内の行為であるとし（最判昭和33・9・18民集12-13-2027〔越水農協貸付事件〕）、信用組合が組合員でない火災保険会社からの預金を受け入れた事案に関し「組合本来の事業遂行に不適当なものであるとはいえ」ないとしている（最判昭和35・7・27民集14-10-1871）。前者は員外取引

142　第2編　総　則

が組合の経済的基礎を確立するためのものであることを、後者は現金による預金の受入れが組合の経営にプラスにこそなれマイナスにはならないことを、意識的にか無意識的にか考慮したためである、といえよう。

　(iii)　このように非営利法人の場合については、判例は、目的による制限を比較的厳格に解するが、目的外の行為とされても、無効の主張を信義則で制限する場合がある。(ii)①前掲の労働金庫（協同組合的性格をもつ）の員外貸付の事件において、判例は、借主が設定した抵当権に基づいてなされた競売の競落人に対して、抵当権設定者が貸付—抵当権設定—抵当権の実行の無効を主張することは、信義則上許されない旨を判示する（前掲最判昭和44・7・4）。本判決は競落人に対して無効を主張することを封ずるものであるが、貸付が既に履行されてしまったあとで、その利益を享受した者が貸付の無効を主張して、自らの義務や負担（約定利息や担保）を免れるのは、既に法人に対する関係で信義・公平に反することであって、貸付が履行されてしまえば取引は有効になる、と考えるべきであろう。前掲(ii)①の京都施薬院協会事件の判決も、売主たる財団法人が取引後7年10カ月を経て売買の無効を主張し、買主に対して返還請求したのを、諸般の事情に照らして信義則に反し許されない、とする。

〈参考文献〉　前田達明「法人の目的」法学教室213号（1998年）、佐久間毅「法人通則——非営利法人法制の変化を受けて」NBL1104号44頁（2017年）

　(iv)　表見代表理事 (82条)　　一般社団法人は、「代表理事以外の理事に理事長その他一般社団法人を代表する権限を有するものと認められる名称を付した場合には、当該理事がした行為について、善意の第三者に対してその責任を負う」(82条)。表見法理を適用したものであるが、相手方が善意であれば保護されるので、民法109条の表見代理よりも相手方を保護している（民法109条では相手方が善意無過失でないと保護されない）。

　(v)　法人代表者の非取引的行為とその意味　　(α)　法人の占有　　法人の理事が法人の代表者として物を所持するのは、法人の占有機関（占有補助者ともいう）として所持するのであって、理事個人が独立の占有を有するものではない、とするのが判例・通説であるが、問題である。①占有の諸効果を主張できるか、②占有訴権の原告適格、③物権的請求権の被告適格、に関して問題となる（詳しくは次の＊参照）。

＊　**法人の理事は占有機関（占有補助者）にすぎないか**　　法人実在説は、「法人自身が所持する」と説明しようとして、法人の理事を法人の単なる手足、すなわち占有機関（占有補助者）と見がちである。判例は、法人側の不法な占有を理由とする所有者からの返還請求の訴えについては、法人の理事に被告適格を肯定する立場（大

判大正 5 ・ 6 ・17民録22-1206）から否定する立場（最判昭和31・12・27裁判集民24-661）に移ったが、これも法人実在説への傾斜と表裏するものであろう。

　しかし、この問題は、法人実在説とか法人擬制説といった法人本質論とは切り離して、占有制度の趣旨と紛争解決の実効性の観点から解決を図るのが適当である。このような立場からすれば、(i)占有の権利表象としての機能（188条・178条等）に関しては、理事のような他人の事務の処理者たることが客観的に明らかな者には理事自身についてこれらの効果を認める占有を認めるべきでない。理事の占有は、代理占有として、法人にこれら権利表象としての機能が認められるだけである（例えば、理事が占有することで法人が権利者であるという推定を受ける）。(ii)しかし、事実上の支配を保護する機能としての占有（占有訴権の原告適格）に関しては、不法に事実上の支配を侵害した第三者に対し理事個人にも自力救済や占有訴権を認める必要があり、その限りで理事を占有者とみるべきである（最判昭和32・2・22判時103-19は法人代表者の占有訴権を否定する。しかし、最判平成10・3・10判時1683-95は、包括宗教法人に属する寺（この寺自体も宗教法人）の住職すなわち代表者が占有していた建物を包括宗教法人に侵奪されたので占有訴権を提起したという事案で、「代表者が法人の機関として物を所持するにとどまらず、代表者個人のためにもこれを所持するものと認めるべき特別の事情がある場合には」、代表者個人として占有訴権を提起することを認める。最判平成12・1・31判時1708-94も同旨）。(iii)物権的請求権の被告適格に関しては、理事を占有者とみる必要はない（**最判昭和32・2・15民集11-2-270〔百選7版Ⅰ-63〕**は会社の代表者の被告適格を否定する）。この場合には、法人を相手として返還請求すればよく、そして、法人に対する判決を得れば、理事に対する関係でも執行しうる（民執法23条3項）。

　　（β）　法人の善意・悪意　　法人の善意・悪意等は、原則として、代表機関である理事について決する（民法101条参照）。

* **法人の善意・悪意等は誰について決するか**　　(a)　意思表示の効力が善意・悪意、過失の有無、意思の不存在、詐欺・強迫を受けたことなどによって影響を受ける場合については、民法101条の規定が適用ないし類推適用されるのが適当である。その結果、(i)理事その他の代表機関が行動する場合には、それらの事情は、原則として、代理行為を行う代表機関について決する（民法101条1項）。また、理事が理事会の決議などに基づいて行動した場合に、理事の多数が悪意であれば、たとえ代理行為をした理事が善意でも、法人側は善意を主張することができないことになろう（同条2項）。(ii)法人の単なる被用者が第三者と取引行為をする場合には、その被用者は法人を代表する理事から個別的な代理権を授与されているので、その被用者について善意・悪意を決定する（民法101条2項の適用については、理事が「本人」に該当する）。

　　(b)　不当利得に関する善意・悪意（民法703条・704条）や即時取得の要件としての善意無過失（民法192条）は、代表機関について決するのが原則であるが、代表機

144 第2編 総　則

関が代理人によって取引したときは、その代理人について決するとするのが、判例
である（最判昭和30・5・13民集9-6-679〔不当利得〕、最判昭和47・11・21民集26-9-
1657〔善意取得〕）。

(d) 法人に対する理事の義務および責任　　前述のように、理事は法人か
ら委任を受けて法人の事務を行うので、法人に対して受任者としての義務
を負う。このような義務としては、次のようなものがある。

（i）善良な管理者としての注意義務（**「善管注意義務」**と呼ぶ）（民法644
条、一般法人法64条）　　理事が必要な注意を払わなかった（善管注意義務違反
の過失）ために法人に損害を与えた場合には、任務懈怠があったとして、
当該理事は、法人に対してその損害を賠償しなければならない（111条1項）。
一般法人法には理事の善管注意義務が規定されていないが、法人と理事の
関係は、委任に関する規定に従うので（64条）、理事は受任者として善管注
意義務を負う（民法644条）。注意義務の有無を判断する基準は、無報酬の理
事であっても、「自己の財産に対するのと同一の注意義務」ではなく、他
人の財産を管理する者として要求される「善良な管理者としての注意義
務」である。

（ii）自己執行義務　　理事は法人からその事務の処理を行うことを
委任された関係にあるから、その事務処理を自分で行わなければならない
のが原則であり、他人に委ねることは法人に対する義務違反になる場合が
ある。問題はその基準である。旧公益法人については民法旧55条が定款等
で禁止されていないときに限って理事が「特定の行為」の代理を他人に委
任することを認めていたが、平成18年の改正によって民法からはこの規定
が削除された。また、一般法人法には理事が業務執行権や理事会での決議
権などを他人に委任できるかどうかについての一般的な規定はない。そこ
で委任に関する一般法理で解決することになる。その際、理事の職務・権
限の性質を考慮しつつ、次のように考えるべきである。

まず、理事としての意思決定が要求される内部的な業務執行については、
一般社団法人における理事の役割、理事会の意義などを考えると、自己執
行義務を重視し、原則として理事の権限の他人への委任は、包括的委任は
もちろん個別的委任も原則として認められない。しかし、委任者に相当す
る法人自身が復委任を認める場合またはやむを得ない事由がある場合は、

個別的事項について復委任は許されると考えるべきであろう。たとえば、定款で理事の代理人が理事会に代理出席することを認めるのは、個別の理事会ごとに代理人を選任できるという意味であり、これを違法とする必要はない（最判平成 2・11・26民集44-8-1137は、民法旧54条を準用していた建物区分所有法上の管理組合法人で「理事に事故があり、理事会に出席できないときは、その配偶者又は一親等の親族に限り、これを代理出席させることができる」という定款の規定の効力が問題となったが、最高裁はこれを違法ではないとした）。定款による場合でなくても理事会が代理出席を認めると決議すれば、それは法人の意思として代理を許容するということであるから、やはり認められるであろう。以上に対して、たとえば、理事が 1 カ月間その業務執行権を他人に委任するような包括的な復委任については、少なくとも「やむを得ない事由がある」という理由では認めるべきではないのではないか（もっとも、包括的か個別的かは相対的な概念である）。

　次に、対外的な代表行為の第三者への委任については、代表理事についてのみ問題となることであるが、特定の行為についての代理は法定代理に関する民法106条（改正民法105条）の基準に従って認められると解すべきである（民法起草者（梅）は、理事が代理人を選任できることを規定していた民法旧55条を法定代理の復代理に関する民法106条（改正民法105条）の特則だととらえていた）。

　なお、状況は全く異なるが、法人の理事または代表理事について、職務執行停止の仮処分がなされる場合には、その職務を代行する者が選任される（民事保全法56条）。職務代行者が一般社団法人の常務に属しない行為をするには裁判所の許可が必要となる（80条 1 項）。

　　　(iii)　忠実義務　　（α）　一般的な忠実義務（83条）　　理事は、法人からその業務執行を信認された者であり、それゆえ、もっぱら本人（法人）の利益のために行動すべき義務を負い、自己の利益や第三者の利益を図ってはならない。これを忠実義務という（83条）。一般に、代理人・受任者・信託の受託者のように、「他人」から信認を受けて事務処理を託された者を、「受認者」（英米法では fiduciary と呼ぶ）というが、こうした「受認者（フィドゥシャリー）」がもっぱらその「他人」の利益のために行動すべき義務を、忠実義務と呼ぶ（英米法では fiduciary duty とか duty of loyalty という）。法人の理事も、こうした「受認者（フィドゥシャリー）」に属するもの

であり、忠実義務を負うのである。民法には、忠実義務を明確に定めた条文はないが、一般法人法83条は明文でこれを規定する。

　忠実義務については、その違反の効果が明確に規定されていないこともあって、その法的性質については議論がある。判例は、商法旧254条の2（会社法355条）に関してであるが、忠実義務を注意義務を明確化したものにすぎないと位置づけ、善管注意義務とは異なる内容のものとしてとらえることをしない。しかし、忠実義務は、上述のように善管注意義務とは異なる側面を扱うものであり、委任的事務処理関係の基礎となる重要な義務である。また、善管注意義務とは異なり、その違反は単に法人に対する損害賠償義務を負わせるだけでなく、行為の効力を否定することにまで至ることがある（善管注意義務違反の場合も重大な違反の場合には効力否定につながるが、それは例外的な場合である）。

　　＊　**忠実義務違反と善管注意義務違反**　　会社法の判例は、最（大）判昭和45・6・24以来、忠実義務を委任の善管注意義務を敷衍し、明確化したものであるととらえ、通常の善管注意義務と区別しない。これは、忠実義務の考え方がまだ浸透していなかった時代の判例としてはやむを得ない立場であったといえるが、現在では善管注意義務と忠実義務の区別が一般的に承認されてきたので（特に信託法の領域では明確である）、判例の立場は改められるべきである。義務違反の効果という点でも両者には違いがあり、一般法人法111条は、善管注意義務違反については通常の損害賠償責任を課すだけであるが、忠実義務違反に関しては、少なくともその具体化としての競業避止義務違反、利益相反取引については、「利益の額」を「損害の額」と推定したり（競業取引の場合）、任務懈怠を推定したりしている（利益相反取引の場合）（111条2項・3項）（英米では「利益吐き出し（disgorgement of profit）」の責任が認められるとされている）。これらは、単に便宜を考慮して設けられた損害賠償の特則ではなく、忠実義務違反の特殊性を考慮したものと考えるべきであろう。

　　以上のような忠実義務の考え方は、信託法においては一層明確にされている。たとえば、信託の受託者の忠実義務違反については、信託法40条3項で、一般的忠実義務違反（信託法30条）、利益相反行為（同31条違反）、競合行為（同32条）のいずれの場合についても、受託者がこれらの義務違反で得た「利益」を受託者の賠償すべき「損失」と推定している。これは、善管注意義務と忠実義務違反（その具体化としての利益相反行為・競業行為を含む）を明確に区別する考え方に基づくものである。

　　なお、84条1項2号が禁止する利益相反取引について、理事会・社員総会の承認

1）　**最（大）判昭和45・6・24民集24-6-625〔百選6版Ⅰ-8〕**は、取締役がした政治献金の責任を否定するにあたり忠実義務違反がないとしたもの。

があったために、代表理事が自己の所有する不動産を法人のために購入できる場合でも、代表理事が不注意で売買目的物の不動産の欠陥に気がつかず、法人に損害を与えた場合などには、忠実義務違反はないが、善管注意義務違反があるために、代表理事は損害賠償責任を負うと考えるべきである。この点にも、忠実義務違反と善管注意義務違反の違いが表れている。

〈**参考文献**〉 忠実義務の独自の意味については、姜雪蓮「信任義務（忠実義務）のドイツ法構成」学習院大学大学院法学研究科法学論集22号（2015年）、忠実義務違反の場合の「利益吐き出し」責任については、沖野眞已「救済——受託者の『利益の吐き出し』責任について」NBL791号（2004年）、同・シンポジウム『信託法と民商法の交錯』私法67号（2005年）、Nomi, Disgorgement of Profits in Japanese Law, in: Hondius and Janssen, Disgorgement of Profits, pp. 429-442（2015）

（β） 競業・利益相反取引の禁止（84条）　　忠実義務を具体化したものである。理事は法人の事業と競合する取引をすることが禁じられ（84条1項1号）、理事と法人との間の取引（2号）、その他の利益相反取引（3号）をすることが禁止されている。これらの行為をするためには社員総会の承認（理事会非設置一般社団法人の場合）または理事会の承認（理事会設置一般社団法人の場合）が必要であり、承認なしに理事がこれらの行為を行った場合には、当該理事は法人に対して任務違反の損害賠償責任を負う（111条1項）。損害賠償責任の中身については後述する。どのような行為が具体的に禁止されるかは、条文の文言からわかりにくいが（特に、2号・3号）、類似の規定を有する会社法における解釈（前田、江頭、神田など）を参考に次のように解すべきである。

①1号が禁止する競業とは、「理事が自己又は第三者のために一般社団法人の事業の部類に属する取引」をすることである。たとえば、一般社団法人Pが高齢者をデイケア施設に送迎する事業を行っている場合に、P法人の理事Bが個人として同じ「事業の部類に属する取引」を行うこと（「自己のため」の場合。次頁の〈図1〉参照）や、Bが競業するQ法人の代表者としてP法人と競業する取引を行うことである（「第三者のため」の場合。次頁の〈図2〉参照）。このようなことがP法人の理事Bによって行われると、P法人の事業機会が奪われる危険があるため禁止される。具体的にどのような場合に競業があると判断すべきかは難しい問題である。利益を追求する営利法人の場合の競業の問題と、非営利目的の一般社団法人の場合とでは異なる判断がされるべきかもしれない。しかし、基本的には競業のおそれがあると

きは関係する理事Ｂは一般社団法人Ｐ（理事会または社員総会）の承認を求めるべきであろう。競業に合理的理由がある場合には、重要な事実を開示して承認を求めれば、それは得られるはずである。なお、仮に理事会ないし社員総会の承認を本来求めるべき場合でありながら、それなしに理事Ｂが競業行為をしたときは、その競業行為自体が無効となることはないが（これはＰ法人の行為ではないから）、一般社団法人Ｐに損害を与えれば理事Ｂは同法人に対してその損害を賠償する責任を負う（111条1項）。この場合、理事Ｂまたは理事Ｂが代表者を務めるＱ法人の上げた利益は、Ｐ法人の被った損害と推定される（同条2項）。

〈図1〉 理事が「自己のため」にする競業取引

```
一般社団法人Ｐ（代表理事Ａ）
（法人の利益）
    ↕   ＰＢ間に取引はないが広義の
        利益相反
（理事の利益）
理事Ｂ個人による競業取引
```

〈図2〉 理事が「第三者のため」にする競業取引

```
一般社団法人Ｐ（代表理事Ａ）
（法人の利益）
    ↕   ＰＱ間に取引はないが利益は
        相反
（理事の利益）
理事Ｂが法人Ｑの代表者として
競業取引
```

　②2号は、「理事が自己又は第三者のために一般社団法人と取引」をすることを禁じる。ここでいう理事は、一般社団法人の代表権のある理事（代表理事）である場合だけでなく、代表権のない理事である場合も含むと解されている。この点で、民法108条が規定する自己契約・双方代理よりも広い。そこで、民法108条との関係も考えると、当該理事が代表権ある理事か否か、「自己のため」の場合か「第三者のため」の場合か、によって4つの組み合わせを考えることができる（次頁の〈図3〉〜〈図6〉を参照）。
　第1の場合は、代表理事Ａが「自己のため」に一般社団法人と取引をする場合である（〈図3〉）。これは、Ａ個人の利益とＡが代表する一般社団法人Ｐの利益が相反する典型的な場合であり、民法108条が規定するいわゆる自己契約に該当する。民法108条は、このような場合に代理権（この事例ではＡの代表権）を否定し、Ａの代表行為の効力を否定するが（改正民法108条1項を参照）、同条はこのような自己契約をした者の損害賠償責任を規定しているわけではない。これに対して、一般法人法84条は、社員総会ないし

〈図3〉代表理事が「自己のため」に法人と取引　〈図4〉代表理事が「第三者のため」に法人と取引

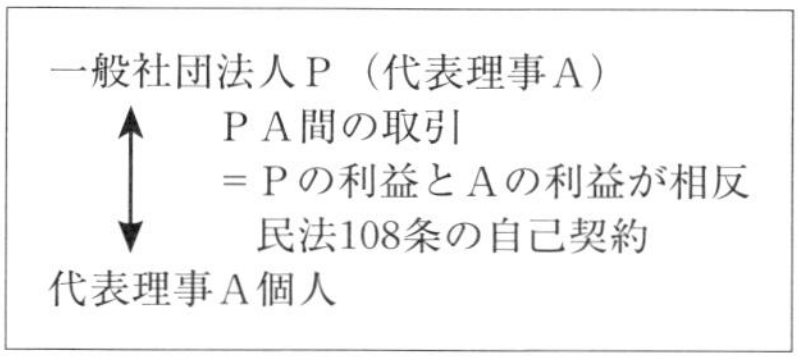

```
┌─────────────────────────────┐  ┌─────────────────────────────┐
│ 一般社団法人Ｐ（代表理事Ａ）    │  │ 一般社団法人Ｐ（代表理事Ａ）    │
│ ↕  ＰＡ間の取引              │  │ ↕  ＰＣ間の取引（売買など）    │
│    ＝Ｐの利益とＡの利益が相反  │  │    ＝Ｐの利益とＣの利益が相反  │
│    民法108条の自己契約        │  │    民法108条の双方代理        │
│ 代表理事Ａ個人                │  │ ＡがＣの代理人として取引       │
└─────────────────────────────┘  └─────────────────────────────┘
```

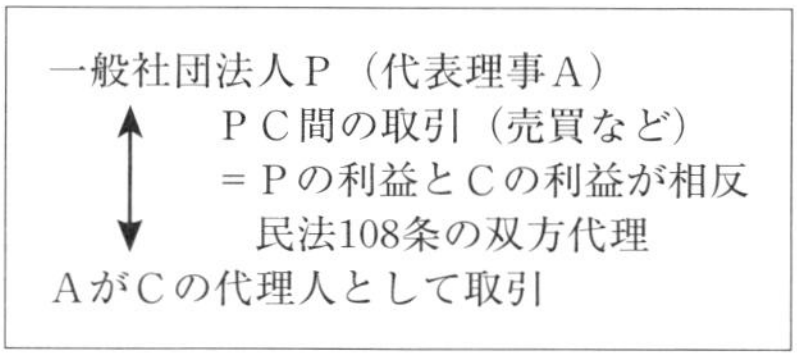

〈図5〉理事が「自己のため」に法人と取引 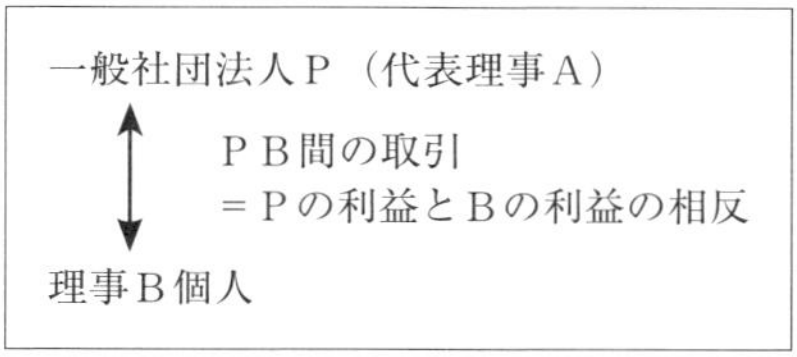　〈図6〉理事が「第三者のため」に法人と取引

```
┌─────────────────────────────┐  ┌─────────────────────────────┐
│ 一般社団法人Ｐ（代表理事Ａ）    │  │ 一般社団法人Ｐ（代表理事Ａ）    │
│ ↕  ＰＢ間の取引              │  │ ↕  ＰＣ間の取引              │
│    ＝Ｐの利益とＢの利益の相反  │  │    ＝Ｐの利益とＣの利益の相反  │
│ 理事Ｂ個人                   │  │ 理事Ｂが第三者Ｃの代理人       │
└─────────────────────────────┘  └─────────────────────────────┘
```

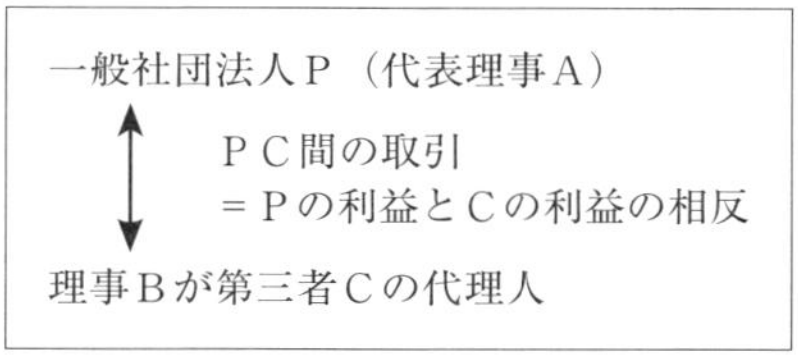

理事会の承認なしにこのような行為を行った理事の義務違反を規定し、111条1項によって損害賠償責任を負わせるための規定である。84条は利益相反行為の効力については直接規定していない（会社法の規定について、神田）。この点は、84条の趣旨を参考にしながら、同条の解釈によって結論を導くことになろう。理事の行為が、84条と民法108条の両方に該当する場合（〈図3〉）については、民法108条によって代表行為は無効となる。84条が民法108条の適用を排除するわけではない。

　第2の場合は、代表理事Ａが一般社団法人Ｐの取引の相手方Ｃの代理人として（「第三者のため」に）、自分が代表する一般社団法人Ｐと取引をする場合である（〈図4〉）。この場合には、Ｐ法人の利益と相手方Ｃの利益が相反するが、これは民法108条が規定する双方代理に該当する。したがって、民法108条によって代表理事Ａが一般社団法人Ｐを代表する行為は無効となるが（改正民法108条1項参照）、同時に84条によって代表理事Ａが承認なしにする代表行為は代表理事Ａの義務違反を構成し、111条1項によって損害賠償義務が生じる。

　第3は、一般社団法人Ｐの代表権のない理事Ｂが個人として一方の当事者となり、代表理事Ａが代表する一般社団法人Ｐと取引をする場合である（理事Ｂが「自己のため」にする取引になる）（〈図5〉）。この場合、ＢにはＰ法人を代表する権限がないから民法108条の自己契約には該当しない。しかし、

理事Bが影響力を行使し、当該取引が理事Bの利益を図り、一般社団法人Pの利益を害することになる可能性があるので、これも法人と理事の利益が相反するものとして、承認がなければできないものとされている。承認なしにこのような取引がなされた場合には、利益相反取引を行った理事Bは84条違反・111条1項によって損害賠償責任を負う。なお、この場合、一般社団法人Pを代表する代表理事Aも、理事Bの利益相反取引に関与することになるが、84条によって社員総会または理事会の承認を得る義務を負っているのは理事Bであり、代表理事Aではない。しかし、代表理事Aも111条3項2号にいう「一般社団法人が当該取引をすることを決定した理事」として任務懈怠が推定され、任務懈怠または帰責事由がないことの反証がない限り責任を負う（111条3項・116条）。なお、〈図5〉の場合には、民法108条は適用されないので（Bに代理権がないから改正民法108条2項も適用されない）、当該利益相反行為の効力がどうなるかが問題である。類似の内容を規定する会社法356条（商法旧265条）に関しては、判例は、民法108条違反の場合と同様に無効になるとしている（最(大)判昭和43・12・25民集22-13-3511）。利益相反行為を禁止して一般社団法人の利益を保護しようとする84条の趣旨を考えると、同条を根拠にして、同様に解すべきであろう。また、このように解しても、当該行為の相手方は理事Bであるから、取引の安全を考慮する必要がない。

　第4は、代表権のない一般社団法人Pの理事Bが第三者Cの代理人として別の理事Aが代表する一般社団法人Pと取引行為をする場合である（Bが「第三者のため」に取引をする場合である。〈図6〉）。この場合は、一般社団法人Pと第三者Cの利益が対立するが、そのような行為を一般社団法人Pの理事であるBが相手方の代理人として行うことを禁じるのである。理事Bについて111条1項の損害賠償責任が生じ、また、このような利益相反行為に関与した一般社団法人Pの代表理事Aも111条3項2号で責任を負う。一

2）　無効を導く法律構成は簡単とは言えない。84条違反の場合には、一般社団法人の代表権が制限されるといえれば簡単だが、同条違反をしているのは取引の相手方になっている理事Bなのであって、一般社団法人を代表するAではないことを考えると、この法律構成には疑問がある。利益相反行為について悪意の相手方Bには信義則上当該行為の有効なことを主張させないというのが適当ではないか。

般社団法人ＰとＣの取引の効力については、〈図４〉の場合と同様に無効と解してよい。ただ、〈図６〉の類型では、当該取引が無効となると第三者Ｃが損失を被るので、〈図４〉の類型と比べると、Ｃが利益相反について善意である場合に、Ｃの取引安全の利益を考慮する余地がある。たとえば、Ｃが自分の代理人Ｂが相手方法人Ｐの理事をしていることを知らなかった場合を考えると、Ｃの利益を犠牲にして一般社団法人Ｐの利益を図るのには躊躇を感じる（一般社団法人Ｐの代表理事Ａは自分の取引の相手方Ｃの代理人として理事Ｂが登場すれば、84条違反の状況が生じていることは当然わかるからである）。Ｃが利益相反取引であることについて悪意の場合は、信義則上当該行為の有効性を主張できないが、Ｃが善意の場合は有効であることを主張できてよいのではないか。一般社団法人Ｐの保護は理事Ｂの損害賠償責任で図るべきであろう。

　２号の利益相反取引については、84条２項は、理事が社員総会または理事会の承認を得た場合には、民法108条を適用しないと規定する。その意味は、２号が規定する諸類型のうち、〈図３〉〈図４〉の場合には、民法108条によって一般社団法人と相手方の取引は無効になるが、承認があった場合にはもはや当該行為を無効とすることでその一般社団法人の利益を図る必要がないので、民法108条の適用を排除するということである。同様の帰結は〈図３〉の類型では民法108条の解釈によっても導けなくはないが（本人の承諾があったと見て）、〈図４〉の場合には双方代理なので、一般社団法人側だけでなく相手方Ｃも当該利益相反取引の無効を主張する利益が本来はあるはずである。もし、Ｃから民法108条違反を主張できないことになるとすると、84条２項はこのＣの利益を奪うことを意味する。立法論としては多少疑問である。

　２号が規定する全ての類型を通じて、利益相反取引をした理事（〈図３〉〈図４〉の場合は代表理事Ａ）は、法人に対する関係では任務懈怠をしたことになり、111条１項の損害賠償責任が生じる。111条１項が規定する理事の法人に対する損害賠償責任の一般的要件は、任務懈怠、帰責事由（消極的要件）、損害であるが、84条１項２号が規定する利益相反取引のうち、「自己のためにした取引」の場合には、当該理事は帰責事由の不存在を主張することができない（116条１項）。すなわち、無過失責任である。また、「自

己のための取引」の場合には、総社員の同意がある場合にだけ免責が可能である（116条2項・112条）。損害の要件については、競業行為の場合と異なり、利益相反取引の場合には、法人は理事に損害賠償の請求をするときには損害を証明しなければならない（111条2項と3項を対比）。

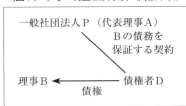

〈図7〉 3号の利益相反取引（間接取引）

③3号が規定するのは、「一般社団法人が理事の債務を保証することその他理事以外の者との間において一般社団法人と当該理事との利益が相反する取引」である（〈図7〉参照）。2号が規定する利益相反取引では理事が利益相反取引の当事者になっていたが（本人または代理人として）、3号の利益相反取引では理事は取引の当事者になっていない。その意味で理事の関与の仕方が間接的なので、3号の利益相反取引のことを**間接取引**などと呼ぶことがある（2号の利益相反取引は直接取引と呼ばれる）。たとえば、一般社団法人P（Aが代表理事）が理事Bの第三者Dに対する債務を保証する行為である。このような保証は客観的に見て、一般社団法人Pの利益と理事Bの利益が相反するので、関係する理事Bは社員総会または理事会の承認を得なければならない。承認を得る義務を負うのは、その利益が一般社団法人Pの利益と相反することになる理事Bである。もし、Bが社員総会等の承認を得ることなく、一般社団法人Pによる保証が行われた場合には、理事Bの任務懈怠となり、理事Bについて111条1項の損害賠償責任が生じる（なお、111条3項1号でいう「84条第1項の理事」とはこの例では理事Bのことである）。また、一般社団法人Pを代表して保証契約を締結した代表理事Aは、111条3項2号で任務懈怠が推定され、やはり同条1項の損害賠償の責任を負う。

　問題は、社員総会・理事会の承認なしに行われたこの行為（間接取引）の効果である。民法108条が適用される類型ではないので、84条の解釈によって解決することになろう。類似規定である会社法356条（商法旧265条）が規律する間接取引については、判例は、相手方が取締役会の承認がないことについて悪意の場合に限り、会社から当該行為の無効を主張できるとする（最（大）判昭和43・12・25民集22-13-3511）（これは「相対的無効」説などといわれ

る）。取引の安全を重視した立場であり、一般法人の場合に及ぼしてよい
か検討を要するが（公益法人についても同様に問題となる）、とりあえず従って
おく。なお、このような処理は、利益相反関係にある理事が代表理事であ
る場合もそうでない場合も同様に行うことになる。

3　理事会

(1)　**理事会の権限・機能**　　理事会設置一般社団法人においては、理事
会は、業務執行についての意思決定と代表理事・業務担当理事による業務
執行の監督を行う（90条2項1号・2号）。また、上記任務の一環であるが、
代表理事の選定・解職を行う（同条2項3号）。さらに、法人の重要な取引に
ついては理事会の決議を経て執行される（同条4項）。最後の点は、条文上
必ずしも明確でない。90条4項は「理事会は、次に掲げる事項その他の重
要な業務執行の決定を理事に委任することができない」と規定しているが、
他方で代表理事は「一般社団法人の業務に関する一切の裁判上又は裁判外
の行為をする権限を有する」（77条4項）ので、理事会の決議を経ることな
く代表理事が「重要な財産の処分」などを行った場合に、その効力はどう
なるか、という問題が生じるからである。しかし、一般には、90条4項は、
会社法の類似規定362条4項の解釈に倣うならば、代表権に対する制限を
規定したものではないと解することになろう。この問題に関する論点およ
び本書の立場については、前述したので、参照されたい（134頁）。

　理事会の招集は、招集権者が定款などで定められていないときは、各理
事が行う（93条1項）。理事会の決議は、「議決に加わることができる理事の
過半数……が出席し、その過半数をもって行う」（95条1項）。「議決に加わ
ることできる理事」とは、決議について特別の利害関係を有する理事は議
決に加わることができないので（2項）、その員数を除いた理事という意味
である。決議方法については、理事会においては法人の重要な案件につい
て議論して決議するので、持ち回り決議は認められない。理事の代理人が
出席することは認められるかについては規定がないが、会社の取締役会で
は認められないと解されている（江頭）。旧公益法人の実務では理事が委任
状を提出し、理事長や議長に一任することが行われていたが、一般法人法
の規定の下ではどう考えるべきか。理事会は重要な決定をする場であるか

154 第2編 総 則

ら、厳格な決議要件や決議方法も理解できないではないが、ここでも株式会社の規律ないし解釈を安易に非営利目的の一般法人に移植することには問題がある。株式会社においては、取締役の多くは取締役会が行われる本社近くに居住しているので、このような要件でも取締役会を開くことができるし、また、地方や外国に取締役が住んでいても株式会社ではテレビ会議などで取締役会を開催することができる。しかし、非営利目的の団体、たとえば全国各地に分散している大学から理事がでている学会のような団体では、年1回の総会の際に開かれる理事会には多くの理事の出席が期待できるが、それ以外にも数回開催される理事会において過半数の理事の出席を期待するのは困難である。非営利目的の団体ではテレビ会議の設備を設ける財政的余裕もない。定款または理事会が認めれば、代理出席や委任状による議決権行使が認められると解したい。

4　その他の機関

一般社団法人は、その他の機関として、監事や会計監査人を置くことができる（60条2項）。ただし、「理事会設置一般社団法人」および「会計監査人設置一般社団法人」は、監事を置かなければならない（61条）。「理事会設置一般社団法人」とは、「理事会を置く一般社団法人をいう」（16条1項）。「会計監査人設置一般社団法人」とは、「会計監査人を置く一般社団法人又はこの法律の規定により会計監査人を置かなければならない一般社団法人をいう」（15条2項2号）。会計監査人を置かなければならないのは、「大規模一般社団法人」である（62条）。「大規模一般社団法人」の定義については一般法人法2条2号を参照。

(1)　**監事**　　(a)　**任務・権限**　　監事は、「理事の職務の執行を監査する」（99条1項）。理事が法令違反・定款違反の行為をしないように監査するのである。その任務を遂行するために、いつでも、一般社団法人の理事および使用人に対して事業の報告を求めることができる（同条2項）。理事会に出席する権利だけでなく義務がある（101条）。また、理事が法令違反・定款違反等の行為をし、またはその恐れがある場合には、理事の行為の差止めを請求することができる（103条）。さらに、一般社団法人と理事との間の訴訟に関しては、監事が法人を代表する（104条）。なお、監事が置か

れると、社員の権限が制限されることに注意（85条・88条2項参照）。

　　(b)　**任免**　　監事は社員総会において選任される（63条1項）。ただし、理事の場合と同様の欠格事由がある（65条）。選任された監事と法人との関係は、委任の規定に従う（64条）。監事の任期は4年であるが、定款で2年にまで短縮することができる（67条）。解任・任務終了事由は、理事の場合と同じである（70条など）。

　　(c)　**義務・責任**　　監事は、法人に対して善管注意義務は負うが（64条、民法644条）、業務執行権がないので、忠実義務や競業避止義務・利益相反取引に関する規定は適用されない（83条・84条参照）。善管注意義務に反して法人に損害を与えれば、損害賠償責任を負う（111条1項）。

　(2)　**会計監査人**　　(a)　**意義・任務**　　会計監査人は、一般社団法人の計算書類および付属明細書を監査する（107条）。そして、その監査に際して理事の不正や法令違反・定款違反を発見した場合には、監事に報告する（108条）。会計監査人は、監事と異なり「役員」ではない（63条1項参照）。したがって、理事会には出席しない。

　　(b)　**任免**　　会計監査人は、社員総会の決議によって選任され（63条1項）、その法人との関係については、委任の規定に従う（64条）。任期は1年であるが、定時社員総会で別段の決議がされなかったときは、再任されたものとみなされる（69条1項・2項）。解任については、理事や監事と同じく、社員総会の決議によっていつでも解任できるほか（70条1項）、職務違反等があった場合には、監事が解任することができる（71条）。

　　(c)　**義務・責任**　　会計監査人に善管注意義務違反があった場合には、法人に対して損害の賠償をする責任がある（111条1項）。

第5　解散・清算

1　解　　散

　一般社団法人は、①定款で定めた存続期間の満了、②定款で定めた解散の事由の発生、③社員総会の決議、④社員が欠けたこと、⑤合併（合併により当該一般社団法人が消滅する場合に限る）、⑥破産手続開始の決定、⑦解散を命ずる裁判、によって解散する（148条）。一般社団法人は、その後、清算手続に入る。

156 第2編 総 則

2 清 算

清算手続は、一般社団法人の場合と一般財団法人の場合と共通である（206条以下）。一般社団法人が解散すると清算手続が開始する。解散以外にも、一般社団法人・一般財団法人の設立無効請求を認容する判決が確定した場合、設立取消請求を認容する判決が確定した場合も、一般社団法人・一般財団法人は清算手続に入る（206条）。

清算手続は、清算手続に入った法人（清算法人）の清算人（208条）によって進められる。一般社団法人・一般財団法人の理事が原則として清算人となる（209条1項1号）。清算人の職務は、①現務の結了、②債権の取立ておよび債務の弁済、③残余財産の引渡し、である（212条）。

清算法人の代表、清算人の業務執行権限、義務・責任については、理事に関する規定とほぼ同様の規定があるが、詳細は省略する（213条・214条・217条・220条）。

3 残余財産の処分

全ての債務を弁済した後の残余財産は、定款の定めに従って処分される。公益認定を受けない一般社団法人・一般財団法人の場合には、社員に権利として残余財産を帰属させる定款の定め（11条2項）、財団設立者に残余財産を帰属させる定款の定めは無効であるが（153条3項2号）、それ以外であれば自由に帰属先を定めることができる（239条1項）。社員や財団設立者に帰属させる定款の定めが無効なのは、非営利性に反すると考えたからである。なお、公益認定を受けるためには、残余財産を「類似の事業を目的とする他の公益法人」等（公益認定法が規定する学校法人等、国・地方公共団体等）に帰属させる旨の定款の定めがなければならない（公益認定法5条18号）。

定款に残余財産の帰属について定めがない場合には、清算法人の社員総会（一般社団法人の場合）または評議員会（一般財団法人の場合）の決議によって処分方法を決定する（239条2項）。この決議によって、社員または設立者に帰属させることもできる。ただし、社員総会または評議員会の決議によって社員または設立者に残余財産を帰属させることができることについては、非営利性に反するとして立法論として反対する見解もある。

社員総会または評議員会の決議がなされなかったときは、残余財産は国

庫に帰属する (239条3項)。

第6　法人の不法行為責任等

1　責任発生の諸態様

　一般法人（一般社団法人・一般財団法人）は、2つの仕方で不法行為責任を負う。第1は、その業務執行者の行為を媒介とする責任である。その中にも、さらに2つの場合がある。法人の代表者である「代表理事その他の代表者」の加害行為によって責任が生じる場合 (78条) と、被用者（法人の従業員）の加害行為によって責任が生じる場合 (民法715条の使用者責任) とである。第2は、法人自身が業務執行者の行為を介しないで直接不法行為責任を負う場合である。たとえば、欠陥ある土地工作物についての所有者責任は (民法717条1項)、所有者である一般法人そのものが直接責任を負う。製造物の欠陥について製造者に責任を負わせる製造物責任においても、一般法人そのものが直接責任を負う (製造物責任法3条)。民法709条の過失責任についても、企業・法人そのものの不法行為責任を問いうるというのが学説の傾向である (使用者責任を追及する場合と異なり、被用者を特定して、その過失を証明しないでも、企業全体に過失があるといえればよいので、原告の証明の負担が軽減される点に意味がある)。

2　一般法人法78条による一般法人の不法行為責任

　法人の不法行為責任の理解の仕方をめぐっては、一般法人法78条の前身である民法旧44条において (両条ともその責任の性質が不法行為責任かどうかは条文から必ずしも明確ではないが、不法行為責任であると解される)、法人実在説と法人擬制説との間で対立があった。法人実在説からは、「法人自体の不法行為」が考えられるとされ (このことをもって「法人に不法行為能力がある」などという)、民法715条が使用者にとっては他人である被用者の行為についての責任（使用者責任）を認めるものであるのに対して、民法旧44条は「法人自体の不法行為」を認めたものと説明されていた。これに対して、法人擬制説は、法人とその機関（理事）とは別個の法主体であり、したがって、民法旧44条の規定する法人の不法行為責任は、715条の場合と同様に、「他人の行為についての責任」を定めた制度であると解していた。こ

の対立はあまり意味のある論争ではないが、「法人自体の不法行為」という説明の仕方は、比喩的であり、責任根拠の説明をあいまいにしてしまうので適当でない。むしろ、法人が理事（代表者）とは別個の法主体であることを前提に、端的に、理事（代表者）の職務執行上の不法行為によって、法人が損害賠償責任を負わされる、と考えるのが適当である。法人が理事（代表者）の行為について責任を負うのは、法人が理事（代表者）の行為によって対外的な活動をし、利益を享受するからであり、いわゆる報償責任の原理によって説明するのが適当である。この意味で、民法旧44条の責任（したがって、一般法人法78条の責任）も、民法715条の使用者責任と基本的に同一である。

3　一般法人法78条の責任の要件

(1)　「代表理事その他の代表者」の行為であること　　(a)　代表理事（理事全員が代表権を有する場合の各理事も含む）のほか代表理事の職務代行者（80条）・代表清算人（代表権を有する清算人を含む）（214条）が入る。これらは代表権のある機関である。以上に対して、代表理事から委任を受けた復代理人、たとえば代表理事から個別の事項について代理権を与えられた従業員などは、含まれないと解されている。これらは代理権を有するが、法人の機関ではなく、単なる従業員だからである（これらの者の不法行為については法人の使用者責任（民法715条）が問題となる）。

(b)　以上のような基準には次のような問題がある。すなわち、一般法人法78条は、契約責任を問題としているのではなく、不法行為の責任を問題としているのであるから、代表権があるか否かは重要な要素ではない。代表権がなくとも、法人の機関（代表権のない理事・社員総会・監事など）であれば、その不法行為については法人の責任を認めるのが適当ではないか、という問題である。たとえば、社員総会の決議によって他人の名誉を毀損した場合には、78条を類推適用して法人の損害賠償責任を認めることが考えられる。

(2)　不法行為要件の充足　　一般法人法78条は、不法行為責任を規定していると考えられるので、代表理事の行為が不法行為の要件（民法709条以下）を備えていることが必要である。条文上は明確ではないが、代表理事

については不法行為の要件としての過失が存在することが必要である。

　法人の代表理事の不法行為という場合に、事実行為（例、代表理事が他人の名誉を毀損する行為）によって他人に損害を与えるときと、取引行為によって相手方に損害を与えるときとがある。取引行為による場合には、当該行為が有効であって相手方の欲する効果が生じるならば、原則として相手方には損害がないので、一般法人法78条を適用する必要がない。しかし、取引行為の効果が法人に帰属しても、相手方になお損害が生じることがあり、これについては相手方は78条の責任を追及しうる。

　(3)　**職務との関連性**　「その職務を行うについて」損害を加えたことが必要である。代表理事がその職務と全く関係のない行為によって他人に損害を与えても、それは代表理事個人の不法行為責任を発生させるだけであり、法人の責任とはならない（理事が自分の中古自動車を他人に売却する際に相手方を騙して損害を与えても、法人の責任は生じない）。そこで法人の責任を発生させるには、代表理事の行為がその職務と一定の関連がなければならない。78条のいう「その職務を行うについて」という基準は、「行うために」では狭すぎ、「行うに際して」では広すぎるとして採用された観念であるが、具体的な基準は判例の積み重ねによって作り上げていくしかない。

　＊　**「職務を行うについて」の判断基準**　判例は、民法旧44条について次のように判断してきた。まず、①理事の行為が外形上から見てその職務に属すると認められる行為か否かで判断する（いわゆる**外形理論**といわれるものである）。たとえば、市長が適法な手続を踏まないで約束手形を振り出す行為は、越権行為であるが、外形的にはその職務行為に属すると見えるので、これによって損害を被った相手方は、本条の責任を追及しうる（最判昭和41・6・21民集20-5-1052など多数の判例あり）。しかし、②理事の行為が外形上職務行為に属すると認められるときでも、理事の具体的行為がその職務に属さないことを相手方が知っていたか、または、知らないことにつき重過失がある場合には、法人は責任を負わない。

　　　以上の判例の基準（外形理論）については次のような問題がある。第1に、判例の基準は、取引行為による不法行為を念頭に作られたものであり、取引の相手方が理事の職務行為と信じていた行為によって損害を被った場合に、法人の責任を認めようという考え方に基づいているが、事実行為による不法行為の場合には事情が異

---

1)　最判昭和50・7・14民集29-6-1012は、町長の越権行為による手形裏書行為につき、外形的判断でその職務に属すると認められるとしたが、相手方の悪意・重過失を理由に、法人の責任を否定した。

なる。事実行為による不法行為では、被害者側の信頼は問題ではなく、したがって外形的に判断するのではなく、理事の職務行為と適当な関連がある行為によって損害が生じたか否か（関連性判断）、によるべきであろう。第2に、取引行為による不法行為の場合についても、外形理論には問題がないではない。外形的判断で職務行為と認められるような場合には、表見代理が成立する可能性があり、一般法人法78条（民法旧44条）と民法110条の責任の関係が問題となる（両方が成立する場合には、被害者が選択できるというのが判例の立場）。外形理論（①②）は、民法110条の責任とのバランスを考慮したものであるが、どのようなバランスを考えているのか、必ずしも明らかではない。抽象的に責任が成立する基準を比較すると、外形理論による民法旧44条の責任の成立する範囲の方が若干広いようである（相手方に過失があって表見代理が成立しない場合にも、78条（民法旧44条）の責任は成立する余地がある）。

(4)　78条では、民法715条の使用者責任と異なり、代表理事の不法行為については、その選任・監督について過失がなかったことをもって法人の責任を免除する規定がない。法人実在説からは、代表機関である代表理事の不法行為は、「法人自身の不法行為」であるから選任・監督上の無過失を理由とする免責は考えられないとし、このことは法人実在説と整合的であると主張する。しかし、代表理事をさらに選任・監督する機関としては、一般社団法人にあっては理事会・社員総会が考えられるので（一般財団法人では理事会）、理事会・社員総会に代表理事の選任・監督についての義務違反がないときは法人を免責するという制度を設けることが不可能なわけではない。要するに、代表理事の不法行為は「法人自身の不法行為」であるということから当然に、免責事由が考えられないという結論が導かれるわけではないのである。むしろ問題は、業務執行についての責任者である代表理事に過失がある以上それだけで法人の責任を認めるのが適当か、という政策的な判断による。その政策的判断としては、理事会・社員総会による選任・監督上の過失に最終的な責任の根拠を求めるよりも、代表理事自身の過失に法人の責任の最終的根拠を求める方が適当であろう。

〈参考文献〉　橋本佳幸「非営利法人と不法行為責任」NBL1104号36頁（2017年）は、非営利法人の社員が法人の活動を担うことが多いことを踏まえて、そのような社員の行為が不法行為となる場合にも、78条で法人の責任が問われるべきことを論じる

4　法人自身の過失責任

78条または民法715条によることなく、法人の不法行為責任を認めるこ

とができるか。土地工作物責任（民法717条）、製造物責任（製造物責任法3条）など直接法人の責任を追及することを可能とする条文がある場合には問題がないが、民法709条を法人に直接的に適用することができるかについては議論がある。たとえば、法人の理事・従業員のうちの誰に過失があるか特定できないが、誰かに過失があることは明らかであるというような場合に、法人の理事・従業員全体を一体としてとらえて、その一体としての法人組織そのものに過失があるということが認められると、被害者としては過失の証明困難を回避することができる。学説では、これを肯定する見解が有力であるが（潮見）、裁判例には消極的なものが多い（東京高判昭和63・3・11判時1271-3〔信楽高原鉄道事件〕など）。民法709条の過失を判断する注意義務違反は、人の精神的注意の欠如のみならず、一定の客観的基準を充たしていないことを意味すると考えるならば（客観的過失論）、法人の設備や人員体制そのものが一定の基準以下である場合に、法人自身の過失を認めてよい。

第7　理事等機関個人の不法行為責任

1　機関個人が不法行為責任を負うか

　一般社団法人が代表者の不法行為について78条で責任を負う場合に、代表者個人（理事・清算人など）も民法709条の責任を負うと考えられている。代表者個人について不法行為の要件が充足されており、代表者個人の責任を免除する特別な理由もない以上、当然の帰結と考えられている。もっとも、公務員に違法行為があった場合に、国が責任を負う国家賠償責任（国賠法1条）においては、公務員個人は責任を負わないとされているが（最判昭和30・4・19民集9-5-534）、これは公務員が責任を恐れて職務の執行に消極的になることを防ぐための政策的配慮からきている。一般社団法人の代表理事についても同様の政策が考えられないわけではないが、一般社団法人の場合には代表理事に個人的責任を負わせることで不法行為が行われることを抑止する機能が大きいこと、一般社団法人に十分な賠償資力がない場合も考えられること、などから代表理事の個人責任を肯定すべきである。なお、代表権のない理事が第三者に損害を与えた場合の責任（117条）については、後述する。

2 一般社団法人と代表理事の責任関係

(1) 78条による一般社団法人の責任と民法709条の代表理事の責任は、現行法上は、不真正連帯債務の関係にあると考えられている。被害者からは、両者を相手に、あるいはいずれかを選択して、損害賠償を請求することができる（民法現432条「同時に若しくは順次に」）。不真正連帯債務とは、民法432条以下に規定されている連帯債務の規定の幾つかが適用されないような連帯債務のことをいい（現民法437条（免除の絶対効）などが適用されない）、法人と代表理事個人のように複数の者が同一の損害について責任を負う場合がその典型例である。**[改正民法]** は、免除（現437条）や時効完成（現439条）の絶対効の規定を削除し、また、連帯債務者がした弁済等がその者の負担部分を超えない場合にも求償を認めるので（新442条）、真正の連帯債務と不真正連帯債務の違いはほとんどなくなった。改正民法のもとでは、法人と代表理事の責任は連帯債務だと考えることになろう。

(2) 一般社団法人が被害者に対して損害を賠償した場合には、不法行為を行った代表理事に対して求償することができる。代表理事は一般社団法人に対する内部関係で善良なる管理者としての注意義務（善管注意義務）に違反したことになるからである（111条1項）。一般社団法人と代表理事との間の契約で一般社団法人の求償権を制限する特約を締結することは、代表理事にとって利益相反行為になるのでできないと考えるべきである。このような特約は、その内容によって、代表理事の責任の免除・一部免除に相当するので、免除・一部免除の規定に従うべきであろう（112条・113条）。なお、ドイツでは、公益的活動の担い手を支援する目的から、無償または年間720ユーロ以下の報酬で法人の理事や社員に就任し、義務違反によって法人に損害を与えた場合には、故意または重過失があったときにだけ責任を負う。法人からの求償もできないという意味である。当該理事や社員が損害を与えた第三者から損害賠償を請求された場合には、故意または重過失のないこれらの理事または社員は、法人に対して、その損害賠償債務を代位弁済することを請求することができる（2013年改正のドイツ民法31a条・31b条）。

3 理事等の第三者に対する損害賠償責任（117条）

　代表権のない理事も含めて、理事等（監事、会計監査人も含めて）が「その職務を行うについて悪意又は重大な過失があったときは、当該役員等は、これによって第三者に生じた損害を賠償する責任を負う」(117条)。理事等の業務執行行為が第三者に損害を与え、その行為が当該第三者に対する関係で不法行為の要件（過失など）を充たしている場合には、理事等は民法709条で不法行為に基づく損害賠償責任を負うのは当然である。したがって、一般法人法117条が規定しているのは、第三者に対する関係では不法行為の要件を充たしていなくても、「その職務を行うについて悪意又は重大な過失があったとき」は、第三者に対して損害賠償責任を負うということである。「職務遂行上の過失」は当然には「第三者に対する過失」を意味しないからである。このように本条が規定するのは不法行為責任の原則を修正する特別の責任なので、その主観的要件は「悪意又は重大な過失」とされている。計算書類への虚偽記載、虚偽登記、虚偽公告については、これを行った理事は、無過失を証明しない限り、第三者に対する損害賠償責任を負う (117条2項)。特に責任が加重されている。

　損害賠償を請求できる「第三者」とは、社員や法人に対する債権者などである。もっとも、会社の場合と異なり、社員は投資目的で出資をするわけではないから、社員が損害を被ることはあまりないであろう。

　関与した理事等は、「連帯債務者」として責任を負う (118条)。しかし、免除などについて当然に絶対効 (民法437条) を認めるべきか疑問がある。連帯責任を負う者の間でも関与の仕方に程度の差があるときなどに、一部の者を第三者が免除・一部免除することがありうるからである。

〈参考文献〉　山下徹哉「非営利法人の理事の対第三者責任の意義と機能に関する一考察」
　NBL1104号（2017年）

第8　その他（基金制度）

　一般社団法人には「基金」という制度がある (131条以下)。これは、本来は、非営利目的の一般社団法人においても、社員が積極的に法人の活動に参加する意識を持てるように、「出資」をすることができるのが望ましいという関係団体の要望に応えて作られたものであった。これらの要望によ

164　第2編　総　則

れば、非営利目的の一般社団法人においても、その事業を遂行するために
は、資金が必要であり、この資金を調達するためにも、社員が「出資」で
きることが望ましい、ということであった。たとえば、自然保護運動とし
て風力発電を推進するという活動などにおいては、風力発電機を調達する
のに多大の資金が必要となるが、この資金を社員の「出資」という形で調
達できるようにすれば、資金調達もでき、社員の参加意識も高めることが
できるというのである。しかし、非営利目的の一般社団法人では「出資」
という概念・制度は使えないなどの理由から、「基金」という制度が用意
された。

　「基金」は、社員その他の者が一般社団法人に拠出する金銭その他の財
産であり、一定の手続で拠出者に返還されるものである（131条・141条）。そ
の意味では、一般社団法人にとっては一種の借入金であり、拠出者は一般
社団法人に対する債権者である。ただし、一般の債権と異なり、基金返還
債権には利息を付すことができず（143条）、一般社団法人の清算に際して
は、一般の債務の返済に劣後して返済される（236条）。

　「基金」制度でも、社員の参加意識を高めることはできると思うが、こ
うした制度を希望した市民団体の要望とは異なった制度になったことから、
また一般社団法人自体の複雑さも手伝って、この制度がどの程度利用され
ることになるか、今後の推移を見守る必要がある。

第9　一般財団法人

1　意義・設立

(1)　概要　　財団法人は、一定の目的のために拠出された財産（目的財
産）に対して法人格を与える制度である。そして、その機関としては、業
務執行機関としての理事・理事会と、理事を監督する評議員・評議員会、
さらに監事が置かれる（170条）。一般財団法人においては、一般社団法人
と異なり、**理事会**が必置である。一般社団法人の場合には、理事会を設け
ると社員総会の権限が制限されるので、法人の活動における社員の積極的
な参加を目指す一般社団法人にとっては理事会設置は障害になりかねない
が、一般財団法人においては社員がいないので、このような心配をする必
要がない。かえって、業務執行の健全性確保の観点から各理事に広い業務

執行権限があるよりは、理事会に業務執行上の意思決定をさせる方が望ましい、という考えから、理事会が必置とされた。

社員総会がない財団法人において、社員総会の代わりをなすのが**評議員会**である。理事の選任・解任などを行う権限がある（176条・177条）。この点、従来の民法旧34条の公益法人と大きく異なる。従来の公益財団法人では評議員会は必置ではなく、しかも、置かれる場合もその機能は諮問機関のものであったが、一般財団法人では理事の選任・解任の権限がある点で、従来の評議員会と全く異なる。理事会を監督する権能を有するのが評議員会なので、その構成員である評議員を、監督される理事・理事会が選任することは認められない（153条3項1号）。

これまで財団法人という法人形態は、公益を目的とする公益財団法人だけに認められてきた。財団法人の設立を自由にすることについては、「結社の自由」からも説明しにくいので、財団法人の設立を公益目的のものに限定し、主務官庁の許可にかからしめる従来の民法の立場もそれほどおかしなものではなかった。しかし、一般法人法は、**非営利目的（公益を目的としない）の一般財団法人**も準則主義で設立することを認めたのである。その理由は、財団法人といっても、会員組織を有する場合には、社団法人と近い活動をしているものもあるし、何よりも、市民の様々な形態による非営利活動を発展させるために、準則主義で設立可能な非営利目的の財団法人も重要な役割を果たすと考えられたからである。

自由で自律的な非営利法人の成立を認めるのが一般法人法の思想であるが、一般財団法人については、300万円の基本財産が必要とされる（153条1項5号・2項）。300万円を維持できない一般財団法人は解散させられる（202条2項）。旧公益法人の中には、少額の基本財産で活動していた公益財団法人がかなりあったことを考えると、新制度はこれらの公益財団法人の活動を否定することになり、政策として疑問である。

(2) **設立** (a) **定款の作成・認証** 一般財団法人の設立者は、定款を作成し、署名または記名押印をする（152条1項）。旧公益法人では、財団法人設立行為は「寄附行為」と呼ばれ、また、財団法人の根本規則も「寄附行為」と呼ばれていたが、一般法人法では、前者は「定款作成行為」、後者は「定款」と呼ばれる。定款の必要的記載事項は、153条1項に規定さ

れている、「目的」「名称」など10項目である。その他、相対的記載事項、任意的記載事項があり、その意味は一般社団法人の場合と同様である（154条）。一般財団法人に特有の相対的記載事項として「基本財産」の定めがある。すなわち、一般財団法人の目的事業遂行に不可欠なものとして「基本財産」についての定めを定款に設けると、一般財団法人の理事はこれを維持する義務があり、目的事業遂行の支障となる処分をすることができなくなる（172条2項）。たとえば、美術館を運営する一般財団法人において、目玉となる特定の絵画を「基本財産」とすることなどが考えられる。

　評議員の選任・解任を理事または理事会が決定する旨の定款の定めは無効である。また、「設立者に剰余金又は残余財産の分配を受ける権利を与える旨の定款の定め」も無効である（153条3項1号・2号）。前者の制限があるのは、前述のように評議員会が理事の選任・解任などをする立場にあるからであり、後者の制限は非営利性に反するからである。

　定款は、公証人の認証がなければ効力を生じないのは一般社団法人の場合と同様である（155条）。

　(b)　**財産の拠出**　　一般財団法人の設立は、一定の目的のために使われる財産を作ることであるから、設立者によって財産の拠出がなされなければならない（合計で300万円以上）（153条1項5号・2項・157条）。財団法人の設立者とは、定款を作成し、財産を拠出する者である。財産を拠出せず、定款作成にだけ参加する設立者は認められない。設立者が複数いる場合は、全員が何らかの財産拠出をしなければならない（設立者が拠出する財産およびその価額は定款の必要的記載事項である。153条1項5号）。

　設立者が生前に財産を拠出する場合には、贈与の規定が準用される。遺言で財産を拠出する場合には遺贈に関する規定が準用される（158条）。

　ところで、財産が拠出される時点では、まだ、法人登記がなされておらず、一般財団法人が成立していないので、拠出された財産は誰に帰属するかという問題が生じる（設立登記までに拠出しなければならない。157条1項参照）。手続的には、金銭拠出の場合には、設立者が拠出金払込み用の口座を銀行に開いて、そこに振り込む（157条2項）。また、不動産などの財産の場合には、設立者＝拠出者であれば、自分で管理するしかない。設立者が複数いる場合には、設立者の中の代表者に引き渡すことが考えられる。しかし、いず

れにせよ、これらの拠出された財産が法的に誰に帰属するかは悩ましい問題である。一般には、「設立中の財団」を「権利能力なき財団」と見て、この「権利能力なき財団」に帰属すると説明することになろう。実質は、設立者が財団の財産を信託の受託者として管理するのと同様である。これら財産の一般財団法人への登記移転は設立登記後になされる（157条1項但書）。

　一般財団法人が成立したときは、これら財産は、その時点（法人成立の時点）で、当該一般財団法人に帰属するのが原則であるが（164条1項）、遺言で拠出した場合には遺言の効力が生じた時点（遺言者死亡時）では、まだ一般財団法人は成立しておらず、財産は遺言者からは離れるが、帰属先の一般財団法人がまだ成立していないために、財産が宙に浮いてしまうという困った事態になる（法人成立まで遺言執行者や遺言者の相続人に帰属させるというわけにもいかない）。そこで、「当該財産は、遺言が効力を生じた時から一般財団法人に帰属したものとみな」される（164条2項）。

　財産拠出行為が錯誤や他の設立者などの詐欺・強迫に基づいて行われた場合には、本来であれば錯誤・詐欺・強迫を理由に財産拠出行為の無効（改正民法95条は錯誤の効果を取消しとする）・取消しを主張することができるはずである。しかし、一般財団法人が成立した後は、財産拠出行為の錯誤無効や取消しを認めると、当該財団法人と取引関係に入った者に不測の損害を与えるので、これを認めない（165条）（民法改正に伴い、165条は「錯誤、詐欺又は強迫を理由」とする財産拠出の取消しを制限する文言に修正された）。

　　(c)　**登記**　　一般財団法人は設立の登記によって成立する（163条）。設立の登記の登記事項は、302条2項に規定された諸事項である。

　　(d)　**遺言による設立**　　財団法人は遺言によって設立されることが多い。そこで、一般法人法は、その場合の手続についても規定している。すなわち、設立者は、定款の必要的記載事項を定めて、一般財団法人を設立する意思を表示することができる（152条2項前段）。この場合には、まだ、定款は作成されておらず、定款の内容だけを定めた遺言が作成されるわけである。そこで、遺言執行者が遺言の指示に従って定款を完成させる（152条2項後段）。この場合、定款上の署名者は遺言執行者であるが、設立者はあくまで遺言者である。

　遺言による財産拠出については、やっかいな問題があるが、前述した。

168　第2編　総　則

2　一般財団法人の機関

(1)　**評議員・評議員会**　　一般財団法人における**評議員**は、評議員会の構成員となり、理事・監事・会計監査人の選任・解任の決議 (177条・63条)、その他の重要な権限を行使する。一般社団法人の社員に相当する地位にある。

　評議員の資格については、理事の場合と同様の制限がある (173条・65条1項)。評議員は会議体としての評議員会を構成するので、3人以上でなければならない (173条3項)。**評議員の選任・解任方法**は定款の必要的記載事項であるが (153条1項8号)、具体的にどのような方法が許容されるかについて、一般法人法は、「理事又は理事会が評議員を選任し、又は解任する旨の定款の定め」は無効であると規定するだけである (153条3項1号)。ではどのように選出するか。別に「評議員選出委員会」なるものを設けたり、評議員会自体で選任・解任をしたりするという方法が考えられる (これが実際には多い)。しかし、別に評議員選出委員会を設けた場合に、その委員の選任・解任を理事または理事会が行うことは、理事・理事会によってコントロールされない独立の評議員を選出するという趣旨から無効と考えるべきである。評議員会自身で評議員を選任・解任するのは問題がないが、任期満了の評議員の後任を当該評議員にも議決権を与えて議決するのは、適当とは言えないので、評議員の任期を適当にずらし、任期の満了した評議員以外の残りの評議員が決議する方法が望ましいのではないか (189条3項の解釈としても、自分の解任決議についてはもちろん、任期満了で後任を選任する場合も「特別の利害関係を有する評議員」として議決に参加できないと考えるべきであろう)。

　選任された**評議員と法人との関係**については、委任の規定に従う (172条1項)。また、評議員の任期は、原則として4年であり、定款で6年まで伸ばすことができる (174条)。

　評議員会は、「この法律に規定する事項及び定款で定めた事項に限り」決議をすることができる (178条2項)。一般法人法の規定する評議員会の専権的決議事項としては、理事等の選任・解任がある (177条・63条)。ただし、解任については、「職務上の義務違反」など一定の不適任事由があることが必要である (176条)。

　評議員会は、毎年の定時評議員会のほか、いつでも必要があれば招集す

ることができる。評議員会を招集するのは、理事であるが、理事が招集の請求に応じない場合には、評議員が招集することができる（179条・180条）。

評議会の決議方法は社員総会の決議方法とほぼ同じである。重要な決議については特別多数が必要である（189条）。

(2) **理事・理事会** 理事・理事会の位置づけ、代表理事の権限などは、理事会設置一般社団法人の場合とほぼ同じである（197条）。したがって、説明は省略する。

3 その他

(1) **定款変更** 旧公益財団法人では、寄附行為（定款）にその変更方法が定められていないと定款変更ができず（理事・理事会の決議などではできない）、しかも寄附行為（定款）変更の定めを設けていない財団法人が多かったので問題が生じていた。そこで、一般法人法は、定款に定款変更についてあらかじめ定めがない場合でも、事後的に定款の変更ができるようにした。すなわち、評議員会の特別多数の決議によって定款変更ができる（200条1項・189条2項3号）。

(2) **解散・清算** 解散・清算・残余財産の帰属については、一般社団法人について述べたことを参照。

第3款 権利能力なき社団・財団

1 権利能力なき社団の意義

「社団の実体」を有するが法人格を持たない団体を一般に権利能力なき社団という。「社団の実体」を有するとは、判例によれば、「団体としての組織をそなえ」、「多数決の原則」によって団体の意思決定が行われ、「構成員の変更にもかかわらず団体そのものが存続し」、「その組織によって代表の方法、総会の運営、財産の管理その他団体としての主要な点が確定している」ものをいうとされる（**最判昭和39・10・15民集18-8-1671**〔百選7版I-8〕は、引揚者更生生活協同連盟杉並支部という団体について、上記の要件を充たすとして権利能力なき社団であるとし、当該団体が土地の賃借権を取得できること、および、その団体の意思決定によってその賃借権を譲渡できることを認めた。原告は、当該団体からこの賃借権を譲り受け

た者であり、被告は当該団体の構成員であったが、これを脱退し、原告に譲渡された賃借権の対象となる土地を権限なく占有している者である）。このような社団としての実体を有していれば、本来ならば社団法人として法人格が付与されてよいところであるが、かつてはいろいろな理由で法人格を取得していないことがあった。第1に、かつて、わが国では公益を目的とするか、あるいは営利を目的とする団体に限って法人格を取得することができ、その中間の、公益も営利も目的としない団体は、特別法がない限り法人格取得の途が閉ざされていた（同窓会・学会・社交クラブなど）。ただし、平成13年に成立した中間法人法によって、これら中間的団体にも、法人格取得の道が開かれた。さらに平成18年に成立した一般法人法（施行は平成20年12月1日）もこの方針を承継し、現在では中間的団体（非営利団体）にも法人格取得の道が開かれている。第2に、かつては公益目的の団体であっても、主務官庁の許可が得られないために法人格を取得できない団体があった（その団体の事業の公益性には問題がなくても財政的規模が小さいなどの理由で許可が得られない場合）。しかし、現在では平成18年の法人制度の改正によって公益目的の団体は行政庁の公益認定を受けなくても一般法人として法人格を取得することができ、一般法人として公益的活動をすることが可能になった（この一般法人がさらに公益認定を受ければ公益法人となる）。第3に、法人格を取得しようと思えばできるのに、行政庁の監督をきらうなどの理由であえて法人格を取得しない団体も考えられる。しかし、これも現在では一般社団法人・一般財団法人を選択するのであれば、準則主義で、行政庁の監督のない法人を設立することができるようになっている。第4に、法人設立手続中の団体というものもある（定款作成後、法人の設立登記がされるまでの間）。これが法人格を取得できないのは当然だが、判例・学説は、これを権利能力なき社団であるとしている。

このように、かつてはいろいろな理由で権利能力なき社団が生じていたのであるが、その中の幾つかの理由は現在では消滅し、今では一般法人法の制定によって法人格取得が格段に容易になっている。このような新しい状況の下でもなお、権利能力なき社団という理論が必要なのか、あるいは理論自体は必要だとしてその適用範囲は従来と同じでよいのかが問題となる。結論としては、なお権利能力なき社団の理論は必要であり、かつ、そ

の適用を厳格に限定するべきではないと考える。その理由の第1は、現実の必要性である。どのように法を整備しても、少なくとも「設立中の会社や団体」については権利能力なき社団の理論で説明する必要がある。問題は、それ以外に権利能力なき社団の理論で処理すべき場合があるかである。非営利目的の団体に限って言えば、一般法人法との関係が問題となるが、現実に活動している団体の中には一般法人法が用意している法人の仕組みが自分たちの団体にはふさわしくないために一般法人法で法人格を取得しないものも考えられる（既に述べたように理事会を設置したいが、社員総会の権限は残したい場合に、一般法人法の規律ではこれができない）。こうした団体は、最高裁が示した基準のもとで「権利能力なき社団」として扱われるのが適当である。第2に、より理論的ないし原理的な問題としては、市民の団体活動をどのように保障するかという問題がある。一人一人では弱い個人が仲間を集めて共通の目的を追求することは、幸福追求権の一部とも言え（憲法13条）、また仮に憲法上の権利と言うことは難しくても、国はこうした市民の団体活動を最大限尊重すべきであろう。「権利能力なき社団」の理論はまさにこれに資するものである。そして、市民が団体を形成して目標を追求する際に、法が用意している法人類型を利用するか、それを利用せずに団体活動をするかは、市民の自由である。これを利用しないことを選択した者に対しても法は不当に不利に扱わないようにすべきである（法人格を取得した団体とそうでないものとの一定の差があるのは当然だが）。以上が、権利能力なき社団の法理が、新しい現在の状況のもとでも存続すべき理由である。

* **権利能力なき社団についての考え方の変遷**　権利能力なき社団の法律関係をどのように構成するかについては議論の変遷があった。

①古くは、社団法人でないものは全て組合であるとして組合の規定を適用するという考え方が主張された（「権利能力なき社団には組合の規定を適用する」ことを規定するドイツ民法54条の影響）。

②しかし、この考え方は、その実体が社団であるのに組合の規定を適用するのは適当でないと批判された。そして、民法（平成18年改正前の民法規定を想定）の社団法人の規定の中には、「法人格を前提とした規定」と「社団に関する規定」があり、後者は権利能力なき社団にも適用されるべきであるという考え方が有力になった（我妻）。「社団に関する規定」とは、社団法人の内部関係に関する規定（社員総会

に関する規定）などである。これは、権利能力なき社団もその実体は社団なのだから、できるだけ社団としての扱いをすべきだという考え方に基づく。

　③その後、権利能力なき社団は法人となるに適した団体であるから、できるだけ法人と同様の扱いをすべきである、という考え方が有力になる（星野、四宮）（法人格を取得しようにも取得の途がない中間的団体を意識した議論）。この考え方に基づけば、どうしても残さなければならない差異は何か、換言すれば、法人格取得による特有の効果は何かが問題となる。この点については議論があるが、(a)団体名義による財産の取得（特に団体名義による不動産登記）、(b)団体債権者のための固有の責任財産の創出、(c)団体構成員の有限責任が問題となる（これは法人の対外的関係の問題であるが、こうした点についてもできるだけ法人と同じ扱いをしようとするところに③の立場の特徴がある）。このうち、(a)団体名義による財産取得は、不動産など登記・登録を必要とするもの以外の財産については権利能力なき社団でも事実上可能であり問題は少ない。(c)団体構成員の有限責任については、これは法人特有の効果ではなく（合名会社は法人であるがその社員は無限責任を負う（会社法576条2項・580条1項））、むしろ(b)団体債権者のための固有の責任財産を作り出す点にこそ法人の意味があるという議論が有力である（星野）。判例も、後述するように、非営利目的の権利能力なき社団について、構成員の有限責任を認めており、有限責任は法人格ある団体に固有の効果ではなくなっている。しかし、(b)と(c)は密接な関係にあり、団体債権者のための責任財産が安定している場合には構成員の有限責任が伴い、それが不安定な場合（構成員への利益配当についての制約がなく、団体財産が過度に減少する可能性がある場合）には構成員の無限責任で補完するという関係があることに注意すべきである。

　④どのような目的の団体であっても、法人格を取得しようと思えばできるようになった現在、権利能力なき社団についてはどのように考えるべきか、が問題となる。法律が用意した「型」に当てはまらない団体を目指すために法人格を取得しないという団体についてどのような扱いをすべきか、これからの重要問題であるが、私見は、本文に述べた通りである。

〈**参考文献**〉　私法学会シンポジウム「団体論・法人論の現代的課題」私法66号（2004年）、山下純司「権利能力なき社団と非営利活動」NBL1104号（2017年）

2　権利能力なき社団の権利義務関係

(1)　判例の立場　　**(a)　権利帰属**　　判例は、かつての通説に従って、権利は構成員に「総有」的に帰属するとする（「総有」は最も団体的色彩の強い共同所有形態である）。これを根拠にして、特段の合意がない限り、構成員の持分権や脱退に際しての財産分割請求権はない、という（最判昭和32・11・14民集11-12-1943）。

(b)　**債務の帰属および責任**　　この点に関しては、①代表者が社団の名で行った取引によって生じた債務は、構成員全員に総有的に帰属するとともに、社団の総有財産だけが責任財産となり、構成員各自は直接的には個人的債務ないし責任を負わない、とする。②法律行為をした代表者の個人的責任も、権利能力なき財団に関する判例（後掲最判昭和44・11・4）から推せば、否定するものといえよう。

(c)　**社団財産の独立性**　　権利能力なき社団の財産は、代表者や構成員の財産ではなく、実質的には社団の財産であるから、代表者や構成員の債権者は権利能力なき社団の財産にかかっていくことはできない。下級審判決ではあるが、社団の財産が代表者個人名義で登記されている場合にも、代表者個人の債権者はそれに対して執行することが許されない、とする（東京地判昭和59・1・19判時1125-129）。社団財産の独立性は信託法理を類推適用することでもある程度解決できるが、信託法は登記・登録できる財産については、信託登記・登録をしないと、受託者の個人債権者からの強制執行を排除できないとするので（信託法14条）、この点が問題となる。しかし、財産の実体的関係を考慮して、信託の要件や対抗要件が充たされていなくても信託法理で関係者を保護する「救済法理としての信託」という考え方が有力に主張されている。

(d)　**行動形式**　　権利義務の総有的帰属にもかかわらず、便宜の問題として、代表者が社団の名において権利を取得・行使し、義務を負担することを認める（前掲最判昭和39・10・15〔抽象論〕）。物権法で議論される本来の総有では、構成員全員で行動しなければならないが、権利能力なき社団の法律関係を総有で説明するのは、上記(a)や(b)の効果を導くための仮託理論としてである。総有の効果を全面的に及ぼそうという意図はないのである。

(e)　**財産権の登記**　　この点に関しては、「社団名の登記」や「肩書つき代表者名の登記（△△学会代表者○○という名義で登記）」を認めず、代表者個人の名義で登記するほかない、というのが判例の立場である（最判昭和

---

1)　**最判昭和48・10・9民集27-9-1129〔百選7版Ⅰ-9〕**は、栄養士の団体である東北栄養食品協会に対して、売掛代金債権を有する原告が、協会の代表者および構成員に対して、債務の支払を求めた事件であるが、請求を棄却した原判決を維持した。

47・6・2民集26-5-957[2]は、権利能力なき社団の不動産につき、退任した前代表者の登記名義があったことから、新代表者個人が原告となり、前代表者に対して登記名義の移転を請求したのを認容した。なお、傍論として、権利能力なき社団自身は登記名義人になれないので、登記請求権がないと述べている。この点については、後掲最判平成26・2・27との関係が問題となる）。この場合の団体代表者個人の名で行われる不動産登記は、信託の受託者による登記と類似する（ただし、本来の信託では、不動産は受託者の名義で登記された上で、信託登記もなされる。信託法14条参照）。代表者個人の名義による登記のほかに、構成員全員の名で登記することは可能と解されているが、構成員の変動が予想される場合に困難を伴うので、実際に使われることは多くはないであろう。以上のような扱いがされるのは、不動産登記法が権利能力なき社団の登記を予定していないことによるものであるが、登記官に実質的審査権がないために、「権利能力なき社団」としての実体を知りえない、という事情からは、やむを得ないところもある。しかし、代表者個人の名義の登記を認めるのならば、肩書つき代表者名の登記を認めることにそれほど問題はないであろう。権利能力なき社団（全員に総有的に帰属する）の不動産で、他人の名義になっているものについて、誰が代表者個人の名に登記名義の移転を請求できるかについて、前掲最判昭和47年6月2日は、現在の代表者が原告となって請求することを認めたが、権利能力なき社団自身が原告となって、代表者への名義の移転を請求できるかが最判平成26年2月27日民集68-2-192で争われた。最高裁は、これを認めた。

(2) **判例に対する評価**　判例は一応妥当な方向を指向するが、なお次の諸点に問題がある。

(a) **権利帰属の「総有」理論**　そもそも、総有という概念は、ゲルマン社会の前近代的村落共同体の所有形態を表すものとして用いられたものであり、わが国では入会団体の所有形態をこれで説明してきた。このような概念を権利能力なき社団において用いるのは適当でない。権利能力なき

2）　権利能力なき社団の代表者Yが社団のために土地を購入し、代表者個人名義で登記していたところ、Yが代表を辞任した後新しく代表になったXから、当該土地の登記名義をXに移転することを求めた事件である。Yが、本件土地は構成員全員の総有に属するから、全員の名で訴えを提起すべきであり、かつ、代表者X個人への登記移転は認められないと争った。最高裁は、結局原告を勝たせたが事案との関係ではかなり一般論を展開したことになる。

社団の構成員が脱退に際して団体の財産に対して分割請求権を有しないのは、構成員の権利が共同体的な強い拘束を受けるために自由に処分できないからではなく（入会団体の場合はこのような説明でもよいが）、団体財産が実質的に社団自体に属し、構成員からは独立した存在になっているからである。なお、以上のことは、入会団体が近代的な団体形態に移行し（これも入会権の解体現象の1つである）、そのために権利能力なき社団の理論がこれに適用されることを否定するものではない。[3]

(b) **債務と責任の問題**　(i)社団の債務についての構成員の責任も常に排除すべきではなく、利益が構成員に分配されるとか、脱退に際して持分の払戻しが認められる営利団体の場合には、できるだけ構成員の無限責任を認めるのが、そのような社団に対して債権を取得した者（社団債権者）の保護のために必要である（星野英一「いわゆる『権利能力なき社団』について」同・民法論集第1巻所収参照）。そして、(ii)構成員が有限責任しか負わない場合には、社団の取引相手を保護するために、法律行為をした代表者には、社団債務について保証責任を負わせるべきである。[4]

(c) **財産の独立性**　権利能力なき社団の債務について、構成員が個人的な責任を負わないとする結論を認めるためには、権利能力なき社団の固有の財産、構成員や代表者（名義人）の債権者がかかっていけない独立の財産が存在することが必要である。判例は、必ずしもこのような観点から権利能力なき社団の財産を見ていないが、より意識的にこの点を議論する必要がある。

* **権利能力なき社団に適用される規範**　(1)　その設立行為は、一般に合同行為としての性質を有するものとされている（205頁参照）。組合の形式をとっている団体でも、権利能力なき社団として扱われる団体においては、その設立行為の実質は合同行為に近いものである。

　(2)　社団の内部組織については、原則としては、社団法人に関する規定を類推適用すべきであるが、一般法人法の規律を単純に当てはめればよいというわけではない。すなわち、権利能力なき社団として扱われるための要件としては、社員総会な

3）　**最判平成6・5・31民集48-4-1065**〔百選7版 I -75〕は、このような入会団体について社団法理にそった解決をした。

4）　責任財産の不公示を根拠として代表者に一律に個人的責任を負わせる見解も、有力である（たとえば、森泉章『団体法の諸問題』120頁（1971年））。

どの集団的な意思決定がされていればよく、社員総会や社員の権利・義務の全てについて一般法人法の規定を類推適用する必要はない。たとえば、当該団体に理事会の設置があっても、社員総会の権限を制限したくない団体においては、権利能力なき社団としての扱いを受けても、この点について一般法人法の規律を強制されない。社員が業務執行担当者に対して差止請求権を有するか否かも、権利能力なき社団においては、一般法人法の規律を単純に当てはめて解決すべきではないであろう。なお、組合的色彩の残る社団については、適宜、組合の規定をも類推適用すべきであろう。要するに、権利能力なき社団について、一般法人法の規律も参考にはするが、当該団体の実質を考慮して、内部組織の問題は解決すべきである。

　(3)　財産権の公示方法が問題となる場合のうち、預金債権等については、代表者の氏名に社団代表者たる旨の肩書をつけて、個人財産から区別することが、しばしば行われているが、不動産登記については、実務上、社団名の登記や肩書つき登記は認められていない（森泉章「法人格のない者の登記能力」別冊ジュリスト不動産登記先例百選〔第2版〕10頁に詳しい）。

　(4)　構成員の債権者は、社団の財産にかかっていくことができないことは、既に述べたとおりだが、ただ、脱退に際して持分の払戻しが認められる組合型団体については、構成員の債権者は、その構成員の持分を差し押さえ、構成員を脱退させてその払戻請求権によって弁済を受けることができる。

　(5)　取引および訴訟に関しては、代表機関は、社団（総構成員）の名において（社団の代表者として）法律行為をすることができ、代表機関が社団のためにその目的の範囲内で行った法律行為の効果は、社団（総構成員）に帰属する（民法34条参照）。訴訟上の当事者能力を有することについては、民事訴訟法29条に明文の規定がある。

　(6)　不法行為による責任については、一般法人法78条を類推適用してよい。団体の代表者がその職務を行うにつき他人に加えた損害に関して、団体の財産で賠償すべきである（判例の考えによれば、損害賠償債務は団体に総有的に帰属する、という説明をすることになろう）。団体自体のほかに、不法行為をした代表者も責任を負うことは言うまでもないが、団体の構成員も個人的責任を負うかが問題である。権利能力なき社団の債務の応用問題として考えればよいが、構成員が利益配当を受けない非営利の団体では構成員個人は責任を負わないが、利益配当によって団体財産が減少することがある団体においては無限責任が認められると考えるべきであろう。なお、権利能力なき社団の社員や従業員による不法行為については、民法715条を類推適用すべきである。実際に加害行為を行った構成員は民法709条の責任を負う。

　(7)　人格権の享有は、権利能力のない社団も社会的には独立の存在であるから、認められる。具体的には、名称権・名誉権の享有を認めるべきである（最判昭和31・7・20民集10-8-1059〔多摩の上海事件〕は、直接この問題にふれるものではないが、権利能力のない自治会に対する名誉毀損の成立を認めた原審判決に対する上告を棄却す

第2章　私権の主体　第3節　法　人　*177*

る）。

3　権利能力なき財団

（1）　**意義**　　権利能力なき財団とは、一定の目的のために結合した財産
であって、寄付者その他特定の個人の財産から分離され、かつ管理機構も
備えて、社会生活上独立した実体を持っているけれども、法人格を取得し
ていないものをいう[5]。権利能力のない社団が生ずるのと同じような事情に
よって、財団の実体を有しながら法人格を欠くものが出現する。しかし、
権利能力なき社団については市民の団体活動を保護・支援するという政策
から積極的に保護すべきであるとしても、財団については簡単にそのよう
なことは言えない。各国でも財団については規制が厳しい。しかし、次の
ように考えるべきであろう。第1に、法人法制がどのようなものであれ、
「設立準備中の財団」というものがありうる。これについては、その法律
関係を適切に規律するためにも「権利能力なき財団」という考え方を適用
すべきである（具体的内容については後述）（**最判昭和44・11・4民集23-11-1951〔百
選5版Ⅰ-10**〕は、民法旧34条のもとでの設立中の財団の事例であり、「未だ財団法人の
設立許可を受けていなかつたとはいえ、個人財産から分離独立した基本財産を有し、か
つ、その運営のための組織を有していたものといえるのであるから、いわゆる権利能力
なき財団として、社会生活において独立した実体を有していた」として「権利能力なき
財団」を認める）。第2に、それ以外の既に継続的に社会的に活動している
財産を中心とする組織については、一般財団法人で非営利目的の財団法人
を準則主義で設立することができるようになったことを考えると、あまり
広く「権利能力なき財団」を認める必要はないと思われる。しかし、形式
は財団であっても（目的財産を中心にした組織）、会員組織があって、実質は
社団的であるものについては、市民の団体活動の保護・支援という立場か
ら、「権利能力なき財団」を認めてよい場合もある。学会などは、1万人
を超えるような会員を抱えているところもあるが、法人格を取得していな
いものが多い。これらは実体的には、理事会を有し、学会の財産（預金な
ど）を有し、団体的な意思決定を行っており、「権利能力なき社団」とし

5）　**最判昭和44・11・4民集23-11-1951〔百選5版Ⅰ-10〕** 参照。

ても保護できるが、「権利能力なき財団」で会員組織を有するものとして保護することが可能な場合もある。

(2) **権利能力なき財団の法律関係**　その法律関係をどのように規律すべきか。権利能力なき財団においては、社員がいないので、社員全員に総有的に帰属する債務と権利という説明ができない。しかし、当該組織が権利能力なき財団とされる場合には、その代表者によって当該組織のために負担することになった債務は、「権利能力なき財団」の債務として、その財団の財産が引当財産となる。また、代表者個人の債権者は「権利能力なき財団」の財産にはかかっていけないと考えるべきである（「社団財産の独立性」に関する175頁を参照）。権利能力なき財団の場合には、「権利能力なき社団」以上に信託に類似するので、必要に応じて信託法の規律を参考にすべきである。

(3) **代表者の責任**　(2)で述べたことと関係するが、社員全員に総有的に帰属する債務という説明が権利能力なき財団ではできないので、法人格がない「権利能力なき財団」では誰に債務が帰属するのかという問題が生じる。「権利能力なき財団」そのものであるという言い方は、「権利能力なき財団」に法人格を認めるのと同じことになり、説明としては矛盾するので難しい。そこで、代表者を信託の受託者、財団の財産を信託財産（受託者の個人財産からは区別する）に比類する信託的な説明をせざるを得ないのではないか。「権利能力なき財団」の債務は、代表者（ないし債務負担をした行為者）の債務であるが、財団の財産が引当財産になると考えるのが適当であろう（債務名義は代表者宛のものを取得し、財団財産に対して執行する）。そうなると、債権者は財団財産にかかっていけるのは当然であるが、そのほかに代表者の個人財産にもかかっていけるかという問題が生じる。前記最判昭和44年11月4日は、代表者個人の責任を否定するが、肯定すべきであったであろう（四宮旧版）。信託では信託の債務については信託財産だけでなく受託者個人の財産も引当になるのが参考となる。

第3章　私権の客体

第1節　総　　論

1　権利の客体

　権利は、一方でそれを行使する主体があり、他方でその対象としての客体がある。どのようなものが権利の客体になるかは、権利の種類によって異なる。たとえば、①所有権をはじめとする物権の対象（客体）となるのは「物」であり（ただし、担保物権は権利を対象とすることがある）、②債権の対象（客体）は「人の行為」である。もっとも、債権の場合も、「人の行為」を通じて、間接的に「物」に対してまで及ぶことがある（買主の売買目的物引渡債権など）。現在の法制度では、権利の対象はさらに広がり、③人格権は、権利者自身の人格ないしその享受する生活利益を対象とし、④無体財産権（特許権、著作権など）は、「精神的産物」を客体としているほか、⑤企業担保権は、企業を構成する「物」「債権」などの財産の集合体を対象とする。

　現在の社会は、従来は権利の客体としては考えてこなかったような新しい「財」を作り出しており（時間・情報など）、民法もこれに対応する理論の構築を迫られている。

〈**参考文献**〉　鎌田薫「財——総論」ジュリスト1126号（民法100年特集号）（1998年）

2　物の概念

　民法典は、物権の対象となる「物」について総則的な規定を置いた。しかし、「物」か否かが問題となるのは、それが物権的権利（所有権）の対象となるか否かに関してである。そこで、「物」に関する規定は総則編よりは物権編に置くべきであるという見解も有力であるが、わが国の民法は、「権利の主体」に関する自然人・法人の規定に続いて、「権利の客体」に関

180 第2編 総 則

する規定を置き、その中で「物」を扱うのが適当だと考えたのである。現在の社会は、従来は考えてもいなかったものを権利の客体とするようになってきており、「権利の客体」という形で一般的な規定を設けることにもそれなりに意味がある。しかし、このような観点からすると、現行の規定は不十分である。

　所有権の対象となりうるためには、次の要件を充たす「物」であることが必要である。

　(1)　**有体物**（85条）　　有体物とは、有形的に存在するものを意味し、自然力（電気、光など）・債権・著作権などの「無体物」と対立する概念である。この規定は、民法が他の箇所で「物」という場合には、有体物を予定するもので、その中には無体物を含まない趣旨を明らかにしたものである。その結果、所有権（物権）の対象は、有体物でなければならないことになる。このことは、民法典に明確には規定されていないが、206条によれば、「所有者は……所有物の使用、収益及び処分をする権利を有する」とあり、所有権の対象が所有「物」であることが前提とされている。そして、85条で物とは有体物である、と定義したことから、所有権の対象となるのは有体物に限られ、無体物についての所有権は認められない。物を有体物に限定したのは、物の中に無体物を含めると、「債権に対する所有権」といった概念を認めることになり、これは物権と債権を区別する民法典の建前を混乱させるからである（梅）。しかし、物を有体物に限定する原則に対しては、民法典でも権利を対象とする権利質（362条）、空間を対象とする空中地上権（269条の2）などの例外を認めているだけでなく、民法典以外の法律では多くの例外が規定されている（著作権、特許権など）。今後もこの例外は増えていくものと思われる。

　　＊　**物概念と無体物**　　現行民法典は物を有体物に限定しているが、旧民法や外国の
　　　幾つかの立法例では無体物をも物概念の中に含めている。たとえば、旧民法財産編
　　　6条では次のように規定していた。
　　　　（第1項）物に有体なる有り無体なる有り
　　　　（第2項）有体物とは人の感官に触るるものを謂ふ即ち地所、建物、動物、器械
　　　　　の如し
　　　　（第3項）無体物とは智能のみを以て理会するものを謂ふ即ち左の如し
　　　　　　第1　物権及び人権

第2　著述者、技術者及び発明者の権利
第3　解散したる会社又は清算中なる共通に属する財産及び債務の包括

　こうした物に有体物と無体物の両方を含める立場は、1つには、ローマ法（ガイウスの『法学提要』）で、法を人・物・行為と3つの編別に分けた後、物（res）を有体物（res corporales）と無体物（res incorporales）とに分けて整理する考え方（両者が物概念の中に含まれる）の伝統に従うものであり、もう1つには、物に対する所有権と同様に、債権その他の権利も排他的・支配的権利の対象になるという考え方（オーストリア民法典353条は、「有体物も無体物も、その人に帰属するものは全て、その人の所有物である」と規定する。1424条も「債務額は、債権者、受領権限を有する者、その他裁判所が債権について所有権を有すると認めた者に支払われなければならない」と規定する）に基づくものである。後者の考え方の元には、権利の主体と客体を対置し、権利の対象となる「自己の物」の中に、有体物のほかに、約束された他人の行為（権利）を含めるカントの影響が指摘されている（カント『人倫の形而上学の基礎づけ』『法論』第1部§4）。フランス民法でも、学説には無体物をも含めて「物」を考えるものがあり、旧民法典はその影響を受けたものである。しかも、無体物の中に、積極財産と債務を含む包括財産を含めている点が注目される。

　しかし、その後わが国では、物権と債権を峻別するドイツ法の影響を受けて、「債権に対する所有権」なるものを認めるのは適当でないと考えられるようになり、物を有体物に限定する85条ができた。もっとも、これは1つの立法的な立場であるにすぎず、アプリオリに所有権の対象は有体物でなければならない、と硬直的に考えるのは適当でない。むしろ、無体物を中心とした各種の利益を排他的に支配する権利を構想することを可能にする旧民法典の立場は、実は極めて現代的な立場でもあった。現行85条の解釈としてはともかく、発想としては参考にすべき点が多い。現行法の枠内でも、債権などの無体物を対象とする「排他的な権利」を構想することはある程度は可能であり、「債権を対象とする譲渡担保（権）」などは有効と考えられている。この考え方を発展させると、「物と債権」を対象とする包括財産や「債権債務を含む包括財産（universitas juris）」に対する排他的権利を構想することも可能となるであろう。さらには、情報に対する権利など、知的財産権の範囲を拡張する上での役割も無視できない。

＜参考文献＞　我妻栄「権利の上の所有権という観について」法協54巻3号〜5号（1936年）（『民法研究Ⅲ』所収）は、債権が経済的価値を有する今日、「債権の上の所有権」という発想には共感しつつも、結局は、所有権の対象を有体物に限定する立場から、「債権の上の所有権」を否定する。もっとも、有体物を広くとらえて、物の集まりである集合物（動産と不動産を含む集合物も可能）についての所有権までは認める。しかし、物と債権の集合財産の上の所有権は認めない。フランスの「財産（biens）」「包括財産（fonds）」「資産（patrimoine）」については、片山直也「財産―― bien および patrimoine」北村一郎編『フランス民法典の200年』（2006年）を参照。森田宏樹「財の無体化と財の法」（私法学会シンポジウム報告）NBL1030号（2014年）

182　第2編　総　則

(2)　**支配可能性**　　所有権その他の物権の対象となるためには、単に対象が有体物であるというだけでなく、排他的に支配可能なものでなければならない。このような要件が課されるのは、所有権その他の物権は、その客体である「物」に対する他人の利用を排除することができる権利だからである。権利を侵害したか否かが判断できないような客体や、排除を請求できないような状況にある客体については、これを「物」として認めることの意味がないのである。そこでたとえば、人間の支配の及ばない天体などは物ではない、などといわれるが、現在では天体も人間の支配可能な領域に入ってきており、「物」でないという必要はない。支配可能性があるか否か議論されているのは、誰でも自由に使用・利用ができる対象である。たとえば、大気・海面などがそうであるが、これらは一般に支配可能性がないので「物」としての資格がないと考えられている。もっとも、海面については一定の範囲を区切って排他的権利の対象にすることができるので、漁業権・公有水面埋立権といった排他的権利の客体となる。[1]

(3)　**非人格性**　　生存する人間の身体またはその一部について排他的権利の成立することを認めないという意味である。人間の臓器などを担保権の対象とすることはできないのである。もっとも、生体間での臓器移植などを「契約」することは、法技術的に不可能なわけではなく、単にそのような契約は原則として公序良俗に反して無効だというにすぎない。ただし、常に公序良俗に反するとする必要はない。たとえば親子間で腎臓の移植を合意することは、契約としては有効としてよい（ただし、強制力はない）。このような契約がある場合に、第三者の不法行為によって臓器提供予定者が臓器提供ができないような状態で死亡したときは、移植されることを予定していた者は、第三者に対して不法行為による損害賠償を請求できるとしてよい。また、人間の身体から分離された身体部分については、その者の

---

1)　**最判昭和61・12・16民集40-7-1236〔百選5版Ⅰ-11〕**は、海も区画によって範囲を確定し、排他的支配を可能にする立法があれば、所有権の客体となりえないものではないが、現行法上はそのような制度がないとする。事件は江戸時代に新田開発許可を受け、明治になって地券交付を受け、さらに登記簿にも所有権が登記されたが、そこは実際には常時海面下であったという場合に、土地所有権ないし海面所有権が認められるかが争われたものである。結局、否定された。

所有権の対象となると考えてよいのではないか（どのような条件を充たせば分離できるかは別途考える必要がある）。たとえば、切り取られた状態の毛髪は、所有権の対象となり、所有者はそれをカツラ業者に売ることができる。血液や精子なども、身体から分離されたものは、所有権の対象となり、それを禁止する法律がない限り、売却・贈与ができる。身体部分が有する遺伝子情報などは、無体物であり、そのもととなる身体部分の所有者に帰属するのが原則であるが、このような無体財産についての権利性を認める法制度がないところでは、売買や贈与によって「情報についての権利」が移転するという法律構成がとれない。これら遺伝子情報についての何らかの契約をすることはできるが、単に相手方がこれらの情報を利用することを許容するという意味があるにすぎない（相手方に排他的な権利が移転するわけではない）。このような契約関係にない者が、遺伝子情報を含む身体部分（血液など）を無断で入手・利用した場合には、その身体部分の所有者の所有権の侵害となる。しかし、このような解決には限界がある。なぜなら、ここでの問題は、情報そのものの権利性を認めるか否かにあるからである。

＜参考文献＞ 身体部分を分離する前は、所有権の対象となることを否定し、分離された後は所有権の対象となることを肯定する見解は比較的多いが、このような基準に反対する説も有力である。外国の文献だが、Robert Vard, Proprietary Rights in Human Tissue, 12 Hibernian L.J. 100（2013）, Jesse Wall, The Legal Status of Body Parts: A Framework, 31(4) Oxford Journal of Legal Studies, 783（2011）。櫛橋明香「人体処分の法的枠組み(1)～(8完)」法協131巻4号以下（2014年）。情報に関しては、個人情報保護の観点からの論文は多数あるが、財産権の視点から論じるものとしては、麻生典「情報の占有理論による保護」NBL1071号（2016年）、原恵美「フランスにおける情報に対する所有権」NBL1071号（2016年）がある

* **死体・臓器・その他の人体組織** **(1) 埋葬目的の場合** 生存中の人体・その一部については排他的権利の対象とならないと考えられている反面、人体から分離した身体の一部や、生命を失った死体に対しては「物」としての支配権の成立を認めることができるとされてきた。判例は、このような立場から、遺骨が死者の相続人の所有に属することを認めたが（大判昭和2・5・27民集6-307）、祭祀財産について祭祀主宰者の特別承継を認める現行民法897条のもとでは、相続人所有説を維持できるか疑問である。むしろ、慣習法により「喪主となるべき者」（相続人であるとは限らない、また、共同相続の場合にも全員がこれに該当するのではない）に属すると解すべきである。現在では、判例もこの立場を採用していると考えられる（最判平成元・7・18家裁月報41-10-128）。もっとも、判例がこれらの判決で遺骸について認める支配権は特殊なものであることに注意する必要がある。すなわち、遺骸の「所有

184　　第 2 編　総　　則

者」は、その所有権の放棄は許されない（前掲大判昭和 2・5・27）。要するに、こ
の場合の「所有権」は、死者にそれにふさわしい埋葬をすることを目的とするもの
であり、所有権放棄だけでなく、遺骸の譲渡などもできないと考えるべきである。
そして、このようにその目的によって限定された所有権であるが故に、通常の相続
によらず、祭祀主宰者に属すると考えるべきであろう。

　(2)　**臓器移植目的の場合**　　近時の重要問題は、埋葬目的のための所有権という
範囲を越えて、死後の臓器・人体組織の移植や保存について誰にどのような権利が
あると考えるべきか、である。これについては従来の議論は妥当しない。すなわち、
埋葬目的のために限定的に認められる「所有権」を根拠に、「所有者」が臓器移植
のために臓器を提供できると解するのは適当でない。基本的には、死後の死体・臓
器・人体組織は、祭祀主宰者および相続人が「生前の本人の意思」に従って扱うこ
とを託されていると考えるべきであろう。したがって、第 1 に、臓器移植や人体組
織の移植・保存は、原則として「生前の本人の意思」によるべきである。本人がそ
の意思を表明している場合には、その相続人や遺族が拒むのも本来は適当ではない
が、臓器移植法 6 条 1 項 1 号では、本人が臓器提供の意思を書面で示している場合
でも、遺族の感情などを考慮する立場から、「遺族が当該臓器の摘出を拒まない」
ときにしか摘出できないとされている。第 2 に、本人が臓器や人体組織の提供をし
ない意思を表明しているときは、遺族などの独自の判断で臓器・人体組織を提供す
ることはできないと考えるべきである（ドナー・カードでは「臓器の提供をしない旨の
意思表示」も記載できるようになっている）。第 3 に、最も問題となるのが、本人が何
らの意思も表明していない場合である。平成21年 7 月17日法律83号による改正前の
6 条では、積極的な臓器提供の意思が表明されていないと臓器摘出ができなかった
が、法改正によって遺族が書面で承諾すればできるようになった（臓器移植法 6 条
1 項 2 号）。その結果、成人で生前の意思を表明していない場合だけでなく、意思
無能力者や幼児など意思を表明できない者からも臓器摘出ができるようになった。
本人の意思に従うべきだという考えからは例外となるが、この場合も、遺族は本人
の気持ちを忖度して判断すべきであろう。

　以上のように、臓器移植法の適用される範囲では、原則として本人の意思が尊重
される仕組みとなっている。しかし、同法が適用される「臓器」は、心臓、肺、肝
臓、腎臓、その他厚労省令で定める内臓（「膵臓及び小腸」が該当する）、眼球であり
（臓器移植法 5 条）、このほかの人体組織（皮膚、骨など）については、同法の適用外
の問題とされており、これらについては本人の意思に関係なく遺族が提供を申し出
ることができるかのような理解もあるが、問題である。

　(3)　**研究目的の寄贈の場合**　　さらに、最近は、遺体の一部を研究目的で大学病
院などに寄贈することが増えており（本人が生存中に手術の際に切除した身体の一部を
研究目的で寄贈することもある）、その法的構成や承諾の範囲が問題となっている。
死体解剖保存法17条・18条で一定の場合に標本としての保存ができることが定めら

れているが、研究目的の遺体の寄贈は、基本的には当事者間の贈与契約によってなされると考えるべきである。死者に代わって誰が贈与の承諾ができるかについては、原則として(2)で述べたことが当てはまる。研究目的の人体組織の贈与で問題となるのは承諾の範囲である。どのような研究に使われるか、当該病院だけが研究目的で使えるのか他の研究機関も使えるか、その人体組織に含まれる情報（遺伝子情報、病気に関する情報など）の扱い方、返還を希望した場合の取扱いなど、贈与に際しての遵守されるべき条件（負担付贈与といってもよい）として合意されることが多い。このような条件が守られなかった場合に、相続人・遺族などが贈与した人体組織の返還を求めることができるかなどが問題となる。[2]

(4) **臓器売買** 臓器移植法は、11条で臓器売買・斡旋を禁止している。すなわち、1項「何人も、移植術に使用されるための臓器を提供すること若しくは提供したことの対価として財産上の利益の供与を受け、又はその要求若しくは約束をしてはならない」、2項「何人も、移植術に使用されるための臓器の提供を受けること若しくは受けたことの対価として財産上の利益を供与し、又はその申込み若しくは約束をしてはならない」などと規定する（3項以下略）。アメリカの臓器移植法（National Organ Transplant Act）301条も、同様に、移植目的の臓器売買を禁止する。

臓器移植と関係しない毛髪、血液、精子、細胞などの売買は、臓器移植法では禁止されていない。そこで、臓器移植以外の目的で、これら身体部分を売買することが禁止されるか否か、売買契約の法的な有効性が問題となる。禁止する法律はないので、契約の有効性が問題となるだけである。本文で述べたように、身体から分離された後に、これを売買・贈与する契約は有効であろう。

〈**参考文献**〉 町野朔ほか「（座談会）臓器移植法をめぐって」ジュリスト1121号（1997年）、特集「臓器移植法改正」ジュリスト1393号（2010年）

3 物の独立性・特定性

物としての要件を充たす対象（有体物）であれば、原則として所有権その他の物権の対象となりうる。しかし、1つの物の一部は、所有権その他の権利の対象とならない。また、物が変動して特定できない場合にも、所有権その他の物権の対象とならない。前者は独立性の問題であり、後者は特定性の問題である。

(1) **独立性** 所有権の対象となる物は、独立した物でなければならず、物の一部であってはならない。独立性の要請は、所有権その他の物権に関する「一物一権（いちぶついっけん）主義の原則」から導かれるものである。

---

2) 東京地判平成12・11・24判時1738-80は、信頼関係破壊を理由として返還請求を認める。

186 第2編 総 則

一物一権主義は、①「1個の物の上には1つの所有権しか成立しない」というテーゼ（これは物権の排他性そのものである）と、②「1つの所有権の対象は1個の物でなければならない（物の一部ではだめ）」というテーゼの2つからなるといわれているが（我妻）、このうちの後半部分②が、所有権の客体適格としての独立性を要求する。独立性が要求されるのは、物の一部が所有権その他の物権の対象になると、権利関係が錯綜し、物を処分することが困難になるからである。すなわち、売買などの取引は通常は物を単位として行われるので、買主が物全体の所有権を取得したと思っているのに、物の一部を対象とする別の所有権・物権が成立していたりすると、取引の安全を害し、近代法の原則である物の自由な移転を阻害するので適当でないのである。

　しかし、独立性の要請も絶対ではなく、例外が認められている。第1に、民法自体が物の一部ないし構成部分についての所有権を認めている（民法231条2項・242条但書。また、判例では一筆の土地の一部についての譲渡や取得時効などが認められている）。第2に、所有権の対象が多数の物の集まりである場合、すなわち**集合物**に対する所有権（実際には譲渡担保）を判例・学説は認めている（最判昭和54・2・15民集33-1-51、最判昭和62・11・10民集41-8-1559〔百選4版Ⅰ-98〕）。

　(2)　**特定性**　　所有権その他の物権は、特定している物の上にしか成立しない、といわれている。物権は排他的な支配権であり、他人の干渉を排除するので、権利の及ぶ範囲が明確である必要があるからである。しかし、この要請に対しても、社会的・経済的必要から例外が認められている。すなわち、企業内の物的施設と諸権利を一括して単一の物権（抵当権）の対象とする財団抵当制度（工場抵当法）や企業担保制度では、財団を構成する個々の財産は絶えず変動する。また、特別の法律がない場合に関しても、判例・学説は、構成部分の変動する集合物の上に単一の物権が成立することを認める。通常、集合物という場合は、「倉庫の在庫商品全部」というように、その構成部分が変動する例がほとんどである。前掲の最判昭和54年2月15日および最判昭和62年11月10日も、構成部分の変動する集合物を対象とする譲渡担保を認めたものである。

　　＊　**集合物・包括財産**　　倉庫の中の在庫商品とか、屋敷内の絵画のコレクション全部とか、個々の物の集積した全体をまとめて扱うことで、より大きな経済的価値

を発揮しうる場合に、これを「集合物」としてとらえ、1つの権利（たとえば担保権）の対象とする考え方を「集合物論」などという。1つの権利の対象とするためには、集合物の範囲ないし枠が明確でなければならない（集合物としての特定性が必要）。また、商人の倉庫の在庫商品のように、集合物を構成する個々の財産（動産）が集合物に流入したり、集合物から流出することが認められる場合には、「集合流動動産」などと呼ぶ。こうした集合物を担保権の対象とする集合物譲渡担保、集合流動動産譲渡担保などが判例・学説で認められている。

「集合物」概念を認めるべきか否かについては、ドイツ民法典の制定に際して議論されたが、1つの権利の対象となる「集合物（Sachgesamtheit）」は認めない立場がとられた（『理由書』第3巻（物権）28頁。個々の構成物についての所有権を認めた上で、集合物についての権利を観念する場合には、集合物は有体物ではなく、構成物の全体を価値的にとらえる枠であり、これは無体物（res incorporales）である。そして無体物に対する所有権は認められないという理由である）。もっとも、「図書館の本全部」とか「在庫商品全部」というように「包括表示（Inbegriff）」を用いて売買などをすることはできるが、その場合には、「包括表示」の中に含まれる個々の財産の譲渡と見るべきであり、それで足りるとする（ドイツ民法92条2項）。ドイツ普通法のもとでは、「物と権利の包括財産（universitas juris）」という概念があったが、相続財産など特定の場合にだけこれを認め、一般的には認めない立場がとられた。

日本では、旧民法は、財産編6条で「物」の中に「無体物」を含めた上で、16条では「聚合物」（collection）（「群畜、書庫ノ書籍、店舗ノ品ノ如キ増減シ得ヘキ多少類似ナル物」と定義している）および「包括財産（universalité de biens）」（相続財産の全部または割合的一部）を認めていた。しかし、現行民法典は、ドイツ民法の立場を承継し、物を有体物に限定し、集合物については規定しなかった。その後の学説（我妻）、判例（前掲最判昭62・11・10など）は、特に譲渡担保の対象として集合物（流動動産）を認めるようになった。この場合の集合物の理解の仕方ないし法律構成としては、幾つかの考え方が主張されている。分析論的構成といわれる考え方は、集合物についての権利といっても、それを構成する個々の動産ごとの権利設定・移転、対抗要件を考えればよいとする立場であり（鈴木禄弥）、これに対して集合物論的構成は、集合物全体についての1つの権利を認め、集合物について対抗要件を考える立場である。判例は、集合物を構成する動産が変動する集合物の譲渡担保について、その設定時に対抗要件を備えれば、後から集合物に流入する動産については、改めて対抗要件を備える必要はないとするので（前掲最判昭62・11・10）、分析論的構成はとらないものと解される（集合物論をとると言えるかもしれないが、なお、対抗要件以外の問題についてどう考えるか見定める必要がある）。最近、集合物譲渡担保の第三者に対する効力をめぐって、集合物の枠を出て行った動産については、それが譲渡担保設定者の許容されている処分（通常の営業の範囲内の処分）による場合には勿論、許容されていない処分であっても、集合物の枠を出た以上は、集合物譲渡担保権者

はこれに対する追及効がないとする議論がある（**最判平成18・7・20民集60-6-2499〔百選6版Ⅰ-98〕**）。この問題は、集合物を構成する個々の動産を不法に第三者によって奪われた場合に、集合物譲渡担保権者に追及効を認めるかという問題に行き着く。この場合に、集合物譲渡担保権者に追及効を認める集合物論者は、集合物を物概念の拡張としてとらえていることになるが、これを否定する立場もありうる（クリスタライズするまでは集合物譲渡担保権者には物権的請求権を認めない立場）。後者の立場は、集合物を物概念の拡張としてではなく、価値的な枠（一種の無体物）としてとらえる立場に連なる。旧民法典にあった「無体物」としての「聚合物」という考え方に再び戻る。

　物についての集合物のほかに、複数の債権の集合という意味で「集合債権」という概念も認められている。

　集合物の議論の先には、動産と不動産など種類の異なる物についての集合物の議論、物と債権の包括財産（universitas juris）や、積極財産と消極財産（債務）を含む包括財産の概念の議論がある。このような概念をたてることの理論的根拠と実益の両方の検討が必要であろう。

＜参考文献＞　我妻栄「集合動産の譲渡担保に関するエルトマンの提案」（『民法研究Ⅳ』所収、初出法協48巻4号、1930年）、米倉明「『集合物』概念の有用性」（『譲渡担保の研究』所収、1976年）、フランスのパトリモワーヌ概念に関して、原恵美「信用の担保たる財産に関する基礎的考察―フランスのパトリモワーヌ（patrimoine）の解明」法学政治学論究63号（2004年）、横山美夏「財産概念について―フランス法からの示唆」早稲田大学比較法研究所編『日本法の中の外国法―基本法の比較法的考察』（2014年）

第2節　動産と不動産

1　区別の意義

(1)　基本的立場　　土地が最も重要な生産手段であり、しかも政治的・社会的にも重要な意味をもっていた封建時代にあっては、不動産は動産とは著しく異なる規範によって規制され、多くの制限に服した。これに対して近代法は全ての財貨を商品化したので、不動産と動産の本質的差異は失われるに至った。しかし、両者は自然的性質を異にするばかりでなく、資本主義社会においては、物的信用の基礎をなす不動産は特別の取扱いを受ける。民法は、かくして両者の間に重要な差異を認める。しかも、動産・不動産は、民法にしばしば出現する重要な概念であるから、あらかじめ厳密に定義しておくことが必要である。そこで、民法は両者の定義を総則編に掲げた。両者を区別する基準には、いろいろな立法主義があるが、民法

は、まず自然的性質に基づいて「土地」、ついで、その土地に固定された物、すなわち建物その他の定着物を不動産とし、土地および定着物以外の物を動産とした（86条）。個々の定着物が不動産として独立性を有するか否か（土地の所有権に吸収されずに独立の所有権の対象となるか否か）は、他の規定や取引観念に委ねている。

(2) **動産と不動産の差異**　主なものは、次のとおりである。①公示方法の差異（動産は占有（178条）、不動産は登記（177条））、②公信の原則の有無（即時取得は動産についてしか認められない（192条））、③その上に成立する権利の差異（例、抵当権は不動産の上にしか成立しない（369条1項））、④経済的価値の差異（13条1項3号・864条）、⑤無主物の取扱い（239条）などがある。このほか、裁判管轄（民訴法5条12号）、強制執行や担保権実行としての競売手続（民事執行法122条以下・43条以下・190条以下・181条以下）、税法上の取扱いの差（不動産所得では損益通算ができる（所得税法69条））などが重要である。

2　不動産

「土地及びその定着物」は不動産とされる（86条1項）。

(1) **土地**　**(a) 単位**　土地は、人為的に区分され、その一筆ごとに登記される。しかし、わが国では取得時効の要件として登記は不要であり、占有が要求されるにすぎないことから（162条）、一筆の土地の一部を時効によって取得することもできると解されている（大（連）判大正13・10・7民集3-509）。また、一筆の土地の一部を譲渡の対象とすることも可能である。このような場合に、通常は分筆登記をしてからその部分を譲渡するが、分筆登記をする前であっても、一筆の土地の一部を譲渡することは可能である（大（連）判大正13・10・7民集3-476〔百選7版Ⅰ-10〕）。

(b)　土地の構成部分　地中の鉱物や岩石は、土地そのものを構成する分子にすぎず、独立の不動産ではない（大判大正7・3・13民録24-523）。ただし、鉱業法は、一定の鉱物について国家の排他的な採掘取得権を留保しており（鉱業法2条）、これら鉱物は土地所有権の中に含まれない。人工的に付着させたものであっても、取引観念上土地の構成分子とみることができる石垣（大判大正7・4・13民録24-669）・敷石・くつぬぎ石・トンネル・井戸・舗装・庭石（独立の程度が大きいものは別）などは、独立の所有権の対象となること

はない。これらは、土地所有権に吸収されて、その土地の一部として扱われる。

(c) **湖沼・河川**　湖沼も土地に囲まれたものであるから、土地である。河川も同様であるとする説もあるが（四宮旧版）、河川の流水部分を土地ということはできないのではないか（土地かどうかは実益のある議論ではない）。河川は、普段水の流れる狭義の河川部分、普段は地面が現れているが高水時には水が流れる河川敷部分、その外側の堤防部分に分けることができる。この全体、すなわち、河川の右岸の堤防から左岸の堤防までの間を河川区域といい（厳密な定義は、河川法6条参照）、ここには土地といえる部分もあるが、一般には公共用物であり、私人の所有権の対象とならない。また、流水部分は、土地ではなく、土地所有権の対象にならないと考えるべきであろう。もっとも、流水を利用できる慣習上の権利が認められることがある。

(2) **定着物**　(a) **意義・判断基準**　定着物とは、現に土地に直接または間接に固定されており、取引観念上土地に固定されて使用されるものをいう。土地のほかに**何が不動産となるか**の基準を示すのが定着物という概念である。すなわち、その定着物が土地とは別の所有権の対象となるか否かは、別の問題である。このことを考慮して定着物を分類すると（次頁の**表**を参照）、定着物とされるものの中には、①土地とは別の独立の所有権の対象となるものと、②独立の所有権の対象とならないもの（土地所有権に吸収されるもの）とがある。①の例は、建物、立木法の適用を受ける樹木の集団（立木法2条は「立木はこれを不動産とみなす」と規定する）、明認方法という慣習法上の対抗要件を備えた立木である。②の例は、明認方法のない立木や土地に据え付けられた機械などである。②の定着物は一定の独立性はあるが、土地に付合（242条）することで土地所有権に吸収される（242条但書によって独立の所有権の対象となることがある）。このほかに、③いかなる意味でも独立の所有権の対象とならない「土地の構成部分」というものがある（盛り土など）。これも定着物の一類型とする立場もあるが、定着物に含めない立場も有力である（最判昭和37・3・29民集16-3-643は、傍論であるが、定着物と土地の構成部分を区別する）。もっとも、どちらの立場でも、それが土地所有権に吸収されるという結論には違いがない。

以上のことからわかるように、86条は、ある物が不動産となるか、動産

となるかの問題を扱うのであって、その物が土地所有権に吸収されるか否かの基準を扱っているわけではない。この点は、むしろ、242条の付合制度に関連して議論される。もっとも、242条もこの問題を全面的に扱っているわけではない。詳しくは、242条の議論に委ねたい。

	独立の所有権の対象	土地所有権に吸収
不動産	土地	盛り土、砂利（土地の構成部分）（前頁の③）
	土地の定着物（前頁の①）	土地の定着物（前頁の②）
	建物	明認方法のない立木
	立木法上の立木（樹木の集団）	土地据付けの機械
	明認方法のある立木	（土地に付合して土地の一部となるが、権原ある者は権利を留保できる）
動産	庭石など（土地に付合しない＝動産のまま＝独立の所有権の対象）	

＊　**定着物と付合制度**　わが国の民法典が、①「ある物が不動産になるか否か」の問題と、②「ある物が土地の所有権に吸収されるか否か」の問題を分けてとらえたのは、論理的に両者が別問題であるというだけでなく、わが国では建物や立木（明認方法を施すなどした場合）を土地とは別の所有権の対象とする慣習があったことにもよる。わが国では、建物は不動産だが、土地所有権には吸収されない独立の存在である。したがって、①の判断だけでは、建物の法的性質をとらえることができなかったのである。これに対して、ドイツ・フランスなどでは、地上物は土地所有権に吸収される（ローマ法の格言「地上物は土地に従う（superficies solo cedit）」に由来）という原則があり、建物は土地所有権に吸収される。こうした諸国では、①の問題と②の問題は区別できない。①の基準さえあればよい。

(b)　**定着物の具体例**　（i）　建物はつねに独立の不動産とされる（370条本文）。建物が不動産であることは、建物が土地の定着物であることから導かれる（86条）。建物が土地の所有権には吸収されない「独立の」不動産であることは、同条からは明らかではない。しかし、不動産登記法は土地と建物とについて別の登記簿を用意し、両者を別の所有権の対象として扱っていることなどから（不動産登記法4章2節2款・3款）、建物は「独立の」不動産であることがわかる。

　建築中の建物では、①当初の建築材料は動産であるが、②その後、建築が進むと土地の定着物とされるが（86条）、いまだ建物としての独立性が低い段階では吸収されて土地の一部となり、③さらに建築が進み建物としての独立性がでてくると、土地とは別の不動産になると考えられる。判例は、

192　第2編　総　則

木材を組み立て屋根をふいただけでは建物といえないが（大判大正15・2・22民集5-99）、独立に風雨をしのげる程度、すなわち、屋根瓦がふかれて周壁として荒壁がぬられた程度に達すれば建物になる（**大判昭和10・10・1民集14-1671〔百選7版Ⅰ-11〕**）、としている。

　　(ii)　立　木（りゅうぼく）　①樹木は、建物のような独立の不動産ではないが、土地の定着物として不動産である（鉢植えの樹木など、土地定着物でない樹木は、不動産ではなく動産である）。不動産である樹木が独立の所有権の対象となるか否かは、立木法の適用を受けるか否か、明認方法を備えているか否かによって異なる。②独立の所有権の対象となる立木としては、樹木の集団が立木法の登記（立木法1条）を受けた場合のほか、明認方法を備えた立木がある。これらについては、植栽されたままの状態で立木だけを譲渡することができる。また、前者については、所有権の移転だけでなく、抵当権の設定も可能である。後者は、明認方法という機能が限定された公示方法しかないので、複雑な公示を必要とする抵当権の設定は不可能であると考えられている。③独立の所有権の対象とならない樹木（明認方法を備えていない立木）は、土地所有権に吸収されるので、土地が譲渡されれば、立木も譲渡される（対抗要件としては、土地についての登記移転をするだけでよい。立木についての独自の所有権移転の対抗要件を考える必要はない）。土地に抵当権が設定されれば、立木にも抵当権の効力が及ぶ（370条）。④土地に植栽する前の、物理的に土地から分離されている立木は、土地の定着物ではなく、動産である。しかし、これが土地に植栽されると、土地の定着物となり、かつ、土地の所有権に吸収される。

　　(iii)　未分離の果実など　　土地に育成した状態の未分離のみかん（大判大正5・9・20民録22-1440）・桑葉・成熟した稲立毛（いなたちげ）（大判昭和3・8・8新聞2907-9、大判昭和13・9・28民集17-1927）・葉煙草などは、土地と区別して独立の物として取引をすることがよくあるので、土地に植えられた状態のままで、売買の対象とすることが認められる。その上で、所有権移転については、対抗要件としての明認方法が必要であるとされる。この場合、判例は、これら未分離の果実は、土地に植えられたままなので、178条が適用される意味での動産ではないが、土地の定着物として不動産扱いをするのではなく、動産に準じて取り扱っている（前掲大判昭和3・8・8）。

(iv) **銅像・線路・鉄管・庭石など** 一般には土地の所有権に吸収されるが、土地の所有者がこれを土地から分離して売却することは可能である（動産として売買）。しかし、庭石などを土地から分離しない状態で（土地の定着物として）売買することも可能であるが、明認方法をほどこさないと、第三者に対してその所有権取得を対抗できないとする判例もある（大判昭和9・7・25判決全集1-8-6は、庭石の買主が明認方法を備えていないとして、土地の買受人に対しては、庭石の所有権取得を対抗できないとした。この場合の庭石は、未分離果実と異なり、明認方法をほどこさないと土地所有権に吸収され、独立の取引に対象とならない。したがって、明認方法は、それによって庭石を土地から分離し、土地から独立して処分できる対象であることを示す、分離公示機能の意味もあるのではないか。その上で、対抗要件としての意味も有する）。もっとも、庭石などが土地への接着の程度が低く、容易に取り外しができる場合には、そもそも土地の定着物ではなく、動産とされる（仮植中の植物について大判大正10・8・10民録27-1480は、この理を認めるが、そもそも売主に処分権限がなかったとして買主を敗訴させた）。動産としての売買となると、対抗要件は引渡しであり、明認方法をほどこす必要はなくなる（178条）。土地への接着の程度によって、土地の定着物か否かを判断するのは困難な場合が多い。

3 動 産

（1）　動産は、**不動産以外の物**である（86条2項）。土地に接している物でも、定着物でない物は動産である。また、判例によれば、未分離の果実は動産である（判例は、明認方法は対抗要件であるとする）。逆に、船舶（商法686条・687条・848条、民事執行法121条）・自動車（自動車抵当法）・農業動産信用法による農業用動産などは、動産でありながら、法律上、不動産と同じ扱いを受けることがある。すなわち、抵当権を設定できるという点で不動産と同じ扱いを受けるが、これらについては登録制度があるために、動産に認められる即時取得（192条）が適用されるかが問題となる（判例は登録自動車について否定する）。

（2）　**無記名債権**は、「物」ではないが、動産とみなされる（現86条3項）。無記名債権とは、債権者を名前によって特定せず、その証券の正当な所持人をもって権利者とする債権をいう。無記名の小切手・公社債券・商品

券・入場券・乗車券・学校債（最判昭和44・6・24民集23-7-1143）などがその例である。無記名債権では、名前で権利者を特定できないので、かならず権利者を表象する「証券」が伴う。そして、「債権」と「証券」は観念的には別のものであるが、無記名債権の流通や権利行使を便利にするために、債権の法律的運命を証券のそれに従わせる必要があり（証券の所有権を取得した者が債権者となる）、そして、その証券（紙片）が動産であるところから、現行86条3項は、無記名債権を動産と同じように取り扱う。しかし、無記名債権（無記名証券）はやはり証券に化体した債権の問題なので、証券に関する理論で解決すべきである。そこで、**改正民法**は、有価証券に関する節の中で無記名証券に関する新520条の20を新設した。無記名証券の譲渡や権利行使に関する問題など、全て記名式所持人払証券に関する規定が準用される。その結果、譲渡は証券の交付が効力要件であり（新520条の13）、証券の所持人は悪意または重過失がない限り善意取得が認められ（新520条15）、証券が譲渡されると、譲受人が悪意でない限り、債務者の抗弁は切断される（新520条16）。

(3)　**貨幣**は、特殊な動産である。判例は、かつては一般の動産と同じように、金銭の即時取得（192条・193条）を問題としたが、その後、学説の影響により、金銭の所有権は占有とともに移転するという理論を認めるに至った（最判昭和29・11・5刑集8-11-1675、**最判昭和39・1・24判時365-26〔百選7版Ⅰ-74〕**）。貨幣は個性をもたない抽象的価値自体であることを考慮した結果である。

　〈**参考文献**〉　四宮和夫「物権的価値返還請求権について」我妻追悼記念論集所収（1975年）、能見善久「金銭の法律上の地位」民法講座別巻一所収（1990年）、森田宏樹「金銭の法的性質（日仏物権法セミナー）」法律時報83巻8号（2011年）、仮想通貨については、片岡義広「仮想通貨の法規制と法的課題(上)(下)」NBL1076号・1077号（2016）など

4　動産・不動産の区別の相対化

　動産・不動産の区別は、定着物の説明でも明らかなように、必ずしも明確でない（未分離果実など）。しかし、土地そのものが不動産であることは、これまで疑われてこなかった。ところが、社会・経済の発展に伴う法的思考・法的技術の発展は、信託制度を用いて土地の不動産という性質を転換することを可能にした（信託法2条以下）。すなわち、土地甲の所有者Aが自

分を受益者として、その土地を受託者Tに信託したときに（所有権はTに信託目的で移転する）、Aは土地所有権を失う代わりに土地信託の受益権を取得する。そして、信託終了時に、その時の受益者に土地が戻るように信託の内容を定めておくことができる。このような受益権は、債権譲渡の方法に準じて譲渡されるが、さらに受益権が証券化されていると、この受益証券を譲渡することで受益者の地位が移転し、実質上その土地についての利益（信託受益権の形になっている）を第三者（B・C等に転々譲渡）に移転することができるようになる。そして受益証券についても有価証券法理が適用されるならば、その流通を保護する諸種の規定（善意取得の規定）が適用されるので、その善し悪しは別として、静的安全が重視されていた不動産についても流通促進がなされる（善意取得ないし即時取得が認められるのと同様の結果になる）。

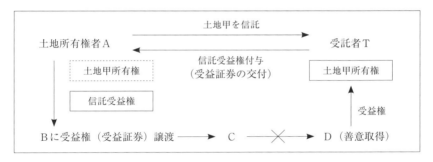

なお、動産についても、「動産及び債権の譲渡の対抗要件に関する民法の特例等に関する法律」（平成10年法律104号）によって、法人が動産を譲渡する場合に、登記ファイルに登記することで対抗要件を備えることができるようになった。主に動産の譲渡担保に使われることが考えられている。対抗要件に関してではあるが、動産の方からも不動産に接近する現象であるといえよう。

〈**参考文献**〉　四宮和夫『信託法（新版）』（法律学全集、1989年）、能見善久『現代信託法』（2004年）、寺本昌広『逐条解説　新しい信託法（補訂版）』（2008年）、新井誠『信託法』（第4版）（2014年）、道垣内弘人『信託法（現代民法別巻）』（2017年）

196　第2編　総　則

第3節　主物と従物

1　意　義

　独立の物でありながら、客観的・経済的には他の物（主物）に従属して、その効用を助ける物を、従物という。このような従物は、主物の法律的運命に従わせることが望ましいので、「従物は、主物の処分に従う」こととされている（87条2項）。実際上問題となるのは、土地や建物に抵当権その他の担保権を設定した場合に、それが土地や建物の附属物にまで及ぶかどうか、である。この附属物が従物であるとされると、87条により抵当権などが及ぶことになるが、抵当権の及ぶ範囲については別に370条にも規定があり、これによって解決されることが多い。87条によるときは、主物を処分した時点で従物が存在していなければならないと解されているが、370条では抵当権設定後に附属させた物に対しても「付加一体物」と判断されるときは抵当権が及ぶと解されている。370条による方が抵当権の効力が及ぶ範囲が広いので、わざわざ87条を援用する必要がない。他の担保権設定の場合にも370条が類推適用されるとすると、87条が働く場面はそう多くない。主物の売買、贈与、賃貸借などが主な適用場面となろうか。

2　従物の要件（87条1項）

　(1)　**独立性**　　主物・従物ともに独立の物でなければならない。たとえば、自動車の座席などは、自動車に固定されていて独立性がないので、自動車の構成部分としてその所有権に吸収される。これは従物ではない。

　(2)　**利用上の関係**　　従物は、主物の「常用に供」せられること。すなわち、社会観念上、継続して主物の経済的効用を助けるものと認められることが必要である。営業用諸器具も、建物の利用目的いかんによっては、建物の従物となる。[1]

　(3)　**場所的近接性**　　主物の経済的目的に供せられるというに適当な場

---

1)　大(連)判大正8・3・15民録25-473は、湯屋営業の建物に抵当権を設定した場合に、畳・建具・造作・湯屋営業道具・煙突一式も従物であるとして抵当権の効力を及ぼした。

所的関係にあること。もっとも、主物と接着している必要はなく、ある程度離れていても客観的にみて主物の経済的目的に供するといえるような場所にあればよい。[2]

(4) **主物・従物が同一所有者に属することが必要か**　通説が同一の所有者に属することを要求するのは、従物制度の基礎を、社会経済上の必要に求めず、交換価値保持の観点からする当事者意思の推測に置いていること、および、従物の効果を「処分」との関係でとらえることによる。しかし、主物・従物の関係は当事者の意思を離れた客観的観点（社会経済上の必要）からとらえるべきであろう。このような観点からすると、従物が他人に属する場合であっても、その者の権利を害しない範囲で、87条の適用を認めてよい。たとえば、A所有の建物（主物）に付けられたB所有の従物（例、風呂釜）は、建物所有者Aが建物をCに譲渡した場合には、原則として一緒に譲渡の対象にされたと考えるべきである。ただし、Bが所有する従物が主物とともにAC間の売買契約の対象とされたとしても、Bが所有権を失うわけではない。ちょうど、処分権限のない者（A）が勝手に処分したというのと同様にとらえることになろう。したがって、他人所有の従物を含む売買契約は、AC間の債権的契約としては有効であり、AはBから従物の所有権を取得してCに移転する義務が生じると考えるのが適当である（B所有の風呂釜は従物ではないとすると、それはそもそも売買契約の対象に含まれないことになる）。なお、Cが善意無過失であった場合は、従物である風呂釜を即時取得する。

(5) **主物の所有者による附属**　「物の所有者が……これに附属させた」とあるので、主物の所有者が従物を附属させたことを要求するかのようであるが、それは通常の場合を規定したにすぎない。第三者が附属させた物であってもよい。すなわち、第三者が附属させた物が主物の所有者に属するようになった場合（例、借家人の附属させた畳・建具を家主が買い取る場合、土地の不法占有者が植えた樹木が付合により土地所有者のものとなった場合など）、さらには第三者が附属させたもので第三者の所有権が留保されているものであ

2）　最判平成2・4・19判時1354-80は、借地上に建てられたガソリンスタンドの店舗用建物に抵当権を設定した場合に、その敷地の地下に設置された地下タンクなどの設備も従物であり、これに対しても効力が及ぶとした。

198　第2編　総　　則

っても(4)で述べたように従物となる。

　(6)　**従たる権利**　　借地上の建物を売却あるいはこれに抵当権を設定し
たような場合は、敷地の利用権（借地権）も建物とともに処分された（売
却の対象ないし抵当権の効力の範囲とする）と考えるのが適当である。そこで、
借地権などは権利であって物ではないが、従物に準じて「従たる権利」と
して87条を類推適用するのが適当である（抵当権の場合について、**最判昭和40・
5・4民集19-4-811**〔百選7版Ⅰ-83〕）。

3　効　　果

　(1)　従物は主物の「処分」に従う（87条2項）。「処分」は主物所有者の法
律行為による場合でも、法律の規定による変動でもよい。また、「処分」
は処分行為（所有権移転とか抵当権設定）の意味に限定する必要はなく、売
買契約や抵当権設定契約などの債権契約がなされた場合でもよい。ただし、
当事者が従物を処分の対象外とする意思を表示した場合には、それによる。

　(2)　主物に抵当権が設定された場合については、既に述べたように、そ
の抵当権の効力が及ぶ範囲を定める370条があり、これによって判断すれ
ばよい。87条の問題とする必要はない。370条は、抵当権に関する87条の
特則と考えるべきであろう。

　(3)　対抗要件は、主物について備えればよい。たとえば、主物たる不動
産について登記があれば、その従物たる動産についても、物権変動が公示
されたと考えることができる（抵当権設定の場合であるが、**最判昭和44・3・28民集23-
3-699**〔百選7版Ⅰ-82〕）。

第4節　元物と果実

1　区別の意義

　物の用法に従い、かつ物の本体を害することなく産出される経済的収益
を果実といい、果実を産み出す物を元物という。果実は、収益権者に帰属
するものであるが、果実の意味・範囲や、収益権者に移動があった場合の
分配について争いが生じる可能性があるので、民法はそれについて規定を
設けた。

第3章 私権の客体　第4節　元物と果実　*199*

2　天然果実

(1)　**意義**　「物の用法に従い収取する産出物」、すなわち元物から直接産出される経済的収益を、天然果実と呼ぶ (88条1項)。具体的には、植物の果物・動物の仔・牛の乳・羊毛・畑の野菜・桑の葉 (大判大正5・10・19民録22-1931)・地中から出てきた竹 (最判昭和35・11・29判時244-47) などの有機的産出物のほか、鉱区から採掘される鉱物・計画的に森林から輪伐される材木など継続的な収穫物も果実とされる。「用法に従い」というのは、元物の経済的使命に従って収取される趣旨であり、台風で倒れた樹木などは果実ではない。

(2)　**帰属**　果実を収取する前に、元物の所有者が交代した場合に、誰が果実を収取することができるかが問題となる。とくに、土地から産出する果実 (米・麦など) について問題となる。考え方としては、①「種を蒔いた者が刈り取る」という生産主義と呼ばれる立場 (ゲルマン法の立場といわれ、果実収取の時点で元物の所有権を失っていても果実収取ができる) と、②元物から果実が分離される時点の元物所有者に果実収取権を与える元物主義がある。89条は、「元物から分離する時に、これを収取する権利を有する者に帰属する」と規定しており、当然のことをいっているようだが、果実が元物から分離する時点の元物の権利者を収取権者とするということで (これを分離主義ともいう)、①の立場を否定するものである。そして、分離時の収取権者は、その時の元物所有者または元物所有者によって収取権を与えられた者 (元物の賃借人・永小作権者など) であるから、結局、元物主義に帰着する。①の生産主義は、種蒔をした耕作者を保護する考え方であるが、資本主義には適当でないとされた。

3　法定果実

(1)　**意義**　「物の使用の対価」として受ける金銭その他の物が法定果実である (88条2項)。不動産を利用させた場合の地代・家賃や、貸し布団の賃料などが、これにあたる。これらは、「物」から生じる収益である点で天然果実と共通であるので、法定果実と呼ぶ。利息は、正確にいえば「物」の収益ではないが (それは元本「債権」の収益であり、また、元本債権の収益は厳密には利息「債権」である)、経済的観点を加味すれば、法定果実とし

200 第2編 総 則

て扱われるのが適当である（結論に異論はない）（大判明治38・12・19民録11-1790）。

(2) **帰属** 「これを収取する権利の存続期間に応じて、日割計算によりこれを取得する」（89条2項）。法定果実の収取権者が誰であるかは、契約があればそれによって決まる。契約で明確に定めていなかった場合に、89条2項の基準で果実を分けることになる。たとえば、月の途中で賃貸家屋がAからBに譲渡された場合は、Aには譲渡の前日までの賃料が、Bには譲渡日以降の賃料が帰属する。この分配は、もっぱらAB間の内部関係を定めたものであり、対外的関係、すなわち賃借人に対して誰が賃料請求できるかは賃借人との間の賃貸借契約によって決まる。賃料は月初めに支払うということであれば、Aが賃料請求権を有し、Aが受領した賃料の中から分配基準に従ってBに支払うことになる。月末払いであれば、逆にBがそれを行う。ABがそれぞれ分配基準に従った賃料請求権を有すると考えるのは、賃借人をAB間の紛争に巻き込むことになり適当でない。

4 使用利益

元物そのものの利用による利益（たとえば居住の利益）を使用利益という。実質は果実と異ならないから、果実の収取権や返還義務に関する規定（89条・189条・190条）は、これに類推適用すべきである。[1]

---

1) 大判大正14・1・20民集4-1は建物の使用利益を法定果実と擬制する。

第4章　私権の変動

第1節　法律行為総説

1　法律行為の意義

(1)　私権の変動の原因としての法律行為　　権利変動（権利の発生・変更・消滅）の原因（これを**法律要件**という）の中で最も重要なものは、契約と不法行為である。しかし、契約と不法行為では当事者に権利・義務が発生する仕組みが異なる。契約では、売買契約を例にとれば、売主と買主の双方が売買を意図して契約を締結すると、その合意に従って、売買契約上の権利・義務が契約当事者に発生する（555条）。これに対して、不法行為では加害者に対する損害賠償請求権が被害者に発生するが、これは当事者がそれを意図したから生じるのではなく、不法行為という事実に対して法が損害賠償請求権を被害者に認めることによって生じるのである（709条）。

　契約など、当事者の意思に従った法的効果を認める要件を**法律行為**という。契約の他に、遺言などの**単独行為**や社団設立行為（**合同行為**と呼ばれる）も、当事者の意思に従って法律効果が認められるものであり、契約、単独行為、合同行為の上位概念として法律行為という概念がたてられている。

(2)　私的自治と法律行為　　法律行為という概念をたてることが私法秩序にとってどのような意味があるか、という問題である。私法の支配する生活領域では、各人は自己の自由な意思によって法律関係を形成することができるという、**私的自治の原則**（ドイツ語の Privatautonomie の訳である。フランスでは「意思自治」autonomie de la volonté というが、両者は多少意味が異なるとされている）が支配する。そして、私的自治の実現のための手段が**法律行為**である。そして契約だけでなく、遺言などの単独行為や社団・会社設立などの合同行為も、いずれも当事者の意思を根拠に法律効果が認められる点では共通であり、これらはいずれも私的自治を実現する手段としての意

味を有する。このような意味で、契約、単独行為、合同行為をまとめて法律行為という概念を作り出し、理念ないし原理としての私的自治と対応させる点に、法律行為概念の意義があるといえる。しかしながら、最近ではこれらを包括した抽象的な法律行為概念の意味については懐疑的な見解も有力である（平井）。なぜなら、たとえば契約と遺言（単独行為）では、私的自治にとっての意味がかなり異なり（遺言では契約と異なり、厳格な方式が要求されており、その方式に反する遺言は、たとえ遺言者の真実の意思を表していても無効とされる）、両者をまとめて扱うのは適当でないからである。法律行為という抽象的なレベルで考えるよりも、契約、遺言、社団設立行為というより具体的なレベルで考えるのが適当であろう（「法律行為の解釈」においても契約、遺言、社団設立行為のすべてに共通するようなルールは考えにくい。仮にありえてもその内容はかえって希薄になってしまう）。

＊　私的自治の原則と契約自由の原則　　私的自治の原則と契約自由の原則（改正民法521条参照）の関係についてはいろいろな理解の仕方がある。両者をほぼ同じ内容であるとする見解もある。しかし、次の点で異なると考えるのが適当である。

第1は、その妥当する範囲の違いである。契約自由の原則は、当然のことながら契約についての原則であり、当事者が外部からの規制を受けることなく、自由に契約の内容を定めることができる（**契約内容の自由**）というものである。このような意味での**自由な内容形成**は、単独行為の代表例である遺言では制限されている（「遺言の自由」ということが近代法の特徴であるとされるが、それは遺言がそもそも自由にできない時代との対比においていわれることであり、近代法のもとでも遺言でできることは制限されている。遺言の内容の自由は制限されているのである）。また、合同行為の代表例である社団設立行為にも制限がある（営利法人については、会社法の定める株式会社、合名会社、合資会社、合同会社の他に、当事者が自由に会社の形態を作り出すことはできないと考えられている。一般法人法の規定する一般社団法人・一般財団法人についても同様である）。このように、自由な内容形成は基本的に契約においてのみ認められるのである。これに対して、当事者の自由な意思に基づいて法律関係が形成されるべきであるという私的自治の原則は、遺言や社団設立行為についても同様に当てはまる。私的自治の原則の妥当範囲は契約以外にも広がっているのである。

第2に、契約自由の原則と私的自治の原則とでは、異なる問題を扱っている。私的自治の原則が当事者の自由な意思による法律関係の形成を意味するとすると、それは裏返せば、個人は自由な意思による同意がなければ法的な拘束を受けないこと（錯誤や詐欺強迫による意思表示は自由な意思にもとづくものではないので、瑕疵ある意思表示であり、その効力が否定される。その結果、契約、単独行為、合同行為の効

法律要件の分類・法律行為の構成要素

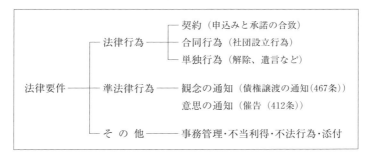

力が否定される)、あるいは法的な拘束を受けるのは自由な意思による同意をしたからであることを意味する(**契約の拘束力の根拠**)。これは契約自由の原則の消極的側面などと説明されることもあるが(英米に多い説明の仕方)、拘束力の根拠については、むしろ私的自治の原則として説明するのがわかりやすい。また、契約自由の原則を「契約内容の自由」(改正民法521条2項)と「契約締結の自由(契約を締結するかしないかの自由)」(改正民法521条1項)とに分けて説明することが多い。後者は、これから契約を締結する立場にある者に対して適用される原則であり、契約締結を強制されないという原則を述べるものである。契約交渉をしていても、契約を締結したくなければ、原則として、契約交渉を中断することができることを意味する(ただし、契約交渉が一定段階に達すると、相手方の契約締結への信頼を害することができなくなるのは、この自由の限界ということになる)。なお、契約締結の自由の例外として、電気・水道などの公共的サービスを提供する者、医師などは、原則として相手方から契約締結の申込みを受けると、これを拒むことができない。

〈参考文献〉 星野英一「現代における契約」岩波講座・現代法8 (1966年)、同「意思自治の原則、私的自治の原則」民法講座1 (1984年)、平井宜雄『注釈民法(3)』(法律行為前注)(1973年)

(3) **法律行為と準法律行為** 当事者の意思に従って法律効果を認める法律行為と、意思に関係なく法律効果が認められる不法行為(民法709条以下)や不当利得(民法703条以下)との区別は比較的明確である。しかし、法律行為と準法律行為といわれるものの区別は明確でない。準法律行為とは、その行為の中に意思的・精神的な要素が含まれてはいるが(この点で法律行為に類似する)、その意思に従って法律効果が認められるのではなく(この点が法律行為と異なる)、法が独自の観点から法律効果を認めるものをいう。たとえば、債権譲渡の対抗要件として債権の譲渡人が債務者に対してする**債権譲渡の通知**(民法467条)のように、その行為の中には「譲渡を認識して」

通知をするという意思的・精神的な要素が含まれているが、債権譲渡人の意思に従って対抗要件の法律効果が認められるのではなく、「債権譲渡の通知」があったという事実に対して法が対抗要件の具備という効果を与えている。

　準法律行為について問題となるのは、それが意思的・精神的要素を含むという点で意思表示・法律行為に似ていることから、意思表示・法律行為に関する諸規定が適用（類推適用）されるかという点である。たとえば、債権譲渡の通知に行為能力に関する規律が適用されるかといったことが問題となりうる。しかし、これは準法律行為とされているそれぞれの制度の趣旨と類推適用しようとする意思表示・法律行為に関する規定の趣旨とを考えて判断すべきであり、一律には判断できない。債権譲渡の通知の場合には、債務者に譲渡の事実を知らせることが重要であるから、譲渡人が通知をした時点で行為能力を制限されていたとしても通知の効力には影響しないと考えるべきであろう（債務者が譲渡を知りさえすればよい）。

　(4)　**法律行為と意思表示**　　法律行為は意思表示を構成要素とする。法律行為のうちの契約について見れば、契約は「申込み」と「承諾」の2つの意思表示の合致によって成立する。換言すれば、契約では、一方当事者の意思表示だけでは法律効果が生じない。これに対して遺言などの単独行為では、1つの意思表示で法律効果が生じる。もっとも、厳密に言うと、法律効果はすべて法律行為から生じるのであって、意思表示はその要素にすぎない。このことは単独行為でも同じである。たとえば、遺言では実質的な要件としての意思表示のほかに遺言の形式的要件を充たす必要があり、その両者が相まって遺言（法律行為）としての法的効果を生じさせる。

　　＊　**法律行為の概念**　　法律行為という概念は、フランス民法典にはなく、フランス民法典よりも抽象的・体系的な志向が強いドイツ法学で使われた概念である。日本の民法の起草者は、ドイツ語のレヒツ・ゲシェフト（Rechtsgeschäft）を訳して「法律行為」とした。しかし、この訳は次の点で必ずしもドイツ法のレヒツ・ゲシェフトの意味を正確に伝えていない。第1に、レヒトを「法律」と訳したのは正確でない。「法律」という意味としてはゲゼッツ（Gesetz）という表現が使われ、レヒトは「規範としての法」ないし「権利」を意味する。第2に、それではレヒトの2つの意味のうち、どちらがこの場合適当なのか。法律行為とは、「当事者の意思に基づいて法的な効果が認められる行為」ということであるから、

「規範としての法」というより「権利」の意味で理解するのが適当であろう。

2　法律行為の種類

(1)　意思表示の結合の仕方による分類　**(a)　単独行為**　単独の意思表示だけで成立することのできる法律行為。それには(i)相手方の受領を要するもの（例、解除・債務の免除・同意）、(ii)受領を要しないもの（例、遺言・財団設立行為・所有権放棄）、(iii)官庁による受領を要するもの（例、相続の放棄（938条））がある。他人の権利関係を直接に変動させる単独行為は、特別の規定があるか、当事者間にそれを是認させるに足る法律関係が存在している場合にだけ許される（たとえば、既に債務不履行があって、それから発生した解除権を行使する場合）。その意味では、単独行為については契約自由の原則に相当する「単独行為自由の原則」といったものは存在しない（遺言については「遺言自由の原則」があるが、それは遺言をするかしないかの自由のことであって、遺言できる内容には制限があるので、その意味で自由の範囲は狭い）。

(b)　契約　複数当事者——通常は2人——の関与によって彼らが相互に拘束されるという効果を発生させる法律行為を、契約という。一般には、利害を異にする当事者（売主と買主のように）の・内容的に対応する（ある目的物を「売る」と「買う」という意思表示）・意思表示の合致によって成立する。しかし、このような利害の対立は必ずしも必要ではなく、合同行為のように利害が同一方向に向いているものを契約として説明することも可能である。

(c)　合同行為　わが国の学説・判例は、相対立しない複数当事者の、内容と方向を同じくする複数の意思表示が合致することによって成立する法律行為を合同行為と名付け、契約とは異なる類型とする。社団の設立のような団体設立行為がこれに当たるとされている[1]。社団設立行為は、関与者を相互に拘束する点で一種の契約ではあるが、そこで企図される効果が関与者を拘束するだけでなく、継続的な団体と団体に不可欠の組織を創造するものである点、参加者の1人の意思表示が無効でも残余の者の意思表示をもって可能な限り所期の効果を発生させるべきである点など、一般の

---

1)　大判昭和7・4・19民集11-837は、合資会社設立行為としての定款の作成を相手方なき合同行為であるとして、虚偽表示（94条）の成立の可能性を否定した。

契約と異なる側面もある（一般法人法267条1号は瑕疵ある意思表示をした社員が法人の設立取消請求の訴えを提起できる旨の規定であるが、例外的な場合にのみ適用されると解すべきである。詳しくは115頁以下参照）。

(d) **協約**　当事者の一方または双方が多数の者または団体であって、当事者の合意が多数の者またはその団体の構成員に対して規範としての効力が認められるもの。労働組合（労組法11条に基づいて法人格を取得できる）と使用者が締結する労働協約（労組法14条以下）は、これに反する個別の労働契約（労働契約は個々の労働者と使用者の契約）を無効にし（労組法16条）、また、同一工場で働く4分の3以上の労働者が労働協約の適用を受けるようになると、他の労働者にも同一の労働協約が適用されるようになる（労組法17条）。その労働協約は、労働組合の構成員に及ぶだけでなく、当該労働組合の構成員となっていない未組織労働者にも適用される点で、個々の労働者の伝統的な意味での私的自治が多少制約されている。

(2) **要式行為・不要式行為**　意思表示の形式による分類である。意思表示や法律行為が一定の方式（たとえば書面など）によってなされなければならないものを要式行為、そのような方式を必要としないものを不要式行為という。近代法は、原則として単なる合意に拘束力を認める。このことは特に契約について妥当し、書面がなくても、単なる口頭の合意で契約が成立するのが原則である。このような契約を諾成契約と呼ぶ。契約自由の原則の一内容として、**方式の自由**も含まれていると解するからである。契約以外の単独行為では、取消しや解除などは、単なる口頭の意思表示で効力を生じるが（フランスでは解除は裁判による必要があるので要式行為とされている）、遺言や寄附行為などは要式行為であり、方式の自由が原則であるとまではいえない。また、合同行為についても会社設立行為、社団設立行為（定款作成）などは、要式行為である。方式の自由が支配する契約についても、意思表示を慎重または明確にする必要がある場合には、意思表示に一定の方式が要求されることがある。婚姻・養子縁組などがその例である。要式行為において要求される方式を充たしていないときは、その行為は不成立ないし無効となる。

外国では保証契約などにも書面を要求するところが多いが（ドイツなど）、わが国の民法は要式行為とする範囲が外国と比べて狭く、平成16年の改正

前においては保証も債権者と保証人の合意だけで契約が成立するとされていた。しかし、この改正で「保証契約は、書面でしなければ、その効力を生じない」とされた（446条2項）。なお、最近、消費者が十分熟慮する機会なく契約を締結してしまう場合を救済するために、消費者契約では事業者から書面を交付させるべきであるという議論がなされている。現行法のもとでも、訪問販売や電話勧誘販売などでは書面が交付されないと、消費者はいつでも契約を解消することができる（書面を交付すれば書面交付から8日以内に限って消費者は契約を解消しうる（特定商取引法9条・24条など））。この契約解消の権利をクーリング・オフと呼ぶ。この場合には、書面を交付しなくても契約が無効になるわけではないから（事業者が一定の不利益を受けるのみ）、純粋の要式行為ではない。書面によらない贈与もこれに類する（民法550条）。

(3) **生前行為・死後行為（死因行為）**　行為者の死亡によって効力の発生するもの（遺言・死因贈与（554条）など）は、特に死因行為と呼ばれ、一般の行為（生前行為）から区別される。

(4) **財産行為・身分行為**　法律行為によって変動させられる法律関係が財産関係であるか身分関係であるかによる区別。民法総則編の法律行為に関する規定は、財産行為を前提としており、婚姻などの身分行為には当然には適用されないとされている。

(5) **債権行為・処分行為**　財産行為は、発生する効果の種類によって、債権行為と処分行為（所有権などの権利の変動を目的とする行為）とに区別される。債権行為とは、債権債務の発生を目的とする行為であり、売買契約などがその典型例である。わが国では、物権変動に関して意思主義が採用されているために（176条）、売買契約（債権行為）があると、それによって債権債務が発生するだけでなく、原則として所有権も移転すると考えられている。すなわち、債権行為とともに処分行為もあったことになる。それゆえ、権利の変動を目的とするだけの処分行為は、わが国には多くない。売買契約の当事者が特約で、所有権は直ちには移転しないものとし、後で別になされる所有権移転の合意にかからしめた場合には、後でなされる所有権移転行為が処分行為である。このほか、担保権設定行為（抵当権の設定など）、債権譲渡（債権譲渡は債権の売買や贈与などによって行われるが、その場合の債権の売買や贈与などが債権行為であり、債権の移転を目的に行われる行為が債権譲渡

である）、債務免除なども処分行為の例である。処分行為のうち、物権の変動を目的とした行為を特に**物権行為**と呼んでいる。

(6) **有因行為・無因行為**　ある法律行為（甲）（たとえば所有権移転行為）が他の法律行為ないし法律関係（乙）（たとえば売買契約）を原因としている場合がある。その法律行為（甲）の効力が、原因となっている法律行為（乙）の効力の影響を受ける場合に、その法律行為（甲）（所有権移転行為）を有因行為という（売買契約が無効になると、所有権移転行為も無効となるという関係がある）。その法律行為（甲）の効力が原因となっている法律行為・法律関係（乙）の効力によって左右されない場合に、その法律行為（甲）を無因行為という（相手方に対して債務を負担している者が約束手形を振り出した場合に、存在していると思った債務が無効であったとしても、振り出された手形は無効にはならないので、手形振出行為は無因行為である）。

　日本では所有権移転行為（物権行為）は有因行為であると一般に解されているが、ドイツ民法では物権行為は無因行為であり、そのことで不動産取引の安全を図っているといわれている。物権行為を無因行為とすると、所有権移転登記が所有者Aから相手方Bに移転した場合には、その原因となった売買契約などが無効でも、所有権は当然には復帰しない。したがって、登記名義人Bから不動産を購入した者Cは所有権を取得できる。日本では、このような場合に所有権は当初の売主Aに復帰するので、登記名義人Bは無権利者であり、転得者Cは所有権を取得できない。94条2項の類推適用で保護されるにすぎない。

3　法律行為の解釈

(1) **法律行為の解釈とは何か**　「解釈」という言葉は、いろいろな使われ方をする。「**法律の解釈**」「**契約の解釈**」「**遺言の解釈**」などといった具合である。いずれも、広い意味では、ある「表示」（一般には言語による表示だが、一定の動作を含む）の「意味を確定」する作業であるが、「解釈」することの目的がそれぞれ少し異なることもあって、「解釈」の意味も若干異なる。「**法律の解釈**」という場合には、裁判などで、具体的事実関係に対して民法の条文などが適用されるか否かを判断するために、法律条文の文言の意味を確定することが行われる。ここでの解釈は、立法者がその条文に

どのような意味を与えたかという事実の探求（これも単純な事実の問題に尽きないが）だけでなく、どのような意味を法律に与えるべきかという価値判断が入る作業である。これに対して、「**契約の解釈**」「**遺言の解釈**」は、いずれも私人が行った「表示」の「意味を確定」する作業である（契約書の文言に「○○△△」と書いてあった場合に、それをどのように理解するかといった作業）。契約や遺言では、法律の条文の文言のように定型的な表現が使われるとは限らず、作成者の生活する地域や社会によって表現が異なることもある。そこで、契約の解釈・遺言の解釈では、当事者がその「表示」をどのような意味で使ったか、その社会ではその「表示」を一般にどのように理解しているか、といった事実の探求が占める割合が大きい。しかし、契約や遺言の解釈においても単なる事実の問題だけでなく、ある表現をどのように理解すべきかという価値判断が行われることも多い（「表示」が十分でないのでこれを補充したり、「表示」を制限的な内容として理解する場合）。契約や遺言は、いずれも法律行為であるから、これらの意味を確定する作業を「**法律行為の解釈**」と従来呼んできた。しかし、契約と遺言とではかなり異なった方法・基準で解釈が行われるので、抽象的に「法律行為の解釈」のあり方を論じることはあまり意味がない（たとえば、遺言ではその内容が問題となるときには遺言作成者は死亡しているので作り直しができないこともあって、わが国では文言の表面的な意味にとらわれないで真意を探求する傾向がある。契約は二当事者の合意であるから、むしろ客観的な解釈をする）。両者は分けて考えて行くべきであろう。

　ところで、「契約の解釈」「遺言の解釈」の他に、「**意思表示の解釈**」ということがいわれることがある。単独行為である遺言においては、意思表示の解釈と遺言の解釈は同じことに帰するので、これをわざわざ別に論じる意味はない。しかし、契約では契約の両当事者の意思表示がそのまま契約になるわけではなく、意思表示の合致（合意）によって契約が成立しなければならない。「意思表示の解釈」は、契約が成立したか否かを判断する段階で問題となる点に特徴がある。

(2)　契約の解釈　　**(a)　契約の成立・契約の内容（契約の解釈）・錯誤の関係**

　契約の解釈は、成立した契約の内容が何であるかを確定する作業であるとすると、論理的には、まず、契約が成立したか否かが問題となる。前述

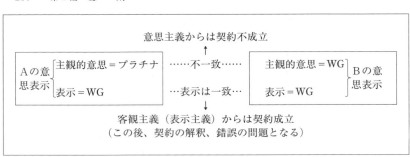

のように、この点を判断するのが、両当事者の「意思表示の解釈」である。両当事者の意思表示の合致があったか否かを判断するために、各人の意思表示の解釈をするわけである。

　たとえば、顧客Ａが貴金属商Ｂに婚約指輪の製作を注文するにあたって、材質をプラチナ（白金）とする意図を有していながら、「ホワイト・ゴールド（＝WG）」（ホワイト・ゴールドは本来は金とニッケルなどの合金を意味し、プラチナより安価）とプラチナ（白金）が同じだと誤解して「ホワイト・ゴールドの指輪」を注文したところ、Ｂはホワイト・ゴールドで指輪を作ってしまったという場合に契約が成立するか、が問題となる。Ａの意思表示の主観的な意味は、「プラチナの指輪」の注文であるのに対して、Ｂは「ホワイト・ゴールドの指輪」の製作を請け負ったと考えていたから、契約の成否を意思表示の主観的な意味で判断すると（これを「**契約の成立に関する意思主義**」と呼ぶ）、意思表示の合致がなく、契約は不成立になる。しかし、意思表示を主観的に解釈すると、契約が不成立になることが多くなり、取引の安全を害するだけでなく、錯誤の制度が機能する場面がほとんどないことになる（錯誤が成立するような場合は契約不成立になるから）。そこで、意思主義の立場からも、これを徹底する者はあまりなく、一般には、ＡＢそれぞれが表示（この例では「ホワイト・ゴールド」）に与えた意味のいずれが正当であるか、ＡＢの帰責性（この例ではＡが「ホワイト・ゴールド」という表示に「プラチナ」という意味を与えたことはＡの過失と評価できる）を考慮して、正当な意味で契約が成立するとする（この例でホワイト・ゴールド）。なお、ＡＢの与えた意味がいずれも正当でない場合は契約が成立しないとする。現在では、この修正された意思主義が有力である。

これに対して、前述のように、純粋な意思主義からすると当事者間で契約文言の意味に争いがある場合（いわゆる契約解釈の争いがある場合）は意思表示の合致がなく契約が成立しないことになってしまうという不都合があるので（契約書にサインした後、両当事者が契約文言に与えていた意味が異なることがわかると契約が不成立となる）、契約の成否を判断する際の意思表示の解釈は客観的にすべきであるというのが「**契約の成立に関する表示主義**」である。この立場によるときは、この例では「ホワイト・ゴールドの指輪」という客観的表示の点では一致があったので、契約は成立する。

　そして、契約が成立するとなると、その内容が問題となるが、これは契約解釈の問題である。契約解釈に関しても、合意した表示を客観的に解釈すべきであると一般に主張されている（これを「契約解釈に関する表示主義」と呼ぶ）。そうすると、先の例では「ホワイト・ゴールド」という表示が一般に社会でどのような意味で理解されているかを基準とすることになる。そしてホワイト・ゴールドの一般の理解は「金とニッケルなどの合金」であるから、この契約は「（金とニッケルなどの合金の意味での）ホワイト・ゴールドの指輪の製作の請負契約」ということになる。このような内容で契約が成立したことによって自分の意図と異なる結果になる当事者は錯誤を主張して契約の効力を否定することになる。

　ただし、客観主義（表示主義）を徹底すると、不都合な結論になることがある。第1に、ABともに「ホワイト・ゴールド」という表示に対して「プラチナ」という意味を与えていた場合に、「ホワイト・ゴールド」という表示の客観的な意味は「金とニッケルなどの合金」であるとして、「ホワイト・ゴールド＝金とニッケルなどの合金」の契約を成立させることは、私的自治の観点から適当でない。ここでは当事者の主観的意思を尊重してよい。第2に、ABが「ホワイト・ゴールド」という表示に対して、いずれも社会的に不適当な意味を与えていた場合（Aは「プラチナ」と考え、Bは「金と銀の合金」と考えていた場合）には、徹底した客観主義では表示が一致しているので契約が成立することになりそうであるが、客観的な意味で契約を解釈すると、ABいずれの意図とも異なることになるので、このようなときにはいっそ契約は成立しないとするのが適当であろう。このように、客観主義（表示主義）も、一定の例外を認める場合には、修正された意思

主義と結論においてほとんど異ならない。

(b) **狭義の契約解釈・補充的解釈・修正的解釈**　契約の解釈においては、まず、当事者が表示行為に与えた意味を確定する。このように、表示行為の意味を明らかにすることを**狭義の契約解釈**という（平井は、本来的解釈と呼ぶ）。しかし、当事者による表示行為の意味を明らかにするといっても、当事者はかれらが達成しようとした経済的・社会的結果だけを念頭におき、個々の問題について精密な取決めをしない場合が多いので、裁判官は、当事者の表示によって明らかにされない部分について、契約の内容を補充しなければならない（これを「**補充的解釈**」という）。また、当事者の表示のままに法的効果を認めると条理に反すると判断される場合には、裁判官は、法律行為の内容を修正せざるをえない（これを「**修正的解釈**」という）。この補充ないし修正は、「契約の解釈」という名を借りてなされるが、狭義の解釈とは異なり、単なる「意味の確定」ではない。むしろ、「意味の持込み」が行われていると考えるべきである（平井の規範的解釈に相当）。

〈**参考文献**〉　穂積忠夫「法律行為の『解釈』の構造と機能」法協77巻6号・78巻1号（1961—62年）、野村豊弘「法律行為の解釈」民法講座1（1984年）、磯村保「ドイツにおける法律行為の解釈論について」神戸法学28号2号以下（1978年）、同「法律行為の解釈方法」民法の争点Ⅰ（1985年）、沖野眞已「契約の解釈に関する一考察——フランス法を手がかりとして(1)—(3)」法協109巻2号—8号（1992年）、滝沢昌彦「法律行為の解釈」民法の争点（2007年）

(c) **解釈の基準**　(i) **狭義の解釈の基準**ないし指針としては、次のように考えることができる。

第1に、当事者の付与した**共通の意味（主観的意味）**を確定しなければならない。たとえば、ホワイト・ゴールドは社会一般の客観的意味としては金とニッケルなどの合金であって、プラチナ（白金）とは異なるものであるが、売買契約の両当事者が共にホワイト・ゴールドはプラチナと同じだと考えてプラチナの売買をする意図で売買契約書に「ホワイト・ゴールド1キログラム」と書いた場合には、当事者の共通の主観的意味であるプラチナの売買契約が成立する。契約の解釈は表示主義（客観的意味）の原則に従ってなされるべきであると、一般にいわれるが、当事者が共通の主観的意味を与えているときは、その例外となるわけである。

第2に、共通の主観的意味を確定できない場合は、**表示の客観的意味を**

確定しなければならない。その確定にあたっては、当事者の用いた表示手段（言語・動作等）が、当該事情のもとで、慣習・取引慣行や条理に従って判断した場合に、相手方または一般社会によってどのように理解されるか、を基準とする。もっとも、学説の中には、契約当事者のいずれかが意図していた意味に解すべきであって、客観的解釈の名のもとに両当事者とも考えていなかった第3の意味を表示に与えるのは適当でないという主張もある（磯村）。客観的解釈から出発しても例外を認めることになろう。

いずれの場合も解釈の指針として、法律行為の内容は、当該事情のもとで当事者が達成しようとしたと考えられる経済的・社会的目的に適合するように、確定されなければならない（例、譲渡担保と売渡抵当の区別に関する大判昭和8・12・19民集12-2680）。判例は、このような解釈の指針に基づき、契約が矛盾する条項を含むときは、当事者の目的に照らして統一的に解釈すべきであるとしたり（大判昭和4・12・26新聞3081-16）、また、なるべく有効となるように解釈すべきであるとする（大判大正3・11・20民録20-954）。

* **慣習による狭義の解釈**　新潟市のY会社が仙台のXに大豆粕を売った契約書には「塩釜レール入り」で引き渡す旨の文言があった。そこで第1に問題となったのは、その文言の意味である。Yが目的物を引き渡さないことからXY間で紛争が生じ、売主Yがこの文言を、代金と目的物の引渡場所を定めたもので、同時履行の関係を変更するものではないと主張したのに対して、裁判所は、これは売主Yが目的物をまず塩釜駅に送付し、代金は同駅に到着してから受領する趣旨の商慣習であると解した（売主に先履行義務がある）。第2に、慣習の適用が問題となった。Yが、このような慣習があったとしても当事者がこれによる意思を有していたことをXが証明しない限り、慣習を適用できないと主張したのに対して、大審院は、当事者がその慣習の存在を知りながら反対の意思を表示しないときは、これによる意思を有するものと推定すべきだとした（**大判大正10・6・2民録27-1038〔百選7版Ⅰ-19〕**）。判決は、92条の問題として解決したわけであるが、この事件では当事者が契約で用いた文言の意味を確定（狭義の解釈）するにあたって慣習を参考にしたにすぎず、当事者が定めなかった問題について92条に基づき慣習を適用したものではない。

** **例文解釈**　約款などのように書面化された契約の一部の条項を、単なる「例文」であって当事者がそれに拘束される意思がないことを理由に、その拘束力を否定する方法が例文解釈と呼ばれている。たとえば下級審の裁判例の中には、旧借地法制定前の事件であるが、建物所有のための借地契約で5年という短期の存続期間を定めたのを、例文であるから当事者はそれに拘束される意思がないも

のとし、むしろこれを地代据え置き期間であると解釈したものや（たとえば、東京控判大正 8・12・5 評論 8 民1328）、賃料を 1 回でも延滞した場合は無催告で解除しうる旨を定めた契約条項を例文であるとして拘束力を否定したものがある（東京高判昭和31・8・17下民7-8-2213など）。また、最近では、借家契約書に不動文字で書かれた、天災等による契約終了の場合の敷金不返還特約を、例文であってそれに拘束力を認めることは当事者の合理的意思に反するとしたものがある（大阪地判平成 7・2・27判時1542-104）。

　このような例文解釈の法的な意味をどのように解するかが議論されている。第 1 に、これを（狭義の）契約の解釈の問題ととらえることが可能である。契約書のある条項にある表示が用いられているが、当事者はその意味を文字通りにではなく、それとは違う意味に用いていたということがいえれば、これは契約の解釈の問題である（先の例では、「地代据え置き期間」と解釈する）。第 2 に、当事者がその条項に拘束される意思を有していたか否かの問題であるととらえることもできる（比較的多くの裁判例がこの立場か）。第 3 に、契約当事者は当該条項を含めてやむを得ず契約書に署名したという意味では、それを契約内容とする意思を有していたが（契約を締結するためにやむを得ないという程度の弱い意思）、その条項の内容が信義則に照らして不適切であるときに、その効力を否定することが例文解釈という名で行われている場合もある。これは、解釈というよりは裁判官による契約条項の改訂である（修正的解釈）。

〈**参考文献**〉　沖野眞已「いわゆる例文解釈について」星野古稀記念論集上巻所収（1996年）

　　(ii)　補充的（契約）解釈　　当事者の表示ないし具体的事情から導くことができない部分について、当事者間で紛争が生じた場合には、裁判官は何らかの方法で、空白部分を「補充」して解決しなければならない。学説はこれを「補充的解釈」と呼んでいるが、前述のように、単なる表示の「意味の確定」ではなく、「意味の持込み」である。そこで問題となるのは、第 1 に、裁判官にはなぜ「意味の持込み」が許されるのか、第 2 に、「意味の持込み」はどのような基準でなされるべきか、第 3 に、補充的解釈における「意味の持込み」と法規（任意規定）の適用とは同じか否か、である。

　第 1 点については、狭義の契約解釈が裁判官の権能に属することは異論がないが、補充的解釈が「意味の持込み」であるとすると、これは当然に認められるわけではない。信義則上、裁判官に補充的解釈をする権限が認められていると考えるのが適当であろう（ドイツ民法157条が参考になる）。

　第 2 点は、従来から補充的解釈における基準として議論されているとこ

ろである。一般には、慣習、任意規定、条理の順で基準とすべきであると
されている。しかし、契約が私的自治を実現するための手段であるならば、
慣習・任意規定などを問題とする前に、できるだけ当事者の意図に近い解
決をすべきである（明確な意図は示されていないのであるが、当事者が補充すると
したら、どのように補充したであろうかを考える）。これを**信義則による補充的契
約解釈**とでも呼ぶのが適当である（この結果、契約が慣習や任意規定と異なる内
容になることがあるが、それが認められるのは、当事者の仮定的な意思に近いと考えら
れるからである）。このような作業ができない場合に、初めて慣習による
「補充」、それもできない場合に任意規定による「補充」が行われる。任意
規定もない場合には、条理による。しかし、これらは、当事者の意図を推
測して行われる「補充」（信義則による補充的解釈）と異なり、むしろ法規の
適用に近い。

　そこで、第3点が問題となる。すなわち、補充的解釈と任意規定適用と
の関係である。思うに、当事者の意思を推測する手がかりがないために、
任意規定が参照される場合には、これはもはや契約解釈による補充ではな
く、**任意規定の適用**であると考えるのが素直であろう。任意規定もない場
合に、条理によって解決するときも、条理から導かれる法の一般原則を法
規として適用していると考えるべきである。これらについては「補充的解
釈」と呼ばないようにするのが適当である。

　　＊　**補充的契約解釈と任意規定の適用との違い**　　当事者が契約に明確に規定しな
　　かった事柄であっても、契約の他の部分を手がかりに補充することができる場合
　　がある。たとえば、ＡＢ間の契約において、Ａの義務違反によってＢに生じた損
　　害の賠償範囲については、契約中に明文で直接的な損害に賠償範囲を限定したが、
　　Ｂの義務違反によってＡに生じる損害の賠償範囲については特に契約で規定しな
　　かったとする。この場合、現実にＢの義務違反が生じたらどのように解決すべき
　　か。当事者が契約で定めなかったとして、任意規定の民法416条を適用して解決
　　するのが1つの方法である（その結果、「相当因果関係」で賠償範囲が決まる）。しか
　　し、いきなり任意規定に行かないで、できるだけ契約の他の部分に手がかりを求
　　めて、契約の空白部分を補充することが考えられる。この例では、Ａの義務違反
　　による損害賠償の範囲については、明示の契約条項で直接損害に限定したのであ
　　れば、この条項を手がかりに当事者の意思を推測して、Ｂの義務違反による損害
　　賠償の範囲についても、当事者は特に区別して扱うつもりではなかったとして、
　　直接損害に限定する、という解釈が可能である。これが補充的契約解釈である。

〈参考文献〉 山本敬三「補充的契約解釈(1)―(5)」法学論叢119巻2号以下（1986年）

　　　①慣習　　権利義務に関する慣習は、当事者の取決めのない事項について、当事者の意思を補充する（民法92条、法適用通則3条）。もっとも、それは、「公の秩序に関する規定」（強行規定）に反するものであってはならない[2]（法適用通則3条、民法92条）。問題は、「公の秩序に関しない規定」（任意規定）が存在する場合の慣習の扱いである（任意規定さえも存在しない場合には、慣習が適用されることに問題はない）。この点については、民法92条が「当事者がその慣習による意思を有しているものと認められるときは、その慣習に従う」と規定する。慣習が任意規定に優先して補充的解釈の基準となるのは、慣習は任意規定よりも当事者にとって身近な行動基準だからである。

　慣習を根拠に補充的解釈をするために、92条は、「当事者がその慣習による意思を有しているものと認められるときは」という条件を付している。その意味については、当事者がその慣習によるという積極的な意思を表明していることが必要であると解することも不可能ではない。しかし、学説・判例とも、普通その慣習による意思をもってなすべき地位にあって取引する者は、特に反対の意思を表明しない限り、慣習による意思があったものということができる、と解している[3]。前者のように解すると、慣習が意思表示の内容となり、92条は91条と重複して無用の規定となるうえ、実質的に考えても、当事者は自分たちにとって最も身近な慣習を前提に行動するから、当事者が慣習によることを特に排除しない限り、慣習に当事者の意思を補充する役割を営ませるのが適当だからである。

　＊　**民法92条と法の適用に関する通則法3条との関係**　　法の適用に関する通則法3条と民法92条の関係をどのように考えるかは民法学上の難問である。法の適用に関する通則法3条は、「慣習は……法令に規定されていない事項に関するものに限り、法律と同一の効力を有する」と規定しており、慣習が任意規定にも劣後するような表現をとっているのに対して、民法92条は慣習を任意規定に優先させ

2）　例、大判大正5・7・17民録22-1395は、特殊な質権に関する慣習は民法343条などの強行規定に反するので適用されないとする。

3）　例、旧借地法施行前の東京市およびその近郊における地代値上げ慣習に関する大判大正3・10・27民録20-818は、任意規定の存しない場合に関するが、92条のリーディング・ケースとなった。

ている。この矛盾を解決するために、通説は、法の適用に関する通則法3条の「**慣習**」は**慣習法**（法的確信ないし義務意識を伴う慣行）であり、民法92条の「**慣習**」は**事実たる慣習**（法的確信ないし義務意識を伴わない慣行）である、というように区別する。その結果、優先順位の高いものから低いものへと並べると、事実たる慣習―法令（任意規定）―慣習法という順になる。しかし、それでは規範性の強い慣習法が任意規定に劣り、規範性の弱い事実たる慣習の方がかえって任意規定に優先するということになって、矛盾はいっそう激化する。そもそも、両条とも単に「慣習」というにすぎないし、それに、「法律と同一の効力」を与えられる慣習（法適用通則法3条）も、法律行為の補充的解釈の基準となる慣習（民法92条）も、ひとしく、権利義務に関するものであり、そして義務意識をもって慣行されるものでなければならないのであるから、通説のように両者を区別することはできない。したがって、実質的には両条は衝突すると考えざるをえないのである。それでは両者の関係はどのように考えるべきか。法の適用に関する通則法3条が制定法一般に対する慣習の補充的効力を認めるのに対して、民法92条は、特に私的自治の認められる分野（そこでは当事者の意思が任意規定に優先する）に関して、慣習に任意規定に先んじて法律行為の補充的解釈の基準となる効力を認めるものと解するのが、最も素直な解釈であろう（民法92条は法適用通則法3条の特則）。

〈**参考文献**〉　星野英一「編纂過程から見た民法拾遺――民法92条・法例2条論」民法論集1巻所収（1970年）、来栖三郎「いわゆる事実たる慣習と法たる慣習」鈴木古稀記念上巻所収（1975年）

　　　　②**任意規定**　　　民法は、以上の操作によってもなお明らかにならない部分を補充するために、当事者の意思の推測に基づき、あるいは立法者の価値判断を加えて、任意規定と呼ばれる一群の法規を作っている。それは、強行規定と異なり、「公の秩序に関しない規定」であり、当事者の意思によって排除することができる（民法91条）。任意規定は、アメリカなどではデフォルト・ルールなどとも呼ばれ、当事者が契約によって自分たちの法律関係を規律しなかった場合に、最後に依拠すべき内容と考えられている。これに対して、わが国の任意規定は、当事者の意思によって排除（信義則により当事者の意思を推測する場合も含む）されるとはいえ、やはり法規であり、任意規定による補充とは、任意規定を適用することであると考えるべきであろう。

　＊　**任意規定の半強行法規性**　　　任意規定の中には、売買契約における瑕疵担保責任の規定のように、内容的に強い合理性に支えられた規定があり、契約当事者が実質的な交渉に基づいて明確にその適用を排除しない限り、適用されると考えら

れるものがある。このような規定は、強行規定（当事者の合意で排除できない）と任意規定（合意がありさえすれば排除できる）の中間的性格を有するので、「半強行法規」などと呼んでいる。この議論は、ある種の任意規定を約款（一方的に作成される約款は実質的な交渉で合意されるものではない）では簡単に排除できないとする結論を導く点に意味がある。

③条理（信義則）　条理（信義則）は、いろいろなレベルで使われるが、当事者の意思も明確でなく、慣習、任意規定もないような問題については、裁判官は条理を用いて裁判をすることになる。

＊　**条理と信義則**　条理と信義則との関係は明確でない。　(a)　条理は、一般には法律の規定がない場合の法源として使われる。明治8年太政官布告103号は、このような法源としての条理を定めたものである。法典が十分制定されていなかった明治初期には、これに基づき条理に依拠した裁判がなされた。条理の具体的中身については、自然法上の原理を考える立場（梅）と、外国の法典などを考える立場（多数説）があった。その後、民法典、商法典などの整備が進むにつれ、条理を根拠にしないと裁判ができないという事態は著しく減少し、現在ではかなり特殊な場合にしか裁判で条理に言及されることはなくなった（国際私法で準拠法に指定された国の法律の中身が日本の裁判所にわからない場合などに条理で裁判するのが一例）。もっとも最近は、不当な契約条項の効力を否定する際の基準として条理を援用する判決も見られる（神戸地判平成7・3・28判時1550-78。ダイヤル Q^2 に関するＮＴＴの約款の拘束力を否定する際に信義則とともに、不条理であることを挙げる）。これも法源としての条理が使われる場合といえよう。

(b)　信義則は、もともと義務の履行に関する原則として認められていたものが、次第にその適用範囲・機能を拡張し、契約などで設定された権利義務の内容の改訂にも使われるようになった（約款における不当条項の規制に信義則を使う立場）。さらには、権利義務を作り出す機能まで有するようになった（契約交渉中でまだ契約関係にない者の間で一定の義務を定立し、その義務違反を理由に損害賠償責任を負わせるいわゆる「契約締結上の過失」論は、このような拡張された信義則の機能に依拠している）。不当条項規制や権利義務設定に使われる信義則は、いわば法源として機能しているのであり、この場合には条理と同じ意味である。

〈参考文献〉　杉山直次郎「明治八年布告第百三号裁判事務心得と私法法源」法協49巻9号—12号、50巻1号（1931—32年）、野田良之「明治八年太政官布告百三号の『条理』についての雑感」法協百年論集1巻（1983年）、大河純夫「明治八年太政官布告第一〇三号『裁判事務心得』の成立と井上毅㊀㊁」立命館法学205・206号、227号（1989—93年）

(iii)　**修正的解釈**　狭義の解釈によって確定した契約の内容が合理的でないと考えられる場合に、合理的な内容となるように内容を修正することが解釈の名において行われる場合がある。これを「修正的解釈」とい

う。解釈と呼んでいるが、これは実質的には**契約条項の修正**である。すなわち、一定の基準に従って**契約条項の効力を否定**し、それによって空白となった部分を**合理的な内容で補充**する作業が行われる（例文解釈はその一例と見ることもできる）。しかし、このような作業がどのような法的根拠で許されるのかが問題である。約款などで使われる不当な条項の規制の問題に関して議論されている。思うに問題は、2つに分かれる。第1は、修正的解釈の前半部分、すなわち契約条項の効力を否定する部分である。どのような法的根拠で、また、どのような基準で契約条項の効力を否定するのかである（公序良俗違反を援用すれば無効の法的根拠は明確だが、公序良俗違反とまでは言えない「不当な」条項がまさに問題となる）。任意規定の定める基準を一応合理的な基準と考えて、それからの逸脱については合理的な理由がない限り無効とする（任意規定の半強行法規化と呼ばれる現象）、あるいは信義則が一定の合理的基準を定めているので、信義則違反を理由に無効とするという根拠が考えられる。第2の問題は、無効によって空白になった部分をどのようにして補充するかである。任意規定があればこれにより、なければ信義則ないし条理を援用することになろう。

(3)　**単独行為の解釈**（特に遺言の解釈）　　遺言については、契約と異なり、相手方の信頼を考慮する必要があまりないので、できるだけ遺言者の真意を探求する解釈を行うことに問題がない。そこで判例は、遺言書の文言だけから形式的に解釈すべきではなく、できるだけ遺言者の真意を探求すべきであるという基準を立てている（最判昭和58・3・18判時1075-115）。ただ、真意を探るといっても、遺言においては、その内容の意味が問題となる時点では、遺言の作成者は死亡しており、その真意を確かめることができない。そこで、遺言作成の経緯などを考慮して判断すべきものとされる。また、遺言は無効になるとやり直しがきかないので、可能な限り有効になるように解釈するという指針も導かれる[4]。遺言以外の単独行為のうち、取消しや解除は、その中身が定型的であるので、あまり解釈が問題となることがない。一般論としては、取消し・解除は相手方の権利・地位に影響を与える

---

4)　**最判平成5・1・19民集47-1-1**〔百選7版Ⅲ-84〕は、遺言執行者を指定し「全部を公共に寄附する」旨の遺言の効力が問題となった事案。

ので、相手方の利益をも考慮して客観的な解釈をすべきであろう。

(4) **合同行為の解釈**　　社団設立行為は、それに基づいて設立される団体が対外的な活動をすることになるので、できるだけ客観的な解釈をすべきである。もっとも、社団設立行為の中身の多くは、その事項が法定されており（定款について一般法人法11条1項）、その内容が争いになることは少ない。定款で定める法人の「目的」については争いが生じる余地があるが（民法34条）、営利法人と非営利法人では利害状況が異なるので、一般的な議論はできない。一般的には、営利法人ではそもそも民法34条の適用がないとする説もあるくらいであり、「目的」を厳格に解するのは適当でない。しかし、非営利法人では目的によって法人の活動範囲を制限することにはなお意味がある。

(5) **法律行為の解釈は事実問題か法律問題か**　　判例は、法律行為の解釈を事実問題とすることが多いが（たとえば、大判大正10・5・18民録27-939）、証書の文字の解釈が経験則・信義則・取引の通念に反する場合については、法律問題であることを認めている（大判大正2・11・20民録19-983など）。証拠によって当事者の用いた言葉や客観的事情を確定するのは、事実問題であり、これらの事実に前述の解釈基準を適用して法的価値を有する法律行為の内容を明らかにするのは、法律問題である。前述した狭義の契約解釈は、事実問題の部分もあるが、法律問題となる場合もある。これに対して、補充的解釈および修正的解釈は法律問題と考えるべきである。事実問題か法律問題かを論じる意義は、法律問題である場合には上告受理の申立てができる点にある（民訴法318条）。

第2節 意思表示

第1款 意思表示の意義

1 意思表示と法律行為

意思表示と法律行為（契約を念頭に考える）の関係はわかりにくい。意思表示は契約などの法律行為を構成する要素である、と一般に考えられている。法律行為＝意思表示ではない。このことを説明するために、契約の成立の場面の問題と、成立した契約の内容は何かを確定する場面の問題とに分けて考察してみよう。

契約の成否を検討する場面では、たとえば売買について考えると、「売主の意思表示」と「買主の意思表示」の「合致」によって、売買契約（法律行為）が成立するという判断をする。この場面では、法律行為と意思表示の違いは明確である（次頁図参照）。しかし、これに対して、契約の内容は何かを問題とする場面（契約内容の確定）では法律行為と意思表示の区別が曖昧である。契約内容の確定とは、契約内容が一義的に明らかでないときに、これを確定する作業であり、「契約の解釈」によって決まるとされている。しかし、これを当事者の「意思表示の解釈」の問題であるといってはいけないのだろうか。

本書の立場は、次のようなものである。契約が成立したか否か、すなわち、意思表示の合致があったか否かは、各契約当事者の意思表示が何であったか、によって判断される。換言すれば、「意思表示の解釈」によって判断される。その結果、両当事者が異なる意思表示を有していた場合には、契約は成立しない。これに対して、成立した契約の内容の確定、すなわち契約の解釈は、各契約当事者の「意思表示」ではなく、合意によって作成された「契約（＝法律行為）」のレベルで考えるべきである（作成された契約書などを解釈する）。

このような立場に対して、契約の問題は、結局は、意思表示の問題に還元されるから、契約内容の確定（契約解釈）に際しても、意思表示だけを問題にすればよいという考え方もある（意思表示理論の提唱者であるドイツの

サビニーは、意思表示と法律行為を区別しなかった)。契約解釈の方法論については、いろいろな考え方が主張されているので、詳しくは後述する。

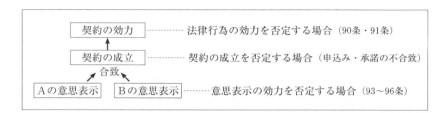

このように、意思表示と法律行為の関係については、明確でないところがあるが、意思表示と法律行為（契約など）は、異なるレベルを問題としていると考えるべきである。両者の区別に関しては、次の点が重要である。

第1に、意思表示の主たる機能は、法律行為の要素となることで、「法律行為の拘束力の根拠」を説明しようとするものである。すなわち、瑕疵のない意思表示をした者は、成立した契約（法律行為）によって拘束される。しかし、瑕疵ある意思表示をした者は、契約の拘束力を否定できる、ということになる。これに対して、法律行為は、その内容的な側面が問題となる（どのような内容の契約が成立したか、それは許される内容か、など）。民法は、意思表示に関する規定（心裡留保（93条）、虚偽表示（94条）、錯誤（95条）、詐欺・強迫（96条)）と、法律行為に関する規定（公序良俗（90条）、強行規定（91条)）とを分けて規定しているが、これも以上の点と関係がある。93～96条は、まさに意思表示の効力を否定し、そのことによって契約の拘束力を否定するための規定である。これに対して、90条および91条は、成立した契約の内容が許容されるか否かを問題にしており、拘束力を問題にしているわけではない。

第2に、これを別の観点から見ると、法的効果を発生させるのは法律行為（契約）であって、意思表示は法律行為（契約）の拘束力を、表意者との関係で正当化する要件にすぎない、といえる。換言すれば、意思表示から直接法的効果が生じるのではなく、法律行為（契約）から生じると考えられている。契約ではこのことは明らかであるが、遺言などの単独行為では意思表示即法律行為であるかのように見えるために、意思表示そのもの

から法的効果が発生するように見える。しかし、遺言が効力を有するためには、真意の表明があるというだけでは足りず、民法が定める一定の「方式」が要求される（自筆証書遺言、公正証書遺言、秘密証書遺言）。その意味で、ここでも「意思表示」レベルと「法律行為」レベルを分けて考えることができる（遺言者の意思表示は、方式を伴って初めて法的効力の生じる法律行為としての遺言になる）。

第3に、以上の点と関連するが、意思表示は、契約が各当事者に対して拘束力が生じるための要件であるから、契約の各当事者が充たすべき要件である。

2　意思表示の構造

(1)　効果意思・表示意思・表示行為　従来、意思表示は意思主義の見地から心理的に分析され、それは、ある「動機」に導かれ、「効果意思」「表示意思」「表示行為」の三段階を経て成立するものとされてきた。「効果意思」（単に「意思」という場合がある）は法律効果を発生させようという意思であり、「表示意思」は効果意思を外部に発表しようという意思である。また、「表示行為」（単に「表示」という場合がある）は、発語や書面などによる効果意思の外部的表明であるが、それは言語とは限らず、手振りなどの動作でもよい。たとえば、オークションでは、値をせり上げるときには、頷いたり、手を挙げたりするが、これも表示行為である。また、一定の状況のもとでは沈黙が特定の意味をもつことがあり、これは黙示の表示行為である。

(2)　意思主義・表示主義　意思表示を構成する諸要素のうち、どれを重視するかによって、意思主義（内心の意思を重視）と表示主義（表示行為を重視）の立場に分かれる。もっとも、いずれの立場でも、最低限、外部

的に示された表示行為はなければならない。意思表示はコミュニケーションのための社会的行為であるから、表示行為がなく、意思が内心にとどまっているだけならば、これに法的な意味を与える必要がないからである。しかし、その先は、意思主義と表示主義で異なる。内心の意思を重視する意思主義からは、内心の効果意思と表示意思の両方がなければ、意思表示は成立しないと考える（もっとも、意思主義の立場でも効果意思があれば十分で、表示意思が欠けていても意思表示としては有効とする立場も考えられる）。これに対して、表示主義の立場からは、そのいずれも不可欠ではなく、相手方にとって表意者が法的効果の招来を意欲したと取引観念上考えられるような表示行為があれば、意思表示は成立する。内心の意思は、相手方にはわからないのが通常であるから、それが欠ける場合にも、表示行為から推断される効果意思（表示上の効果意思）を効果意思として意思表示は成立すると考える。その上で、それが表意者の真意と食い違っている場合には、錯誤などの意思表示の効力を問題とするのが妥当であるとする。

* **内心の効果意思の意味**　　意思とは、表意者が一定の「法的効果を意図」している意思であるが、単なる道徳的・社交的関係を欲するにすぎないとき、あるいは意図はあってもそれが法的効果を意図する程度に達していないときは、効果意思があるとは判断されない。単に相手方女性の歓心を得ようとして相当額の金銭を贈与する約束をしても、法的効果が生じることまで意図していない場合には、効果意思が認められない。大判昭和10・4・25新聞3835-5〔カフェー丸玉事件〕は、そのような事件である。詳しくは、228頁参照。

** **表示意思は必要か**　　(i) 挙手がより高い値段での競売の申込みを意味するワインの競売場の参加者が友人に挨拶するつもりで手を挙げたという場合に、申込みとしての効力が生じるか（トリアーのワイン競売。トリアーはモーゼル・ワインの中心地）。この場合には、そもそも表示行為もないとすることも考えられるが、仮に表示行為はあるとしても、効果意思がないので、錯誤の問題として処理することもできる。

(ii) 売主Aが相手方Bに自己所有の山林を売るつもりで、売買の申込みを手紙に書き、封筒に宛名まで書いて机の上に置いておいたところ、家人が切手を貼って投函してしまった場合は、申込みとしての効力が生じるか。この例では、Aの売るという意思は固まっていたとすると、表示意思のみがない。表示意思を意思表示の必須の要素とすると、この場合には意思表示としての効力が生じない。しかし、相手方からすれば、到達した手紙（表示行為）が完全であり、しかも効果意思もあるのに、投函するつもりがなかったというだけで、申込みを無効とされては予想外の不利益を受けるので、適当でない。表示意思は不要であると解するのが適当であろう。

3　意思表示の成立・内容・効力

　既に述べたように、意思表示は、「動機」に導かれ、「効果意思」「表示意思」「表示行為」によって成立する。そして、意思表示の成立が認められると、次に、意思表示の内容を確定することが必要となる。これを意思表示の解釈という。具体的には、「表示行為」（発せられた言葉、文章など）から出発して、そこに表れた「効果意思」を明らかにする。これを「表示上の効果意思」と呼ぶ。表示上の効果意思は、あくまで「表示行為」から推測される「効果意思」であり、表意者の真意（「動機」ないし「内心の効果意思」）と異なることがある。その食い違いが大きい場合には、意思表示の効力が否定される（無効または取消し）。民法は、この食い違いの仕方を2つに分ける。第1は、「**意思の不存在**」（従来は「意思の欠缺」といっていたが、民法の現代語化によって、このように呼ぶことになった。民法101条参照）といわれる場合で、「表示行為」に対応する「内心の効果意思（内心的効果意思）」がない場合である。錯誤（95条）が代表例であるが、心裡留保（93条）、虚偽表示（94条）もこれに属する。これらの場合には、意思表示は無効になる（改正民法の新95条で、錯誤の効果は取消しになった）。第2は、「**瑕疵ある意思表示**」といわれる場合で、「表示行為」に対応する「内心的効果意思」はあるが、内心的効果意思を形成する際の「動機」に他人の詐欺・強迫が作用したために、やはり意思表示の効力を維持するのが適当でないものである。民法は、詐欺・強迫による意思表示として、表意者がこれを取り消すことができるものとしている（96条）。

第2款　意思表示の効力

第1　心裡留保・虚偽表示

1　心裡留保（93条）

〔1〕　**意義**　　表意者が、表示行為に対応する真意のないことを、知りながらする単独の意思表示を、心裡留保（mental reservation）という。たとえば、本当には贈与する意思がないにもかかわらず、贈与の約束をするような場合である。相手方からの贈与の履行請求に対して、真意でない約束

をした当事者が自分の意思表示は心裡留保によるもので、相手方もそれが真意でないことを知っていたか、知り得たはずだから約束は無効だと争う（現93条但書）、という形で問題となる。しかし、このような典型的な心裡留保が問題となることはあまりなく、実際に裁判で争われるのは、現93条但書が類推適用される場合が多い（後述）。

▶ ［改正民法］

心裡留保に関しては、大きな改正はないが、現93条但書の表現が改正されたほか、心裡留保が無効となる場合に、善意の第三者との関係ではその無効を善意の第三者に対抗できない旨の規定が新93条2項として新設された。

> **新93条1項** 意思表示は、表意者がその真意でないことを知ってしたときであっても、そのためにその効力を妨げられない。ただし、相手方がその意思表示が表意者の真意ではないことを知り、又は知ることができたときは、その意思表示は、無効とする。
> **2項** 前項ただし書の規定による意思表示の無効は、善意の第三者に対抗することができない。

1項但書の改正は、従来もこのように解されてきたので、実質的な変更ではない。また、新設の2項についても、これまでは94条2項の類推適用をして、「善意の第三者に無効を対抗できない」とするのが通説であったので、これも実質的な改正ではない。なお、現行法のもとで、権限濫用（代理権濫用）については、現93条但書を類推適用するのが判例・通説であったが、代理権濫用に関する新107条で対処することになった。後述、358頁参照。

(2) **効力**　　(a) **93条本文（新93条1項本文）**　　心裡留保の意思表示は、原則として有効である（「その効力を妨げられない」）。心裡留保としてなされた意思表示は、表示に対応する効果意思がないのであるから、意思表示理論からすると本来無効となるはずである。しかし、表意者が、自分の意思表示が真意でないことを知っている以上、表意者を保護する必要がなく、また、無効にすることで取引の安全を害することに配慮して、むしろ原則有効とした（93条本文）。

(b) **93条但書（新93条1項但書）**　　しかし、相手方が「表意者の真意を知り、又は知ることができたとき」は、相手方を保護する必要はないので、表意者の真意に従って、その意思表示を無効とする（93条但書）。ここで要求される相手方の認識・認識可能性の対象が何かについて、現行民法は、文言上は「表意者の真意を知り」となっているので、心裡留保の意思表示

が「真意でないこと」を知るだけでは足りず、本来の「真意は何か」まで知らなければならないかのような意味にとれるが、通説・判例はそのようには解しておらず、「真意でないことを知る」あるいは「知ることができた」ことでよいと解してきた。そこで、改正民法の新93条1項但書は、このような一般的に理解に合わせて文言を修正した。相手方が表意者の意思表示が真意でないことを知っていたこと（＝悪意）または知ることができたこと（＝知らないことについての過失）は、無効を主張する表意者が証明しなければならない。

(c) **第三者との関係**（新93条2項）　　この証明に成功して表意者が相手方に対して無効を主張できる場合であっても、この無効は善意の第三者（たとえば相手方からの転得者）には主張できない（現行法のもとでは94条2項の類推適用で解決）。改正民法93条2項は、この点を明文化した。従来と実質的な変更はない。

(3)　**93条の適用範囲**　　(a)　**本来的適用場面**　　(i)　YがXに贈与する真意がないにもかかわらず、贈与の約束をしたような場合である（例、東京高判昭和53・7・19判時904-70）（書面によらない贈与は、未履行部分について撤回できるので（現550条）、ここでは話を簡単にするために書面による贈与の場合を考える）。ここで受贈者XがYの贈与約束の履行を請求すると、Yが自分のした贈与約束（意思表示）は心裡留保によるものであり、XはYの意思表示が真意でないことを知っていたか、知ることができたから、無効であると主張することになる（93条但書、新93条1項但書）。これはXの請求原因に対するYの抗弁となる。したがって、相手方Xの悪意または過失の証明責任は、無効を主張する表意者Yの側にある。表意者Yが相手方Xの悪意または過失を証明できたときは、表意者Yの意思表示は無効となり、契約の効力が否定される（意思表示が無効なときに契約が「不成立」になるのではなく、契約の効力が否定されるにすぎないと解されていることについては、222頁を参照。なお、上記東京高判昭和53・7・19は、「契約が無効」になるという）。相手方の悪意または過失が証明されない場合は、意思表示の効力は否定されないので契約も有効となる（実体法的には、93条本文で有効となる）。

(ii)　心裡留保は、意思表示に関する規定であるから、契約、単独行為、合同行為を問わず、それらの構成要素である意思表示について適用さ

228　第2編　総　　則

れる。

　しかし、相手方のない単独行為（財団法人設立行為など）では、93条但書
の適用される余地がないので、常に有効になる（93条本文）、と解されてい
る。もっとも、相手方のない単独行為であっても、共有者の１人Ａが持分
権の放棄を、放棄によって利益を受ける他の共有者Ｂとの通謀によって、
仮装した場合には、通謀虚偽表示に関する94条１項を類推適用して無効と
することができるとするのが判例である（最判昭和42・6・22民集21-6-1479は、Ａ
がＢの相続人に対して持分放棄の無効を主張した事件で、単独行為である放棄に94条が適用で
きるか問題となったが、類推適用を認めた）。この場合に、93条但書（新93条１項但書）
は類推適用できないのか。通謀虚偽表示の規定が類推適用できるような場
合であれば、93条但書（新93条１項但書）の「相手方」（厳密にはＢはＡの放棄の
意思表示の相手方ではないが）が存在するとみて類推適用することができると
考えるべきであろう（通謀虚偽表示〔94条１項〕と心裡留保〔93条但書〕の関係について
は、232頁参照）。

＊　**真意に基づかない贈与約束と自然債務**　　真実は贈与する意思がないにもかかわ
らず、誰かに贈与の約束をするということは、世の中で時々ある。かつて大審院に
までいった「カフェー丸玉事件」というものがある（大判昭和10・4・25法律新聞
3835-5）。男性がカフェー丸玉という酒場の女給と親密になろうとして、この女性
が独立した場合の資金として400円（現在の50万円くらい）を贈与する約束をしたの
で、女性が約束の履行を求めたという事件である（書面によらない贈与であれば民法
550条で取り消せるところ（新550条では解除）、被告男性がそのような主張をしなかったの
は書面があったからかもしれないが、詳細な事実は不明である。あるいは、原告女性の請
求は、この贈与約束を準消費貸借の目的としたとして、貸金返還を請求するというもので
あるので、もはや履行があったと考えられたのかもしれない）。原審が女性の請求を認容
したのに対して、大審院は、「縦シヤ一時ノ興ニ乗シ被上告人ノ歓心ヲ買ハンカ為
メ判示ノ如キ相当多額ナル金員ノ供与ヲ諾約スルコトアルモ之ヲ以テ被上告人ニ裁
判上ノ請求権ヲ付与スル趣旨ニ出テタルモノト速断スルハ相当ナラス。寧ロ斯ル事
情ノ下ニ於ケル諾約ハ諾約者カ自ラ進テ之ヲ履行スルトキハ債務ノ弁済タルコトヲ
失ハサラムモ要約者ニ於テ之カ履行ヲ強要スルコトヲ得サル特殊ノ債務関係ヲ生ス
ルモノト解スル」として、被告男性の上告を容れ、原判決を破棄し、差し戻した。
大審院は、債務者の任意の履行は認めるが、裁判上の請求権は認めない、という
「自然債務」の考え方で解決した（上記法律新聞3835号５頁の解説は「講学上所謂自然
債務の代表的なものが１つ出来た」と説明している）。このような解決方法と93条但書
を用いた上記東京高判昭和53・7・19の解決方法とを比較をしてみよう。

93条但書を適用する場合には、相手方に悪意または過失があることが証明されたときは、①表意者の意思表示が無効となり（したがって、表意者と相手方の法律行為も無効）、②表意者は未履行部分の給付を履行する義務がなくなり（相手方には任意の履行請求権もない）、また、③既に履行した給付があれば、その返還を請求できる。

これに対して、自然債務で解決する場合には、①表意者と相手方の法律行為は有効であるが、ただ、その効力が弱いだけであり、②相手方は表意者に対して裁判外での任意の履行を請求できるが、裁判上履行を請求することはできない。しかし、③表意者が任意に履行した行為は、弁済として有効であり、表意者はその返還を請求できない。

(iii)　93条は、婚姻等、当事者の真意を必要とする身分上の法律行為については適用がない（最判昭和23・12・23民集2-14-493は、養子縁組について適用を否定）。その結果、真意に基づかない行為は常に無効となる。古い裁判例には、認知届について93条本文を適用して有効としたものがあるが（大阪控判明治42・7・8新聞592-13）、本条を用いることは疑問である（むしろ、認知の特殊性を考慮する必要があり、真実親子関係があるならば、真に「認知する意思」がなかったとしても、認知届を出した以上有効と考えるべきである）。

会社法211条1項（募集株式の引受け）・一般法人法140条1項（一般社団法人の基金の引受け）は、法人財産拠出の約束について、93条但書（新93条1項但書）の適用を排除している。すなわち、株式の申込みや一般社団法人の基金拠出の申込みをした者は、それが真意に基づいておらず、かつ、他の発起人や拠出者もそれを知っていても、93条但書（新93条1項但書）に基づいてその意思表示の無効を主張することができない。これら法人財産拠出の約束が93条但書（新93条1項但書）によって無効とされると、一旦成立した法人にあってはその財政的基盤を弱体化させて法人に対する債権者を害するからである。まだ設立手続の進行中の段階では他の出資者全員が心裡留保を知っていた場合には無効の主張を認めてもよさそうであるが、設立中でも多くの利害関係者がいる可能性があるので、やはり93条但書（新93条1項但書）の適用は排除されるべきである。明文の規定はないが、一般財団法人の財産拠出行為についても、93条但書は適用されないと考えるべきであろう（一般法人法165条は、法人設立後の錯誤による無効・詐欺・強迫による取消しの主張を排除しているが、民法93条但書（新93条1項但書）については会社法の規定と異なり触れていない。しかし、財団設立行為については、相手方のない単独行為であるという形

230 第2編 総 則

式的理由によって93条但書が排除されると考えることもできる)。

(b) **類推適用** 現行93条のもとでは、本条が代理人の権限濫用の場合に類推適用されるというのが判例・通説である。判例は、代理人または法人の代表理事・会社の代表取締役が、自己の利益を図る目的で、代理権を行使した場合に、本条但書の類推適用により、相手方が代理人の権限濫用を知りまたは知ることができたときは、本人は無効を主張しうる、という結論を導いている (**最判昭和42・4・20民集21-3-697〔百選7版Ⅰ-26〕**)。**改正民法**では、代理権濫用に関する新107条「代理人が自己又は第三者の利益を図る目的で代理権の範囲内の行為をした場合において、相手方がその目的を知り、又は知ることができたときは、その行為は、代理権を有しない者がした行為とみなす」という規定が新設された。改正民法施行後は、代理権濫用事例については、新107条が適用され、新93条1項但書が類推適用されることはなくなる (代理権濫用については、358頁を参照)。しかし、それ以外の場面で新93条1項但書を類推適用することが否定されたわけではない (単独行為への類推適用など)。

＊ **代理人の権限濫用と現93条の類推適用による解決** (ⅰ)法人の代表理事は包括的な代理権を有するので、定款などで制限されていない限り、法人のために金銭を借り入れることができるが、その理事が借り入れた金銭を法人のためにではなく自己の遊興費に使う意図をもっていた場合には、相手方からの金銭借入行為 (代理行為) の効力はどうなるか。

このような場合の解決としては、①第1に、そもそも代理人が自己の利益を図る意図を有する場合には、代理権がないとして無権代理の問題とすることが考えられる。この方法によるときは、無権代理行為は無効であるから、相手方は、原則として本人 (法人) に対して消費貸借が有効であることを理由に貸金の返還を請求できない。ただし、善意無過失の相手方の保護は表見代理で図ることになる。

②第2の解決方法として、代理人が自己の利益を図る行為も**客観的には代理権の範囲内**であるとした上で (したがって、原則有効)、相手方が代理人の権限濫用の意図を「知りまたは知ることができた」ときは、現93条但書を類推適用して無効とする、ことが考えられる。

判例・通説は、第2の方法による解決をしている。代理人は、本来は本人の利益のために意思表示 (代理行為) をするのであるが、代理権濫用の場合には、代理人は「形式的には権限内」で有効な意思表示をしている。しかし、本人の利益のために意思表示をしているのではないので、表示された意思 (代理行為) に対応する代理人の真意 (代理人自身または第三者の利益を図るという意思) が食い違っており、か

第4章　私権の変動　　第2節　意思表示　　*231*

つ表意者（この場合は代理人）はその食い違いを知っているので、心裡留保と類似するとして、現93条但書を類推適用するのである。もっとも、判例の立場に対しては、権限濫用行為を完全に有効とした上で、相手方に悪意または重大な過失がある場合にのみ、信義則を根拠に、相手方は行為の有効性を主張できないとする説も主張されている（前掲最判昭和42・4・20における大隅裁判官の意見）。この説によると、相手方に軽過失しかない場合は、権限濫用行為は有効とされるので、通説・判例の立場よりも取引の安全が図られることになる。

　(ii)代理権濫用の場合に、現93条但書の類推適用で解決する判例としては、最判昭和38・9・5民集17-8-909（会社の代表取締役が会社の建物を売却した事案）、前掲最判昭和42・4・20（会社から買入れについて代理権を与えられていた従業員が自己の利益を図る目的で材料を相手方から購入し、相手方から会社が代金支払を請求された事案）、**最判平成4・12・10民集46-9-2727〔百選6版Ⅰ-26〕**（親権者が子の利益を無視して自己または第三者の利益を図ることのみを目的として、未成年者を代理する行為をした場合には、代理権の濫用になるという一般論を示したが、当該事件の解決としては代理権の濫用はなかったとした）などがある。なお、改正民法107条を参照。

2　虚偽表示（94条）

(1)　**意義**　　相手方と通じて行った真意でない意思表示を虚偽表示という。表意者が真意でないことを知っている点では心裡留保と同じであるが、意思表示の相手方の了解のもとでなされる点が異なる。債権者の差押えを免れるために、不動産の所有者Aが売買を仮装して財産を他人Bに移転するような場合が典型的な例である。虚偽表示では、真意でない意思表示をなすにつき相手方との間に通謀があることが必要であるから、契約および相手方のある単独行為については虚偽表示が成立するが[1]、相手方のない単独行為については成立しない、と解されている。しかし、共有持分権の放棄など相手方のない単独行為であっても、それによって利益を受ける者（放棄者以外の他の共有持分権者）と了承の上でなされた放棄は、通謀したのと類似するので、94条を類推適用することができる[2]。

　虚偽表示に関しては、改正民法による変更はない。

(2)　**効力**　　(a)　**原則無効**　　真実の効果意思がないので、虚偽表示は

---

1)　最判昭和31・12・28民集10-12-1613は、契約解除に94条を適用。

2)　最判昭和42・6・22民集21-6-1479は、共有持分権者Aの放棄によって単独所有者となったBの相続人がAの実質的権利を認めようとしなかった事案。

無効である。債権者の差押えを免れる目的でAがBに財産を譲渡する行為
では、Aには真実に所有権を移転する意図はなく、相手方Bもそのことを
了承している。すなわち、当事者間では表示通りの法律効果を発生させな
い合意がある。

 ＊ **心裡留保と虚偽表示の関係**　　両者の関係は必ずしも明確とは言えない。売買契
約の売主Aが真実には売るつもりがないのに、Bと売買契約を締結する場合を例に
考えると、Aの意思表示を心裡留保として扱うときは、Aは無効を主張するために
は、「表示が真意でないこと」、および、「相手方が表意者の真意を知り、又は知る
ことができた（相手方の悪意または過失）」ことを証明しなければならない（93条但書）。
これに対して虚偽表示として扱うときは、「Aは売買が真意ではないこと」、および、
「相手方Bも了承していること（通謀）」を証明しなければならない。一般には、相
手方の単なる認識ではなく、通謀（了承）を必要とする点で、虚偽表示の方が成立
することが厳しい。そこで、通謀まで証明できない場合に、相手方の悪意（認識）
または過失で意思表示を無効にできる93条但書を使うことになろう。しかし、通謀
虚偽表示が成立する場合には、常に心裡留保による無効（93条但書）も成立すると
いえ、このような場合には、表意者はどちらを選択するのも自由である。たとえば、
AB が共有者である財産について、真実には放棄するつもりがないのに、便宜上、
他の持分権者Bの単独名義とするために、Aが持分権を放棄した場合には、判例は
94条の類推適用によってAの意思表示の無効を認めるが（前掲最判昭和42・6・22）、
心裡留保（93条但書、新93条1項但書）によって無効にすることもできそうである。
ただ、両者に全く違いがないのかというと、虚偽表示の場合には「虚偽の外形」を
作り出すことには両当事者が合意しているが（上記最判の事件でもAが放棄し、Bの
単独所有の登記という外形を作りだすことに合意している）、真実それに法的効果を与
えるつもりではないという点に特徴がある。これに対して、心裡留保では真意では
ない約束まではするが、通常は権利が移転したという外形までは作らない点に特徴
がある。したがって、心裡留保は相手方からの履行請求に対して抗弁として使われ
るのが通常であり、虚偽表示は外形的に移転した権利（登記など）の返還・抹消に
使われることが多い。しかし、93条但書（新93条1項但書）を外形的に移転した権
利の返還・抹消に使うこともでき、94条1項を履行請求に対する抗弁として使うこ
ともできるので、事案によってはいずれも使える場合があるであろう。

　(b)　例外　　善意の第三者に対しては、無効を対抗することができな
い（94条2項）。

　　（ⅰ）　**理由**　　意思表示の外形を信じて取引関係に入った者を保護す
る必要があるとともに（第三者側の事情）、虚偽の意思表示をして真実を伴
わない外形を作り出した権利者がその権利を失うことになってもやむを得

ない（権利者側の帰責性）、と考えられるからである。本条は、110条、192条とともに表見法理（信頼保護法理）の表われとみられる重要な規定である。特に、一般的には公信力が認められていない登記に一定の場合に公信力を与える機能をいとなむことになる点が重要である。この機能を本来の虚偽表示の場面よりも広い範囲で認めるのが判例である（94条2項の類推適用（237頁）を参照）。

　　　(ii)　保護される第三者　　94条2項の「第三者」とは、虚偽表示の当事者およびその一般承継人（相続人）ではなくして、意思表示の目的について利害関係を有するに至った者をさす（大判大正9・7・23民録26-1171、大判昭和20・11・26民集24-120）。売主Aと買主Bが通謀して売買契約を仮装した場合に、Bを所有者と信じてBからその不動産を購入した転買人Cや（最判昭和28・10・1民集7-10-1019）、その不動産上に抵当権の設定を受けた抵当権者Dなどが典型である（大判昭和6・10・24新聞3334-4）。

＊　債権者の「第三者」性　　仮装譲受人Bの債権者Cが「第三者」に該当するかについては場合を区別する必要がある。(i)単なる金銭債権者であるというだけでは第三者にならない。金銭債権者は、債務者の全財産について利害関係を有するものの、仮装譲渡の目的物という特定の財産についてはかえって利害関係が薄いからである。(ii)ただし、債権者の利害関係の程度が高くなれば、「第三者」とされる。たとえば、仮装譲受人から目的物を譲り受ける契約をした者（大判昭和18・12・22民集22-1263）、金銭債権者にすぎなくても虚偽表示の目的物に対して差押えをした者（大判昭和12・2・9判決全集4-4-4）、仮装譲受人が破産した場合の破産管財人（大判昭和8・12・19民集12-2882）などは、「第三者」とされる。

＊＊　「事実上の利害関係」を有する者の「第三者」性　　Aの土地の仮装譲受人Bから、その土地上の建物を賃借したCは、「第三者」ではないとされる（最判昭和57・6・8判時1049-36）。土地と建物とは別個の財産であるから、建物賃借人の利害は事実上のものにすぎないというのが根拠のようであるが、疑問がある。建物の利用は敷地の利用を前提とし、建物所有者Bの土地利用権がなくなると、Cの建物利用は法律上くつがえるのであるから、Cの利害関係は法律上のものと考えるのが適当である。

＊＊＊　「第三者」からの転得者　　(i)「第三者」の中には、「第三者」からの転得者も含まれ、直接の「第三者」が悪意でも転得者が善意なら保護される。最判昭和45・7・24民集24-7-1116は、真実の所有者Aがその所有する不動産をBの名義で登記していたところ、Bから悪意の第三者Cに転売され、Cから善意のDに譲渡された場合に、Dも「第三者」であるとし、前主Cが悪意でも、Dが善意なら保護さ

234　第2編　総　則

れるとした。(ii)もっとも、転得者は、前主（直接の「第三者」）の地位の承継を主張することもできるので、「善意の第三者」からの転得者は悪意でも保護される（前掲大判昭和6・10・24）。

　　(iii)　「善意」の意味　　①「善意」とは、第三者たる資格を取得した時点において、虚偽表示であることを知らないことである。知らなかったことについて**無過失であることも必要か**。判例（大判昭和12・8・10新聞4181-9）は、条文の文言通り善意だけでよいとするが、学説では、真実の権利者の犠牲において第三者の信頼を保護するには、第三者の信頼が保護に値するものでなければならないという理由で、無過失を要求する説が有力である（四宮）。

　　　　②「善意」が要求される時期は、第三者が利害関係を有するに至った時点である（一般論としてこのように述べるものとして、最判昭和55・9・11民集34-5-683）。権利移転に対抗要件を必要とする不動産物権変動では、権利移転時期（売買契約時）と対抗要件具備の時期（登記移転時期）が食い違うことがあるが、その場合に「第三者が利害関係を有するに至った時点」とはどの時点かが問題である。第三者が94条2項で保護されるために対抗要件を必要とするかという問題とも関連させて考える必要があり、そこで対抗要件を必要としないという立場をとるならば、善意を必要とする時期も対抗要件取得時ではなく、権利移転時ということになろう。対抗要件を必要とする立場では、対抗要件具備時とすることもありうるが、この立場にたったとしてもやはり権利移転時でよいのではないか。

　　　　③「善意」の主張責任・証明責任は第三者にある（最判昭和35・2・2民集14-1-36、最判昭和41・12・22民集20-10-2168）。ただし、登記には権利の推定力があるので、仮装譲渡の買主に移転した登記を信頼した第三者の善意無過失が事実上推定されると考えるべきであろう。

　　(iv)　「対抗することができない」とは、善意の第三者からは無効を主張することも有効を主張することも許されるが、善意の第三者に対して無効を主張することは、虚偽表示の当事者だけでなく、他の第三者も許されないことを意味する。なお、「善意の第三者」として保護を受けるために対抗要件を必要とするかが問題となる。

* **「善意の第三者」として保護を受けるための対抗要件の要否**

善意の第三者と対抗要件の要否

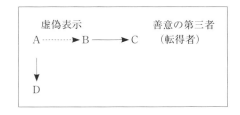

善意の第三者に対抗要件が必要かという場合に、2つの区別すべき問題がある。第1は、善意の第三者Cと真実の権利者Aとが民法177条の「対抗関係」にたつかどうかという問題である。対抗関係にたつということになれば、Cが権利取得を主張するには**対抗要件としての登記**が必要になる。第2は、民法177条の対抗関係ではないとしても、94条2項によって真実の権利者の犠牲において善意の第三者が保護されるためには、第三者としては取引において通常なすべきことを尽くしていることが必要で、このような観点から登記を備えた第三者のみが94条2項で保護を受けるという考え方をとるべきか否かである（AC間でもCに登記がなければ94条2項で保護されないことになる）。これを**権利保護要件としての登記**などと呼ぶことがある。96条3項で保護される善意の第三者について主に議論されているが、94条2項についても同様の議論が当てはまる。以下で問題とするのは、前者、すなわち善意の第三者が**対抗要件としての登記**を必要とするかの問題である。

(i) **AC間の関係**　Aが虚偽表示でその所有する不動産をBに譲渡し、Bがこれをさらに善意の第三者Cに譲渡した場合に、Cは、Aに対して登記なくして自分が権利者であることを主張できる。Cにとっては、94条2項によってAB間の譲渡は有効だったものとみなされ、そして、不動産がA―B―Cと移転した場合には、CとAの関係は対抗関係（177条）ではないと考えられるからである。判例も、94条2項の類推適用の場合についてであるが、虚偽表示をした者は第三者の登記の欠缺を主張して物権変動の効果を否定することができないという（最判昭和44・5・27民集23-6-998）。

(ii) **CD間の関係**　Cが登記を取得する前に、同じ不動産をAがDに譲渡した場合に、Dに対してもCは、登記なくして権利を主張できるか。Cは、「善意の第三者」として94条2項によってAB間の行為の無効を他から主張されないとすると、DもAB間の行為の無効を主張できない。その結果、不動産は、A―B―CとA―Dの二重譲渡があったことになる。では、CとDのどちらを優先させるべきか。幾つかの考え方が可能である。①第1に、Aを起点として有効な譲渡がCとDの両方になされた場合と同じに考えて、先に登記を備えた者が勝つという考えが可能である。判例もこの立場を前提とするようである（最判昭和42・10・31民集21-8-2232）。②これに対して、第2に、Dに対する関係でも、A―B―Cの譲渡は有効とされるから、Bに登記がある場合には、AからBDへの二重譲渡があると考えたときに、

236　第 2 編　総　　則

Dは登記のあるBに優先され、その結果、Bの承継者であるCも、Dに対して登記なくして対抗しうるという考え方がある（高森）。また、Dは登記をもたないAから譲り受けた者であるから、94条 2 項の趣旨を無視してまで保護する必要はない、という理由でCは登記なくしてDに勝てるという主張もなされている（四宮旧版）。③しかし、第 1 の立場が適当である。善意の第三者Cが登場する前は、Bはたとえ登記を有していてもDに対する関係で、AB間の譲渡の有効性を主張できないから、Bの登記は無意味である。BD間でBが優先するという結論は導けない。また、第 2 説にたつと、Bが登記をAに戻し、さらにDに改めて移転登記がなされた場合に、DはCに負けるということになるが、かえって取引の安全を害する（Dからの転得者が登記を取得してもCに負ける）。

⑶　**虚偽表示の撤回**　　虚偽表示を相手方と合意の上で撤回するとどうなるか。登記などが相手方に残っている場合に問題となる。虚偽表示は通謀の相手方との関係では、もともと無効であり、虚偽の意思表示を撤回しても特別の意味はない。問題は、善意の第三者との関係である。そして、この点では、虚偽表示の外形が残っていて、それを第三者が信頼した場合には、94条 2 項が適用される（前掲最判昭和44・5・27）。仮に虚偽表示の撤回を認めて、残った登記は無効な登記であると考えたとしても、現在では本条 2 項の類推適用によって第三者は保護されることになる。

⑷　**隠匿行為**　　虚偽表示は、他の行為をなす意思があるのに、それを隠匿してなされることがある。贈与税を免れる目的で、贈与をする意思を有しているのに、売買を仮装するような場合である。このかくれた行為を隠匿行為という。隠匿行為の有効性を主張するには、虚偽表示の無効を主張することになるから、善意の第三者に対する関係では、真実に意図した隠匿行為の主張が制限される（94条 2 項）。

⑸　**適用範囲**　　⒜　身分行為の虚偽表示については、94条の適用がない（大判明治44・6・6民録17-362〔養子縁組〕、大判大正11・2・25民集1-69〔離婚〕）。身分行為の虚偽表示は、原則として真意に基づかないものとして絶対的に無効とすべきであり、善意の第三者との関係で無効の主張を制限するのは適当でないからである。もっとも、どのような場合に、真意に基づかないとして無効とすべきかは、各種の身分行為によって多少異なる。たとえば、婚姻については夫婦として共同生活を営む意思がなく、単に国籍取得目的でする「仮装婚姻」などは、婚姻意思がないとして無効とするが（婚姻届

を出すことについて意思があるだけでは足りず、実質的な婚姻をする意思が必要という立場）、「仮装離婚」は有効とする（離婚届を出すことについて意思があればよいという立場）のが判例である。

(b) 要物契約についても94条 2 項の適用がある（大決昭和 8・9・18民集12-2437〔消費貸借〕、大判昭和 6・6・9 民集10-470〔質権設定〕）。たとえば、AがBに対して仮装の債務を負う合意（消費貸借契約）をしたが、金銭の授受はなかったという場合に、債権の存在を示す外形（借用証書など）を信じた善意の第三者（例、Bの債権を差し押えた者、債権を譲り受けた者など）は、94条 2 項で保護されるか。要物契約では目的物の交付がないと契約が成立しないのであるから（消費貸借に関する587条など。ただし、新587条の 2 で、書面でする諾成的消費貸借も認められる）、要物性の要件を充たしていない場合には、94条 2 項でAB間の消費貸借契約が成立したのと同じ保護を第三者に与えることはできないという考えもある。しかし、要物契約が成立したと信じさせるだけの外部的徴表があり、それを第三者が善意で信じた場合には、94条 2 項で保護してよい。

(6) **94条 2 項の類推適用**　94条 2 項は、善意の第三者に対しては本来無効な意思表示を対抗できないとするので（結局、有効となる）、本条項を取引の安全を図る必要がある場面で広く使うこと（類推適用）が考えられる。特にわが国では、登記に公信力がないために、登記を信頼して取引をしても、何らかの理由で、その登記が無効であった場合には、登記名義人から土地・建物などを譲り受けた者は、権利を取得できない（権利移転行為は無効である）。外国ではドイツのように登記に公信力を認めることで取引の安全をはかるところもあるが、わが国では、94条 2 項を類推適用することで取引の安全を図ることが判例によって展開された。94条 2 項の類推適用は、わが国で重要な機能を果たしているのである。94条 2 項の類推適用の場面は、以下の(a)(b)の 2 つに整理して考えることができる。

(a) **虚偽の外形作出による責任**　(i) 法理の意味　真実の権利者でない者に不動産の登記名義が存し、しかも、そのことについて通謀があるわけではないが真実の権利者がかかわっていた場合である。この中には、虚偽表示に極めて近いものもあるが、真実の権利者が登記を自分の名義に戻すことを単に怠っていたというような場合も含まれ、これらは通謀がなく、

94条が本来予定していた場合とは異なるので94条を適用することはできないが、94条2項の精神から同条項が類推適用される。その結果、真実の権利者は権利を失い、登記を信頼した第三者が保護される。

　　(ⅱ)　判例の展開　　この領域においては判例が指導的な役割を果たしてきた。その判例法理の展開を整理すると次のようになる。

　不動産所有権が移転していないのに、移っているかのような外形（登記）が作られている場合に、一定の条件の下で、真実の権利者は、その外形を信頼して取引関係に入った第三者に対して、外形が真実の権利を伴わないものであることを主張することができない、とするのが判例の基本的考え方である（最初の判例は、最判昭和29・8・20民集8-8-1505）。そしてこの基本的考え方の下で、判例は、権利者自身が外形を作り出したり、他人が外形を作り出したのであってもそれを権利者が承認したりした場合のように、真実の権利者の意思と第三者の信頼の対象となった外形とが対応する場合（「**意思外形対応型**」と呼ぶことにする）と、両者の対応が欠けており、外形が意思を逸脱する場合（**意思外形非対応型**）とでは、異なる扱いをしている。

　　　(α)　　**意思外形対応型**の典型は、権利者自身が外形を作り出した場合である（**外形自己作出型**）。たとえば、建物を新築したAがB名義で建物保存登記をしたところ、Bが勝手にCに処分し、CはBが権利者であると思って譲り受けた場合である（最判昭和41・3・18民集20-3-451）。Cは、94条2項の類推適用によって保護される。この場合、AがBの名義を使ったというだけであり、Bが積極的に関与したわけではないから、AB間の「通謀」があったとはいいにくく、94条が予定している通謀虚偽表示そのものではない。しかし、Aが虚偽の外形を作り出し、それを第三者が信頼したという点では、同条2項が保護しようとする利益状況に類似するので、類推適用されるのである。判例は、その後、権利者自身が虚偽の外形を作り出したのではなく、他人が権利証や印鑑などを勝手に利用して登記名義などを自分に移転したような場合にも、権利者がその外形を後から承認したときは、94条2項を類推適用するようになった。いわゆる「**外形他人作出型**」である。第三者からすれば、本来無効な虚偽の登記であれ、それを信頼したことを保護してもらうことが重要であり、虚偽の外形を作ったのが、権利者本人であるか、他人であるかは重要な違いではない。しかし、

第4章　私権の変動　第2節　意思表示　*239*

権利を失うことになる本人からすれば、外形他人作出型では自分が外型を作ったわけではないから、帰責性が小さい。それにもかかわらず、94条2項の類推適用によって権利者が責任を負うことを判例が認めたことは重要である（代表的な判例として**最判昭和45・9・22民集24-10-1424**〔百選7版Ⅰ-21〕は、Aの不動産の登記をBが勝手にB名義に移したのを知りながら、Aが登記の抹消を4年余にわたって放置し、その間、Aの債務を担保するためにB名義のままその不動産に抵当権を設定したことがあるという場合に、Aの「明示または黙示の承認」があったとして、94条2項を類推適用し、Bからの善意の譲受人Cに対してAは所有権移転を否定することができない、とする）。権利者の積極的な関与から、単なる「承認」の場合にまで、94条2項の類推適用の範囲を拡張したわけであるが、権利者が単に「放置」していた場合、権利者が抗議をするなど権利回復に向けて行動中に第三者に譲渡された場合などをどう扱うかが、今後の課題である（下級審の立場は分かれている。類推適用を否定するものとして名古屋高判昭和62・10・29判時1268-47、肯定するものとして東京高判平成2・2・13判時1348-78）。

　（β）　**意思外形非対応型**では、権利者Aが承認した外形が作られたのち、名義人Bの背信行為で第2の外形が作られ、これを信頼した第三者が取引関係に入ってくる場合である。「第2の外形」に対しては権利者の承認がないのであるから、意思外形対応型と同じ論理で権利者に責任を負わせることはできない（Aの帰責性が小さい）。判例は、「94条2項・110条の法意に照らし、外観尊重および取引保護の要請」から、善意無過失の第三者を保護する。110条が援用されているのは、本人が代理人に与えた基本代理権の範囲を越えて代理行為がなされた場合に類似するからである。第三者の充たすべき要件として、意思外形対応型では単なる「善意」でよいとしているのに対して、非対応型では「善意無過失」を要求するのも、このためである。代表的な判例としては、最判昭和43年10月17日（民集22-10-2188）（Bの信用を外観上増大させる目的で、Aの不動産についてBに仮登記を与えたところ、BがAの印鑑を無断使用して本登記に改めて、Cに処分した）、最判昭和45年6月2日（民集24-6-465）、**最判昭和45年11月19日**（民集24-12-1916〔百選5版Ⅰ-23〕）などがある。

　（γ）　**94条2項と110条併用の第3類型**　　上記（α）（β）のいずれにも属さない事案において94条2項および110条の両方の類推適用をす

240 第2編 総 則

る事例が登場している。たとえば、**最判平成18年2月23日**（民集60-2-546〔百
選7版I-22〕）の事案は、次の通りである。甲不動産の所有者Xは、Xが同
不動産を買い受けた際の売主との交渉や、同不動産購入後これを第三者に
賃貸した際の賃借人との交渉などにあたっていたAに対し、Aに登記名義
を移転する意図は全く有していなかったにもかかわらず、いろいろな理由
でAから請われて、登記済証、印鑑登録証明書をAに交付し、Aの用意し
た書類に実印を押印するなどした。Aは、これらを利用して、不実のA名
義の所有権移転登記をした。そして、このA名義の登記を信頼してYがA
から同不動産を購入し、所有権移転登記をした。そこでXが所有権に基づ
いて、Yを相手に所有権移転登記の抹消を求めたところ、最高裁は、94条
2項および110条の両条の類推適用により、Yが善意無過失の場合には、
XはYの所有権取得を否定できないとした。この事件では、権利者Xは、
虚偽の外観（A名義の登記）を自分で作出したわけではなく、また、Aが作
り出したこの虚偽の外観を承認・黙認したわけでもない。したがって、外
形に対応する権利者の意思があるわけではない（意思外形対応型ではない）。
また、権利者が関与して作り出された第1の外形をもとに権利者の関与し
ない第2の外形が作られて、この第2の外形を信頼して第三者が登場した
わけでもない（従来の意思外形非対応型でもない）。しかし、Xは、自分が意図
しない外形（A名義の登記）が作り出される原因を与えており、この点に帰
責性がある（判旨は「Aによって虚偽の外観（不実の登記）が作出されたことについ
てのXの帰責性の程度は、自ら外観の作出に積極的に関与した場合やこれを知りながら
あえて放置した場合と同視し得るほど重いものというべきである」と述べる）。この
帰責性を考慮して、Xの意思が対応する部分を超えて作出された外観を信
頼して、善意無過失で取引関係に入ってきた者を保護するために、94条2
項と110条の類推適用によって解決している。なぜ、「110条の法意」では
なく、「110条の類推適用」なのか、についてはいろいろな理解がありうる
が、ともかくも虚偽の外形（第1の外形）を作り出すことを要求していた従
来の「意思外形非対応型」をさらに一歩拡張して、なんら「Xの関与した
外観（従来の非対応型の第1の外形）」がないにもかかわらず、94条2項を類
推適用し、相手方YがAの登記が不実登記であることについて善意無過失
であれば保護するという新しい途を開いたことは確かである。ただ、これ

が従来の意思外形非対応型（「110条の法意」を併用）における権利者の帰責性と異なると言えるほど大きな違いがあるかは問題である。従来の非対応型の理解にも関わるが、第三者が信頼した外形でなくても、なんらかの外観（第1の外形）作出に関与していることが帰責性として重要なのか、第三者の信頼の対象となった外形（A名義の登記）作出に原因を与えているという点が重要なのか。後者こそが権利を失う権利者の帰責性として重要だということになると、その点では平成18年判決の事案では問題なく認められるので、従来の非対応型と大きな違いはないことになる。

　なお、平成18年判決の事案については、94条2項の問題としてではなく、むしろAがXから与えられた権限の範囲を超えた行為をした点をとらえて、権限踰越の表見代理（110条）で解決すべきだという考えもありうる（原審は110条の類推適用で解決した）。しかし、第三者Yが信頼したのはAの代理権ではなく、A名義の登記であるから、110条の表見代理の問題とするのは適当でない。やはり、94条と110条の中間的な事案だと言えよう。

　　（δ）　**まとめと今後の課題**（学説の批判）　　　まず、要件に関して。判例は、94条2項の本来の適用場面で、第三者保護の要件としての「善意」を文字通りに解して、「無過失」までは必要としないという立場をとっているが、これを94条2項の類推適用の場合にも当てはめている（非対応型は別である）。これに対しては、学説の批判が強い。いろいろな立場があるが、そもそも94条2項の本来の適用場面でも無過失を要求すべきだとする説（四宮）、94条の本来の適用場面では「善意」のみでよいが、類推適用の場面では「善意無過失」を要求すべきであるとする説（星野）、一応条文通り「善意」でよいが、重過失がないことを要求するとする説（米倉）などがある。94条2項が類推適用される場面では、本人に帰責性が小さい場合もあるので（外形他人作出型）、第三者には善意に加え無過失を要求するのが適当ではないか。ただし、登記には推定力があるので（登記名義人には所有権があると推定される）、無過失を要求しても、判例の立場とたいして変わらないであろう。

　類推適用がどこまで拡張されるかという点について。これまで主として念頭に置かれていたのは、不動産登記を信頼した第三者を保護することである。では、94条2項の類推適用の法理は、不動産以外の財産についても

妥当するか。動産については、即時取得制度（192条）があるので、実益は少ない。問題は、債権である。実際には債権が成立していないにもかかわらず、債権が成立したかのような外形が作り出された場合（AがBから金銭を借りた旨の借用証書を作成した場合）に、この外形（Aの借用証書）を信頼して取引関係に入ってきた第三者（CがBから権利を譲り受けたり、差押えをした場合）に、保護を与えるべきかが問題となる。根本的には、債権についての取引の安全をどこまで保護するか、に関わるが、何をもって虚偽の外形と見るかが債権の場合には難しい。登記は、公信力が認められていないとはいえ、その信頼を保護するに値する外形といえるが、債権証書などについてはそこまで信頼を保護してよいかどうかである。証券的債権との関係など難問が多い。

　また、94条2項と110条の法意ないし類推適用（併用型）が今後、どのように展開していくのかも重要な問題である。私見としては、94条2項の類推適用の事例があまり広く拡張していくのは問題であると考えており、「94条2項＋110条の類推適用」事例は、新たな類型としてあまり広く展開すべきではなく、従来の意思外形非対応型と同視できる場合に限定されるべきであろう。

〈**参考文献**〉　幾代通「法律行為の取消と登記」於保還暦記念上巻（1971年）、下森定「民法96条3項にいう第三者と登記（再論）」薬師寺米寿記念（1977年）、四宮和夫「遡及効と対抗要件」新潟大学法政理論9巻3号（1977年）、山田卓生「法律行為の無効と登記の関係」法学新報79巻4号（1972年）。なお、判例の整理として、能見善久「民法94条2項の類推適用」星野英一編『判例に学ぶ民法』所収（1994年）

　(b)　法律行為の無効・取消しが問題となる場面での94条2項の類推適用　　たとえば、Bの詐欺や強迫によってAからBに不動産が売却され、その登記がBに移転した後、Aがその意思表示を取り消して登記を取り戻すことができるのに、これを放置していたため（これが「虚偽の外形作出」に類似する）、第三者CがBの登記を信頼して不動産を譲り受けた場合が問題となる。権利者Aと第三者Cとの関係について、判例は、CがAの取消前に登場した第三者である場合には、取消しの遡及効とその制限（詐欺の場合には96条3項で遡及効を制限している）の問題として処理し、取消後の第三者に対する関係は対抗関係の問題（177条）として扱う。両者で扱い方が異なるのは整合的でないとして、より統一的な解決をめざして、これらの場面で94

条2項を類推適用しようとする学説がある（幾代、四宮。なお詳しくは273頁参照）。現行民法のもとでは、これまで心裡留保や錯誤による無効の場合にも、94条2項の類推適用が議論されてきた[3]。しかし、**改正民法**では、第三者への対抗の問題については、新93条2項、新95条4項で対処することになった。心裡留保の無効は、表意者の帰責性も大きいので、虚偽表示の場合と同様に、「善意の第三者」に対抗できないとされたが（新93条2項）、錯誤取消しについては、虚偽表示者ほどの重大な帰責性はないので、「善意でかつ過失がない第三者」には対抗できないこととされた（新95条4項）。

第2　錯誤による意思表示（95条）

1　意　義

(1)　**錯誤の定義**　　錯誤とは、表意者の誤認識・誤判断が原因で、表示から推測される意思と真意（動機を含む）との食い違いが生じている場合をいう。ポンドと書くつもりでドルと書いたり（誤記の例）、友人が結婚したと誤解してその友人にプレゼントを贈った場合（動機の錯誤の例）などが典型である。誤認識・誤判断は、表意者が意思決定をするに至った動機・目的から始まって、その意思決定を言葉や書面において表示するまでのいろいろな段階で生じる。このうち、意思決定をするに至るまでの原因・動機・目的の段階で誤解があった場合を「**動機の錯誤**」という。また、意思決定がなされてからそれを表示するまでになされた誤解・誤判断を「**表示行為の錯誤**」と呼ぶ（それは更に、「内容の錯誤」と「表示上の錯誤」に分けられる（詳しくは、後述2を参照））。

　伝統的学説は、「表示行為の錯誤」（内容の錯誤・表示上の錯誤）と「動機の錯誤」を区別し、前者は、表示行為に対応する意思が存在しないタイプの錯誤であり、後者は、表示行為に対応する意思はあるが、その意思を形成する上での動機その他の基礎的事情の点で錯誤があった場合であるとする。そして、前者は民法95条の錯誤に該当するが、後者の動機の錯誤はこ

---

3)　東京地判平成7・1・26判時1547-80は、代理権濫用について93条但書を類推適用し、代理行為の相手方に対する関係では、93条但書でこれを無効とし、その後の転得者との関係では94条2項および110条を類推適用したが、結局、善意無過失ではなかったとして転得者を保護しなかった事案。

244 第2編 総 則

れに該当しないとしてきた。しかし、最近は、表示行為の錯誤と動機の錯誤のいずれも95条の対象となる錯誤であるという説が有力となっている。この立場が適当であるが、2つのタイプの錯誤を含めて錯誤を定義しようとすると表現の仕方が難しい。冒頭に述べた定義は、錯誤を「表示から推測される意思と真意（動機を含む）との食い違い」として説明し、動機の錯誤を含めようとするものである。

このように、動機の錯誤を95条で扱う立場に立ったとしても、動機の錯誤については要件が加重される。動機は相手方にはわからないことが通常であるから、どのような場合にも動機の錯誤を理由に意思表示の無効（現95条。改正民法95条は錯誤の効果を取消しとする）を主張できるとすると、取引の安全を害する。そこで、錯誤無効を主張できる動機の錯誤には一定の歯止めが必要である。学説上は、①相手方が表意者が錯誤に陥っていたことの認識可能性を要求する説（川島。ただし、動機の錯誤の場合だけでなく、すべての錯誤類型についてこれを要件とする）、②動機が表示され、意思表示の内容となることが必要とする説（本書）、③動機が表示され、契約（法律行為）の内容となることが必要とする説（山本（敬））などがある。詳しくは後述する（250頁）。

▶ ［改正民法］─────────────────────────

錯誤について、大きな改正があった。第1に、錯誤の効果は無効から取消しに変更された（新95条1項）。第2に、動機の錯誤について明文の規定が設けられた（新95条1項・2項）。第3に、錯誤者に重過失がある場合の取消しの主張の制限について、共通錯誤などの場合はなお取消しを主張できることを明文で規定した（新95条3項）、そして第4に、錯誤取消しは、善意無過失の第三者に対しては主張できないことを明文で規定した（新95条4項）。新条文は以下の通り。部会資料66B1頁以下、同76A1頁以下参照。

┌─────────────────────────────────

新95条 意思表示は、次に掲げる錯誤に基づくものであって、その錯誤が法律行為の目的及び取引上の社会通念に照らして重要なものであるときは、取り消すことができる。

一 意思表示に対応する意思を欠く錯誤
二 表意者が法律行為の基礎とした事情についてのその認識が真実に反する錯誤

2 前項第二号の規定による意思表示の取消しは、その事情が法律行為の基礎とされていることが表示されていたときに限り、することができる。

3 錯誤が表意者の重大な過失によるものであった場合には、次に掲げる場

合を除き、第一項の規定による意思表示の取消しをすることができない。
一　相手方が表意者に錯誤があることを知り、又は重大な過失によって知らなかったとき。
二　相手方が表意者と同一の錯誤に陥っていたとき。
4　第一項の規定による意思表示の取消しは、善意でかつ過失がない第三者に対抗することができない。

　動機の錯誤についてどのような立場をとるかは、法制審議会で激しく対立した問題である（部会資料66Bは、上記本文③の立場をベースにしている）、最終的に条文化された改正民法95条では、上記③の立場ではなく、②に近い立場がとられた。これに対して、③の説を主張する立場からは、2項で「その事情が法律行為の基礎とされていることが表示されていたとき」とあるので、法律行為の内容になったことを要求しているのと同じであると解する者もいる。しかし、法律行為の内容になるとは、契約の場合であれば動機部分を契約内容とすることについて相手方と「合意」があるということであるが、改正民法95条2項はそこまで要求するものではない。「表意者が法律行為の基礎とした事情」とは、表意者が法律行為の前提として重視した事情ということであって、両当事者が合意したという意味ではない。

(2)　錯誤と「意思の不合致」との区別　　「意思の不合致」（ドイツなどではディセンス (dissens) と呼ばれる）とは、そもそも契約当事者間に意思の合致がないために、**契約が不成立**となる場合である。しかし、どのような場合に、意思の合致がないとして、契約を不成立にするかを巡っては、争いがある。「土佐丸」という船が2つあり、売主は甲の土佐丸、買主は乙の土佐丸のつもりで、土佐丸の積荷を売買する契約を締結した場合を例に考えてみよう（まさにこのようなことが問題となった事件として、イギリスの有名なピアレス号事件がある（詳しくは参考文献を参照））。

　第1に、両当事者の意思表示の主観的な意味を考えて、意思の合致があったか否かを判断する立場がある（契約の成立に関する意思主義の立場）。この立場からは、取引界の実情やその他の状況から、「土佐丸」という表示が客観的意味としてどちらの土佐丸をさすかを決めることができる場合であっても、両当事者の主観的な意図が食い違っている以上は、契約は不成立であるとする。この立場は、意思の不合致（契約の不成立）を広く認めることになる。

　第2に、主観的な意図が食い違っていても、取引界の実情やその他の状

況から、「土佐丸」という表示が客観的意味としてどちらの土佐丸をさす
かを決めることができるときは、「土佐丸」という表示では一致している
として契約を成立させる立場がある（契約の成立に関する表示主義の立場）。契
約を成立させた上で、仮に、「土佐丸」と表示した場合には一般には「甲
の土佐丸」を意味するといえる場合であれば、成立した契約の内容は、
「甲の土佐丸の積荷」を売買する契約であると解釈する。この場合に、乙
の土佐丸を意図していた当事者（この例では買主）にとっては、その真意と
表示（解釈によって契約内容とされた部分）が食い違っていたことになるので、
錯誤による救済の余地を認めることになる。契約不成立となる場合を制限
し、錯誤で解決するという立場である（この立場でも、諸般の状況を考慮しても、
「土佐丸」という表示が甲船か乙船かを決める手がかりがないという場合には、契約不
成立になる）。

　表示主義の立場が適当である。なぜなら、契約の成立に関する意思主義
（徹底した意思主義）をとると、客観的意味としてどちらかの土佐丸を意味
するかを決められる場合でも、意思表示の合致がないとして、契約を不成
立にすることになるが、これは取引の安全を害することが大きいからであ
る。

　大審院の判例（大判昭和19・6・28民集23-387〔百選7版Ⅰ-18〕（生糸製造権売買事
件））には、契約当事者の表示の客観的な意味を一応確定しながら契約当事
者「双方異レル趣旨ヲ以テ」意思表示をしたことを理由として契約を不成
立としたものがある。すなわち、統制時代の生糸製造権の売買契約で定め
られた代金の中に、買主側から組合を通じて売主側に交付される補償金が
含まれるか否かについて、両当事者の考えに不一致があった場合（売主は
「代金」を補償金とは別と考えていたので、「代金」額と補償金の両方を受け取れると考
えていた。買主は、「代金」は補償金を含んだ額と考えていた）に関し、裁判所は、
補償金は売買代金の一部たるべきものであるとしながら、上記の点で両者
の意思の合致を欠く以上契約は成立しない、としたのである。この判決は、
契約成立に関する意思主義の立場に基づき、契約当事者が表示に対して主
観的に別の意味を与えていた場合には、契約の成立を否定するのであるが、
このような立場をとると、錯誤の制度が働く場面はなくなってしまう（錯
誤が問題となる前に契約不成立となってしまう）。また、契約実務が極めて不安

定になる（契約書レベルで合意して両者が署名していても、契約書の文言について両者が異なる意味で理解していたという理由で、契約が不成立になるのは適当でないであろう）。この事件においては、ともかくも表示が一致し、しかも、表示の客観的意味を確定できたのであるから、むしろ契約の成立を認めたうえで、一方当事者の真意のみがそれと異なるのであれば、その者については錯誤の成否を問題にすべきであった。

〈**参考文献**〉　野村豊弘「意思表示の錯誤」法協92巻10号以下（1975年）、須田晟雄「要素の錯誤」北海学園法学研究 8 巻 1 号以下（1972年）、小林一俊「錯誤無効のファクターに関する考察」亜細亜法学14巻 1 号以下（1979年）。学説の状況については、中松櫻子「錯誤」民法講座 1 （1984年）。ピアレス号事件について、樋口範雄『アメリカ契約法』（1994年）167頁参照。その原典は、Raffles v.Wichelhaus, 159 Eng. Rep. 375（Ex. 1869）。角田美穂子「法律行為」大村敦志・道垣内弘人編『解説　民法（債権法）改正のポイント』(2017年)

2　錯誤の種類

　意思表示の錯誤は、意思表示の生成過程のどの段階に錯誤があるかによって、「**動機の錯誤**」と「**表示行為の錯誤**」に分かれる。前者は、意思を形成する前段階の動機ないし前提事情の段階で誤解があったという場合であり、形成された意思と表示行為は対応している。後者は、意思を決定してから表示行為に至るまでの過程で錯誤を生じる場合である。錯誤を表示行為に対応する「**意思の不存在**」として解すると、表示行為の錯誤のみが錯誤になるが、現在では動機の錯誤も一定の要件のもとで95条の錯誤と解している。

▶ ［改正民法］―――――――――――――――――――――――――――――――

　　現行民法の95条は、規定上は、どのような錯誤に対して適用されるのかが明らかでない。特に、動機の錯誤について、95条の対象になるのか否か、なるとしたらどのような基準で95条の錯誤に含めるかが明らかでなく、学説上議論が錯綜していた。また、判例もどのような立場をとっているか必ずしも明らかでない。改正民法は、現95条を一新し、動機の錯誤も一定の要件のもとで新95条の対象となることを規定した。

　　新95条 1 項は、錯誤取消しの対象となる錯誤の種類を 2 つに分けて規定する。

　　すなわち、「意思表示に対応する意思を欠く錯誤」（ 1 号）と「表意者が法律行為の基礎とした事情についてのその認識が真実に反する錯誤」（ 2 号）である。前者が「表示行為の錯誤」であり、後者が「動機の錯誤」に対応する。

248 第2編 総 則

(1) 「意思表示に対応する意思を欠く錯誤」（新95条1項1号）（表示行為の錯誤と呼ぶことにする）　意思表示の外にある事情によってではなく、内心の意思を決定してから、これを表示する過程で錯誤で誤った表示をした場合である。したがって、表示行為（表示された意思表示）から見れば、これに対応する意思（内心の意思）を欠く場合である。この中にも、いろいろな場合がある。

(a) 表示上の錯誤　カナダ・ドルとアメリカ・ドルの違いは理解しているが、カナダ・ドルと書くべきところ、うっかりアメリカ・ドルと書いてしまった場合で、いわゆる誤記の場合である。なお、特殊な場合として、使者などの表示機関を用いた意思表示の伝達において、使者が誤った内容を伝達した場合にも、「表示上の錯誤」と類似した状況が生じる（本人が甲と言ったのに、使者が乙と伝えた）。ここでも意思と表示の不一致があるので、錯誤の規定を適用してよい。このタイプの錯誤は、実際に生じることは多くない。

(b) 表示行為の意味に関する錯誤（内容の錯誤とも呼ばれる）　この中にも、いろいろな場合がある。

「表示行為の意味」を誤解した例としては、たとえば、ある者が、「ホワイト・ゴールド」（金とニッケルなどを加えた合金で、プラチナよりも安い）と「プラチナ（白金）」は同じだと誤解して、婚約者に贈るために、真意はプラチナのつもりで、業者に「ホワイト・ゴールド」の指輪を注文した場合である。「ホワイト・ゴールド」の契約が成立すると、表意者にとっては、真意（内心の効果意思）はプラチナであるから、新95条1項1号の「意思表示に対応する意思を欠く錯誤」があったことになる。もっとも、最終的に、錯誤取消しが認められるかどうかは、「重要性」要件（現95条の「要素」性、新95条1項「その錯誤が法律行為の目的及び取引上の社会通念に照らして重要」であること）を充たしていること、また、表意者に「重過失」がないことが必要である（現95条但書、新95条3項。証明責任は相手方）。しかし、このような典型的な「表示行為の意味」に関する錯誤は、時々あるが、それほど多く生じるものではない。

契約中の文言・条項の意味を誤解するというのも、表示行為の意味に関する錯誤の一種である。たとえば、相手方（金融業者）Aから金銭を借用

している者Bが、将来債務不履行になったときに、自分の所有する不動産の所有権を移転することで債務を弁済する代物弁済予約を意図していたのに、相手方Aの誘導で即時に効力が生じる「売買」の契約が作成された場合などである（東京地判平成4・9・18判時1458-66）。

目的物の同一性や契約当事者の同一性についての錯誤も、表示行為の意味の錯誤（内容の錯誤）の一種である。たとえば、買主は「甲土地を買う」意思表示をしたが、内心では隣地の乙土地を意図していたという場合である。あるいは、売主が対面している相手はAだと思って「Aに売る」という意思表示をしたが、相手はBだったという場合である。多少疑問があるが、これも新95条1項1号の錯誤とみてよいであろう。もっとも、人の同一性の錯誤については、要素の錯誤になるか否か議論がある。

　(c)　性状の錯誤　　性状の錯誤（品質の錯誤）については注意を要する。特定物の性状・品質については、伝統的には、これらは契約内容にならないと考えられていたので、契約目的物が意図した品質を備えていなくても、動機の錯誤になるにすぎなかった。しかし、改正民法では、特定物売買において特定物が買主の期待していた品質を有していなかった場合は、「契約不適合」の問題として扱われる（債務不履行になるという意味である）。すなわち、性状・品質は、契約当事者の合意の中身となることを前提に、その性状・品質を備えていないことは、債務不履行になると考えるのである。したがって、契約内容となる性状・品質の錯誤は、もはや単純な動機の錯誤とは言えない。契約内容になっている品質は目的物の同一性の錯誤と同様に扱い、新95条1項1号の錯誤としてよいのではないか。どのように解決すべきかについては後述する（252頁）。契約内容にまでなっていない性

表示行為に対応する意思の欠如（1項1号）（表示行為の錯誤）・・・・・・・・・・・・・・・・・・・・・・・・・・・
　　表示上の錯誤（誤記など）
　　表示行為の意味に関する錯誤（内容の錯誤）
　　性状の錯誤（一部）
法律行為の基礎とした事情についての誤認（1項2号）・・・・・・・・・・・・・・・・・・・・・・・・・・・・・・・
　　性状の錯誤（一部）
　　主観的理由の錯誤　　　├─ 動機の錯誤
　　前提事情に関する錯誤　┘

250　第2編　総　則

状などは、単純に動機の錯誤として、新95条1項2号で処理することになる。

(2)　**「表意者が法律行為の基礎とした事情についてのその認識が真実に反する錯誤」**（新95条1項2号）　　これに該当するものとしては、いわゆる動機の錯誤が典型であるが、動機よりも、もう少し広いものが入ってくる。

(a)　**動機の錯誤**　　意思を形成する際の動機の段階で誤解があった場合であり、いわば意思表示の外にある事情（売買契約をする目的や理由など）について錯誤が生じる場合である。たとえば、時計を紛失したものと誤解して新品を買う場合、地下鉄の駅ができると思って付近の土地を購入する場合、真実はピカソの絵ではないのに、ピカソの絵だと思って買う場合などがその例である（ただし、最後の例は「性状の錯誤」とか「性質の錯誤」「属性の錯誤」といわれるものであり、これまでは動機の錯誤の一種であると言われてきたが、「ピカソの絵」だから特定の絵を買うという場合は、「ピカソの絵」という部分は契約の内容になっており、単なる動機ではない）。動機の錯誤とは、「買う」という意思決定をする際の動機について誤解があるわけである。実際に生じる錯誤の事例の多くはこうした動機のレベルで誤解がある場合であり、これを95条の錯誤から除外してしまうことは錯誤者の救済の範囲をかなり狭めることになり、適当でない。しかし、どんな動機の錯誤も意思表示の効力を失わせることになると、動機は通常相手方にわからないので、相手方を害する。そこで、動機の錯誤については、一定の付加的な要件のもとでのみ、意思表示の効力を否定することを認めるのが適当である。この付加的な要件を巡って、これまで各種の説が主張されてきた。①相手方の認識可能性を要件とする説、②動機が表示され、意思表示の内容となることを要求する説（大判大正6・2・24民録23-284「受胎馬事件」の判例の立場。買主は、受胎している馬を買いたかったが、買った馬は受胎していなかったという事案において、大審院は、「物の性状の如きは通常法律行為の縁由たるに過ぎずしてその性状に錯誤あるがため法律行為の無効を来さざるは論を俟たずと雖も、表意者がこれを以て意思表示の内容を構成せしめ」たときは95条の錯誤があったとして無効となりうると判示した）、③動機が表示され、法律行為（契約）の内容になることを要求する説（最判平成元・9・14判時1336-93〔百選7版Ⅰ-24〕は、「意思表示の動機の錯誤が法律行為の要素の錯誤としてその無効をきたすためには、その動機が相手方に表示されて法律行為の内容となり、もし錯誤がなかったならば表意者がそ

の意思表示をしなかったであろうと認められる場合であることを要する」という一般論を述べる）などが主張されている。新95条2項は、「その事情が法律行為の基礎とされていることが表示されているときに限り」、いわゆる動機の錯誤（同条1項2号）による意思表示の取消しを認めることにした。これは、動機が「法律行為の内容」になることを要求する③説を避けたものといえよう。②の立場に近い。なお、いずれの説においても、最終的に錯誤による意思表示の取消しが認められるためには、このほかに「重要」性の要件を充たさなければならない。

　改正民法のもとでも、どのような場合に、どのような事情が「法律行為の基礎とされた事情」となるかの判断は難しい。一応の基準を示せば以下の通りである。

　(b)　**主観的理由の錯誤（目的物に関連しない錯誤）**　　東京に転勤になると誤解して東京でアパートを借りる契約をした場合、友人の婚約が破棄されているのを知らないで、結婚祝とする目的で品物を買った場合など、賃貸借契約や売買契約の内容そのものに関する誤解・誤信ではなく、契約をするに至った主観的理由や前提事情の点で誤解があったにすぎない。このような場合に、東京への転勤は誤解であったとか、友人の結婚は誤解であったと主張して、無条件で賃貸借契約や売買契約の効力を否定できるのは適当でない。これら主観的理由ないし前提事情は、表意者にとって自己の領域内の出来事にすぎないのであり、表意者自身がリスクを負担すべき領域だからである。しかも、これらの例では、たとえ相手方に動機が表示されていても、錯誤取消しは認められるべきではないであろう（表意者は、単なる背景事情を表示しただけである）。そもそも、新95条1項2号にいう「法律行為の基礎」としていないというべきではないか。仮に、「法律行為の基礎」とする趣旨でこれらの事情を表示したとしても、要素性（95条）ないし重要性（新95条1項）の要件を充たさないと言えるであろう。

　(c)　**性状の錯誤（目的物に関連する錯誤）**　　意思表示の対象である人や物の性状（性質）に関する錯誤である（例、駄馬を、受胎している良馬と誤信する、模造品を本物の真珠と誤信する、贋作を本物の絵と誤信する）。その物の性状に関する錯誤は、上記(b)の場合と異なり、契約の目的物そのものに関連する事情である。これまでの学説では、性状の錯誤は一般に動機の錯誤の一種で

あると解してきたが、問題が多い。性状の錯誤が動機の錯誤の一種である
とされてきたのは、物の性状は契約内容そのものにならないという考え方[1]
があったからである（瑕疵担保責任に関して「特定物のドグマ」の基づく法定責任
説と言われていた考え方に対応する）。しかし、「物の性状」は、全てではない
が、契約内容とすることができる場合があるし（性能・品質など）、多くの
場合に性状について契約当事者間では明示または黙示の合意があるといえ
よう。その場合には「性状の錯誤」は単なる「動機の錯誤」ではない。性
状の部分は契約内容となっている。したがって、契約の目的物が合意した
性状を充たしていなかった場合には、まず、債務不履行（契約不適合）の
問題となる。その上で、錯誤による意思表示の取消しも主張できるのかが
問題となる（請求権の競合の問題）。この点については、次のように考える。

　たとえば、買主も売主も有名画家Ｐの絵と思って売買契約を締結した場
合には、「Ｐ画家の絵」（特定物）の売買契約が成立するが、実際に引き渡
された絵が贋作であれば、契約通りの履行がなかったのであるから、債務
不履行の責任が生じる。この場合、契約内容のレベル（意思表示のレベル）
では表示と内心の意思の間に齟齬がないようにも見えるが、契約当事者が
売買の目的物として前提としていた特定の絵が贋作であれば、ここには何
らかの錯誤があるとみる余地がある（目前の特定物が買主の希望する性状を備え
ていると信じて買ったが、その信頼が誤解であったという錯誤）。１つの説明の仕
方は、これも意思表示の形成過程で錯誤があったというものである（新95
条１項２号の「法律行為の基礎とした事情」についての錯誤とみる）。もう１つの説明と
しては、契約の目的物についての錯誤として、内容の錯誤の一種とみるこ
とが考えられる[2]（新95条１項１号の錯誤とみる）。後者の説明でよいのではな

1）　このような考え方は、特定物の品質の瑕疵は契約内容にならないから買主は契約責任を
　　追及できず、瑕疵担保責任で初めて救済されるという、瑕疵担保責任に関する法定責任説と
　　も共通する。現在では、瑕疵担保責任では契約責任説が通説であり、この立場では「物の品
　　質」は契約内容になり、「瑕疵のない物」を給付するのが売主の契約上の義務となっている。
2）　最判昭和45・3・26民集24-3-151は、売主、買主とも藤島画伯の絵であることを前提に
　　売買をしたが後で贋作とわかったという事案であるが、判決は原審の判断を要約して、「両
　　者の間の売買契約においては本件油絵がいずれも真作であることを意思表示の要素としたも
　　のであつて、買主の意思表示の要素に錯誤があり、右売買契約は要素に錯誤があるものとし
　　て無効」であるというまとめ方をしている。これは端的に内容の錯誤として扱っているよう
　　にみえ、本文中の第2の立場に近い。また、東京地判平成14・3・8判時1800-64も、モロ
　　ー作「ガニメデの略奪」という絵として、それ相応の価格（3700万円）で売買契約が締結さ

いか。いずれにせよ、これが錯誤として認められるのであれば、債務不履行責任との競合が生じる（詳しくは、後掲257頁の注＊「契約の成立・性状の錯誤・債務不履行の関係」を参照）。

　以上は、性状が契約内容になる場合を念頭に置いて説明したが、契約内容にならないような性状もある。たとえば、消費者が買う靴下において、それが日本製か外国製かは物の性状であるが、靴下のような安価な製品については、原産国は通常は契約内容にはならない。買主が特に日本製を希望し、そのことを表示した場合には、後で日本製でなかったことがわかったときに錯誤取消しが認められる余地はある（新95条1項2号・2項）。しかし、買主がレジのところで、「日本製の靴下だから気に入った」と一方的に表示しても、契約内容にならないのはもちろん、「重要」性の要件を充たしていないとして、売買契約の取消しは否定されるであろう。

　(d)　その他の前提事情に関する錯誤　　他に連帯保証人がいると思って保証契約を締結したのに、実際には連帯保証人はいなかったという場合も、動機の錯誤の一例であり、新95条1項2号の「表意者が法律行為の基礎とした事情についてのその認識が真実に反する錯誤」となる。保証人と債権者の間の保証契約にとっては、他に連帯保証人がいることは契約の外の周辺的事情（前提事情）である。そこで判例は、他に連帯保証人がいることが保証契約の内容となっていない場合には、動機の錯誤があると見て、その表示がされていないときは、錯誤無効の主張はできないとする（最判昭和32・12・19民集11-13-2299〔百選5版I-17〕は錯誤無効を否定）。同様に、離婚に際して財産分与をしても税金はかからないと考えていたのに、実際には土地を財産分与した者に多額の譲渡所得税（土地の値上がり分に課税）が課せられたような場合も、課税されないという前提事情に誤解があったという例である。判例は、当該動機（前提事情）が表示されて、法律行為の内容になっているか否かを問題とし、これを肯定して結論として錯誤無効を認めた

れたが後に贋作とわかったので買主が錯誤無効を理由に売買代金の返還を求めた事案で、「本件売買契約においては、売主である被告は、本件絵画が真作であることを表示し、原告は、本件絵画が真作である旨の表示があると認識したうえで、本件絵画が真作であると信じたからこそ契約締結に及んだものというべきであり、本件絵画が真作であることは、本件売買契約の重要な要素である」と述べる。これは売買契約に至った動機を問題としており、第1の立場のように見える。

254　第2編　総則

(前掲最判平成元・9・14は、原審が表示がなかったとしたのを、黙示の表示があればよいとして錯誤無効を認めた)。いずれの判決も、「法律行為の内容」になれば錯誤無効を主張しうるとしているが、既に述べたように、両当事者が合意して契約内容となるという意味であれば、その前提事情が充たされなかった場合には解除条件の問題として解決できる。したがって、契約内容にまでなっていないときにこそ、錯誤で処理することの意味がある。いずれにせよ、新95条1項のもとでは、契約内容にまでなっておらず、単に「法律行為の基礎とした事情」にとどまるときは、2号の錯誤として扱われることになろう。

〈参考文献〉　動機の錯誤をどう扱うかは錯誤論の重要論点である。森田宏樹「『合意の瑕疵』の構造とその拡張理論(1)—(3)」NBL482号—484号（1991年）は、契約内容になった事項についての錯誤か否かで錯誤無効の対象範囲を確定する。

3　錯誤による意思表示の効力

(1)　**錯誤を主張するための要件**　　錯誤を理由に意思表示の効力を否定すること（現95条では無効、新95条1項では取消し）は、相手方に影響を及ぼすことが大きいので、一定の要件を充たした場合に限って錯誤の主張が認められる。民法は2つの観点から錯誤の主張を制限するために要件を定めた。

　第1は、要素性（現95条「要素の錯誤」）ないし重要性（新95条1項）である。法律行為の「要素に錯誤」があった場合、ないし錯誤が「重要」である場合に限って、意思表示の効力が否定されることである。どんな些細な点で錯誤があっても意思表示の効力を否定できるというのは取引の相手方に与える影響が大きく適当でないから、法律行為の内容にとって重要な部分に関するものである場合に限定しようというのである。重要な部分か否かの判断の基準として、改正民法は、新95条1項で「錯誤が法律行為の目的及び取引上の社会通念に照らして重要なものであるとき」に意思表示の効力を否定できること（取消し）を明文で規定した。現行規定のもとでの基準と実質的に同じである。

　第2は、表意者に重大な過失がないことである（現95条但書、新95条3項）。錯誤について「重大な過失」があったような者にまで錯誤による意思表示の効力否定の主張を認めて保護するのは適当でないからである。「重大な

過失」は、表意者から錯誤無効の主張があった場合に、相手方から抗弁として主張される。

　このほかに、学説では第3の要件として、錯誤について「相手方の認識可能性」を要求すべきか否かが議論されている。新95条1項2号の錯誤の場合には、「法律行為の基礎とした事情」について、それが「法律行為の基礎とされていることが表示されていたとき」に限って錯誤取消の主張を認めるので、「表示」されていれば通常は相手方の認識ないし認識可能性があるということになる。したがって、ここでは相手方の認識可能性をさらに付加的な要件とする必要はない。しかし、同項1号の錯誤の場合は、「意思表示に対応する意思を欠く」という錯誤の要件からは、相手方の認識可能性は導けない。1号の錯誤は、相手方の認識可能性の有無に関係なく錯誤の主張ができることになるが、表意者の真意が特殊で、その意思表示からは予想できないような場合には、「重要」性要件（新95条1項）ないし「重過失」要件（新95条3項）で調整することになろう。

　(a)　「**要素の錯誤**」（現95条）・「**重要**」**性**（新95条1項）　　「表示上の錯誤」であれ、「動機の錯誤」であれ、錯誤の定義に該当することで当然に錯誤無効（現95条）ないし取消し（新95条1項）が主張できるのではなく、その錯誤が当該法律行為（契約）にとって重要な部分である場合に限って無効（取消し）を主張しうる。改正民法の新95条1項は、「錯誤が法律行為の目的及び取引上の社会通念に照らして重要なものであるとき」と規定して、この基準を明確にした。表意者の保護と取引の安全の要請を調和させるための要件であり、錯誤無効（取消し）主張の要件として最も重要なものである。現行民法に関する判例によれば、「要素の錯誤」とは、意思表示の内容の主要な部分であり、この点についての錯誤がなかったなら、(i)表意者は意思表示をしなかったであろうこと　**（因果関係）**、かつ、(ii)意思表示をしないことが一般取引の通念に照らして正当と認められること（すなわち、表意者だけでなく、通常人もそのような意思表示をしなかったであろうといえる程度の「**客観的な重要性**」があることが必要）、としている（大判大正7・10・3民録24-1852、大判大正3・12・15民録20-1101）。

　この2つの基準のうち、(i)因果関係は、当該表意者にとっての因果関係であり、錯誤無効を主張できる錯誤の範囲を確定するための最低条件であ

256　第2編　総　則

るが、これだけでは錯誤無効の範囲が広がるおそれがある。たとえば、A
は、色にうるさく、「白」というときは「純白」を意味していたが、Bは
少しくらい灰色がかっていても「白」に含まれると思って「白い猫」をA
に売ったという場合に、Aが灰色がかっていることを知っていれば買わな
かったという意味での因果関係は簡単に認められる。そこで、「要素の錯
誤」の判断にとっては、(ii)の「客観的な重要性」の有無が決め手になる。
問題は、「客観的な重要性」をどのように判断するかである。まず、表意
者がそれを重要と考えていたことが必要であるが（主観的な重要性）、それ
だけでは足りず、一般人がそのような契約を締結する場合にも、同じよう
に重要と考えるかという客観的判断をする必要がある。また、当該契約に
とってその事項が一般に重要な要素か否かで判断すべきである（たとえば、
パソコンの売買契約において、CPU の性能は客観的に重要な要素であるが、ケースの
色が白か灰色かは客観的に重要とはいえない）。以上の条件を充たす場合には、
契約の「要素」についての錯誤があったといってよく、相手方としても、
錯誤の対象となったものが客観的に重要であれば、その点についての表意
者の錯誤に気づきやすい。このように「要素の錯誤」を考える場合には、
錯誤対象の重要性について、相手方の認識可能性を要求する立場に近づく
がなお若干の差がある（本書の立場は、表意者が錯誤に陥っていることについて、
相手方の認識可能性を要求するものではない）。以上の説明は、新95条1項が要
求する「重要」性の要件について、そのまま当てはまる。

＊　要素の錯誤の成否に関するこれまでの判例（新95条1項では「重要」性の問題）

　(1)　**人の同一性・性状に関する錯誤**　　この点が重要な要素であるか否かは契約の種
類によって異なる。(i)売買に関しては、①一般的には、この錯誤は要素の錯誤にな
らないが（大判明治40・2・25（民録13-167）〔売主〕、大判大正8・12・16（民録25-
2316）〔買主〕）、②買主がどのような者であるかは、場合により要素の錯誤になると
されている（最判昭和29・2・12（民集8-2-465）〔小倉陸軍造兵廠事件〕〔買収主は国だ
と思ったら財団法人だった場合〕、大判大正11・3・22（民集1-115）〔土地売買における買
主の支払能力に関する〕、最判昭和40・10・8（民集19-7-1731）〔兄の債権者甲に不動産を
売却し甲の代金債務と兄の債務とを相殺することにしたところ、甲は債権者ではなかった〕）。
(ii)消費貸借においても、①貸主の同一性・性状に関する錯誤は原則として要素の錯
誤にならないが（大判大正7・7・3（民録24-1338）〔貸主は市役所の吏員でなかった〕）、
②借主の方の同一性や性状は一般に要素の錯誤になる（大判昭和12・4・17（判決全
集4-8-3)〔某振出の小切手につき、割引依頼主は某だとおもって割引したところ、金融業

者だった〕)。(ⅲ)主債務者の同一性に関する保証人の錯誤は要素の錯誤になる（大判昭和9・5・4（民集13-633）〔甲が乙のために保証人になることを承諾したのに、その借用証書が丙のために流用された〕)。(ⅳ)また、委任の当事者の同一性・性状に関する錯誤も、場合により要素の錯誤となる（大判昭和10・12・13（裁判例(9)民321）〔受任者を弁護士と誤信した〕)。(ⅴ)売主や賃貸人に所有権があると思ったのになかった場合については、買主の錯誤につき要素の錯誤にならないとするものがあり（561条で解決すべきだから)、賃借人の錯誤につき、肯定するものと否定するものがある。

(2) **目的物の同一性に関する錯誤**　特定物売買においては目的物が何であるかは重要な要素であるから、目的物の取り違えは、要素の錯誤となる。[3]しかし、錯誤について重大な過失があるとして、結果的に錯誤無効の主張が認められない場合も多いであろう。[4]不特定物売買の場合には、目的物の同一性の錯誤は要素の錯誤とならない。[5]

(3) **目的物の性状に関する錯誤**　「要素」性の観点から、どこまで錯誤無効の主張を認めるべきかが争われる難しい部分である。

(ⅰ)**売買契約**では、契約当事者は、通常は目的物の品質その他目的物の性状に着目して売買価格を決定し、契約を締結するのであるから、品質がよいと思って高い価格で買ったのに、品質が悪かった場合には、買主が予想外の損失を被る（その際、買主のみが錯誤している場合と、売主・買主の双方が共通に錯誤している場合とがある。売主のみが錯誤していて買主は錯誤していないときは、買主は契約をしないであろう)。逆に、品質が大したものではないと思って安く売ったところ、実は高品質のものであったという場合には、売主が損失を被る（売主だけが錯誤している場合と、売主・買主の双方が錯誤している場合がある)。こうした錯誤のうちどこまでが錯誤無効とされるべきかが問題となる。物の性状の中には、①品質のように客観的に価格に影響するもののほか（例：絵の真贋、馬の血統などもここに含まれる)、②色などのように主観的には影響するが客観的には価格に影響しないもの、③客観的にも主観的にも価格に影響しないもの、がカテゴリカルにはありうる。①の場合には錯誤無効で表意者を保護してよい。もっとも、売主が錯誤した場合については議論がある。[6]錯誤が買主側にある場合には、現行民法上は瑕疵担保責任でも救済されるが（現570条)、常に契約解除が認められるわけではなく（現566条1項)、また、錯誤無効と異なり1年間の期間制限がある（現566条3項)（改正民法では、瑕疵担保責任がなくなり、契

---

3) 大阪高判昭和44・11・25判時597-97は、不動産売買で買主の錯誤無効を肯定。

4) 東京地判昭和51・1・21判時826-65は、不動産売買で買主に目的物の同一性について錯誤を認めるが、重過失があるとされた。

5) 大判昭和2・3・15新聞2688-9は、水田を不特定物として売買した事案で錯誤無効を否定。

6) ただし、横浜地判平成9・5・26判タ958-189は、マンション売買において、性状の齟齬の程度が小さいとして、錯誤無効を制限し、瑕疵担保責任で解決すべきであるとする。

約不適合、すなわち、債務不履行の問題として処理される）。③が錯誤無効の対象とならないこともほぼ異論がない。問題は、②である。相手方に詐欺があれば別であるが、原則として錯誤無効を認めないのが適当であろう。[7] ただし、契約の両当事者がその事項を契約内容とすることを了承した場合、売主・買主の共通錯誤の場合、相手方に詐欺がある場合（詐欺も主張できるが、錯誤無効を主張した場合）には、錯誤無効を認めるのが適当である。さらに、消費者契約のように、専門的知識や経験で優越的地位にある事業者は、消費者が②に該当する事項を重視していることを認識しうる場合には、その希望に合う商品であるか否かを説明する義務があると考えるべきであり、そのような説明を尽くさないで消費者が②のタイプの錯誤に陥ったときには、錯誤無効を主張できるとしてよい（要素性の判断においても消費者契約の特徴を考慮してよい）。

(ii)判例は、目的物の性状に関する錯誤は、それが重要な意味をもつ場合には、要素の錯誤になるという基準を採用している（前掲大判大正6・2・24〔受胎馬錯誤事件〕、後掲大判大正10・12・15民録27-2160〔中古電動機の馬力が表示より弱かった場合〕、大判昭和10・1・29民集14-183〔買主は鉱区の品質を重視し、良質の処女鉱と信じて買ったのに、掘り荒された粗悪鉱だった場合〕、大判大正2・5・27新聞869-27〔解体するつもりで建物を買ったところ、抵当権がついており目的を達成できなかった場合〕）。特に、契約の両当事者が錯誤に陥っている共通錯誤の場合には、錯誤無効を認めても相手方の期待を害することはないから、容易に錯誤無効を認める傾向がある（後掲最判昭和45・3・26民集24-3-151〔武二・春江贋作事件〕は、売主・買主ともに贋作を真作と信じて絵画の売買契約を締結した事案。買主の債権者が買主に代位して無効の主張をすることを認めた。また、東京高判平成2・3・27判時1345-78は、売買契約の売主・買主の双方が財形融資がつくと誤解していたがつかなかった場合に要素の錯誤を肯定する）。しかし、売買目的物が第三者に転売されている場合は別である。

(4)　**目的物の範囲・数量・価値に関する錯誤**　このような錯誤は、特に著しい食い違いのある場合のほかは、要素の錯誤とされない。

(5)　**法律状態の錯誤・法律の錯誤**　(i)所有権の帰属に関する錯誤（(1)(v)参照）も、法律状態の錯誤であるが、法律状態の錯誤が重要な意味をもつ場面は、和解契約である。判例は、たとえば勝訴の判決があったのを知らないで示談した場合（大判大正7・10・3民録24-1852〔強制執行に対する請求異議の訴えで勝訴したのを知らずに示談した場合〕）、権利が一定額に確定したのを知らないでそれ以下の額で和解した場合（大判昭和10・2・4裁判例（9）民15）に関し、要素の錯誤を認めている。(ii)法律の錯誤も要素の錯誤として無効原因になりうる（大判昭和13・2・21民集17-232）。「法の不知は弁解とならない」の法格言（刑法38条3項参照）は、民法上の錯誤について

---

7)　東京地判平成5・11・29判時1498-98は、リゾートマンションの売買契約において買主が期待していた眺望が隣接して建築された別のマンションによって害された場合は、動機の錯誤であるとして、表示がないことを理由に無効主張を否定。

は適用されないのである。ただ、表意者の重大な過失の認められる可能性が大きいであろう。

〈**参考文献**〉 判例の詳しい分析については、野村豊弘「意思表示の錯誤」法協85巻10号（1975年）、森田宏樹「『合意の瑕疵』の構造とその拡張理論」（前出）

(b) **表意者の重過失の不存在** (i) 表意者に「重大な過失」があるときは、「表意者は、自らその無効を主張することができない」（95条但書、新95条3項「取消しをすることができない」）。錯誤について表意者に重過失がある場合には、もはや表意者を保護する必要がないからである。ここでいう重過失とは、普通の人なら注意義務を尽くして錯誤に陥ることはなかったのに、著しく不注意であったために錯誤に陥ったということである（大判大正6・11・8民録23-1758）。重過失にまで至らない通常の過失（軽過失という）の場合には、民法は錯誤無効（新95条1項では「取消し」）の主張を制限していないので、無効（取消し）を主張することができるが（錯誤者は、その契約には拘束されないという利益が保護される）、無効（取消し）となることで相手方に損害を与えた場合には、表意者に損害賠償責任を負わせるべきである（いわゆる「契約締結上の過失」の一類型であり、わが国では709条の不法行為に基づく損害賠償責任を認めることになろう）。

(ii) 重過失があることの証明責任は、相手方にある（大判大正7・12・3民録24-2284）。

(iii) 現行95条但書は、表意者に重過失があるときは、「表意者は、自らその無効を主張することができない」と規定しているので、表意者自身は無効を主張できなくても、相手方や第三者は無効が主張できるかのように読める（新95条3項は、このような解釈がされることを防ぐために、「表意者は」という文言を削除した）。しかし、錯誤による無効は、表意者を保護するための制度であるから、表意者以外の者（相手方や第三者）は無効を主張できないと解すべきである（最判昭和40・6・4民集19-4-924）。

(iv) 表意者に重過失があっても、錯誤の主張ができる場合がある（新95条3項1号・2号）。すなわち、表意者に重過失があっても、①相手方が表意者に錯誤があることを知り、または重大な過失により知らなかったとき、または、②相手方が表意者と同一の錯誤に陥っていたとき（共通錯誤）は、表意者はなお錯誤による意思表示の取消しを主張できる。

表意者に重過失がある場合に、錯誤取消しの主張を制限するのは、錯誤の主張を認めることで不測の損害を被る相手方を保護するためである。しかし、相手方が表意者の錯誤を知っていたり、重過失で知らなかった場合には、相手方を保護する必要がない。

共通錯誤の場合にも、表意者の重過失を理由に錯誤の主張を制限する必要はない。共通錯誤は、契約の当事者双方が契約の共通の基礎について誤った理解をし、それを前提として契約を締結した場合に生じる。このような共通錯誤は、一方当事者の錯誤の場合とは異なる特色を有する。ここでは両当事者がともに同じ錯誤に陥っているのであるから、相手方に対する配慮から表意者の錯誤の主張を制限する必要はないので、表意者に重過失があっても、錯誤を主張できる。現行民法のもとでもこのように考えられてきたが、改正民法はそのことを明文で規定した。

(c) **相手方の認識可能性**　　錯誤無効は相手方に予想外の損害を与えるので、取引の安全（契約が有効に成立したとの信頼を保護）を図るため、相手方が表意者の錯誤を認識していたか、または認識することが期待できたこと（認識可能性）を、錯誤無効を主張するための要件とする説がある（川島）。取引の安全を理由に保護されるのは、一般に善意無過失の者であり（109条、110条の表見代理など参照）、表意者の錯誤について認識ないし認識可能性がある相手方は保護されなくてもしかたがないからである（悪意ないし過失がある）。しかし、現行95条の文言からは、このような要件が明確ではないこと、「要素の錯誤」（新95条1項では「重要」性）や表意者の「重過失」といった要件でもかなり取引の安全に配慮することができることなどから、相手方の認識可能性をわざわざ要件として要求する必要はないという説が有力である（星野）。新95条のもとでも、このように考えるべきであろう。

(2) **錯誤による意思表示の効力の否定**　　(a) **無効から取消しへ**　　現行95条では錯誤の効果は意思表示の無効であるが、**改正民法**では意思表示の取消しとなる。現行法のもとでも、錯誤は表意者を保護するものであるから、表意者以外の者が無効を主張できるのは適当でないこと（無効は誰でも主張できるのが原則だが）、いつまでも無効が主張できるのは相手方の利益とのバランス上適当でないことなどから、判例では、錯誤無効を主張できる者を表意者本人に限定するなど、取消しに近い扱いをしてきた。学説でも、

錯誤の無効を「取消的無効」と考えるべきことが主張されてきた（内田）。このようなことを受けて、改正民法では錯誤の効果を取消しとした（諸外国も、ドイツをはじめ、錯誤の効果を取消しとする国が多い）。

　(b)　**錯誤を主張できる者**　現行法のもとでも、錯誤の無効を主張をできるのは、表意者のみであり、相手方や、第三者は主張できないと解されてきた。錯誤による意思表示を無効としたのは、表意者を保護するためであり、表意者自身が無効を主張する意思がない場合には、相手方や第三者が無効を主張することを認めるのは適当でないからである[8]。

　＊　**債権者代位権（民法423条）による錯誤無効の主張**　最判昭和45・3・26民集24-3-151〔百選5版Ⅰ-18〕（武二・春江贋作事件）は、藤島武二と古賀春江のにせものの絵2点がY－A－Xと転々売買されたところ、XがAに対する代金返還請求権を保全するために（AX間の売買契約も錯誤で無効）、Aの錯誤によるAY間の売買契約の無効を主張して、AのYに対する代金返還請求権を代位行使した、という事件である。最高裁は、表意者Aが錯誤を認めているときは、第三者である債権者Xも無効を主張しうるという。この判旨は、(i)「無効の主張」を一定の要件のもとで例外的に表意者（A）以外の第三者（X）に認め（「無効の主張」自体は債権者代位権によるものではないと考えているようである）、(ii)そのようにして無効が認められた場合に発生する「（Aの）代金返還請求権の（Xによる）代位行使」を認めたものと解することができる。しかし、判旨の立場では、表意者しか錯誤無効を主張できないという原則に対して例外を認める根拠が明確でない。むしろ、「無効の主張」自体を債権者が代位行使できると考えるのが適当であろう（債権者代位権を例外を認めることの根拠とする）。そして、このように考えた場合には、債権者代位権の要件が充たされていれば十分であり、それ以外に「表意者が錯誤を認めている」などという条件をつける必要はない。原則として本人の自由であるはずの錯誤無効の主張について、債権者による代位行使を認めるのは、本人の資力がその債務の弁済に十分でない場合にまで、本人の意思を尊重する必要はないというのが実質的理由である。

　(c)　**第三者保護**（**新95条4項**）　現行民法のもとでは、錯誤の効果は意思表示の無効であるから、表意者A―相手方B―第三者Cと転売されて、売買の目的物を第三者が取得していても、目的物についての所有権はAにあり、第三者Cは所有権を取得できない。しかし、Bとの有効な取引によ

8）　最判昭和40・9・10民集19-6-1512、新地主Aから土地明渡を求められた借地人Bが、新地主Aの旧地主Cからの土地所有権取得に際して錯誤があったから土地取得行為（AC間の行為）は無効であると主張したのを退けた。

262　第2編　総　則

って権利を取得したと信じていた第三者Cの利益を保護する必要もある。現行法のもとでの解決としては、詐欺取消しに関する96条3項を類推適用する説と、94条2項を類推適用する説があった。しかし、94条2項は、権利者が虚偽表示をするという帰責性の大きさとのバランスを考えて、善意のみで第三者を保護する規定である。錯誤者の帰責性は虚偽表示をした者と比べれば小さいので、第三者を善意だけで保護するのは適当でないと考えられる。第三者を保護するために善意無過失を要求するのがよいとなれば、96条3項を類推適用するのが適当だということになる。

改正民法は、この考え方に基づいて、新95条4項で、「意思表示の取消しは、善意でかつ過失がない第三者に対抗することができない」とした。この新条文のもとで、「第三者」の意味や、対抗要件の要否などについては、詐欺取消しの場合と同様の解決をすることになる（詐欺取消しに関する現行96条3項は、「善意の第三者」としか書いてないが、判例・通説は、善意無過失の第三者と解すべきとしてきたところ、改正民法の新96条3項ではこれを踏まえて「善意でかつ過失がない第三者に対抗することができない」と明文化された）。なお、改正民法のもとでも、詐欺と錯誤の両方の適用が可能な場合がありうるが（どちらも取消しだが）、これについては後述する（274頁）。

4　他の制度との関係（瑕疵担保責任・共通錯誤・事情変更の原則など）

　錯誤に関しては、担保責任など他の制度との関係が問題となることがある。

　＊　**錯誤法と債務不履行責任・瑕疵担保責任との関係**　　現行民法のもとでは、瑕疵担保責任（現570条）は、目的物についての「性状の錯誤」（動機の錯誤の1タイプ）と競合すると考えられている。たとえば、130馬力のモーターを買ったところ、検査してみると30ないし70馬力しかなかったというような場合に、瑕疵担保責任の規定（現570条・現566条1項）に従って解除権を行使しうるのか、それとも、錯誤の規定に従って、無効（現95条）を主張できるか、が問題となる（**大判大正10・12・15民録27-2160**〔百選5版Ⅱ-52〕は、錯誤無効を認める）。判例は明確ではなく、学説も分かれていて、難問である。問題は二段に分かれる。(a)まず、「性状の錯誤」法と瑕疵担保法の領域が重なることがあるのか否かが、問題となる。物の瑕疵は「性状の錯誤」として「動機の錯誤」になると考えられてきたが、もし動機の錯誤は法律行為の効力に影響を与えないという、錯誤に関する狭い立場をとるならば、錯誤の規定と瑕疵担保責任の規定との衝突は生じない。しかし、

動機の錯誤も何らかの形で95条の「錯誤」のなかにとり入れるべきであると考えられる。(b)そうなると、1つの生活事実が双方の規定に該当する場合を生じ、その場合、いずれの規定によるべきかが問題となる。判例は、要素の錯誤となるときは瑕疵担保責任の規定は排除される、という[9]。判例の立場に対して、両規定の衝突する場合には、取引の安全・早期確定の要請から、いつまでも無効が主張できる現95条ではなく、瑕疵担保責任の規定によるべきであるとする説が有力である（瑕疵担保責任の規定では短期の除斥期間が定められているが（現570条・566条3項）、現95条の錯誤の効果は無効であるためにその主張に期間制限がなく、前者の方が取引の安全に配慮した規定になっている。しかし、改正民法95条の錯誤の効果は取消しで5年の期間制限がある（126条））。これが適当であろう。

　改正民法のもとでは、錯誤の規定とともに、瑕疵担保責任の規定も改正されたので、両者の競合の問題についても、考え直さなければならない点が多い。まず、特定物売買の場合も、品質などの物の性状は契約内容になり、品質を欠く物の給付は債務不履行責任を生じさせることになった（契約不適合の責任＝債務不履行の責任）。この場合に、錯誤も成立するとなると、どのような種類の錯誤かが問題となるが、その点については既に説明した（252頁）。どのような種類の錯誤であれ、改正民法のもとでは、債務不履行責任と錯誤取消しが競合することになる。そこでどう考えるべきであるが、債務不履行責任に関する規定の方が、賠償額での調整や、過失相殺による調整など、柔軟な解決ができるので、債務不履行責任で解決するのが望ましいのではないか。

＊＊　**錯誤（共通錯誤）と事情変更の原則の関係**　買主Aが売主Bから原油を長期間一定の価格で購入する契約を締結したところ、産油国を巻き込んだ戦争で原油価格が3倍になったというように、契約当時に前提としていた事情が変化した場合に対処する法理としては、事情変更の原則と錯誤が考えられる。事情変更の原則は、契約締結時には予見できなかった事情（戦争）が生じた結果、契約をもとのままで維持することが公平に反する場合に、裁判所が契約の解除ないし改訂を命じることができるというものである。設例のような事案は、通常は事情変更の原則によって解決されるが、錯誤で考えることもできる。錯誤では、「契約締結時に」契約当事者が前提とした事情（戦争は起こらないという予測）について契約当事者が誤った判断をしていたことを問題とすることになる。もっとも、錯誤の問題としたときは、これは動機の錯誤になるので、動機の錯誤についても現95条の対象となるという立場をとらない限りは、錯誤による救済はできない（改正民法のもとでは、新95条1項2号・2項による）。以上は、主として要件面で両制度を比較したが、効果面で比較しておくことも必要である。事情変更の原則が適用

9）　**最判昭和33・6・14民集12-9-1492〔百選7版Ⅱ-71〕〔苺ジャム事件〕**は、特選苺ジャムとして代物弁済することの和解契約をしたところ、実際には粗悪なジャムであった場合に、570条の適用を排除し、錯誤無効の主張を認めた。

264 第2編 総 則

される場合の効果は、あくまで将来に向かって、契約を解除・改訂することであって、遡らない。これに対して錯誤は、契約締結時の誤解に基づく意思表示の効力を否定するので、理論的には遡及的に効力が否定される（現95条では無効、新95条1項では取消し）。しかし、価格高騰以前に既に取引された分まで全て無効にするのは適当でない（長期契約の場合には契約を分割できればよいが）。事情変更の原則による解決の方が適当であろう。改正民法では、事情変更の原則を条文化することが検討されたが、要件の規定の仕方が難しく、見送られた。

＊＊＊　情報と錯誤　　売買契約の目的物の価値についての錯誤が生じる場合がある。たとえば、売主が昔から所有している絵について30万円くらいであろうと考えていたが、買主はそれが有名な画家によるものであるかもしれないと考え、結局50万円で売買契約が成立したが、後で買主が本格的な調査をした結果、はたして有名な画家によるものであることが証明され、その価値は200万円であるというような場合である（フランスでは売買された絵が後で有名な画家プッサン（Poussin）の絵であることがわかったという事件が実際にあった。最近も、ダ・ヴィンチの絵が発見されるという事件があった）。売主は錯誤を理由に売買契約の効力を否定できるか。動機の錯誤の場合の1つであるが、難しい問題を含んでいる。仮に、買主の専門的知識（情報）によって初めて埋もれていた有名画家の絵が発見できたとすると、売主に錯誤の主張を認めることは、買主の専門的知識（情報）による利益を無償で売主に与えてしまうことになる（売主は絵を取り戻した後で、有名画家の絵画として200万円で売却できるから）。こう考えると、無条件で錯誤の主張を認めるのは問題であろう。売主が素人であるのに対して、買主が美術商とか美術館などの専門家であり、信義則上売主に情報を提供すべき義務を負っているといえるような場合に限って、売主からの錯誤の主張を認めるのが適当であろう。

〈**参考文献**〉　英語の文献であるが、この問題について深く勉強したい者にとって必読の文献として、Kronman, Mistake, Disclosure, Information and the Law of Contracts, Journal of Legal Studies, vol. VII（2）,（1978）

5　95条の適用範囲

(1)　株式の引受け、一般社団法人における基金の引受けについては、特則がある（会社法51条2項、一般法人法140条2項）。

(2)　身分行為については、本条の適用はない（詐欺・強迫については、96条の特則が747条にある）。婚姻や養子縁組については、人違いだけが無効を生ずるにすぎない（742条・802条参照。結婚相手がある宗教の信者であると思っていたのに、そうではなかった場合は、当人にとっては深刻であり、外国では婚姻が無効となるところもあるが、日本では離婚事由となるにすぎない）。人違いをしたことについて、重過失があっても、婚姻無効の主張ができる。

(3) 訴訟行為（上訴の取下げや上訴権の放棄）にも95条は適用されない。

(4) 「電子消費者契約に関する民法の特例に関する法律」（平成13年6月29日公布、法律95号）は、**電子消費者契約**において、一定の場合に民法95条但書（改正民法では、新95条3項）の適用を排除する（特例法3条）。いわゆる電子取引では、契約の申込みおよび承諾の意思表示がコンピュータの画面を介して行われる。これらの操作は単純なために、表意者が画面内のボタンを押し間違える危険が大きく、押し間違えは、表意者と相手方に伝達された表示の間に食い違いを生じさせるという意味で錯誤に該当する。そして、買うつもりがないのに「買う」というボタンを押したとすれば、その食い違いは従来の基準からすれば「要素の錯誤」（改正民法では「重要」性）に当たる。しかし、他方で、コンピュータ画面におけるボタンの押し間違えは、「重大な過失」と判断される可能性もあり、そうなると錯誤無効（民法改正では、取消し）は結局主張できず、経験の浅い消費者には気の毒である。前記の特例法は、事業者と消費者の電子消費者契約においては、消費者が行った契約の申込みまたは承諾の意思表示が真意に反していたときは、95条但書（新95条3項）を適用することなく、常に消費者からの錯誤無効（取消し）を認めることにした。誤操作のリスクを消費者に負担させないようにしたのである。しかし、事業者が消費者の申込みまたは承諾の意思表示を行う「意思の有無について確認を求める措置を講じた」場合には、民法の原則にもどって95条但書（新95条3項）が適用される（特例法3条）。

6　錯誤による表意者の損害賠償責任

錯誤による無効を主張した結果として、相手方が損害を被った場合、錯誤者はその損害を賠償する責任があるか。錯誤者に過失があれば、善意無過失の相手方に対する損害賠償責任（709条参照）を認めるべきである。

＊　**錯誤と契約締結上の過失**　　ドイツ民法は、錯誤を取り消しうべき行為とし、取り消した場合は、錯誤者は、無過失であっても、信頼利益（相手方が法律行為が有効であろうと信じたことによって被った損害、たとえば契約締結のための費用・代金支払のために借金した場合の利息）を賠償する義務があるものとする（ドイツ民法122条）。日本の民法のもとでは、錯誤をした表意者に過失がある場合に、709条の不法行為ないし契約締結上の過失として、損害賠償責任を認めることができよう。もっとも、錯誤について悪意または過失ある相手方を保護する必要はないから、善意無過失の

266　第2編　総　　則

相手方にのみ、賠償請求を認めるという説がある（四宮旧版）。これに対して、錯誤者に対して賠償請求する相手方の過失は、過失相殺で解決すればよいという考え方もある。

第3　詐欺・強迫による意思表示（96条）

1　自由な意思決定の妨害

　詐欺または強迫による意思表示では、表示と内心の効果意思は一致しているが、効果意思を形成にするに際して表意者に外的な作用（詐欺・強迫）が加えられたため、自由な意思決定が妨げられた点に特徴がある（これを民法は、「意思の不存在」に対して「瑕疵ある意思表示」と呼んでいる。たとえば、現120条2項参照）。たとえば、売主Aの詐欺で不要な物を買わされた買主Bは、「買う」という意思は有しており、それを「表示」しているが、「買う」という「意思」は、売主Aにだまされたことで形成されたのであるから、意思の形成過程に瑕疵がある。売主Aに強迫されて「買う」という意思を買主Bが表示した場合も同様に意思の形成過程に瑕疵がある。表示と内心の効果意思の不一致（意思の不存在）を無効とする伝統的な意思表示理論からすると、詐欺・強迫による意思表示は無効にするほどではなく、取り消しすべきものとすれば十分であるとされる。民法96条はこのような立場からできている。

　なお、強迫と詐欺とでは、強迫の場合の方が、表意者の自由な意思決定の妨げられる程度が詐欺の場合よりも大きいと考えられており、それゆえ、強迫による表意者の方が詐欺による表意者よりも保護されている。すなわち、詐欺によって意思表示をした表意者の保護は、第三者との関係で制限されており（96条3項）、また、いわゆる第三者詐欺の場合にも、詐欺を理由とする意思表示の取消しの主張が一定の制限を受ける（96条2項）。強迫の場合にはこうした制限がない。

2　詐欺による意思表示

（1）　**要件**　　詐欺によって意思表示をした者がその意思表示を取り消すためには、第1に、「詐欺」と評価される行為があったことが必要である。どのような行為がここでいう詐欺に当たるかが問題となる。いわゆるセー

ルス・トークの全てが詐欺になるわけではない。第2に、詐欺に影響され て意思表示をしたことが必要である。これは詐欺と意思表示の因果関係の 問題である。以上の要件を詳しくみるならば、次のようになる。

(a) **欺罔行為**　　詐欺とは、他人をだまして（これを「欺罔行為」と呼ぶ）、 その者を錯誤に陥れることである。どのような行為が詐欺に当たるかに関 しては次の点が問題となる。

(i) 詐欺者には**故意**が必要か。判例は、表意者を「錯誤に陥れ」て、 かつ、その錯誤によって「意思を決定・表示させることを意図」していた ことが必要であるという（これを指して「二重の故意」が必要だというが、前者さ えあれば十分で、後は因果関係の問題とすればよいであろう）。したがって、相手 方が過失で間違った情報を提供したために表意者が誤解した場合には、詐 欺は成立しないと解されている（外国では「過失による詐欺」の可能性を認める ところもある。なお、消費者契約法4条1項1号が規定する不実告知では故意は不要で ある。故意が証明できない場合にも契約取消しが認められる点に意義がある（後述281 頁））。

(ii) **沈黙**の詐欺。積極的な欺罔行為をするのではなく、相手方が錯 誤に陥っているのを利用したり、積極的に事実を告げなかったりすること で、表意者が錯誤による意思表示をした場合はどうか。判例には、信義則 上相手方に告知する義務がある場合には、沈黙も欺罔行為になるとするも のがある（大判昭和16・11・18法学11-617）。

(iii) 欺罔行為の**違法性**。売主などが目的物を実際よりもよく見せよ うとして誇張的な表現を用いることはよくある。その全てが詐欺となると するのは行き過ぎである。そこで、判例・通説は、その行為が社会通念に 反する違法性を備える場合に初めて欺罔行為となると考える。具体的には、 契約当事者の地位・知識（事業者・専門家か消費者か）、具体的状況などを考 慮しながら判断することになろう。なお、ここで問題にしているのは、意 思表示の効力を否定するのが適当な程度の欺罔行為があったか否かである。 詐欺は、同時に不法行為となることもあり（709条）、その成否の判断基準 （709条の過失の有無）は取消しの判断基準より緩くてよい。したがって、詐 欺による取消しは認められないが、不法行為の損害賠償は認められるとい うことがあってもよい（さらにその損害賠償が被害者の過失のために過失相殺で減

額され、割合的な解決も可能となる）。このような考え方に対しては、取消しの判断と損害賠償の判断とで評価的な判断が矛盾しておかしいという批判もある（道垣内弘人「取引的不法行為──評価矛盾との批判のある一つの局面に限定して（取引関係における違法行為とその法的処理──制度間競合論の視点から）」ジュリスト1090号（1996年））。

　(b)　**詐欺と意思表示の因果関係**　　詐欺が原因で意思表示をしたことが必要である。表意者が真実を知ったとしても、意思表示の内容に影響しなかったであろうという場合には、詐欺と意思表示の間に因果関係がないので、その意思表示の取消しは認められない。

　(2)　**効果**　　(a)　**取消権の発生**　　(i)　**相手方が詐欺**を行った場合は、表意者はつねに意思表示を取り消すことができる（96条1項）。AがBの詐欺によってA所有の不動産をBに売却する契約を締結したような場合である。Aがその意思表示を取り消すと、AB間の売買契約の効力が失われる（遡及的に無効になる）。詐欺を理由に「契約を取り消す」という言い方がなされることもあるが、正確には以上のような意味である（96条では「意思表示」を取り消すと規定しているのに対して、120条、121条などでは「行為」を取り消すと規定しており、両者の関係は必ずしも明確ではない）。

　　　(ii)　**第三者が詐欺**を行った場合は、相手方がその詐欺の事実を知っていたときに限って意思表示を取り消すことができる（現96条2項。新96条2項は、知っていたときだけでなく、「知ることができたとき」にも詐欺を理由とする取消しを認める）。たとえば、主債務者Cにだまされて、Aが保証人となる契約を債権者Bと締結した場合には（保証契約の当事者はABであって、Cは当事者ではない）、相手方Bが第三者Cの詐欺の事実を知っていたとき（現96条2項）、または知ることができたときに限って（新96条2項）、Aは保証契約を取り消すことができる。

　表意者の意思表示が自由になされなかったという点では、表意者の相手方による詐欺であれ、第三者による詐欺であれ、同じはずである。それにもかかわらず第三者による詐欺を特別扱いしているのは、詐欺取消しが単に表意者の意思表示の瑕疵のみを問題にしているのではなく、詐欺をした者の悪性にも着目しているからである。それゆえ、表意者の相手方（保証契約の例では債権者B）が詐欺をした場合には、取消しによって影響を受けても不都合はないが、詐欺をしたのは第三者（主債務者C）なのに、意思表

示の取消しの結果影響を受けるのは別のBであるという場合には、B自身にはなんら落度はないのであるから、原則として意思表示の取消しはできないものとし、Bが詐欺を知っていたときに限ってAからの取消しを主張できるものとした。フランス民法（条文の文言は明確でないが）やドイツ民法にも同様の規定があり、日本の民法もこれに従ったものである。

▶ [改正民法]

　新96条では、2項、3項が改正された。2項は「相手方に対する意思表示について第三者が詐欺を行った場合においては、相手方がその事実を知り、又は知ることができたときに限り、その意思表示を取り消すことができる」と改正され、第三者詐欺の場合の取消しの要件に「相手方がその事実を知っていたとき」だけでなく、「知ることができたとき」も含まれることになった。要件が緩和されたわけである。改正された3項では、取消しの主張を対抗できない第三者は、善意だけでは足りず、「善意でかつ過失がない」ことが必要となった。これはこれまでの通説であるが、虚偽表示に関する94条2項（善意だけでよい）との違いが文言上も明らかにされた。

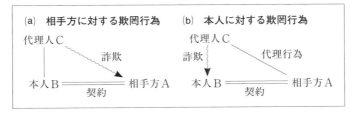

代理人による詐欺

＊　**代理人による詐欺**　(a) 本人Bの代理人Cが相手方Aをだまして Bとの契約を締結させた場合は、Cによる第三者詐欺か。これは第三者詐欺ではなく、代理人の詐欺は、本人Bが詐欺をしたのと同視される（現101条。例、大判明治39・3・31民録12-492は、土地の売主Bの代理人Cが買主Aをだまして売買契約を締結させ、代金の一部を支払うためにAが振り出した約束手形を詐取したという場合に、買主Aからの詐欺取消しの主張に対して、売主BがAB間の契約から見れば代理人Cは第三者であるから現96条2項が適用されるべきで、Bは善意であったからAからの詐欺取消しの主張は認められないと争った事案において、現101条を援用して、代理人の詐欺は本人の詐欺と同旨すべきだとした）。したがって被害者Aは、たとえ本人Bが代理人による詐欺のことを知らなかったとしても無条件で意思表示を取り消すことができる。

　(b) 代理人Cが本人Bをだまして、Aとの契約を締結させた場合は、どうか。第三者詐欺の問題として、相手方Aが悪意の場合にだけ取消しを認めるべきか、それとも被害者Bは、無条件で詐欺による意思表示を取り消すことができるか。これは

270 第2編 総 則

第三者Cによる詐欺として、相手方Aが詐欺の事実を知っている場合にのみ、Bは取り消すことができるとされている（東京高判昭和46・7・20東高時報22-7-119は、Cが土地所有者Xに、「土地を売った代金を金融に回し、その利殖で暮らしたらどうか、金融については協力する」ことを提案し、Xもこれに同意したが、Cの意図は代金の一部を自分の借金の返済にあてることにあり、Xを欺罔してYとの売買契約を締結させるようにした事案である。裁判所は、第三者詐欺の事案として扱い、相手方YがCの詐欺の事実を知っていた場合には、Xは売買契約を取り消すことができる、とした。上告審は最判昭和47・9・7民集26-7-1327であるが、別の論点が問題となった）。なお、代理人Cの詐欺によって本人Bが代理権授与をした場合には、代理権授与行為の瑕疵が問題となる（詳しくは代理の箇所を参照）。

(b) **善意の第三者との関係** (i) 詐欺取消しの効果は、「善意の第三者」に対抗することができない（現96条3項。新96条3項では、「善意でかつ過失がない第三者」と改正）。強迫については第三者保護に関する規定がないのに、詐欺についてだけそれがあるのは、元来は「詐欺による意思表示」（詐欺の被害者の意思表示）の保護を一段低くみる考え方に由来する。すなわち、詐欺の場合には、強迫とちがってだまされる者も幾分は悪いという考えに基づくものであった（富井）。しかし、現在では、詐欺取消しの効果は本来第三者にも及ぶべきだが、善意の第三者に対しては、取引安全のために取消しの効果を制限するのが現96条3項だと解されている。そうであれば、保護される第三者は、単なる善意者ではなく、善意無過失の第三者とすべきである。新96条3項は、このような理由で現行規定を改正し、「善意でかつ過失がない第三者」とした。

* **第三者保護規定の考え方** 第三者保護の規定は、もともとボワソナードによって旧民法典に設けられたものが、形を変えて現行民法典に引き継がれたものである。ボワソナードは、詐欺が不法行為による損害賠償の原因にはなるものの、当然には意思表示の瑕疵をもたらすものではない、と考えていた（旧民法典財産編312条1項「詐欺ハ承諾ヲ阻却セス又其瑕疵ヲ成サス」）。すなわち、詐欺によって表意者が錯誤に陥ったのであれば、錯誤無効の問題とすればよい。しかし、詐欺は不法行為になるだけで、詐欺そのものからは、意思表示の瑕疵を説明できないという考えである。そこでボワソナードは、詐欺は原則として意思表示の効力に影響しないものとし、ただ、契約の相手方が詐欺を行った場合には、例外的に「損害賠償としての取消し」を認めるが（詐欺は不法行為であるという考えの延長である）、その取消しは「善意の第三者には対抗できない」という立場を採用した（同312条3項「然レトモ当事者ノ一方カ詐欺ヲ行ヒ其詐欺カ他ノ一方ヲシテ合意ヲ為スコトニ決意セシメタルトキハ其

第4章　私権の変動　　第2節　意思表示　　*271*

一方ハ補償ノ名義ニテ合意ノ取消ヲ求メ且損害アルトキハ其賠償ヲ求ムルコトヲ得但其合意ノ取消ハ善意第三者ヲ害スルコトヲ得ス」）。

〈参考文献〉　96条の起草過程については、田中教雄「日本民法96条（詐欺・強迫）の立法過程——不当な勧誘に対処する手がかりとして」香川法学13巻4号（1994年）

　　　(ii)　「善意の第三者」（改正民法では「善意でかつ過失がない第三者」）とは、詐欺の事実を知らないで、詐欺に基づく法律行為によって権利を取得した者（当事者）から、その権利を取得したりするなど、新たに利害関係に入った者である。たとえば、売主AをだましてAの土地を買ったBから、事情を知らないでこの土地をさらに買った転得者Cである。本来ならば、詐欺にかかった者Aが詐欺を理由としてその意思表示を取り消すと、法律行為（AB間の契約）の効果も遡って無効となるから（現121条本文）、Cは無権利者Bから買ったことになり、権利を取得できない。しかし、現96条3項によって、AはAB間の法律行為（契約）が取消しによって無効になったことを、「善意の第三者」（改正民法では「善意でかつ過失がない第三者」）に対しては主張できないことになる。詐欺による取消しの主張が制限されるのは、取引安全のために善意の第三者（改正民法では「善意でかつ過失がない第三者」）を保護する必要があるとともに、詐欺にかかった者にはうかつな点もあったのだから、その者が不利益を被ってもやむを得ない（この点で強迫と異なる）、と考えられたためである（起草者の見解）。

　この規定の結果、A→B→Cと不動産が譲渡された場合には、Bの登記を信頼したCは96条3項で保護され（Bに登記がなかった場合は、Cは善意（無過失）の第三者とはいえない）、土地の所有権を取得するので、登記に公信力が認められたのと同じ結果となる。96条3項は、94条2項とともに、表見法理の一環をなす規定と位置づけるべきであるが、(ア)94条2項の場合は、帰責性の大きい権利者（虚偽表示をした点で）との関係で、権利の外観を信頼した第三者をどのような要件で保護するかという問題であるのに対して、(イ)96条3項は帰責性がそれほど大きくない権利者（詐欺の被害者）との関係で、権利の外観を信頼した第三者をどのような要件で保護するかという問題であるから、虚偽表示と詐欺とでは第三者保護の要件が異なってよい。現行民法の条文の文言上は、(ア)(イ)とも「善意の第三者」であるが、**改正民法**のもとでは、(ア)94条2項では「善意の第三者」のままとされ、(イ)新96条

272 第2編 総則

３項では「善意でかつ過失がない第三者」と改正された。なお、従来、第三者との関係に関する規定がなかった心裡留保については、改正民法93条２項で(ｱ)と同じ扱いがされ（心裡留保の表意者は帰責性が大きい）、錯誤については、改正民法95条４項で(ｲ)と同じ扱いがされることになった（錯誤者の帰責性は様々だが、重大な過失がある場合には、そもそも取消しが主張できない。そこまでの帰責性はない場合には、錯誤取消しを主張できるが、「善意でかつ過失がない第三者」に対しては対抗できない）。

＊　「第三者」の具体例　　(ⅰ)売主ＡをだましてＡの不動産を買ったＢから転得した者Ｃや、Ｂから抵当権の設定を受けた者Ｄなどが典型である。(ⅱ)これに対して、詐欺による意思表示の結果、反射的に利益を取得した者は「第三者」に該当しない。たとえば、債務者Ｂ所有の不動産にＡの一番抵当権、Ｅの二番抵当権があり、Ｂの詐欺で一番抵当権者Ａがその抵当権を放棄したが（その結果、Ｅの二番抵当権が一番抵当権に昇格する）、後にＡが詐欺を理由に放棄を取り消した場合、Ｅは「自然に一番抵当権の順位を得た」にすぎず、「第三者」に該当しない（大判明治33・５・７民録6-5-15）。(ⅲ)見解が分かれているのは、Ａの不動産を詐欺によって取得したＢから、その目的物を譲り受ける契約をした者のように、単に債権的な地位を取得したにすぎない者が「第三者」に該当するかどうかである。**最判昭和49・９・26民集28-6-1213**〔百選７版Ⅰ-23〕は、売買の目的物が農地である場合に、Ｂから農地法５条の許可を条件として所有権を取得しうる地位を取得した者Ｃも、「第三者」たりうるとした（農地は知事の許可がないと所有権を移転できないので、許可を条件として所有権を取得する地位は、債権的な地位にすぎない。しかし、この事件では、その地位が仮登記によって保全されていたために、事実上物権に近い権利となっていた）。判例の立場は明確でないが、債権といっても、金銭債権と特定物引渡債権とでは区別すべきであろう（利害関係の強弱がある）。すなわち、Ｂが取得した財産をみて十分な資力があると思って、金銭を貸し付けた金銭債権者は、当該財産についてはまだ具体的な権利を取得していないので、「第三者」ではないが（差押えをすれば「第三者」になる）、その不動産を買う契約をして特定物引渡請求権を有するに至った債権者は「第三者」に含まれると考えるべきであろう（94条２項の「第三者」に関する議論を参照）。

＊＊　「第三者」(96条３項)に該当する者は登記を備えることが必要か　　Ａの不動産を騙取したＢから転得したＣが「第三者」として保護を受けるために、さらに登記（Ｂからの所有権移転登記）を備えていることが必要か、という問題である。(ⅰ)取消しをした詐欺被害者Ａと「取消前の第三者」Ｃとは、Ｂを起点とした「二重譲渡」の関係にあると考えると、ＣがＡに優先するためには「対抗要件」としての登記を備えることが必要となる（177条）。(ⅱ)しかし、ＡＣは本来の意味での「二重譲渡」ないし「対抗関係」にあるわけではないと考えれば、Ｃが「対抗要件」としての登記を有していなくても保護を否定されないということになる。すなわち、96条

３項は、「善意の第三者（改正民法では善意無過失の第三者）」Ｃに対する関係では、Ａは、Ａの意思表示の取消しの効果を主張できず（Ｂに対しては主張できるが）、その結果、不動産の所有権がＡ―Ｂ―Ｃと転々と移転した場合と同様に考えることになる。なお、ＡＣ間の関係は、物権変動で議論されるいわゆる前主・後主の関係であり、対抗関係ではない。[1]㈹以上に対して、ＡＣ間が「対抗関係」にはないことを前提にしつつも、「第三者」として保護を受けるためには、取引関係に入った者としてなすべきことをしていることが必要であるという観点から、登記を備えることを要求する見解が主張されている。この場合の登記は、対抗関係において優劣を決めるための登記（177条の登記）とは異なるので、「権利保護資格要件」としての登記などと呼ばれている。

(iii)　**詐欺取消しと第三者出現の時期**　96条３項によって保護されるためには、「第三者」はいつまでに利害関係に入る必要があるか、という問題である。96条３項の適用範囲の問題である。たとえば、Ｂの詐欺によってＡが不動産をＢに譲渡し、ＢがさらにそれをＣに譲渡したが、他方で、Ａは詐欺を理由にその意思表示を取り消したという場合に、判例は、「第三者」ＣがＡによる取消しの前にＢから不動産を取得したのか（「**取消前の第三者**」）、取消後にＢから取得したのか（「**取消後の第三者**」）、によって区別する。そして、取消前の第三者については、本項を適用して保護するが（96条３項を取消しによる遡及効を制限する規定と理解）、取消後の第三者については、民法177条を適用して、ＡとＣとで先に対抗要件としての登記を備えた方が優先するとしている（Ａの取消しによって、Ｂを起点としてＢからＡへの遡及的な物権変動〈次頁図２〉の②と、ＢからＣへの物権変動〈図２〉の③が「二重譲渡」の関係になるという考えに基づく。**大判昭和17・9・30民集21-911〔百選７版Ⅰ-53〕**）。

＊　**判例・通説の問題点と解決策**　(i)判例の立場には次のような問題がある。第１に、「取消前の第三者」と「取消後の第三者」とで、取消しの遡及効についての扱いがアンバランスである。すなわち、「取消前の第三者」に関しては、取消しによってＡＢ間の行為が**遡及的に無効**になることを前提に、「善意の第三者」に対する関係ではその遡及効を制限するが、「取消後の第三者」については取消しによって**Ｂから新たに逆向きの物権変動**（ＢからＡへ）があるとする（遡及効の全面的否定）。これは法律構成としてアンバランスではないかという問題である。第２に、判例・通説の立場では、取消後の第三者Ｃは、Ａと対抗関係になるので、民法177条に関

---

1)　前掲最判昭和49・9・26が後者の立場をとるのか否かが議論されているが、直接この問題を扱ったものではない。

〈図1〉 「取消前の第三者」の場合

〈図2〉 「取消後の第三者」の場合

する通常の考え方によれば、Cが悪意であっても先に登記を備えれば、Aに優先する。この結果が妥当か問題である。(ii)そこで次のような説が主張されている。まず、「取消前の第三者」「取消後の第三者」のいずれに対しても、取消しによる遡及的無効という法律構成をする。そして、「取消前の第三者」との関係では、民法の用意した第三者保護規定（96条3項）によって、「善意の第三者（改正民法では善意無過失の第三者）」を保護する。また、「取消後の第三者」も、遡及的無効の結果、Cは無権利者Bから取得したことになるが、Aが取消後、Bのところにある登記を抹消して自己に回復することができるのに、それを放置した場合には、94条2項を類推適用することで、「善意の第三者」が保護される（四宮「遡及効と対抗要件」（新潟大学）法政理論9巻3号）。しかし、取消後の第三者について94条2項を類推適用すると、Aが長期間放置した場合にだけ（虚偽表示に類する程度の帰責性が大きい場合）、善意の第三者Cが保護されることになるが、「長期間放置」の基準が不明確である。また、94条2項の類推適用で第三者が保護される主観的要件（「善意の第三者」）が取消前の第三者の場合（こちらは改正民法のもとでは「善意でかつ過失がない第三者」となった）とで異なることになり、これもアンバランスである。以上のようなことを考えると、改正民法のもとでは、第三者について、取消前か後かを区別せず、「善意でかつ過失がない第三者」に対しては、詐欺による意思表示をした者は、詐欺取消しの効果を主張できないとするのが適当である。改正民法96条3項は、取消前および取消後の第三者の両方に適用されると解するのがよい。

(3) **他の制度との関係** (a) **詐欺と錯誤との関係** (i) 詐欺取消しの要件が充たされている場合に、詐欺被害者は、動機の錯誤に陥っている。動機の錯誤はいっさい民法95条の錯誤に該当しないという立場にたてば、詐欺取消しと錯誤無効の競合という問題は生じないが、動機の錯誤について

も95条（新95条1項2号・2項）が適用されるという立場によれば、詐欺によって生じた錯誤が「要素の錯誤」（現95条）ないし「重要性」（新95条1項）の要件を充たせば、詐欺取消しと錯誤の両方の要件を同時に充たしていることになる。このような場合に、錯誤規定と詐欺規定のどちらが適用されるのか、当事者は結局何を主張できるのか。これが「二重効」の問題といわれるものである。ただし、改正民法のもとでは、議論の実益がないことについては、後述。

(ii)現行民法のもとでの詐欺取消しと錯誤無効の二重効の問題について、判例の立場は、表意者の選択に委ねるものと考えられる。大判大正11・3・22民集1-115は、Aの詐欺によってAに不動産を売却したXが、Aからその不動産上に抵当権の設定を受けた第三者Yに対して、錯誤無効を理由に抵当権設定登記の抹消を求めた事件である。詐欺取消しの要件も充たされていたが、Xは錯誤無効を主張し（Xは、詐欺取消しを主張するとYが善意の第三者に該当する可能性があるので、錯誤を主張した）、これが認められた。判例の立場は、二重効を認めるが、表意者は詐欺か錯誤かいずれか一方を選択しなければならず、一方が選択されると、その規範だけが適用されるというものである。この事件では錯誤が選択されたので第三者保護規定（96条3項）は適用されないことになる。改正民法では、詐欺も錯誤もその効果は意思表示の取消しであり、第三者保護の要件も同じなので（新95条4項・96条3項）、詐欺と錯誤の二重効の問題は重要でなくなった。

〈**参考文献**〉 賀集唱「『無効主張権』及び『二重効問題』——攻撃防御方法としての錯誤無効の主張と詐欺取消しの主張」司法研修所論集創立50周年記念号1巻（1997年）、同「二重効問題——錯誤無効と詐欺取消し」法学教室213号（1998年）

(b) **不法行為ないし契約締結上の過失責任との競合**　契約締結に際して一方の契約当事者の詐欺で、相手方が本来希望しない内容の契約を締結させた場合には、詐欺による取消しのほか、契約締結上の過失を理由に損害賠償を請求できる。これは民法709条の不法行為責任ないし信義則上の義務違反による責任である（最判平成23・4・22・民集65-3-1405）。

3　強迫による意思表示

(1) **制度の意義**　他人の違法な強迫を受けて意思表示をした場合には、

表意者の「自由な意思決定」が妨げられたものとして、民法は表意者にその意思表示を取り消すことを認める。しかし、他人の言動などによって自由な意思決定を妨げられた状態で、やむを得ず意思表示をしたり、契約を締結することは、世の中にはよくあることである（債権者が厳格な取立を主張するので、債務者がやむを得ず財産に担保権を設定するなど）。それらが全て取り消せるわけではない。「違法な強迫」行為があったと評価される場合に初めて、取消しが認められる。こうした考えから、従来、「強迫」概念は比較的狭く解されてきたが、これをどこまで広げることができるかが現在の課題である。そのなかでも重要なのは、強者・弱者の関係があったり、優越的地位があったりするのを利用して、自己に有利な契約をさせる行為がどこまで強迫とされるかである。

(2) **要件** (a) **強迫** 害悪が及ぶことを告げて（強迫行為）、他人に畏怖を与え、その畏怖によって意思を決定・表示させようとすること（故意が必要）。もっとも、強迫行為が**違法**でないときは、ここでいう「強迫」にならない。違法性の有無は、一方で、その行為の目的が正しいか否か（債権者が債務の支払を求めるのは、目的としては正当である）、他方で、強迫の手段がそれ自体として許された行為であるか否か、の両者を相関的に考察して判断される。

* **強迫の成否** (i)目的・手段の両方とも正当であり、強迫とならないとされたものとしては、使用者が、横領した被用者の身元保証人（被用者の親）に、被用者を告訴するといって、借金証文を差し入れさせた場合がある（大判昭和4・1・23新聞2945-14）。(ii)目的が不正な場合に違法性を肯定したものとしては、不正の利益を得る目的で、会社取締役を告発すると通知して、その結果、無価値の株式を相当の価格で買い取らせた場合（大判大正6・9・20民録23-1360）がある。(iii)目的が正当なものであっても、手段が適切でない場合に強迫になるとするものとして、債権者が債権取立のために、債務者に身体的危害を加える言動をして、債務者の妻に重畳的債務引受をさせたり、債務者の両親に抵当権を設定させた場合がある（神戸地判昭和62・7・7判タ665-172。ただし、債務額についても争いがある事案）。

(b) **強迫による意思表示（因果関係）** 他人（相手方または第三者）の強迫によって表意者が恐怖心（畏怖）をいだき、その恐怖によって意思を決定・表示したことが必要である。すなわち、強迫と意思表示の間の因果関係が必要である。恐怖の程度は、表意者が完全に選択の自由を失ったこと

第4章　私権の変動　　第2節　意思表示　　*277*

を必要としない（最判昭和33・7・1民集12-11-1601〔百選5版Ⅰ-20〕）。

（3）**効果**　　(a)**取消権の発生（96条1項）**　　取消権が行使されれば、その意思表示は当初から無効となる（121条）。取消しの効果は善意の第三者にも対抗できること、および、第三者が強迫を行った場合にも、相手方の知・不知にかかわらず、常に取り消すことができる点で、詐欺の場合と異なる。詐欺にかかった者よりも、強迫によって意思表示をした者を強く保護するという考えに基づく。ＡＢ間の契約をＡが強迫を理由に取り消した場合は、詐欺の場合のような第三者保護規定（96条3項）がないので、Ｂからの転得者Ｃなどの第三者が害されることがあるが、取引の対象が動産である場合には、転得者は即時取得（192条）で保護される（第三者がＡを強迫した場合に、強迫による意思表示の相手方Ｂについては即時取得の保護はない）。不動産の場合には、94条2項の類推適用によって保護される余地がある。

　(b)**強迫の程度が強く、表意者が意思決定の自由を全く奪われていた**という場合には、その意思表示は無効になると解されている[2]。表意者は、この意思表示を強迫を理由に取り消すこともできる。その場合には、いわゆる取消しと無効の二重効の問題が生じる。

（4）**課題**　　通説の立場では強迫となる場合は比較的狭く、契約が単に不公正な方法で締結されたというだけでは強迫とならない。しかし、取引に不慣れな消費者や老人、あるいは病人のように一定の窮状にある者が、その未経験や弱みにつけ込まれて、よく考えると不要な商品を購入したりすることがある（病人が不要な薬を買わされるなど）。こうした未経験・窮状・弱みにつけ込んで締結される契約は、民法90条の暴利行為で無効になることがあると考えられている。しかし、本来なら不要だが、購入してしまった商品の代金自体は適正な価格である場合には、暴利行為とは言いにくい。そこで錯誤、詐欺、強迫などで救済することになるが、どれにも完全には当てはまらない。比較的最近の立法であるオランダ民法典（1992年）では、このような場合には、「状況の濫用」があったことを理由として表意者に取消権を認める。わが国でも「強迫」の将来の発展方向の1つとして考えられる。また、経済的に強者の立場にある者が自己に有利な内容の契約を

2）　東京高判昭和52・5・10判時865-87は、債権者の夜を徹しての強硬な要求により、債務者が疲労困憊して手形を振り出した行為を無効とした。

締結させた場合にも、不当性が強い場合には、民法90条で無効となるが、それほどでもない場合には、契約は有効と解されている。「経済的威迫」という考え方でこうした契約の効力を否定する国もある。わが国の強迫法理は、こうした場合にまで適用されることを予定していないが、これらの行為が独禁法や下請代金支払遅延等防止法に違反することがあり、その場合の私法的な救済法理として、強迫法理を拡張することが考えられる。

第4　消費者契約法における特則

1　制定の背景と経緯

　事業者と消費者との間の物品販売やサービス提供契約によって消費者が被害を被る事態が増加する中にあって、民法典の規定する錯誤・詐欺・強迫の規定では契約の効力を否定しにくい場合や、従来の判例の基準では必ずしも公序良俗に反して無効とまでは言いにくい契約条項が使われている場合に対する救済手段を消費者に与えるために、消費者保護のための法律の必要が従来から議論されてきた。その場合の立法的対応としては3つの方法が考えられる。①事業者が使用する「約款」に着目して約款規制法を制定するという方法（ドイツ、韓国など。その後、ドイツでは約款規制法は民法典の中に組み込まれた）、②約款の有無にかかわらず、情報（知識）・経験・交渉力で格差のある事業者と消費者の間の「消費者契約」を規制するという方法（フランス）、③両者を併用する方法である。結局、わが国は②の方法で消費者契約法を制定した（平成12年5月12日法律61号）。その後、消費者契約法は、平成18年に適格消費者団体に差止請求権を認める改正（同法12条）がなされたほか、平成28年（法律61号）の改正では、契約取消事由の拡大（同法4条4項）、取消権の行使期間の変更（同法7条）、契約条項が無効となる具体的類型の追加（同法8条の2）などがなされた。

2　消費者契約法の理念と規制対象

　消費者契約について特別な法的ルール（規律）を定める根拠は、消費者と事業者間にある「情報の質及び量並びに交渉力の格差」である（1条）

3）　東京地判昭和63・7・6判時1309-109は、親事業者が下請事業者に対して納入する製品の価格を市価より安くさせた事案。結論としては公序良俗に反するほどではないとした。

（なお、以下では「情報（知識）・経験・交渉力の格差」と表現することにする）。そのために消費者が望まない契約や、消費者にとって不利な契約が締結されるおそれがあるからである。このような視点から、消費者契約法は2つの問題を規律の対象としている。

第1は、契約締結段階の法的ルールである。事業者と消費者との間には、その締結されようとしている契約について「情報（知識）・経験・交渉力の格差」があるために消費者は契約締結段階において十分に自衛できず、その結果として不要な契約や不利益な契約を締結してしまうおそれがある。民法は、このような事態に対処するために、錯誤・詐欺・強迫に関する規定を有しているが、これらの規定では十分対処できない場合も少なくない。たとえば、物売りが家に入りこんでなかなか帰らないので困惑し、やむなく商品を買ったなどという場合には、現在の判例・学説の立場では「強迫」とは言いにくい。そこで、消費者契約法は、弱い立場にある消費者に新たに契約取消権を与えて、この格差からくる問題を解決しようとした（4条1〜4項）。

第2は、契約内容が不当である場合に、その不当な契約条項の効力を否定することで消費者契約の適正化をはかるというものである。民法では、契約内容が不当であるときに、その効力を否定するのは信義則（民法1条2項）や公序良俗（民法90条）の役割であるが、その基準は明確でなく、裁判まで行かないとどうなるかわからないことが多い。そこで、消費者契約法は、具体的にどのような条項が不当な条項で効力が否定されるべきかを示し、行為規範としても機能するようにした（8条・9条・10条）。

3　消費者契約の定義

⑴　この法律が適用される「**消費者契約**」とは「消費者」と「事業者」の間で締結される契約である（2条3項）。

⑵　「**消費者**」は、消費者契約の一方当事者であり、消費者契約を認定するための要素である。そして重要なことは、それが消費者契約法によって保護される側を決める概念であるということである。消費者契約法によれば、「消費者」とは、「事業として又は事業のために契約の当事者となる」のではない「個人」である（2条1項）。①個人営業の酒屋の店主がそ

の店の商品（酒）を売る場合には、「事業として」売買契約を締結するから、この売買契約に関しては商店主は消費者ではない（むしろ、次に述べる事業者に該当する）。この酒屋の店主がビール会社からビールを購入する場合も、商品の仕入れは「事業として」行われたので、この契約でも「消費者」とはならない（ビール会社の方が「交渉力はあるが、専門的知識では酒屋の店主も対等といえる」）。②酒屋の店主がワインを貯蔵するための冷蔵庫を購入する契約では、酒類の販売という事業との関連は間接的なので、「事業として」なされた契約とはいえない。しかし、ワインの冷蔵のためにどのような性能を備えていることが必要かといった点については店主も専門的見識をもってしかるべきであるから、「事業のため」に契約をしたといってよい（したがって、「消費者」ではない）。③店の会計のためにコンピュータ専門店からパソコンを購入する場合はどうか。これも「事業のため」といえなくはないが、酒屋の「事業」から期待される専門的情報・経験・交渉力からはコンピュータの知識などは導かれず、パソコン売買において酒屋の店主とパソコン販売店が対等とはいえないから、店の会計のためのパソコン購入であっても、「事業のため」と解すべきではないであろう（立法担当者は、趣味のために使うか、店のために使うかの使用目的によって区別すべきであると考えていたようだが、そのような区別は困難であり、より客観的に考えるべきである）。その結果、酒屋の店主が「消費者」でパソコン販売店が「事業者」となる消費者契約が締結されることになる。

　なお、「消費者」は「個人」に限定され、「法人その他の団体」は含まれない（参考：ドイツ民法は、13条で「消費者」を定義する規定を設けているが、そこでも「消費者」を個人に限定する）。それゆえNPO法人やマンションの管理組合などは、営利企業と比べると専門的知識・経験・交渉力の点で弱い立場にあるが、これらが不動産会社や金融機関と取引をしても、「消費者」としては保護されない（その契約は消費者契約とはならず、したがって契約取消権は与えられない）。立法論として問題がないではない。

　(3)　**「事業者」**とは、「法人その他の団体」および「事業として又は事業のために契約の当事者となる場合における個人」である（2条2項）。事業者は消費者契約のもう一方の当事者であるが、消費者からの契約取消権などにさらされる当事者である。「個人」の場合は、「事業として又は事業の

ために」契約したときにのみ「事業者」とされる。これに対して「法人その他の団体」については、条文の文言上は、事業との関連が要求されておらず、したがって、「事業として又は事業のため」の契約か否かにかかわりなく、常に「事業者」とされる。しかも、「法人」は営利法人だけでなく公益法人、中間法人などもすべて「事業者」とされる。「その他の団体」ということで権利能力なき社団なども含まれる。このように法人・団体をすべて事業者に含めてしまうと、小規模な NPO 法人（特定非営利活動法人）やマンションの管理組合（法人の場合と権利能力なき社団の場合がある）などが消費者と契約をした場合に、消費者契約法の適用を受けることになる（これらの団体が営利企業と取引をした場合に消費者契約法の保護を受けるべきか否かは、「消費者」の中に一定の団体も含めるかという問題である。この方が重要な問題である（上述(2)参照））。このような問題が生じるのは、「法人その他の団体」については、「事業」との関連を問題とすることなく「事業者」とすることに根本的な原因がある（ちなみに、ドイツ民法14条は「事業者」を定義して、団体が「事業活動として法律行為を締結した場合」に限定している）。

4　契約締結過程に関する規律

(1)　重要事項についての不実告知（4条1項1号）　　**(a)**　事業者が契約締結に際して、①「重要事項」について事実に反することを告げ（不実告知）、②それによって消費者が告げられた内容が事実であると誤認した場合には、消費者は、その契約を取り消すことができる（ほかにも細かい要件が規定されているが、詳細は消費者契約法の専門書を参照）。ここでいう「重要事項」とは、4条5項に定義があり、契約客体の内容（質・用途など）または対価その他の取引条件で、かつ、消費者の「判断に通常影響を及ぼすべきもの」とされている。

　不実告知においては、事業者の故意は不要である（4条2項では、「故意に告げなかった」と規定し、故意を要求しているのと対比）。その意味は、第1に、事業者が消費者に誤認させることを意図している必要はないということである。その点での故意が必要とされる民法96条の詐欺よりは適用範囲が広い。第2に、告知した事実についてそれが事実に反することを事業者が認識している必要はないということである。さらに、この場合、事業者自身

282 第2編　総　　則

に過失さえない場合も考えられるが、事業者が重要事項について「不実告知」をしたことについて無過失であっても、消費者は契約を取り消すことができると解すべきである。この点で、4条による取消しは民法の詐欺取消しが認められる範囲よりも広い。もっとも、実際には、事業者に故意がある場合がほとんどであろうから、その場合に限っていえば、4条による救済範囲が詐欺取消しの場合よりも広がっているわけではない。むしろ、「重要事項」とされる事項が限定的な分だけ（4条5項）、民法の詐欺取消しによる救済よりも狭いといえる。消費者契約法の不実告知では事業者の故意を被害者は証明しなくてもよいという点に4条の意義を見いだすことが可能であろう。なお、平成28年の改正で、不実告知（4条1項1号）の場合に重要事項とされる範囲が拡大された（4条5項3号）。すなわち、「物品、権利、役務その他の当該消費者契約の目的となるものが当該消費者の……損害又は危険を回避するために通常必要であると判断される事情」が重要事項とされた。(b)で後述する「シロアリがいる」という不実の事実を告げてシロアリ駆除剤を販売する場合に、シロアリの存否はここでいう重要事項になる。

　(b)　**設例**　　殺虫剤の販売会社Ａが消費者Ｂに、事実に反して、「Ｂ所有の家屋の土台にシロアリがいる」と言って、Ｂにシロアリ駆除剤を市販で一般に売られている価格で買わせた場合に、不実告知による契約取消権は発生するか。消費者Ｂは、対価的には正当な価格で商品を買っているが、不要な契約をしたことになる。契約取消権が発生するためには、「重要事項」についての不実告知があったかが問題となる。この設例の場合、商品そのものについては、その品質・価格などに不実の告知はない。しかし、「その商品を必要とする状況」（シロアリがいるか否か）にあるか否かの点で不実告知があるのであるが、これが法が規定する「重要事項」についての不実告知であるといえるかが問題である。4条5項1号では、「契約の目的となるものの質、用途その他の内容」は重要事項であることを規定しているが、「その商品を必要とする状況」は、ぴったりとこれに当てはまらない。そうなると、不要な商品等を買わされた場合に、消費者は取消権を行使できないことになる。このような批判を考慮して、平成28年の改正で、上記のように、不実告知の場合の重要事項の範囲を拡大し、「その

商品を必要とする状況」が含まれるようにした。なお、民法96条の詐欺では、誤認の対象を契約目的そのものないし取引条件に限定していないので、より広い救済が可能である。消費者契約法の「重要事項」があまり限定されるようであると、民法の詐欺取消しの方が実際には使いやすいことになる。

(2) **不確実な事項についての断定的判断の提供**（4条1項2号）　　これも不実告知の一種であるが、契約の客体や取引条件そのものについてではなく（したがって「重要事項」についてではなく）、物の価値や価格など将来どうなるかわからない事柄について、「値上がりする」とか「元本割れはしない」というような断定的判断を提供して消費者を誤認させた場合である。消費者の契約締結に際しての動機に対する不当な働きかけがあったことを根拠に、消費者に取消権を与えるものである。民法では動機の錯誤または詐欺で扱われるが、動機の錯誤では動機が表示されていなければならないという立場をとると（民法現95条のもとでの多数説。民法新95条2項も「表示」を要求する）、錯誤の規定では救済されない場合である。民法96条の詐欺取消しとの比較については、前述(1)で述べたことが当てはまる。

(3) **不利益事実の不告知**（4条2項）　　(a)　事業者が消費者に、①「重要事項」について消費者の利益になる旨を告げ、かつ、②その「重要事項」について不利益になる事実を故意に告げないことで、③消費者が誤認した場合である。この類型の特徴は、②の要件にあるように、一定の事実の「不告知」によって取消権を与える点にある。しかし、4条2項が広く適用されることを心配して、要件が絞られている（「重要事項」「故意の不告知」）。たとえば、この不利益事実を「故意に」告げなかった場合でなければならない。民法96条に関しては「沈黙が詐欺になるか」が議論されているが、判例はこれも詐欺になりうるとするので（267頁）、本条が消費者の救済範囲を拡大したという意味はない。むしろ、消費者契約法の規定は、詐欺となる具体的事例を明示したという点に意味がある。

(b)　**設例**　　眺望がよいことを宣伝文句にしたリゾートマンションの売買において、買主（消費者）が眺望がよいことも理由の1つに売買契約を締結した。しかし、既に売買契約当時から別の業者によって隣接地に別のマンションを建設する計画が進行中であり、その後、実際にそのマンシ

284　第 2 編　総　　則

ョンが建てられたために眺望が妨げられた。買主は、売買契約を解消する
ことができるか（東京地判平成 5・11・29判時1498-98の事案に依拠）。

　民法の詐欺では故意が必要であるから、売買契約当時、売主が隣接マン
ションの建設計画を知っていて告知しなかった場合でなければ詐欺は成立
しない（前掲東京地判は、売主は計画を知らなかったとして詐欺を否定）。錯誤の問
題とすると動機の錯誤であり、判例の立場では、眺望を重視しているとい
う買主の動機が表示されていなければ錯誤無効にならない（前掲東京地判は、
このようにして錯誤も否定した）。消費者契約法 4 条 2 項によるときも、「故
意」の「不告知」が必要であるため、売買契約当時、売主が隣接マンショ
ンの建設計画を知らなかった場合は、消費者の契約取消権は認められない。
結局、この設例は消費者契約法 4 条 2 項でも同じ結論になる。もっとも、
「眺望がよい」ことの宣伝が 4 条 1 項 1 号の「不実告知」と評価されれば、
取消権が認められるであろう（「眺望がよい」のが売買契約成立時だけを基準にし
ての話か、しばらく後も含めてか。しかし何時までか、などが問題となる）。

　(4)　**困惑行為（4 条 3 項）**　　消費者の要求に反して、①事業者が「不退
去」または消費者の「退去を妨害」して、②消費者を「困惑」させて契約
を締結させた場合には、消費者はその契約を取り消すことができる。

　　この類型は、民法96条の強迫の場合と類似する。強迫は、本来、契約を
締結しないと危害を加えると相手方を脅かして、その相手方が畏怖の念か
ら契約締結の意思表示をすることである（276頁）。消費者契約法の規定す
る不退去や退去妨害による困惑は、事業者に危害を加えるとの意図がなく、
消費者の方も畏怖までは抱かないが困惑した結果契約を締結したという場
合に、契約取消権を与えようというものである。ただし、判例は、強迫の
認定をゆるめる傾向にあり、また、強迫に関する学説も「経済的威迫」や
「優越的地位の濫用」を含めたり、「困惑」も含める議論があり（277頁）、
このような立場からすると、民法の強迫との違いはあまりないことになる。

　(5)　**過量契約（4 条 4 項）**　　その契約をする消費者にとって必要とする
「通常の分量等」を「著しく超える」分量等の物品、権利、役務などを契
約の目的とする場合であり、事業者が過量であることを知っていたときに、
消費者はこの契約を取り消すことができる。高齢者がこの種の不要な契約
を締結させられる被害が増えていることを背景に、平成28年の改正で新設

された取消事由である。

5　契約内容についての規律

(1)　**不当条項**についての一般論　　契約中に用いられる条項が消費者の利益を不当に害する場合には、契約の条項の効力を否定して消費者を保護する必要がある。なぜ、合意については瑕疵がないのに（合意については自由な意思で締結したことを前提とする。この部分に問題がある場合には、契約締結過程の問題であり、消費者契約法が定める契約取消権や民法の錯誤・詐欺・強迫で救済される）、契約条項が内容的に不当であるということでその効力が否定されるのか。公序良俗違反となればともかく、そこまで至らない場合になぜ契約条項の効力が否定されるのか。幾つか根拠が考えられる。

　第1に、事業者と消費者間の「情報（知識）・経験・交渉力の格差」の存在は、消費者契約において両者が契約内容を対等に交渉して決めるということを不可能ないし困難にする。事業者がその優越的な地位を利用して締結した契約が、消費者にとって不当に不利益である場合には、その条項の効力を主張することは信義則に反するという説明が可能である。

　第2に、不当条項は、実際には事業者が一方的に作成する約款において用いられる。約款においては、消費者は全ての条項を十分に検討することなく（検討する余裕もない）契約を締結することが通常である。その意味で約款を用いる契約では、消費者のそれに合意する意思表示は「熟慮された意思表示」ではない。また、約款に対しては消費者は交渉によってその内容を変更する自由がない。それを包括的に承諾するか、契約をそもそもしないかの選択しかない。このような意味で、消費者は約款の条項のすべてを積極的に承諾しているわけではない。したがって、内容が公平かつ合理的であればよいが、それが不当である場合には、それを是正することが正当化される。

　消費者契約法は、8条でその条項が全部無効となるものを列挙し、9条では条項の一部が無効となる場合を規定する。また、10条で、いわば一般条項として、任意規定の内容と比較して消費者に不利益な条項を無効とする。

(2)　**契約条項の全部無効**（8条）　　免責ないし責任制限条項の無効を規

286 第2編 総 則

定する。すなわち、債務不履行責任全部免責条項、故意・重過失による債務不履行責任一部免責条項、不法行為責任全部免責条項、故意・重過失の不法行為責任一部免責条項などを無効とする。また、平成28年の改正で、事業者の債務不履行を理由に発生する消費者の解除権を制限する条項を無効とする規定が新設された（8条の2）。

(3) **契約条項の一部無効（9条）**　損害賠償額の予定や違約金の定めがある場合に、それらの合算額が「平均的な損害の額」を超える過大な賠償額の予定ないし違約金の定めであるときは、その超える部分が無効とされる。これは既に判例・学説でほぼ確立した考え方である（注釈民法10巻420条の解説参照）。なお、改正民法では、裁判所が予定賠償額や違約金の増減ができないことを定めていた現行420条1項が改正され、実際の損害に合わせて裁判所による増減ができるようになった。このような増減と一部無効による処理との関係が問題となる。実損害がわかる段階で紛争となった場合には、平均的な損害額ではなく、実損害を基準に予定賠償額の増減を認めることになろう。もっとも、増減しても、必ずしも、実損害と一致する額になるわけではない。

(4) **信義則違反（10条）**　10条は、①「公の秩序に関しない規定の適用による場合に比して消費者の権利を制限し又は消費者の義務を加重する消費者契約の条項」であって、②「民法第1条第2項に規定する基本原則に反して消費者の利益を一方的に害するもの」を、無効とする。

①は、任意規定との乖離を問題とする。任意規定は、本来、契約当事者が合意によってそれと異なる定めをすることができるものであるが（民法91条）、一応契約当事者双方の利害に配慮した合理的な内容を定めていると考えられる。したがって、本当に自由な合意によってこれを変更する場合ならばともかく、事業者と消費者のように情報（知識）・経験・交渉力の点で格差がある者の間の契約では対等な交渉が期待できないので、任意規定から乖離する条項は、信義則に基づいて無効とされるのである（217頁）。

②は、契約条項の無効の理論的根拠が信義則違反にあることを明らかにしている。

①と②の要件の関係がわかりにくい。たとえば、「室内の設備の修繕費は全て賃借人が負担する」というような賃貸借契約の条項は、賃貸人の修

繕義務を規定する民法606条から乖離するので①の要件を充たすが、それだけでは直ちにこの条項が無効となるわけではない。乖離の程度が信義則違反といえる場合にはじめて②の要件も充たすことになり、消費者契約法10条で無効となる。

10条をこのように理解するとして、幾つかの問題がある。

第1に、「公の秩序に関しない規定」（任意規定）がないと、本条は使えないことである。新種の契約については任意規定がない場合が多く、そうなると本条は使えない。ただし、民法の売買契約の規定は有償契約に準用されるから（民法559条）、これを任意規定として使うならば本条を利用できる場合はそれほど狭くないかもしれない。ここでいう「公の秩序に関しない規定」の意味は明確でない。いわゆる任意規定だけを意味するのか、私法上の効果に関わらない行政的な規定も含むのか。立法担当者は任意規定だけを考えていたようであるが、行政的規定であっても契約当事者間の利害を考慮している場合には、その違反は①の要件を充たすと考えてよいであろう。このように解すると、これまで議論されてきた行政的取締法規違反の契約の私法上の効果（当然に無効にならなかった）に新しい解決をもたらすことができる。

第2に、契約条項を無効とするために、②で信義則違反を要件とするのであれば、①の要件は不要ではないのか。すなわち契約条項が無効となるのを①の場合だけに限定する必要はないのではないか。契約条項を信義則違反によって無効にできるという途を開いた以上、任意規定との乖離の場合にだけ限定するのは理由がないからである。任意規定との乖離は信義則違反の例示でしかないという解釈が有力となる可能性がある。今後の判例の展開が待たれる。別の言い方をすれば、信義則違反を理由として契約条

1）　たとえば、住宅金融公庫の融資を受けた賃貸住宅では賃貸条件に制限があり、「3月分を越えない額の敷金を受領することのほか、賃借人から権利金、謝金等の金品を受領し、その他賃借人の不当な負担となることを賃貸の条件としてはならない」とされている（住宅金融公庫法施行規則10条）。これに反して賃借人に金員の支払を求める契約条項は①の要件を充足すると考えることができる。

2）　大阪高判平成10・9・24判時1662-105は、住宅金融公庫法違反の賃貸借契約の私法上の効果は当然には否定されないという伝統的理論を前提に、しかし、信義則違反・公序良俗違反となる部分を無効とする。

項の効力を否定する立場は既に判例で認められているといえるから、信義則違反の範囲を任意規定との乖離の場合に限定することは、消費者契約法の規定の意味を失わせることになりかねない。

〈**参考文献**〉　沖野眞已「消費者契約法（仮称）の１検討(1)—(7)」NBL652号—658号（1998—99年）、同「契約締結過程の規律と意思表示理論」別冊 NBL54号（1999年）、河上正二「『消費者契約法（仮称）』について」法学教室221号（1999年）、山本豊「消費者契約法(1)—(3)」法学教室241号—243号（2000年）、経済企画庁国民生活局消費者行政第１課編『逐条解説消費者契約法』（2000年）、ジュリスト特集『消費者契約法と消費者の21世紀』（ジュリスト1200号・2001年）、山本敬三「消費者契約法の意義と民法の課題」民商法雑誌123巻４＝５号（2001年）

第３款　意思表示の効力発生時期

１　到達主義の原則（現97条１項、新97条１項）

(1)　**到達主義の意味**　　意思表示は、意思を外部に表明した時点で完了するのが原則である（現97条２項、新97条３項参照）。相手方のある意思表示では、表意者が外部に表明した時点と相手方が意思表示を受領する時点との間に時間差が生じる。特に、離れた者（「隔地者」）の間では、その時間差が顕著であり、手紙などの通信手段を使って意思表示を伝達する場合に、どの時点で意思表示が有効に成立したかが問題となる。もっとも、意思の表明と受領の間の時間差は、極めて短い時間とはいえ、隔地者間でなくても生じる。現行民法は、隔地者間の場合についてだけ規定しているが、**改正民法**の新97条１項は、すべての場合を通じての原則として、意思表示が相手方に到達した時から効力が生じる「到達主義」を規定した。

　到達主義の原則を適用する結果、たとえば、解除の意思表示はそれが相手方に到達した時に解除の効力が生じる。時効の中断（完成猶予）としての催告は、それが到達した時点で中断（完成猶予）の効力が生じる。催告を発信した時点では時効が完成していなくても、催告到達の時点で時効が完成していれば、もはや時効中断（完成猶予）の問題は生じない。一定期日までに権利行使をすべき場合には、その期日までに権利行使の意思表示が到達しなければならない。大学の願書受付や各種の申込みで、郵便での送達について、「締め切り日の消印有効」という扱いがされることがあるが、これは意思表示の効力発生時期について、発信時として扱う旨の特約

と考えるべきであろう（到達すること自体は必要）。

　到達主義からは、意思表示が相手方に到達しなかったり、延着した場合のリスクは表意者が負担することになる。不着の場合は、意思表示の効力は一切生じない。延着では、たとえば債務者に催告した郵便物が延着したような場合のように、法律上要求される長さの催告期間（541条）がとれずに、催告期間が不相当であるということが生じる。

　到達主義の原則は、すべての意思表示について適用されるが、若干の例外がある。現行民法では、契約の承諾について、発信主義がとられているが（現526条1項。電子消費者契約における承諾については、もとから到達主義がとられている）、改正民法では承諾についても到達主義を採用することになったので、同規定は削除された（97条の原則によるという意味である）。このほか、特殊な単独行為である株主総会招集通知については会社法は発信主義を採用している（会社法299条）。

　(2)　「到達」の意味　　到達とは一般取引上の通念により相手方の了知しうるようにその勢力範囲に入ることであって、相手方が現実に了知することまでは必要がない。郵便物が郵便受けに投函されたり、本人の住所地で同居の親族・内縁の妻などが受領した場合にも到達があったとされる（大判明治45・3・13民録18-193、大判昭和17・11・28新聞4819-7）。相手方が不在のために郵便物を受け取らなかった場合にも、郵便局員によって不在配達通知書が残され、それによって郵便物の内容を推測できたときは、遅くとも留置期間満了の時点で到達があったものとされる（**最判平成10・6・11民集52-4-1034**〔**百選7版Ⅰ-25**〕は、遺留分減殺請求権行使の意思表示に関する）。

　(3)　**表意者の死亡・行為能力喪失の影響（現97条2項、新97条3項）**　　意思表示が到達した時に効力が生じるとする到達主義の原則のもとでは、表意者が意思表示を発信したのち、相手方に到達する前に、死亡したり、行為能力を喪失したりした場合に、意思表示はどうなるかが問題となる。2つの問題が生じる。第1は、そもそも意思表示としての効力を有するか、である。到達主義の原則により、意思表示は到達した時点で効力を生じると

1）　最判昭和36・4・20民集15-4-774は、会社の事務室でたまたま遊びにきていた会社の代表取締役の娘に、賃貸人の使者が延滞賃料の催告書を交付した場合に、到達があったとした事案。

290 第2編 総 則

すると、効力発生時期に表意者が死亡・行為能力を喪失していることになり、意思表示の効力は生じないのではないか、という疑問が生じる。しかし、現97条2項（新97条3項）は、意思表示は、これらの事由によって影響を受けないと規定する。この結論をどのように説明するか。相手方との関係での効力発生時期は到達時であるが、意思表示の内容はもちろん、その他の有効要件などは、発信の時に判断すると考えることになろう。ただし、契約の申込みに関しては例外が定められている（現525条、新526条）。第2に、意思表示が到達した時点で表意者が死亡していても、その表意者の意思表示として有効となるということの意味は何かである。たとえば、賃貸人Aが賃借人Bの債務不履行を理由に契約解除の意思表示を発信した後、到達までの間にAが死亡した場合には、意思表示の効力が生じる到達時にはAは死亡しているが、Aが死亡前にした意思表示としての効力が生じるということになる。

(4)　**到達の妨害があった場合のみなし到達**（新97条2項）　　本条項は**改正民法**で新設された。

解除の意思表示や催告の通知を受け取らないように、家を留守にしたり、別人を装ったりして、意思表示の到達・受領を妨害することが行われることがある。そのため、結局、意思表示を到達させることができなかったり、できても遅れたりする。このような事態に対処するために、新97条2項は、「相手方が正当な理由なく意思表示の通知が到達することを妨げたときは、その通知は、通常到達すべきであった時に到達したものとみなす」と規定した。

2　契約の申込み・承諾の効力発生時期

(1)　**現行民法の規定**　　現行民法の規定では、申込みについては、97条の到達主義の原則が適用されるが、承諾の意思表示については、現526条1項で発信主義がとられている。すなわち、契約は、承諾が発信された時に成立すると規定されていた。

▶ ［改正民法］────────────────────────
　　改正民法では、現行526条1項が削除され、承諾についても到達主義の原則が適用されることとなった（新97条1項が適用される）。隔地者間で行われる申込みや承

諾の意思表示は、ほとんど電子媒体で行われるようになり、民法制定当時に発信主義が持っていた取引の迅速性というメリットはなくなっている。かえって承諾の意思表示が相手方に到達する前の発信の時点で効力を生じることの不安定さ・不確実さが目立つことになるので、この際、承諾にも到達主義を適用することになった。

(2) **意思表示の取りやめ・撤回**　民法典の中には、総則にも、契約成立のところにも規定がないが、国際物品売買契約に関する国際連合条約（以下、国際物品売買条約という）15条2項では、申込みの効力発生以前に申込みを撤回することを「申込みの取りやめ（withdrawal）」と呼んでおり、これを認める。申込みが相手方に到達して、その効力が発生した後においては、民法は、「申込み」の「撤回」ができるか否かについて規定を設け

〈図1〉申込みと承諾に関する立法主義の諸タイプ

	申込みの拘束力あり	申込みの拘束力なし
承諾の到達主義	(i) ドイツ法、日本の改正民法	(iv) 国際物品売買条約
発信主義	(ii) 現行の日本法	(iii) イギリス法

〈図2〉申込みと承諾の諸関係

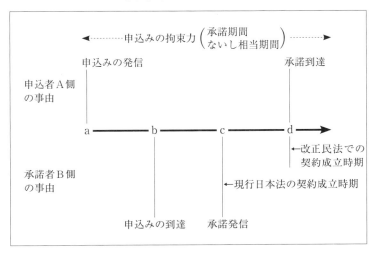

292　第2編　総　則

ているが（新525条）、まだ効力が生じる前の「取りやめ」については規定が
ない。しかし、「取りやめ」は、申込みについてだけでなく、その他の意
思表示一般について認めてよいであろう。

* **契約の承諾における発信主義から到達主義への変更**　　契約の申込み・承諾につ
いてどのような主義をとるかについては、契約成立のプロセスという観点から見る
必要があるが、各国の法を比較をすると、いろいろな考え方があることがわかって
面白い。日本の現行民法では、契約の申込みは、現97条1項が適用され、到達主義
の原則に従うが、契約の承諾については発信主義が規定されている（現526条1項）。
イギリス法の立場に従ったものである。取引の迅速性を重視したからである（法典
調査会議事速記録・商事法務版3巻690頁の梅発言）。また、申込みについては、「申込
みの拘束力」を認める否かが立法政策上の1つの論点であるが、日本の現行民法は、
拘束力を認める立場をとっている（申込みが到達してから一定の期間撤回できないとい
う立場をとっている（現521条・524条））。申込みの拘束力を認めるか否か、承諾につ
いて到達主義をとるか発信主義をとるか、という2つの視点から分類をすると、4
通りの組合せが考えられる（前頁の〈図1〉〈図2〉を参照）。

　　(i)　申込みに拘束力を認め（ドイツ民法145条・147条2項）、承諾に到達主義をと
るのは（ドイツ民法130条）、ドイツ法である。確実性を重視する立場といえよう。
しかし、取引の迅速性には十分対応していない。なぜなら、承諾者Bとしては、承
諾を発信しても、申込者Aにそれが到達するまでは、契約が成立するかどうかがわ
からない（承諾の返事が紛失したり延着する間に、申込みが撤回され、契約が成立しない
こともありうる）ので、d点まで待たなければならないからである。しかも、承諾
が届いたことを確かめるためには、さらに申込者から到達した旨の連絡を受けない
と確実でない。これを手紙でやりとりする時代では、取引の迅速性が大いに阻害さ
れる（もっとも、電子的通信手段を使う時代になると、到達主義が取引の迅速性を阻害す
るという問題は生じなくなる）。

　　(ii)　申込みに拘束力を認め、承諾に発信主義をとるのは、前述のように、日本の
現行民法の立場である。イギリス法にならって承諾の発信主義を採用した。到達主
義よりも発信主義の方が取引の回転が早くなる、というのがその理由の1つであっ
た。確かに、承諾の発信主義をとると、既にc点で契約が成立するから、この時点
からは、承諾を発信した買主Bとしては、AB間の契約が成立しないというリスク
を負うことなく、目的物を第三者に転売することができる。しかし、日本法は、承
諾者側を優遇しすぎているといえよう。すなわち、日本法では「申込みの拘束力」が
認められていて、相当な期間は撤回されることがないので、Bとしては、承諾する
つもりならば、承諾の返事を出す前に既にb点から、契約不成立となるリスクを負
うことなく、目的物を第三者に転売することができる。また、申込みの拘束力があ
る間は相場の様子を眺めていることもできる。このように申込者が一方的に負担を
負い、承諾者側が有利な点は、日本法が承継したとされるイギリス法の立場と実は

かなり異なる。日本法の立場は、申込みによって相手方に惹起した信頼を保護する立場といえよう。もっとも、改正民法は、契約は、申込みとそれに対する承諾によって成立するとの原則を明らかにした上で（新522条1項）、隔地者間における契約交渉と対話者間における契約交渉の違いにも留意しつつ、規律を設けた。そして、申込みの拘束力に関しては、新523条（承諾期間あり）と新525条（承諾期間なし）で、現行規定とほぼ同じ内容を維持し、承諾の効力発生時期に関しては、発信主義を定めた現行526条1項を削除し、到達主義をとる意思表示の一般原則を定める新97条を適用することにした。ドイツ法と同じ立場を採用したのである。電子的通信手段による交信の時代において、発信主義の持っていた取引の迅速性というメリットはなくなり、取引の確実性を重視すべきだということであろう。

　(iii)　申込みに拘束力を認めず、承諾に発信主義（Adams v. Lindsell, (1818) 1B & Ald 681）をとるのがイギリス法である。承諾を発信した時点（c点）で契約が成立するが、申込みの拘束力がないのでその前に申込みの撤回がなされる可能性がある。申込みを受けたBとしては、自分に有利な契約だと思ったら、直ちに承諾の発信をしなければならない。申込みをしたAは、より有利な条件ないし相手と契約できる可能性が生じれば、直ちに先の申込みを撤回する。申込者と承諾者が、対等な立場で、自由な競争関係に立っているのが、イギリス法だといえよう。

　(iv)　申込みに拘束力を認めず、承諾に到達主義をとるものは見当たらない。承諾者側に一方的に不利だからである。国際物品売買条約がこれに近いが、申込みの撤回をある程度制限することで両者の利害を調整している（同条約18条2項が承諾の到達主義を規定、同16条1項は申込みの撤回を認めるが、承諾発信前に限る）。

〈**参考文献**〉　星野英一「編纂過程から見た民法拾遺」民法論集1巻所収（1970年）、能見善久「契約の成立・効力・内容について」法学教室200号（1997年）

3　受領能力

　到達によって意思表示の効力が生じても、相手方に意思表示の「受領能力」がなかった場合には、その意思表示を相手方に対抗できない（現98条の2、新98条の2）。現行民法は、未成年者や成年被後見人についてだけ受領能力を否定しているが（現98条の2）、**改正民法**は、このほかに、成年後見開始の審判を受けていなくても、意思能力を有しない者について、受領能力を否定した（新98条の2）。受領能力がない者が意思表示を受け取っても、表意者は意思表示の効力を対抗できないが、その法定代理人が意思表示を知った後（1号）、または、受領能力のない者が意思能力を回復した後、または行為能力者となった後に意思表示のことを知ったときは（2号）、意思表示を対抗できるようになる。

4 公示による意思表示（98条）

　到達主義によると、表意者が相手方またはその所在を知ることができない場合には、意思表示の効力を生じさせることができない。この不便を除くために、民法は公示による意思表示をすることができるものとした（98条1項）。

　(1) **公示による意思表示の方法**　　(a)　表意者は、相手方が不明である場合には、自己の住所地の簡易裁判所、相手方の所在が不明である場合には、相手方の最後の住所地の簡易裁判所に対し、公示による意思表示の申立てをする（98条4項）。

　　(b)　裁判所は、公示に関する費用を予納させて（98条5項）、公示送達に関する民事訴訟法の規定（民訴法111条）に従い、裁判所の掲示板に掲示し、かつ、その掲示のあったことを官報に少なくとも1回掲載する（98条2項本文）。ただし、裁判所が相当と認めた場合には、市役所・町村役場またはこれに準じる施設の掲示板に掲示して、官報への掲載に代えることができる（同条2項但書）。

　(2) **公示による意思表示の効力発生時期**　　公示による意思表示は、最後に官報に掲載した日またはその掲載に代わる掲示を始めた日から2週間を経過した時に、相手方に到達したものとみなされる（98条3項本文）。ただし、表意者が相手方を知らずまたはその所在を知らないことについて過失があったときは、到達の効力を生じない（同項但書、民訴法112条・113条）。

　＊　**約款における「みなし到達」条項**　　契約の当事者間で、相手方所在不明の場合の意思表示の効力を確保するため、一定の手続に従って通知をした場合には、意思表示が到達したものとみなす特約を定めることがある（これを「みなし到達」条項と呼ぶ）。約款などで用いられている例がある。契約の当事者間においては特約の効力を認めてもよいが、受働債権を差し押えた債権者などの第三者に対してその効力を主張できるか問題となっている（東京高判昭和58・1・25判時1069-75は、否定する）。

第4章 私権の変動 第3節 法律行為の有効要件 *295*

第3節　法律行為の有効要件

第1款　序

1　成立要件・有効要件

　法律行為（契約など）がその本来の法律効果を完全に生ずるには、いろいろな要件を備えなければならない。中でも重要なのが、成立要件と有効要件である。

　(1)　**成立要件**　　契約は、契約当事者の意思表示が合致して（例、売ろうという意思表示と、買おうという意思表示）、合意に達することで成立する。当事者が契約の目的物について別々のことを考えていたような場合には、申込みと承諾の意思表示が合致せず、契約は成立しない。このように意思表示の合致すなわち合意が契約の成立要件である。契約の成立要件として合意のほかに特別の要件が加わる場合もある。たとえば、**要式行為**である婚姻では合意のほかに届出（739条）が成立要件として必要であり、また消費貸借契約などの**要物契約**では合意のほかに目的物の交付が成立要件とされる（587条）。

　単独行為では有効な意思表示が成立することが必要であるが、遺言ではそのほかに遺言の方式を充たしている必要がある（960条）。

　(2)　**有効要件**　　契約を組成する個々の意思表示が虚偽表示（94条1項）や錯誤で無効（現95条。新95条1項では取消し）となったり、詐欺・強迫を理由に取り消されたりすると（96条）、契約そのものの効力も失われることになる。たとえば、現行民法のもとで売主の錯誤で「意思表示が無効」となれば、売買契約という「法律行為も無効」となる。考えようによっては、契約の構成要素である意思表示が無効となるならば、契約は両当事者の意思表示の合致がないことになり、契約は無効ではなく不成立になるのではないか、とも言える。しかし、契約の成立を表示主義で考えるならば、客観的には両者の表示された意思が合致していたことで契約が成立し、しかし、錯誤、詐欺・強迫などを理由に一方の意思表示の効力が否定されることで、契約自体の効力も否定される、と考えることになる。契約が不成立になる

のではない。そして、このような意味で、錯誤の場合には、「契約が無効
になる」などと言うのである。改正民法のもとでは、錯誤の効果は意思表
示の「取消し」であるが（新95条1項）、意思表示が取り消されれば、その意
思表示の効力がはじめから否定されるので（121条は、「初めから無効」とみな
すと規定する）、契約の効力も否定される（無効となる）。詐欺・強迫による意
思表示の取消しの場合も、同様に説明することになろう（意思表示の取消し
によって、契約が初めから無効になる）。

2 効果帰属要件・効力発生要件

　成立要件・有効要件が契約などの法律行為についての一般的な要件であ
るのに対して、効果帰属要件・効力発生要件は、代理によって契約を締結
したり、契約に条件・期限が付されていたり、特別な場合にだけ問題とな
る要件である。

　(1) **効果帰属要件**　他人が本人の代理人と称して行った法律行為（代
理行為）の効果が本人に帰属するためには、行為者が本人との関係で「代
理権」を有することが必要である。また、他人の物についてなされた処分
行為の効果がその物の所有者ないし他人に及ぶためには、処分者がその物
についての「処分権」を有することが必要である。このような代理権ない
し処分権（これらを包括する概念として「管理権」ということがいわれる）が効果
帰属要件である。効果帰属要件が充たされていない行為は「無効」だとい
われるが、正確には、「効果不帰属」と考えるべきである（無権代理行為は
一般に「無効」だとされているが、113条などでは「効力を生じない」と規定している）。

　＊　**他人の物の処分行為**　他人の物についてなされた処分行為（たとえば、Aが、
　　他人Bの所有物を、自分の所有物であるとして相手方Cに売り、その所有権を移転しよう
　　とする場合）は、「無効」だといわれることがある。これも正確には、「無効」では
　　なく、効果不帰属と考えるべきであるが、2つの場合を分けて考える必要がある。
　　第1に、所有権移転の義務を発生させる原因となる売買契約のレベルである。売買
　　契約自体は、売主に所有権がなくても、債権行為として有効である。この契約に基
　　づいて、売主は、目的物についての所有権を有していなければ、それを入手して、
　　買主に移転する義務を負うことになる（現560条、新561条）。第2に、所有権移転の
　　レベルである。すなわち、所有権移転を目的とした処分行為の部分である。他人の
　　所有物を処分しても、その処分行為は、所有権移転の効力を生じないという意味で

は「無効」である。もっとも、これを治癒のできない「無効」（ドイツ語の Nichtigkeit）と考えるのではなく、処分行為として有効であるが、処分行為者が目的物について処分権限を有しないために（効果帰属要件を充足していない）、処分行為の効果が目的物に及ばない（ドイツ語で Unwirksamkeit）にすぎないのだ、と考える説もある（於保、四宮・旧版）。このように、効果帰属要件が充たされないために効果不帰属となっている場合には、真実の権利者が後から追認をすると、当然に、相手方の同意なくして完全に、しかも遡って、有効になる。このような形で「無効」（効果不帰属の意味での無効）の行為を「有効」（効果帰属）にすることを「追完」という（ドイツ法で議論された理論であるが、日本でも於保『財産管理権論序説』において主張された）。このように、追完によってはじめから完全に有効となる無効（効果不帰属）に対して、119条の規定する一般の無効は、追認があっても、遡及的に有効にはならない（「新たな行為をしたものとみな」されるにすぎない）。また、119条でいう「当事者」は、売主と買主の両者を意味すると解すべきであり、この両者が追認するのでなければ有効な行為にならない。

(2) **効力発生要件**　有効に成立した法律行為がその本来の効果を生じるために、一定の要件にかかっていることがある。この要件を効力発生要件という。当事者が定める条件（停止条件）（127条1項）・期限（始期）（135条1項）、法律が定めている法定条件（遺言における遺言者の死亡（985条1項）など）などがその例である。

第2款　内容に関する有効要件

1　内容の確定性

(1)　内容の不確定な法律行為は、法律行為の効果を帰属させるのが不適当であるため、無効とされる。たとえば、Aが「自分の所有する土地をBに売却する」という内容の契約を締結した場合に、Aが数カ所に土地を所有しており、どの土地が対象と考えられているのか、契約の解釈によっても確定できない場合には、売買契約は無効である。

(2)　しかし、契約の文言などが明確でなくても、多くの場合は、契約の解釈の際に、当事者の目的・慣習・任意規定・条理などを用いて、内容を補充・確定することができる。その場合には、契約は無効とならない。

(3)　法律行為の内容の全部が確定している必要があるか、それとも重要な部分について確定していればよいか、という問題がある。一般には、全部が確定している必要はなく、当事者の定めた標準で確定しうるものであ

298　第2編　総　　則

ればよいとされる。売買契約では諸般の事情で売買代金が決められていない場合がある（オープン・プライス契約）。この場合も価格を決定する方法についての合意ないし標準があればよい。なお、手形では、法律行為がなされた時、すなわち手形を振り出した時に、金額が確定していることが必要であると解されている（たとえば手形法1条）。売買の目的物については、特定物の売買のほか、種類と数量を合意するだけの種類売買がある（401条）。

2　内容の実現可能性

(1)　原始的不能の法理　　**(a)　伝統的な学説**　　これによれば、契約成立の時に、その内容が実現不可能である場合（これを原始的不能という）には、これに法的効果を認めても無意味であるから、その契約は無効であり、両当事者を拘束しないとされる。現行民法は、この原則を明確に規定しているわけではないが、ドイツ民法306条（2002年改正前）は原始的不能の給付を目的とする契約は無効であることを明文で規定しており、日本の学説もこれに従ってきた。条文のない日本法のもとでは、「契約の無効」を導くロジックが必要であるが、それは必ずしも明確ではない。一般には次のように説明する。すなわち、原始的不能の給付を目的とする債務（給付不能な目的物の売主の債務）は無効であり、契約の成立の時点で双務契約の一方の債務が無効の場合は、双務契約の牽連性から、他方の債務（代金債務）も無効となり、結局、契約全体が無効となる、というものである（中田）（なお、後発的不能の場合には、一方の債務が履行不能によって消滅しても、他方の債務は当然に消滅ないし無効になるのではなく、危険負担の法理を介して消滅することがあるにすぎない）。この説のもとでは、債務者に原始的不能をもたらしたことについて帰責事由（過失）があっても、契約が無効である以上、債務不履行責任は生じない。もっとも、この立場を前提としても、過失ある当事者の不法行為責任を認める余地はある。しかし、その場合も、履行利

---

1)　大判大正5・3・14民録22-360（分家に際し、不動産100円以上200円以下その他動産などを分家維持に不都合のないように贈与する旨の贈与契約をした場合）。

2)　大判大正8・11・19民録25-2172。青竹紅色という染料をある砂と薬品で製造するという製法は実際には実現不可能であるのに、Aがその製法に関する権利をBに譲渡する契約を締結したという事案。買主Bから違約金請求がなされたのに対して売主Aが契約の無効を主張し、認められた。

益は認められず、信頼利益しか認められないという説が一般的であった。

(b) **損害賠償責任を認める説**　伝統的な学説に対しては、原始的不能の原因を作った契約当事者に過失があっても債務不履行責任を問うことができないのは適当でない、目的物滅失などによる不能の場合に、その不能が契約締結の直後であれば債務不履行の問題となるのに、直前だと契約無効となるのは適当でないなどと批判がなされ、むしろ、後発的不能と同様に債務不履行責任で扱えばよいという見解も有力に主張されていた（履行利益の賠償が認められる）。もっとも、この立場が、契約は無効だが契約締結上の過失を理由に損害賠償だけは認め、415条を適用ないし類推適用して履行利益の賠償を肯定すると考えるのか、そもそも原始的不能＝契約の無効の法理を否定し、契約を有効とした上で、415条を適用して債務不履行の損害賠償を認めるのか、必ずしも明らかではなかった（2002年に改正されたドイツ民法311条aは契約は有効との立場をとる）。

▶ ［改正民法］────────────────────────────────

　新412条の2第2項は、「契約に基づく債務の履行がその契約の成立の時に不能であったことは、第415条の規定によりその履行の不能によって生じた損害の賠償を請求することを妨げない」と規定する新設条文である。しかし、上記本文で述べた問題点（原始的不能の契約を有効とするのか否か）については、立場を明確にしていない。そこで、2つの理解がありうる。第1は、原始的不能は契約の無効原因とはならないという考え方（契約は有効）を前提に、415条の損害賠償（履行利益の賠償）を認めることを明らかにしたという理解である。この立場からすると、契約は有効なので、相手方は損害賠償を請求できるものの、自己の負っている債務（代金支払い債務など）の履行をしなければならないので、これを免れるためには契約の解除をすることが必要となる。売買契約の場合には、買主が解除して損害賠償を請求しても、解除しないで損害賠償を請求しても、請求できる金額に変わりがないので（反対給付の代金相当額を差し引いた額の損害賠償を請求できるだけ）、解除は重要な意味を持たない。しかし、交換契約の場合は、相手方からすれば、損害賠償は請求できるが、解除しないと、反対給付の履行義務が残るので、これを拒むために解除の意味がある。第2の考え方は、原始的不能＝契約無効の法理を維持したまま、原始的不能が当該債務者の帰責事由によるときは、損害賠償だけは認める、しかも履行利益の賠償を認めることを明らかにしたという理解である。この立場からすると、契約が無効であることを前提にしているので、交換契約などの場合に、原始的不能となった債務の債務者は、相手方に反対給付を請求することはできないことになる。したがって、契約解除の問題は生じない。条文の文

言からは、どちらの理解が妥当か決め手がないが、相手方からすると選択肢が多い第1の考え方がよいのではないか。

どちらの立場でも、新412条の2第2項がある以上、相手方は415条に基づいて履行利益の賠償を請求できるのであるが、およそ実現可能性のない契約については、履行利益の賠償は認められないと考えるべきであろう。たとえば、世の中に存在しない物を給付する契約（「雪男」を捕まえて給付する契約など）などは、履行の可能性が全くないのであり、履行利益がゼロであると考えるべきである（信頼利益の賠償はありうる）。このような場合は、契約は無効だといった方が簡明だが、相手方は解除によって反対給付の債務を免れるということでもよいであろう。

＊　**原始的不能と錯誤**　　現行民法のもとでは、原始的不能は契約を無効とする法理が認められていたところ（判例・多数説）、契約が有効に成立すると思って契約したのに目的物の履行が原始的に不能であることは錯誤にも該当する可能性があった。そこで、原始的不能の法理を適用するか、錯誤の法理を適用するかが問題となった。もっとも、どちらの法理によっても契約が無効になるのであれば、どちらを適用するかで大きな違いはない。しかし、改正民法のもとでは、原始的不能であっても履行利益の賠償が認められることになると、錯誤による取消しとの競合を認めるか否かは重要な問題となる。売買契約成立前に目的物が滅失していたという原始的不能の場合について考えると、買主からの錯誤取消しの主張と、売主からの錯誤取消しの主張が考えられる。買主からの錯誤取消しは、認めてもよさそうだが、実益がない。すなわち、錯誤取消しを主張すると、買主は反対給付の履行義務は免れるが、その代わり、売主に履行利益の賠償を請求することはできなくなる。したがって、買主としては、錯誤取消しを主張するよりは、単に損害賠償を請求するか、解除した上で損害賠償をするか、どちらかを選択するのが合理的である。このように考えると、結論として、買主からの錯誤取消しの主張は認めないということでよい。売主からの錯誤取消しの主張は、売主の415条による履行利益の賠償義務を認める立場（新412条の2第2項）を否定することになるので、これも認められないと考えるべきである。この問題は、原始的不能をどう処理するかについて、債務不履行責任の規範（上記の例では、買主がこれを主張）と錯誤取消しの規範（売主がこれを主張）の関係をどうとらえるべきか、というより大きな問題の一環である。債務不履行責任の方が両者の利害を適切に調整できるので、債務不履行責任が優先すると考えたい。

(2)　**一部不能**　　目的物の一部滅失などを理由とする原始的一部不能についても、原則として上記(1)で述べたことが当てはまるが、法律による制限があるために法律行為の内容が原始的に一部不能である場合には、明文の規定があればそれによる（単なる原始的一部不能ではなく、同時に強行規定違反でもある）。たとえば、永小作権の存続期間は法律で20年以上50年以下と

決められているので（民法278条1項）、存続期間が60年の永小作権を設定した場合には、50年を超える部分が「不能」となる。このように、「一部不能」がある場合に、278条1項は、永小作権の全体を無効とするのではなく、一部不能の部分のみ無効とし、期間を50年に短縮する（類似の規定としては、360条。その他133条2項など）。また、法律による制限がある上記の事例の場合には、新412条の2第2項が適用されることなく、415条の適用によって不能部分の履行利益の賠償は認められないと考えるべきである。

＊　**原始的一部不能と瑕疵担保責任**　ある特定の建物を購入する売買契約を締結したところ（特定物の売買という）、建物に当初から瑕疵（欠陥）があったという場合に、伝統的学説は、これを原始的な一部不能と解し、しかし、その場合の特則として売買の瑕疵担保責任の規定（現570条）が適用されると考えてきた。このように考えると、瑕疵担保責任の内容として規定されている解除・損害賠償などは買主の権利として認められるが、瑕疵担保責任として規定されていない修補請求などは認められないことになる（修補請求の実質は「履行請求」であり、履行請求は「有効な契約」の成立を前提とするはずである。ところが特定物の欠陥を原始的な一部不能と解し、その部分に相当する債務は無効であると解すると、その無効部分についての履行を請求することはできないから）。しかし、現在の有力な学説は、原始的な一部不能があっても、その部分を含めて契約全体が有効であり、したがって、欠陥ある目的物の給付を受けた買主は本来は完全な給付の履行を請求でき、その履行がなければ債務不履行責任を問いうるが、その債務不履行責任の特則として瑕疵担保責任が規定されている、と考える。改正民法は、特定物である売買の目的物に原始的な瑕疵があっても、その部分も含めて契約全体が有効であり、契約の不適合（債務不履行）の問題として扱う。売主は瑕疵なき目的物（契約に適合した「目的物」）を給付する義務を負い、買主も完全履行請求権がある。以上の結論は、特定物の売買において契約締結時に存在する瑕疵をそもそも原始的一部不能とは見ないという立場から導かれる。したがって、原始的一部不能と瑕疵担保責任という問題は論じる意味がなくなった。

3　内容の適法性（91条）

(1)　**91条の趣旨**　法律行為の内容は、特に契約に関しては当事者の自由に委ねられている（契約自由の原則）。しかし、契約自由といっても無制限に認められるわけではなく、社会の基本的秩序に反する行為は認められない。このような意味で、公序良俗に反する行為が無効とされるほか（90条）、公の秩序に関する規定に反する行為が無効とされる。後者については民法中に明確な規定がないが、民法91条は法律行為の当事者が「法令中

の公の秩序に関」する規定（強行規定）と異なった意思を表示しても、その法律行為は本来の効力を生じない、という趣旨を含んでいる。問題は、どのような法律のどのような規定が強行規定であるか（強行規定の意味）、という点と、強行規定に違反した法律行為が無効であるということの意味である（強行規定違反の効力）。

(2)　強行規定の意味　　(a)　任意規定との区別　　私的自治が支配する領域（私法的生活関係）では、当事者は契約などで自由に法律関係を形成することができる。そして法律は当事者が自ら定めなかった部分について補充をするにすぎない。民法の多くの規定はこのような性質を有するものであり、これを任意規定と呼んでいる。これに対して、私的自治に限界を画し、違反する行為の効力を否定するのが強行規定である。どのような規定が強行規定であるかについては、当該規定の趣旨に従って判断するしかない。民法の中の規定に関していえば、基本的な社会秩序に関する規定（親族法、相続法、物権法に関する規定の中に多い）、私的自治の前提ないし枠組みに関する規定（法人格、行為能力、意思表示・法律行為に関する規定）、基本的な自由を保障する規定[3]（678条）、第三者の信頼ないし取引の安全を保護する規定（即時取得（192条）、表見代理（109条・110条など）に関する規定、対抗要件に関する規定（177条・467条）など）、経済的弱者の保護のための規定（民法典は対等な当事者の関係を規律するので、弱者保護に関する規定はあまりないが、349条はその一例。利息制限法など特別法には多くの例がある）などが、強行規定である。これ以外の規定は任意規定である。民法以外の法律に目を向けるならば、強行規定と解すべき規定は多い。私法の社会化に伴い、経済的弱者のために強行規定が多く登場してきている。借地・借家関係（借地借家法16条）、労働関係（労基法13条）などの分野に多いが、最近では消費者保護に関連して強行規定が増えている（例、特定商取引法9条8項はクーリング・オフ（契約申込みの撤回）を排除・制限する特約を無効とする）。

(b)　行政的な取締規定　　強行規定という場合には、2種類のものがある。第1は、私法上の法律関係を規定することを目的とする規定の中で

---

3)　民法678条は、組合員の脱退の自由を保障する規定であるから強行規定であり、その脱退を制限する組合規約は無効とされる。**最判平成11・2・23民集53-2-193**〔百選7版Ⅰ-17〕参照。

（たとえば民法典の中で）、任意規定と対比される強行規定である（これを「狭義の強行規定」と呼ぶ場合がある）。第2は、直接的には行政的な取締りを目的とする規定であるが、それに反する取引がなされた場合に、その私法上の効力に影響を及ぼすと考えられる規定である。これは**効力規定**と呼ばれている（「狭義の強行規定」と効力規定をあわせて「広義の強行規定」という）。民法91条でいう「公の秩序に関」する規定は、効力規定を含む広義の強行規定の意味と解するのが適当である。これを行政的な取締規定の側からみるならば、その中には、私法上の効力に影響しないもの（「**単なる取締規定**」などと呼ばれる）と、私法上の効力に影響を及ぼす効力規定があることになる。個々の行政的な取締規定が効力規定であるか否かは、通常は規定の文言からは明確でないので、当該法律の規定の趣旨を考えて判断することになる（農地法3条7項などは効力規定であることを明確にしている）。

(3) 取締規定違反の取引の効力　行政的な取締規定における一定の行為の禁止・制限は、もともとは、単に国家の政策に基づいて一定の行為が現実に行われるのを阻止することを直接の目的とするものであり、その違反に対しては罰則や過料などが科される。しかし、それ以上にこれらの取締規定に違反した私法上の取引の効力まで当然に無効になるわけではない（タクシーの運転手に制限時速を超えたスピードで急いでくれたら2倍の料金を支払うという約束は、道路交通法違反を内容とするにしても当然には無効にならない）。

　これまでの学説は、ある取締規定が効力規定か否かというように抽象的に区別してきたが、最近では規定そのものではなく、規定に違反する契約自体を総合的に判断して契約が無効になるか否かを判断しようとする立場が有力である（川井、四宮旧版、磯村）。この立場によるときは、同じ取締規定に違反する契約でも、違反の方法・態様によって無効になったり、無効にならなかったりする。そこで、問題となるのは、無効とする基準である。学説の中の有力な見解として、取締規定に違反する契約の給付が既に履行されている場合には、それを無効とすることは取引の安全を害するので、効力を否定しないが、給付が未履行の場合には、取引の安全を考慮する必要がないので無効とする、というものがある（川井）。しかし、取締規定違反の契約が履行されてしまうと、私法的には無効になることがないとすると、罰則が軽微である場合には罰則を覚悟しても早く履行してしまうとい

うことになり、かえって違反行為を助長することになって適当でない。したがって、取締規定の中には履行・未履行にかかわらずそれに違反した契約を無効とするものがあると考えるべきである。

以上の結果、取締規定の中には3つの場合があると考えることになる。第1に、それに違反する契約は履行・未履行にかかわらず無効となるもの、第2に、未履行の場合には無効とするが、既履行の場合には有効とするもの（その意味では履行請求に対する「抗弁としての無効」のみを認める）、第3に、その違反は、私法上の効力には一切影響せず、単に公法的なサンクション（罰則など）しか生じないものである。

＊　**取締規定違反行為の効力に関する判例の立場**　　(1)　**名板貸・斤先掘**　　法律が特に厳重な基準で特別の資格ある者に限って一定の営業（取引所取引員、鉱物採掘事業、自動車運送業など）を許している場合に、営業の名義を貸与する契約（名板貸・斤先掘・名義貸）は、無効である（大判大正15・4・21民集5-271〔名板貸〕、大判昭和19・10・24民集23-608〔百選4版Ⅰ-16〕〔斤先掘〕、名古屋高判昭和39・2・20下民15-2-315〔自動車運送事業の名義貸〕）。これを有効にしたのでは取締規定の目的を達せられないし、無効にしても一般市民を害することはないからである。これまでの判例は、名義借主と第三者との取引行為も無効とする傾向があったが（大判大正10・9・20民録27-1583、大判大正14・2・3民集4-51〔採掘鉱物の悪意の第三者への譲渡〕、大判昭和9・3・28民集13-318）、ここでは取引の安全も考慮する必要があるので、常に無効としてよいか問題である。

(2)　**無免許営業**　　特定の営業を行うことを一定の資格者以外の者が行うことを禁じる場合に、この禁止に反して無資格者が取引行為をしても、その行為の私法上の効力は原則として妨げられない。そのような資格の要求は、一般に営業をいとなむ者を制限するという政策的見地から生ずるものにすぎないし、取引の相手となった者、特に一般大衆の期待を裏切ってまで無資格者の行為を禁圧しようという趣旨ではないからである。たとえば、無免許待合いの営業（大判大正8・9・25民録25-1715）、無尽会社の営業域外の営業（大判昭和4・12・21民集8-961）、取引員でない者のした取引所における売買取引の代理媒介・取次の契約（大判昭和9・3・28民集13-318）、無免許金融機関の営業上の契約（大判昭和3・10・4評論17民199）、免許を受けない生まゆの売買業者の生まゆの売買（大判昭和16・6・16判決全集8-22-8）、無免許運送業者の運送契約（最判昭和39・10・29民集18-8-1823）、食品衛生法による営業許可を受けていない者の販売用精肉の買入れ（**最判昭和35・3・18民集14-4-483〔百選7版Ⅰ-16〕**）などが、これに属する。ただし、取締規定の保護法益が公益的色彩の強いものである場合には、無資格者の取引行為が無効とされる（最判昭和38・6・13民集17-5-744は、弁護士法72条に違反する委任を90条により無効とする）。また、無免

許の宅地建物取引業者が売主または買主と締結した仲介契約は有効であるが、それにもとづく報酬請求権は依頼者にとっては自然債務であり、債権者は裁判で訴えることはできないとする裁判例がある（東京地判平成10・7・16判タ1009-245など）。

(3) **経済統制法規違反**　このような法規に違反する取引の効力に関しては、判例は統制法規の種類によって取扱いを異にしている。(i)価格統制に反する契約は、契約全体が無効となるわけではないが、統制価格を超える部分は無効である（大判昭和20・11・12民集24-115〔公定価格に反する洋服等の売買の残代金を準消費貸借に改めて請求した事件〕）。これは統制価格を超える部分の代金請求に国家の助力を拒むことが価格統制の目的を達するのに必要だからである。(ii)物資統制違反については、原則として取引自体を無効とする。たとえば、最判昭和30・9・30民集9-10-1498は、無資格者による煮干いわしの売買を無効として売主の代金請求を棄却した。物資統制法規の目的は違反行為の私法上の効力をも否定しないと達成されないと考えたからであろう。しかし、本判決に対し、批判的な学説があり、特に戦後の社会経済情勢の変化によって物資統制違反行為の反社会性が喪失したことを挙げて、代金請求を認めるべきと主張するものがある。

(4) **その他の取引制限的取締法規違反**　経済統制法規は戦時や混乱期における特殊な経済政策を遂行するものであるが、そうではない平時の一般的な取引規制を目的（製品の安全性確保の目的など）とする取締規定に違反する場合に関しては、それぞれの取締規定の趣旨・目的から考える必要がある。(i)山形県令に違反して結繭前の蚕を売買したのを無効としたもの（大判昭和2・12・10民集6-748）、有毒な硼砂入りアラレを販売することが食品衛生法に反するものであることを知りながら取引したのを90条によって無効としたもの（最判昭和39・1・23民集18-1-37）がある。前者の結論は疑問であるが、後者は有毒食品の取引を禁圧する必要が強いことから、無効とする結論には問題がない（むしろ、理由として取締法規違反だけでよいか、90条違反をいう必要があるかが問題である）。(ii)宅地建物取引業法による仲介報酬の制限のように、一般大衆を保護するために業者の行為を禁止・制限している場合は、違反行為の実体的効力は否定される（最判昭和45・2・26民集24-2-104は、建設大臣が定める最高額を超える部分の報酬契約を無効とする）。(iii)取引に際しての手続に関する取締規定に違反する行為は、通常、無効とされない（大判昭和13・10・13新聞4335-16〔保険募集取締規則の禁止する行為〕、最判昭和40・4・22民集19-3-703〔証券取引法に反し委託証拠金なしで信用取引した場合〕）。

〈**参考文献**〉　川井健『無効の研究』（1979年）、磯村保「取締規定に違反する私法上の契約の効力」民商50周年記念Ⅰ（1986年）、大村敦志「取引と公序——法令違反行為効力論の再検討」ジュリスト1023・1025号（1993年）

(4) **脱法行為**　(a)　強行規定に直接ふれない方法でその禁じていることを免れようとする行為を、脱法行為という。すなわち、強行規定の禁止する手段によって達成されるのと同一の目的を他の手段をもって達成しよ

306 第2編 総 則

うとする企てである。脱法行為は明文の規定で禁止されることもあるが
（例、利息制限法2条・3条）、明文のない場合でも、たとえば、担保の目的で行
う恩給取立委任は、恩給担保を禁止する恩給法11条の精神に反する行為と
して無効とされなければならない。[4]

　(b)　一応脱法行為のように見える行為であっても、合理的な社会的必
要に基づくもので、法の理想から見てそのような手段による目的の達成を
許容していると考えられる場合には、当該行為は無効ではない。たとえば、
譲渡担保は、その発展の比較的初期の段階で、質権に関する規定（345条・
349条）に反する点が問題とされたが、判例によって脱法行為ではないとさ
れた（大判大正5・9・20民録22-1821〔345条〕、大判大正8・7・9民録25-1373〔349条〕）。

4　内容の社会的妥当性（90条）

(1)　公序良俗による規制　　法律行為の内容が個々の強行規定に違反し
ていなくとも、「公の秩序又は善良の風俗」に反するときは、無効とされ
る（90条）。このような行為は、契約自由・私的自治の外の問題であり、社
会的に許容されないからである。

▶ ［改正民法］
　　90条に関しては、実質的な変更はない。単に、文言の変更だけである。新90条
　は、現90条にある「事項を目的とする」という文言を削除して、端的に「公の秩
　序又は善良の風俗に反する法律行為」を無効とする。「事項を目的とする」という
　文言があると、法律行為の内容が公序良俗に反する場合だけを問題にしているよ
　うに読めるが、判例は、法律行為の公序良俗違反性を問題するにあたって、法律
　行為の内容のみによって判断するのではなく、法律行為が行われた過程その他の
　諸事情も考慮しているので、その趣旨を条文の文言に反映させたものである（部
　会資料73A）。
　　なお、法制審議会では暴利行為を無効とする判例を条文化する提案がなされた。
　すなわち、「当事者の一方に著しく過大な利益を得させ、又は相手方に著しく過大
　な不利益を与える契約は、相手方の窮迫、経験の不足その他の契約についての合
　理的な判断を困難とする事情を不当に利用してされたものであるときに限り、無
　効とする」というような提案、その他複数の提案がなされた（部会資料80B）。し

---

4)　判例は、恩給の取立てを債権者に委任すること自体は無効としないが、取立委任契約の
　不解除特約・復委任についての事前の同意の部分は無効とする（最判昭和30・10・27民集9-
　11-1720、大判昭和16・8・26民集20-1108）。

かし、どのような表現を用いて条文化するかについての合意形成が困難であったために、採用されなかった。これまで通り暴利行為の法理は判例によって展開することになる。

公序良俗違反とされる行為の典型は、伝統的には性風俗に関するものが多かった。しかし、その後、公序良俗違反概念の拡大現象が見られるようになった。その第1は、本来は、契約自由の原則によって取引活動の自由が保障されている領域でも、一方当事者の窮迫・無知・無経験などにつけ込む過度に不公正な取引が暴利行為として無効とされたり、自由な経済活動の枠組みを阻害するような行為が公序良俗違反とされたりするようになった。これを経済的公序などと呼ぶ学説もある。さらに、消費者契約の領域では、情報力・交渉力で劣る消費者にとって著しく不当な契約が公序良俗違反とされることが多くなった。これも経済的公序に含めて考えることが可能であるが、かなりその意味を拡大している。第2に、社会の複雑化・福祉国家化などいろいろな理由から行政的規制が増えているが、こうした規制の中には私人の保護を目的とするものもあり、その違反行為が公序良俗違反と評価されることも多くなった。また、最近の新しい問題として、憲法的価値と抵触する行為を公序良俗違反としてとらえる方向もある（山本）。

このように、公序良俗概念は拡大する方向にあるが、他面、安易に公序良俗に依拠して私人の取引活動を規制することには慎重でなければならない（わが国の公序良俗による司法的介入は諸外国よりも広い範囲で行われている。たとえば、約款の個別条項の効力を否定する根拠などとしても広く使われている）。公序良俗による司法的介入が許される根拠を明確にするとともに、公序良俗概念を類型化を通じて明らかにしていくことが必要であろう。

(2) **公序良俗違反行為の要件と類型**　公序良俗違反行為は、時代とともに変化しており、これからも変化するに違いない。したがって、網羅的な類型化を試みることにはあまり意味がない。むしろ、公序良俗概念の変化を示すために必要な範囲で類型化を試みることにする。

---

5) 経済的公序については、山口俊夫「フランス法における意思自治理論とその現代的変容」法協百周年論文集3巻（1983年）を参照。

308　第2編　総　則

(a)　**人倫に反する行為**　　性道徳や家族的秩序に反する行為、犯罪に関わる行為など基本的な倫理観念に反する行為は公序良俗違反とされる。伝統的な公序良俗概念の中心的部分をなす。

(i)　**家族的秩序違反**　　判例で問題となったものとしては以下のようなものがあるが、具体的基準としては時代的な変遷もある。①配偶者のあるYとの間で、将来その婚姻が解消する場合には、自分Xと婚姻することを内容とする婚姻予約および婚姻入籍までYがXに扶養料を支払う旨の契約（大判大正9・5・28民録26-773は、Xからの扶養料請求を認めなかった）、②私通関係が存続するかぎりは貸主は返還を請求しない旨の消費貸借契約（大判昭和9・10・23新聞3784-8）は、無効である。③金銭的利益を得て婚姻外の性的関係をやめるという契約を無効とする大審院判決があるが（大判大正12・12・12民集2-668）、かなり特殊な事案であり、一般化できない[6]。むしろ、婚姻外の性的関係をやめる際に手切金として金銭を相手方に贈与する契約は有効と解すべきである（大判大正4・5・15新聞1031-27、大判昭和12・4・20新聞4133-12）。④親子間の秩序に反するものとして、母子が同居しないという父子間の契約は無効である（大判明治32・3・25民録5-3-37）。⑤妻子ある男性が性的関係のある別の女性に財産の3分の1を包括遺贈する行為が公序良俗に反しないとされた事例がある（**最判昭和61・11・20民集40-7-1167〔百選7版Ⅰ-12〕**）。この事件で最高裁は、男性と妻との婚姻生活が事実上破綻している状態で、女性との関係が6年間継続したのち、不倫の関係の維持継続を目的としてではなく、同女の生活を保全する目的でなされた包括遺贈を公序良俗に反しないとした。

(ii)　**犯罪行為に関連する行為**　　とばくに負けたら金や物を引き渡すという契約、とばくによって負担した債務の弁済に充てる資金を貸す契約（**大判昭和13・3・30民集17-578〔百選6版Ⅰ-15〕**）、とばくの準備資金として金銭を貸与した契約（最判昭和61・9・4判時1215-47）などは無効である。

(iii)　**人格的利益の侵害**　　①芸娼妓契約　　親が置屋から金銭を

---

6)　X男がA女の祖父Yとの間で、YがXに200円を支払えば、A女との婚姻外の性的関係を解消することを約した契約は、無効であり、YがXに支払った金銭は不法原因給付になるが（708条）、不法性がX側にのみ存するので、Yは返還請求できるとするもの。

借りる消費貸借契約を締結し、その返済方法として娘を芸娼妓として働かせてその収入から返済する契約を一般に芸娼妓契約と呼んでいる（実質は「人身売買」である）。この契約は、消費貸借部分と芸娼妓稼働契約部分とからなるが、戦前の判例は、両者を分けることができる場合には、稼働契約部分は無効だが消費貸借部分は有効であるとしてきた（大判昭和3・5・12新聞2884-5、大判大正10・9・29民録27-1774）。しかし、このようにすると借金の返済のために再び娘を「売る」ことが生じるので、学説から批判されていたところ、最判昭和30年10月7日（民集9-11-1616〔前借金無効判決〕）は、消費貸借部分も無効とした。さらに708条を適用して、貸主からの貸金返還請求をも拒否した。

　芸娼妓契約における娘は親の借金のために働かされる立場にあったわけであるが、労働基準法58条は親権者が未成年者本人に代わって労働契約を締結することを禁止しており、戦前のような芸娼妓契約はできなくなっている。現在では、成年の女子が店からの借金の返済のためにホステスとして働く契約を締結することがあるが、本人の自由意思が確保されていれば公序良俗違反とはいえない。労働基準法17条では前借金と労働賃金との相殺を禁止しており、これも一定の保護を与えることになる。

〈参考文献〉　能見善久「芸娼妓契約と公序良俗」星野英一先生追悼論集（2015年）

　　　　　　②共同絶交　　村落の壮年団の規則に共同絶交の制裁を付するのは無効とされる（大判昭和3・8・3刑集7-533）。共同絶交が脅迫罪を構成することもあるが、そこまでに至らなくても個人の自由・名誉を害する点で無効である。

　(b)　経済・取引秩序に反する行為（経済的公序）　　この中にも大別すれば、①経済・取引秩序そのものに対する侵害となる行為（独占、営業活動の自由の制限、談合など）と②経済活動に伴う行き過ぎによる公序良俗違反行為とに大別できる。前者①は、市場メカニズムそのものに対する脅威であり、社会の基本的仕組みを支える秩序に対する違反行為であるから、契約当事者の意思いかんにかかわらず無効となるものである（したがって、当事者間で合意があっても許されない行為であり、第三者からも無効の主張ができる）。これに対して後者②は、当該契約の被害者を救済するという性格も強く、絶対的無効とすべきか若干疑問がある（当事者の自由意思による追認があれば有効と

310　第2編　総　　則

する余地がある）。なお、後者の発展型として消費者保護の観点から取引の自由に限界が画されることが考えられる（「消費者公序」という概念を提唱する学説もある（大村））。もっとも、後者の類型が個別的な被害者保護の問題であるとすると、公序良俗によるよりも信義則による解決の方が適当な場合が多い（信義則による不当条項規制）。

〈**参考文献**〉　山口俊夫「フランス法における意思自治理論とその現代的変容」法協百周年記念論文集3巻（1983年）

　　（i）　活動の自由の制限・財産権処分の自由の制限　　会社と従業員、使用者と使用人などの間で、従業員・使用人が仕事に従事していた間に得た知識・経験を利用して退職後同種の営業を営まない義務（競業避止義務）を負わせる契約をする場合がある。活動の自由を制限するので問題となるが、営業禁止の地域・期間に制限があれば公序良俗に反しない。[7]他人に財産を贈与・譲渡する場合に、処分禁止その他の使用制限をつける契約も個人の自由を制限し、財産の流通を阻害するので問題となる。他人に財産を贈与する際に、自己の終身間移転を禁止するのは公序良俗に反しないが（大判大正6・10・10民録23-1564）、永久にその処分を禁止するのは公序良俗に反して違法である（大判明治45・5・9民録18-475）。

　　（ii）　暴利行為　　他人の窮迫・軽率・無経験などに乗じて、はなはだしく不相当な財産的給付を約束させる行為は、無効とされる（ドイツ民法138条は、良俗違反に関する一般的規定（1項）のほかに、暴利行為の類型を別に規定する（2項））。経済的強者が弱者を搾取するのを防止するためである。高率の利息、過大な賠償額の予定、不相当に高価な物による流れ担保契約などが問題となる。[8]そのほか、ホステスが客の店に対する飲食代金債務を保証する契約が、店（経営者）の優越的地位を利用した暴利行為でないかが

　7）　大判昭和7・10・29民集11-1947、最判昭和44・10・7判時575-35〔店舗の借主が貸主と同じ営業を一定期間一定区域内で営まない旨を約するのは、原則として公序良俗に違反しないとした〕。近時の事例として東京地決平成7・10・16判時1556-83〔東京リーガルマインド事件〕。

　8）　目的物の価格が被担保債権額を大幅に超える代物弁済予約契約などが問題となったが、判例（最（大）判昭和49・10・23民集28-7-1473）で清算義務が認められ、やがて昭和53年の仮登記担保法によって清算義務が法定されたので（仮登記担保3条1項）、現在では代物弁済予約について90条を問題とする必要はなくなった。

第4章　私権の変動　第3節　法律行為の有効要件　*311*

争われている（下級審判決では公序良俗違反としたものが多かったが、**最判昭和61・11・20判時1220-61**〔**百選5版補正版Ⅰ-12**〕は、ホステスが報酬以外の特別の利益を受けるために任意にしているとして公序良俗違反を否定した）。暴利行為の類型では、契約内容の不当性だけでなく、契約当事者の主観的な行為態様の不当性が必要である。前述のように**民法改正**を審議した法制審議会では、暴利行為を条文化することを検討したが、意見の一致がみられず、採用されなかった（部会資料80B）。

〈参考文献〉　能見善久「違約罰・損害賠償額の予定とその規制(1)―(5)」法学協会雑誌102巻2・5・7・10号、103巻6号（1985―86年）

　　　　(iii)　**公正な競争・市場メカニズムに対する侵害行為**　　談合がその例である。**談合**とは、官公庁の工事を請け負うための入札において、入札業者間で事前に特定の業者が落札者となるよう調整をし、落札者が他の談合業者に談合金を支払ったり、落札したら工事の一部を他の談合業者に下請けさせることなどを約束する業者間の合意である。これらの行為は、自由で公正な競争による経済活動を阻害するものとして公序良俗に反し無効である[9]。

　　　　(iv)　**著しく不公正な取引方法**　　相手方の無知・無経験などにつけ込み、勧誘などの方法が著しく不公正であった場合には、正当な取引として保護されない。したがって、そのようにして締結された契約は公序良俗に反して無効となる[10]。商品取引自体は内容的に不当な取引ではないが、それに伴うリスクを明確にしないで契約を締結させる行為が適切ではない場合である。契約締結の仕方が過度に不適切である場合には、契約全体が公序良俗に反すると評価される場合がある。

　　　　(v)　**著しく不公正な内容の契約条項**　　消費者契約や約款などにおいて、個別の条項が著しく不公正な場合に、当該条項が公序良俗に反する

9）　東京高判昭和56・2・17判時999-58は、落札者が他の談合者に対して約束通り落札工事を請け負わせなかったので、他の談合者が債務不履行を理由に損害賠償を請求したのを棄却した。大判大正5・6・29民録22-1294、大判昭和14・11・6民集18-1224は、他の談合者から落札者に対する談合金の請求を公序良俗に反するとして認めなかった。

10）　最判昭和61・5・29判時1196-102は、商品取引の知識のない主婦に対して著しく不公正な方法による勧誘によって締結された非公認市場における金地金の先物取引の委託契約を公序良俗違反とした。

312　第2編　総　則

とされる場合がある[11]。もっとも、このような約款などにおける不公正な条項の規制を公序良俗違反の問題としてとらえるのが適当か、信義則によって規制するのが適当か、なお検討する必要がある。2001年から施行された消費者契約法8条から10条は、一定の不当条項を無効とするが、その根拠は信義則違反であると考えられている（同10条参照。詳しくは286頁）。

(c)　**憲法的価値・公法的政策に違反する行為**　　これは他の類型とは異なり、私法規定の外の憲法や公法的規定によって定められた価値や政策をどのように私法の領域に実現するかという問題である。その価値や政策の中身による分類ではないので、ここで挙げられる例は、人格的利益の侵害や自由の侵害といったところと重複する。

(i)　憲法的価値と抵触する行為　　近年議論されている問題である。憲法は直接的には国家の行為について適用されるものであるから、私人間の行為には直接適用されないというのが一般の考え方である。しかし、憲法が直接適用されるか否かはさておくとしても、憲法で規定されている価値の中には私人を含めた社会全体の基本的価値たるべきものが規定されているので、その価値を否定するような私人間の行為は90条によって公序良俗違反となる可能性がある。たとえば、会社の就業規則で女子の定年年齢を男子より低く定めることは性別による不合理な差別として公序良俗に反するとされる（**最判昭和56・3・24民集35-2-300〔百選7版Ⅰ-14〕**）。

〈**参考文献**〉　山本敬三「憲法と民法の関係」法学教室171号（1994年）

(ii)　取締法規違反　　判例は、かつては、取締法規違反の行為を無効とするのに、90条を使うことが少なくなかった。その後、取締法規違反そのものを根拠として違反行為を無効とし（91条による）、特段の事情があって取締法規違反だけでは無効にできないような場合に、90条を援用する。しかし、最近の学説の中には、再び、取締法規違反行為の私法上の効果については、90条を介して無効の可否を判断すべきであるという主張がある（大村）。

---

11)　大阪高判平成8・1・23判時1569-62は、消費貸借において借主の事情で弁済期前に債務を完済する場合には借主は本来の弁済期までの利息を支払わなければならないことを内容とする早期完済特約を公序良俗違反で無効とした。

第4章 私権の変動 第3節 法律行為の有効要件 *313*

* 動機の不法 不法が法律行為そのものにではなく、法律行為をする目的ないし動機の点にある場合（例、とばく資金を得るために借金をする、殺人の目的で刀を買う、売春の目的で借家をする）にも、その法律行為は90条によって無効となるか。一方で、このような法律行為によって、不法な結果が生じることを考えると、目的・動機を含めた法律行為全体を無効とする必要がある。しかし、他方で、違法な動機・目的が一方当事者の心裡にあるにすぎない場合にまで法律行為を無効とすることは取引の安全を害する。この2つの要請をどのように調整するかが問題である。

判例は、当事者が動機を法律行為の内容とした場合（前掲大判大正9・5・28〔有配偶者の婚姻予約維持のための扶養料支払契約〕）、当事者双方が通謀して第三者を害しようとした場合（最判昭和36・4・27民集15-4-901〔他人が買い受けた山林を登記がまだ移っていないのを奇貨として、その者への恨みをはらすために、売主を説得して廉価で買い取り、登記をした場合〕）、一方の不法な動機を相手方も知っている場合（前掲大判昭和13・3・30〔とばくの借金を支払うために借金〕）などに、法律行為を無効とする。これに対して、不法の動機を一方しか知らない場合（とばくの資金を事情を知らない者から借りる場合）には、無効でないとする。学説も、いろいろな基準を提示しているが、動機の不法性の程度（不法性が強ければ無効に傾く）と相手方の認識の程度（相手方が知らなければ有効に傾く）とを相関的に考慮して判断するという説が有力である（四宮旧版）。

しかし、ここで問題とすべきは、「意思表示の動機」の不法性ではなく、「法律行為の動機」の不法性であり、契約などでは、一方当事者の動機を問題とするのではなく、両当事者が契約にどのような目的・動機を結びつけていたかを問題とすべきである。このように考えると、一方当事者の不法な動機を契約の相手方が知らない場合には、その動機の不法性がどんなに大きくても（殺人目的でナイフ購入）、それだけでは契約は公序良俗に反して無効とはならない。したがって、殺人目的を有する者にナイフを売った売主は、その買主に対して代金請求できる。ただ、契約当初は、不法目的を知らなかった相手方が、契約を履行する前に、不法目的を知るに至った場合には、その段階で契約の公序良俗違反性が再び判断されることになる（後述「公序良俗違反の判定時期」の問題）。その時点で不法性の程度の判断によって履行請求を認めるか否かを判断するのが適当である。

** 暴利行為論と不公正取引 (a) わが国の民法典には明確な規定がないが、民法90条の解釈として公序良俗違反の中には暴利行為の類型も含まれると解されている。暴利行為を無効とする考え方は、歴史的にはローマ法まで遡ることができる。ローマ帝政末期に、貴族たちが荘園（ラティフンディウム）を拡大するために、近隣の自由農民の土地を安く買いあさったことを背景に、皇帝の命令で「土地がその正当な価格の半分以下で売買された場合に、売主は売買契約を取り消すことができる」こととされた。これを「莫大損害（ラエシオ・エノルミス（laesio enormis））」の法理と呼んでいる。この命令の真否については争いがあるが、それはともかく、中

314　第2編　総　　則

世になるとアリストテレスの正義論に依拠したトマス・アクィナスの「正当価格」理論（物には正当な価格があるという考え）が主張されるようになった。また、18世紀の啓蒙主義の時代には、自然法論者（グロティウス、プーフェンドルフ）によって、契約の有効要件として実質的な対価の均衡の必要が主張された。そして、自然法の影響のもとに成立したフランス民法典、プロイセンの一般ラント法の中に「莫大損害」の考え方に基づく規定が設けられることになった。しかし、その後、19世紀に入ると経済自由主義が強調され、1900年に施行されたドイツ民法典では「莫大損害」を直接規定する条文は置かず、公序良俗違反の中の一類型として「暴利行為（Wucher）」を無効とする規定を設けるにとどまった（ドイツ民法138条2項）。これによれば、暴利行為は相手方の窮迫・無経験・判断能力の欠如・意思の減退などに乗じるという主観的事情と顕著な給付の不均衡という客観的事情とを総合的に判断して認定される。日本法は、この暴利行為論を90条の解釈に取り入れ、過大な賠償額の予定、債務額を著しく超過する代物弁済予約、などが暴利行為として公序良俗に反するとされてきた。

　以上のような大陸法系の発展と比較すると、英米の契約法は、商人間の取引を念頭において発展してきたこともあって、対価的均衡による規制には消極的であった。また、日本のように公序良俗概念で介入する一般法理も有していない。しかし、契約の成立のレベルでの規制（不当威圧の法理）や、やはり契約の成立の段階での不当性を問題とする「非良心性の法理（doctrine of unconscionability）」を発展させた（アメリカ統一商法典2-302）。

　(b)　しかし、暴利行為は、相手方の窮迫などの状況に「乗じて」という主観的な要件が要求されているために、その適用範囲は必ずしも広くない。しかも、現在の社会で問題となっているのは、不公正な取引（unfair exchange）である。不公正な取引にもいろいろあり、全体を無効にしなければならない場合もあるが、不公正な部分のみ取り除けばよい場合も多い（対価的均衡を回復したり、約款の一部条項の効力のみを否定するなど）。こうした問題を扱うのには、暴利行為論よりも信義則の方が柔軟な解決ができるので適当である（公序良俗による規制を柔軟にする方法でも同一目的を達成できるが）。

〈**参考文献**〉　大村敦志『公序良俗と契約正義』（1995年）

(3)　公序良俗違反の判定時期　　契約成立時（法律行為時）と履行時とで、公序良俗違反についての判断基準が変化した場合に、どのように判断すべきかが問題となる。具体的には、次の点が問題となる。

　第1に、契約成立時点で公序良俗違反であったが、その後判断基準が変化し、履行時点では公序良俗違反ではないとされる場合である。しかし、この場合も、原則として無効と考えるべきである。なぜなら、一旦無効とされた契約は、当然には有効にならないからである。すなわち、公序良俗

違反で契約が無効となることで、それまで保護されていた当事者の利益が、公序良俗違反の判断基準の変化によって当然に奪われるのは適当でないからである。したがって、公序良俗違反の判断基準の変化後も、契約当事者は履行請求ができず、既に給付されていた物があれば返還請求が認められるべきである。ただし、判断基準の変化後に、両当事者が追認した場合、または当事者の一方が任意に履行した給付を、相手方が保持することにした場合には、公序良俗違反でなくなった時点で新たに契約をしたのと同視することができ、契約はその時から有効となる。

　第2に、契約成立時には公序良俗に反しなかった行為が、判断基準の変化により、後の履行時には公序良俗違反と判断されるようになった場合はどうか。**最判平成15年4月18日**（民集57-4-366〔百選7版Ⅰ-13〕）は、X（商社）とY（証券会社）の間でなされた損失保証契約（YがXに8％の利回りを保証した）が締結された当時（昭和60年）は、社会的に反社会性の強い行為とは一般に認識されておらず、公序良俗違反とはいえなかったが、履行時（平成5年）の基準では公序良俗違反となるという事案において、①公序良俗違反の判断は法律行為時に行うべきであるから、契約締結時に公序良俗違反とはいえない行為は、履行時においても有効である、②しかし、履行時の法律（当時の証券取引法42条の2第1項）が損失保証・損失填補を禁止し、これが遡及適用される場合には、Xは履行請求はできない、と判示した。柔軟な枠組を提示しようとしたのかもしれないが、有効な契約であることを前提にしつつ、履行請求を認めない根拠が明確とはいえない。

　むしろ、民法90条の目的は、公序良俗違反の行為の実現を許さないことにあると考えて、[12]契約成立時には有効であっても、履行時の判断基準で公序良俗違反とされる場合には、契約自体が無効となると考えるべきであろう。裁判所が履行請求に手を貸すことは適当でないからである。契約内容の公序良俗違反性を理由に契約の効力を否定する効力要件は、単に契約成立時に充たせばよいものではなく、契約履行時にも要求されると考えるべ

12）　判例の立場からすると、損失保証契約の当事者Xは、履行請求はできないが、相手方Yが任意に履行すれば、その利益の保持は許されることになるのであろうか。しかし、これを認めることは損失保証・損失填補の禁止を無意味にすることになろう。

きであろう。[13]

(4)　**公序良俗違反の効果**　　民法90条は、公序良俗違反の法律行為は無効であると規定するが、どのような意味で無効なのかが最近議論されている。

　(a)　**全部無効・一部無効**　　契約の中の一部の条項が公序良俗に違反するような場合に、契約全体が無効となるのか（全部無効）、当該条項だけが無効となって他の部分は維持されるのか（一部無効）。民法90条は、「法律行為は、無効とする」と規定しているので、契約全体が無効となると考えているようである。しかし、公序良俗違反の内容いかんによっては全部無効としないでよい場合もあるのではないかと考えられる。特に、暴利行為とされてきたもののうち、契約当事者間の給付の不均衡が理由となって公序良俗違反とされる場合には、一部を無効にすることで給付の均衡を回復することができるので、全部無効にしないでよい。たとえば、500万円の貸金債務の不履行があった場合に1000万円相当の不動産を弁済として給付することを予め約束する代物弁済予約契約において（実質は担保である）、債権者が債務額（利息を加算して）を大幅に超える不動産を取得することになるのは暴利行為であるが、これを全部無効とすると、債権者は債務者からの返済がない場合に担保が全くないということになり、これも適当でない。そこで、債務額を不相当に超える部分だけを無効にできれば（一部無効）、債務者は不相当の負担を免れ、債権者も相当な額の担保を認められることになり、適切な解決がはかられる（判例は、清算義務を認め、その後仮登記担保法で清算義務を法定したので、現在ではこの問題は解決された）。同様に一部無効を認めることで解決すべきものとして、過大な賠償額の予定が合意されている場合や約款の一部条項が著しく不適当な場合などがある。

---

13)　本判決は、最(大)決昭和35・4・18民集14-6-905を引用して、法律行為の効力要件は、行為当時の法令に基づいて判断すべきであるという原則を導く。しかし、昭和35年決定の事案は、連合国最高司令官の指示によってなされた共産党員の解雇（いわゆるレッド・パージ）は平和条約発効により指示の効力が失われても変わらない、とするものであり、平成15年判決の事案におけるように履行行為が未了で残っているという場合ではない。また、仮に、法律行為の効力要件を行為当時の基準で判断するのが原則であるとしても、公序良俗違反性についても同様に扱ってよいかが問題である。

(b) **双方的無効・片面的無効**　　契約などが公序良俗違反となる場合に、当事者双方から無効を主張することができるのが双方的無効であり、保護に値する一方の当事者からのみ無効の主張ができるとするのが片面的無効である。たとえば、事業者が消費者に対して著しく不公正な勧誘方法で締結した売買契約が公序良俗違反とされた場合に、消費者からの無効の主張は認めるが、事業者からの無効の主張は認めないというのが片面的無効である。錯誤無効の場合の無効主張者の制限と同じような考え方を民法90条の無効についても考えようというわけである。しかし、暴利行為などの場合に、民法90条が一方当事者のみを保護するために使われることがあるのは確かであるが、公序良俗違反を理由とする規制は、その行為が社会の基本的秩序に反するが故にこれを許容しないということにあるのであるから、原則として双方的無効になるというべきであろう。また、仮に片面的無効を認めるとしても（被害者の相手方からの無効主張を封じる）、あまり実益がないのではないか。なぜなら、その契約で利益を受ける側（先の例では売主）から無効を主張することは考えにくいからである（この点は、錯誤の場合とは若干異なる。錯誤は契約内容が不当な場合にだけ問題となるわけではない）。

(c) **抗弁的無効・遡及的無効**　　相手方からの履行請求に対して、契約が無効であることを理由に自己の給付の履行を拒む場合の根拠が「抗弁的無効」である。無効が抗弁として使われるわけである。これに対して、既になされた給付の返還請求をする前提として、契約の無効を主張する場合を「遡及的無効」と呼ぶことにする。給付が未履行である場合に、抗弁としての無効が主張できることには問題がない（双方未履行と一方未履行の場合が考えられるが、いずれの場合であれ、未履行の給付の履行請求は拒むことができる）。民法90条違反となることの最低限の効果だからである。しかし、既に給付したものの返還が認められるべきかは、両当事者の不法の程度、取引安全への配慮の要否など、利益状況によって異なるであろう。このうち、両当事者の不法の程度に対する考慮は、民法708条によってなされるが、取引の安全への配慮などは同条では本来予定していない。そこで、こうした事情を考慮すべき場合に、抗弁的無効にとどめ遡及的無効までは認めないという扱いが考えられるが、なお、発展途上の議論である。

(5) **他の制度との関係**　　(a) **不法原因給付との関係**　　民法708条は、不

法な原因で給付した者は、その給付物の返還を請求することができないことを規定する。これは、たとえば、配偶者のある者Aが配偶者以外の者Bとの性的な関係を維持する目的で建物を贈与した場合に、Bに建物の占有を移転し、登記を移転するなど給付を完了したときは、贈与契約は公序良俗に違反するから無効であるということを理由に、後で建物の返還を請求することができないことを意味する。しかし、不法で無効な契約に基づいてなされた給付の返還が請求できるか否かは、返還請求をする者と相手方の不法性を比較考量して判断すべきであるという学説が有力であり、判例もこのような立場にたっていると考えられる（**最判昭和29・8・31民集8-8-1557〔百選5版Ⅱ-73〕**は、密輸のための経費と承知で貸与した金銭の返還請求を両当事者の不法性を比較して認めた）。この立場によれば、同じく公序良俗に反する契約であっても（いずれの側からも履行請求ができないのは当然であるが）、既履行の給付に関しては返還請求ができる場合とできない場合があることになる。返還請求できるか否かの基準は708条の解釈による。

(b) 信義則との関係 約款や契約中の一部の条項が著しく不公正な内容を有するために公序良俗に反するとして契約全体（全部無効）ないし一部条項が無効（一部無効）となる場合がある。その一部の条項のみを修正すればよいような場合には、公序良俗違反による一部無効で解決する他に、信義則に基づいて、当該条項を契約当事者は援用できないとすることでも解決することができる（消費者契約法における不当条項規制については285頁参照）。このような解決は、約款における不当条項規制の問題として議論されている。信義則による契約内容の規制は、必ずしも暴利行為（公序良俗違反）の要件を充たさない場合であっても可能であり、柔軟な解決が可能である。

〈**参考文献**〉 大村敦志『公序良俗と契約正義』(1995年)、山本敬三『公序良俗論の再構成』(2000年)、椿寿夫＝伊藤進編『公序良俗違反の研究——民法における総合的検討』(1995年)

第4節　無効・取消し

第1款　総　　説

1　無効・取消しとなる場合

(1)　**整理**　これまで、意思表示・法律行為が無効となる場合または取り消しうべき行為となる場合をいろいろ挙げてきたが、無効・取消しの厳密な意味については、留保してきた。ここで、その意味をまとめて扱うことにする。

まず、民法典で扱われる無効・取消しを一覧表の形で整理すれば次のようになる（下記表参照）。その全てが119条以下の適用を受けるわけではなく、(a)から(d)までだけが、その対象となる。(e)無権代理の効果不帰属は、一般に「無効」といわれるが、民法典自体は、「効力を生じない」としており(113条)、無効という表現を意識的に避けている。追認についても独自の規定を設けているので(116条)、119条以下を適用する必要がない。(f)は法文では「取消し」という表現が用いられているが、行為に何らかの瑕疵があるために取り消しうべき行為とされる(b)(d)と異なり、実質は不法行為に近いために被害者からの原状回復請求を認めるために完全に有効に成立した行為の取消しを認める場合（詐害行為取消し）や、強制執行まで認めるの

現行民法および改正民法における無効・取消しの一覧表

される場合　119〜126条が適用	(a)意思表示の無効	心裡留保（現93条但書、新93条1項但書）、虚偽表示（94条）、錯誤（現95条）
	(b)意思表示の取消し	**錯誤（新95条）**、詐欺・強迫（96条）
	(c)法律行為の無効	**意思無能力者の行為（新3条の2）**、内容の不確定、原始的不能（**新412条の2に注意**）、公序良俗違反（90条）、既成条件付き法律行為（131条1項・2項）、意思表示の無効・取消しから派生する法律行為の無効
	(d)法律行為の取消し	制限行為能力者の行為（5条2項・9条・13条4項）
適用されない場合	(e)効果不帰属	無権代理（113条）・無権限者の処分行為
	(f)その他	詐害行為の取消し（424条）、夫婦間契約の取消し（754条）など

は適当でないという理由から取消しを認める場合（夫婦間契約）である。これを一律に扱うのは適当でなく、それぞれのところで取消権者・取消しの要件・効果・取消権行使期間などが規定されている。

(2) (a)から(d)に限定しても、その無効・取消しにはいろいろなものがある。これを大きく分けると、公益的観点から認められるものと、当事者の個人的利益の保護の必要から認められるものがある。公序良俗違反による無効などは、前者の例であり、錯誤無効（現95条。新95条では取消し）、詐欺・強迫による取消しなどは後者の例である。制限行為能力を理由とする取消しも後者に属する。概して、無効には公益的観点から認められるものが多く、取消しには個人的利益の保護を目的とするものが多いが、必ずしも截然と分けられるものではない。むしろ、無効の場合にも、個人的利益の保護を目的とするものが多いことが指摘されている。現行民法の錯誤無効などはそうであるが、新95条では取消しに改正された。また、公序良俗違反で無効とされる場合にも、個人的利益の保護を狙ったものが含まれている。

いずれにせよ、無効・取消しは、当事者がその法律行為によって達成しようとした法律効果の発生を阻止する制度である。そして、法律行為によって発生すべきであった債務を発生しなかったことにし、債務の存在を前提として既に給付がなされていた場合には、それを元に戻す原状回復を行うための法的技術である。

2 無効と取消しの違い

(1) **基本的違い**　民法における無効・取消しの区別は、伝統的な理解では、次の三点にある。

第1に、無効は、特定人の行為を必要とすることなく、最初から当然に無効であるが（したがって、誰でも主張できる）、取消しは、特定人（取消権者）による取消しがあってはじめて、その法律行為・意思表示の効力が否定される。

第2に、無効は追認によって治癒されないが、取り消しうべき行為は追認により確定的に有効となる。

第3に、無効は時の経過によって変化を受けないが、取消しは一定期間を過ぎるとできなくなる（取消権の消滅時効）。

(2) **区別の相対化** このような無効と取消しの区別は、かつては絶対視されていたが、現在では相対化される傾向にある。それは、具体的には次の点に現われる。

(a) 法が特定の場合を無効とするか取消しとするかは、論理の問題ではなく、法政策の問題である。一方当事者の個人的利益を保護するために法律行為が「無効」とされる場合には、解釈上、無効と取消しの中間のような効果を認めるのが適当である。いわゆる取消的無効などといわれる場合である。具体的には、錯誤無効（現95条）で議論されているが、公序良俗違反の無効についても、個人的利益の保護のために90条が使われる場合には、同様の解決が適当であろう。

(b) ある法律行為が無効事由と取消事由の両方に該当する場合には、単にどちらでも自由に選択して主張できるというのではなく、両者の規範の調整をすることが適当である。「無効と取消しの二重効」の問題として議論されているが、無効事由と取消事由の両方に該当する場合というのは、まさに無効と取消しの中間的な場合になるので、このような観点からの規範の調整をすることが適当である。

(c) 無効は当初から法律効果が生じないし、取消しは遡及的に無効をもたらす建前であるが、それは絶対的なものではない。たとえば、団体設立行為（社団の設立・組合契約）や団体加入行為については、団体としての事実上の活動に伴う第三者の信頼を保護する必要があり、雇用契約・労働契約に関しては、事実上就業した者の利益を保護する必要があるので、それらの行為については、無効や取消しの効果は将来に向かってのみ生じるにすぎないと考えるべきである。**改正民法**では、組合契約に関して、組合員の1人の意思表示の無効・取消しは、他の組合員の間における組合契約の効力を妨げない旨の規定が新設された（新667条の3）。

＊ **無効と取消しの二重効** (i)ある法律行為が無効であると同時に、取消原因もあるという場合がある。たとえば、成年被後見人（旧禁治産者）が意思無能力の状態で行った法律行為は、無効である（新3条の2）と同時に取り消しうる（9条）と考えられる。また、現行民法の動機の錯誤にも95条を適用する立場をとると、相手方の詐欺によって錯誤に陥った者がした意思表示は、95条による無効（現95条。新95条では取消し）と96条による取消しの両方が可能であるようにみえる。このような場合に、無効と取消しの関係をどのように考えるべきか、いずれも主張できるのか、

322　第2編　総　　則

いずれか一方しか主張できないのか（その場合にはどちらか）、などが問題となる。これが「無効と取消しの二重効」と呼ばれて議論されている。(ii)通説・判例は、基本的にいずれか一方を主張することができるという立場をとっている。(iii)しかし、いずれか一方しか主張できないとすると、法律行為が2つの効力排除原因に該当しているのに、行為者はその一方の規範による保護しか受けられないことになる。これは不都合であるとして、行為者は2つの効力排除規範の統合的な保護を受けられる地位を有するという説が主張されている（四宮旧版）。これによれば、行為者は問題点ごとに最も有利な規範（無効または取消し）を主張できるということになる。たとえば、第三者Mによる詐欺によって、Aが錯誤に陥り、その所有する土地をBに譲渡し、Bはさらに善意のCに転売した、という場合を考えてみよう。Aは、錯誤無効（現95条）と詐欺取消しの二重の保護を受けているが、通説・判例の立場では、いずれかを選択しなければならないので、もし、詐欺取消しを選択すると、96条3項が適用され、Aは善意の第三者Cに対して取消しを主張できない（新96条3項は、取消しを善意無過失の第三者に対抗できないと規定する）。錯誤を主張すれば、第三者Cに対しても無効を主張できる（新95条4項は、取消しの効果を善意無過失の第三者に対抗できないと規定する）。しかし、無効と取消しの統合的な規範による保護を受けるという立場からすると、Aは、詐欺取消しを選択しても、転得者との関係では錯誤無効の効果を主張でき、Cに対しても返還請求できる、という解決になる。

▶ ［改正民法］

　　新95条1項は、錯誤の効果を意思表示の取消しとし、4項で取消しの効果を善意無過失の第三者に対抗できないと規定したので、今後は、錯誤と詐欺の二重効の問題は生じない。しかし、意思無能力による無効と制限行為能力を理由とする取消しの二重効の問題などはなお残る。

〈参考文献〉　賀集唱「二重効問題──錯誤無効と詐欺取消し」法学教室213号（1998年）

第2款　無　　効

1　「無効な行為」の意味

　119条でいう「無効な行為」とは、①意思表示が無効（心裡留保、虚偽表示、現行民法のもとでの錯誤）であるために、その意思表示を要素とする法律行為（契約、遺言など）も無効である場合、②公序良俗違反、強行規定違反によって法律行為（契約、遺言など）が無効となる場合、③意思表示が詐欺・強迫、制限行為能力などを理由に取り消されて、その結果、その意思表示を要素とする法律行為（契約、遺言など）が無効となる場合（121条で、「取り消された行為」が「初めから無効」であったとされる場合）がある。さ

らに、④改正民法においては、意思表示をした時に意思能力がなかった場合には法律行為を無効とする新3条の2が新設された。①②③④のいずれも「無効」であり、119条および新121条の2（返還義務の範囲）が適用されるが、無効を主張できる者、無効行為の追認の可能性など、異なる扱いをする必要があるので注意を要する（詳しくは、後述5を参照）。

2 無効行為の基本的効果

(1) **当然に効果不発生** 無効の法律行為では、当事者が意図した法律効果は、はじめから当然に発生しない。当然無効であるから、誰がこれを主張してもよい、と従来は考えられてきたが、現在では特定人の利益を保護するための無効は、当該特定人しか無効を主張できないと考えるようになっている（意思無能力や現95条の錯誤を理由とする無効など。新95条では取消しなので、取消権者しか主張できないのは当然）。

(2) **当事者間における効果** 法律行為の当事者間において、表見的に生じた債権・債務は発生しなかったことになる。既に給付が履行されていたときは、受領者は受領物を返還しなければならない（新121条の2第1項）。この返還義務の性質は、不当利得返還義務と解されている（703条以下）。双務契約の当事者の返還義務は、原則として、相互に同時履行の関係に立つ（533条）。**改正民法**は、新121条の2において、無効・取消しの場合の原状回復義務について規定した。後述、第4款参照。

(3) **第三者に対する効果** 無効は、原則として誰に対しても主張できるが（絶対的無効）、第三者に対して無効を主張することが制限される場合がある。第1に、取引安全の保護とのバランスから、無効の主張を制限する場合がある。たとえば、虚偽表示の無効は、善意の第三者に対して主張することができない（94条2項）。また、明文の規定がなくても、法律行為の当事者の一方を保護するために無効とされる場合には、その当事者の保護の必要性と第三者に与える影響を比較して、どこまで無効を主張できるかを考える必要がある。現行民法の錯誤無効（現95条）については、虚偽表示の無効と同様に考えて、「善意の第三者」に対しては、無効を主張できないと解する立場があった（本書第8版。94条2項の類推適用）。しかし、錯誤者は虚偽表示をした者ほど帰責性が大きくないから、94条2項の類推適用に

324　第2編　総　則

よって、無効を主張できない相手を「善意の第三者」に限定するのは適当ではない。そこで、新95条3項は、錯誤取消しを「善意でかつ過失がない第三者」に対してのみ主張できないこととした。虚偽表示の場合よりも、広く、第三者に対して取消しを主張できることになった。意思無能力による無効については規定がないが、錯誤の場合以上に本人の帰責性は小さい。それゆえ、錯誤の規定を類推適用することも考えられるが、本人の保護を優先し、その無効は全ての第三者（善意無過失の第三者を含む）に対して主張できると考えるのが適当であろう。

　第2に、無効の効果自体は第三者にも及ぶとしても、第三者が他の制度で保護される結果、無効の主張が貫徹できない場合がある。たとえば、第三者が取得時効（162条）・動産の即時取得（192条）・債権の準占有者に対する弁済（現478条）によって保護されるような場合である。

3　一部無効

　(1)　法律行為の内容の一部に無効の原因があるときは、ひとまず、この部分が無効となり、さらに、それが法律行為全体の無効をもたらすか否かを判断する。たとえば、契約の一部条項が一方当事者にとって著しく不利であるために無効と解される場合に（例えば、公序良俗違反を理由として）、ひいては契約全体が無効になるか否か、が問題となる。このような判断を経て、結局、契約全体が無効となるべき場合もあれば、一部の契約条項のみの効力を否定するにとどめるべき場合もある。「一部無効の問題」などというときは、以上のような判断をしなければならない場合という意味で使われるが、最終的に一部条項のみを無効とする結論のことを「一部無効」という場合もある。

　(2)　具体的に一部無効にとどまるか、法律行為全体を無効とするかは、いろいろな利益考量をしながら判断しなければならないが、一応、以下のような基準による。

　　(a)　明文がある場合には、それによる（133条・278条・360条・410条・563条（新565条）・580条・604条、利息制限法2条など）。

　　(b)　無効とされる部分と残余の部分とが不可分の関係にあると評価される場合には、法律行為全体が無効となる。

第4章　私権の変動　第4節　無効・取消し　*325*

(c)　無効部分と残余部分が不可分であると積極的には評価できない場合が難問である。通説は、できるだけ全部無効を避けるべきだという考え方のもとに、原則として、無効部分を慣習・任意規定・条理などで補充したうえで契約を維持するが、例外的に、無効部分を除いた残余部分（無効部分に合理的な補充をした部分とともに）だけの契約を強制することが当事者の意思に明確に反する場合には、全部無効とする（こうした処理の仕方を「一部無効の理論」などと呼ぶ）。

＊　**一部無効に関する議論**　基本的には、本文で述べた立場でよいが、なお、検討すべき問題がある。第1に、無効部分を補充する理論的根拠は何か、が問題となる。これは一見契約の解釈の問題に似ているが、少し違う。すなわち、ここでは契約の一部条項が無効であるという判断がなされているので、その部分は空白となり、その空白部分を裁判官がどのような根拠で埋めることができるかが問題となっている。第2に、第1点とも密接に関係するが、補充するとしてもどのように補充するか、任意規定があるときには単純にそれで補充してよいのか、他の補充方法もあるのか。第3に、このようにして補充したとして、それを契約当事者に強制することが適当か。当事者としては、補充・修正された内容では困るという場合に、そのような契約を強制するのは私的自治に反しないか。いずれも契約法の重要問題であるが、詳しくは参考文献に委ねる。

〈**参考文献**〉　山本敬三「一部無効の判断構造㈠」法学論叢127巻4号（1990年）

4　無効行為の転換

(1)　無効の法律行為（例、約束手形の振出が手形要件を充たしていないために無効）が他の法律行為（例、消費貸借）の要件を備える場合に、後者の法律行為として効力が生じることを認めるのを、無効行為の転換という。それは、利益状況に基づいて、程度の差こそあれ当事者の意思を修正解釈することであり、一部無効の理論の特殊な応用である。

(2)　無効行為の転換が認められるためには、次の要件が必要である。

(a)　両方の法律行為の効果が社会的ないし経済的目的を同じくしており、当事者の利益状況に照らして、当事者は、もし無効を知っていたら他の法律行為としての効果を欲したであろうと考えられること。

(b)　要式行為への転換については、その行為が要式行為とされる趣旨

---

1)　最判昭和30・10・7民集9-11-1616は、いわゆる芸娼妓契約については、稼働契約部分と消費貸借部分とは不可分であるとして、全体を無効とした。

に反しないことが必要とされる。したがって、一定の形式自体が要求される要式行為（手形行為）への転換は、その要式を充たしていない以上は認められない。しかし、意思表示を慎重または明確にする必要から要式行為とされているにすぎない場合には、転換を認めてよい。たとえば、秘密証書遺言が無効でも自筆証書遺言への転換が認められるほか（971条）、非嫡出子を本妻の嫡出子として届け出る行為は無効であるが、認知届として有効とする判例がある（**最判昭和53・2・24民集32-1-110**〔百選7版Ⅲ-29〕）。同様に、他人の子を養子にするつもりでいきなり自分の嫡出子としての出生届を出すと、嫡出子出生届として無効であるときに、養子縁組届として有効とすることができるかが問題となるが、判例は、養子縁組の要式性を理由に、養子縁組への転換を否定する（最判昭和25・12・28民集4-13-701、最判昭和56・6・16民集35-4-791。戸籍の訂正を認めるべきであり、法的な親子関係を遡及的に否定するのは疑問である）。

(3) このような要件のもとでのみ無効行為の転換が認められるとすると、その適用範囲は必ずしも広くない。一般には、たとえば手形振出のように要式行為とされるものが、その要件を充たしていないために無効なときに、実質においてそれと同様の他の法律行為（消費貸借）へと転換されるのが多い。また、無効とされる理由いかんによっては、無効行為の転換は認めにくい。一般に、要式違反で無効である場合は、別な不要式行為への転換を認めても問題はないが、公序良俗違反で無効な行為は、合理的な内容に変更してからでないと転換を認めることは困難である。

5 無効行為の追認

(1) **119条の趣旨と適用範囲**　　119条は、「無効な行為は、追認によっても、その効力を生じない」と規定する。これは、法的に無効の評価を受けた行為を、当事者の意思によって、初めから有効だったことにすることは認められない、という趣旨である。無効は、当事者の意思を超えた客観的・公益的なものであり、それを当事者の意思で変更するのは適当でない、という考えが前提となっているからである。しかし、そうであるとすると、追認が許されない無効は、そのような公益的理由から無効とされるものに限定すべきであり、当事者の一方を保護するために法律行為が無効とされ

るような場合には、第三者の利益を害しない限り、追認を認めてもよいのではないか、と考えられる。

そのようなものとしては、第1に、民法が明文で追認を認める無権代理の場合の無効がある。無権代理の場合には、追認によって第三者の権利を害しない限り、遡及的に有効となる（116条）。無権代理では、錯誤・詐欺・強迫などの場合のように、意思表示が歪められているわけではなく、単に、本人に効果を帰属させるための要件（効果帰属要件）が欠けているだけであり、このような場合は、本人が自己に効果が帰属することを認める（追認する）ならば、遡及的に有効になることが当事者の意図にかなうからである。

第2に、契約の一方当事者を保護するために契約が無効とされた場合には、保護される当事者が追認すれば、追認によって遡及的に有効としてもよいのではないか（119条を適用しない）。たとえば、錯誤は現行民法では意思表示の無効をもたらすが（現95条）、これは錯誤した当事者を保護するための無効であるから、錯誤者が追認した場合には、当初から有効とするのが適当である（新95条でその効果が取消しとなった錯誤については、取消しうべき行為の追認ができ（新124条）、錯誤者が追認すれば、はじめから有効な行為であったことに確定する）。公序良俗違反の無効（90条）についても、消費者保護を目的として特定の行為が公序良俗違反とされる場合や、暴利行為が公序良俗違反とされる場合などについては、その被害者が追認するのであれば、遡及的に有効としてもよい。ただし、相手方が当該法律行為の無効を前提に行動を開始した場合には、その利益を害することはできないと考えるべきであろう。このほか、意思無能力による無効（新3条の2）についても、判断力が回復してから本人が追認すれば、その行為は遡及的に有効になるといってよい（124条1項の類推適用）。この場合も、相手方が無効だと思って新たな行為をする場合があるので、相手方の承諾を条件として、遡及的に有効になると考えるべきであろう（例、意思無能力者Bとの間の売買契約が意思無能力を理由に無効であることを知った売主Aが、売買目的物をCに売却したような場合に、Bの追認だけで無条件にAB間の売買契約が遡及的に有効となると、Aが不利益を受けることがある）。

(2)　**119条の追認の意味**　　当事者の追認は、新たな行為をしたものとみ

328　第2編　総　　則

なされる (119条但書)。この但書に文字通り従うと、追認時に、新たな行為をするのと同じ要件を充たさなければならなくなる。しかし、①保証契約の締結のように書面性が要件となっている場合に (446条2項)、無効の保証契約を両当事者が追認（合意）すれば、以前の契約書をもって書面性の要件を充たしたことにするのか、再度書面の作成が必要なのか、②債権譲渡の場合の対抗要件（通知・承諾）や不動産譲渡の対抗要件（登記）などについては、以前の対抗要件を流用できるのか、再度対抗要件の具備をやりなおす必要があるのか、難かしい問題が生じる。詳細は、それぞれの専門書に委ねる。

　また、追認をする「当事者」とは誰かも問題となる。たとえば、意思無能力者が売買契約を締結した場合に、意思無能力を理由として法律行為が無効となるときには、表意者が意思能力を回復した後に、追認をすれば新たに有効な意思表示があったとみなすことになるが、これだけで新たな売買契約がなされたものとみなされるわけではない。契約の相手方も、この場合の「当事者」であり、意思能力を回復した者と相手方の両方の追認が必要である。詐欺による意思表示がなされ、表意者がその意思表示を取り消して、契約の無効が確定した後に、追認する場合においても、契約の両当事者の追認が必要であろう。

(3)　**無効行為追認の要件**　　(ⅰ)無効原因によって異なる。強行規定違反や公序良俗違反の場合は、違反の状況が続く限り、追認しても有効にならない。統制法規違反で無効である行為をその法規撤廃後に追認すれば有効となる。(ⅱ)虚偽表示のように両当事者の私的事由に基づいて無効となった場合には、両当事者が追認すれば有効となる。(ⅲ)一方当事者の私的事由によってその意思表示が無効となり、その結果、法律行為が無効となる場合（意思無能力）には、──意思表示を無効とする趣旨は表意者の保護にあるのだから──その一方当事者が追認することによって法律行為を有効としてもよさそうだが、上記(1)で述べたように、一方当事者の追認だけで契約が有効に成立するとなると、相手方の利益を害するおそれがあるので、両当事者の追認が必要であろう（その場合には、さらに遡及効を認めてよい）。(ⅳ)詐欺・強迫による意思表示が取り消された結果、法律行為の無効を来した場合には──相手方は法律行為をなかったものと信じるに至っているから

第4章　私権の変動　　第4節　無効・取消し　　*329*

——もはや取り消した一方の当事者の追認だけでは有効とすることができない。(iii)と同様に考えるべきである。

第3款　取消し

1　取消しの意義

(1)　取消しという概念は、若干異なる2つの場面で用いられる。第1は、意思表示に瑕疵がある場合に、いったん発生した意思表示としての効力を廃棄する旨の、表意者の意思表示を意味する場合である。それによって意思表示は、遡って無効となり、その結果、その意思表示が構成する法律行為（契約など）も、取り消されたことになり、はじめにさかのぼって無効となる（121条）。第2に、制限行為能力者の行った法律行為を取り消すという場合である。制限行為能力者の法律行為は一応有効であり、その意味でその法律行為の効果が制限行為能力者に帰属しているが、これを排除する旨の、制限行為能力者側の意思表示も取消しと呼ばれる。この取消しの結果、制限行為能力者の関与した法律行為は、初めに遡って制限行為能力者に帰属しなかったことになる。通説は、以上の2つの場合を区別しないが、前者は自由な意思が歪められている場合であり、いわゆる意思表示の瑕疵の場合である。後者は、表意者の判断能力が十分でないために、その者に意思表示の効果を全面的に帰属させるのが適当でない場合である。これを効果帰属のための要件の欠如として説明する学説もある（四宮旧版）。民法の取消しに関する規定は、両者を対象とするものである。

(2)　身分行為の取消しには、民法総則の規定は適用が制限されている（遡及効につき748条・808条。126条につき大(連)判大正12・7・7民集2-438）。また、民法の中で取消しという表現が使われているが、取消しに関する規定が適用されない場合がある（詐害行為取消しなど）。

2　取消権者（120条）

(1)　**制限行為能力者の行為があった場合**（120条1項・5～6条・9条・13条参照）

(a)　**制限行為能力者自身**　　未成年者が親権者の同意が必要な行為をその同意なく行った場合（5条1項・2項）、成年被後見人が相手方と取引した場合（9条。ただし、日常生活に関する行為は除く）、被保佐人が保佐人の同意が必要な

行為をその同意なくした場合（13条1項・4項）、被補助人が補助人の同意を要する行為を同意なくした場合（17条1項・4項）などに、未成年者、成年被後見人、被保佐人、被補助人は自分の行為を取り消すことができる。制限行為能力者は、その能力を制限する原因がまだ存在する場合であっても、単独で取り消すことができ、その取消しが「取り消すことができる行為」になるのではない。ただし、意思能力を有しない未成年者、意思能力を有しない成年被後見人は、およそ意思表示ができないので、取消しの意思表示もできないと解されている。成年被後見人であっても、意思能力が回復しているときに、取消しと理解できる行為をすれば、これを取消しとして認めてよい。

　なお、制限行為能力者が他の制限行為能力者の法定代理人となることが法律上は可能となっている（847条は、後見人の欠格事由について定めているが、未成年者以外の制限行為能力者は欠格事由に該当しないので、成年被後見人が他の制限行為能力者の後見人となることが可能である。保佐人、補助人についても、847条が準用されるので同様である）。成年被後見人が他の制限行為能力者の法定代理人に選任されることは実際には考えられないが（成年被後見人が未成年者の親権者ということはありうる）、被保佐人が他の制限行為能力者の法定代理人となることは考えられる。たとえば、親Aが保佐開始の審判を受け、Bが保佐人となっている場合に、Aの子Cの成年後見開始の審判が行われ、Cの親であるAが制限行為能力者であっても、成年後見人としてふさわしいという判断はありえないではない。しかし、制限行為能力者であるAが、Cの成年後見人（法定代理人）として第三者と取引を行った場合に、それが本人Cの利益を害する不適切な行為であったときは、これを取り消すことができる必要がある。現行民法の諸規定からは、この場合に取消しができるのか、できるとして誰が取り消すことができるのか、明らかでない。現行102条は、制限行為能力者も代理人になることができると規定しているので、上記の例においてCの成年後見として行ったAの行為を取り消すことはできないようにも思えるが、それは本人Cの利益を保護できないので適当でない。現行102条は任意代理の場合を念頭に置いた規定であり、法定代理の場合は想定していないので、同条は、制限行為能力者AがCの法定代理人として行った行為の取消しを否定する根拠にはならない。

制限行為能力者（被保佐人）Aが他の制限行為能力者Cの法定代理人となる場合

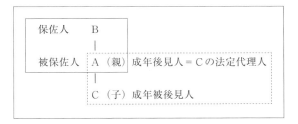

▶ ［改正民法］

　上記の問題につき、新102条は、一方で、制限行為能力者が任意代理人として行った行為については制限行為能力を理由に取り消すことができないとしつつ（これは現行102条と同趣旨）、他方で、「制限行為能力者が他の制限行為能力者の法定代理人としてした行為」については制限行為能力を理由に取り消せることを明らかにした。その上で、取消権者について、新120条で、法定代理人として行為をした制限行為能力者自身（上記の例ではA）、その制限行為能力者によって代理された本人である制限行為能力者（C）、および「その代理人、承継人若しくは同意をすることができる者」ということで、上記例ではAの保佐人B（同意権者）が取消権を有することになる。これとの関係で、新13条は、被保佐人が保佐人の同意を得なければならない行為のリストに、「前各号に掲げる行為を制限行為能力者……の法定代理人としてすること」を追加した（新13条1項10号）。これらの行為を被保佐人が保佐人の同意なしに行ったときは、これを取消しうることを明らかにした。なお、Aが成年被後見人であるときは、Aの成年後見人にも取消権がある（次の(b)を参照）。

(b)　制限行為能力者の「代理人」　　未成年者の場合の親権者・未成年後見人、成年後見が開始した場合の成年後見人である。保佐人については、被保佐人の行為について同意権を有する場合と、単に代理権しかない場合とで区別する必要がある。同意権がある場合については、取消権もある（次の(c)を参照）。保佐人や補助人には「特定の法律行為」について代理権を付与されることがあるが（876条の4・876条の9）、この場合は本人の行為能力が制限されるわけではないので、保佐人・補助人は「特定の法律行為」についての取消権はない。もっとも、「特定の法律行為」が同時に13条1項の列挙する同意必要行為の場合には、被保佐人が保佐人の同意なくこれを行えば、取消しの対象となる（被保佐人自身と保佐人の両方に取消権）。補助人についても、保佐人の場合とほぼ同様である。

332　第2編　総　　則

(c)　**制限行為能力者の行為について同意権を有する者**　　成年後見制度のも
とでの保佐人は、民法13条1項が列挙する行為について同意権を有し、ま
た補助人も特定の法律行為について同意権を有することがある（17条1項）。
これらの同意なしになされた被保佐人・被補助人の行為については、同意
権を有する保佐人・補助人が取り消しうる（120条1項・13条4項・17条4項参照）。

(d)　**制限行為能力者の「承継人」**　　包括承継人（相続人・包括受遺者）の
みならず、特定承継人（契約上の地位の譲受人）を含む。取消権者である
買主から、売買目的物を転得したにすぎない者は、ここでいう「承継人」
ではない。

(2)　**詐欺・強迫、新95条の錯誤による意思表示がなされた場合**（120条2項）

(a)　**瑕疵ある意思表示をした者**（詐欺・強迫による意思表示、新95条の錯誤による意
思表示）　　本人Aが代理人Bによって契約を締結した場合に、相手方Cの
詐欺・強迫によって代理人Bが瑕疵ある意思表示をしたときは、取消権を
有するのは、意思表示の効果が帰属する本人Aである（代理の箇所の説明（368
頁）参照）。後で詳述するように代理人Bには取消権はない。

(b)　**(a)で列挙した者の「代理人」**　　代理人がいる状況として想定される
のは、第1は、相手方との取引の際に、本人を代理する代理人（任意代理
人・法定代理人）がおり、相手方の詐欺によって代理人が瑕疵ある意思表
示をした場合である。代理人によって意思表示をしているので、当該代理
人が取消権を有するかどうかが問題となる（本人に取消権があることについては、
(a)を参照）。第2は、本人が瑕疵ある意思表示をした時点では代理人がおら
ず、後から代理人（成年後見人など）がついた場合である。

　第1の場合において、任意代理人は、本人の瑕疵ある意思表示がなされ
た場合の取消権を当然に有するものではなく、本人から取消権の行使につ
いて代理権の授与があった場合に初めて取消権を行使しうる（120条の適用
はない）。たとえば、代理人Bによる取引で、相手方Cからの詐欺にあった
場合において、Bの瑕疵ある意思表示の効果は本人Aに帰属し、代理人に
は帰属しないから、取消権も代理人には帰属しない。また、実質的に考え
ても、本人Aが取り消す意思がないときに、代理人Bが独自の判断で取り
消すことができるのは適当ではないからである。代理人Bが取消権を行使
するためには、本人Aから取消権行使のための代理権を授与されなければ

ならない。

代理人が法定代理人である場合はどうか。たとえば、親権者が子を代理して子の財産を売却する契約をした場合に、相手方からの詐欺によって親権者（法定代理人）が瑕疵ある意思表示をしたときは、意思表示の効果、契約の効果は、本人である子に帰属する点は、任意代理人の場合と同じである。しかし、本人には十分な判断力がないことも考えられ、親権者などは、そのために法定代理人になっているのであるから、その法定代理人は取消権を行使できると考えるべきであろう（本人自身にも取消権があるかどうかは別途検討する必要がある）。

第2の場合、すなわち、詐欺による意思表示をした後に、表意者が行為能力を制限されて、法定代理人（成年後見人）がついたような場合については、瑕疵ある意思表示をした本人とともに、包括的な代理権を有する法定代理人は本人の取消権を代理で行使できる。任意代理人の場合には、本人から取消権行使についての代理権を与えられなければならない。

(c) (a)で列挙した者の「承継人」　包括承継人（相続人・包括受遺者・合併における存続会社）および特定承継人。Aが相手方Bの詐欺・強迫によって買わされた目的物を、Aから譲り受けた転買人Cというだけでは、取消権の行使できる「承継人」に該当しない。取消権を有するAの契約上の地位を譲り受けた者でなければならない（四宮旧版）。もっとも、目的物の譲渡・契約上の地位の譲渡があると、通常は法定追認（125条5号）があったと判断されるであろう。なお、瑕疵ある意思表示をした者の保証人は、取消しについて利害関係はあるが、承継人ではない（大判昭和20・5・21民集24-9）。

3　取消しの方法

(1)　取消しは、単独行為である。すなわち、取消権者の一方的意思表示によって取消しの効果が生じる。このように、権利者の一方的意思表示によって法律関係を変動させることのできる権利を一般に**形成権**と呼んでいる。取消権は形成権の1つである。

(2)　取消しは、訴えの方法による必要はない（大判明治33・12・5民録6-11-28）。一定の要式が必要なわけでもなく、取消しの意思がわかるものであ

334　第2編　総　　則

ればよい。

　(3)　相手方に対する意思表示によって行う (123条)。問題の法律行為に
よって相手方Bの取得した権利が第三者Cに譲渡された場合に、判例・通
説は、取消しの意思表示は法律行為の直接の相手方Bに対して行い、その
うえで現在の権利者Cに対して取消しの効果を主張すべきであるとする
(大判昭和 6・6・22民集10-440〔未成年者に対する貸付債権が第三者に譲渡された場合〕)。
取消権者Aからすると面倒だが、取消権の行使自体は裁判外の取消しでも
よいので、大した手間ではない。

4　取消しの基本的効果

　(1)　**遡及的無効**　　取り消された法律行為は、「初めから無効であった
ものとみな」される (現121条本文、新121条)。

　(2)　**当事者間における効果**　　いったん生じた債務は発生しなかったこ
とになり、既に履行されたときは、受領者はそれを不当利得として返還し
なければならない (703条・704条)。返還義務の範囲については、後述する (第
4款)。

　(3)　**第三者に対する効力**　　取消しの効果は、原則として全ての人に対
して主張できる。遡及効の結果、取消し前に利害関係に入ってきた者に対
しても主張することができる。ただし、取引の安全・第三者の信頼保護を
考慮して、一定の第三者に対しては、取消しの効果を主張できない。現行
民法は、詐欺による取消しの効果は、取消前に利害関係に入った「善意の
第三者」に対して主張できないとしている (現96条3項)。しかし、**改正民法**
は、詐欺による意思表示、錯誤による意思表示をした者の帰責性は、通謀
虚偽表示をした者の帰責性よりは小さいことを考慮して、第三者が保護さ
れる要件を厳しくした。すなわち、第三者が保護されるためには善意だけ
では足りず、善意無過失であることが必要である (新96条3項、新95条4項)。
なお、詐欺、強迫、錯誤を理由とする取消しの後、登記の回復を怠ってい
る間に出現した第三者に対する関係では、177条を適用して解決するとい
う見解と (詐欺の場合についての判例の立場。273頁参照)、94条2項を類推適用する
という見解がある (この場合は、権利者が放置していたという帰責性が大きいので、
94条2項を類推適用することに正当性がある)。

5 一部取消し

　可分の行為については、一部取消しも可能であるが、不可分の行為の一部取消しは、取消しとしての効力をもたない。契約中のある条項のみを取り消すことはできない（一部無効が認められるとすると、一部取消しも認めてもよさそうだが）。一部条項のみの効力を否定するには、信義則を用いるのが一般的である。

　〈**参考文献**〉　道垣内弘人「一部の追認・一部の取消」星野英一先生古稀祝賀論文集・上巻
　　　（1996年）

6 取り消すことができる行為の有効確定

　(1)　追認　　**(a)　意義**　　取り消すことができる行為は、取消権者の意思表示によって確定的に有効とすることができる（122条）。取り消すことができる行為は、取り消すまでは有効な行為であるから、その追認というのは、「取消権の放棄」を意味する。

　(b)　要件　　(i)　追認をなしうるのは、「120条に規定する者」、すなわち取消権を有する者である（122条）。制限行為能力者および瑕疵ある意思表示をした者が追認をするには、「取消しの原因となっていた状況が消滅した後」であることが必要である（現124条1項）。たとえば、未成年者が追認をするには成年に達してからでなければならない。あるいは、詐欺があった場合には、詐欺が終わって、表意者が詐欺による誤解に気がついた後でなければならない。制限行為能力者または瑕疵ある意思表示をした者の「法定代理人」が追認をするについては、このような制限はない（現124条3項、新124条2項）。なお、制限行為能力者が法定代理人の同意を得て有効に追認できるかが現行民法の規定では明確でなく、議論があったが、新124条2項2号は、成年被後見人以外の制限行為能力者が、法定代理人、保佐人、補助人の同意を得て追認することができることを規定した。

　　(ii)　追認をするには、取り消すべき行為とこれから追認しようとする行為との同一性についての認識が必要である。通常は、そのような認識があるが、成年被後見人の場合にはそれがない場合も多い。そこで、現行民法は成年後見終了後追認をするにあたっては自己の行為を「了知」することを要求した（現124条2項）。また、追認は、取消しとの間の選択にほか

ならないから、その行為が取り消すことができるものであることを知っていることを要すると解されている(大判大正5・12・28民録22-2529)。**改正民法**は、これを受けて、取消権者が「取消権を有することを知った後」と規定した(新124条1項)。

　　(c)　追認の方法　　取消しと同様である(123条)。

　　(d)　追認の効果　　取り消すことができる行為は、取り消されるまでは有効な行為である。追認があると、その行為は有効に確定する。すなわち、もはや取り消すことができなくなるにすぎない。現行122条但書は、追認によって第三者の権利を害することができないと規定する。これは、Aの取り消すことができる行為の相手方Bが権利を取得してからAの追認までの間に、第三者CがAから同一の権利を取得した場合に、追認の遡及効によって第三者Cの権利取得がくつがえるのを防ごうという趣旨である。しかし、ここには前提問題について誤解がある。民法起草者は、Aの追認によってAB間の行為が確定的に有効になることにより、第三者Cの取得した権利は害されると考えていた(梅)。そして、それは適当でないので、第三者Cを保護するために現122条但書を設けた。しかし、その後の学説は、AB、ACの取引はいずれも契約としては有効で、ただ権利取得に関しては(物権変動や債権譲渡)、先に対抗要件を備えた者が勝つと考える(追認の有無に関係ない。Bが当然に優先するわけではない)。このように考えるならば、現122条但書は不要な文言となる。**改正民法**において、新122条は、但書を削除した。

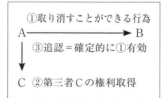

　　(2)　法定追認(125条)　　(a)　取り消すことができる行為について125条で定める一定の行為がなされたときは、「黙示の追認」を認定することも不可能ではないが、民法は一律に追認を擬制した。相手方の信頼、取引の安全などを考慮するものである。

　　(b)　要件は、第1に、125条に掲げる「全部又は一部の履行」「履行の請求」「更改」「担保の供与」「取り消すことができる行為によって取得した権利の全部又は一部の譲渡」「強制執行」のうちのいずれかの行為があったことが必要である。第2に、追認のできる者によって行われたことが

必要である。制限行為能力者が法定代理人の同意を得て行った場合でもよい。取消権が発生していることを知らなかったとしても、法定追認事由の該当する行為を行った場合には、追認があったものとみなされる（大判大正12・6・11民集2-396）。第3に、取消権者が「異議をとどめ」なかったこと。これは消極的要件であり、取消権者が「異議をとどめ」た場合には、追認があったとはみなされない。

（3）**取消権の消滅**（126条）　（a）法律行為がいつまでも取り消すことができる状態にあると、法律関係を不安定にする。そこで、取消権は一定の期間内に行使をしなければならないものとして、短期と長期の2種類の期間制限が定められており、いずれかの期間の満了によって取消権が消滅する。

　　（ⅰ）短期の期間制限は、「追認をすることができる時から5年」である。取消権の行使は、追認と取消しとどちらが有利かを判断して行われるべきであるから、制限行為能力者の行為能力がまだ回復せず、追認ができないのに、取消権の期間制限が満了してしまうのは適当でない。そこで、「追認をすることができるようになった時」から5年の期間制限が計算される。追認をすることができる時とは、124条の定める時である（新124条1項は、「取消しの原因となっていた状況が消滅し、かつ、取消権を有することを知った後」と規定する）。これを単純に当てはめると、制限行為能力者本人については、行為能力者となった時から、法定代理人については、取り消すことができる行為が行われたことを知った時から期間制限を計算することになりそうである。そして、両者の取消権の関係については、一見すると、法定代理人の取消権が消滅しても、なお、制限行為能力者本人の取消権が残っていることが考えられそうである。しかし、取消権の期間制限は、法律行為をできるだけ早く安定させようとする制度であるとすると、どちらかの取消権が期間制限によって消滅した場合には、他方の取消権も消滅すると考えるのが適当である（幾代）。同様に、どちらかが追認したことで取消権が消滅した場合も、他方の取消権が消滅すると考えるべきである。なお、現行民法では成年被後見人の場合には取り消しうべき行為を了知することが追認の要件となっているが（現124条2項・3項）、新124条1項は、これを他の場合にも及ぼした。

338　第2編　総　則

　(ii)　長期の期間制限は、「行為の時から20年」である。短期の期間制限では、制限行為能力者が能力を回復することなく、また法定代理人も選任されていない状態が長期化すると、いつまでも取消権は消滅しない。しかし、そのような場合にも、行為の時から20年で取消権を消滅させ、権利関係を確定しようとするものである。

　(b)　期間制限の対象・性質をどのように考えるかが争われている。判例は、法文に忠実に、期間制限は取消権自体に関するものととらえ、取消権の行使によって発生する請求権（不当利得請求権など）については別の消滅時効を考える（二段階構成）（大判昭和12・5・28民集16-903）。そして、長期・短期のいずれも消滅時効と称している（大判明治32・10・3民録5-9-12、大判昭和15・6・1民集19-944）。しかし、規定の趣旨や権利の性質に即してもっと実質的に考える必要があろう。

　＊　**126条の期間制限の対象と性質**　(i)取消権自体は形成権であり、それが不当利得返還請求権などを発生させる場合には、請求権発生のための手段にすぎないから、取消権者は126条の期間内に意思表示を取り消し、かつ返還請求することを要する、と考えるべきである（一段階構成）。(ii)期間制限の性質については、長期の期間制限は除斥期間と考えるべきであり、法的関係の安定化のために、20年で権利関係を絶対的に確定しようとするものである。短期の期間制限については、法文上は「時効によって消滅する」とあるが、対象となっている権利の性質に応じて実質的に考えるべきである。すなわち、売買契約を取り消して給付物の返還を求める不当利得返還請求権などの請求権（債権）が発生する場合には、取消権の期間制限は実質は請求権（債権）の消滅時効である。また、取消しによって請求権が生じない場合（双方未履行の売買契約を取り消す場合）には、取消権の実質は形成権であり、したがって、期間制限は除斥期間と考えるのが適当である。

▶　[改正民法]

　当初、法制審議会では、126条について、期間を短縮し（たとえば、3年と10年）、両方とも消滅時効であることを明記する案が審議されたが、最終的には改正に至らなかった。なお、不法行為の損害賠償請求の期間については、短期（3年）・長期（20年）とも消滅時効であることが明記された（新724条）。こうした状況を踏まえて、結局、改正されなかった本条についてどのように考えるべきか問題が残っている。

第4款　無効・取消しによる給付の返還義務（新121条の２）

(1)　**原状回復義務**　　現行121条は取消しの場合の返還義務の範囲を規定するだけであるが、改正民法は、取消しの場合だけでなく、無効の場合も含めて返還義務の範囲について規定を新設した（新121条の２）。すなわち、無効な行為に基づく債務の履行として給付を受けた者は、その行為が無効・取消しによって効力を失えば、給付を保持する根拠がなくなるので、これを返還する義務を負う（新121条の２第１項）。条文の文言は、「無効な行為」とあるが、その行為が当初から無効である場合だけでなく、取り消すことのできる行為が取り消されたことで無効とされる場合（121条）を含む。本条が規定する原状回復義務の性質は不当利得返還義務であるが、無効・取消しの場合には、給付をした当事者は、給付した目的物の所有権を有しているために、所有権に基づく返還請求権をも有している場合がある。この場合の、不当利得返還請求権と所有権に基づく返還請求権の関係は、解除の場合にも同様に生じる問題であり、解釈に委ねられる。

(2)　**返還義務の範囲についての原則**　　この点について、新121条の２第１項は明確には触れていない。しかし、例外的場合について、２項、３項で「前項（１項）の規定にかかわらず」、現存利益の返還でよいと規定していることから、１項は現存利益に限定されない利益全部の返還義務を前提していると思われる（法制審議会における審議では、不当利得の一般論には踏み込まないことが確認されたが、一般論抜きに本条を理解するのは難しい）。そして、原物で返還することができない場合には、原物返還不能となった時の価額で返還することになろう。最近の不当利得の類型論のもとで、給付不当利得については、現存利益ではなく、利益の全部返還が原則であるという見解が有力であるが、それに基づくと本条は理解しやすい。

(3)　**意思無能力者・制限行為能力者の返還義務の特則（３項）**　　行為の時に意思能力がなかったためにその行為が無効となった場合、行為能力の制限を理由にその行為が取り消された場合には、これらの者の返還義務の範囲は、現存利益に縮減される（現121条但書、新121条の２第３項）。これは、意思無能力者、制限行為能力者を保護するための規定である（梅）。現行民法の規定のもとで、不当利得の返還義務の範囲に関する一般原則との関係が議

340 第2編 総 則

論されているが、現121条但書は不当利得の一般原則（現存利益の返還が一般原則という理解をもとに）を確認しているだけだという見解もあった（ただし、制限行為能力者は悪意でも現存利益の返還でよいとする点で一般の不当利得とは異なるという理解。本書第8版など）。これに対して、不当利得の類型論に基づき、契約の無効・取消しなどの場合の原状回復義務については、給付不当利得としてとらえる立場からは、返還義務の範囲は現存利益ではなく、全部返還が原則であるという見解が有力であるが、これに基づいて本条全体を理解すべきであろう（新1項がその原則を定め、3項がその例外を定めているとみる）。

(4) **無償行為に基づく給付（2項）** 贈与・遺贈など無償行為に基づいて給付を受けたところ、その無償行為が無効（取消しによる無効を含む）であった場合に、受領者はどのような範囲で返還すべきかという問題である。給付を受けた当時、その無償行為が無効であることを知らなかった受領者は、これを費消したり、処分したりする可能性があり、しかもそれは非難されるべきことではないので（無償取得物の方が気前よく使うことが多い）、現存利益がない場合にまで、給付物に等しい価額の返還義務を負わせるのは受領者の期待を害する。そこで新121条の2第2項は、無償行為による受領については、その返還義務を現存利益の範囲に縮減する。

(5) **利息・果実** 新121条の2第1項の返還義務の範囲について、返還すべきものが金銭である場合に、法定利率による利息を付けるか、物である場合に果実を含むかについては、今後の解釈に委ねられる。

第4章　私権の変動　第5節　代　　理　　*341*

第5節　代　　理

第1款　代理の意義と存在理由

1　意　　義

　代理とは、本人と一定の関係にある他人（代理人）が、本人のために意思表示をすることによって、その効果を直接本人に帰属させる制度である。たとえば、本人Aのために、その代理人Bが、相手方Cと売買契約を締結する意思表示をすると、本人Aと相手方Cとの間の売買契約が成立する（このことの厳密な意味については後述する）。民法が規定する代理制度（直接代理）は、ローマ法にはなく、それが認められるようになったのは、近世になってからである。商業の発達が代理制度を求めたのみならず、自然法の法理（グロティウスは、『戦争と平和の法』11章12節で We are obliged to confirm the engagements made by others, acting in our name, if it is evident that they had special, or general instructions from us to do so. と述べ、他人の行為によって本人に効果が及ぶ代理制度を認めた）やキリスト教の教会法も代理制度の確立に寄与したといわれている（教会は「神の代理人」として位置づけられる）。しかし、その理論的基礎が完成するのは19世紀のドイツにおいてであった（私的自治を根拠に、意思表示理論によって説明するようになった）。

> ▶ ［改正民法］────────────────────────────
> 　大きな改正はないが、代理行為の瑕疵（新101条）、代理人の行為能力（現102条で、制限行為能力を理由に代理行為の取消しができないとする現行規定を、制限行為能力者が法定代理人となっている場合には、取消し可能とする改正）、復代理関係（現105条の削除）、代理権濫用（新107条の新設）、表見代理について若干の改正がある。代理権の濫用（新107条）は、これまで判例は現93条但書の類推適用によって処理してきたが、これを代理のところで条文化したものである。

2　存在理由

　契約締結などのための意思表示（申込み・承諾）は、その効果が帰属する本人がするのが原則である。しかし、他人（代理人）の行為によって契約が締結できたり、権利行使ができたりすると便利であるし、代理制度が

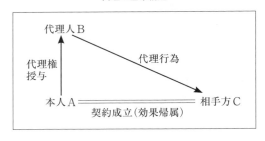
代理の基本構造

ないと困る場合もある。

　代理の必要性は、次の3つの場合に認められる。第1は、本人の活動範囲の拡張のためである。たとえば、事業を行う個人や企業が、従業員や代理店などを代理人として使って取引をすることができれば、広範な地域で、かつ、多量の取引を行うことができる。ここでは代理はいわば「**私的自治の拡張**」として機能している。この場面で使われる代理は任意代理である。第2に、代理は、取引能力がない者の活動を補充するために使われる。幼児や成年被後見人などは、自分では取引ができないので、代わって取引をしてくれる者（代理人）が必要である。ここでは代理は本人の制限された「**私的自治の補充**」の機能を果たしている。法定代理が通常この機能を担っているが、任意代理が使われることもある（高齢者が自分の判断能力が低下した場合のことを考えて、予め任意代理人を選任しておき、実際に判断能力が低下した状況下で代理人に諸般の事務を行ってもらう任意後見制度が考えられる）。第3に、単なる法的効果の帰属主体にすぎない法人が活動するために代理人（理事）を必要とする場合である。法人と理事の関係を一般法人法は「代表」という表現を用いて説明するが、実質は代理である。法人の「代表」は、取引活動の範囲を拡張する側面と、法人だけでは活動できないので法人を代理する理事が必要であるという側面の両方がある。また、理事を置くことは法人にとって必須であり、その点で法定代理的側面を有するが、誰が理事になるか、代理権の範囲はどこまでかなどは、定款や社員総会で任意に決めることができる点では任意代理的である。要するに法人の「代表」は、任意代理と法定代理の中間的性質を有する。

3　代理の法的構造

(1)　**代理の基本的要素**　　代理人のした意思表示の効果が本人に帰属するためには、①**代理行為**と②**代理権**の2つの要件が充たされる必要がある。

代理行為は、代理人が本人に効果が帰属することを明らかにして、相手方との取引のために意思表示をすることである。そして、意思表示の効果が自分にではなく、別に存在する本人に帰属することを相手方に明らかにすることを「顕名」という（99条「本人のためにすることを示して」）。代理権は、本人から代理人に権限として与えられるか、法律の規定によって与えられる。代理人の行為の効果が本人に帰属することの根拠となるものである。代理権を代理人の側からみると、本人に効果を帰属させる行為（代理行為）を対外的にすることのできる権限ないし資格であるということができる。

　このようにして代理権を有する代理人が代理行為をすることで、代理の効果が発生し、代理人がした意思表示（売買契約の締結、金銭の借入など）の効果は、本人に帰属する。代理人は、代理行為をする際には、自己のためにする意思を有していないので、その効果は**代理人には帰属しない**。無権代理の場合も同様である（ただし、117条で無権代理人としての責任を負うことがある）。なお、意思表示ないし法律行為の効果が、行為者自身（代理人）には一切帰属せず、他人（本人）に帰属することを「他人効」が生じるという。代理は、このような他人効を生じさせる制度である。

　(2)　**代理と類似する制度**　　代理は、他人の事務を処理する制度である。他人のための事務を処理する制度では、①事務処理者が本人のためにどのような仕事をする義務があるか（本人と事務処理者の対内的関係）と、②事務処理者が対外的にどのようなことをする権限があるか（対外的関係）、の2つの問題がある。代理は、このうちの対外的関係に関する制度である。すなわち、代理とは、前述のように事務処理者が本人のために対外的に行動することができることを示す地位・資格なのである。

　他人の事務を処理する制度は、代理以外にもある。それらと代理とは何が異なるかを整理すれば、次の通りである。

　(a)　**使者**　　使者は、本人が決定した意思表示（効果意思）をそのまま相手方に伝達するものである。それゆえ**伝達機関**ともいう。使者と代理の違いとしては次の点が挙げられる。(i)使者は代理と異なり、意思を決定するわけではない。代理では代理人が意思表示をする。(ii)使者は単に本人の意思表示を伝達できればよいので、使者には意思能力さえも必要ないと

344 第2編 総 則

解されている。代理人の場合は、意思能力が必要とされるが、意思表示の効果が代理人に帰属するわけではないので、行為能力までは必要がない(102条)。(iii)意思表示ないし法律行為の要件が充たされているか否かは、使者についてではなく、意思表示をした本人について決定する。これに対して代理では、主として代理人について意思表示の瑕疵の有無を判断する(101条)。

* **使者と代理の比較**　使者によってなされた表示に対応する真意を本人が有していなかった場合には、錯誤の問題となると解されている。たとえば、本人が甲地を購入する真意をもっており、その意思表示の伝達を使者に頼んだところ、使者が誤って乙地を購入することを相手方に伝えた場合には、本人の真意と表示とが食い違っているために錯誤無効になると解されている。これに対して代理では、本人が甲地を購入する意図を有し、その売買契約を代理人に委ねたところ、代理人が本人の意図と異なる意思表示をしたという場合には、無権代理となり、相手方が善意無過失のときは、表見代理で契約が有効となる余地がある。しかし、このような使者と代理による処理の違いには幾つか問題がある。第1に、抽象論として、使者と代理とで、相手方保護の点でこれほど大きな違いがあってよいのかが問題となる。使者による錯誤の場合には、表意者（本人）に重過失ある場合に錯誤主張が制限され、その限りで取引が有効になるのに対して、代理では相手方の善意無過失で表見代理が成立する。この差は不合理であるとする説も多い（使者についても表見代理を類推適用すべきだという主張につながる）。しかし典型的な使者（子供が親の意図を相手方に伝えたというような場合）について考えれば、相手方が表見代理で保護されるのは適当ではない。抽象論としては、使者と代理の区別は不合理とはいえない。第2に、むしろ問題は、本人の意図を伝えた者が、相手方から見て使者なのか、代理人なのかわからないような場合である。この場合は、たとえ本人は使者を使ったつもりでも、相手方からは代理人のように見えるならば、表見代理の規定を類推適用して処理すべきであろう。大判昭和9・5・4民集13-633は、Cから借金をするから保証人になってくれとBに頼まれたAが、借用人の氏名が空欄の借用証書に署名捺印してBに交付したところ、Bが借主名の欄にDと書いてCに渡したという事案で、大審院は、BをAの使者としてとらえ、表示機関（使者）による錯誤があったと構成して95条を適用した。借用証書が予想外の使われ方をされたAを保護するための構成であろうが、仮に、BをAの使者と構成することが適当であったとしても、表見代理を類推適用することで本人Aと相手方Cの利害を調整すべきであろう。もっとも、この事案でそもそもBをAの使者とすることが適当であったかがかなり問題である。判例は類似の他の事案では代理構成で解決している[1]。

(b)　**間接代理**　問屋（商法551条）の行為に見られるように、自己の名

をもって法律行為をしながら、その経済的効果だけを委託者に帰属させる制度を間接代理という。たとえば、顧客Ａの注文に基づいて証券会社Ｂ（証券会社は商法上の問屋である）が第三者Ｃから株式などを購入する場合に、売買契約の当事者は売主Ｃと証券会社Ｂである（株式市場で株式の売買が行われるときは、売主も買主も証券会社が間接代理人となって売買するので、売買契約は両方の証券会社の間で行われる）。しかし、証券会社（間接代理人）Ｂによる売買契約の経済的効果は、直ちに顧客Ａに帰属する。すなわち、問屋Ｂと顧客Ａの間では、問屋Ｂが購入した目的物の所有権は直ちに顧客Ａに移転し、問屋Ｂが破産した場合にも顧客Ａは問屋の取得した目的物について取戻権を行使できると解されている（最判昭和43・7・11民集22-7-1462）。注文者は目的物の所有者としての地位を享受できるわけである。Ｃに対する売買代金債務については、Ａは直接Ｃに対して責任を負わない。間接代理は、直接代理が認められるようになるまでは重要な役割を果たしたが、直接代理が認められるようになってからは、問屋による取引など限られた場面でしか使われなくなった。しかし、売買の当事者を一定の資格者に限定して売買契約から生じる諸問題の解決を簡便にする点で重要な意味がある（顧客同士の紛争になると処理が大変）。

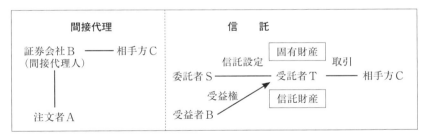

(c) **信託** 委託者Ｓ（Settlor）が一定の財産権（物の所有権や担保権など）を受託者Ｔ（Trustee）に移転し、受託者が一定の目的に従ってこれを受益者Ｂ（Beneficiary）のために管理・処分する制度が信託である（信託法

---

1) 大判昭和2・3・23新聞2677-7は、保証人Ｙが金額の記載のない借用証書に署名捺印して借主Ａに交付したところ、ＡがＹの承認しなかった金額を記入して貸主Ｘに交付した事案で、ＡをＹの無権代理人として構成したが、110条を適用して解決した。

2条1項)。たとえば、障害のある子Bの将来の生活のことを考えて、父親SがBの生活費の原資となるように一定の財産（信託財産）を受託者Tに移転し、その管理・運用を託するという場合である。受託者Tが預かった財産の管理・運用の一環として、信託財産で株式・社債などを第三者Cから購入する場合には、その取引は受託者Tが当事者となってCとの間で行われる。しかしこのような取引で受託者Tが取得する財産はTの固有財産を構成するのではなく、信託財産の中に組み入れられる。受益者Bは、信託財産に対して一定の権利（これを受益権という）を有するが、信託財産を直接支配するわけではない。また、受託者Tの対外的取引によって相手方Cに対する債務が生じても、受益者B自身が直接の責任を負うわけではない（むしろ受託者Tが対外的な責任を負う）。その点で代理とは異なる。信託を用いた制度としては、特別障害者扶養信託、証券投資信託、年金信託、貸付信託、公益信託などといったものが行われている。

〈**参考文献**〉 旧信託法については、四宮和夫『信託法（新版）』（法律学全集）（1989年）、同『信託の研究』（1965年）、能見善久『現代信託法』（2004年）を参照。また、平成18年に改正された新信託法（法律108号）については、新井誠『信託法（第4版）』（2014年）、道垣内弘人『信託法　現代民法別巻』（2017年）、三菱信託銀行信託研究会『信託の法務と実務（6訂版）』（2015年）を参照

(3) 代理の種類　　(a) 任意代理（「委任による代理」）と法定代理　　本人から信任を受けて代理人になるのを任意代理、法律の規定によって代理人が選任されるのを法定代理という。両者は、復委任（現104条・106条（新105条））および代理権の消滅事由（111条2項）において区別されている。また、表見代理の適用についても、両者を区別する必要性を主張する学説がある（法定代理では取引の相手方は法定代理人の存在および権限の範囲を知っているべきなので表見代理を認めない説がある）。

(b) 能働代理と受働代理　　代理人が意思表示をする場合の代理を能働代理、代理人が相手方の意思表示を受ける場合（承諾や解約通知などの受領）の代理を受働代理という。民法は、意思表示を単位として代理を考えるので、たとえば、ある物を売却する代理権を与えられた者は、売買の申込みについては能働代理、承諾については受働代理をすることになる。しかし、一般には単に売買の代理と表現することで足りる。

第2款　代理権（本人と代理人の関係）

1　代理権の位置づけ

代理人の代理行為の効果が本人に帰属するためには、代理人が当該行為について代理権を有しなければならない。代理権は、代理人の法律行為の効果が本人に帰属するための要件（効果帰属要件）である。

2　代理権の発生原因（代理権授与行為）

(1)　法定代理権の発生原因　　法定代理の発生原因にもいろいろある。たとえば、本人に対して一定の地位にある者が当然に代理人になる場合（たとえば親権を行う父母（818条・819条3項本文））、本人以外の私人の協議・指定によって代理人になる場合（たとえば父母の協議によって決まる親権者（819条1項・3項但書・4項）、指定後見人（839条））、裁判所が代理人を選任する場合（たとえば相続財産管理人（918条3項・952条）、不在者の財産管理人（25条・26条）、親権者（819条2項）、未成年後見人（840条）などがある。このほか、事務管理者（697条以下）に代理権を肯定する見解によれば、事務管理によって一種の法定代理が生じる（事務管理者の代理権の根拠は法律にあるので、法定代理に近い）。

(2)　任意代理権の発生原因　　**(a)　代理権授与行為**　　任意代理権は、本人による代理権授与行為に基づいて発生する。

　　　　(i)　代理と委任の関係　　民法の起草者は、任意代理は委任契約から発生すると考えていた。民法の規定（104条・111条2項）が「委任による代理」という表現を用いているのはそのためである。しかし、本人の事務を処理するために委任契約が締結される場合に、常に代理権の授与が伴うわけではない。また逆に、委任以外の事務処理契約でも代理権の授与を伴うことが少なくない（雇用、組合、請負契約などに伴って代理権が与えられることがある）。そこで、現在では、委任と代理の直接的な関係は否定され、代理権は広く委任・雇用・請負・組合などの事務処理契約から発生すると考えられている。

　　　　(ii)　代理権授与行為の性質　　代理権が委任・雇用・請負・組合など各種の事務処理契約から生じるとして、これらの事務処理契約から直接に代理権が発生するのか（すなわち、事務処理契約があればその効果として当然に

代理権も発生すると考えるのか）、それとも事務処理契約とは別個独立の代理権授与行為によって生じるのか、という問題がある。現在は、後者の見解が有力であるが、そのもとでさらに、代理権授与行為の性質をめぐって争いがある。代理権授与行為は、本人と代理人との無名契約（民法の債権各論に典型契約としては規定されていない特殊の契約）であるとする説（無名契約説）と、本人の単独行為であるとする説（単独行為説）がある。

　無名契約説によれば、本人と代理人との間に委任契約などの「事務処理に関する契約」が締結されるとともに、「代理権授与を目的とする契約」が締結される。しかし、２つの契約を区別することは困難であるし、区別する実益もない。代理権は事務処理契約から生じるといえば十分であろう（事務処理契約説）。

　これに対して単独行為説は、事務処理契約とは別に単独行為としての代理権授与行為を考える。この説では、代理人側の行為能力の制限や意思表示の瑕疵が代理権授与行為の効力に影響しないために、代理取引における取引の安全を図ることができるという利点がある。しかし、他の説においても取引の安全を図ることは難しくない（表見代理などで）。

> ＊　**代理権授与契約の瑕疵**　　事務処理契約説ないし無名契約説に基づいて代理権授与行為を本人と代理人の契約であると考えると、本人または代理人の制限行為能力や意思表示の瑕疵によって代理権授与行為の効力に影響することが考えられる。①本人側にこれらの事由があり、本人が代理権授与行為の効力を否定することは、一般の契約の場合と同様に可能である（もっとも代理権授与行為は無因行為であるとして効力が覆るのを制限する説もある）。しかし、代理人と相手方との取引が行われた後に、代理権授与行為の効力を否定しても、相手方は109条の表見代理によって保護されると考えるべきであろう。また、代理権授与行為の効力を否定した後に、代理人が相手方と取引をした場合には、代理権消滅後に代理行為が行われたのであるから、112条の表見代理によって相手方を保護すべきである。②代理人側に行為能力の制限または意思表示の瑕疵があった場合についても、基本的には、①の場合と同様に表見代理で解決することができる。さらに、代理人が代理権授与行為の瑕疵を知りながら代理行為を行った場合には、もはや代理権授与行為の無効・取消しを主張できないと考えるべきである（したがって、代理人と相手方の契約は有効となる）。このように、事務処理契約説や無名契約説によっても取引の安全はかなり図られる。単独行為説は、もともとは表見代理制度が不十分なドイツにおいて（ドイツ民法典には表見代理の規定がなく、判例によって認められたものがあるにすぎない）、②の場合の取引の安全を図るために主張されたものであるが、日本の民法では表見代理制度

が完備しているので、その必要性が乏しい。

(b) **授権行為の認定** (i) 代理権授与は一般に委任状の交付を伴う。委任状は本人だけが署名捺印するのが通常で、委任契約または授権契約の証書というよりはむしろ代理権を授与したことの証拠である。そして、代理人が取引をする相手方に向けられたものと考えられる。委任状が交付されても、真実には代理権授与がなされていない場合が生じるが、この場合の相手方は109条の表見代理によって保護される。なお、委任状は受任者空欄の白紙委任状であってもよい。

白紙委任状には、いろいろなタイプのものがある。(i)正当に取得した者ならば誰が行使してもよい、という趣旨で交付される場合（転々予定型）と、(ii)代理人も宛先も多かれ少なかれ限定する趣旨で交付される場合（非転々予定型）がある。前者の例としては、債権担保として取立を委任された年金証書に付されたものや、ゴルフ会員権の譲渡の際にゴルフ場経営会社に対してする名義書換手続で用いる白紙委任状がある（東京地判昭和52・10・20判時895-91）。一般の白紙委任状は後者の場合が多い。この場合に、予定しない者が代理人と称して第三者と取引をしたときは、表見代理の問題が生じる（後述387頁以下）。

(ii) 代理権の存否は、委任状によって認定しなければならないものではない。本人と生活をともにしたり、本人の営業を手伝っている家族員に対しては、黙示の代理権授与行為があったと認められる場合が少なくない（大判昭和16・2・4新聞4674-8、大判昭和10・10・10判決全集1-23-4）。

(c) **代理権授与行為の効力** 代理権授与行為の効力は、本人Ａと代理人Ｂの関係によって判定され、代理人の代理行為の相手方Ｃによって影響されないのが原則であるが、例外を認めなければならない場合がある。たとえば、本人Ａが代理人Ｂに対する代理権授与の意思表示を心裡留保によって行い、それに基づいてＢが相手方Ｃと代理行為をした場合に、ＣがＡの真意を知っているときは、代理権授与行為を有効にする必要はない（現93条但書、新93条1項但書参照）。代理権授与行為と代理行為を別々に考えると、代理行為の相手方Ｃの事情を代理権授与行為の効力の判断に際して考慮すべきではないことになるが、代理権授与は代理行為をするための前提なのであり、両者を完全に分離して考えること自体が適当でない。代理取引に

350 第2編 総 則

における当事者は誰か（代理人行為説、本人行為説、代理人・本人共同行為説などの
諸説がある）という問題と関連する（代理における行為者については363頁参照）。

3 代理人の義務（対内的義務）

代理人は、信任関係（信認関係という場合もある）に基づいて他人の事務を
処理する者として、代理行為を行うに際し、次のような義務を要求される。

(1) **善管注意義務** 代理人は、善良な管理者の注意をもって代理行為
をしなければならない（644条・671条参照）。代理人が善管注意義務に違反し
て本人に損害を与えた場合には、本人に対して損害を賠償する責任が生じ
る。任意代理の場合のみならず、法定代理の場合も同様の義務を負う（後
見人については869条で、不在者財産管理人については家事事件手続法146条6項で、民
法644条を準用する）。

(2) **忠実義務** 代理人は、もっぱら本人の利益のために行動すべきで
あり、自己や第三者の利益のために行動してはならない。また、本人の利
益と自己の利益が衝突するような地位に身を置いてはならない。これを忠
実義務という。本人の法的地位に影響を与えるような裁量権を有する者
（代理人も一定範囲の裁量権がある）は、その裁量権の行使にあたって、本人の
利益を優先するという義務である。**双方代理・自己契約の禁止**（108条）や
利益相反行為の禁止（826条）は、この忠実義務を具体化したものである。
忠実義務を一般的な形（適用範囲が限定されないので一般的忠実義務という）で
明確に規定する条文は、信託法30条や会社法355条（判例は、この義務がアメ
リカ法のduty of loyaltyをもとに規定されたにもかかわらず、取締役の忠実義務を善管
注意義務の具体化と考え、善管注意義務と区別された意味を与えることに否定的である。
146頁参照）にはあるが、民法にはない。しかし、民法の領域でも、信義則
を根拠に認めることができるのではないか。本人に影響を与える裁量権を
有することが忠実義務を認める根拠であるところ、代理人は多かれ少なか
れ、一定の範囲の裁量権を有するから、その範囲内での裁量権行使にあた
っては忠実義務が認められる。忠実義務違反の行為のうち、双方代理・自
己契約・利益相反行為（民法108条・826条）は、民法の規定で無権代理となり、
そもそも代理行為の効力そのものが否定されるので、忠実義務違反を問題
とする必要はないが、代理人が相手方からリベートを受け取る行為などは、

108条では処理が難しい。本人に損害があるかどうかも明確でないので、善管注意義務違反で損害賠償義務を負わせることも困難な場合がある。忠実義務はその違反行為で得た利益を吐き出させる法理なので、このような場合の処理に向いている。

▶ ［改正民法］

　　法制審議会の議論の過程で、信託法に規定されている一般的忠実義務（信託法30条）と同様の義務を受任者に課すべきか否かが議論されたが、慎重な意見が多かったので、見送られた。理論的には、善管注意義務と忠実義務の区別が不明確であるという批判が多い（信託法では明確に区別しているが）。この問題に関しては、信義則を根拠に、善管注意義務と区別された誠実義務（Treuepflicht）（忠実義務に相当）を認めるドイツの議論を紹介し、日本法の状況を分析する姜雪蓮「信任義務（忠実義務）のドイツ法的構成」学習院大学大学院法学研究科法学論集22号（2015年）が参考になる。忠実義務法理の歴史的発展についても、姜雪蓮『信託における忠実義務の展開と機能』（2014年）。

(3)　**自己執行義務**　　代理人は、補助者を使用してもよいが（大判大正3・3・17民録20-182〔組合の業務執行理事〕）、代理行為自体（契約内容の決定や契約締結についての意思決定）についてまで他人に行わせてはならない。これを自己執行義務という。代理人は、本人から信頼されて代理行為をすることを委ねられていることから、自己執行義務が導かれる。このような考え方をもとにすると、代理権の譲渡は、とくに許された場合のほかは認められない（たとえば、転々流通を予定した白紙委任状を交付した場合）。また、復代理人の選任（復任）は、法定代理の場合は別として、一般には許されない（現104～106条）。

　　(a)　**任意代理における復代理**　　任意代理人は、とくに本人の信任を得て代理人となった者であるから、特約がある場合のほかは、「本人の許諾を得たとき」、または、「やむを得ない事由があるとき」でなければ、復代理人を用いることができない（現104条）。現104条の厳格な要件のもとで代理人が復代理人を選任したときは、その代わりに、現行民法は、代理人の責任を限定している。すなわち、代理人は、復代理人の選任・監督についてのみ責任を負うこと（現105条1項）、本人の指名に従って選任したときは、代理人の責任はさらに軽減され、その復代理人が不適任または不誠実であることを知りながら、そのことを本人に通知しなかった場合などにしか責

352　第2編　総　　則

任を負わないこと（同条2項）を規定している。

▶ ［改正民法］

　　　現105条は削除された。現105条の定める代理人の責任軽減は適当でなく、代理
　　人の本人に対する責任は、代理人の本人に対する債務不履行の問題として考え、
　　新415条の一般原則のもとで、帰責事由があるか否かで判断すればよいという理由
　　である（部会資料66A）。確かに、現105条2項は、本人が指名した復代理人の場合
　　に、代理人は監督上の責任も負わないという内容であるから、適当な規定ではな
　　い。しかし、現105条1項が適用されてきた場面では、今後は、債務不履行の一般
　　原則（新415条）に基づいて判断されるとしても、帰責事由が必要なので、改正民
　　法のもとでも、それほど大きな違いは生じない。もっとも、復代理人が代理行為
　　の相手方から、本人に引き渡すべき金銭を受領した場合には、復代理人だけでな
　　く、代理人も本人に対して金銭引渡義務を負うので、復代理人が金銭を紛失した
　　ときには、代理人の責任は419条で判断されることになり、現行民法が規定する選
　　任・監督上の責任よりは重い責任となるであろう。

　（b）　**法定代理における復代理**　　法定代理人は、「自己の責任で」、自由
に復代理人を選任することができる。そのかわり、選任・監督についての
過失がなくても、常に責任を負う（現106条前段、新105条前段）。新415条の責任
よりは重い責任を負う。復代理人に帰責事由があれば、代理人は当然に責
任を負うという意味に解すべきであろう（我妻）。しかし、不可抗力で生じ
た損害についてまでは責任を負う必要はない。たとえば、復代理人が不可
抗力で受領物を滅失した場合には、代理人は本人に対して責任を負わない。
復代理人を選任するについて、「やむを得ない事由があるときは」、代理人
の責任は軽減されて、復代理人の選任・監督についてのみ責任を負う（現
106条後段、新105条後段）。

　（c）　**復代理人の地位**　　（i）　復代理人と代理人との関係は、前者が後者
によって代理事務を委任されるという関係にある。したがって、両者の間
には直接の（委任）契約関係がある。

　　　（ii）　対外的には復代理人はその権限内の行為について本人を代理
（代表）する権限をもつ（現107条1項、新106条1項）。したがって、復代理人は
第三者に対しても、代理人と同様の関係にたつものとされる。すなわち、
復代理人が代理行為を行えば、その効果はすべて本人に帰属する。

　　　（iii）　復代理人と本人との関係は、本来両者の間には直接的な契約関
係がないが、便宜上、復代理人は本人に対して「代理人と同一の権利を有

し、義務を負う」ものとされる（現107条2項、新106条2項）（644条・648条・650条
等参照）。その結果、たとえば、復代理人B′が代理行為の結果相手方Cか
ら何かを受領した場合には、復代理人B′は代理人Bに対して引渡義務を
負うほか、本人Aに対しても引渡義務を負うことになる。そしてB′がB
に目的物を引き渡した場合には、Aに対する引渡義務も消滅する（最判昭和
51・4・9民集30-3-208）。いずれの義務も、結局は、本人Aに受領物を帰属さ
せるという同一の目的を有するものだからである。

4　代理権の範囲（対外的権限の範囲）

(1)　**原則**　　代理権の具体的範囲は、法定代理にあっては一般に法律で
決められているか（地方自治体の長（地方自治法147条以下）、親権者（民法824条）、後
見人（民法859条））、あるいはその決定方法が法定されており（不在者の財産管
理人（民法28条））、任意代理においては代理権授与行為によって決まる。法
人の理事は、選任の点では一種の任意代理であるが（一般法人法64条は、法人と
役員の関係を委任関係とする）、代理権の範囲は定款によって決まる。

　　代理権授与行為から代理権の範囲を明らかにすることができない場合に
ついては、最小限度の権限として、保存行為（財産の現状を維持する行為）・
利用行為（客体の性質を変更しない範囲で、財産の収益を図る行為）・改良行為
（財産の使用価値または交換価値を増加させる行為）をなす権限が民法では認めら
れる（民法103条）。以上をまとめて管理行為という（処分行為に対する概念であ
る）。

(2)　**代理権の制限**　　代理権の行使に際して代理人が負う義務は、その
まま直ちに代理権の制限となるわけではない。たとえば、本人のために不
動産を購入する代理人が不注意で利用価値があまりない土地を購入してし
まった場合に、代理人が善管注意義務違反による責任を本人に対して負う
ことはあっても、取引自体は無効にならない。代理人には善管注意義務違
反の代理行為をする権限がないから取引自体が無効だ、ということはでき
ないのである。代理権の制限となるのは、代理人の義務のうちで、重要で、
かつある程度その制限が外部からも認識しうるものに限られる。このよう
なものとして、以下の制限がある。

　(a)　**自己契約・双方代理の禁止**（現108条、新108条1項）　　(i)　禁止の意味・

根拠 代理人Bが本人Aのための法律行為（契約）をするに際して、自分自身が相手方となる契約を締結することを**自己契約**という（条文では「相手方の代理人」となる行為を問題としているが、ある法律行為について、その一方の当事者となるBが「相手方（本人A）の代理人」となるという意味である）。たとえば、本人Aの代理人Bが、自分（B）の所有する不動産を本人Aのために購入したり、逆に、本人Aの所有する不動産を自分（B）に売る契約を締結する場合である。現108条は、このような場合に「代理人となることはできない」と規定しているが、BがAの代理人になることを一般的に禁止しているのではなく、自己契約となるような当該契約に関しては、代理人BはAを代理する権限が制限される、という意味である（新108条1項は、「代理権を有しない者がした行為とみなす」として、代理権が制限されることを明確にした）。この場合に代理権が制限されるのは、もっぱら本人Aの利益のために行動すべき代理人の義務（**忠実義務**）が全うされない危険があるからである。自分（B）が所有する不動産をAの代理人としてBが買う例でいえば、売主Bとしてはできるだけ高く売りたいのに対して、Aの代理人Bとしてはできるだけ安く有利な条件で買うべきであり、利害が対立する。極めて誠実な代理人であって自分の利益を犠牲にして本人のために有利な取引をすることはありえないではないが、一般的には本人の利益が害されるおそれがあるので、現108条は抽象的・形式的に自己契約を禁止している。

現108条は、双方代理といわれる場合も禁止している（新108条1項も同じ）。双方代理とは、ある法律行為（契約）に関して、「当事者双方の代理人」となることである。当事者をACとする法律行為において、BがAの代理人となると同時に、相手方Cの代理人ともなる場合である。この場合にも、代理人BとしてはAの利益を図ろうとすると、Cの利益を害することになり、利益相反の関係にあるので、代理権が制限される。

▶ ［改正民法］

　自己契約・双方代理となる場合の代理人の代理権を制限するほか（新108条１項）、広く「代理人と本人との利益が相反する行為」についても代理権を制限した（新108条２項）。親権者と子の利益相反行為について親権者の代理権を制限する826条１項と同趣旨の規定である（ただし、826条１項は、親権者の包括的代理権についての規定なので、利益相反行為として制限される範囲が新108条２項と同じになるとは限らない）。これまでも、文言上は自己契約・双方代理のみを禁止する現108条のもとで、判例・学説は、同条を本人と代理人の利益相反行為にも拡張解釈で適用ないし類推適用することを認めてきた。新108条２項は、これを明文化した。今後は、下図のような利益相反行為（Ｂの債務についてＡＣ間の保証契約を締結するＢの代理行為は、代理人Ｂ（債務者）の利益になるが、本人Ａの利益にならない）は、新108条２項の適用で処理される。

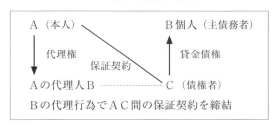

＊　**現108条の拡張と縮小**　　本条に関しては、(1)形式的には自己契約・双方代理に該当しないときでも、本人と代理人の利益が相反する行為について、108条の拡張解釈による適用を認めるべきこと、逆に、(2)形式的には自己契約・双方代理に該当しても、客観的・定型的に見て利益が相反する可能性がないのであれば、これを許容する108条の縮小解釈が主張されている。

　(1)　拡張解釈すべき例としては、たとえば、①Ａの代理人Ｂが、ＢがＣに対して負担している債務の保証契約を、Ａを代理して債権者Ｃとの間で締結する場合が考えられる（上図参照）。形式的には自己契約・双方代理ではないが、保証契約によってＢが利益を受け、Ａが不利益を受けるから、本人Ａと代理人Ｂの利益が相反する。②契約の一方当事者Ｐが他方の当事者Ｑの代理人を選任することができるという合意に基づき、ＰＱ間に紛争があった際に、Ｐが選任したＱの代理人Ｒとの間で和解契約をすることは、形式的には自己契約には該当しないが、実質的には利益相反行為として禁止すべきである。大判昭和７・６・６民集11-1115は、これを実質的に自己契約に等しいとして、代理人を選任することの合意を108条を類推適用して無効であるとした。これらは、改正民法のもとでは新108条２項で処理される。もっとも、事後の追認があれば108条違反にはならないし、紛争が生じた後にする合意

356 第2編 総 則

であれば、事前の同意でも有効であろう。

(2) 縮小解釈により許容すべき例としては、代理人からの贈与のように、代理人の自己契約が本人に利益をもたらすにすぎず、定型的に見ても利益相反行為ではない場合が考えられる。大判昭和14・3・18民集18-183は、親から子への贈与について同趣旨を述べる。これに対して、代理人が本人に土地を市場価格より安く売るというような行為は、一見本人の利益になりそうであるが、個別事情を検討しないと本人の利益となるか否かが明確でないので、やはり利益相反行為と考えるべきである（長期的には買値よりもさらに値下がりする可能性があるから）。

(ii) 違反の効果　108条の制限は、代理権の制限と考えるべきであるから、これに反する代理行為は、無権代理行為と見るべきであり、原則として無効である。新108条1項は、そのことを明らかにした。しかし、一般の無権代理の場合と同様に、本人が事後に追認すれば（大判大正12・5・24民集2-323〔現行860条の事件〕）、本人に対して効果が帰属する。追認については、116条が適用される。

(iii) 例外　次の場合には、自己契約・双方代理に該当しても、代理権が制限されない。第1は、「本人があらかじめ許諾した行為」についてである（大判大正12・11・26民集2-634など従来からの判例であるが、平成16年に108条但書として明文化された。新108条1項も同じ）。その意味では、現108条（新108条も同様）は強行規定ではない。ただし、本人による事前の同意が公序良俗に反するものとして無効となることがある。たとえば、賃貸借契約において、将来の紛争に備えて、賃貸人の代理人が賃借人の代理人を兼ねる旨の事前の特約（双方代理になる）などは効力を認めるべきではない（代理人が弁護士である場合には、弁護士法25条にも反する）。第2は、「債務の履行」についてである（現108条但書、新108条1項但書）。新たに契約を締結する場合と違って、既に存在する債務の履行に関しては、本人を害することがないからである。判例は、不動産所有権移転の際の登記申請は、義務の履行であるから108条の違反にならないとする。たとえば、最判昭和43年3月8日（民集22-3-540）は、弁護士が登記申請にあたって登記権利者と登記義務者の双方を代理したのを108条違反にならないとした。

(iv) 108条の適用範囲　108条の制限は、任意代理であると法定代理であるとを問わず適用されるというのが判例である。上記大判昭和14年3月18日は、親権者の子への贈与につき108条を問題とする。しかし、親

権者や後見人については、特別の規定で利益相反行為を禁止している（826条・851条・860条・866条など）。また、一般法人法上の一般法人の理事についても、理事と法人の利益相反行為については社員総会等（理事会設置一般社団法人、一般財団法人では理事会）の承認を必要とする規定がある（一般法人法84条）。この規定に反し、社員総会等の承認なく行われた利益相反行為は一定の要件の下で無効になると解されている（詳細は、147頁以下参照）。

　なお、会社法356条は、株式会社の取締役の利益相反取引を制限している。取締役は、厳密には会社の代理人ではないが（代表取締役のみが代理人）、会社の重要な決定に関与する立場にあるので、利益相反取引を認めると会社の利益を脅かすおそれがあることを考えて制限している。一般社団法人・一般財団法人についても一般法人法84条・197条に同様の規定がある。

　(b)　**共同代理**　　代理人が数人ある場合における各代理人の権限は、本人がどのような代理権を与えたかによって決まる。複数の代理人がいても、各代理人が異なる事柄について権限を与えられている場合には、特別の問題は生じない（例、代理人Aは、本人の所有する株式を運用する権限、代理人Bは、本人の日常生活上の対外的契約締結の権限を与えられている場合）。これに対して、同一の事項について、複数の代理人が代理権を有する場合には、各人が単独で代理行為をすることができるのか、共同でしかできないのかが問題となる（後者の場合を「共同代理」と呼ぶ）。そのいずれであるかは、基本的には、代理権授与行為の趣旨によって決まるが、代理権授与行為の趣旨が明確でないときは、原則として各代理人が単独で代理する権限を持つと考えるべきであろう。なぜなら、共同でなければ代理できないというのは、当該事項について各代理人は一応代理権があることを前提に、代理権の行使方法について制限を加えるものであるから、その制限が明確でない以上、各代理人は単独で代理権を行使できると考えるのが自然だからである（会社法349条2項、一般法人法77条2項）。

　しかし、代理権授与行為の内容ないしその解釈から、数人が共同しなければ代理することができないとされる場合には、共同代理の拘束は、各代理人にとってはその代理権の制限となり、したがって、代理人の1人が単独で行った代理行為の効果は本人に帰属しない。共同代理による代理権の行使方法の制限を知らなかった相手方の保護は、少なくとも法人の場合は、

358　第 2 編　総　則

民法110条ではなく、一般法人法77条 5 項によって解決すべきである。

　(c)　**復任の制限**　　任意代理人が民法104条に反して復代理人を選任した場合には、その選任は無効であり、復代理人が行った代理行為は本人に効果が帰属しない。

　(3)　**代理人の権限濫用**（新107条）　　代理人が客観的にはその代理権の範囲内の行為をするのであるが、本人の利益のためではなく、代理人自身や第三者の利益のためにする行為を、代理権の濫用ないし権限濫用という。たとえば、代理人が自分の遊興費に使うために、本人の代理人として相手方から借金するような場合である。このような権限濫用行為は、代理権の範囲外の行為であるとして無権代理の問題とすることも理論的には考えられるが、無権代理として扱うと、相手方は表見代理の成立を証明しない限り保護されないので、取引の安全を害する（相手方からは代理人の権限濫用の意図はわかりにくい）。そこで、通説・判例（最判昭和42・4・20民集21-3-697〔百選 7 版 I -26〕）は、権限濫用といえども代理権の範囲内の行為であるから原則として有効な行為であるが、相手方が代理人の権限濫用を知っていたか、知りうべきであった場合に限り、本人は取引の無効を主張できるとしてきた。以上の結論を導く法律構成としては、これまで、判例・通説は、現93条但書を類推適用してきた（前掲最判昭和42・4・20）。代理権濫用行為を原則として有効にしつつ、悪意・有過失を本人側で証明した場合にのみ、例外的に無効となるという結論を導くためである。しかし、代理人は、代理行為の効果を本人に帰属させる意思を有しており、その意味で厳密には、ここに心裡留保に類する現象があるわけではない。そこで、現93条但書の類推適用には反対する説も有力であった（前掲最判昭和42・4・20の大隅裁判官の意見など）。

▶ ［改正民法］
　　新107条は、代理権濫用について、「相手方がその目的を知り、又は知ることができたときは、その行為は、代理権を有しない者がした行為とみなす」と規定し、実質的には現93条但書の類推適用と同じ解決であるが、その効果を一般の無効ではなく、無権代理と同様の処理をすることにした。したがって、本人による追認が可能であり（113条）、行為者は無権代理人の責任を負う（新117条）。部会資料66A22頁以下参照。
　　〈**参考文献**〉　福永礼治「代理権の濫用に関する一試論」上智法学論集22巻 2 号・3 号（1978年）、同「代理権濫用と表見代理」法学教室213号（1998年）、松本恒雄「代理権

濫用と表見代理」判タ435号（1981年）

5　代理権の消滅

(1)　すべての代理権に共通する消滅事由（111条1項）　　**(a)　本人の死亡（1号）**　　任意代理と法定代理に共通する代理権の消滅事由である。任意代理の場合、任意代理人は、本人から個人的な信任を受けて代理人になっているのであるから、本人の死亡後その相続人に対する関係で、代理人の地位が当然に継続するのは適当でない。そこで、民法は、本人の死亡によって代理権はいったん消滅するものとした。相続人にとって代理人が必要であれば、あらためて代理権を授与すればよいので、相続人にとっても不都合はない。しかも、はじめから本人の死亡によっても代理権は消滅しない旨の合意をすることも可能である（最判昭和28・4・23民集7-4-396は、本人が出征に際して父に代理権を授与したという特殊な状況のもとで、本人死亡によっても代理権が消滅しない趣旨のものと解する余地があるとする）。以上のような民法の原則に対して、商法では商行為を委任することで生じる代理権は、本人の死亡によって消滅しない（商法506条）。商取引は本人が死亡しても継続して行われている必要があるからである。

　法定代理においても本人の死亡は代理権を消滅させる。法定代理は、そもそも特定の本人を保護するために発生したものであるから（例、本人の成年後見開始の審判によって後見人に代理権発生）、その本人が死亡すれば、代理権が消滅するのは当然である。

　　(b)　代理人の死亡・破産手続開始決定・成年後見開始（2号）　　任意代理では、本人が代理人の能力・資質を信頼して代理権を与えたのであるから、その代理人が死亡した場合に、代理人の相続人が代理人の地位を当然に承継するのは適当でない（ただし、民法654条に基づき、緊急の必要がある場合に、受任者の相続人が応急的な事務を執ることがある）。したがって、代理人の死亡によって代理権が消滅するのは当然である（本人の死亡の場合と異なり、代理人死亡の場合には商事の代理権も消滅する。商法506条参照）。代理人について破産手続開始決定・成年後見開始があったときは、代理人に対する信頼を失わせるので、代理権を存続させておくのは適当でないことから、これらの事由も代理権消滅原因となっている。

360 第2編 総 則

　法定代理では、特定の地位にある者（親権者たる父母、裁判所に選任された財産管理人など）に代理権が与えられているのであるから、その者が死亡すれば代理権が消滅するのは当然である。法定代理人の破産手続開始決定・成年後見開始は、代理人に財産管理の資質がないことを意味するから、そのまま法定代理人として存続することは本人の保護という観点から適当でない。それゆえ、これらの事由も代理権を消滅させる。

　(2)　**任意代理に特有の消滅事由**　　(a)　**事務処理関係の終了（委任の終了）**(111条2項)　　代理権授与と委任などの事務処理契約とは、観念的には区別されるが、代理権は事務処理契約を履行するために授与されているのであるから、事務処理契約自体が終了すれば、代理権も消滅するのが適当である。したがって、委任などの事務処理契約の終了事由は、代理権の消滅事由でもある(111条2項・651条・653条)。委任の終了事由となるのは、委任の解除(651条)のほか、①委任者または受任者の死亡、②委任者または受任者の破産手続開始、③受任者の成年後見開始である(653条)。ほとんどの事由は、111条1項で挙げる事由と重複しているが、111条1項で規定していないのは、委任の解除と委任者の破産手続開始である。しかし、委任の解除（委任者・受任者の双方から解除できる）があれば、代理権も消滅するのは当然である。本人（委任者）の破産手続開始については、後述(b)を参照。ただし、651条、653条によって、委任などの事務処理契約が終了しても、急迫の事情がある場合には、本人またはその相続人・その法定代理人が事務を処理することができるようになるまで、受任者が応急的な処分をする必要があるから(654条)、その限りで代理権も存続すると考えるべきであろう。事務処理契約の解除・取消しがなされた場合でも、それまでに代理権に基づいてなされた対外的行為は有効であり、解除・取消しは代理権を遡及的に消滅させることはないと考えるべきである。

　＊　**撤回できない代理権**　　代理権は、本人の利益のために利用されるのが通常であるが、時として、代理人自身の利益のため利用されることがある。たとえば、債権者Bが債務者Aに対する債権の担保を得る目的で、債務者Aが第三者Cに対して有する債権を債務者Aに代わって取り立てる代理権を債務者Aから受ける場合がある。これを**代理受領**と呼ぶ。この場合の代理権授与はBの債権の担保をするためであるから、本人（債務者）Aからいつでも解除ができたのではその目的を達することができない。そこで債権者は、債務者から**撤回できない代理権**の授与を求めることが

多い（要するに代理権授与の解除権を事前放棄させる）。このような代理権の利用も、公序良俗に反しない限り有効である（最判昭和61・11・20判時1219-63）。どのような場合に、公序良俗に反するかについて、判例の立場は次のようなものである。第1に、代理受領の対象となる債権が通常の債権である場合には、原則として有効である（なお、代理受領は債権者に取立権限を与えるだけで、債権譲渡とは異なるので、債権者Bが代理受領の権限を第三者に処分することはできない）。第2に、恩給受給権の代理受領については、恩給法11条で恩給を担保にとることを禁止していることから、単に恩給受給権について代理受領する権限を債権者に与えるだけの場合は認められるが、その授権を解除することを制限する意図である場合には、強行規定（恩給法11条）に反して無効であると考えられている（最判昭和30・10・27民集9-11-1720）。

(b) **本人についての破産手続開始決定・成年後見開始**　　代理権の消滅事由として111条1項は本人の死亡のみを挙げ、破産には言及していないが、本人についての破産手続開始決定は委任契約の終了事由とされている（653条2号）。したがって、任意代理においては、結局、本人の破産手続開始決定によって代理権が消滅する。本人破産の場合には、本人は財産管理能力を失い、破産管財人が債権者の利益を考えて財産管理することになるので、任意代理人がそのまま代理権を有するのは適当でない。本人と代理人の間の委任契約関係は終了するのが合理的である。

　本人の成年後見開始は、111条および653条のいずれにも言及がなく、委任契約・任意代理権の終了事由になっていない。本人について成年後見が開始した場合には、成年後見人が選任され、本人の財産に関して包括的な財産管理権・代表権を有することになるので（859条1項）、任意代理人の権限との関係が問題となる（本人がその所有する賃貸不動産に関する代理権を不動産業者に与えていた場合を考えよ）。本人と任意代理人の間の委任契約については、成年後見人が本人の立場で行動すればよいので（本人として、いつでも委任契約を解除できる）、本人についての成年後見開始を当然に委任の終了事由とする必要はない（任意後見契約については、本人について成年後見開始の審判がされると、終了する。任意後見契約法10条3項）。

＊　**本人の意思能力の喪失と包括的代理権の存続**　　高齢者が自分が判断能力を喪失した後の財産管理・身上監護のために必要な包括的な代理権を信頼できる他人に与えることができる（**任意後見制度**などと呼ばれている）。通常の代理においては、本人が代理人を監督することができるのに対して、ここでは代理人が代理行為をするときには、本人は判断能力を失っているので代理人を監督することができない点に特

徴がある。そこで、現行民法のもとでこのような代理を認めることができるか否かが議論されている。英米法では本人が意思能力を失うと代理権授与の効力が消滅するのが原則であり、そのために本人の意思能力喪失後にも存続する代理権（持続的代理権 Durable power of attorney）を認めるために特別法が制定された。日本の代理理論では、本人の意思能力喪失は代理権の消滅事由とはなっていないので、現行法のもとでも本人と代理人間で意思能力喪失後も存続する代理権を合意することは可能である。しかし、本人が代理人を監督できないと本人の利益が害されるおそれがあるので、代理人を（任意後見人）さらに監督する制度を新設することが検討された（平成11年法律150号「任意後見契約に関する法律」で任意後見監督人の制度が設けられた）。この制度ができても、通常の委任契約で持続的な代理権を受任者に与えることは可能である。この場合、本人について成年後見開始の審判がなされた場合の、成年後見人と委任による代理人の関係については、上記の本文を参照。

(c) **代理権授与に際して定めた消滅事由の発生**　病気で入院している間に限って代理権を与えたり、海外赴任中に限って代理権を与えたような場合には、本人が退院・帰国すれば代理権は消滅する。

(3) **法定代理に特有の消滅理由**　それぞれの法定代理において異なる。未成年者の親権者・後見人にあっては、本人が成年に達すれば法定代理が終了する。成年後見にあっては、本人が能力を回復し、成年後見開始の審判が取り消されれば、終了する。また、未成年者・成年被後見人がまだ完全な行為能力を取得・回復する前に、その法定代理人がその地位を喪失する場合がある（親権喪失、後見人の解任・辞任など）。

第3款　代理行為

1　代理行為の位置づけ

(1) **代理行為の意義**　代理行為とは、代理人が行う意思表示であるが、その効果を自分自身にではなく、自分とは別に存在する本人に帰属させる意図でする意思表示である。これには2つの側面がある。第1に、代理行為は代理人の意思表示としてなされるのであるから、代理人について意思表示の有効要件などを判断することになる。第2に、代理人の意思表示の効果が表示行為をした代理人ではなく、背後にいる本人に直接帰属することになると、相手方の期待を害する可能性がある。そこで、相手方に対して、意思表示の効果が代理人とは別の本人に帰属することを明示しなければならない。これを**顕名**という。すなわち、代理人が単に内心の意思とし

第4章 私権の変動 第5節 代 理 *363*

て本人に効果を帰属させようと考えていただけでは足りず、「本人のためにすることを示して」意思表示をしなければならない（99条1項）。以上の要件を充たした代理行為は、代理権が存在する場合に、その効果が本人に帰属する。代理権が、いわば本人の側から見て、代理人の行為の効果が本人に帰属する根拠であるのに対して、代理行為は代理人の側から見て、その効果を本人に帰属させる根拠である。

(2) **代理における行為者**　代理では実際に意思表示をする代理人と、その効果が帰属する本人が分かれているので、代理における「行為者」は誰なのかが争われている。しかし、抽象的に行為者が誰であるかを問うことは適当でない。意思表示の成立・内容、意思表示の瑕疵の有無など、それぞれの問題について誰を基準に考えるべきかを問題にすればよい。後で詳述するが、意思表示の成立・内容は、当然、代理人について決定する。意思表示の瑕疵（錯誤があったか否かなど）や知・不知・過失の有無（表見代理が成立するために必要な善意無過失など）ついても原則として代理人について決定する（現101条1項、新101条1項）。本人の容態（知・不知や過失の有無など）が一定の範囲で影響する（現101条2項、新101条3項）というのが民法の立場である（詳細については、後述3(1)「代理行為の瑕疵についての基本的考え方」を参照）。

　＊　**代理における行為者に関する議論**　ドイツで代理理論が形成される過程で議論された問題である（任意代理についての議論）。日本でも、ドイツの影響を受けてかつては大いに議論された。これらの理論は、代理についての基本的な視点を提供する点で意味があるが、現在では、代理に関する個々の問題は立法的に解決されているので、解釈論としての実益は少ない。

　　(i)　**代理人行為説**　通説は、代理において意思表示ないし法律行為（契約など）を行うのは代理人であると考える。したがって、代理人について意思表示の瑕疵などがなければ、代理行為は有効に成立する。本人による代理権授与行為は、代理行為の成立要件ではなく、これによって授与された代理権が代理行為の効果が本人に帰属するための効果帰属要件となるにすぎない、と考える。現在の学説は、意思表示を行うのは代理人であると考えることについては異論がないと言ってよい。

　　(ii)　**本人行為説**　ローマ法にはなかった代理制度が一般的に承認されるようになったのは、本人が欲するならば、他人の行為によって、本人が拘束される契約を締結することもできるという自然法の考え方が支持されたからである（グロティウス）。このように、代理制度の確立には、本人の意思を強調する必要があった。ここから、代理行為を行っているのは、実質的には本人であるという本人行為説が登場し（サビニー）、代理行為の瑕疵（錯誤など）は、本人について考えるべきだと主

張された。もっとも、代理行為による本人への直接の効果帰属をどのように説明するかという問題と、相手方への意思表示は誰が行うのかという問題は区別でき、その後の学説は、意思表示は代理人が行うという代理人行為説が有力となり、現在に至っている。しかし、通説の代理人行為説に対して、本人の私的自治を強調する立場から、代理によって行われる法律行為（契約など）の行為者は、意思表示の基礎をなす意思の源泉である本人と考えるべきだとする説も再び主張されている（ドイツではフルーメ、日本では高森）。

(iii) **本人＝代理人共同行為説**　本人の私的自治の観点も重要であるとして、代理人行為説を修正して、代理人とともに本人にも行為者たる地位を認める立場である（ドイツではミュラー・フライエンフェルス）。すなわち、本人の代理権授与行為と代理人による代理行為との共同によって法律行為がなされるという説である（浜上、高橋、遠田）。

〈**参考文献**〉　於保不二雄『注釈民法(4)』前注（99〜118条）（1967年）、辻正美「代理」民法講座1巻（1984年）、於保不二雄＝奥田昌道編『新版注釈民法(4)』（2015年）

2　代理行為の成立要件

　代理行為が本人に効果帰属するか否かという問題と一応区別して（これは効果帰属要件の問題であり、代理権の存在がこれに該当する）、代理行為そのものの成立要件を考えることができる。前述のように、代理において意思表示ないし法律行為を行うのは代理人であり、本人はただその効果を受けるにすぎないという考えから、民法は、本人については意思表示の成立要件が備わる必要がないという立場をとっている（101条）。また、本人は代理行為の相手方がだれであるかを知る必要もないと解されている（大判大正2・4・19民録19-255）。代理行為が成立するためには、次の要件を備える必要がある。

　(1)　**代理人による意思表示**　　代理行為は、能働代理の場合には、代理人自身がその内容を決定して、これを表示する。受働代理の場合には、代理人が相手方の意思表示を受領する。代理行為の成立要件ないし方式の存否は（金銭消費貸借契約における、金銭の受領は代理人がすることが必要）、代理人自身について決定する。

　(2)　**顕名**　　(a)　**顕名の原則**　　代理人の行った意思表示の効果が本人に帰属するには、意思表示の効果が代理人ではなく、他人（すなわち本人）に直接帰属することを相手方に知らせなければならない。この顕名の原則は、代理人の相手方に契約の当事者が誰であるかを明らかにし、その点に

ついての誤解から損害が生じないようにするためのものである。民法99条に規定する「本人のためにすることを示して」というのが顕名の原則を表明している。能働代理の場合には、代理人が、受働代理の場合には相手方が本人宛の意思表示であることを顕名することになる。

(b) **顕名の方法**　(i)最も明確な顕名の方法は、代理人Bが「Aの代理人B」とか「A会社代表取締役B」という資格を示して行為をする場合である。B自身は代理人にすぎないこと、本人はAであることが示される。(ii)代理人という表示がなくても、法律行為の解釈によって代理人としての資格で行動していると解される場合でもよい。たとえば、「押野鉱山出張所主任B」というように氏名の肩書に会社の役職を記載する場合 (大判明治40・3・27民録13-359)、肩書に会社名を記し氏名の下に役職印を押すなどというのでもよい (大判大正8・4・21民録25-624)。(iii)問題は、Bがいきなり他人の氏名Aだけを記す場合である。相手方からすると契約の当事者がAであることがわかる点では問題がないが、相手方の期待を害する場合もある。たとえば、相手方が自分の目の前にいる行為者をAと考えて、この者とならよいと考えて契約したのに、契約の当事者であるAは別にいることがわかり、これとは契約したくないと考える場合がある (相手方は錯誤を主張する余地がある)。このようなことを考慮すると、他人の氏名のみを記す意思表示は、周囲の事情から行為者と本人が別であることがわかる場合、相手方を害することがない場合にのみ顕名の要件を充たしていると考えるべきであろう。このような意味で、親権者が意思能力のない未成年者の名義で行った法律行為 (大判大正9・6・5民録26-812)、権限ある代理人が会社の名前をいきなり記してする取引なども顕名の要件を充たしていると考えてよい。以上と異なり、他人の氏名Aを自己 (B) の表示手段として利用する場合には、名前を使われた他人Aが契約当事者になるのではなく、行為者Bが契約当事者である。たとえば、日常取引で妻の氏名と同じ呼称を用いている者が、手形の引受けをそのような氏名で行った場合に、行為者の手形上の責任が認められる (大判大正10・7・13民録27-1318)。

(c) **代理人が顕名をしない場合**　(i)代理人による明らかな顕名がない場合でも、「相手方が、代理人が本人のためにすることを知り、又は知ることができたとき」は、代理の効果が生じる (100条但書)。(ii)代理人が顕名せ

ず、100条但書にも該当しない場合には、相手方保護のため、その代理行為は「自己〔代理人自身〕のためにしたものとみな」される（100条本文）。その結果、代理人は、その意思表示の効果が自分に帰属することを拒否しえない。本来は代理人は、顕名をしなかったとしても、自分に効果を帰属させる意思はないので、意思を根拠に代理人に効果を帰属させることはできない。しかし、そうなると代理行為の効果が本人にも代理人にも及ばず、相手方を著しく害する。そこで、100条は、代理人に効果が帰属するとみなした。この場合に代理人からは、代理人として行動しているつもりだったことを証明して、錯誤無効（新95条1項では取消し）を主張することも許されないと考えるべきである。

　　(d)　**民法の原則に対する例外**　　非個性的な商取引については、民法の例外が規定されている（商法504条）。商行為の代理では、顕名がなくても原則として本人に効果が及ぶのが原則である。ただし、相手方が本人のためにすることを知らなかったときは、代理人に対して履行を請求できる。民法でも、100条但書でほぼ同じ結果になるが、民法と商法では原則と例外が逆になっており、そのことと関連して、顕名がないのに本人に効果を帰属させる事情（相手方の認識可能性）の証明責任が逆になっている（民法では「相手方が、代理人が本人のためにすることを知り、又は知ることができた」ことは本人への効果帰属を主張する側で証明する）。

3　代理行為の有効要件

(1)　**代理行為の瑕疵についての基本的考え方**　　意思表示の効力が行為者の主観的事情によって影響を受ける場合に、その事情の存否は、まず代理人自身について決する（現101条1項、新101条1項）。しかし、本人からの代理権授与行為に基づいて代理行為が行われ、代理行為の効果がすべて本人に帰属することを考えると、本人の主観的容態が代理行為の効力に影響を及ぼすことを認めるべきである（現101条2項、新101条3項）。本人の主観的容態が影響するのは、任意代理の場合であり、法定代理の場合は考慮しないが（現101条2項。新101条3項は、「特定の法律行為をすることを委託された代理人がその行為をしたときは」とある）、夫婦の日常家事代理権のような法定代理については、一方が代理行為をしたときに、他方の主観的容態が考慮されてよいであろう。

(a) 意思表示の効力が代理人の主観的事情によって影響を受ける場合は２つある。すなわち、代理人が相手方に対してした意思表示に関する場合（後述(i)）と、相手方が代理人に対してした意思表示に関する場合（後述(ii)）である。現行101条は、両者を区別して規定していないが、新101条はこれらを区別して規定した。

▶［改正民法］

　新101条は、前者については１項で、後者については２項で分けて規定する。現行101条は、両者を区別せずに規定しているため、わかりにくいという問題があったからである。なお、代理人の相手方に対する詐欺の問題のように、従来、現行101条の適用の可否が議論されていた問題について、新101条の対象外とすることが明らかにされた（１項を参照）。部会資料66A11頁以下参照。

> **新101条１項**　代理人が相手方に対してした意思表示の効力が意思の不存在、錯誤、詐欺、強迫又はある事情を知っていたこと若しくは知らなかったことにつき過失があったことによって影響を受けるべき場合には、その事実の有無は、代理人について決するものとする。
> **２項**　相手方が代理人に対してした意思表示の効力が意思表示を受けた者がある事情を知っていたこと又は知らなかったことにつき過失があったことによって影響を受けるべき場合には、その事実の有無は、代理人について決するものとする。
> **３項**　（略）

	意思不存在・錯誤・詐欺・強迫	事情の知・不知・過失等
(i)代理人が相手方に対してした意思表示の効力が問題となる場合（新101条１項）	（新101条１項）代理人について判断する　例：錯誤したか否か	（新101条１項）　代理人について判断する　例：錯誤における重過失、即時取得の善意無過失（新101条３項）　本人の知・不知・過失等　例：錯誤主張を不可とする本人の重過失
(ii)相手方から代理人に対してした意思表示の効力が問題となる場合（新101条２項）		（新101条２項）　相手方の心裡留保について代理人の真意の知・認識可能性（新101条３項）　例：本人が真意を認識

368　第2編　総　則

　　（i）　代理人が相手方に対してした意思表示の効力が「意思の不存在、（新101条1項で「錯誤」を追加）、詐欺、強迫又はある事情を知っていたこと若しくは知らなかったことにつき過失があったこと」によって影響を受ける場合には、それらの事実の有無は代理人について決する（現101条1項では単に「意思表示の効力が」となっているが、新101条1項は代理人のした意思表示であることを明らかにするため「代理人が相手方に対してした意思表示の効力が」と文言が修正された）。たとえば、心裡留保・虚偽表示（「意思の不存在」）によってその意思表示が無効となるか否かは、代理人について判断する（改正民法で錯誤の効果が取消しとなったので、詐欺・強迫による意思表示と同じ扱いとなる）。代理人についてこれらの要件が充たされている場合には、代理人の意思表示は無効となるので、当然本人に対する関係でも効力を生じない。代理人が詐欺・強迫を受けて行った意思表示の場合（新101条1項では錯誤も同様）には、詐欺・強迫を受けたか否かは代理人について判断し、それが肯定されれば、96条により取り消しうべき行為となる。この場合に、取消権を行使できるのは、契約の当事者である本人であって、代理人ではない（我妻、同旨）。

　知・不知、過失の有無が代理人の「意思表示の効力」に影響を与える場合とは、代理人が錯誤をしたが、錯誤について重過失があり、錯誤の主張が制限される場合などである。また、厳密には意思表示の効力に影響を与える場合ではないが、代理人Bが非所有者Cから動産を買った場合の、即時取得の要件である「善意無過失」については、101条の類推適用をすべきである。これも、知・不知、過失の有無が、本人の契約上の地位に影響を与える場合だからである。買主が「善意無過失」か否かによって、即時取得（192条）の成否が決まるが、これは代理人の「買う」という意思表示の効力に影響する事情ではない。この場合、代理人の意思表示は完全に有効であるが、買主が「善意無過失」でないと即時取得が認められないだけである。しかし、こうした事情についても、101条1項を類推適用して、これを代理人Bについて判断すべきである（Bが悪意または有過失である以上は、本人Aが善意無過失でも即時取得は成立しない〔最判昭和47・11・21民集26-9-1657〕）。代理人Bが相手方Cから購入した目的物に瑕疵があり、買主側（A・B）が瑕疵担保責任を追及するときに、代理人が瑕疵を知っていれば、もはや「隠

れた瑕疵」とはいえず、瑕疵担保責任を追及できない（現570条・現566条。改正民法は瑕疵担保責任の問題を契約不適合の問題として、一般の債務不履行責任で処理することになったので、「隠れた瑕疵」という要件は不要となった。新564条参照）。

　(ii)　このほか、相手方が代理人に対してした意思表示の効力が、意思表示を受けた者の知・不知、過失によって影響を受ける場合が考えられる。現行民法は、この場合について明文で規定していないが、新101条2項は、これを規定する。たとえば、相手方が心裡留保による意思表示を代理人に対してした場合に、相手方の意思表示が真意でないことを知り、または知ることができたときは、相手方の意思表示は無効となるが（現93条但書、新93条1項但書）、相手方の真意についての知・認識可能性は、代理人について判断することになる（新101条2項）。ただ、この例に関して言えば、代理人には相手方の真意についての知・認識可能性がなかったとしても、本人が相手方の真意を知っていれば、相手方の意思表示はやはり無効になると考えるべきであろう（本人が代理人に「特定の法律行為についての委託」をした場合であれば新101条3項が適用される）。

　(iii)　以上の原則に対して、「特定の法律行為をすることを委託された場合において、代理人が本人の指図に従ってその行為をしたとき」は、本人が知っていた事情または知ることができた事情については（現101条2項。新101条3項は、「特定の法律行為をすることを委託された代理人がその行為をしたときは」と文言修正）「代理人が知らなかった」ことを主張できない。すなわち、代理人が善意無過失であっても、本人に悪意または有過失があった以上は、代理人の善意無過失を主張することができない（現101条2項、新101条3項）。たとえば、本人Aの指図で代理人Bが相手方Cから土地を購入する契約をしたところ、Bに目的物についての錯誤があったとしても、本人Aに重大な過失がある場合には、錯誤無効（取消し）を主張できない。この規定の表現「特定の法律行為をすることを委託された場合において、代理人が本人の指図に従ってその行為をしたとき」（現101条2項）は、文言通り解すると範囲が狭すぎるので（我妻）、改正民法で「本人の指図に従って」という部分が削除された。そのように改正されても「特定の法律行為」を委託した場合にしか、本人の事情が考慮されないのは狭いのではないか。本人から商品の仕入れについて包括的な代理権を与えられている代理人に

370 第2編 総 則

よる行為の場合にも、本人が知っている事情は考慮されてよい。考慮されないのは、法定代理の場合の本人の事情などである。

　なお、本人の事情が考慮されるのは、代理人が相手方にした意思表示の場合だけでなく、相手方が代理人に対してした意思表示の場合にも、同様とすべきである。

　(b) **101条が適用されない場合**　相手方が代理人にした意思表示が瑕疵ある意思表示となる場合は、101条の適用対象ではない。たとえば、本人Aの代理人Bが相手方Cに対して詐欺を行い、相手方Cが瑕疵ある意思表示（詐欺による意思表示）をした場合である（大判明治39・3・31民録12-492は、Aの代理人Bが相手方Cを欺罔して契約を締結し、その代金を詐取したため、相手方CがAC間の契約を取り消し、代金の返還を求めた事案。本人Aが、詐欺は第三者の代理人のしたことで自分は知らないから、Cは取消しを主張できないとして争った。判決は、101条を援用して本人の知・不知に関係なく、Cは取消権を行使できるとした）。この場合は、代理人の詐欺は本人の詐欺と同視すべきであり、第三者詐欺になるものではない。このように考えれば、101条を援用することなく、また本人の知・不知に関係なく、相手方は詐欺取消しの主張ができる。

　(2) **代理人の能力**　(a) 代理人は、法律行為を行うのであるから、意思能力は必要である。

　(b)　しかし、行為能力は必要ない（現102条。新102条も同じ）。意思表示の効力は代理人について決するという原則（現101条1項、新101条1項）からすると、行為能力の有無も代理人について考えることになりそうだが、代理人が制限行為能力者であっても、代理行為の効力は影響を受けない。すなわち、本人は代理人の行為能力の制限を理由に代理行為を取り消すことができない（代理行為の効果が帰属しない代理人自身にはもともと取消権がない）。その理由は、次のように説明される。そもそも、行為能力の制限を理由とする取消権は行為者自身の利益を保護するためのものであるが、代理においては代理行為の効果を受けるのは本人であって代理人ではないので、代理人は制限行為能力者であっても不利益を受けることはない。そして、本人があえて制限行為能力者を代理人にした場合であれば、代理人の行為能力の制限を理由に代理行為（相手方との契約など）を取り消すことを認める必要はない。このような理由から、代理人は制限行為能力者（未成年者、成年被

後見人、被保佐人、被補助人）でもよいとされている。もっとも、代理人と本人の内部関係、すなわち事務処理契約がどうなるかは別の問題である。本人は代理人の行為能力の制限を理由に代理権を撤回することができるが（651条1項）、撤回の効力は遡及しない（652条）。また、事務処理契約締結の時に制限行為能力者であった代理人は、制限能力者であることを理由に事務処理契約を取り消すことができる。代理人（受任者）が就任後に後見開始の審判を受けると委任が終了することにも注意する必要がある（653条）。

　法定代理人については、行為能力の制限が欠格事由となっている場合が多く（833条・847条・867条）、会社の取締役（会社法331条1項2号）、親権者については、明文はないが、判例は行為能力者であることを要求している（大判明治39・4・2民録12-553）。それゆえこのような場合には、法定代理人が制限行為能力者となると、当然に代理権を失うことになり、相手方との代理行為は無権代理行為になる。しかし、制限行為能力者であっても、法定代理人になることができる場合がある。たとえば、被保佐人は成年後見人になることができる。この場合に、成年後見人（法定代理人）がした代理行為が本人の利益を害するようなときは、現行102条にもかかわらず、代理行為の取消しが認められてよい。

▶ ［改正民法］────────────────────────

　　新102条但書は、以上のような問題意識から、「制限行為能力者が他の制限行為能力者の法定代理人としてした行為」については、行為能力の制限を理由とする取消しを認めることにした。取消権者の説明も参照（329頁以下）。部会資料66A14頁以下参照。

> **新102条**　制限行為能力者が代理人としてした行為は、行為能力の制限によっては取り消すことができない。ただし、制限行為能力者が他の制限行為能力者の法定代理人としてした行為については、この限りでない。

4　代理の効果

　代理行為の効果はすべて本人に帰属する（本人に権利能力があることを前提として）。当事者が意思表示ないし法律行為によって達成しようとした法律効果のほかに、法律行為の当事者としての地位（解除権・取消権などはそこから発生する）も、本人に帰属する。

　代理行為の本来の効果ではないが、代理人に対する不法行為は本人に対

する不法行為となることがある（相手方が代理人を騙して契約を締結させ、本人に損害を与えた場合）。また、代理人の不法行為は本人の不法行為と評価される場合がある。すなわち、本人・代理人間に使用者・被用者の関係があれば、本人に715条の使用者責任が生じる。法定代理人が本人の財産の管理に際して第三者に不法行為を行った場合には、法人の場合に準じて（一般法人法78条の類推適用）本人の不法行為責任を認めることができる場合がある（しかし、親権者や後見人など、本人が法定代理人の選任・監督に全く関与しない場合には、本人の不法行為責任を肯定するのは無理であろう）。

第4款　無権代理

1　無権代理の意義（広義と狭義）

代理人として代理行為をした者が、当該行為について代理権を有しない場合を無権代理という。この場合には、代理行為の法律効果は本人に帰属しないのみならず、代理人にも帰属しない。本人に効果が帰属しないのは、効果帰属要件（代理権の存在が効果帰属要件である）を欠くからである。また、代理人に効果が帰属しないのは、代理人が代理行為をした際の意思は、本人に効果を帰属させようとするものであって、代理人自身に効果帰属をさせる意思を有していなかったからである（117条の無権代理人の責任が生じるのは別問題であり、この責任は不法行為責任に近い）。

無権代理という場合に、実はその中に広義と狭義の2つの意味がある。広義では、広く代理権がなかった場合をいうが、その中には表見代理が成立するために結果的には本人の責任を問いうる場合と、表見代理が成立しないために最終的にも本人の責任を問えない場合の両方を含む。狭義の無権代理という場合には、表見代理が成立せず、最終的に本人への効果帰属を主張できない場合をいう。

なお、無権代理の効果を「無効」であるということがあるが、厳密には、現在は本人に効果が帰属していないが（113条1項）、本人の追認があればさかのぼって本人に効果が帰属するところの浮動的状態にあるだけであって（116条参照）、当然に遡及的に効力が否定される本来の無効とは異なる（ただし、単独行為の無権代理は原則として無効（118条））。本書では、このような無権代理の「無効」の特徴に着目して、これを「効果不帰属」と呼ぶ場合があ

第4章　私権の変動　第5節　代　理　*373*

る。

2　契約の無権代理の一般的効力

　契約が無権代理行為によって締結された場合には、契約の効力は当然には本人に帰属しない。しかし、本人はこれを追認することで、契約の効力が自分に及ぶことを主張することができる（113条）。本人としては契約内容が自分にとって有利であると考えて積極的に追認したいと考える場合もある。もっとも、契約の本人に対する効力が本人の追認の有無によって左右されると、相手方の地位は一層不安定な状態に置かれる。そこで、法は、この相手方の不安定な地位を解消させる手段として、相手方に催告権（114条）と取消権（115条）を与えた。

　(1)　**本人の追認**　　(a)　追認は、代理権なしになされた代理行為の効果を自己に帰属させる意思表示で、単独行為である。それは代理権の欠缺を補充するにすぎず、無権代理人の法律行為が錯誤（新95条1項では取消し）や虚偽表示などの原因で無効である場合に、これらの原因による無効を主張できることは別問題である。たとえば、無権代理を追認した後に、代理人が錯誤をしていたことを理由に、錯誤無効を主張することはかまわない。

　　(b)　**追認権者**　　追認することのできる地位（権利）は、本人に帰属する。追認は契約の効果を自己に帰属させる行為であるから、本人がその契約を締結する能力を有しない場合には、追認もできないと考えるべきである（124条1項の類推適用）。したがって、成年後見人や未成年者の親権者が無権代理を行った場合に、本人である成年被後見人・未成年者は能力を回復ないし成年に達するまでは追認できない。逆に、代理行為当時本人が意思[1]無能力者であったことは、本人が能力を回復した後に追認することの妨げにならない（大判昭和9・9・10民集13-1777〔抽象論〕）。なお、追認権も権利であるから、当該契約による本人の地位が一身専属的な地位でないかぎり、相続の対象となり、本人の相続人が追認権を行使できる（追認権は共同相続の場合には共同相続人に不可分的に帰属するので、全員一致でないと追認できないという

---

1)　大判昭和11・8・7民集15-1630は、親権者の利益相反行為を理由とする無権代理行為を子は成年に達した後に追認することができるとする。

のが判例である（**最判平成 5・1・21民集47-1-265〔百選 7 版 I -36〕**））。

(c) **追認の方法**　追認は相手方のある単独行為であり、その相手方は、無権代理人でも代理行為の相手方でもよいが、本人が無権代理人に対して追認した場合には、相手方が追認を知らないと、相手方に対しては追認の効果を主張することができない（113条 2 項）。この場合にも、無権代理人に対する関係ではその追認は有効であり（大判大正 5・4・4民録22-678、大判大正 8・10・23民録25-1835）、また、相手方から本人に追認の効果を主張することは妨げられない（大判大正14・12・24民集4-765、大判昭和 9・1・13新聞3665-17）。追認は明示の場合だけでなく、黙示の追認も認められる（大判昭和 6・3・6新聞3252-10）。無権代理に125条（法定追認）の類推適用があるかは 1 つの問題だが、無権代理行為は本人に効果が帰属しないのが原則であるから、効果を及ぼすには積極的な追認が必要と考えるべきであり、単なる一定の事実によって追認を擬制するのは適当でない（最判昭和54・12・14判時953-56）。

(d) **追認の効果**　追認があると、代理行為の効果が、代理行為当時に遡って本人に帰属する（116条）。本人は、既になされた代理行為に対して、そのようなものとして追認するのであり、相手方は、初めから効力があるものと考えて行動しているので、行為時に遡るのを原則としたのである。これが追認の遡及的効力である。ただし、追認の遡及効には、次のような例外と制限がある。

(i) **特約**　本人と相手方の「別段の意思表示」により遡及しないものとすることができる（116条本文）。

(ii) **遡及効の制限**　遡及する場合でも「第三者の権利を害することはできない」（116条但書）。「第三者の権利」とは、無権代理行為から追認までの間に第三者が取得した権利であって、相手方の権利と抵触する内容を有するものを指す。116条但書が適用される例として起草者は、たとえば次のような場面を考えていた。すなわち、Aの土地を無権代理人BがCに譲渡し、次いでAが同じ土地をDに譲渡し、後にAがBの行為を追認した場合には、Cへの譲渡が116条本文によって遡及的に有効になるので、Dは無権利者から譲渡を受けたことになって、Dは権利を取得できない。しかし、これは適当でないので、Aの追認による遡及効を制限し、Dに権利を取得させようと考えたのである。しかし、現在では、Cへの譲渡を遡

第4章 私権の変動 第5節 代 理

〈図〉116条但書の意味

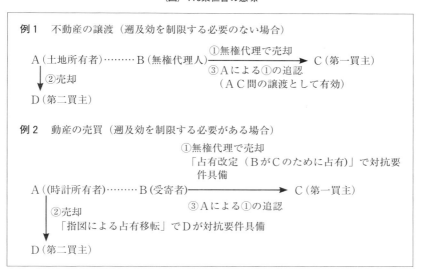

及的に有効にしても、CとDの関係は、Aからの二重譲渡があったことになるにすぎず、最終的にCとDのいずれが権利を取得するかは、対抗要件（登記）によって決まると考えられている（〈図〉例1参照）。したがって、この場面で116条但書を適用する必要はないと考えられている（四宮旧版）。

* **116条但書の適用場面** 116条但書が意味をもつ場合は多くはないが、その適用場面が全くないというわけではない。相手方Cと第三者Dの取得する権利がともに排他的効力を備える、といった特殊な場合には利用することができる。そのような場合としては、(i)Aから時計の寄託を受けたBがAの代理人と称してCにそれを売却し、占有改定（183条）によって引渡しをし、次いで、Aは同じ時計をDに売却し、Dへは指図による占有移転（184条）をした後、Bの代理行為を追認した場合（〈図〉例2参照）、(ii)Aの債権を無権代理人BがCに譲渡して債務者Sに確定日付ある通知（467条2項）をし、次いでAがその債権をDに譲渡して確定日付ある通知をしたのち、AがBの無権代理行為を追認した場合、(iii)Aの債権について無権代理人Bが債務者Cから弁済を受領し、次いで、Aの債権者Dが同じ債権を差し押え、転付命令を得たあとで、AがBの弁済受領行為を追認した場合（大判昭和5・3・4民集9-299）、(iv)Aの建物を無権代理人BがCに譲渡して登記も移転し、次いで、AがDにその建物を賃貸して引渡しも終えたのち、Bの代理行為を追認した場合、などがあるとされている（四宮旧版）。

(i)～(iv)の各場合において共通するのは、本文で述べた不動産の二重譲渡の場合と異なり、Ｃよりは時間的には遅れるが、Ｄも対抗要件を備えていることである。このような場合に追認の遡及効を認めると、ＡＣ間の行為が有効になり、かつ、ＣがＤよりも先に対抗要件を備えているので、Ｃが常にＤに優先することになる。しかし、対抗要件まで備えたＤの権利が追認の遡及効で覆るのは適当でない。そこで、追認の遡及効を制限するのであるが、今度はＣが対抗要件を備えたＤに対しては、常に負けるということになる。要するに、116条但書をこれらの場面で適用して、追認の遡及効を制限しようという考えは、Ｄが対抗要件を備えるなど、排他的効力を主張するためになすべきことを全てしている場合には、追認の遡及効でこの権利を覆す結果を認めるべきではない、ということを意味する。

　ところで、本文で述べた土地の二重譲渡の場合に、116条但書が適用されないという結論にも全く問題がないわけではない。本文で述べた立場によると、ＢＣ間の無権代理行為に際して登記もＣに移転していた場合には（これが通常想定される事態である）、登記を備えていないＤには勝ち目がないことになるが、これは適当でない。たとえば、ＡがＢＣ間の譲渡は無権代理行為で無効であるからと述べて、Ｄに同一土地を譲渡した場合には、Ｄは登記はないが、Ｃの登記の抹消を請求できる立場にある。このようなＤの地位が、ＢＣ間の無権代理行為の追認によって覆るのは適当ではないのではないか（極端なことを考えれば、ＤがＣに対する抹消登記請求訴訟の一審で勝訴したが、まだ登記が抹消されない前に、Ａが追認すると、Ｃが対抗要件を備えた完全な権利者としてＤに優先することになるのはおかしい）。第三者Ｄが先行する無権代理行為の無効を前提として取引関係に入ってきた場合には、116条但書を適用してＤを保護すべきであろう。

(2)　**本人の追認拒絶**　　本人その他の追認権者が追認を拒絶すると、代理行為の効果は本人に帰属しないことに確定する（その後、本人が死亡して、無権代理人が単独相続しても、無権代理行為が有効になることはない。後述382頁）。追認拒絶は、通常は無権代理行為の相手方に対してなされるが、無権代理人に対してなされてもよい。この場合には、相手方がこれを知った場合にのみ、「相手方に対抗すること」ができる（113条2項）。

(3)　**相手方の催告権・取消権**　　相手方は、本人に対して、相当の期間内に追認するか否かの確答を促すことができ、その期間内に確答が到達しないと、追認拒絶が擬制される（114条）。また、相手方は、悪意の場合を除き、本人の追認前に、無権代理人との行為を取り消すことができる（115条）。この取消しは、実質上、意思表示の撤回に近く、取消しの結果、無権代理行為は効果不帰属に確定し、無権代理人の責任（117条の責任）を追及することもできなくなる。

3 単独行為の無権代理の一般的効力

(1) 契約の無権代理との違い　単独行為の無権代理については、118条で「その行為の時において、相手方が、代理人と称する者が代理権を有しないで行為をすることに同意し、又はその代理権を争わなかったときに限り」、113条から117条を準用するとある。これは、本人の追認などによって無権代理行為が遡及的に有効になるといったことは、単独行為の無権代理の場合には原則として認めないという意味である。たとえば、本人Aの無権代理人Bが相手方Cに対して解除の意思表示をしても無権代理行為として無効であり、Cとしても無権代理行為で無効であることを理由に安心していたところ、後で本人Aがこれを追認することで遡及的に解除の意思表示が有効になるというのは適当でない。このように単独行為の無権代理は契約の無権代理とは異なるところがあるので、118条は原則として113条ないし117条の規定の適用を排除した。要するに、単独行為の無権代理は絶対的に無効であるのが原則である。

(2) 例外　しかし、相手方のある単独行為（解除もその例）にあっては、相手方がこれに同意したり同意と同視しうるような事情がある場合がある（賃貸人Aの無権代理人Bからの解除に対して賃借人Cがこれに同意し、賃貸借目的物を返還するなどした場合）。このような場合には、絶対的に無効にする必要はなく、契約の無権代理の場合と同じように追認によって遡及的に有効になることを認めてよい（118条前段）。

(3) 受働代理の場合　相手方Cの単独行為を無権代理人Bが受領する場合（受働代理）については、118条後段が規定する。たとえば、本人Aのために受領する権限がないBが、相手方Cの一方的な意思表示（例、時効中断（完成猶予）のための催告）を受領させられて、しかし、本人Aに効果が及ばなかったためにCが不利益を受けたとして（例、催告による時効中断の効果が生じなかったためにCの債権が消滅するという損害）、Bが無権代理人の責任を相手方Cから追及されるのは適当でない。無権代理人Bが「同意」して相手方の意思表示を受領した場合にだけ、117条などが準用される（118条後段）。

378 第2編 総 則

4 無権代理人の責任（117条）

(1) 無権代理人は、その意思表示の効果を他人に帰属させるつもりで行為をしているのであり、代理権がないために代理行為の効果が本人に帰属しないというだけでなく、無権代理人自身にも効果が帰属しない。しかし、無権代理のために本人に効果が及ばず（表見代理の可能性はあるとしても）、無権代理人にも効果が及ばないというのでは、相手方の利益を大きく害する。そこで、117条は、無権代理人は善意無過失の相手方に対して責任を負うことを定めた。判例は、この責任を取引の安全、代理制度の信用を維持するために認められた無過失責任であると解している（**最判昭和62・7・7民集41-5-1133**〔**百選7版Ⅰ-34**〕）（起草者は、これを過失責任と考えていた）。

▶ ［改正民法］─────

　117条2項の文言が修正、1～3号が加筆され、無権代理人の責任が否定される場合のうち、「他人の代理人として契約をした者が代理権を有しないことを相手方が過失によって知らなかった」場合（新117条2項2号）について、「ただし、他人の代理人として契約をした者が自己に代理権がないことを知っていたときは、この限りでない」との但書部分が追加された。悪意の無権代理人の場合には、相手方に過失あると主張して責任を免れることができないのである。

(2) **要件** (a) **「他人の代理人として契約をした」こと** この証明は相手方にある。これに対して代理人が、相手方による無権代理行為の取消し (115条) があったことを証明すれば、この要件は充たさなくなる。無権代理行為の取消しは、無権代理人との法律関係の一切を解消させる趣旨と解され、117条の責任追及の基礎も解消すると考えられるからである。なお、実在しない団体の代表者であると称して取引をした者についても、117条の適用ないし類推適用がなされてよい。

(b) **代理権の不存在・追認の不存在（1項）** 無権代理人の責任を問うには、相手方において、自称代理人に代理権がない旨を主張しなければならない。これに対して代理人が責任を免れるには、①その「代理権を証明」するか、②追認があったことを証明しなければならない。現行規定は、①②の証明責任がどちらにあるか明確でないので、新117条1項は、代理人側にあることを明確にした。注意すべきは、表見代理が認められる場合であることを主張・証明しても無権代理人の責任を免れることができないことである（前掲最判昭和62・7・7）。しかし、相手方から本人に対する訴訟で、

本人の表見代理責任が確定した場合には、相手方としては契約をした目的を達成したことになり、もはや無権代理人の責任を認める必要はないので、追認があったのと同視すべきであろう。

(c) 117条1項の不適用（2項）　(a)(b)の要件が充たされる場合でも、無権代理人が以下の事由を主張・証明すれば、1項の責任は生じない。

(i)　「他人の代理人として契約をした者が代理権を有しないことを相手方が知っていたとき」、若しくは「過失によって知らなかったとき」であること（現117条2項、新117条2項1号・2号）。代理権の不存在について悪意または過失がある相手方は、117条の責任の目的である取引安全の観点から保護する必要はないからである。117条の「過失」を「重大な過失」と解すべきであるという立場もあるが、通説・判例は過失でよいとする（前掲最判昭和62・7・7）。なお、相手方に過失がある場合であっても、無権代理人が自分に代理権のないことを知っている場合（悪意の無権代理人）には、無権代理人の責任を免れさせる必要はないので、117条の責任が肯定される（新117条2項2号但書は、このことを明確にする）。

(ii)　無権代理人が制限行為能力者であること（現117条2項、新117条2項3号）。無権代理人が無権代理行為の当時、行為能力が制限されていたことを証明すれば責任を免れる。制限行為能力者を保護するためである。もっとも、制限行為能力者でも代理人になれるので（102条）、相手方としては、制限行為能力者を代理人とする取引にも応ずる必要がある一方、万一、代理権がなかった場合に、117条1項の責任を追及できないので、相手方としては、代理権の有無・範囲について一層注意する必要があることを意味する。制限行為能力者の保護と取引の安全のバランスの問題であり、やむを得ないであろう。

＊　**無権代理と表見代理の関係**　無権代理行為によって契約成立の期待を害された相手方には、①本人に対して表見代理を主張することと、②無権代理人の責任を追及することとの2つの手段がある。両者の関係については、無権代理人の責任は表見代理が成立しない場合の補充的な救済手段であるという考え方（補充的責任説）と、両者は独立の救済手段であり、その要件が充たされる場合には、相手方はいずれかを選択しうるという考え方（選択責任説）がある。判例は、後者の立場をとっている（最判昭和33・6・17民集12-10-1532、前掲最判昭和62・7・7）。相手方からすると、表見代理が成立するか否かは不確実であるから、補充的責任説は相手方の救済を必

要以上に制限することになり適当でない。選択責任説にたった場合にも、相手方は無権代理人の責任と本人の表見代理責任の両方から満足を受けることはできない。どこかの時点で、どちらかを選択する必要がある。これは責任を追及される無権代理人からすれば、何をもって免責の抗弁としうるか、という問題になる。この点については以下のように考える。第1に、無権代理人は、単に表見代理が成立する可能性があることを主張しても、117条の責任を免れることができない。相手方が本人に対する表見代理責任を追及する訴訟を提起しても同じである。本人との裁判で確実に表見代理責任が認められるとは限らないからである。第2に、本人に対する訴訟で表見代理責任を認める裁判が確定した場合はどうか。この場合には、もはや無権代理人の責任を認める必要はないので、追認があった場合と同様に、117条の要件を充たさなくなると考えるべきであろう。

　なお、以上と逆の場面として、無権代理人の責任を認める裁判が先に確定したのち、相手方が本人に対する表見代理の責任を追及しうるかが問題となる。これは認めてよいであろう。相手方にとって本人の責任を追及することは、履行請求が実現可能か否かにかかわることであり、重要な意味を有するからである（特定物売買では無権代理人に履行責任を追及しても履行不能で損害賠償しかとれないが、本人の表見代理責任が成立すれば、相手方は目的物を入手しうる）。

(3)　**責任の内容**　　以上のような要件が充たされれば、無権代理人は法律上当然に責任を負う。すなわち、「相手方の選択に従い、相手方に対して履行又は損害賠償の責任を負う」（117条1項）。

　(a)　履行の責任を選択すると、本人との間で成立するはずであった一切の法律関係が、無権代理人との間で発生する（大判昭和8・1・28民集12-10）。本人Aを無権代理してBがA所有の土地をCに売ったという場合を例にとれば、相手方である買主Cは、無権代理人Bに対して目的物の所有権移転・占有移転を請求できる権利を取得する反面、代金を支払う義務を負うことになる。もっとも、Cが売買目的物を所有しないBに対して履行を請求しても、BがAから目的物を入手することができなければ、履行不能によってCの権利は損害賠償請求権に転化することになる。

　(b)　損害賠償は、単に代理権があると信じたことによって被った損害（信頼利益の賠償）ではなく、有効な契約の履行があったのと同一の利益（履行利益）の賠償をさす（最判昭和32・12・5新聞83・84-16）。その中には、積極的損害と消極的損害（得べかりし利益の喪失）がある。

　(c)　選択の性質については、やや抽象論ながら、選択債権に関する規定の適用を否定する判例があるが（大判昭和2・4・21民集6-166）、学説は大体

において選択債権の規定によるべきものと解している。

5　無権代理人の地位と本人の地位の同一人への帰属

(1)　無権代理人の地位と本人の地位とが同一人に帰属する場合には、追認があったのと同様に無権代理行為の瑕疵が治癒されると考えるべきかが議論されている。このようなことが問題となる場合として、(i)無権代理人が本人を相続したり、無権代理行為の目的物を取得したりした場合、(ii)本人が無権代理人を相続する場合、(iii)第三者が本人の地位と無権代理人の地位の両方を承継する場合の3つがあり、それぞれにおいて若干利益状況が異なる。

(2)　**無権代理人が本人の地位を相続**した場合には、判例は、無権代理人は無権代理行為であることを主張することはできず、信義則上追認を拒絶することができないとする。その結果、無権代理行為は当然に有効になる。[2]学説上もほぼ異論がない。しかし、次の点が問題である。

第1に、単独相続の場合はこれでよいとしても、無権代理人以外にも本人の地位を承継する共同相続人がいる場合には、共同相続人の利益を考慮する必要があるから、共同相続人との関係で無権代理行為の全体が有効になることはありえないが、無権代理人の相続分の範囲で当然有効になると考える余地があるか否かが問題となる。判例は、本人の有していた追認権が共同相続人間に不可分的に帰属し、全員がこれを共同行使しなければ無権代理行為は有効にならない、とする（**最判平成5・1・21民集47-1-265〔百選7版I-36〕**）。それ故、無権代理人は、追認拒絶が信義則上できないが、他の共同相続人全員の追認がないかぎり、その相続分の範囲でも当然に有効になるものではないという。結局、共同相続人の1人でも追認に反対している場合には、無権代理行為は一切有効にならない。相手方としては無権代理人の117条の責任を追及するしかないことになる（しかし、相手方に過失があると117条の責任も追及できないことに注意）。単独相続の場合の判例とのバランスがやや問題であろう。

第2に、より根本的な問題として、単独相続の場合に無権代理行為を当

---

2)　最判昭和40・6・18民集19-4-986は、他の相続人が相続放棄をしたため、無権代理人が単独で相続した事案。

382 第2編 総 則

然有効とする判例の立場は、無権代理人が117条の履行責任を負わない場合（相手方に過失があるなどの場合）にも、無権代理行為が当然有効になるという論理を介して、結局無権代理人に責任を負わせることを意味するが、これが適当か否かである。相手方に過失がある場合を考えてみると、相手方は本人死亡前には無権代理人に対して117条の責任を問えず（現117条2項、新117条2項2号）、本人に対しても表見代理責任を追及できない状況にある。それが相続によって、それまで不可能であった利益を相手方が主張できるようになるのは問題ではないか。むしろ、117条の責任が認められる場合にだけ相続による当然有効を認めるというのが適当ではないかと考える。

第3に、当然有効となるという判例理論は、本人が追認も追認拒絶もしないで死亡した場合に限定されるべきであって、本人が追認拒絶をした後に死亡した場合には及ばない。この場合には、たとえ無権代理人が本人を相続しても当然に有効になることはない[3]。

(3) **本人が無権代理人を相続**する場合には、本人の地位に基づいて追認を拒絶することは信義則に反しないとされる（**最判昭和37・4・20民集16-4-955〔百選7版Ⅰ-35〕**）。しかし、117条の要件が充たされている場合には、本人は無権代理人の責任を承継するので、結局、117条の履行義務を負担する（**最判昭和48・7・3民集27-7-751〔百選5版Ⅰ-35〕**）。問題は、たとえば、無権代理人が本人の土地を相手方に売却した場合に、相手方が無権代理人を相続した本人に対して、117条の履行責任に基づいて、目的物の引渡しを求めることができるかである。判例は、他人の物の売主B′の地位を相続した所有者A′の責任に関しては、所有者は売主の義務（現560条・561条）を承継するが、履行義務を拒否できるという立場をとる[4]。この立場との整合性という観点からすると、無権代理の場合にも、本人は117条の責任を承継しても、履行を拒むことができると考えるのが適当である。したがって、相

---

3) **最判平成10・7・17民集52-5-1296〔百選5版Ⅰ-37〕**は、この立場にたって「当然追認」を否定した。相手方の履行請求に対して、本人がこれを裁判外で拒絶することが「追認拒絶」になるとすると、ほとんどの場合には本人の「追認拒絶」があるであろうから、本判決は、実質的には従来の当然有効説を修正したとも評価できる。

4) **最(大)判昭和49・9・4民集28-6-1169**は、他人の物の売買の事案で、権利者は「その権利の移転につき諾否の自由を保有しているのであって、それが相続による売主の義務の承継という偶然の事由によって左右されるべき理由はない」とする。

手方は、本人に対して損害賠償を請求するしかないことになる。

(4) **第三者Ｃが本人Ａの地位と無権代理人Ｂの地位の両方を相続**によって承継した場合は、若干複雑である。この中には、①第三者Ｃが本人Ａを相続したのち、さらに無権代理人Ｂを相続する場合と、②第三者Ｃが先に無権代理人Ｂを相続した後に、本人Ａの地位も相続するという場合が考えられる。判例は、②の事案（ＡＢ間の子Ｃが、無権代理人Ｂを本人Ａとともに相続した後、その後Ａの地位も相続したという事案）において、Ｃは本人の資格で無権代理行為の追認を拒絶することはできず、本人が自ら法律行為をしたのと同様の効力が生じる（無権代理行為が当然有効になる）という立場をとる。すなわち、無権代理人が本人を相続したのと同じ処理をする（大判昭和17・2・25民集21-164、最判昭和63・3・1判時1312-92。後者の最高裁判決は、「無権代理人を相続した者は、無権代理人の法律上の地位を包括的に承継するのであるから、一旦無権代理人を相続した者が、その後本人を相続した場合において」も、無権代理人が本人を相続した場合と同様と解すべきであって、自らが無権代理行為をしていないからといって、これを別異に解すべき根拠はないと判示する）。しかし、この結論は、後述する理由で、疑問である。①の場合に関する判例はないが、上記判例の理屈からすると、本人の地位を先に相続した者が後で無権代理人を相続した場合には、別の結論になるはずであるが、①と②とで結論が異なるのは適当でなく、基本的に同じ扱いをすべきであろう。すなわち、そもそも無権代理人Ｂの地位を相続した者Ｃは、無権代理人そのものとは異なるから、ＢがＡを相続した場合には追認拒絶ができないとしても、これと同じに扱う必要はない。むしろ、無権代理人と本人の地位の両方を承継した第三者Ｃは、原則として本人の地位に基づいて追認拒絶をしうると考えるべきである。しかし、Ｃが無権代理人Ｂの117条の責任を相続することもあり、後で本人の地位をも承継した場合に、相手方からの履行請求を拒絶できるかという問題が生じる。拒絶できるが、損害賠償責任を負うと考えるべきであろう（(3)で述べたのと同様の解決になる）。

* **無権代理人の後見人就任**　意思能力ないし判断能力のない者Ａの事実上の後見人として財産管理などの世話をしていたＢが、Ａのために取引をすることは、無権代理行為となる。その後に、事実上の後見人Ｂが、正式に後見人に就任するとどうなるか。無権代理人が本人の地位を承継した場合と同じように、後見人Ｂはかつて

384　第2編　総　　則

自分が行った無権代理行為を信義則上追認拒絶ができないと考えるか否かが問題となる。最判昭和47・2・18民集26-1-46は、未成年者Aの事実上の後見人BがA所有の建物を売却した後、後見人に就任したという事案で、Bは信義則上追認拒絶ができないとして、先の売買契約の効力を本人Aに及ぼした。これに対して、**最判平成6・9・13民集48-6-1263**〔**百選7版Ⅰ-6**〕は、意思無能力者Aを事実上の後見人として世話していた姉BがA所有の建物について相手方と賃貸借契約を締結し、その後に別の姉Cが後見人に選任され、追認を拒絶したという事案である。後見人Cの追認拒絶が信義則に反するかが問題となった。判決は、無権代理人そのものではなかったCについては、追認拒絶ができることを前提に、例外的に信義則違反となるような事実があれば追認拒絶ができないという。思うに、事実上の後見人が後に正式に後見人に就任した場合に、当然に追認拒絶ができないとすると、不利益を受けるのは制限行為能力者本人であるから、適当でない。むしろ、後見人はたとえ以前の無権代理行為に関与していても、原則として追認拒絶ができると解するのが適当であろう（平成6年の事件の場合だけでなく、昭和47年の事件においても、抽象論としては追認拒絶を認める余地を残しておくべきであった）。

〈**参考文献**〉　能見善久「無権代理人の本人相続」法学教室205号（1997年）

第5款　表見代理

1　表見代理制度の意義

代理権がないために無権代理となる場合にあって、代理権の存在を推測させるような客観的事情（代理権があるかのような外観の作出）があるために、相手方がこれを信頼して代理権があると思って取引関係に入る場合がある。このような場合に、相手方の信頼・取引の安全を保護するために、その無権代理行為を有効な代理行為として扱い、その効果を本人に帰属させる制度を表見代理という。

このような責任を本人に負わせるのは、一方で、責任を負わされてもやむを得ないといえるような本人側の事情（外観作出についての**本人の帰責性**）が存在し、他方で、善意無過失で代理権の存在を信頼したという相手方の事情（**相手方の外観信頼＝善意無過失**）が存在していることが実質的な根拠である。

表見代理には、代理権が存在するかのような外観が作出される仕方に応じて、代理権授与表示による表見代理（109条）、権限外の行為（権限踰越ともいう）による表見代理（110条）、代理権消滅後の表見代理（112条）の3つ

がある。

▶ ［改正民法］

　これまで判例で認められていた、109条と110条の重畳適用および112条と110条の重畳適用について明文で規定された（新109条2項、新112条2項）。また、代理権消滅後の表見代理の要件である第三者（代理取引の相手方）の「善意」の意味について、単純に「無権代理行為の際に代理権がないことを知らない」という意味ではなく、「過去にあった代理権が消滅したことを知らない」という意味であることを明らかにするため、112条1項の文言を「他人に代理権を与えた者は、代理権の消滅後にその代理権の範囲内においてその他人が第三者との間でした行為について、代理権の消滅の事実を知らなかった第三者に対して責任を負う。ただし、第三者が過失によってその事実を知らなかったときは、この限りでない」と修正した。

*　**表見代理制度の理論的根拠**　　これを法的に説明する理論としては、**禁反言**（エストッペル）**の原則**ないし**権利外観法理**に求める考えが有力である。禁反言の原則とは、何らかの行為によってある事実を表示した者は、それを信頼した者に対して、表示に反する主張をしてはならないという法理である（元来は英米法の estoppel 理論）。本人側の帰責性に重点を置いた理論ではあるが、相手方の信頼も要求する。「代理権授与の表示による表見代理」（現109条、新109条1項）は、この法理から説明するのに適している。また、権利外観法理というのは、善意無過失による外観信頼を保護するという理論であるが（元来はドイツ法の Rechtsschein 理論）、どちらかというと相手方の信頼に重点を置いた理論である。かつては、この理論に依拠して表見代理責任には本人の帰責性は必要ないと主張した説も有力であった（鳩山、我妻）。そして、このことから法定代理などにおいても表見代理が認められるという結論が導かれていた。しかし、権利外観法理でも外観作出に本人の関与が必要であると考える説が現在では有力であり（四宮旧版。ドイツでも同様）、結局、理論的説明としては、禁反言の原則で説明しようが、権利外観法理で説明しようが、大した違いはなくなっている。むしろ、重要なのは、表見代理責任の実質的根拠として**相手方の外観信頼**（相手方の善意無過失）のほかに、**本人の帰責性**を要求するかである。これは**法定代理にも表見代理を認めるべきか**という問題と関連するので重要である。結論をいえば、法定代理の場合に表見代理を一律に否定するのは適当でない。法定代理の種類によっては相手方の外観信頼・本人の帰責性が認められる場合があり、このような場合には法定代理であっても表見代理を認めてよい。

〈**参考文献**〉　安永正昭「表見代理」民法講座1巻（1984年）、同「越権代理と帰責性」林還暦記念論集中巻（1982年）、佐久間毅『代理取引の保護法理』（2001年）

2　代理権授与表示による表見代理（109条）

　実際には代理権が与えられていないにもかかわらず、本人が他人に代理権を与えたかのような表示をしたために、この代理権授与の表示を信頼し

386　第2編　総　　則

て取引関係に入ってきた相手方を保護する表見代理である。**改正民法**では、現行109条を新109条１項とし、新たに、２項で、代理権授与表示の代理権の範囲外の行為についても、第三者が代理権があると信ずべき正当な理由があるときに、本人の責任を認める規定を設けた。従来、109条と110条の重畳適用と言われていたものを明文で認めたわけである。

（1）　**要件**　　（a）　**代理権授与の表示（本人の帰責性）**　　実際には代理権を与えていないのに、本人が「第三者に対して他人に代理権を与えた旨を表示」をしたことが必要である。想定されている典型的事例は、たとえば、本人ＡがＢを代理人に選任した旨を相手方Ｃに「表示」したが、実際にはＢに代理権を与えていなかったという場合である。しかし、実際にはこうした事例は稀であろう。むしろ実際に多いのは、109条の文言からいえば拡張的な事例である。そのような場合として、名義貸しと白紙委任状の流用の場合がある。

　　　（i）　名義貸し　　名板貸ともいう。本人Ａが、他人ＢがＡの名前で取引をすることを承諾ないし黙認していた場合である。名義の使用を承諾していた場合には、実際に代理権を与えていることもあるが、単に黙認していた程度であると代理権を与えたとはいいにくく、本条の表見代理責任が問題となる。このような名義貸しの事例は、主に事業者において生じる。[1]なお、ＢがＡの名義で取引をするという場合には、Ｂは自分に取引の法的効果が帰属することを意図している場合も多く、厳密な意味では109条の想定している無権代理とは異なる場合もある。このような場合には、Ａ名義を信頼した相手方を保護するために、109条の類推適用で本人の責任を認めるとしても、同時に名義使用者Ｂも取引の当事者としての責任を負わせるのが適当であろう（117条の責任ではなく、契約当事者としての責任）。商法

　1）　大判昭和15・4・24民集19-749は、Ａ商店の名で行っていた営業をＢに譲渡したＡが、引き続きＢにＡ商店の名で営業することを承諾した場合に、取引相手Ｃに対するＡの責任を民法109条によって肯定した。昭和13年の商法改正で23条（現14条）に名義貸責任が新設されたので、現在であればこれによるが、この事件は規定新設前のものであった。また、**最判昭和35・10・21民集14-12-2661〔百選7版Ⅰ-28〕〔東京地裁厚生部事件〕**は、国（東京地裁）Ｙとは別組織で「東京地方裁判所厚生部」の名称で対外的取引をしていた職員の団体ＢがＸに対して負担した売買代金債務について、109条の「代理権授与の表示」があったとしてＹの責任を認めた。

14条（旧23条）は、このような考えから、名義貸与者と名義使用者の連帯責任を認めている。

　　(ii)　白紙委任状の流用　　委任状には、通常は代理人の氏名と代理権の内容の両方を記載するが、どちらか一方または双方を記載しない委任状が作られることもある。これが白紙委任状である。白紙委任状といっても、それを作成した本人Ａとこれを受領した代理人Ｂとの当事者間では、通常は、代理権を行使すべき者の範囲、代理権の内容的な範囲についての合意が存在する。委任状受領者がその合意に従って権限行使をすればよいのであるが、その通りにしなかった場合が問題となる。その逸脱の仕方には２つの場合がある。

　第１は、**白紙委任状の直接受領者Ｂが委任の趣旨を逸脱**して、白紙委任状を補充する場合である（直接型）（代理権行使に際して「白紙」部分を補充するので、白紙委任状の補充という）。たとえば、Ａが自分の土地を適当な人に売ってもらうために、Ｂに必要な書類（登記済証、印鑑証明書など）と白紙委任状を交付したところ、ＢがＢ自身の借金の担保にするために、その土地に抵当権を設定したような場合である。この場合の解決の仕方はいろいろ考えられる。①まず、109条ではなく、110条を適用することが考えられる（川島）。代理人が本人の委任しなかった事項を補充した場合は、委任状の偽造であり、本人による代理権授与の表示がないので、109条は適用されない。しかし、ＡはＢに何らかの代理権を与えていたのであるから、その代理権の範囲を越えた代理行為があったとして110条の表見代理が成立するという考え方である。②本人Ａの錯誤の問題とする説もある（三宅、幾代）。③以上に対して通説・判例は、109条の「代理権を与えた旨の表示」の有無の問題とする（福岡高判昭和37・2・27判時302-20）。これが適当であろう。白紙委任状の交付は、白紙部分についてどのように補充してもよいという権限を与えているようにみえる「表示」があると考えることができるからである。

　第２は、**白紙委任状の転得者Ｂ′の流用**があった場合である（間接型）。この中にもさらに２つの場合がある。(ⅰ)１つは、本来その利用が予定されていない転得者Ｂ′がＣとの取引に委任状を利用したのであるが、委任事項の内容に関しては本人が直接受領者Ｂに与えた権限の範囲を越えていない

388 第2編 総 則

場合である（委任事項非濫用型）。(ii)もう1つは、転得者B′が委任事項につ
いても当初の範囲を越える濫用をした場合である（委任事項濫用型）。前者
の場合（(i)）には、本人Aは転得者B′には何らの代理権も与えていないの
で、白紙委任状を利用したB′による取引は無権代理であるが、白紙委任
状によってあたかもB′に代理権を授与したかのような表示をしたといえ
るので、109条を適用して表見代理を認めることができる[2]（相手方の善意無
過失の要件がほかに必要）。後者の場合（(ii)）には、白紙委任状を予定外の者
が利用したというだけでなく、委任事項についても逸脱があるので、簡単
には表見代理が認められない。判例には、109条の代理権授与表示がない
とするものがある[3]。もっとも、109条とともに委任事項の範囲を越えてい
る部分については権限超過の表見代理に関する110条を重畳的に適用する
ことで表見代理を認める余地はある（**最判昭和45・7・28民集24-7-1203**〔**百選7版
Ⅰ-32**〕）。改正民法のもとでは、新109条2項で解決される。

　　　(iii)　「代理権を与えた旨の表示」という場合に、実際に行われた
（無権）代理行為が「表示された代理権」の範囲内の行為であったことが
必要であるかが問題となる。このように考えるのが素直であるが、代理権
授与の表示がどこまでの授権を表示しているかは、本人の主観的意図によ
って決まるのではなく、その表示の客観的な解釈によって決まる。客観的
解釈で決まる表示の範囲を越える無権代理行為がなされた場合には、109
条と110条を重畳的に適用することができる（新109条2項）。

　(b)　**相手方の善意無過失（相手方の要保護性）**　　109条の平成16年改正以
前の旧規定の文言上は要求されていなかったが、判例・学説は、同条を相

---

2)　最判昭42・11・10民集21-9-2417は、SがTをとおして他から融資を受けるについて、
　　Yは保証を引き受けることになり、TまたはTの委任する第三者に代理権を与える目的で、
　　白紙委任状をTに交付したが、Tをとおしての融資を受けることができなくなったので、T
　　は委任状をYに返してもらうためにSに交付したところ、Sがこれを悪用して、Xから借金
　　をする際、Yの代理人として連帯保証契約を締結したという事案で、Yによる代理権授与表
　　示を肯定して109条の表見代理の成立を認めた。
3)　**最判昭39・5・23民集18-4-621**〔**百選7版Ⅰ-27**〕は、Xが不動産を担保にしてAから
　　12万円の融資を受けることになり、抵当権設定登記手続のために登記用書類に白紙委任状を
　　添えてAに交付したところ、Aはそれらを濫用し、Aが、Yとの継続的商品取引をする際、
　　白紙委任状の代理人の部分をA自身の名で埋め、Xの代理人としてXの不動産に極度額100
　　万円の抵当権を設定したという事件で、代理権授与表示を否定した。

手方の信頼・取引安全の保護の制度として位置づけていたので、相手方の善意無過失を要求していた。民法の現代語化に際して、明文でこのことを明らかにした（平成16年法律147号）。その証明責任は、本人が負っている。すなわち、「代理権を与えた旨の表示」がある場合には相手方が代理権の存在を信じるのは一応もっともなことであるから、本人が相手方の悪意または過失を証明することで表見代理責任を免れる（最判昭和41・4・22民集20-4-752〔百選5版Ⅰ-24〕）。

(c) 適用範囲（法定代理と109条）　本人の代理権授与表示が要件となる109条は法定代理には適用されないという見解が有力であるが（四宮旧版は、後見人に関する大判明治39・5・17民録12-758を挙げる）、一般的に適用を否定するのは適当でない。法定代理にもいろいろあり、異なる扱いをするのが適当である。たとえば、制限行為能力者の法定代理のように本人が代理権授与表示をすることが考えられず、また、本人が代理人（後見人）を監督することが不可能な法定代理については、本人の帰責性を問うことができないので、109条の適用を否定するのが適当である。これに対して、日常家事債務に関する夫婦の相互代理権（これを法定代理と見るか若干問題であるが）のように本人が代理人を監督できる状況にある場合には、109条を適用してよい（国や自治体の組織上の代理権についても本人の監督上の帰責性を問いうるので109条を適用してよい。前述した東京地裁厚生部事件を参照）。法人の代表のような法定代理と任意代理の中間にあるものについても109条を適用することに問題はない。

(d) 109条の「第三者」　代理権授与表示を受けたＣについては善意無過失の要件が充たされていないときに、Ｃからの転得者Ｄが善意無過失であるとして109条の表見代理を主張することができるか。これはできないと考えるべきである。しかし、白紙委任状による代理権授与表示の場合には、白紙委任状を示された相手方が「第三者」であると考えるべきである。また、広告による代理権授与表示の場合には保護される「第三者」は特定されていないと考えるのが適当である。

(2) 効果　表示された「代理権の範囲内においてその他人が第三者との間でした行為について、その責任を負う」とあるが、要するに、「他人」Ｂが相手方Ｃとの間で行った行為の効果が本人Ａに帰属するということで

ある。109条の理解の仕方について、民法の起草当時にはいろいろな考え方があった。そもそも本条は無権代理についての規定ではなく、本人Ａが代理権をＢに授与したのであるが、代理権授与の意思表示を直接相手方Ｃにすることでも有効に代理権授与がなされることを定めた規定だと理解する説（富井）、実際には代理権の授与をしていないのにその表示をした者の不法行為責任を定めたものであるとする説（梅）などがあった。しかし、現在では、109条は表見代理に関する規定であるとして、代理権があったのと同じ効果を生じさせると理解されている。なお、表見代理も広義には無権代理であるから、相手方は109条の表見代理責任を本人に対して主張できるほかに、無権代理人に117条の責任を追及することを選択することができる。

3　権限外の行為による表見代理（110条）

　何らかの代理権（基本代理権）が存在していたところ、代理人がその代理権の範囲を越えた無権代理行為を行い、これを相手方が代理権の範囲内の行為と信頼したことを保護するのが、110条の表見代理である。権限外の行為の表見代理という（権限踰越（ゆえつ）の表見代理ともいう）。

　(1)　**要件**　　(a)　**基本代理権（本人の帰責性）**　　代理人に何らかの代理権が与えられていたことが必要である。その「何らかの代理権」のことを基本代理権と呼んでいる。任意代理においては、本人が代理人に基本代理権を与えていることによって代理人の越権代理行為の原因を与えており、ここに本人側の帰責性がある（法定代理の場合については392頁を参照）。何が基本代理権となるのかは、一方で本人に責任を負わせるにふさわしい関与があったかどうか、他方で、相手方がそれをもとに当該行為について代理権があると信頼してもおかしくないような事実があったかどうかという観点から判断することになる。このような観点からは、次のような場合が問題となる。

　　　(i)　**事実行為**の委託は基本代理権となりうるか。判例は、一応、基本代理権は法律行為の代理権でなければならず、単なる事実行為をすることの委託は基本代理権にならないという立場をとる。確かに、本人ＡがＢに子守を頼んだという程度の事実行為の委託では基本代理権にならないが、

印鑑を預けるというような重要な事実行為を頼んだ場合には、基本代理権を肯定してよいのではないか。その意味で前掲最判昭和34年7月24日（民集13-7-960〔百選4版Ⅰ-32〕）の結論は疑問である。むしろ、事実行為であっても本人の帰責性を認めることができる場合には基本代理権を認め、後は相手方の善意無過失の問題（「正当の理由」）として処理するのが適当である。

（ii）　**公法上の行為は基本代理権**となるか。判例は、基本代理権は私法上の行為についての代理権でなければならない、との立場をとり、Aから死亡届けのために印鑑を預かった者Bが公正証書によるA名義の消費貸借契約を相手方Cと締結した場合に、基本代理権の存在を否定したものがある（大判昭和7・11・25新聞3499-8）。しかし、**最判昭和46年6月3日**（民集25-4-455〔百選5版Ⅰ-26〕）は、Aから**移転登記申請**を委任された者Bが印鑑と印鑑証明書を濫用してAを自分の債務の保証人にした場合に、登記申請行為は公法上の行為ではあるが、私法上の効果が生じるとして、その委託が基本代理権となることを肯定した。あらゆる公法上の行為の委託が基本代理権となるというわけではなく、私法上の作用を有する公法行為に限定するというものである。本人がこのような行為について代理権を与えた場合には、私法上の行為についても濫用されるリスクが大きいので、その負担は本人がすべきだと考えるのが適当であろう。

（b）　**正当な理由（相手方の充足すべき要件）**　　取引の相手方（110条の「第三者」）が代理権ありと信じ、かつそう信ずべき「正当な理由」を有すること。善意無過失と同じと解してよい。本来、相手方の善意無過失は、本人の帰責性とは別の問題であるが、基本代理権の判断基準が緩和されると、善意無過失の判断に際して、本人の帰責性なども考慮されるようになる。

「正当な理由」の証明責任は相手方（第三者）にある（109条の表見代理と異なる）。すなわち、110条の表見代理の成立を主張する相手方が「正当な理由」を基礎づける事実（実印や委任状の存在）を主張・証明しなければならない。〔例1〕代理人と称する者が本人の白紙委任状、印鑑証明書、登記

4）　最判昭和34・7・24民集13-8-1176は、取締役Aの印鑑を預かりA名義で会社の預金の出し入れをしていた経理係Bが、取締役個人名義の保証契約を締結した場合に基本代理権を否定する。同旨、**最判昭和35・2・19民集14-2-250**〔百選7版Ⅰ-29〕。

済権利証をもっていたことを証明すれば、通常は、その代理人が譲渡担保の設定など**不動産の処分**についての代理権を有すると信じたことについて「正当な理由」がある。しかし、代理権の存在を疑わせるような特別な事情があり（代理権の行使方法が本人の利益にならず代理人の利益になる事情がある場合など）、それを本人側が証明すれば、相手方はさらに代理権の存在について本人に確認するなどの調査をしないと「正当な理由」（善意無過失）が否定される。〔例2〕A会社の取引上の債務について、債権者Xから個人保証を求められた代表者Bが別件のために預かっていた妻の親族Yの実印を利用して、Yに無断で印鑑証明書を取り寄せ、Yの実印を使って保証契約に記名捺印した場合に、印鑑証明書と実印が使われていれば、原則として正当理由がある。しかし、Yの意思に基づいていることを疑わせる特別の事情があったことを本人Yが証明すれば、正当理由が否定される。

(2)　効果　　表見代理の要件が充たされる場合には、「前条本文の規定は……準用する」（現110条）とあるが、その意味は、越権代理行為の部分が本人に対する関係で有効になるということである。

(3)　適用範囲　　**(a)　法定代理と110条の表見代理**　　法定代理について110条の表見代理が成立するか。本人の帰責性と相手方の信頼保護の必要性の両方から問題となる。法定代理では、誰がどのような代理権を有するかが法定されており、そこには本人の関与がないのであるから、本人の帰責性という観点からは表見代理を肯定しにくい。また、代理権の範囲も法定されている場合には、その代理権の範囲を越えてなされた越権行為を相手方が権限内の行為と信じたとしても、その信頼は保護に値しないのではないかが、問題となる。判例には、戦後の民法改正前の規定のもとで、未成年者の母たる親権者が親族会の同意を得ないで未成年者の株券を処分したという事案で110条の表見代理を肯定したものがあるほか（大(連)判昭和17・5・20民集21-571）、現行民法のもとでは、日常家事債務に関する権限を基礎に

5）　最判昭和53・5・25判時896-29では、自称代理人が担保を設定して借り入れる金銭を代理人自身の利益のために使うことを相手方が知っていた。

6）　**最判昭和51・6・25民集30-6-665**〔百選7版Ⅰ-30〕においても、代理人による保証契約が代理人の利益にしかならず、本人の利益になる事情が客観的に存在しなかったことから「正当な理由」が否定された。保証契約は保証人自身の利益がないのが通常なので、代理人による保証契約締結では「正当な理由」を肯定することに慎重であるべきであろう。

110条を類推適用したものがある（最判昭和44・12・18民集23-12-2476〔百選5版 I-30〕）。学説では、かつては110条の表見代理の根拠を禁反言の原則ではなく権利外観法理に求め、本人の帰責性は不要であるという理解から、法定代理にも110条を適用する説が有力であったが、現在では110条の表見代理でも本人の関与・帰責性が必要であるという立場から、表見代理を否定する説が有力である（四宮旧版）。

しかし、109条についても述べたように、法定代理にもいろいろなタイプがあり、法定代理という理由だけで表見代理を否定するのは適当でない。①法定代理のうち、**制限行為能力者の法定代理**（親権者・成年後見人）については、本人の関与が全くないので、110条の表見代理を認めるべきではない。もっとも親権者・成年後見人は包括的代理権を有するから、そもそも権限踰越が問題となるのは、利益相反行為や、後見監督人の同意（864条）や家庭裁判所の許可（859条の3）を要する行為についてである。後見監督人がいるために後見人の権限が制限されている場合については、もともと包括的であった後見人の権限を制限しただけであるから、本人の関与がないとはいえ、相手方を保護する必要がある。例外的に110条を適用してよいであろう。②しかし、法令で権限が定められている**公法人・自治体の長やその他の機関**がその権限を越える行為をした場合、③**日常家事債務**を基礎とする権限踰越の表見代理については、別に考える必要がある。これらの場合には、本人による監督が可能であるから、その点で本人の帰責性を肯定してよい。むしろ、問題は相手方の信頼が保護に値するか否かである。権限の範囲が法定されていることを考えると、相手方の「正当な理由」（善意無過失）の判断には慎重でなければならないが、権限の範囲が一義的に明確であるとは限らないので、その権限の範囲内であると信じる十分な理由がある場合には、「正当な理由」を肯定してよいであろう。

＊　日常家事債務と表見代理　（i）　前掲最判昭和44・12・18は、妻Aの不動産を夫Bが自己の経営する会社の債務の担保として債権者Cに譲渡したという事案において、一般論としては、761条の日常家事債務に関する夫婦の相互代理権を基礎に110条を制限的ながら類推適用することを認めたが、結果的には「正当な理由」がないとして表見代理の成立を否定した原審を支持した。すなわち、①761条は日常家事債務に関する夫婦相互の代理権を規定していると解してよいこと、②「日常家事債務」の範囲は、夫婦の収入などで異なることがあるとしても、どのような法律行為

がその範囲に入るかは客観的に判断すべきであること、③夫婦の一方が日常家事債務に関する代理権の範囲を越えて第三者と法律行為をした場合に、日常家事の代理権を基礎に広く表見代理を認めることは、夫婦の財産の独立を損なうので適当でないこと、④むしろ、相手方がその行為が**夫婦の日常家事債務の範囲であると信じる**について正当の理由があるときに限り、**110条の類推適用**で相手方を保護すべきである、とする。

(ii)　これは単純に110条を適用する場合よりも表見代理の成立を制限している。すなわち、本人Aが代理人Bに「登記申請行為の代理権」を与えたところ、Bが、Aを「連帯保証人にする契約」を第三者Cと締結したという例で考えれば、110条で要求される「正当な理由」とは、相手方Cが「連帯保証契約についての代理権」があると信じることであり、「登記申請行為の代理権」の中に「連帯保証契約を締結することが含まれると信じる」ことまで要求されるわけではない（これを要求すればこの例では「正当な理由」は否定されるであろう）。これに対して、日常家事代理権をもとに110条を類推適用する場合には、越権代理行為が「日常家事債務の範囲に含まれている」と信じることが要求されるのである。この点で表見代理の成立が制限されている。この立場は、日常家事債務の範囲を弾力的に解釈するという立場とも異なる。

＊＊　市町村長の権限踰越行為と表見代理　　市町村長など自治体の長の権限は法令で定められており、その意味では法定代理である。そこで、法令の制限を越える権限踰越行為によって相手方と法律行為をした場合に110条の適用を認めるべきかが問題となる。第1に、法令による代表権の制限については民法旧54条（一般法人法77条5項に相当）の適用はないとされていた。法令による制限については相手方は知っているべきであるという理由であった。第2に、それでは110条の適用はあるか。この場合にも法令による制限は相手方としては知っているべきであるという理屈は成り立つので、そうなると110条を単純に適用することはできない。思うに、代表権に法令上の制限があるとは知らなかったというだけのときは110条の表見代理を認めるべきではない（前掲最判昭和34・7・14）。しかし、法令による代表権の制限が一定の条件によって解除されるとされている場合、たとえば議会の承認があれば制限が解除されるという場合に、相手方が議会の承認があったと善意無過失で信じたときは、110条を適用してよい。第3に、民法旧44条（一般法人法78条）と110条の関係が問題となる（これは自治体の長に特有の問題ではなく、法人一般の問題である）。取引に関する問題については取引法理、すなわち110条で解決するのが本来の姿であるが、判例はいずれの方法をも選択できるという立場である。民法旧44条で法人の代表の不法行為責任を追及する場合には、過失相殺による割合的解決が可能となる。

　(b)　110条の「第三者」　　「第三者」は、通常は代理行為の相手方である。代理行為の相手方から代理行為によって生じた権利を転得した者（た

とえば、Aの無権代理人BによってAの土地の上に設定されたCの抵当権を譲り受けたD、無権代理人BがA名義で振り出した手形の転得者E）が110条による保護を受けるかは、1個の問題である。判例は、手形行為に関して否定的な立場をとっている（最判昭和36・12・12民集15-11-2756〔百選5版Ⅰ-28〕）。

　　(c)　109条と110条の重畳適用（新109条2項）　　110条の基本代理権は、本来は本人が代理人に実際に何らかの代理権を与えた場合を考えている。しかし、代理権授与表示によって109条の表見代理が成立することを基本代理権として、さらに代理権授与表示の範囲を超える無権代理行為についても110条による表見代理を認めることが可能である（新109条2項は、明文で認める）。現行民法のもとでの幾つかの裁判例を挙げれば以下の通りである。たとえば、本人Aが他人BにAの名で営業することを黙認していたために、通常の営業の範囲では109条の表見代理が成立するところ、Aがたまたまに実印・建物の権利証・印鑑証明書を預けてあったために、Bが何ら代理権もないのにA所有の建物に債権者Cのために抵当権を設定したという場合には、抵当権設定契約は109条で表見代理が成立する通常の営業上の取引の範囲を越えるが、110条を重畳的に適用することで表見代理が成立する（東京高判昭和39・3・3判時372-23）。その他、本人AがBに金融の仲介を依頼し、そのために必要な白紙委任状などの書類をBに交付したところ、Bがこれら書類をさらにB′に交付し、Aの代理人として、B′自身がCから借金をする際の担保設定にこれら書類を使用したという場合も、B′には何ら代理権が与えられていないのであるから、B′の無権代理行為については109条の表見代理によって初めて本人の責任が生じる。しかも、白紙委任状の交付目的は本来Aが金融を得るための担保設定であるから、B′自身の借金のために担保を設定したことは、元来予定していた委任事項の範囲を越える。この部分は110条の表見代理の問題となる（最判昭和45・7・28民集24-7-1203〔百選7版Ⅰ-32〕は、白紙委任状の転得者による濫用事件で109条と110条の重畳適用を肯定する）。いずれも、今後は、新109条2項で解決される。

　同様に、112条によって生じる表見代理の範囲を基本代理権として、それを越える部分について110条の適用を考えることもできる。これについても、改正民法では新112条2項で認めた。

396　第2編　総　則

4　代理権消滅後の表見代理（112条）

　代理権が委任の解除・本人の死亡などによって消滅した後も、第三者からはわかりにくく（代理人自身も知らないことがある）、代理権授与の外観が残っている場合には（委任状、実印などが本人やその相続人に返還されずに残っているような場合）、代理権がまだ存続していると信じた取引相手を保護する必要がある。それが112条の表見代理である。

▶［改正民法］

　　現行112条では、第三者の「善意」の意味が不明確なので、新112条1項で、代理権消滅後の表見代理の要件を明確にした。また、新112条2項で、112条と110条の重畳適用を明文で認めた。部会資料66A28頁以下参照。

　　　新112条　他人に代理権を与えた者は、代理権の消滅後にその代理権の範囲内においてその他人が第三者との間でした行為について、代理権の消滅の事実を知らなかった第三者に対してその責任を負う。ただし、第三者が過失によってその事実を知らなかったときは、この限りでない。

　　　2項　他人に代理権を与えた者は、代理権の消滅後に、その代理権の範囲内においてその他人が第三者との間で行為をしたとすれば前項の規定によりその責任を負うべき場合において、その他人が第三者との間でその代理権の範囲外の行為をしたときは、第三者がその行為についてその他人の代理権があると信ずべき正当な理由があるときに限り、その行為についての責任を負う。

(1)　**要件**　　(a)　かつて「代理権を与えた」が、その「代理権の消滅」したこと

　かつて代理権があったことが、それが消滅した後も、相手方がその代理権があると思わせる原因となるのであり、このような場合の相手方の信頼を保護するのが112条の表見代理の特徴である。要するに、代理権の消滅を知らなかった相手方を保護するのである。この場合に、かつての代理権の意味が問題となる。すなわち、消滅前の代理権が相手方との関係で存在していた代理権であることが必要か、換言すれば、相手方が、代理権の消滅する前に代理人と取引をしたことが必要か、が問題となる。判例は、このような事実は、相手方の善意無過失を認定する際の資料として考慮すればよく、112条の表見代理を適用するための独立の要件をなすものではないとする（最判昭和44・7・25判時574-26）。この立場によれば、相手方はその代理人と初めて取引する場合でもよいことになる。それでよいであろう。会社などで一定の地位にあって代理権を有していた者（その地位が商業登記の

第4章　私権の変動　第5節　代　理　*397*

対象となる場合の問題については後述）が代理権消滅後に相手方と初めて取引
したような場合には、相手方はそれまで直接取引したことはなかったとし
ても、その者に代理権があったことを知っていると、現在も代理権がある
のではないかと容易に信頼する。このような場合にも本条は相手方を保護
することになる。

　ところで、会社の代表取締役・支配人、法人の代表理事など、選任・退
任を登記（商業登記）することになっている場合に、この登記と112条の
表見代理の関係が問題となる。退任の場合を考えると、退任したのに（代
表権を喪失）、退任登記をしなかった場合には、112条の表見代理を適用す
るまでもなく、退任（代表権の喪失）を第三者に対抗できない（第三者は、
過失があっても保護される。112条を適用すると、相手方に過失があると、保護されな
い）。また、退任を登記した場合には、善意の第三者に対しても、退任（代
表権の喪失）を対抗できる。このように、登記の対抗力の問題として処理
するならば、112条は適用される余地がないことになる。最判平成6・
4・19民集48- 3 -922は、社会福祉法人の理事の退任登記（社会福祉事業法27
条（現社会福祉法29条））と112条の表見代理との関係について、上記の見解を
述べる。

　もっとも、仮に、この場合に112条を適用しても、退任登記があれば第
三者は善意を主張できないと解すれば（悪意を擬制する）、表見代理は否定
されるので、結論は同じになろう。

　(b)　**かつて存在した「その代理権の範囲内において」代理行為が行われたこと**
新112条 1 項は、「代理権の消滅後にその代理権の範囲内において」代理行
為が行われたことを要件とすることを明記した。その代理権の範囲を越え
た行為が行われた場合には、現行民法のもとでは、112条だけでは本人の
表見代理責任を肯定することができず、110条の重畳的な適用によって解
決することになる（大(連)判昭和19・12・22民集23-626〔百選7版 I -33〕はこれを肯定）。
改正民法では、新112条 2 項が適用される。

　(c)　**相手方の善意無過失（新112条）**　　109条・110条と同様に、取引の相
手方の代理権の存在についての信頼を保護するための制度であるから、相
手方には善意無過失が要求される。しかし、その証明責任は、110条のよ
うに、すべて相手方に負わせるのは適当でない。相手方は、「代理権の消

滅の事実を知らなかった」ことを証明すればよく（善意の証明）、無過失までは証明しなくてよい。相手方に過失があったことは、本人が本条の表見代理責任を免れるために証明しなければならない。現行112条では、「善意」の中身が条文上明確でないが、新112条は、かつてあった「代理権の消滅の事実を知らなかった」ことであることを明らかにした。

(2)　**効果**　　109条、110条と同じである。

(3)　**適用範囲**　　通説は法定代理にも112条の適用を肯定するが、法定代理では代理権の消滅事由も法定されているので、112条の適用に否定的な見解が有力である（四宮旧版）。判例は、法定代理を理由に本条の適用を一律に否定するわけではないが、法定代理については、112条の適用に慎重である。各種法人において代表者の退任について退任登記をすることが要求されている場合と、112条の適用の可否については、前述(1)(a)を参照。

第4章　私権の変動　第6節　条件および期限　*399*

第6節　条件および期限

第1款　序

契約などの法律行為をするにあたって、当事者が法律行為の効力の発生・消滅を一定の事実にかからしめることがある。それには、発生するか否かが不確実な事実（条件）にかからしめる場合と、発生することが確実な事実（期限）にかからしめる場合とがある。このように、条件または期限は、法律行為の効力に一定の制限を加えるものであるが、私的自治の原則のもとでは、当事者がこれを合意することは自由である。なお、条件・期限のことを、法律行為に付加された約款という意味で、法律行為の付款（ふかん）と呼ぶことがある。

▶ ［改正民法］

　　条件成就によって利益を受ける者が不正に条件を成就させた場合に、条件成就しなかったものとみなすという判例の立場を明文化した新130条2項以外は、条件および期限についての改正はない。要綱案審議の過程では、「停止条件」「解除条件」という用語がわかりにくいので、わかりやすい民法を目指すのであれば、適切な用語に代えるべきだという議論があったが、合意形成に至らず、そのままとなった。

第2款　条　　件

1　条件の意義

条件とは、法律行為の効力の発生または消滅を成否未定の事実にかからしめる、法律行為の付款である。このような事実自体も条件と呼ばれる。

(1)　**停止条件・解除条件**　　条件のなかには、それが成就することによって法律行為の効力が発生する停止条件（「結婚したら自動車を贈与する」）と（127条1項）、それが充たされることによって既に発生している法律行為の効力が消滅する解除条件とがある（「落第したら奨学金の給付をやめる」）（127条2項）。

(2)　**条件となりうる事実**　　(a)　**発生不確実の事実**　　条件となる事実は、発生するかどうかが不確実のものでなければならない。この点で、発生す

ることは確実だがいつ発生するかが不明な期限と異なる。「払えるように
なったら返済する」といういわゆる出世払い証文は、条件である場合と期
限である場合とがあり、その判別は困難である。判例は、これを条件では
なく債務履行の期限（不確定期限）と解している（大判大正4・3・24民録21-
439）。なぜなら、これを条件と解すると、「出世」という条件が充たされな
い限りいつまでも返済しなくてよいということになるが、当事者の意図は
通常はそうではなく、むしろ、①客観的にみてその債務を支払うことがで
きるようになるか、あるいは、②その事実の実現の見込みがなくなったと
きに、弁済期日が到来する、という趣旨と理解すべきだからである。この
ように考えると、①または②の事実は必ずどちらかが発生するから、条件
ではなく期限だということになる。

　　(b)　**将来の事実**　　条件となる事実は将来における事実でなければな
らない。過去の事実で既に確定している事実を条件とすることはできない
（既成条件）、と一般に解されている。しかし、当事者が過去に既に確定し
ている事実を知らずに、これらの事実を法律行為の条件とした場合に、こ
れを無効というか否かは別問題である。当事者がそれを条件とすることを
欲したのであれば、そのまま認めてよく、あえて禁止するまでもない。こ
れが民法131条の意味である。このような既成条件も真正の条件に準じて
保護する必要がある（131条3項）。

　　(c)　**法定条件との違い**　　条件は、当事者が任意に合意で定めたもので
ある。これに対して法律で定められている条件があるが、これは法定条件
といい、民法127条以下でいう条件とは異なる。たとえば、農地の所有権
の移転には農業委員会または知事の許可が必要なので（農地法3条・5条）、
当事者間の契約でもこの許可を条件とすることが多いが（たとえば、「農業
委員会の許可があれば、農地の所有権を移転する」といった契約条項）、これが法定
条件である。このような法定条件も、条件と似た側面があるので、民法
127条以下の規定が類推適用されるかが問題となる。問題点ごとに異なる
であろう。判例は、130条の類推適用を否定する（最判昭和36・5・26民集15-5-
1404）。知事の許可は公益上の必要から要求されるのであるから、一方当事
者の条件成就妨害行為によって条件成就が擬制されるのは適当でないから
である。これに対して128条の類推適用による保護は法定条件についても

認められる（最判昭和39・10・30民集18-8-1837〔抽象論〕）。

　(d)　**反対給付との違い**　　条件は、約束の反対給付とは異なる。たとえば、AがBに対して「引越しを手伝ってくれたら10万円支払う」というのは条件ではなく、単に10万円を支払う約束と対価関係になる「相手方の反対給付」についての言及でしかない。この場合は、AB間で「引越の手伝いに対して10万円支払う」という契約がなされたわけである。もっとも、これとAがBに対してする10万円の贈与契約に条件が付された場合との区別は明確でないこともある。いずれであるかは、契約の解釈によって決まることになろう。

2　条件に親しまない行為

　(1)　身分行為に条件を付けることは、身分秩序を不安定にするので公序良俗に反すると考えられている。相手が現在の配偶者と離婚したら自分と婚姻すべき旨の婚姻予約契約は無効である（大判大正9・5・28民録26-773）。

　(2)　単独行為に条件を付けることも、相手方を一方的に不安定な状態におくことになるので、原則として認められない。相殺については明文で条件付き相殺を禁止している（506条1項）。しかし、契約相手の債務不履行があった場合に、「一定期間内（催告期間内）に履行しないときは、契約を解除する」という停止条件付き解除の意思表示（解除は単独行為）は、相手方を不安定な地位におくわけではないので、有効と解されている。

3　条件付き法律行為の効力

　(1)　**一般的効力**　　条件付き法律行為の効力は、法律行為の一般原則に従うが、民法は特殊な条件について次のような注意的規定を置いている。

　(a)　**不法条件**　　不法条件を付した法律行為、および、不法行為をしないことを条件とした法律行為は、全体が無効となる（132条）。90条の具体化である。

　(b)　**不能条件**　　実現不可能な停止条件を付した法律行為は無効である（133条1項）。実現不可能な解除条件を付した法律行為は、無条件の法律行為となる（同条2項）。

　(c)　**純粋随意条件**　　債務者の意思だけにかかる停止条件の付いた法律

行為は無効である（134条）（例、「自分（A）が欲するときにBに10万円を与える」というAの約束）。このような法律行為には、法的効果を発生させる当事者の意思が認められないと考えられるからである。逆に、債権者の意思だけにかかる条件は無効でない（大判大正7・2・14民録24-221）。

(2) **条件成就の効果** (a) 停止条件付き法律行為の場合には、条件成就の時から、その効力が生じる（127条1項）。解除条件付き法律行為の場合には、条件成就の時から、その効力が失われる（同条2項）。すなわち、条件成就の効果は遡及しない。ただし、「当事者が条件が成就した場合の効果をその成就した時以前に遡らせる意思を表示したときは、その意思に従う」（同条3項）。

(b) 既成条件の場合には、条件となった事実は客観的には法律行為以前に確定しているので、当事者がその成否を知った時を基準として127条の原則を適用するのは適当でない。そこで、民法は、既成条件付きの法律行為は、条件の成否が当事者に明らかになった際には、遡って、法律行為当時既にそれが明らかだった場合と同じように無条件または無効になるものとした（131条1項・2項）。

(3) **条件の成就・不成就の擬制** (a) 「条件が成就することによって不利益を受ける当事者」が「故意に」「条件の成就を妨げたとき」には、「相手方は、その条件が成就したものとみなす」ことができる（現130条、新130条1項）。「Bが結婚したら100万円をBに贈与する」という約束をした者Aが、相手方Bの結婚を妨害した場合に、相手方Bは結婚しなくても100万円を請求できることになる。130条のような規定があるのは、条件成就前の当事者の地位（期待権）が128条で保護されるとしても、そもそも履行請求ができるのか（これは128条だけでは無理であろう）、損害賠償が請求できるとしてもどれだけ請求できるかなどが明らかでなく、証明も困難だからである。そこで、一定の場合に条件成就を擬制したのである。その根拠は信義則にあると考えられている。

(b) 本条（新130条1項）が適用される要件としては「故意」が必要である。すなわち、自分の行為が条件成就を妨げることを知っていることである。もっとも、条件成就を妨げることになる行為をしても、それが信義則に反するとは言えない場合には、本条（新130条1項）は適用されない。たと

えば、「自分が結婚したら、今乗っている自動車を贈与する」という約束
をした者が、婚約を破棄しても、条件成就を妨害したという評価はされず、
本条の責任は生じない。結婚しないことは、本人の自由に決められるべき
ことであり、それが相手方の不利益となっても信義則に反しないからであ
る。

　(c)　効果は、条件が成就したとみなされることである。それによって、
停止条件であれば法律行為の効果が発生する。また、解除条件であれば、
法律行為の効果が消滅する。

　(d)　関連する問題として、本条が想定するのとは逆に、条件成就によ
って利益を受けるべき者Aが、不正行為によって条件を成就させた場合に
は、相手方Bは条件の不成就とみなすことができるか、が論じられている[1]。
このような不正行為による条件成就は、真の意味での条件成就ではないの
で、条件成就による効果が発生しないのは当然である。しかし、この議論
はそれ以上に、将来条件が成就する可能性を確定的に否定するという点に
意味がある。この問題につき**改正民法**は、新130条2項で、判例の立場を
明文化し、「相手方は、その条件が成就しなかったものとみなすことがで
きる」と規定した。

> ＊　**不動産仲介契約と委託者の直接取引**　(i)現130条に関する裁判で多いのが不動
> 産仲介契約に関するものである。不動産業者Aに、不動産の購入（または売却）の
> あっせんを依頼し、契約が成立したら一定の報酬を支払うという約束をした客Bが、
> 不動産業者の探してきた相手方C（売却希望者または購入希望者）と直接取引をす
> ることで契約を成立させた場合に、不動産業者Aは条件成就の妨害があったとして
> 報酬を請求できるか、が問題となる。判例は、現130条を適用して、不動産業者の
> 報酬請求権を認める（最判昭和39・1・23民集18-1-99）。(ii)ただし、不動産業者Aが
> 常に約束した報酬額全額を請求できると考えるべきではなく、不動産業者Aを介し
> た交渉が結局成功せず、そのためにBが直接交渉した場合には、不動産業者Aの媒
> 介活動は契約成立にとって何ら寄与していないとして全く報酬が認められないこと
> もある。また、ある程度媒介活動をしたことが原因となっていたとしても、B自身
> も相当な交渉をしたために初めて契約成立に至ったという場合には、不動産業者A

---

1)　**最判平成6・5・31民集48-4-1029**〔百選7版Ⅰ-39〕は、「Bは櫛歯ピンを付着した部
　分かつらを製造しない。違反したらAに違約金を支払う」という条件付き契約（和解）がな
　された後、条件成就によって利益を受けるAが第三者を使ってBが条件に違反するように誘
　引したという事案である。130条を類推適用して、条件成就をしていないとみなした。

の寄与度に応じて報酬請求を認めるべきであろう。(ⅲ)以上のような結論が妥当であるとすると、これは現130条の本来適用すべき場合とは異なるのではないか。現130条は、相手方が条件を成就するためにどの程度寄与したかに関係なく、条件成就の妨害があった場合に、条件成就を擬制するものである。しかし、(ⅱ)の解決は、いわば現130条を割合的に適用するものである。むしろ、実質は期待権の侵害（128条）による解決に近い。現130条による全面的な解決が適当でないのは、おそらく、不動産業者のあっせん活動が報酬と対価的関係にたっているからであり、報酬に対応する活動がないのに報酬が請求できるようになるのは問題だからである。依頼人Bによる直接取引の問題は、Bの債務不履行（付随義務違反）の問題として解決するのが妥当であろう。そして、不動産業者AはBに損害賠償請求をしうるが、どれだけの損害賠償を請求しうるかは、Aの活動の程度、成約に至る可能性などを考慮して決めるべきである。

(4)　**条件の成否未定の場合の保護**（期待権の保護）　　条件付き法律行為にあっては、条件成就によって利益を受ける当事者は、条件の成否未定の場合もその利益に対する期待を有する。この場合の条件は、停止条件でも、解除条件でもよい。停止条件の例としては、「Aが結婚したら家を与える」という約束をBがAにした場合に、Aが有するのは停止条件付き権利であるが、厳密にいうと、停止条件成就前においては、Aは所有権を有しないのはもちろん、家の引渡請求権（債権）もない。しかし、Aは条件が成就すれば権利を得られるという期待を有するので、この利益を期待権と呼んでいる。解除条件の成就によって義務を免れる者、権利が復帰する者も、条件成就によって利益を受ける者であり、解除条件成就前は、128条によって保護される。

　(a)　**期待権の処分・相続・保存・担保提供**　　期待権は厳密にはまだ権利ではないが、経済的には価値があるので、その処分（譲渡・期待権自体を担保の対象とする行為）が認められるほか、相続の対象となる。不動産に関する期待権の場合には、仮登記などによって「保存」することができる。なお、「そのために担保を供する」とは、期待権（条件付き権利）を担保するために保証人をたてたり、質権・抵当権を設定することをいう。

　(b)　**期待権侵害に対する保護**　　期待権もその侵害に対して保護を受けるが、それには、条件付き法律行為の一方当事者による侵害からの保護と、第三者による侵害からの保護の場合がある。

　(ⅰ)　一方当事者による期待権侵害　　①条件付き法律行為の各当事

者は、「相手方の利益を害すること」ができない (128条)。たとえば、停止条件付き売買契約の売主が、目的物を故意過失によって毀損したり、第三者に売却したりすることで、将来、条件が成就したときの履行が不可能になった場合は、期待権を有する買主に対して債務不履行ないし不法行為により損害賠償責任を負う。相手方の期待権を侵害しない義務がある (128条が法定する)。②一方当事者が条件成就を妨げた場合に、損害賠償責任が生じるほかに、相手方は条件成就の擬制による保護を受ける (現130条、新130条1項)。もっとも、相手方が現130条 (新130条1項) に基づき条件が成就したものとみなすことを主張した場合には、それによって相手方の損害がなくなるから、損害賠償請求はもはやできなくなる。条件成就が擬制される場合に、第三者との関係が問題となる。すなわち、停止条件付き売買契約の売主Aが、第三者Cに目的物を売却することによって買主Bの期待権を侵害した場合には、期待権者Bは条件が成就したとみなすことができ、売買の効力が生じるが、この場合の買主Bと第三者Cは、二重譲渡と類似する関係にたつ。停止条件付き売買契約の買主Bからすれば、先に対抗要件 (仮登記) を備えれば、「条件付きの排他性」を取得することになる。すなわち、将来、条件が成就した場合には、仮登記を本登記になおすことで、仮登記から本登記までになされた処分行為の効力が否定される (大判昭和11・8・4民集15-1616)。

　　(ii)　第三者による期待権の侵害　　第三者が期待権の目的物を滅失・毀損したり (「結婚したら時計を与える」という約束があるときに、第三者がその時計を壊した場合など)、条件成就を妨害した場合には、期待権侵害の不法行為が成立することがある (709条)。

　(c)　**既成条件への準用**　　128条・129条は、既成条件に準用される (131条3項)。既成条件の場合には、法律効果が客観的には発生している (例、成就している停止条件) か無効 (例、不成就確定の停止条件) かである。しかし、そのどちらであるかを当事者が知らない以上、当事者にとっては、将来の事実の成否を条件とした場合と同一の機能をいとなむのであるから、やはり期待権としての保護を与えるべきである。もっとも、通説は、3項は無意味な空文だという (我妻)。

　＊　**期待権侵害による損害賠償**　　停止条件の成否未定の間における期待権を侵害し

406　第2編　総　則

た場合に、どのような損害賠償請求権が生じるか、については2つの場合に分けて考える必要がある。

　(1)　第1は、不法行為と条件の成否との間に因果関係がない場合（例、Aが結婚したらBからもらえるはずの時計をYが壊した場合）である。この場合は、「Aが結婚する」という条件はまだ成就するかどうかわからないので、AはYに対して条件付きの損害賠償請求権を取得するにすぎない。すなわち、Aは、将来結婚するという条件が充足された場合に、初めてYに対して損害賠償を請求しうる。それまでは何も請求できないが、条件が成就したあかつきには損害額全額を請求できる。条件成就前の時点で将来の損害賠償として請求できるかについては争いがある。損害賠償請求訴訟の口頭弁論終結時にまだ条件の成否が未定である場合には、条件が成就したときに期待権者が被るであろう損害額を供託すべきことを求めるか（民事執行法91条1項1号）、その賠償請求に代えて、少なくとも楽しみを失った無形の損害に対する慰謝料を請求することを認めるべきであろう（具体的な額は条件成就の可能性などを考慮することになる。したがって、抽選前の宝くじなどでは主観的な楽しみは大きくても購入代金以上はほとんどとれない）。

　(2)　第2は、不法行為によって本来の条件の成否を問題とする余地がなくなった場合（もしAの文鳥が卵を生んだら雛鳥をBに与えようという贈与契約がある場合に、Yがその文鳥を殺したとき）である。この場合は、条件の成否の確定を待つことはもはや不可能であるから、条件が成就したら得たであろう利益に、条件成就の蓋然性（％）を乗じて得られた額を損害額としてとれることになる。ただし、現130条の適用がある場合には、妨害行為がなかったら条件が成就したか否かを考慮せずに、条件成就の場合と同じ利益を得ることができる。

第3款　期　　限

1　期限の意義

　期限とは、法律行為の効力の発生・消滅または債務の履行を将来到来することの確実な事実の発生まで延ばす、法律行為の付款である。このような事実自体も期限と呼ばれる。

　(1)　**始期・終期**　　期限にもいろいろある。

　(a)　まず、始期と呼ばれるものがある。すなわち、その事実の到来によって、債務者が債務の履行をしなければならない履行期限（一般には単に履行期と呼ぶ）である（売買契約において、「買主が売買代金をm月n日に支払う」

2）　最(大)判昭和56・12・16民集35-10-1369は、飛行場の騒音が継続的な不法行為をなす場合でも、将来分の損害賠償を請求することはできないとする。この立場は、期待権侵害の場合にも参考となる。

と約束する場合や、賃貸借契約において、「借りた建物をm月n日に返す」という約束をする場合)。135条1項が直接規定している始期とはこの場合をいう。これと類似したものに、その事実の到来によって法律行為の効力が発生する場合（停止期限）がある（これも広義では始期と呼んでよい）。この場合は、期限到来前にはまだ法律行為の効力が生じておらず、期限到来によって初めて効力が生じる（例、法人の総会がm月n日に法人を解散すると決議した場合、建物をm月n日から貸すと約束した場合)。135条はこれについて規定していないが、このような停止期限を合意することは当事者の自由である。135条1項は、始期について当事者の意思が不明である場合の解釈規定にすぎない。

(b) 次に、その事実の到来によって、法律行為の効力が消滅する、終期（例、「m月n日まで年金を支給する」、「死亡まで地上権を与える」）と呼ばれるものがある。

(2) **終期と期間**　終期は、期間と呼ばれるものと類似する。期間は、その始期と終期の間の時間的間隔に着目した観念であり（1週間、3月間、1年間など）、これに対して終期は、一定の時点に着目した観念である（「3月31日で賃貸借契約が終了する」）。

(3) **期限と条件**　期限となる事実は、将来発生することが確定しているものでなければならない。その点で条件と異なる。もっとも、期限のなかにも、いつ到来するか確定しているもの（確定期限）と、いつ到来するか不明なもの（不確定期限）（例、「売買代金は父親が死亡したときに支払う（財産を相続するので）」）とがあり、後者と条件との判別は困難である。

2　期限に親しまない行為

期限は、条件ほどには相手方の地位を不安定にするものではないが、条件と同様に、身分行為や単独行為に期限を付けることは、原則として認められないと考えるべきである（遺贈（964条）は、自分が死んだら財産を与えるという単独行為であるが、民法自体が有効な制度として用意している）。

3　期限付き法律行為の効力

(1) **期限の到来**　期限は必ず到来するものであるから、不確定な事実の到来を弁済期と定めた場合に、その事実の到来が不発生に確定すれば、

408 第2編 総 則

そのときにも、期限が到来することになる（大判大正4・12・1民録21-1935〔家
屋売却のうえ借金を支払うという約束〕、大判大正4・3・24民録21-439〔出世払いの証文〕）。

(2) **期限到来の効果**　　(a)　期限が到来したときは、履行期限の場合
には、債務の履行を請求することができ（135条1項）、停止期限の場合には、
法律行為の効力が生じ、終期の場合には、法律行為の効力が消滅する（同
条2項）。

(b)　期限の到来に、条件成就の場合のように、遡及効を与えることは
自己矛盾であるから、無効であると考えられている。

(3) **期限付き法律行為の期限到来前の効力**　　債務の履行について始期を
付した場合には、期限到来前であっても、債権は成立しているのであるか
ら、債権としての保護を考えればよく、特別な問題は生じない。これに対
して、法律行為の効力の発生・消滅に期限がついている場合には、期限の
到来によって利益を受ける者は、条件成就前の期待権者と同様な地位にあ
る（その地位は条件の場合よりも強い）。そこで、条件に関する128条・129条を
類推適用すべきものとされる（通説）。

4　期限の利益

(1) **期限の利益の享受者**　　期限の利益とは、期限が付されていること
（すなわち期限が到来しないこと）によって、その間に当事者が受ける利益の
ことである。これを当事者のどちらが受けているかは、場合によって異な
るが、債務の履行に期限が付けられるのは、通常は、債務者に履行の猶予
を与えるためであるから、期限は債務者の利益のために定めたものと推定
される（136条1項）。

(2) **期限の利益の放棄**　　期限の利益を受ける者は、これを放棄するこ
とができるが（例、債務者が期限前に弁済する）、これによって相手方の利益
を害することはできない（136条2項）。

(a)　期限の利益が当事者の一方のためにだけ存在する場合は、この者
はいつでも、これを放棄することができる。もっとも、それによって相手
方が損害を受ければ、それを填補しなければならない（例、倉敷料（物品の

---

1)　大判大正7・3・20民録24-623は、残代金の支払につき期限と利息を付した場合、期限
前でも弁済期までの利息を含めて提供すればよい、とする。

第4章　私権の変動　第6節　条件および期限　*409*

保管にかかるコスト）の増加）。

　（b）　期限の利益が当事者双方のために存在する場合には、場合を分けて考えるべきである。(i)債務者は、相手方の期限の利益の喪失による損害を填補する（例、返還債務を負っている定期預金の預り主が返還期日までの約定利息を支払う）ならば、一方的に期限の利益を放棄することができる（大判昭和9・9・15民集13-1839〔定期預金を預かった銀行による期限の利益の放棄〕）。(ii)債権者については、相手方の失われる利益を填補しうる場合であるか否かによって、期限の利益を放棄しうるか否かが決まる。たとえば、有償寄託の寄託者は、期限まで預かってもらえるという権利（利益）があるが、期限までの寄託料を払いさえすれば、一方的に期限の利益を放棄し、寄託物の返還を請求できる。これに反して、利息付き消費貸借の借主が元本・利息について有する期限の利益は、損害賠償をもってしても、貸主の方から一方的に奪うことはできない。

　（c）　期限の利益を放棄すると、期限が到来したのと同じ効果が発生する。その効果は、将来に対するもので、遡及効はない（大判大正元・11・8民録18-951）。

　（3）　**期限の利益の喪失**　　期限の利益を有する債務者に、その信用を失わせるような一定の事実——破産手続開始決定（破産法30条）・担保（保証など人的担保を含む）の減失・損傷・減少・担保供与義務の不履行——があれば、期限の利益を主張することができなくなる（137条）。その結果、期限が到来し、直ちに弁済をしなければならない。当事者間の契約で、一定の事実が存するときに期限の利益を失う旨を定めることもできる。このような条項を「期限の利益喪失約款」とか「期限の利益喪失条項」と呼ぶ。期限の利益喪失約款には、定められた事実が発生すると当然に期限が到来するという趣旨のものと、そのような事実が発生したときは債権者は期限の利益を失わせることができる（実際に期限の利益を喪失させるには、債権者からの意思表示が必要）という趣旨のものがある（後者のタイプにおける消滅時効の起算点については、432頁参照）。

　＊　**銀行取引約定書における期限の利益喪失条項**　　2000年（平成12年）にそれまであった銀行取引約定書雛形（全国銀行協会が作成する統一的なモデル約款）が廃止され、現在では各銀行で独自の銀行取引約定書が使われている。以下に示すのは旧

410 第2編 総 則

約定書5条をもとに、それを若干修正した架空の銀行取引約定書であるが、現実にはこれと類似する約定書が各銀行で使われている。1項で、当然に期限の利益を失う場合を、2項で銀行からの請求によって期限の利益を失う場合を規定している。

A銀行の銀行取引約定書○○条 （期限の利益の喪失）

① （当然喪失） 甲（顧客）について次の各号の事由が1つでも生じた場合には、乙（A銀行）からの通知催告等がなくても、甲は乙に対するいっさいの債務について当然期限の利益を失い、直ちに弁済します。

1 破産、民事再生手続開始、会社更生手続開始、会社整理開始もしくは特別清算開始の申立があったとき。

2 手形交換所の取引停止処分を受けたとき。

3 甲またはその保証人の預金その他乙に対する債権について仮差押、保全差押または差押の命令、通知が発送されたとき。

4 住所変更の届出を怠るなどの甲の責めに帰すべき事由によって、乙に甲の所在が不明となったとき。

② （請求喪失） 次の各場合には、乙の請求によって、甲は乙に対するいっさいの債務の期限の利益を失い、直ちに債務を弁済します。

1 甲が乙に対する債務の一部でも履行を遅滞したとき。

2 担保の目的物について差押、または競売手続の開始があったとき。

3 甲が乙との取引約定に違反したとき。

4 甲の保証人が前項または本項の各号の1つにでも該当したとき。

5 前各号のほか債権保全を必要とする相当の事由が生じたとき。

第4章　私権の変動　第7節　期　　間　*411*

第7節　期　　間

1　意　　義

　時間は、法律上いろいろな意味を与えられる。時間が法律上意味をもつ場合のうち、時間の流れを継続したものとしてとらえたのが、期間である。期間は、法律行為ばかりでなく、法律の規定や裁判所の命令によっても定められる。民法は、これらすべての場合に通じる一般的な計算方法を定め、「法令若しくは裁判上の命令に特別の定めがある場合又は法律行為に別段の定めがある場合を除き」、これを適用することとした（138条）。したがって、特別の規定がない限り、公法関係にも、民法の期間に関する規定が適用される。期間について改正はない。

2　期間の計算方法

　(1)　**短期間の計算方法**　　時・分・秒を単位とする短期間については、「即時から起算」し（139条）、瞬間から瞬間まで計算するほかない（自然的計算法）。139条は、「時間」を単位とする場合についてだけ規定するが、分・秒を単位とする場合も同様と解してよい。

　(2)　**長期間の計算方法**　　日・週・月・年を単位とする長期間については、自然的計算方法と、暦に従って計算する暦法的計算法とが考えられる。前者は正確だが便宜性では劣るので、民法は後者を採用した（140条以下）。

　　(a)　**起算点**　　(i)初日は算入しない（初日不算入の原則）。初日を算入すると、初日が完全に1日使えないときでも、1日として計算されるが、これは一般には適当でないからである。そこで、初日が完全に1日ある場合はともかく、そうでないときは、1日に満たない端数を計算に入れないで、その翌日が起算点になる（140条本文）。(ii)しかし、期間の定め方で、初日が端数にならないときは、初日を算入する（140条但書）。たとえば、来月m日からn日間という定め方をした場合は、m日から起算する。(iii)年齢の計算

---

　1)　大判昭和5・5・24民集9-468は、解散後の総選挙期日の起算日について初日不算入の原則（140条）を適用した。

（年齢計算に関する法律1項「年齢は出生の日より之を起算す」）・戸籍届出期間（戸籍法43条、大決大正11・4・10民集1-182）については、初日を算入する。

(b) 満了点　「期間は、その末日の終了をもって満了する」（141条）。ただし、「末日」の定め方は、複雑である。（i）　期間を日で定めた場合は、起算日から所定の数だけかぞえて、その最後の日が末日である（141条）。この場合は(iii)の例外を除けば特別の問題はない。週で期間計算をした場合も同様である。週による期間計算については、143条が規定しているが、月または年による期間計算の場合と違って起算日の応当日がないという問題を生じないので、143条は週による期間計算にとっては無意味である。(ii)　期間を月または年で定めた場合には、「暦に従って計算」し（143条1項）、月または年の初めから計算する場合は、当然、最後の月または年の末日が期間の末日となるが、月または年の初めから計算しないときは、最後の月または年においてその起算日の応当日の前日が期間の末日となり（同条2項本文）、もし、最後の月に応当日がないならば（たとえば、8月31日から起算して1ヵ月の期間という場合）、その月の末日が期間の末日となる（同条2項但書）。(iii)　以上の場合に、末日が日曜日、国民の祝日に関する法律に規定する休日その他の休日に当たるときは、その日に取引をしない慣習がある場合に限って、その翌日が末日となる（142条）。

(3) 過去に遡る場合の計算方法　民法は、起算日から過去に遡る場合（158条、会社法299条1項）の計算の方法については、規定していないが、その場合にも民法の規定を類推適用すべきである（大判昭和6・5・2民集10-232）。

＊　**4月1日生まれの子の就学時期**　年齢計算に関しては初日を算入して計算するので、4月1日生まれの者は、翌年の3月31日の満了によって満1歳となり、このようにして6回目の誕生日（4月1日）の前日に満6歳となる。小学校の学年は4月1日からはじまるが、4月1日生まれの子は、その学年の初めには既に満6歳に達しているので、小学校1年に入学できるのである（早生まれの扱いを受ける——学校教育法17条「保護者は、子の満6歳に達した日の翌日以後における最初の学年の初めから、……これを小学校……に就学させる義務を負う」）。これに対して4月2日生まれの者は、生まれてから6年後の4月1日に満6歳に達するので、その年の4月1日からはじまる学年には就学できないことになる。

第5章　時　　効

第1節　時効制度の意義

1　時効の意味

　時効は、一定の事実状態が永続する場合に、それが真実の権利状態と一致するか否かを問わず、その事実状態をそのまま権利関係として認めようとする制度である。「権利者としての事実状態」を根拠として「真実の権利者」とみなす場合（取得時効）と、「権利不行使の事実状態」を根拠として「権利の消滅」を認める場合（消滅時効）とがある。

▶ ［改正民法］ ─────────────────────────────

　平成29（2017）年の改正によって、時効制度は大幅に改正された。主な改正点は以下のとおりである。

　⑴債権の消滅時効については、現行民法166条1項・167条1項は「権利を行使することができる時」から「10年間」の消滅時効を規定しているが、改正民法は、「債権者が権利を行使することができることを知った時」（主観的起算点）から5年間の消滅時効と、「権利を行使することができる時」（客観点起算点）から10年間の消滅時効を規定した（新166条1項）。どちらかが先に到来した時点で債権は時効によって消滅する。⑵3年、2年、1年の短期の消滅時効は廃止される（170〜174条の削除）、⑶5年の商事消滅時効（商法522条）も廃止される。⑷生命または身体の侵害による損害賠償請求権の消滅時効については、主観的起算点からの消滅時効は、新166条1項1号が規定する原則通り5年間だが、客観的起算点からの消滅時効は20年間とされる（新167条）。⑸不法行為を理由とする損害賠償請求権の時効に関しても、債務不履行による損害賠償請求権の消滅時効との整合性を考えて改正された。現行724条のもとで、「損害及び加害者を知った時から3年間」は消滅時効であることは明らかであるが、「不法行為の時から20年」の経過で権利が消滅するのを判例は除斥期間であると解しているところ、改正民法は20年の期間も消滅時効であることを明らかにした（新724条2号）。なお、生命・身体の侵害による不法行為の損害賠償請求権について、新724条1号を適用するにあたっては、「損害及び加害者を知った時から3年間」とあるのを「5年間」とすることが規定され

414　第2編　総　　則

（新724条の2）、以上により、人身事故の損害賠償請求権の時効に関しては、債務不履行構成であろうが、不法行為構成であろうが、同じ規律になった。(6)現行法で「時効の中断」・「停止」と呼ばれているものが、「時効の更新」「時効の完成猶予」という用語に変わった。これに伴い、規定の内容が整備された。詳細は後述する。(7)債権者（被害者）が債務者（加害者）に対して損害賠償請求をする際には、いきなり裁判上の請求をすることなく、双方でまず協議をすることも多いが、その協議中に消滅時効が完成するのは適当ではないので、協議を行う旨の合意が書面でなされた場合には、一定期間は時効の完成が猶予される規律が新設された（新151条）。以上につき、部会資料63参照。

〈**参考文献**〉　石川博康「消滅時効」大村敦志・道垣内弘人編『解説　民法（債権法）改正のポイント』（2017年）

2　時効の存在理由

（1）　時効制度については、なぜ、このような制度が認められるのか、その存在理由が議論されている。この点について、わが国の民法典は、取得時効と消滅時効をともに「時効」として統一的にとらえようとしており、学説もこれに応じて統一的な時効制度の存在理由をさぐろうとしてきた。しかし、取得時効と消滅時効は、歴史的にかなり異なる背景をもった制度であり、また、同じ取得時効の中でも10年の短期の取得時効（162条2項）と20年の長期の取得時効（162条1項）では、その機能が異なる。できるだけ統一的に説明する努力をすることも必要であるが、もともと異なる制度を統一的に説明することには無理がある。そこで、以下では取得時効と消滅時効に分けて、それぞれの存在理由を説明する。

（2）　**取得時効の存在理由**　　（a）　**10年の短期の取得時効（162条2項）の存在理由**　　いわゆる短期の取得時効は、沿革的には**取引安全を保護**するための制度であった。日本の時効制度は、主にフランス民法の時効制度を承継したものであるが、フランス民法では短期取得時効は、売買などの法律行為によって不動産を譲り受けた者Bの前主A（売主）が無権利者であったために、譲受人Bが所有権を取得できなかった場合に、譲受人を保護するための制度であった（2008年改正前フランス民法2265条、現2272条2項）。そのため、要件としては、取得者Bの「**善意（bonne foi）**」のほかに「**正権原（juste titre）**」を要求していた。「正権原」とは、所有権取得を基礎づける行為であり、売買、贈与、遺贈など通常それによって所有権を取得するような行

為である。したがって、隣地との境界線を誤解して他人の土地を占有する場合には「正権原」がないので短期取得時効は認められない。日本の旧民法は、ほぼフランス民法に従って、「善意・正権原」を要件とする短期の取得時効を認めたが（旧民法証拠編140条1項）、現行民法162条2項では「善意・正権原」に代えて「善意・無過失」をもって要件とした（その理由については、法典調査会・民法議事速記録1巻515頁（商事法務研究会版））。そのために、学説の多数は、フランス民法では必要とされていた「取引による占有取得」という要件はいらなくなったと解し、短期取得時効の適用範囲を境界線を越えて他人の土地を占有するような場合にまで拡張した。それに応じて短期取得時効の存在理由も「取引安全」から「**継続している事実状態の保護**」のための制度としてとらえるべきことが主張されるようになった（我妻、四宮旧版）。これに対して、短期取得時効制度の沿革を重視し、取引安全の制度として純化して理解すべきことを主張する説も有力である（来栖、三藤、星野）。

　思うに、10年の短期取得時効はやはり取引安全の制度として位置づけるのが適当であろう。もっとも、取引安全が図られる範囲に関しては、いろいろな考え方が可能である。「正権原」を要求するフランス民法の立場では、所有権取得を基礎づける売買などの法律行為は有効なものでなければならないとされていたが、「正権原」の要件を「無過失」に置き換えたわが国の民法では、保護される取引安全の範囲が拡張されたと解するのが適当である。したがって、取引行為によって占有を始めたことは必要であるが、売買契約などに錯誤・詐欺・強迫などによる無効（改正民法で錯誤は取消原因となる）・取消原因がある場合や、制限行為能力による取消原因がある場合などにも、短期取得時効を認めてよいのではないか。境界線の誤解による他人の土地の占有については、占有者をそこまで短期取得時効で保護する理由に乏しく、20年の長期の取得時効で初めて保護されると考えるべきであろう。

＊　**即時取得制度（192条）と短期取得時効制度（162条2項）の関係**　　どちらも取引安全の制度であり、旧民法は、不動産については短期取得時効（証拠編140条1項）、動産については「即時時効」（証拠編144条）として、どちらも時効の一類型として規定した。そして、どちらでも、「善意」とともに「正権原」が要件として要求さ

れていた。しかし、現行民法の起草の段階で変更があり、①「正権原」は「無過失」に置き換えられ、②「即時」に権利取得の効力が生じるのを「時効」として説明するのはおかしいというので、「即時時効」は「即時取得」（占有者の善意無過失を要求するので、善意取得と呼ぶこともある）として、占有の効力のところに規定することになった。このように、短期取得時効と即時取得は、離れ離れになったが、どちらも取引安全を図る制度として位置づけられていたことには変わりはない。しかし、その後、両者は同じく取引安全の制度としてではあるが、多少異なる発展をしてきた。現在では、その適用範囲、要件などが以下のように若干異なると解されている。

	即時取得制度（192条）	短期取得時効（162条2項）
①適用対象	動産のみ	他人の「物」（不動産・動産）
②要　　件	善意無過失	善意無過失
	占有の開始	10年間の占有継続
	取引行為	取引行為（条文からは明確でない）
③取引安全の意味	前主の無権利から保護	前主の無権利・無能力、取引行為の瑕疵（無効・取消しなど）から保護
④効　　果	所有権・質権・譲渡担保権取得	所有権・その他の財産権を取得

(b)　**20年の長期の取得時効（162条1項）の存在理由**　　長期の取得時効では、占有者の善意を要求していない。したがって、他人の土地であることを知りつつ20年間占有していた場合にも、時効によって所有権を取得する。このような悪意者までが保護されることになる長期取得時効の存在理由については議論がある。かつての通説は、「事実状態継続の利益保護」「権利者の怠慢へのサンクション（「権利の上に眠る者を保護しない」）」などを存在理由としてきた。これに対して、長期取得時効の存在理由はむしろ真実の所有者の所有権の証明困難を救済する点にあり、悪意者が保護されることがあるのはやむを得ない副産物であるとする説が有力になっている（星野）。

　確かに、登記に公信力がない日本やフランスでは、厳密に土地の所有権を証明しようとすると、前主・前前主などとどこまでも遡らざるを得ず、所有権を積極的に証明することは困難である。したがって、真実の所有者の所有権の証明困難の救済の点に、長期取得時効の重要な機能があること

は確かであろう。しかし、次の点が問題である。第1に、悪意の占有者についても取得時効が適用されるのをどのように正当化するか。単に、やむを得ない副産物と考えることですむのか。第2に、所有権の証明困難については、取引を遡るとどこかで短期取得時効が成立する可能性が高く、それによって所有権の証明困難の問題も解決していることが多い。その意味で、所有権の証明困難の救済という存在理由を強調することは、歴史的にはともかく、現在では適当ではなくなっているのではないか。20年の長期取得時効が機能する主たる場面を考えても、所有権の証明が困難な場合ではなく、むしろ境界線を超えて他人の土地を占有する場合や、取引が無効で本来は所有権を取得できないが長期に占有する者に時効取得を認めるという場合が多い。以上のような点を考えると、長期取得時効の現在の存在理由としては、再び「事実状態継続の利益保護」「権利の上に眠る者を保護しない」、特に前者を存在理由とする説明の可能性を検討する必要がでてきたように思われる。試論であるが、長期取得時効制度を**財の効率的利用**の観点から説明することができないであろうか。占有者は非占有の所有者よりも、その財産をいわばより効率的に利用しているのであり、かつ、それによって社会的な価値を作り出している。このような財の効率的な利用を保護するのが長期取得時効であると考えたい。

〈参考文献〉　来栖三郎「民法における財産法と身分法(3)」法協61巻3号（1943年）、三藤邦彦「19世紀ドイツ普通法学における取得時効制度」学習院大学政経学部研究年報7号（1959〜60年）、星野英一「時効に関する覚書——その存在理由を中心として」法協86巻6・8号、89巻1号、90巻6号（1969〜74年）、金山直樹『時効における理論と解釈』（2009年）

(3)　消滅時効の存在理由　　**(a)　10年の消滅時効**　　わが国の消滅時効では、債権については10年間、その他の財産権については20年間、これらを行使しないと権利が消滅する。たとえば、債権者が債務者に対して10年間請求をしないで放置していると、真実には債権が存在し、まだその弁済がなくても、債権が消滅する。これをどのようにしたら正当化することができるのか。これが消滅時効の存在理由の問題である。(i)取得時効の場合と異なり、消滅時効では、「事実状態継続の利益保護」という理由は後退し、むしろ債務者が弁済したことの「**証明困難の救済**」、「**権利の上に眠る者を保護しない**」という考え方を強調する学説が多い。そして、最近では前者の「（真実弁済した債務者の）証明困難の救済」という側面を強調する説が

418　第2編　総　則

有力である（星野）。(ii)しかし、これだけでは、弁済していないことが明らかな場合にも債権が消滅することを正当化するのは困難である。そこで、学説の中には時効を**法定証拠**（権利を行使できる時点から10年間経過すると「時効」のみが証拠として裁判で使えるという考え方）、として説明する説も有力であった（川島）。しかし、法定証拠という考え方は、反証を許さない（弁済されていないことが明らかでも時効が援用されると債権が消滅する）ことを法技術的に説明する点では優れているが、なぜ法定証拠という考え方をするのか、という実質的な問題には答えていない。(iii)やはり、消滅時効の実質的な存在理由としては、真実弁済した債務者の**証明困難を救済**するという説明が適当である（日常的に発生する多数の債務の弁済の証拠をいちいち保存しておくのは困難であり、そのような証明手段を失っても、真実弁済した債務者は保護される）。ただ、現在の社会では、多くの場合に弁済の証明は書類や記録の完備によって容易になっている。特に、事業者が債務者である場合にはそうである。たとえば、銀行が債務者である銀行預金などを考えると、銀行は債権者である預金者に弁済したか否かの記録を有しており、預金者から不当な請求をされても弁済の証明は容易である。証明困難の救済が必要となる場合は限定される。(iv)そこで、(iii)の考え方を発展させて、現代社会における消滅時効の存在理由は、**弁済の証拠保存の負担の軽減**、すなわち、債務者は一定期間（現行民法では10年間）弁済の記録を保存すればよい、という**事務の効率化**の点にあるというのが適当であろう。時効がないと、債務の弁済についての証拠を永久に保存しなければならないことになるが、これは債務者に不当なコストを負担させることになり、効率的でないからである。しかし、銀行などのようにコンピュータのデータとして証拠を保存することが比較的容易にできる場合もあるので、これらが債務者の場合には、コンピュータのデータで預金が確認できるときに、時効の援用は信義則に反すると考えるべきであろう。さらに、消滅時効は現在の社会において、国民の重要な財産を失わせることになるので、安易に消滅時効を認めないよう慎重な立法論が求められる。たとえば、国民年金などは、単なる財産権ではなく、国民の「健康で文化的な最低限度の生活を営む権利」を構成するといえる（憲法25条）。そして、国民年金法1条は、「国民年金制度は、日本国憲法第25条第2項に規定する理念に基き、老齢、障害又は死亡によつて国

民生活の安定がそこなわれることを国民の共同連帯によつて防止し、もつて健全な国民生活の維持及び向上に寄与することを目的とする」と規定する。このような年金の請求権が時効で消滅 (国民年金法102条) するというのは、憲法上も問題ではないか。

今般の民法改正で債権の消滅時効の期間や起算点が変更されたことによって、消滅時効の存在理由に関する議論は影響を受けるか否かを検討しておこう。

改正民法は、債権の消滅時効の期間を「債権者が権利を行使できることを知った時から 5 年間」と「権利を行使できる時から10年間」としたが (新166条 1 項 1 号・ 2 号)、消滅時効の存在理由については、基本的に従前と同じ説明が妥当する。しかし、改正民法のもとでは、新166条 1 項 1 号の 5 年の消滅時効が適用されることが多いと思われるので、消滅時効の期間は実質的には短縮されたわけであるが、これをどのように正当化するかという問題がある。社会における取引が活発になり、従来以上に頻繁に債権・債務が発生する中で、債務者としては、弁済の証拠を保存することが一層困難になっているということで説明することになろうか。他面、債権者としては、債権の管理（時効の管理）に一層注意せよということになる。債務者による弁済の証拠保存の負担と債権者の時効管理の負担のバランスをとるということである。もっとも、このバランス（均衡点）は、債権者が個人か事業者か、債務者が個人か事業者かで違う。しかし、制度としてあまり複雑にするのも適当ではない。画一的な基準を設けた上で、個別のケースにおいて必要に応じて時効の援用権を信義則で制限することで対処するのが適当であろう。なお、法制審議会における審議において、銀行協会からの委員が銀行は記録で確認できる場合には、銀行預金の時効を援用しないと発言していたことが、信義則による援用権の制限を考える上で参考になる。

(b) **短期の消滅時効の存在理由**　　短期の消滅時効 (現170〜174条) についても、基本的に(a)で述べた理由が当てはまる。短期で債権が消滅するのは、そこで対象となっている債権については、債務者が弁済の証拠を長期に保存することが一層困難だからである（これら債権の債務者は個人であることが多いであろう）。なお、改正民法では、短期消滅時効の規定は削除され、債権

420 第2編 総 則

の消滅時効の一般原則 (新166条) が適用されることになった。

3 日本の時効制度の特徴

わが国の時効は、ある意味で相反する2つの原則に立脚している。第1に、民法典の規定上は、期間の満了によって権利の得喪という実体的な効果が当然に生じるかのようになっている。すなわち、取得時効では占有者が「権利を取得」し (162条)、消滅時効では「権利が消滅」する (現167条、新166条)。しかし、第2に、裁判所が時効に基づいて裁判をしようとするときには、時効によって利益を受ける者が「時効を援用」しなければならないものとしている (145条)。したがって、時効期間が満了しても、当事者が時効を援用しないと、時効による利益は享受できないのである。このように一見矛盾するかのような2つの原則の関係をどのように理解するかをめぐって多くの考え方が主張されている (いわゆる時効学説)。これについては、時効の援用のところで扱う。

第2節 消滅時効

1 消滅時効の適用範囲

(1) 消滅時効にかかるのは、「債権」および「債権又は所有権以外の財産権」である (現167条1項・2項、新166条1項・2項)。後者の例としては、地上権・永小作権・地役権などの他物権がある。形成権をここに含めて考えるべきかについては、後述のように議論がある。

所有権は消滅時効にはかからないが、他人が取得時効によって所有権を取得することの反射的な結果として、それまでの所有者は所有権を失う。しかし、所有権が消滅時効にかかったことによるわけではない。所有権から派生する権利も消滅時効にかからない。たとえば、所有権に基づく物権的請求権、共有物分割請求権 (256条)、相隣権 (209条以下)、所有権に基づく登記請求権などは、消滅時効にかからない。

(2) **独立して時効にかからない権利**もある。 (a) たとえば、**担保物権**は、債権を担保するものであるから、被担保債権が消滅しないのに、担保物権だけ時効で消滅するのは適当でない。また、逆に被担保債権が時効に

よって消滅したのに、担保物権だけ存続するというのも意味がない。抵当権については、被担保債権が消滅時効にかかると抵当権も消滅することを規定する396条があるが、他の担保物権についても同様に考えるべきであろう（396条の類推適用）。

(b) 所有権以外の物権（たとえば地上権）から派生する**物権的請求権**も、物権を保護するための手段的な権利であるから、物権自体が時効にかからないかぎりは、時効で消滅しないと考えられている。ただし、所有権に基づく物権的請求権については、(1)で述べたように所有権自体が時効にかからないから、それから派生する物権的請求権も消滅時効にかからない。これに対して、地上権などの物権は、20年の消滅時効にかかり（現167条2項、新166条2項）、それから派生する物権的請求権も同時に消滅する。

(c) 形成権（債務不履行を理由とする解除権など）については、判例はそれ自体の消滅時効を認めるが、形成権はその行使によって生じる請求権に実質的な意味があるから、独立の消滅時効を考えるのは適当でない。発生する請求権と一緒の消滅時効にかかると考えるべきである（四宮旧版）。

(3) **抗弁権**ないし抗弁的に主張される権利は時効にかからない、という考え方が有力である（**抗弁権の永久性**）。たとえば、売買契約から生じた「売主Aの代金債権」と「買主Bの目的物引渡請求権」は同時履行の関係にあるので、買主Bが売主Aに目的物の引渡を求めてきたときに、売主Aは、同時履行の抗弁権を主張して、目的物の引渡しを拒むことができる（533条）。問題は、売主Aの代金債権のみが時効にかかっている場合である（買主Bの目的物引渡請求権は時効中断（時効完成猶予）の措置がとられていたため消滅時効にかかっていない場合を考える）。消滅時効によって代金債権が消滅すると考えると、売主Aは、買主からの目的物引渡請求に対して、同時履行の抗弁も主張できなくなりそうである。しかし、消滅時効にかかっている債権（売主Aの代金請求権）も、同時履行の抗弁としては使えると考えるべきであろう。すなわち、抗弁権自体の時効の問題としてではなく（抗弁権は時効にかからないというのは、このような発想）、消滅時効にかかった権利も同時履行の抗弁として使えるかという問題として考えるべきであろう。そして結論としてこれを肯定すべきである。このように考えるのは、双務契約の両当事者の公平から基礎づけられる同時履行の関係は、消滅時効に優先

422 第2編 総 則

すると考えるべきだからである。なお、双務契約における双方の債権が時効にかかった場合には、いずれの契約当事者も、引換給付の請求もできないのであり、任意の履行はともかく、両債権は消滅する。

〈**参考文献**〉 山崎敏彦「抗弁権の永久性」民法講座1巻（1984年）

2 消滅時効の要件

消滅時効の要件は、所定の期間、権利不行使の状態が継続することである。時効期間の計算を始める起算点に関する紛争が多い。

(1) **消滅時効の起算点**（**現166条1項**） 現行民法では、「権利を行使することができる時」から時効は進行するとされている。消滅時効は、権利不行使を理由に権利を消滅させるのであるから、**権利行使ができる時**から時効が進行するのが合理的である。権利行使ができない状態なのに、時効だけ進行するというのはおかしい。「権利を行使することができる時」とは、権利行使について法律上の障害（期限未到来など）がないことを意味するものとされ、権利者が権利を行使できる状況にあることを知る必要はないと解されている（大判昭和12・9・17民集16-1435）。その意味で、消滅時効の起算点は客観的に決まる（客観的起算点）。もっとも、このような解釈に対する批判的見解も有力であり（星野）、また、最近の裁判例でも、権利者保護の観点から、消滅時効の起算点を遅らせる傾向がある。[1]

▶ [改正民法] ─────────────

1 新166条1項は、「債権者が権利を行使することができることを知った時」から5年間（1号）と、「権利を行使することができる時」から10年間（2号）の2種類の消滅時効を規定した。前者は、主観的起算点であり、後者は客観的起算点である。いずれかが先に到来した時点で時効が完成し、その債権は消滅する。貸金債権などを考えると、履行期の到来が「権利を行使することができる

───────────────
1) 静岡地浜松支判昭和61・6・30判時1196-20は、いわゆるじん肺訴訟の1つであるが、安全配慮義務違反を理由とする損害賠償請求権の消滅時効の起算点につき、「権利を行使しうることを知るべかりし時」、すなわち「権利を行使することを現実に期待または要求することができる時期」とした。**最判平成6・2・22民集48-2-441**〔**百選7版I-43**〕は、同じくじん肺訴訟において、損害発生時に安全配慮義務違反による損害賠償請求権が成立し、同時に権利行使ができる、としながらも、行政上の決定を受けてじん肺に罹患したことがわかったときに損害の一端が発生した、として多少起算点を遅らせた。その他、後掲最判平成15・12・11などでも、「権利行使が現実に期待することができる」ことを要求している。これについては、424頁参照。

時」であり、この時から10年間権利の行使がないと時効が完成するが（2号）、通常は、債権者は履行期（確定期限）を知っているので、履行期が「債権者が権利を行使することができることを知った時」でもあり、その時から5年の消滅時効が先に完成する。不確定期限の場合やその他なんらかの理由で債権者が権利を行使できることを知ることができなかったときは、5年の消滅時効の起算点は後ろにずれる。その他、主観的起算点（権利行使可能なことを知った時）が問題となるのは、債権者の生命・身体・財産を侵害する債務不履行（安全配慮義務違反や医師の医療過誤）、契約相手による説明義務違反（金融商品取引業者の説明義務違反など）などによる損害賠償請求権の時効の場合である。これらの場合に、債権者が債務者に損害賠償請求権を行使できるのは、債権者が債務者の義務違反を知っただけでなく、損害が発生したことをも知った時であるから、この時が5年間の消滅時効の起算点となる。日本より一足先に主観的起算点からの時効と客観的起算点からの時効の二本立ての制度を採用したドイツでも、主観的起算点を巡る紛争が多い。

2　主観的起算点からの時効と客観的起算点からの時効の二本立てにする仕組みは、現行の不法行為の損害賠償請求権についての時効とほぼ同じである（現724条）。債権一般の消滅時効が不法行為の損害賠償請求権についての消滅時効と同じ構造を有することになったのである（不法行為の時から20年の期間は、これまでの判例・通説は除斥期間と解してきたが、民法改正によって、これも時効期間とされた（新724条））。特に、人の生命・身体の侵害による損害賠償請求権については、債務不履行を根拠とする場合も、不法行為を根拠する場合も、5年と20年の時効期間が設けられたことで、時効に関してはほとんど同じになった（新167条・新724条の2）。もっとも、損害賠償請求権が遅滞となる時期は、不法行為の損害賠償請求権は不法行為の時であり（判例・通説）、安全配慮義務違反などの債務不履行による損害賠償請求権の場合は、期限の定めのない債務と考えられるので、債権者が請求した時となり、両者で異なる。変動金利制（新404条）が採用された改正民法のもとでは、遅延損害金には、損害賠償請求権が遅滞となった時期の法定利率が適用されるので（新419条）、同じ事故でも、どちらの法律構成を主張するかによって遅延損害金の額が異なる可能性がある。消滅時効を揃えるのであれば、遅延損害金の発生時期も揃えるべきではなかろうか（遅延損害金の問題については、中井康之＝能見善久「（座談会）債権法改正と実務上の課題　第1回法定利率」ジュリスト1514号（2017年））。

　　各種の権利について、現行民法の規定のもとでの起算点を示せば次の通りである。ここで述べることは、改正民法166条1項2号の客観的起算点についても妥当する。なお、期間の計算に際しては、140条により初日を算入しない（大判大正6・11・8民録23-1762）。

424　第2編 総　　則

(a) 期限の定めがある債権　**(i)** **確定期限の定めがある債権**（412条1項）は、期限の到来した時から消滅時効が進行する。たとえば、3月31日が弁済期と定められている貸金債権の消滅時効は、同日から権利行使ができるので、その日から消滅時効が進行する。すなわち、債権は契約と同時に発生しているが、履行期の定めがある場合には、債権者が債務者に請求するについての「法律上の障害」があり、履行期の到来によって法律上の障害がなくなった時から時効が進行する。「事実上の障害」があるにすぎない場合は時効は進行すると解されている（判例。最判昭和49・12・20民集28-10-2072は、準禁治産者（現、被保佐人に相当）が有する不法行為の損害賠償請求権の時効についてであるが、同人が損害と加害者を知ったにもかかわらず、保佐人の同意が得られず、加害者に対する訴訟を提起できなかったために3年の期間が経過した事案において、このような障害は「単なる事実上の障害にすぎない」から時効は進行するとした）。

　しかし、判例は他方で、権利を行使することができるとは、「単にその権利の行使につき法律上の障害がないというだけでなく」、さらに「権利の性質上、その権利行使が現実に期待できるものであることをも必要」とするとして、権利行使の期待可能性がないときは時効は進行を開始しないとしている（最（大）判昭和45・7・15民集24-7-771は、弁済供託による供託金の取戻請求権の消滅時効の起算点についてこのように述べる。また、最判平成15・12・11民集57-11-2196は、保険会社に対する死亡保険金請求権が約款により被保険者の「死亡」の時から請求できることになっている場合において、被保険者が行方不明となり、後にその遺体が発見されたが、その死亡推定時を保険金請求権の時効の起算点とすると、遺体発見時には既に時効期間が満了しているという事案において、死亡時から遺体発見までの間は、「権利行使が現実に期待できないような特段の事情が存した」として、その間は、消滅時効は進行を開始しないとした）。判例の立場は、単なる主観的な、かつ、事実上の障害は時効進行を妨げないが、法律上の障害があるか、あるいは法律上の障害がなくても、客観的に、権利行使が期待できない場合には、期限が到来していても、時効は進行を開始しないということであろう。

▶ ［改正民法］

　新166条1項2号の10年の消滅時効の起算点（「権利を行使することができる時」）は、客観的に決まる起算点であり、原則として確定期限の到来であるが、現行規定のもとでの判例（現行規定（現167条1項）も客観的起算点から10年）がそのまま妥当

するのかが問題となりうる。特に、当該権利の性質上、権利行使が現実に期待できない事情が存在するときは、その事情がなくなった時が起算点だとする上記判例（前掲最（大）判昭和45・7・15および最判平成15・12・11）の立場（ある意味で柔軟な立場）は、改正民法の10年の消滅時効の起算点についても、そのまま引き継がれると考えてよいかが問題となる。主観的起算点からの5年の消滅時効が新設されたことで、10年の消滅時効については、起算点の客観性を徹底するという考えもありうるが、そのように考えるべきではない。これまでの判例は、新しい10年の消滅時効についても引き継がれると考えるべきである。したがって、最判平成15年のような事案では、死亡推定時期から遺体発見までに10年が経過しても、この間は権利行使をすることが期待できないので、起算点は到来していないと考えることになる。遺体が発見されたことを遺族が知った時から、新166条1項2号の10年の消滅時効が進行する。同時に1号の5年の時効も進行する（このように解すると、遺体が発見されない限り、何十年経過しても、新166条1項2号の消滅時効が適用されない結果、保険金請求権はいつまでも存続することになるが、それは現行規定のもとでも生じる結果であり、やむを得ない）。改正民法における客観的起算点の10年の消滅時効は、現行規定を維持したものと解すべきであり、そのもとでの判例の立場も引き継がれる。

　5年の消滅時効における主観的起算点の「債権者が権利を行使することができることを知った時」とはどのような場合かは、今後の判例の蓄積で明らかにされることになる（特に「知った時」の意味、一般人を基準とするか、当該債権者を基準とするかなど）。契約によって生じた債権の確定期限の場合は、債権者は期限を知っているのが通常なので、原則として、期限到来が起算点となる。しかし、債権者が意思無能力者である場合や成年後見開始の審判を受けている場合には、履行期が到来してもそれを認識できないことが考えられ、このようなときに「債権者が権利を行使することができることを知った時」といえるか問題となる。債権者に判断力がない場合には、5年の消滅時効は進行を開始しないと解したい（時効が開始した後、債権者が事理弁識能力を失った場合には、時効の完成猶予の問題となる。新158条の適用ないし類推適用）。これに対して、10年の消滅時効の起算点は客観的起算点であり、債権者が判断力を欠いていても履行期から時効は進行を開始する（判断力がない債権者は158条の時効完成猶予で保護される）。法定代理人がいる場合には、法定代理人の認識が本人の認識として扱われる。

＊　**消滅時効の期間計算と初日の算入の有無**　　債権の消滅時効の期間計算をする際には、初日不算入の原則（140条）が適用され、初日は算入しないと解されている。そこで、履行期が3月31日という場合には、4月1日が初日となり、10年の消滅時効であれば、10年後の応当日（4月1日）の前日（3月31日）の満了によって時効が完成する（大判昭和6・6・9新聞3292-14）。判例の考え方は次のようなものである。すなわち、債権者は履行期日に請求ができるが、権利行使ができるのは、その日の

426　第2編　総　則

取引時間内であって、午前零時からではないので、消滅時効の期間の計算において初日を1日分として計算するのは適当ではないという理由である。もっとも、不法行為の損害賠償請求権は、期限という意味では特殊な債権であるが（期限の定めのない債権のようにも思えるが（412条3項）、判例によれば、不法行為の時から当然に遅滞になるので、むしろ、特殊な確定期限の債権というものに近い）、その消滅時効の初日について、最判昭和57・10・19民集36-10-2163は、「損害及び加害者を知つた時が午前零時でない限り、時効期間の初日はこれを算入すべきものではない」と述べるので、損害および加害者を午前零時に知ったときは、その日を初日とすることになる。しかし、午前零時に損害および加害者を知っても、実際の権利行使は取引時間にならないとすることができない点は、貸金債権と同じはずであり、両者で時効の起算点についての考え方に差がある。

　(ii)　停止条件付きの債権は、条件成就の時から時効が進行する。停止条件の場合は、確定期限と異なり、債権者が条件の成就を知らない場合がある。現行166条1項の起算点であれ、改正民法の新166条1項1号の起算点（主観的起算点）であれ、債権者が条件成就を知った時から時効が進行すると解すべきであろう。新166条1項2号の客観的起算点は、客観的に条件が成就した時点である。

　(iii)　**同時履行の抗弁権がついている債権**　　売買契約などの双務契約において、同時履行の抗弁権がついている場合に、一方の債権者はそのままでは相手方に履行を請求できないが、これは「法律上の障害」と考えるべきではない（幾代）。自己の債務の履行の提供をすれば、相手方に履行請求できるからである。したがって、履行期から消滅時効が進行し、双方10年間権利を行使することなく経過すると、双方の債権が時効で消滅する。しかし、一方の債権者（たとえば売主）が時効中断（時効の完成猶予）の措置をとっていると、その債権者（売主）の債権（代金債権）はまだ時効で消滅しないが、相手方（買主）の債権（目的物引渡債権）は時効で消滅するということが生じる。この場合に、売主が買主に代金請求をしたときは、目的物の引渡を受けていない買主は、目的物引渡債権自体は時効にかかっていても、同時履行の抗弁権を主張して代金の支払を拒むことができる（抗弁権の永久性）（421頁参照）。

　(b)　不確定期限の定めがある場合（412条2項）　父親からの相続財産をあてにして、父親が死亡したら返済するという約束で他人から借金をした場合に、「父親の死亡」は不確定期限であり、貸金返還請求権の消滅時効につ

いて、現行166条1項が起算点として定める「権利を行使することができる時」は、不確定期限の到来した時である。債権者がその到来を知ったか否かには関係がないとされる（大判大正4・3・24民録21-439）。これに対して、債務者が履行遅滞となる時期は、「債務者」がその期限の到来を知った時であり（現412条2項）、消滅時効の起算点と異なる。**改正民法**のもとでの5年の消滅時効についての主観的起算点は、不確定期限が到来し、かつ、債権者がそのことを知った時であり、10年の消滅時効の客観的起算点は、不確定期限の到来した時となろう（新166条1項1号・2号）。債務者の履行遅滞になる時期とは異なることがあるのは、現行規定の場合と同様である（新412条2項を参照）。

(c) **期限の定めのない債権（412条3項）**　　原則として債権成立の時から進行する（大判大正6・2・14民録23-152は、第三者のためにする契約における要約者の諾約者に対する権利について、この旨を述べる）。債権者は、債権成立以後、いつでも請求できるからである。注意を要するのは、ここでも消滅時効の起算点と債務者が履行遅滞の責任を負う時期が異なることである。遅滞になるのは、「履行の請求を受けた時」からであり（412条3項）、債権成立とともに遅滞の責任が生じるわけではない。

(d) **債務不履行による損害賠償請求権**　　(i) 債務不履行による損害賠償請求権の消滅時効に関しては、元の履行請求権の時効との関係が問題となる。この点、債務不履行のタイプによって異なる。履行遅滞による損害賠償請求権の場合には、履行期から消滅時効が進行する。もっとも、賃貸借目的物の返還義務の遅延による損害（継続的損害）は、日割計算で算出された賃料相当額の損害が日々発生しているので、それぞれの遅延損害の賠償請求権について消滅時効を考えることもできそうである。しかし、元の履行請求権の消滅時効は履行期から進行し、その時効が完成した場合には、遅延損害の賠償請求権についても時効が完成すると言うべきであろう。損害賠償請求権は、履行請求権が形を変えたものにすぎないからである（継続的に発生する損害についての賠償請求権は、将来の損害の賠償請求権という性格を有し、扱い方が難しい。不法行為の場合の継続的損害・将来の損害については、後述429頁）。

(ii) 履行不能による損害賠償請求権の時効については、履行不能が

生じた時期が履行期前の場合と履行期後の場合とで区別して検討する必要
がある。履行期前の履行不能の場合には、履行不能となった時に、履行不
能を理由とする損害賠償請求権が発生する。したがって、この時から時効
が進行する。履行期後の履行不能を理由とする損害賠償請求権の消滅時効
については、本来の債務の履行を請求できる時から進行するというのが判
例である（大判大正8・10・29民録25-1854は、賃貸人が賃借人に賃貸目的物の返還請求と返
還が不能となった場合の損害賠償を請求したところ、これに対して賃借人が損害賠償請求権の
消滅時効を援用した事案において、この考え方を示す）。損害賠償請求権は、履行請求
権が形を変えたものにすぎず、両者は債務として同一だからと説明される。
最高裁も同様の立場をとる（最判平成10・4・24判時1661-66は、農地の売買において、
買主が売主に対して有する所有権移転許可申請協力請求権が、売主が当該農地を他に売却した
ことで履行不能になったことによる損害賠償請求権の消滅時効について、上記のように判示し
た）。しかし、履行不能時にならないと履行不能による損害額は確定しな
いから、履行不能時を消滅時効の起算点とすべきだという見解もある。

改正民法のもとでも、履行不能による損害賠償請求権の時効に関する判
例の立場は維持可能であるが、その立場からは、新166条1項1号の5年
の消滅時効を考える際に、「債権者が権利を行使することができることを
知った時」とは、本来の債務の履行を請求することができることを知った
時と解することになる。判例に反対する立場からは、履行不能を知った時
ということになる。この対立は、改正民法のもとでも続くであろう。

　　(ⅲ)　履行遅滞を理由に契約を解除して損害賠償を請求する場合は、
どう考えるべきか。売買契約の買主が売主の履行遅滞を理由に契約を解除
して損害賠償を請求する場合には、履行期の到来の時から履行請求ができ
るので、その時から損害賠償請求権の消滅時効も進行するという見解が有
力である（契約解除の時ではない[2]）。契約解除権は、解除の要件が充足してい
れば、債権者の一存でいつでも行使できるから、履行期から時効が進行す
るということでよいのではないか（遅滞を理由とする解除では催告期間の経過が
必要だが、これは遅滞の時からの一連の手続きにすぎないので、催告できる時、すなわ

2）　我妻栄『債権各論(上)』208頁（1954年）。最判昭和35・11・1民集14-13-2781は、解除に
　よる原状回復義務の履行不能を理由とする損害賠償請求権の時効を考えているので解除時か
　ら進行するものとしている。

ち債務者が遅滞に陥った時から消滅時効は進行するということでよい)。

　(iv)　労働者が使用者の安全配慮義務違反によって損害を被った場合や医療過誤によって患者が損害を被った場合には、いつ債務不履行があったか、いつ損害賠償請求権が発生したかが明確とは限らないが、現166条１項の「権利を行使することができる時」とは、客観的に義務違反があり、損害が発生した時である。

　改正民法の10年の消滅時効の客観的起算点は、現行規定の起算点と同じである。これに対して５年の消滅時効の起算点の「債権者が権利を行使することができることを知った時」とは、加害者（使用者や医師）の義務違反があり、かつ、損害が発生したことを被害者（債権者）が知った時と解することになろう。被害者が損害の発生は知っていても、それが使用者や医師の責任を追及できる義務違反によることを知らない場合には、5年の消滅時効は進行しない。なお、人身侵害が生じた場合の損害賠償請求権の消滅時効の期間は、主観的起算点から５年、客観的起算点から20年になる（新167条）。

　(e)　**不法行為に基づく損害賠償請求権**　　(ⅰ)　不法行為の損害賠償請求権は、侵害発生の時に成立し、その債務は期限の定めのない債務であると一般には解されている。しかし、遅滞になる時期に関しては、412条３項の例外として、債権者の請求の時ではなく、不法行為の時に直ちに遅滞になる（条文はないが、判例・通説。したがって、加害者はこの時から法定利率による遅延損害金を払わなければならない）。これに対して、損害賠償請求権の消滅時効は、３年の時効については被害者が「損害及び加害者を知った時」から、20年の除斥期間については「不法行為の時」から進行する。「損害」や「加害者」がわからないときなど、３年の時効の起算点は、不法行為の成立時よりも後になる。後遺障害についての損害賠償請求権は、症状固定時が３年の時効の起算点となる（最判平成16・12・24判時1887-52）。

　(ⅱ)　継続的な損害が発生したり（不法占有や継続的な騒音発生による健康被害など、損害が継続的に発生する場合）、加害行為（原因行為）の時からかなり時間がたってから具体的な損害が生じる、いわゆる晩発性損害が生じた場合に（長期間作業現場で粉塵にさらされたことで後年肺がんなどに罹患する場合や相当量の放射線に被曝して後年白血病などに罹患する場合など。前者では、契約上の責任

を追及する場合が多い）、不法行為の損害賠償請求権の時効の起算点をどのように考えるか、という難問がある。

継続的損害の場合には、その原因となる行為が継続中であるときはまだ損害の全体が明らかになっていないのであるが、不法占有のように、不法行為の継続中は日々損害が発生すると考えることができるときは、損害賠償請求権も日々発生し、消滅時効も日々進行を開始すると解することになる（大（連）判昭和15・12・14民集19-2325）。3年の消滅時効で考えるならば、過去3年分の損害は請求できるということを意味する（3年を超えると、時間的に古い方から時効にかかっていく）。不法占有の場合は、将来分の損害賠償も請求できるので、この判例の立場で被害者は困ることはない（明渡しまでの賃料相当額の支払いを求めることができる）。しかし、騒音損害のように、既発生の損害賠償請求しか認められず、将来分の損害賠償請求が認められない場合には（最（大）判昭和56・12・16民集35-10-1369は、継続的に発生する将来分の損害賠償請求はできないとする）、被害者としては、どの時点で提訴するか判断に迷う（損害発生からすぐに提訴することは期待できないし、3年以上経過すると、3年よりも古い時期の損害賠償請求権は時効にかかってしまう。被害者は最大で3年分しか損害賠償が請求できないことになる）。継続的不法行為による慰謝料を請求する場合には、原因となる不法行為が継続している間は、時効は開始しないとし、慰謝料額の増減で調整するのが適当であろう。20年の除斥期間についても、同様に考えるのがよい。改正民法のもとでも、5年の時効については、現行の3年の消滅時効について述べた上記の考え方が妥当する。長期の消滅時効（人身侵害では20年、その他では10年）についても、現行の除斥期間についての考え方が妥当する。

晩発性損害については、被害者（債権者）が事故を知っただけでは「損害を知った」ことにならないので、将来、具体的損害（健康の不調など）が実際に発生するまで不法行為の短期の時効は適用されない（前掲最判平成6・2・22は、債務不履行による10年の消滅時効に関してであるが、じん肺の損害賠償請求権について、病状が相当な期間経過後に明らかになること、かつ、徐々に重くなるという特徴を踏まえて、消滅時効はじん肺法所定の管理区分についての「最終の行政上の決定を受けた時から進行する」とした）。20年の除斥期間の起算点である「不法行為の時」も、晩発的損害については原因行為の時点ではなく、損害が具体化して不法行為が成立す

る時と考えるべきであろう。**民法改正**のもとでも、上に述べたことが基本的に当てはまる。なお、改正民法においては、不法行為の時から20年間の期間の性質は、除斥期間ではなく、消滅時効の期間に変更された（新724条）。

　（f）　寄託契約による返還請求権の時効期間の起算点　　（i）　特定物の寄託につき、判例は、寄託期間の定めのある寄託契約の場合にはその期間満了時から時効が進行する、としている（大判昭和5・7・2評論19民1016）。寄託契約では、寄託期間を定めた場合でも、寄託者はいつでも返還を請求できるので（現662条、新662条1項）、寄託契約成立時から時効が進行するとしてもよさそうであるが、そのように解するのは適当でない。なぜなら、寄託期間を定めた場合には、その期間内は寄託しておくのが通常であり、寄託者がその期間内には返還請求しないとしても権利不行使を咎められるべきではないからである。預けておくことが寄託者の権利行使なのである。仮に20年の寄託期間を定めたような場合に、寄託契約成立時から10年で返還請求権が時効で消滅する（改正民法のもとでは5年で時効にかかる）ことがおかしいのは明らかであろう。なお、寄託契約上の返還請求権が消滅時効にかかっても、所有権に基づく返還請求権は時効にかからないので、所有者である寄託者はいつまでも取り戻すことができる。

　　　　（ii）　寄託期間の定めがない場合には、寄託契約成立の時から時効が進行する、というのが判例である（大判大正9・11・27民録26-1797）。返還請求できる時から時効が進行するという一般原則の適用の結果であるが、寄託をする以上はたとえ期間を定めなかったとしても、一定の期間は返還請求しないであろうから、寄託時から時効が進行するというのは問題である。しかし、寄託者が返還請求した時から返還請求権が時効にかかるとすると、寄託者が返還請求しないかぎり、永久に返還請求権は時効にかからないことになって、これも適当でない。そこで、寄託期間の定めのない寄託では受寄者の方からいつでも返還することができるので（663条1項）、受寄者が返還を求めた時または寄託者が返還請求をした時から、返還請求権の時効が進行すると考えるべきであろう。

　ちなみに、ドイツでは2002年の民法改正前においては、寄託者の返還請求権は寄託期間の定めの有無にかかわらず、寄託時から消滅時効にかかると解されていたが、改正後は明文で、寄託者の返還請求時から消滅時効が

432 第2編 総 則

進行することを定めた（ドイツ民法695条）。

（iii）　なお、寄託契約の時効を寄託契約の解約権の時効と解するか（そうすると、時効期間は20年とされる可能性がある）、寄託物返還請求権の時効と構成するかが争われている。解約は、返還請求権の前提にすぎないから、それ自身の独立した時効を考えるべきではなく、返還請求権の時効として、10年の時効にかかると考えるべきである（改正民法では5年または10年となる）。

(g)　割賦払債権に期限利益喪失約款がある場合　割賦払債権では、1回でも弁済を怠ると、将来の弁済分も含めて全額の返還を請求できる旨の特約が通常ついている。この特約の意味については、2つの解釈の可能性があり、それに応じて債務者の遅滞の責任が生じる時期が異なるのみならず、時効の起算点も異なるというのが現在の通説である。

（i）　特約の趣旨が、1回でも弁済の遅滞があった場合に、債務者は当然に期限の利益を失うのではなく、「債権者の意思表示」によってはじめて期限の利益を失うという内容であるときが問題である。この場合の解決の仕方としては、（α）不履行とともに即時に時効を進行させる（即時進行説）、（β）債権者の請求をまって進行させる（債権者意思説）、の2つがありうる。判例は、β説である（大（連）判昭和15・3・13民集19-544）。α説は、不履行後はいつでも債権者が請求できるから、期限の定めのない場合と同様に、不履行時から時効が進行すべきだとする。β説は、割賦払債務は、期限の定めのない債務とは異なる扱いをすべきであると主張する。すなわち、各期の割賦金債務には弁済期が定められているから（1月分、2月分などというように）、それぞれの弁済期毎の一部債権について時効が進行するので、期限の定めのない債務のように、債権者が請求しないと一切時効が進行しないというような不都合はない。したがって、債権者の請求時から時効が進行するとして不都合がない、と主張する。この種の債権が発生する諸場面を考えると、債務者の利益を考慮するα説が適当である（四宮旧版）。

（ii）　特約の趣旨が、債権者の意思表示がなくても債務者は当然に期限の利益を失うというものであるときは（「当然の期限利益喪失約款」）、単純である。債務者の割賦金不払いによって、全額についての返還義務が生じるから、債権者の返還請求権の時効は、債務者の不履行時である。もっとも、実際にこの趣旨の期限利益喪失約款は多くないようである。

〈**参考文献**〉　我妻栄「月賦弁済債務の消滅時効の起算点」民法研究2巻所収（1966年）

(h)　**預金債権の消滅時効**　(i)　当座**預金債権**については、当座預金契約終了時から時効が進行する（大判昭和10・2・19民集14-137）。

(ii)　普通預金については預入れの時から時効が進行する、というのが判例である（東京地判平成12・1・27金融・商事判例1100-41は、信用金庫の預金についてこのように述べる）。しかも、銀行預金は銀行にとって商行為であるから、現行法では時効期間は5年である（商法522条。改正民法の施行にあわせて、商法522条は削除され、民法の時効に統一されるので、民法の新166条1項1号の5年ないし2号の10年の消滅時効が適用される）。

しかし、この説にはいろいろと問題が多い。第1に、上記判例の立場は、当座預金と普通預金を区別するが、その理由に乏しい。第2に、普通預金については、いつでも引き出せる（権利行使ができる）ので、預入れの時から時効が進行するというのであるが、普通預金者は銀行に預けていることで、預金者としての権利を行使しているのであるから、預けている間に返還請求権が時効によって消滅するというのはおかしい（上述、寄託期間の定めなき寄託契約の場合の議論も参照）。長期間出し入れがないことを理由に銀行が預金者に取引を終了する旨の通知などをした時から消滅時効が進行すると考えるべきであろう。なお、仮に上記判例の立場にたったとしても、預金の一部払戻しまたは追加の預入れがあった場合には、権利行使があったとして時効の中断が認められる。利息の記帳も同様である。第3に、一般の消費者が預金をすることで生じる払戻請求権が5年の商事時効にかかるのも立法論として適当でない。もっとも、この問題に関しては、民法改正にあわせて、商事の消滅時効に関する商法522条が削除されたので、今後は預金債権についても民法の消滅時効の規定が適用される。その場合にも、立法論としては5年間の消滅時効の適否が問題となりうる。預金債権は売買代金債権などと異なり、迅速に決済するという要請があるわけではないので、預金債権については長期の消滅時効期間を法定すべきであろう（四宮旧版）。以上のように解しても、現在の銀行のように全てがコンピュータで管理されているところでは債務者＝銀行はあまり困ることはなく、弁済の証拠を保存することが困難であるという理由で消滅時効を簡単に認めることには根拠がない。

434　第2編　総　　則

〈**参考文献**〉　森田宏樹「預金債権の消滅時効」(1)～(3)」法学教室371号・372号・374号（2011年）

▶ ［改正民法］────────────────────────

　　法制審議会では、消費寄託と法律構成される銀行の普通預金について、預入れをした時から普通預金債権の消滅時効が進行することを問題視する議論もあったが、多数の支持を得るに至らなかった。もっとも、銀行界を代表する委員からは、銀行は預金者が預金残高を有する記録が銀行に存在する場合には、時効期間が経過しても時効を援用しないという発言もあった。これが銀行界の慣行ということもできるし、記録があるのに時効を援用した場合には、信義則に基づき時効援用の効力が否定されるということもできよう。

　　(iii)　自動継続定期預金の払戻請求権の消滅時効については、次のような問題がある。自動継続定期預金とは、たとえば、2018年1月31日に預けると、最初に到来する満期日（2019年2月1日）までは払戻請求ができないが（1年定期預金部分）、預金者が初回満期日までに定期預金の継続停止を申し出ると、初回満期日以後普通預金と同じ扱いになり、預金者はいつでも払戻しを請求でき、継続停止の申出をしないと前回と同一の預入期間の定期預金契約として継続するという内容の預金契約である。この場合の払戻請求権の消滅時効はいつから進行するかが問題である。この点については、①預金者が初回満期日までに継続停止を申し出ると自動継続特約が排除され、初回満期日以降払戻請求できるから、初回満期日から消滅時効が進行するという考え方と、②継続停止の申出をしない限り、自動継続特約の効力が維持され、満期日が経過すると新たな満期日が弁済期になるということを繰り返し、預金者は満期日から満期日までの間は任意に預金払戻請求権を行使することができないから、初回満期日が到来しても消滅時効は進行を開始しない、という考え方がある。最高裁は、①を否定し、②の立場をとることを明らかにした（最判平成19・4・24民集61-3-1073、最判平成19・6・7判時1979-61）。自動継続定期預金は、相当な期間は定期預金を継続することがむしろ予定されている預金契約であり、それに従って何もしないで自動継続が繰り返されていると、初回満期日から消滅時効が進行しているという①の立場は不合理であり、この種の預金契約のコンセプトとも矛盾する。自動継続をすることはこの種の預金の預金者としての権利行使であり、継続停止の申出をするか否かは、預金者の自由に委ねられている。そ

れゆえ、最高裁のとった②の立場が適切である。

この考え方は、普通預金などにも波及する可能性がある。普通預金においても、預金を引き出すか預けておくかは預金者の自由である。預けておくのも預金者の権利行使である。しかし、普通預金は預けた日から払戻しができるからという理由で、その日から消滅時効が進行するとなると、預金者が預けた日に払戻請求をすることが要求されることを意味する。これはおかしなことである。もっとも、預金者としては、追加的に預入れをすれば、時効を中断させることはできる。しかし、時効を中断するために追加預入れを強要されるのはなおさらおかしい。

(i) **不作為債権**　建築協定・騒音防止協定・公害防止協定などで債務者が一定の行為をしないことを約束した不作為債権では、違反行為があった時から責任を追及できる権利の消滅時効が進行する。不作為債権においては、債権成立の時から「特定の行為をしないように請求できる権利（履行請求権）」があるが、この履行請求権自体が時効で消滅すると考えるのは適当でない。

(2) **時効期間**　(a) **債権**　(i) 現行民法の一般の債権の時効期間は、10年 (167条1項)。商事債権は5年である (商法522条)。

▶ **[改正民法]** ────────────────────────

　　法制審議会では、債権の一般の消滅時効期間を短縮するか否かが最大の争点であった。当初、これを5年ないし3年に短縮する原案が提示され、弁護士会の一部、消費者代表の委員、研究者の一部（能見）が反対したが、多数とならなかった。強い対立の中、「権利を行使することができる時から10年間」という時効期間を残しつつ、「債権者が権利を行使することができることを知った時から5年間」という主観的起算点からの時効を導入するという案が提示され、結局、これが法案となった。一見すると、現行の10年の消滅時効が残されているので、大きな制度変更はないような印象を受けるが、確定期限のある通常の金銭債権については、ほとんどは主観的起算点からの5年の消滅時効が適用されるであろうから、実質的に見れば、消滅時効の期間は10年から5年に短縮されたというべきである。部会資料63参照。

　　(ii) 定期金債権については、特別の時効期間が定められている (現168条、新168条)。定期金債権とは、たとえば、企業年金を受領できる基本権としての年金債権 (毎年・毎月の具体的給付のことではない。これは定期給付債権とか、支分権と呼ぶ) や地上権の基本権としての地代債権などである。一般

の消滅時効の期間よりは長い期間が定められている。これに対して、各期に発生する支分権（定期給付債権）については、一般の消滅時効の原則（現166条1項）が適用されるが、年またはそれよりも短い間隔で支払われる支分権については、現169条で規定する5年間の消滅時効が適用される。

　基本権としての定期金債権は、次のいずれかの期間の経過によって時効にかかる（168条1項）。①第1に、「第1回の弁済期から20年間」で時効にかかる。たとえば、終身年金は、債権者が死ぬまで毎年年金が支給される制度であるが、債権者が第1回目の年金支給期から年金を請求することなく、その後も毎年の年金を請求せず、20年間を経過すると、基本権として年金債権が時効で消滅し、その後の支給は一切受けられなくなる。しかし、20年経過前に、支分権としての年金がある期において支払われた場合には、その支払いが基本権としての年金債権にかかる債務の承認となり、時効の中断が生じる（支分権を請求しても催告としての時効中断は生じるが、中断としての効力が弱い）。②第2に、「最後の弁済期から10年間」によっても消滅時効が完成する。以上は、民法が適用される私的年金についての規律であり、公的年金については特別法で民法よりも短い時効期間が定められているので注意を要する。たとえば、基本権は、給付事由が発生した時から5年で時効にかかる（国民年金法102条1項、厚生年金保険法92条1項、国家公務員共済組合法111条1項など）。

▶ ［改正民法］

　基本権としての定期金債権から発生する毎期の支分権については、消滅時効に関する一般原則が適用される（新166条1項）。新168条が適用されるのは、基本権としての定期金債権についてであり、新166条1項の主観的起算点と客観的起算点の消滅時効の考え方を取り入れながら、定期金債権が一般に長期に存続するものであることを考慮して（年金を考えよ）、消滅時効期間は新166条1項よりも長くする規定を設けた。すなわち、「債権者が定期金の債権から……給付を目的とする各債権を行使することができることを知った時」から10年間（新168条1項1号）、または、「……各債権を行使することができる時」から20年間で（2号）、基本権としての定期金債権が消滅時効にかかる。1号の意味は、たとえば、終身年金の何回目かの支分権の履行期が到来しているのを受給権者が知りながら、10年間これを請求しない場合に、基本権としての定期金債権が消滅時効にかかるということであるが、定期金債権なので、その次の支分権、その次の次の支分権と順次支分権が発生しており、10年間経過する前にどれかの支分権を請求すれば、基本権と

第5章　時　　効　　第2節　消滅時効　*437*

しての定期金債権の時効は完成猶予・更新される。ただし、請求しなかった期の支分権については、新166条1項1号により5年で消滅時効にかかる（現行169条は削除されるので、新166条の原則が適用される）。2号は、履行期が到来したことを知らなくても進行する客観的起算点からの20年間の消滅時効であり、どの期の支分権についても当てはまるが、実際には、第1回の支分権の履行期を受給権者が知らずに、そこから20年が経過するという場合が想定されるにすぎない。この場合も、その後のどこかの期の支分権を請求すれば、基本権としての定期金債権の時効は完成猶予・更新される。

　　(iii)　定期給付債権　　「年又はこれより短い時期によって定めた金銭その他の物の給付を目的とする債権」の時効期間は5年である（現169条）。一般の消滅時効の原則である10年間よりも短い時効期間を定めたものである。定期的に給付を受けるべきものを放置しておいて一挙に債務者に弁済を迫ると債務者を破産におとしいれるおそれがあること、および、権利の不行使はその定期給付が生活上必要でないことを示していることなどを考慮して、5年の短期消滅時効にかかるものとした。これに該当するものは具体的には、①1年以内に定期に支払われる債権（例、家賃・地代・利息・給料など）、②定期金債権の支分権でその弁済期が1年以内に繰り返されるものが含まれるが、③分割払債権は含まれない[3]（大判昭和10・2・21新聞3814-17）。**改正民法**では本条は削除された。新166条1項1号が定める一般の消滅時効（5年）で対応できるからである。

　　(iv)　特別短期消滅時効　　日常の取引から生じる債権で、普通は速やかに弁済され、しかも証拠書類の作成または書類の保存を期待しえないものについては、3年・2年・1年という短い消滅時効期間が定められている（現170～174条）。現行規定の詳細については省略する（本書第8版を参照）。

　改正民法では、いわば職業別に細かく分かれているこれらの短期消滅時効は、合理性がない上、具体的場合において適用されるか否かが不明確で紛争を生じさせるので削除された。たとえば、現173条2号は、「自己の技

---

3)　最判平成16・4・23民集58-4-959は、マンションの管理組合Xからその組合員である区分所有者Yに対して滞納していた管理費および特別修繕費6年分の支払を求めた事案において、現169条を適用して、履行期から5年を経過していた分について消滅時効を認めた。管理費・修繕費などは、総会の決議によってその額が決まるので、基本権たる定期金債権から発生する支分権といえるか否かが争点であった。

能を用い、注文を受けて、物を製作」することを業とする者の仕事に関する債権について2年の短期消滅時効を規定するが、自動車修理工場の修理料債権について同条の適用の有無が争われた事件において、最判昭和40・7・15民集19-5-1275は、適用を否定した。

(b) **債権・所有権以外の財産権**（現167条2項、新166条2項）　　(i)　一般には20年の時効にかかる。物権的な権利について、債権よりも強い保護を与えるために、時効期間を長くしたものである。なお、抵当権の時効については特別の規定がある（396条）。以上について、**改正民法**による変更はない。

(ii)　**形成権**　　形成権（解除権や取消権など）については議論が錯綜している。第1に、形成権については消滅時効の問題とすべきか、除斥期間の問題とすべきかが争われている。第2に、消滅時効の問題とするとしても、形成権だけに独立の消滅時効期間を考えるべきか（これに形成権の行使によって発生する請求権の時効期間が加わる）、形成権の行使によって生じる請求権とを合わせて時効期間を考えるべきか（四宮旧版）、が問題となる。

判例の立場は明確ではないが、形成権についても消滅時効の問題としている。そして、明文の規定がなければ「債権又は所有権以外の財産権」として20年の時効にかかるように見えるが、単純に現167条2項を適用するのではなく、むしろそれぞれの実質に従って時効期間を判断している。たとえば、解除権の時効期間については、債権に準じるとして10年[4]、売買予約完結権の時効期間は10年（大判大正10・3・5民録27-493）とする。すなわち、大体において、債権に準じる権利として処理しているといえよう。形成権というだけの理由で、一般の債権よりも強い保護を与えることには合理性がないから、形成権の実質に着目して時効期間を考えるのが適当であろう。このような立場からすると、物権に近い性質を有する再売買予約完結権は20年の時効にかかると考えるべきである[5]（我妻、四宮旧版）。**改正民法**でも、上記の問題は解釈論として残る。時効期間の起算点については、166条1

---

4)　最判昭和62・10・8民集41-7-1445は、無断転貸の事案につき、転借人が目的物の使用収益を開始した時から10年で解除権が時効にかかったとして解除を否定。

5)　最判昭和40・4・6民集19-3-564は、債務者から時効援用の主張がなかった事案であり、むしろ権利失効の原則の適用が問題となった場合であるが、完結権を行使しうる時から15年後の予約完結権行使を認める。

項を適用して解決することになる。

　　　(ⅲ)　公に確定した権利　　確定判決またはそれに準じる公権力（裁判上の和解など）によって確定された権利は、短期時効期間の定めのあるものについても、時効期間は一様に10年となる（現174条の2第1項）。その理由としては、債権の存在の確証が生じたこと、短期に再び時効にかかりその中断のためにさらに提訴が必要というのはわずらわしいこと、などが挙げられている。5年の短期時効にかかる商事債権（商法522条）も、確定判決によって時効期間が10年に延長される。ただし、確定の当時まだ弁済期が到来していなかった場合には、以上の原則は適用されない（現174条の2第2項）。

　改正民法においても、以上の点については、実質的な変更はない（新169条）。判決で確定した権利については、新166条1項1号の5年の消滅時効は適用されないことになる。もともと10年以上の長期の消滅時効期間が定められている権利については、その時効期間が適用され（新166条2項）、確定判決があったことで10年に短縮されるわけではない。人身侵害を理由とする損害賠償請求権については、確定判決があると、その時から新166条1項1号の時効が進行するが（債権者は権利行使をすることができることを知っているので、1号が適用される）、時効期間は10年ということになろう。

　＊　**時効期間の延長と保証債務**　　主債務が商事の5年の短期時効にかかるものである場合に、主債務が確定判決によって10年の時効期間に服するようになったときは、保証債務の時効期間はどうなるか。第1に、主債務の時効が確定判決で中断されたので、保証債務の時効も中断する（民法457条1項、保証債務の付従性）。そして新たに始まる時効期間について、主債務が現174条の2第1項（新169条1項）の適用を受けて10年に延長されるのは当然だが、保証債務にも延長の効力が及ぶ（最判昭和43・10・17判時540-34）。その理由は、やはり保証債務の付従性に求めることになろう。すなわち、主債務を担保するための保証債務が、主債務よりも短い消滅時効にかかるのは適当でないからである（なお、保証債務の中断に関する説明を参照）。**改正民法**のもとでは、5年の商事消滅時効が廃止されるので、ここで想定していたのと同じ問題は生じないが、主債務者に対する債権者の債権が確定判決で確定すると、10年の時効期間が適用され（新169条）、保証債務の附従性から、保証人に対する債権（保証履行請求権）の時効期間も10年に延長されることになろう。

3　消滅時効の効果

(1)　援用によって債権が消滅する（145条）。援用した者との関係でのみ、

債権が消滅するという相対的な効果しか生じない。ただし、債務者が時効を援用すると、債務者に対する当該債権が消滅したという事実を誰でも、たとえば、他の一般債権者も、主張することができる（援用権者であるか否かにかかわらず）。詳しくは、援用のところで触れる（478頁以下）。

(2)　債権が消滅するといっても、債権が不存在であるというのと同じではない。第1に、時効によって消滅した債権（AのBに対する債権）の債権者Aが、時効消滅前に、債務者Bに対して債務（BのAに対する債権）を負っていた場合には、債権者Aは時効消滅した債権で反対債権との相殺を主張することができる（508条）。第2に、債務者が時効を知りつつ債務を弁済した場合には、債権者の弁済受領は不当利得にならない。通常は、時効利益の放棄があったとされる。

(3)　**遡及効**　　時効によって債権は起算日に消滅するので（144条）、債権の消滅時効では、その弁済期に消滅したものとされる（弁済があったという扱い）。債務者が債務を承認したりして時効の中断（改正民法では「時効の更新」）が生じた後、再度の時効期間が満了した場合にも、当初の起算点まで遡及すると考えるべきであろう。債務者は、起算日以後の利息・遅延利息を支払う義務を負わない。

4　類似制度

(1)　**除斥期間**　　(a)　**定義**　　その期間内に権利行使をしないと、その後は一切権利行使ができなくなる期間（梅）。この期間内に権利関係を確定することが除斥期間の目的である。長期の権利不行使によって権利の不存在が推定される時効とはその存在理由が異なる。不法行為による損害賠償請求権の場合のように短期（3年）と長期（20年）の権利行使期間の制限が規定されている場合に（現724条）、長期の期間制限は除斥期間であると解するのが通説・判例である（最判平成元・12・21民集43-12-2209）。

改正民法によって、不法行為の損害賠償請求権についての20年の期間は消滅時効期間であることが明文で規定された（新724条）。したがって今後は、20年の期間についても、完成猶予・更新が認められることになろう。取消権については、現行126条がそのまま維持されたので、「行為の時から20年を経過」という期間は除斥期間であるという従来の解釈論は今後も存在し

うる。また、相続回復請求権の20年の期間制限（884条）、遺留分減殺請求権の10年の期間制限（1042条）も、除斥期間であるとの従来の解釈は可能である。

(b) **消滅時効との違い**　除斥期間は、消滅時効とは次の点で異なるとされている。すなわち、①中断（**改正民法**では「時効の更新」と称する）が認められない、②当事者の援用を必要としない、③権利の発生した時を起算点とする（「権利を行使することができる時」ではない、現166条1項・新166条1項2号と異なる）、④権利消滅の効果は遡及しない（144条と異なる）。⑤時効の停止（**改正民法**では「時効の完成猶予」と称する）も除斥期間については認めないというのが民法起草者の見解だが（梅）、現在では認めてよいとする見解が有力である。

(c) **具体的な判別基準**　民法典の定める期間制限が消滅時効か除斥期間かを判断する基準は、かつての学説では「時効によって」という明文の有無に求められていた（梅）。しかし、その後、権利の性質と規定の趣旨によって実質的に判断すべきことが主張されるようになった（川島）。このような立場からすると、一応、形成権については除斥期間、請求権（債権）については消滅時効と考えるのがふさわしい。

(d) **具体例**　(i)　1つの権利について長期と短期の2つの権利行使期間の定めがある場合には（長短二重期間）、長期の期間制限は、それによって権利関係を確定しようというものであるから、除斥期間と考えるのが適当である（取消権（126条）、不法行為による損害賠償請求権（現724条。ただし、新724条は消滅時効とする）、相続回復請求権（884条）、遺留分減殺請求権（1042条））。

(ii)　形成権行使の結果、請求権が発生する場合には（二段階権利行使）、形成権の意味・期間制限を定める規定の趣旨を考える必要がある。取消権については、5年と20年の期間制限が定められているが（126条）、長期の期間制限だけでなく、5年の期間制限も除斥期間と考えるべきである。したがって権利者は、5年の期間が満了する前に取消しの意思表示をし、かつ、返還請求することが必要である。法定解除については、解除権

---

6)　我妻。最判平成10・6・12民集52-4-1087〔百選5版Ⅱ-99〕は不法行為の20年の除斥期間に民法158条を類推適用する。

442 第2編 総 則

行使の期間制限を民法は特に定めていないが、解除権者は、一般の消滅時効の期間内（現行民法では10年だが、改正民法のもとでは新166条1項1号または2号の期間内）に解除権を行使し、かつ原状回復請求をすべきである。

(e) **判例の立場** 判例は、①長短二重期間がある場合に、長期期間は除斥期間であるとする（現724条の20年について、前掲最判平成元・12・21）。②二段階権利行使の場合については、前段階の形成権行使については除斥期間、後段階の請求権については消滅時効と考えている。たとえば、解除による原状回復請求権は、解除の時から生じるとする（大判大正7・4・13民録24-669）。また、現行民法566条3項が規定する解除権の1年の期間制限は除斥期間であるとする（最判平成4・10・20民集46-7-1129）（新566条は、「買主がその不適合を知った時から1年以内にその旨を売主に通知」することを要求するが、この期間には時効の完成猶予・更新事由は適用されるべきではないので、除斥期間と考えてよい）。

(2) **権利失効の原則** 消滅時効にかからない所有権に基づく請求権や、消滅時効の期間が満了していないが、権利者が権利行使を長期間放置し、そのために権利行使がないであろうという信頼を相手方に与えた場合に、権利が失効したとする理論が主張されたことがある。信義則による権利行使の制限の一場面といえるが、権利不行使が継続した場合には時効制度で処理するのが原則であるから、適当な理論ではない。ところで、近年、土地について、いろいろな理由で相続登記がなされなかったりして、現在の所有者が誰であるか不明となっている場合が多く発生しているという指摘がある（いわゆる「土地所有者不明問題」）。そのため、これらの土地の有効活用が考えられるのに、それができない（たとえば、農地として生産活動に用いる、防災工事を施す、各種施設を建設するなど）。これらの土地を利用するための方策は考えられるべきであるが、所有権を行使していないと権利行使ができなくなるとか、長期間の所有権の不行使は権利の濫用（不作為の権利濫用）であるなどという議論がされているのは乱暴な議論で、適当でない。

第3節　取得時効

1　取得時効の認められる権利

(1)　所有権その他の財産権　　取得時効はこれらの権利についてだけ認められる。身分権については認められない。したがって、長年事実上の親子関係が継続しても、法律上は親子関係が認められず、相続などもできない。たとえば、他人の子を自分の嫡出子とする届出の後、長年事実上の親子として暮らしてきても、法的な保護は与えられない。外国には「**身分占有（possession d'état）**」という制度を認めるところがあり（フランス民法311条の1以下）、真実に反する届出であっても、長年親子として暮らしてきた場合には、嫡出子として扱われる。いわば身分関係の取得時効を認めるに等しい。わが国にはこのような制度がないので同様の扱いはできないが、事実上の身分関係を保護する方法は考えられる。たとえば、学説では、真実の親子関係がなければ「嫡出子としての出生届」は無効であるが、これを「養子縁組届」として扱うべきことを主張するものが有力である（無効行為の転換）。しかし、判例は否定する（最判昭和25・12・28民集4-13-701）。

(2)　取得時効の認められない財産権　　財産権のすべてについて取得時効が認められるわけではない。民法の起草者は、物権・債権・著作権など広い範囲の権利について取得時効が適用されると考えていたが（梅）、現在の通説は、取得時効は長期間の占有を要件とするから、占有に馴染まない権利は取得時効の対象とならないと考える。(i)したがって、**金銭債権**などは取得時効の対象とならない。しかし、債権であっても**不動産賃借権**は、不動産を占有・使用することを内容とするものであるから取得時効の対象となる。(ii)また、継続的な権利行使が考えられない権利も取得時効の対象とならない。たとえば、1回の行使で消滅する権利（形成権）や、不表現または不継続の**地役権**は取得時効の目的とならない（283条は「地役権は、継続的に行使され、かつ、外形上認識することができるものに限り、時効によって取得することができる」と規定する）。(iii)その他、法律の規定に基づいて成立する留置権や先取特権については、法律の定める要件を充たしていないのにその成立を認めるのは適当でないから、取得時効の目的とならない。

＊　不動産賃借権の取得時効　　判例・通説は不動産賃借権の取得時効を肯定するが（最判昭和43・10・8民集22-10-2145など）、その中には幾つかのタイプがある。

　(1)　第1は、目的物の所有者との**賃貸借契約に瑕疵**があるために、賃貸借契約が無効・不成立となる場合である（**所有者賃貸型**）。たとえば、土地所有者AがBに土地を賃貸する契約をしたが、賃貸借契約が何らかの瑕疵のために無効であったにもかかわらず、契約が有効に成立したと考えたBが長年土地を使用収益し、賃料などを所有者に支払い続けてきたような場合である。Bの信頼の保護あるいは長期利用の利益の保護という観点から、Bに取得時効を認めてよい。そのような例として、最判昭和45・12・15民集24-13-2051は、寺院境内の土地の賃貸借契約が当時の法令に違反して無効だった場合に、賃借権の時効取得を肯定した（20年の取得時効）。また、最判平成16・7・13判時1871-76は、その設定に農地法3条の知事の許可を必要とする農地の賃貸借について、長期間の継続的占有を保護するために農地法3条の許可がなくても、賃借権の取得時効を認めることは農地法3条の規制の趣旨に反しないとして、これを認めた。

　(2)　第2は、**所有者以外の第三者が賃貸**する場合である（**第三者賃貸型**）。たとえば、**最判昭和62・6・5判時1260-7**〔百選7版Ⅰ-46〕は、A所有の不動産を何らの権限を有しない第三者Cが無権限でBに賃貸し、Bが賃借人として占有しCに賃料を支払っていた場合に、所有者Aに対する関係で、占有者Bに賃借権を10年の取得時効によって取得することを認める（同旨、最判昭和44・7・8民集23-8-1374）。判旨は、①他人の土地の継続的使用という外形的事実、②賃借意思の客観的表現としての賃料支払い（「所有の意思」に対応する）、という要件が充たされれば、10年ないし20年の取得時効を認める。もっとも、取得時効によってBが賃借権を取得した後の法律関係をどのように解するかは難問である。一応、次のように考えたい。(i)長期占有者Bが取得する賃借権は所有者Aに対する賃借権であり、結局、AB間の賃貸借契約が成立する。他方で、自称土地所有者Cは賃貸借関係から脱落する。(ii)AB間の賃貸借契約は、いままでのCB間で存在していた賃貸借関係と同じ内容で成立すると考えるべきであるが、賃料が不当に低かった場合などにAは増額を請求できると考えるべきであろう（借地借家法上の賃料増額請求権）。(iii)所有者Aと自称所有者Cの関係では、自称所有者CがBから受け取っていた賃料はどうなるかが問題となる。所有者Aと自称所有者Cとの関係は不当利得で解決すべきであろう。自称所有者Cが善意であった場合には、善意占有者の果実取得権として賃料取得を認めることになろう（189条）。

　(3)　第3に、**無断転貸借**の場合がある。たとえば、土地所有者（賃貸人）Aに無断で賃借人BがCと転貸借契約を締結し、転借人Cが土地を支配し、長年賃料をBに支払ってきた場合には、Cには所有者Aに対抗できる転借権の取得時効が成立する（前掲最判昭和44・7・8）。

2　取得時効の要件

　取得時効は「所有の意思」をもって「平穏に、かつ、公然」に「他人の物」を10年ないし20年「占有」することによって生じる（162条）。

　(1)　「所有の意思」ある占有（自主占有）　　(a)　意義　　取得時効が成立するためには、所有者と同じような支配、すなわち「所有の意思」をもった占有がなければならない。これを**自主占有**という。これに対して**賃借人や受寄者**は、他人の物を占有するが、これは所有の意思を伴わない占有でしかない。これを**他主占有**という。他主占有しかない賃借人・受寄者などについては、いくら長期に他人の物を占有していても取得時効が成立して所有権を取得するというのは適当ではない（賃借権の取得時効が認められるのは別問題）。なぜなら、賃借人の占有（他主占有）は、所有者（賃貸人）の所有権を否定するものではなく、むしろ賃貸人の所有権を前提として成り立っているからである。換言すれば、所有権の取得時効が成立するのは、占有者が真実の所有者の所有権を否定するような目的物支配を継続している場合に、はじめて認められるのである。これが「所有の意思」が要求される理由である。

　　(b)　**どのような場合に自主占有が認められるか**　　所有の意思があるか否かは、占有を生じさせた原因たる事実の性質によって客観的に決まると考えられている。たとえば、売買契約で目的物を購入した買主、土地の境界線を越えて自分の土地として占有している者、盗人なども自主占有者である。これに対して、賃借人や受寄者は、他主占有者であり、どんなに内心では所有者になろうとしていても、それだけでは所有の意思をもつことにならない。共同所有者の1人が共有の目的物を単独で占有する場合に、その占有が自主占有なのか否かについては議論がある。共有者の1人が共有持分権に基づいて占有を開始した場合には、その占有は、他の共同所有者との関係では他主占有であると解される（共有者の1人が目的物を長期占有してもそれだけでは単独所有権の取得時効は成立しない）。しかし、共同相続した際に、他に共同相続人がいることを知らず、単独相続したと思って占有を開始した場合には、その占有は自主占有だとされる（最判昭和47・9・8民集26-7-1348は、遺産相続ではなく家督相続したと思った者が不動産を占有した場合に、その占有を自主占有であるとして20年の取得時効を認める）。

446　第2編　総　則

従来、所有の意思を比較的容易に肯定する傾向があったが、より厳格に認定すべきことを主張する説も有力である。具体的に議論されているのは、たとえば農地の売買における知事の許可のように、法定条件が要求される取引において、それを欠くために無効な取引によって農地を購入した買主が自主占有を主張しうるかといった問題である。知事の許可を欠くために無効な農地売買によって始まった占有を他主占有であるとする裁判例もあるが（東京高判昭和48・2・27判時697-46）、最高裁は自主占有を肯定する（最判昭和52・3・3民集31-2-157、最判昭和59・5・25民集38-7-764）。他主占有とされると、何十年と占有しても取得時効が認められない。しかし、このような法定条件欠如の売買契約には、10年の取得時効は過失があったとして否定すべきであるが、20年の取得時効は認めてよいのではないか。そうであるとすると、自主占有を肯定するのが適当である。

　(c)　**他主占有から自主占有への転換（185条）**　　賃借人は、いくら内心では賃貸借の目的物を自分の所有物にしようと考えていても、それだけでは自主占有にならない。しかし、次の場合には他主占有が自主占有に転換される。

　第1は、占有者が「自己に占有をさせた者に対して**所有の意思があることを表示**」した場合である。賃借人がこんなことをすれば、賃貸人から賃貸借契約を解除され、目的物の返還請求訴訟を提起されるであろう。したがって、このような形の自主占有への転換は通常はないが、賃料支払いの拒否が「所有の意思の表示」にあたるとされる場合がある（最判平成6・9・13判時1513-99）。

　第2に、「**新たな権原**により更に所有の意思をもって占有を始め」た場合にも、自主占有へ転換される。「新権原」の意味が争われているが、①典型的な例としては、賃借人が賃貸借の目的物を買い取った場合などに、賃借人は売買という新権原に基づいて占有するので、以後は自主占有となる。②若干問題がある場合としては、賃借人が賃貸借の目的物を買い取ったが、その売買契約が無効な場合である。判例は、そのような場合でも新権原による自主占有が始まるとした（前掲最判昭52・3・3は、知事の許可なき無効な売買契約の場合）。③大いに争われているのが、**相続が新権原になるか**である。たとえば、所有者（賃貸人）Aから目的物を賃借していた賃借人

Bが死亡して、その相続人Cが「所有の意思」を有している場合に、相続人Cの占有は新権原による自主占有であるといってよいか、が争われている。判例は、これを肯定する。なお、相続人が所有者の共同相続人の1人である場合に、単独相続したと誤信してそのようにふるまい、他の相続人から異議もなかったというときは、相続の時から自主占有を取得したことになる（前掲最判昭和47・9・8は家督相続だと思って占有を開始した事案）。しかし、他に共同相続人がいることを知らないことについて合理的な理由がない場合には、自主占有とならないという（最判昭和54・4・17判時929-67）。

(d) 「所有の意思」の証明責任　　所有の意思は、民法186条で推定されるので、他主占有であることを主張する者（取得時効を否定しようとする者）が占有者に「所有の意思」がないことを証明する責任がある。具体的には、占有取得の原因である権原から客観的外形的に所有の意思がないことを証明するか、または、所有者であれば通常とらないような態度を占有者が示したり、所有者であれば当然とるべき行動に出なかったりしたことなど、客観的外形的に見て占有者が他人の所有権を排斥して占有する意思を有していないと解される事情（他主占有事情）が存在することを証明すれば、自主占有の推定が破れる（最判昭和58・3・24民集37-2-131は、農地の所有者が生前にその管理権を相続人に委ねる「お綱の譲り渡し」という慣習がある地域において、父Aが子の1人Xにこの管理権を委ねたという場合に、Xが開始した占有によって取得時効が成立するか否かが争われた事案である。Xは、「お綱の譲り渡し」を受けた後も、自ら所有者として行動することなく、かえって父Aが所有者として振る舞うのを容認していたという事情があったと認定され、Xの自主占有が否定された）。

〈**参考文献**〉　藤原弘道「所有の意思について」判タ313号—315号（1975年）、同『時効と占有』（1985年）

(2) 「平穏かつ公然」の占有　　「平穏」とは暴力的でないことであり、「公然」とは隠秘でないことである。いずれも186条で推定される。

(3) 取得時効の対象となる「物」　　(a) 他人の物　　自己の所有物につい

---

1) 最判昭和46・11・30民集25-8-1437〔百選4版Ⅰ-63〕は、管理人の相続人が自主占有を主張した事案において一般論としては相続が新権原となることを肯定したが、事案の具体的解決としては所有の意思がなかったとして時効取得を否定した。**最判平成8・11・12民集50-10-2591**〔百選7版Ⅰ-64〕は、管理人の相続人について新権原を肯定した。

448　第 2 編　総　則

て、さらに取得時効でその所有権を取得することはありえないので、条文上は「他人の物」が要件とされる。しかし、取得時効の制度目的を真実の所有者がその所有権を証明することの困難を救済するものととらえる立場からは、「他人の物」についてしか取得時効が成立しないのはかえっておかしいことになる。したがって、自己の所有物である可能性があるというだけでは取得時効の成立を妨げることにはならないと考えるべきである。取得時効の制度目的を事実状態の尊重に求める立場においても、取得時効の主張を他人の物に限定する必要はないので、同様に考えることになろう（**最判昭和42・7・21民集21-6-1643〔百選7版Ⅰ-44〕**では、建物の贈与を受けたＹが、移転登記をしていなかったために、その後に元の所有者が設定した抵当権の実行により建物を競落したＸから明渡しを求められたが、10年の取得時効を主張し、認められた）。しかしながら、いずれの立場から時効を説明するにせよ、次の場合は問題である。すなわち、①売買契約の買主で代金未払いの者が、契約による所有権取得ではなく、時効による取得を主張する場合である。これは認めるべきではないであろう。これを認めると、売主の契約上の抗弁権（代金を支払うまで所有権移転に応じないという同時履行の抗弁（533条））を封じてしまうことになり、適当でないからである。相手方（売主）が売買契約による所有権取得を認めている場合には、買主はもはや取得時効を主張できないと考えるべきであろう。②また、未登記建物の所有権取得者が、対抗関係にある第三者に対して、時効による取得を理由として、対抗要件なしに所有権を主張できるかも問題である。[2] 二重譲渡は登記の先後で解決するという原則を民法は採用しているからである（177条）。20年の取得時効は認めてもよい。

　　(b)　**物の一部**　　取得時効の対象となるのは物の一部であってもよい。一筆の土地の一部（大（連）判大正13・10・7民集3-509）や、他人の土地に権原によらずに植え付けた樹木についても（**最判昭和38・12・13民集17-12-1696**は、所有権の争いがある山林に、樹木を植えて、20年間、その樹木について所有の意思をもって占有してきた者はその土地については所有権がないとされても、樹木については取得時効が成立するとした）、取得時効が成立する。

---

2)　前掲最判昭和42・7・21は、対抗要件なしに所有権取得を主張できることも取得時効の制度趣旨であるととらえるが、問題がある。「時効と登記」452頁参照。

第 5 章　時　　効　　第 3 節　取得時効　　*449*

(c)　**公物の取得時効**　　判例は、古くは公用廃止処分がないかぎり時効取得しえないとしていたが、その後、公共用財産としての形態・機能を欠く場合や黙示の公用廃止があった場合について取得時効を肯定するに至った[3]。この問題は難問であり、学説も対立している。もともと私権の対象になりえない公物（公有水面や河川流水）は別として、公物に対しても原理的には取得時効は成立しうるはずであるが、公用廃止処分がなされるとか実質上公物でなくなった場合でなければ、取得時効に必要な他の要件を充たすことは事実上不可能であろう。換言すれば、取得時効の他の要件が充たされるような場合には、事実上の公用廃止があったといえる可能性が高く、20年の取得時効ならば認めてもよいのではないかと考える。

(4)　**時効期間**　　(a)　**20年の時効（162条 1 項）**　　20年間の占有がある場合には、占有の始めに善意である必要がない。悪意で占有を開始した場合でもよい。自分の占有期間だけでは、20年に充たないときに、前主・前前主などの占有を合わせて20年を超えることを主張することもできる（187条）。

(b)　**10年の時効（162条 2 項）**　　10年の取得時効は、取引安全を保護するための制度であるから、「占有の開始の時に、善意であり、かつ、過失がなかった」ことが必要とされる。

(i)　**善意無過失の意味**　　善意とは、一般にある事実を知らないことをいうが、ここでは自分に「所有権がないこと」を知らないこと、したがって、自分に所有権があると信じることを意味する（大判大正 9 ・ 7 ・16民録26-1108）。善意は、186条によって推定される。無過失とは、善意について、すなわち自分に所有権があると信じたことについて、過失がないことである。無過失は推定されない（186条参照）。

(ii)　**善意無過失が要求される時期**　　「占有の開始の時」に善意無過失であればよく、のちに悪意に変じてもよい（大判明治44・ 4 ・ 7 民録17-187）。これは**取引によって占有を取得した**者についてはよく当てはまる。すなわち、10年の取得時効は取引安全のための制度であるから、売買などによって占

---

3)　最判昭和44・ 5 ・22民集23-6-993（公園予定地）、最判昭和51・12・24民集30-11-1104（国有水路）。一般論として黙示の公用廃止による時効取得を認めるが、具体的事件の解決としては否定したものとして、東京高判平成 3 ・ 2 ・26訟務月報38-2-177（道路）、肯定したものとして、東京地判平成 2 ・11・13判タ761-219（道路）。

有を取得した時点での信頼を保護するために、占有開始時点での善意無過失を問題とするのである（厳密にいうと、売買契約締結時と売買目的物の占有開始時が異なることがあるが、そのような場合に契約締結時での信頼だけでは足りず、占有開始の時に善意無過失でなければならないという点が時効の特徴である。表見代理など他の取引安全制度では、契約締結時を基準に保護する）。これに対して、他人の山林を自分の所有地と誤解して樹木を伐採したり、境界線を越えて他人の土地を占有した場合のように、**取引を介在しないで占有を取得した**場合については、占有の始めだけ善意無過失であればよいというのは適当でない。10年間を通じて善意無過失であった場合に時効取得が認められるにすぎないと解するのが適当である（四宮旧版）。

* **占有の承継と善意無過失の判断時点**　占有がA（例、3年占有）・B（8年占有）と承継され、両者を合わせて10年の期間を超える場合に（187条）、162条2項の善意無過失は、①合算される占有のうちの最初の占有の開始時において存在すればよいのか（Aの占有が善意無過失の占有であるときは、Bの占有が悪意ないし過失ある占有であっても、AとBの占有を合算した占有全体が善意無過失の占有となる。**最判昭和53・3・6民集32-2-135**〔百選7版I-45〕は、この立場である）、それとも、②各占有者の占有開始時に善意無過失であることが必要で、前主Aが善意無過失でも、後主Bが悪意または有過失であった場合には、後主Bは前主Aと自分のとを合わせた占有が善意無過失であることを主張できない、と考えるべきか（幾代、四宮旧版）。思うに、この問題を解決するにあたっては、A（瑕疵なき占有）・B（瑕疵ある占有）と占有が承継された場合に、Bについて10年の取得時効を認めることがどのような意味をもつかを考える必要がある。もし、Bの短期取得時効を認めないと、Bは真実の所有者Xから目的物を取り戻され、そうするとBはAに追奪担保責任を追及することになる。それでは、前主Aは善意無過失で占有を始めたにもかかわらず保護されないことになる。これを、Aは10年間自ら占有を継続しなかったのであるから仕方がないと考えるか、Aが10年未満で目的物を譲渡した場合にもBの占有を合わせれば10年を超えている以上は、Aを保護するために、Bのもとでの短期取得時効を認めるべきだと考えるか、が結論を分ける実質的争点である。占有期間が10年未満で目的物を手離したとはいえ、善意無過失で占有を始めたAを保護する①の立場が適当ではないだろうか。

　上述した最判昭和53・3・6は、P（善意無過失の占有）Q（過失ある占有）R（善意無過失の占有）と3つの占有が承継され、その合算が主張された事案という点で多少複雑であるが、基本的には先に述べたことが当てはまる。これに対して、学説では、悪意または有過失の占有者に短期取得時効の利益を享受させることは適当でないこと、187条2項との均衡から考えて、②の立場が適当であるとする説も有

力である（幾代、四宮旧版）。

　(iii)　期間計算の起算点　　判例は、起算点としての占有開始時を確定し、そこから時効期間を計算すべきだという立場をとる。しかし、起算点を確定することができなくても、訴え提起の時から逆算して所定の期間占有していることが証明されれば足りるという説が有力である（川島、四宮旧版）。20年の取得時効では取引行為が介在しないで占有を取得する場合も多く（隣地の占有など）、このようなタイプでは占有開始時を明確にすることは困難である。起算点の確定は必要ないと考えるのが適当である。これに対して10年の取得時効は取引行為が介在するので、占有開始時を確定することは困難ではない。また、占有の開始時における善意無過失が要件とされるので、占有開始時を確定しないわけにはいかない。

　(iv)　短期取得時効の適用範囲　　平成16年改正前の162条2項の文言は、20年の取得時効を規定する1項と異なり、取得時効の対象を「不動産」に限っていた。これは、動産については即時取得制度（192条）があるので、取引安全の制度としての10年の取得時効は必要ないと考えたからである。しかし、即時取得制度が適用されるのは、取引行為がある場合で（現代語化された192条では、「取引行為によって」という文言が追加された）、しかも、前主に所有権がないという場合に限られるので、動産についても即時取得制度が適用されない場合に短期取得時効を適用することが考えられる。そのような場合としては、第1に、他人の山林を自己の山林と誤解して樹木を伐採した場合が考えられる（四宮旧版）。しかし、短期取得時効は取引安全を図る制度であるとすると、山林伐採というような非取引行為によって動産の占有を取得した場合まで同制度で保護する必要はない（通説は、これを認める。四宮旧版）。第2に、取引行為によって占有を取得したが、何らかの理由で取引行為に瑕疵があって無効・取り消しすべき行為とされる場合が考えられる（錯誤無効、意思無能力、法令違反などの場合。改正民法では錯誤は取消原因となった）。これらの場合に即時取得は適用されないが、占有開始時に善意無過失の占有者が10年間の占有をすることで動産についても取得時効による権利の取得を認めてもよいのではないか（ただし、公序良俗違反で無効であった取引は原則として時効でも保護されない）。平成16年の民法の現代語化に伴う改正で、162条2項は、1項と同様に、「他人の物」（動産を含む）

について適用されることが明らかにされた。

(5) **占有の継続（自然中断がないこと）** (a) **意義** 占有者が「任意に
その占有を中止」し、または「他人によってその占有を奪われた」ときは
（ただし、占有の訴えによって取り戻せば中断しなかったことになる（203条但書））、時
効は中断される（164条）。これを、後述する**法定中断**と区別して、**自然中断**
という。これは何人に対する関係でも効力を生じる中断である。改正民法
では、従前、時効の中断（法定中断）と呼ばれていたものは、「時効の完
成猶予・更新」にとって代わられたが、自然中断はそのどちらにも該当し
ないので、そのまま「中断」という用語が用いられる。なお、取得時効の
場合も、時効の完成猶予・更新事由は適用される。

(b) **占有継続の証明** 前後する2つの時点で占有した証拠があれば、
その間の占有は継続したものと推定される（186条2項）。したがって、現在
の占有と10年ないし20年前の占有を証明すれば、その間の占有の継続が推
定される。

(c) **占有の合算** 他人から占有を承継した者は、自己の占有のみを
主張してもよいし、前主の占有を合算してもよい（187条1項）。さらに前前
主の占有というように、遡って幾つでも占有を合算してよい。前主の占有
を合算する場合には、前主の占有の瑕疵（悪意・有過失・非公然・非平穏など
の性質）をも承継する（187条2項）。

(6) **時効と登記** (a) **登記は取得時効の成立要件ではない。**不動産の取
得時効が成立するために、取得者が登記簿に権利者として記載されている
ことは必要でない。未登記不動産の場合はもちろん、他人名義に登記され
ている不動産についても、占有者が取得時効によって所有権を得ることが
認められる。立法論としては、ドイツの取得時効制度のように、登記を取
得時効の要件とすることも考えられるが、日本では一般に登記は不動産取
得の対抗要件でしかないので、時効の場合にも、当事者間では登記を備え
ていなくても所有権を主張できるとするのが適当である（177条の「第三者」
が登場した場合に、これに「対抗」するための登記は別である）。また、取得時効
は取引行為が介在しないで占有を取得する場合（境界紛争型）にも適用さ
れると解されているが、このタイプでは相隣する両所有者とも登記を有し、
ただ、登記簿の記載の面積・公図の境界線と異なる占有がなされているの

で、これを取得時効で保護するかが問題なのである。境界紛争型の取得時効を一切否定するならともかく、これを認める以上は、占有状態に対応した登記がないと取得時効を認めないとするのはおかしい。

(b) **判例の立場**。時効による物権変動の**対抗要件としての登記**は必要である。物権変動に関する一般理論によれば、登記は所有権移転の成立要件ではないが、対抗要件とされている（177条）。この物権変動の一般理論（177条）を時効による所有権取得にも適用すべきかということが問題となるが、判例の立場は、取得時効にも177条が適用されるというものである。その具体的内容は以下のようなものである。

①**時効完成時の登記名義人との関係**。一般に、物権変動の当事者間では登記なくして所有権取得を主張しうるのであるから、取得時効の場合にも、時効完成時の登記名義人Ａとの関係では、占有者Ｂは登記なくして時効による所有権取得を主張しうる（大判大正7・3・2民録24-423）。

②**時効完成前の登記名義取得者との関係**。所有者Ａが時効完成前に不動産をＣに譲渡し、その後に時効が完成した場合には、Ｂは時効完成時の当事者であるＣに対して登記なくして所有権取得を主張しうる（最判昭和41・11・22民集20-9-1901）。Ｃは時効完成時の登記名義人であるから、(i)と同じことになるという理由である（時効の遡及効を考えると本当はそれほど簡単ではない）。

③**時効完成後の登記名義取得者との関係**。Ｂによる時効完成後に、所有者ＡがＣに不動産を譲渡した場合には、ＡからＢへの時効による所有権移転と、ＡからＣへの譲渡による所有権移転の二重譲渡があったのと同じように考えて、Ｂは登記がなければＣに対して時効による所有権取得を主張できない（大(連)判大正14・7・8民集4-412ほか）。ただし、ＣがＢの時効完成を知っており、かつ、Ｂの登記の欠缺を主張することが信義則に反する場合には、Ｃは背信的悪意者に該当し、Ｂの登記の欠缺を主張できない。その結果、Ｂは登記なしに、Ｃに対して時効による所有権取得を主張しうる（この法理を明らかにするものとして、**最判平成18・1・17民集60-1-27〔百選7版Ⅰ-57〕**）。なお、Ｃが先に登記したためにＢが時効による所有権取得をＣに対抗できない場合に、Ｃの登記後、Ｂが引き続き時効取得に要する期間の占有を継続したときは、ＢはＣに対して登記なくして時効による権利取得を対抗で

きるとされている（最判昭和36・7・20民集15-7-1903）。しかし、Bが時効完成後、所有権移転登記をしないでいた間にDが先に抵当権登記を受けた場合に、その後にBがAに対して取得時効を主張してAからBへの所有権移転登記を経由したとしても、これだけではBはDに勝てないが（Dの抵当権登記がBの所有権登記より先なので）、Dの登記からさらに時効取得に要する期間占有すればBは再度の取得時効をDに対して援用することができるか否かが問題となった事案で、最高裁は、これを認めると第1の時効援用によって一度確定した起算点を後ろにずらすことになるので認められないとする（最判平成15・10・31判時1846-7）。

(c) 判例の立場に対しては批判も多い。判例の立場によると、AからCへ不動産の譲渡があった場合に、それが時効完成の前か後かで決定的な違いがある（②と③の違い）。これはアンバランスであるという批判が強い（どのように解決すべきかについては、③の場合にも登記を不要とすることでバランスをとる考え方（四宮旧版）、②の場合にも登記が必要であるとすることでバランスをとる考え方がある）。また②と③で扱いを異にする判例の立場を前提とすると、時効の起算点をずらすことで時効完成時期を変えることができるのは適当でない。そこで、判例は、時効の起算点は客観的に決まっており、当事者が起算点をずらして主張することはできない、という立場をとっている（最判昭和35・7・27民集14-10-1871）。しかし、これも取引行為が介在する占有取得の場合には妥当するが、境界紛争型では起算点を決めることは困難であり、起算点が客観的に決まっているという考え方は適当でない。

根本的には、時効において対抗要件を要求する考え方自体に対する批判もあり、時効の援用の段階では登記は不要であり、時効の援用後において生じた第三者に対してのみ対抗要件が必要であるという説もある（四宮旧版）。この考え方は、取引行為が介在しないで占有を開始する境界紛争型の場合には妥当であるが、取引介在型では適当でない。たとえば、Aから不動産を購入したBが売買契約の瑕疵により所有権を取得できないが、長期間占有したことで時効により所有権を取得できる場合に、AB間の所有権移転は厳密には取得時効によるものであるが、通常の承継取得とほとんど変わりなく（Bが有効に所有権を取得したと思っていた場合はなおさらである）、もともとBとしては対抗要件としての登記を備えなければ第三者Cには所

有権取得を対抗できない。それがたまたま売買契約が無効で、Bとしては取得時効で所有権を取得すると、Aからの譲受人Cの所有権取得が時効完成前であると、Bは登記なくしてCに所有権を主張できるようになるのはおかしい。むしろ、時効完成前の譲受人Cに対してもBは登記を必要とすると考えるべきである。

　　(d)　**通行地役権の取得時効の場合**。通行地役権の取得時効の場合には、「外形上認識することができるもの」に限られるから（283条）、承役地を譲り受ける者からすれば、通行地役権の存在が認識できるという特徴がある。そこで、このような特徴のある通行地役権の取得時効と第三者の関係については、「時効の登記」に関する判例の立場も多少変容を受ける。すなわち、通行地役権の時効取得者は登記をしなければ第三者（承役地の譲受人）に対して時効による権利取得を対抗できないのが原則であるが、承役地の譲受人が通行地役権の存在を「認識することが可能であったときは、譲受人は、通行地役権が設定されていることを知らなかったとしても、特段の事情がない限り、地役権設定登記の欠缺を主張するについて正当な利益を有する第三者に当たらない」とされる（最判平成10・2・13民集52-1-65〔百選7版Ⅰ-60〕は、約定の未登記通行地役権の事案であるが、時効取得されたものにも妥当する）。単に通行地役権の存在を認識し得ただけでは承役地の譲受人が背信的悪意者になるわけではないから、判例は、通行地役権については登記なしに対抗できる場合を拡張したのである。なお、こうして通行地役権を承役地の譲受人に対して対抗できる時効取得者は、承役地の譲受人に対して地役権設定登記手続を請求することができる（最判平成10・12・18民集52-9-1975）。以上のような考え方が所有権の取得時効の場合にも及ぶかが問題であるが、**最判平成18年1月17日**（民集60-1-27〔百選7版Ⅰ-57〕）は、Xが通行のために使っていたZの土地を長期占有して所有権の取得時効が完成した後、YがZから当該土地の所有権を譲り受け、登記を備えた場合について、Xが登記なしに所有権の取得時効を土地の譲受人Yに主張するためには、譲受人Yが背信的悪意者であることが必要であるという、「時効と登記」に関する従来の判例の立場を維持した（Xが所有権の取得時効ではなく、通行地役権の取得時効を主張していれば平成10年の最高裁の立場が使われたことであろう）。通行地役権の場合だけが特別であることが明らかにされたことになる。しかし、最

456 第2編 総 則

高裁は、「乙が、当該不動産の譲渡を受けた時点において、甲が多年にわたり当該不動産を占有している事実を認識しており、甲の登記の欠缺を主張することが信義に反するものと認められる事情が存在するときは、乙は背信的悪意者に当たる」と述べ、占有者（甲）が既に所有権を得ていること（時効の要件が満たされていること）まで認識している必要はないとしていることに注意する必要がある。

〈**参考文献**〉 星野英一「取得時効と登記」鈴木古稀記念論集所収（1975年）、山田卓生「取得時効と登記」川島還暦記念論集 2 巻所収（1972年）

3 取得時効の効果

取得時効の完成によって、占有者が所有権ないしその他の財産権を取得することは明らかだが、細かい点ではなお問題がある。以下では所有権の場合についてのみ問題点に触れておく。

⑴ **所有権取得の形態**　占有者は、所有権を**承継取得**するのか、**原始取得**するのか。一般には原始取得であると考えられている。すなわち、占有者Bは、もとの所有者Aからその所有権を引き継ぐのではなく、時効完成によってBが所有権を取得することの結果として、もとの所有者Aは所有権を失うと考えられている。もっとも、実質的にはAからBに所有権が移転するのと大した違いはない。たとえば、原始取得だといっても、Bはその所有権取得を第三者（時効完成後の第三者）に主張するには、登記を備えなければならないと考えられており、この点では承継取得と変わらない。また、時効による所有権取得の登記は、Aからの所有権移転登記をすべきものとされている。

所有権を時効取得した者Bは原始取得するので、元の所有者Aによって設定された物権などは消滅する。たとえば、AがDのために地上権を設定した後Bが当該不動産の所有権を時効取得した場合には、Dの地上権は消滅することになりそうである。しかし、BがAから土地所有権を承継取得した場合であれば、対抗力ある地上権は新所有者に対抗できるので、時効取得の場合にも同様に扱う考えもそれほどおかしいわけではない（時効と登記の問題では時効取得を承継取得的に扱っているのだから）。

この点、どう考えたらよいか難しい問題であるが、Bが時効取得するに

あたり前提としていた占有の形態によって区別して考えるのが適当である。この立場によると、通常は、Bの占有は、Aの占有や地上権者Dの占有・使用を排除して行われるのであるから、Bによる土地所有権の時効取得によって、地上権者DもDその権利を失うと考えるべきであろう。これに対して、Bの占有がDの権利行使を排除しない態様で行われてきた場合は、Dの権利はBの時効取得によって消滅しないと考えるべきである。たとえば、Bが長期占有を継続したが、その間、元の所有者Aとの間で設定された通行地役権をDが行使してきた場合には、Bが時効で取得する権利はDの通行地役権を許容した土地所有権と考えるべきである（289条は、承役地の取得時効による地役権の消滅を規定するが、地役権を排除する占有がなされていた場合の規定と考えるべきである）。この場合に、原始取得を理由にDの通行地役権を消滅させるのは適当でない。

　Dの権利が賃借権である場合にも同様の問題がある。また、Dの権利が抵当権である場合については、397条が規定しているが、同条の理解については学説上争われている。397条によれば、占有者が「債務者又は抵当権設定者」である場合には、取得時効を理由に抵当権の消滅を主張するのは適当でないのでできないが、それ以外の者（もっとも、第三取得者は抵当権の存在を知りつつ不動産を購入するので397条を適用すべきか議論があり、大判昭和15・8・12民集19-1338は否定するが、Aとの境界を越えてA地を占有した隣人Bのような者については397条が適用されることに問題がない）は、抵当権の設定されている不動産を長期間占有して時効取得すると、抵当権は消滅する。これは時効取得が原始取得であるということから一般には説明されるが、より実質的に見ると、Bが時効取得する当該不動産に対する所有権とその交換価値を把握するDの抵当権とが矛盾する関係にあり、Bが抵当権を排除しつつ当該不動産の占有を継続してきた場合には、Bの所有権の取得時効によってDの抵当権が否定されるのが適当だと考えられるからである。

　(2)　**所有権取得の時期**　「時効の効力は、その起算日にさかのぼる」（144条）とされているので（これを時効の遡及効という）、起算点である占有開始の時に占有者が原始取得したものとされる（大(連)判大正13・10・7民集3-509）。

458　第2編　総　則

第4節　時効障害

1　時効の中断（「時効の完成猶予および更新」）

(1)　**中断（「時効の完成猶予および更新」）の意義**　　現行民法は、消滅時効または取得時効の進行中に時効を覆すような事情が生じたことを理由として、それまでの時効期間の経過を全く無意味にすることを、時効の中断と呼んでいる。そして、中断事由が終了すると、そこから新たな時効が進行する。

しかし、現行民法の規定する中断という概念は必ずしも正確でない。たとえば、債権者による訴えの提起は、典型的な時効中断事由であるが（現147条1号の「請求」）、訴えの提起があると、裁判の継続中は消滅時効は完成しないが（その間も時効は進行するが、本来の時効完成時期が来ても、時効は完成しない）、権利を確定する確定判決が出されると、その時から新たに時効が進行する。すなわち、裁判上の請求は、①訴えの提起によって「時効の完成を止める」という効果が発生し、裁判継続中はこの効果が続き、②判決による権利の確定の時に、それまでの「時効期間の経過が無意味になり、新しい時効が進行」を開始するという2つの部分からなる。このように、現行法の中断という概念は、この両者①②を包含する概念である。

> ▶　［改正民法］────────────────────────
>
> 　新147条以下では、現在の中断概念に含まれているこの2つの部分を区別し、前者の時効の完成をを止める部分を「時効の完成猶予」と呼び、後者の新しい時効の進行する部分を「時効の更新」と呼ぶことにした。それに伴い、これまでの中断事由の位置づけの見直しが行われた。これを整理すると、3つに分類される。すなわち、「完成猶予及び更新」が生じる事由（新147条・新148条）、「完成猶予」だけが生じる事由（新149〜151条、新158〜161条）、「更新」だけが生じる事由（新152条）に分けることができる。これら全体を包含する概念として、民法で使われている概念ではないが、「時効障害」という表現を用いることにしたい。詳しくは、後述する（460頁以下）。
>
> 　なお、現行民法で、取得時効については、取得時効の要件である占有が失われて、時効の進行が断ち切られる事由を自然中断（164条）として説明しているが、改正民法のもとでも、これは「中断」という概念で説明する（164条は変更なし）。自然中断が生じる場合には、占有がない以上、時効は完全に終わり、完成だけが

猶予される状態になるわけではないし、新たな時効が進行するという意味の更新とも違うからである（占有がないので時効が始まらない）。なお、取得時効についても、新147条以下の時効の完成猶予および更新に関する規定は適用がある（ただし、その性質上適用されないものもある）。

(2)　**現行民法の中断事由の概観とその根拠**　　現行民法は、①請求、②差押え・仮差押え・仮処分、③承認の３つを中断事由として規定している（現147条）。これらが中断事由とされることの根拠は同じではない。①②は、債権者の権利行使であり、しかも裁判制度を利用した明確な権利行使である。そして請求が棄却されたり、訴えの取下げがあった場合には、時効中断の効果は生じないのであるから、結局、①②は、裁判による権利の確定を意味する。これに対して③は、債務の存在を明確にする債務者側の行為である。承認についての方式はなく、債務者の行為に承認と認められる事実が含まれていればよい（利息の支払い、担保の提供など）。承認はかなり広く認められるので、実際上は重要な中断事由である。

　従来の学説は、これらの中断事由を時効に関する基礎理論に基づいて統一的に説明しようとしてきた。(i)通説（実体法説）は、①②については、権利者が真実の権利を主張したことに、③については、占有者や義務者が真実の権利を承認したことに根拠を求める。そして、③の場合を含めて、権利者としては権利の行使を怠っているとはいえない事態が生じたことを中断事由の根拠とする。(ii)これに対して訴訟法説は、これらの事由によって権利の存在が確定したことを理由に、時効中断の効力を認める。(iii)しかし、時効中断事由の根拠を統一的に説明するのにはかなり無理がある（①②と③はかなり異なる）。あえて統一的な説明をするのであれば、権利の存在が確定したという(ii)の説明が適当であろうが（(ii)は時効中断事由を統一的にとらえようとしたフランス民法の考え方に近い）、むしろ異なる根拠の時効中断事由が含まれていると素直に考えるのが適当である。このような観点からみると、①②は、権利者が権利を行使したのであるから、権利不行使の継続を要件とする時効が中断するのは、ある意味で当然である。とくに、債権の消滅時効ではそうであるが、取得時効においても所有者が占有者に明渡請求訴訟を提起して勝訴すれば、権利不行使の状態は解消したことになる。これに対して、③承認の位置づけが問題である。これも、権利の存在

を強く推定させる事実が登場したことで、時効を中断させるのであるが、裁判外の承認行為によっても時効が中断するのは、権利の存在を肯定することで不利益を受ける者自身が権利を認めるのであるから、裁判外であっても権利の存在を確定してよいという考え方によるものである。

▶ ［改正民法］

時効の中断事由（完成猶予と更新）の整理の仕方が大幅に変わったので、以下に対照表を掲げる。

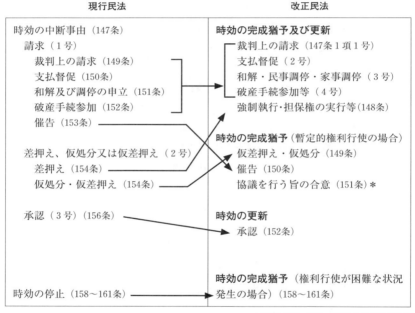

＊新151条は、新しい時効の完成猶予事由

(3) 各種の中断事由（現147条） 各種の時効中断事由は、次の3つの類型(a)(b)(c)に分かれるが、このうち、消滅時効にしか適用がないものがある。すなわち、(a)請求のうち、「支払督促」「破産手続参加」「催告」は消滅時効についてしか適用がない。また、(b)差押え・仮差押え・仮処分も消滅時効にしか適用がない。(c)承認は消滅時効・取得時効の両方に適用があるが、通常は消滅時効で問題となる。全体的に見て、中断事由は消滅時効を中心に考えられており、そのうちの若干のものが取得時効にも適用されるので

ある。

　　（a）　**請求**　　（ⅰ）　裁判上の請求（現149条）　　①これが中断事由となるのは、それが権利主張であるばかりでなく、その結果裁判所によって権利の存在が確定されることになるからである。したがって、「訴えの却下」または「取下げ」の場合には、中断が生じない（149条）。請求が棄却された場合も時効中断が生じないと解されている（起草者の梅も、現在の請求棄却に相当する「請求の却下」が含まれるとしている）。もっとも、請求棄却では権利の不存在が確定するので、当事者間では、そもそも消滅時効自体を問題とする必要がない。しかし、時効中断の効力は特定承継人（たとえば債権の譲受人）にも及ぶが（現148条）、時効中断の効力を否定する棄却判決は当事者間にとどまるので、棄却によって時効中断が生じないと解する意味がある。

　　　　②どのような場合に、「裁判上の請求」があったとされるか、については議論がある。判例は、給付訴訟の提起のみならず、確認訴訟や反訴でもよいとしている。また、債務者からの債務不存在確認訴訟に応訴した債権者が勝訴した場合にも、その債権の消滅時効が中断する（大（連）判昭和14・3・22民集18-238）。さらに、時効の対象となっている権利が当該裁判で訴訟物になっていない場合でも、その裁判で実質的に権利が確定したといえるような場合には、時効の中断を認める。[1]

　　　　③時効中断の効力が生じる範囲が問題となることがある。たとえば、判例は、債権の一部のみを請求する旨を明らかにして訴えを提起した場合には、債権の残額部分については時効中断の効力が生じないとする（大判昭和4・3・19民集8-199、最判昭和34・2・20民集13-2-209〔百選4版Ⅰ-44〕）。しかし、反対が多い。判例も、一部請求の趣旨が明示されていない場合には、一部の請求であっても、同一性のある債権全額についての時効中断が生じるとする。[2]　また、明示的な一部請求の場合にも、その裁判の中で残余部分についても請求する意思が明らかにされた場合には、これに「裁判上の請

1）　最（大）判昭和43・11・13民集22-12-2510は、Xからの登記名義人Yに対する移転登記請求訴訟で、Xが取得時効を主張したのに対して、Yが所有権を主張して請求棄却を求め、それに成功した場合には、単にXの移転登記請求権（これが訴訟物）がないことが確定しただけでなく、Yの所有権が肯定されたのであるから、「裁判上の請求」があったのに準じて、取得時効の中断を認めてよい、とする。

2）　最判昭和45・7・24民集24-7-1177も、損害賠償請求事件で後から原告が請求を拡張した。

462　第2編　総　則

求」としての時効中断の効力までは認めないが、「裁判上の催告」としての効力を認め、裁判終了後6カ月以内に訴えの提起などの手段を講じれば、「裁判上の催告」のあった時点で消滅時効の中断があったとする判例がある（最判平成25・6・6民集67-5-1208）。

　　　④時効中断の効力が生じる時期は、訴え提起をした場合には、その時である（民訴法147条は、民法改正に伴い、時効の完成猶予に対応した改正がされた）。応訴の場合には、答弁書を提出するなど、訴訟の中で自分の権利を主張した時である。

▶ ［改正民法］────────────────────────────

　　裁判上の請求・支払督促・和解又は調停の申立て・破産手続参加などは、その手続の申立て（訴えの提起など）によって、その時から消滅時効の完成が猶予され（新147条1項）、その手続の終了によって権利が確定した場合（確定判決で原告・債権者の勝訴確定）は、その時から、その確定した権利についての新たな時効が進行する（更新）（新147条2項）。権利が確定しないでこれら手続が終了した場合（訴えの取下げなど）は、その手続終了から6カ月は時効の完成が猶予される（新147条1項括弧書）。

　　（ii）　支払督促（現150条）　　金銭その他の代替物または有価証券の一定数量の給付を目的とする請求について、債権者の申立てによって裁判所書記官が発する命令が支払督促である（民訴法382条）。かつては支払命令と称されていた。支払督促は、債務者を審尋する手続をとらないで発せられる（同386条1項）。もっとも、債務者は支払督促に異議を申し立てることができ（同条2項）、そのときは支払督促申立ての時に訴えの提起があったものとして、通常の訴訟に移行する（同395条）。支払督促に対する異議がなかった場合には、債権者の申立てにより、仮執行宣言が付せられる（同391条1項）。これに対する異議もなかった場合には、仮執行宣言付き支払督促は確定判決と同一の効力を有する（同396条）。このように、支払督促は、その申立てが訴えの提起に擬制されたり、あるいは、それ自体が確定判決と同一の効力を有するので、「裁判上の請求」と同様の時効中断の効力が認められる。そして、債権者が法定の期間内に仮執行の宣言の申立てをしないために、支払督促が効力を失った場合には、時効中断の効力も失われる。

▶ ［改正民法］────────────────────────────

　　新147条1項2号・2項により、支払督促には時効の完成猶予及び更新の効力が

第 5 章　時　　効　　第 4 節　時効障害　　*463*

認められる。

　　(iii)　和解及び調停の申立て（現151条）　　　民事紛争の当事者は、いきなり訴えを提起する前に、簡易裁判所に和解を申し立てることができる（民訴法275条）。和解の申立てがあると、簡易裁判所は、相手方に期日を定めて出頭を求め、相手方がこれに応じて出頭し、当事者間の話合いがつけば、裁判所によって和解調書が作られ、これは確定判決と同一の効力を有する（同267条）。この場合には、和解の申立てがあった時に時効が中断する。相手方が期日に出頭しなかったり、出頭しても和解が成立しなかった場合には、和解の申立てには時効中断の効力が生じないが、その時から 1 カ月以内に訴えを提起すれば、和解申立ての時を基準に時効中断の効力が生じる（現151条前段）。

　　また、当事者双方が簡易裁判所で紛争を解決しようと話し合って、連れだって簡易裁判所に出頭することを任意出頭というが、当事者は、ここで訴訟についての訴えを提起して口頭弁論をすることもできるし（民訴法273条）、和解の申立てをすることもできる。和解の申立ての場合には、和解が成立すれば、任意出頭の時に時効中断の効力が生じる。また、和解が成立しない場合には、時効中断の効力が生じないが、 1 カ月以内に訴えを提起すれば、和解申立ての時に時効中断の効力が生じる（現151条後段）。

　　以上のほかに、民事調停法または家事事件手続法による調停の申立てについても、調停が成立すればそれで時効は中断し、相手方の不出頭または調停不調の場合には、 1 カ月以内に訴えを提起すれば、調停申立ての時に時効中断の効力が生じる。

　▶ ［改正民法］

　　　新147条 1 項 3 号・ 2 項により、和解及び調停の申立てには、時効の完成猶予及び更新の効力が認められる。

　　(iv)　破産手続参加（現152条）　　　①債務者が支払不能（破産法15条）または債務超過（同16条）の状態におちいると破産手続開始決定がなされ、債務者の財産は一定の手続で債権者への弁済に充てられる。そして債権者は、その弁済を受けるために自分の債権の届出をする（同111条）。これが破産手続への参加（同111条以下）である。破産手続参加も権利主張としての意味をもち、届け出た債権が債権者表に記載され（同115条）、これに対する異議の

464　第2編　総　　則

訴えが提起されずに破産債権が確定すると、確定判決と同一の効力を持つ（同131条2項）ので、時効中断の効力が認められる。しかし、債権者がこれを取り消し、またはその請求が却下されたときは、中断の効力がない（現152条）。

②破産宣告を申し立てた債権者については、その申立てが「裁判上の請求」として時効中断の効力が認められる。

③破産手続参加に類似するものとしては、配当要求（民執法51条）がある。他の債権者が申し立てた競売手続でする配当要求もかつては破産手続参加と同等の効力があり、「請求」に該当するとして時効中断の効力が認められていた（大判大正8・12・2民録25-2224）。しかし、民事執行法のもとでは、配当要求には債務名義が必要であり（民執法51条）、配当要求自体は権利を確定する手続ではないから、「請求」に該当するとはいいにくい。したがって、「請求」としての時効中断効は否定されるが、「差押え」に準じるものとして時効中断効が認められる（最判平成11・4・27民集53-4-840）。なお、民事再生法による再生手続への参加（民事再生法86条）および会社更生法上の更生手続参加（会社更生法138条）についても、同様の扱いとなる。

▶　[改正民法]

　　新147条1項4号・2項により、破産手続参加等には、時効の完成猶予及び更新の効力が認められる。

　　（ⅴ）　催告（現153条）（新150条で完成猶予事由となる）　　①催告とは権利者が裁判外で請求することである。債権者が債務者に対して内容証明郵便などで支払いを求める手紙を送りつけることなどが催告の典型であるが、方式が決まっているわけではない。これも債権者の権利行使ではあるが、債権者の一方的な主張であり、これだけで権利関係の確定に至るものではないので、独立の中断事由にはならない。しかし、ともかくも権利主張ではあるので、他のより強力な中断事由の前段階の措置として、時効期間を若干延長する効力が認められる。すなわち、催告後6カ月以内に他の強力な中断事由の手続をとると、催告の時点で時効中断の効力が生じる（現153条）。

3）　最判平成元・10・13民集43-9-985、最判平成8・3・28判時1564-17は、請求としての時効中断効を否定する。

第5章 時　効　第4節　時効障害　　465

権利者が「裁判上の請求」をするには準備のために時間が必要であるが、時効満了が迫っているときなどに、とにかく裁判外で請求しておけばよいので、権利者としては便利であり、また、一時的ではあるが重要な時効中断措置である。

▶ ［改正民法］

　　実質は、現行法と同じであるが、改正民法では、催告には、6カ月間時効の進行を止める「時効の完成猶予」の効力しか認められない（新150条）。時効の完成が猶予されている6カ月以内に催告以外の他の「時効の完成猶予」または「時効の更新」の効力が生じる手段を講じると、その手続きに従って時効の完成猶予または更新が生じる。たとえば、訴えを提起した場合には、提訴の時から裁判の終了まで「時効完成の猶予」がなされ、勝訴の確定判決が得られると、その時点で時効が「更新」される（新147条1項・2項）。このような場合に、現行法のもとでは、催告の時点で一時的な中断の効力が生じると説明されるが、改正民法のもとでは、催告は、「完成猶予」の効力しかないことが明らかにされた。

　　②催告は、一時的な時効中断措置にすぎず、権利者が本格的な時効中断措置をとる時間がない場合の権利保全の手段であるから、これを広く認めてよいと考えられている。それ自体がより強力な時効中断事由には該当しない場合でも、権利者の権利行使といえるようなものは催告として認められる。たとえば、法人の清算や限定承認の際の債権の届出（大判大正6・10・13民録23-1815）、手形の呈示のない手形債権の催告（最（大）判昭和38・1・30民集17-1-99. 手形の呈示がないので手形金を請求することができないが、時効中断の効力は認める）に、催告による一時的な時効中断の効力が認められる。

　　③「裁判上の請求」の場合と異なり、催告にあっては債権の一部請求によって残額についても一時的な時効中断の効力が認められる（最判昭和53・4・13訟務月報24-6-1265）。自働債権の一部による相殺についても、債権全額について催告としての効力を認めるべきであるが、この点については判例は反対である（大判大正10・2・2民録27-168）。

　　④「裁判上の請求」など強い時効中断事由としての要件が認められない場合にも、催告としての一時的中断ならば認められることがある。たとえば、訴えを提起した権利者が訴えを取り下げると、「裁判上の請求」としての時効中断の効力はないが、催告としての一時的中断効が認められてよい。もっとも、訴え提起の時点で催告があったことになると、その時

から6カ月以内により強力な時効中断措置をとらなければならないので、訴えを取り下げた時点で既に6カ月を経過しているようなときは、催告に認められる中断効が消滅していることになる。これでは、その間に時効期間が満了してしまった場合に、権利者は保護されない。そこで、このような状況における権利者を保護するために、訴え提起の時点で「催告」がなされるが、訴え提起から訴え取下げの時点までは「催告」が継続しており（この間は催告に与えられた6カ月の猶予期間が進行しない）、訴えの取下げがあった時点から6カ月以内により強い時効中断措置をとれば、訴え提起の時点に遡って時効が中断されたとする考えが主張されている（破産手続開始の申立てをした債権者が申立てを取り下げた場合につき、最判昭和45・9・10民集24-10-1389、最判昭和50・1・17金融法務事情746-25）。これを、権利者が裁判中に権利行使の意思を表明していると見て、**「裁判上の催告」**などと呼んでいる（裁判手続中は継続的に催告がなされているという考えであるから**継続的催告**という表現の方がわかりやすい）。これに類似する状況として、目的物引渡請求の裁判で、被担保債権の存在を主張して留置権の抗弁を提出しても、「裁判上の請求」としては認められないが、訴訟継続中は催告が継続して行われているとみて、裁判終結後6カ月以内に他の強力な時効中断措置がとられれば、留置権の抗弁を主張した時点で時効が中断したことになる。[4]

▶ ［改正民法］

　　現行153条でも催告は時効の進行を一時停止するだけの効力しかないが、これを「中断」と呼んできた。しかし、改正民法の「完成猶予」と「更新」という考え方からすると、催告は、「完成猶予」事由になるにすぎないので、そのように規定された（新150条）。実質的な内容には変更はない。現行法のもとで、判例が認めてきた「裁判上の催告」の一部は、新147条、新148条の規定する完成猶予でカバーされるが（訴えの取下げ後6カ月は時効の完成が猶予される）、一部請求の訴えに伴う残部の債権請求の意思の表明を「裁判上の催告」として、その手続が進行中（6カ月を超えても）は時効が完成しないという扱いを認めてきたものについては、改正民法のもとでどうなるか明らかにされてない。これを認めるとすれば、新150条の類推適用で処理するのか、新147条の類推適用で処理するのか、議論が残る。なお、催告によって6カ月時効の完成が猶予されている間に再度の催告による完成猶予

---

4) 最(大)判昭和38・10・30民集17-9-1252。ただし、学説は、留置権の抗弁の主張の前提となっている被担保債権の存在が裁判の中で確認された場合には、そもそも「裁判上の請求」があったとみるべきであると主張するものが多い（四宮旧版）。

は認められないことが明文化された（新150条2項）（現行法のもとでの判例として、大判大正8・6・30民録25-1200）。そのため、「裁判上の催告」を新150条の催告であるとしつつ、6カ月以上の期間、完成猶予の効果を認めることはできなくなった。

（b） 差押え・仮差押え・仮処分　　（i）　これらが時効中断事由とされる理論的な根拠は、それらが権利の実行行為の一形態であること[5]、および、それらの手続を通して権利の存在がある程度公に確認されることによる。しかし、差押え・仮差押え・仮処分が「権利者の請求により」取り消されたり（権利者が自ら取り下げる場合である）、「法律の規定に従わないことにより」取り消されたりした場合には（民事執行法40条）、結局権利行使がなかったと同じであるから、時効中断の効力は生じない（現154条）。

　　　　　（ii）　また、これらが「請求」のほかに時効中断事由とされているのは、次のような意味があるからである。第1に、差押えにあっては、権利者が債務名義を得るために訴えを提起しているならば、それが「請求」となって一度は時効が中断しているが、判決後、権利者が権利行使を放置していると再び時効が進行する。そのような場合には、差押えによって時効を中断する。また、公正証書で差押えをする場合には、判決がないので、「請求」による時効中断は問題とならず、差押えによる時効中断が意味をもつ。第2に、仮差押えは、金銭の支払いを目的とする債権について、後で強制執行をすることが著しく困難または不可能となるおそれがある場合に、債務者の財産に対してなされるものであり（民事保全法20条）、訴え提起前にもできるので、これを独立の時効中断事由とすることの意味がある。実務的にも使われることが多いといわれている。第3に、仮処分は、金銭債権以外の債権について、現状の変更によって債権者が権利を実行することが著しく困難または不可能となるおそれがある場合に使われるが（同23条）、これも訴え提起前にできるので、「請求」よりも前の段階で時効中断の効力を生じさせる点で意味がある。

▶ ［改正民法］
　　　差押えは、強制執行としての差押えと担保権実行としての差押えがあるが、改

5）　仮差押えについて、最判平成10・11・24民集52-8-1737は、仮差押登記が存続するかぎり時効中断効も続くとする。

468 第2編 総 則

正民法は、これを「強制執行」・「担保権実行」の中の手続として位置づけ、これら手続の申立てから手続終了までの間、時効は完成猶予されると規定する（新148条）。これらの手続が終了した時（強制執行の場合であれば、換価処分・配当で債権が満足される場合もあるが、満足を受けなかった残部の債権があることもある）から新たな時効が進行する（更新）。これらの手続の申立てが取り下げられたり、取り消された場合は、時効完成は手続終了から6カ月間は猶予されるが、その後はもとの時効が再び進行する（この場合は、「更新」の効力はない）。以上に対して、仮差押え・仮処分は、暫定的な手続でしかないので、時効完成猶予の効力しか認められない（新149条）。

(iii) 担保権の実行としての競売（任意競売）(民執法180条以下) にも、差押えに準じて中断の効力が認められる（大判大正9・6・29民録26-949、最判昭和50・11・21民集29-10-1537)。

(iv) 物上保証人・抵当不動産の第三取得者などに対する差押え・仮差押え・仮処分に基づく時効中断効は、当然には債務者に及ばない。このような権利行使があっても、当然には債務者がそれを知っているとは限らず、そのような債務者に時効中断効を及ぼすのは適当でないという理由による。ただし、物上保証人に対する競売開始決定があると、その決定正本が債務者に送達され、こうした通知があれば、債務者に対して時効中断効が及ぶ（現155条、新154条。前掲最判昭50・11・21)。なお、債務者に対する関係で時効中断の効力が生じるのは、物上保証人に対する競売申立ての時ではなく、その通知が債務者に到達した時点とするのが判例である（最判平成8・7・12民集50-7-1901)。

(c) 承認（時効の更新事由） (i) 承認とは、時効の利益を受けるべき者が、時効によって権利を失うべき者に対して、その**権利存在の認識を表示**することである。請求や差押え・仮差押え・仮処分などの権利者側の行為による時効中断事由が比較的厳格に考えられているのと比べると、承認には手続も方式もなく、その認定は緩やかに解されている（黙示でもよい）。

(ii) **承認が時効中断事由とされる根拠**については対立がある。第1の考え方は、時効中断は権利者の権利行使によって生じるという基本的考えに基づいて、承認もこの根拠から説明しようとするものである。すなわち、相手方が権利存在の認識を表示したので、権利者がこれを信頼して何もしなかったとしても、権利者としては権利行使を怠ったとはいえない、とい

う点に承認が時効中断事由となる根拠を求める（承認を権利者の権利行使の観点から説明しようとするのはドイツの学説の影響である）。第2は、承認が時効中断事由とされるのは、**時効の利益を受けるべき者の意思を尊重**するという考え方に基づくものであり、時効の援用や時効利益の放棄の制度と共通の考え方に基づいている、とするものである（川井、星野）（時効の援用という制度を有するフランス法の影響がある）。沿革的には後説が適当である。なお、承認は厳密には意思表示ではなく、行為能力が制限されている者が行った承認も時効中断の効力がある（現156条）。債務者が債権の存在することを承認したり、占有者が相手方の所有権を承認するのは、新たな処分行為をするのではなく、現に存在する権利を確認する行為であるから、処分行為とは異なる。したがって、承認をするには、行為能力がなくてもよいのである。ただし、管理能力は必要である（(iv)参照）。

　　　(iii)　承認の具体例としては、支払猶予の懇請（大判昭和2・1・31評論16民415）、手形書換の承諾（大判昭和13・3・5判決全集5-6-34）、利息の支払（大判昭和3・3・24新聞2873-13（元本債権の承認となる））、一部の弁済（大判大正8・12・26民録25-2429（全額について承認となる））、反対債権による相殺（最判昭和35・12・23民集14-14-3166（相殺は相手方の受働債権を前提とするからその承認となる。そして、相殺の主張が撤回されても受働債権承認の効果は残る））などの場合がある。これに対して、銀行が帳簿に利息の元金組入れを記入するのは権利者に対する表示ではないから、預金債権の承認にならないとされている（大判大正5・10・13民録22-1886）。しかし、帳簿への利息の元金組入れの記入は高度な客観性を有する特殊な表示方法であるとし、あるいは、承認は権利存在についての義務者の自白で足りるとして、判例に反対する説もある。承認に準ずる行為として中断効を認めるのが適当である（四宮旧版）。

　　　(iv)　現156条は、承認をするに際して「相手方の権利についての処分につき行為能力又は権限があることを要しない」と規定している。「処分の行為能力」が不要であるというのは、既に述べたように、承認は行為能力を制限された者でもできるということである。[6]しかし、管理能力もない成年被後見人・未成年者は承認もできない。[7]同様に「処分の権限」が不

6）　大判大正7・10・9民録24-1886は、準禁治産者が保佐人の同意なしに承認した事案。
7）　大判昭和13・2・4民集17-87は未成年者の承認を取り消しうるとする。

470 第2編 総 則

要というのは、一般的な管理権があればよく、処分についての代理権はなくてもよいということであり、後見人が後見監督人の同意なしに承認する場合（864条）、不在者の財産管理人（28条）や権限の定めのない代理人（103条）が承認する場合である。したがって、債務者を代理する権限が全くない無権代理人が「承認」しても時効中断の効力は生じない。

▶ ［改正民法］ ─────────────────────────────

　　承認は、債務者の意思表示によって直ちに時効の進行が停止し、また、その時から直ちに新しい時効が進行を開始するので、「時効完成猶予」という効果は生じることがない。そこで、改正民法は、承認を単なる「時効の更新事由」と位置づけている（新152条）。内容的には、現行法と改正民法での違いはない。

　(d)　協議を行う旨の合意による時効の完成猶予（新151条）　　債権者と債務者の間で、債権者の権利の有無、額についての協議が行われることがある。たとえば、不法行為の被害者が加害者と損害賠償についての交渉・協議をするような場合である。被害者（債権者）が協議の前ないし協議中に損害賠償請求についてのなんらかの主張をすれば、催告になる可能性があるが、協議が6カ月以上長引くと、催告の時効完成猶予の効力が失われる。協議中に時効期間が到来していた場合には、6カ月の期間の経過によって、直ちに時効が完成してしまう。それを避けるために、被害者がより強力な手段として訴えを提起することは、せっかくまとまりかけていた加害者との協議を破綻させてしまう可能があり、これも適当でない。そこで、催告の6カ月よりは長期にわたって時効の完成を猶予させる必要がある。これが本条の意味である。ただ、協議という概念は明確でないので、本条の完成猶予の効果が認められるためには、「協議を行う旨の合意が書面」でなされている必要がある。完成猶予される期間は、合意から1年または当事者が定めた協議期間（1年未満）のいずれか早い時までである（新151条1項）。なお、催告によって時効の完成が猶予されている間になされた協議の合意は、時効完成猶予の効力を有しないとされる（新151条3項）。しかし、催告期間中に協議をする旨の合意がされることはありそうなことであり、これに「協議を行う旨の合意」による時効完成猶予の効力を認めるのはおかしなことではない。この規定は立法論として疑問である。

　(4)　中断の効果（改正民法の「完成猶予および更新」）　　(a)　中断事由が発

生すれば、過去の時効期間の経過は無意味となり、中断事由の終了とともに、あらためて時効が進行することになる（現157条1項）。

▶ ［改正民法］

　　前述のように、現行法の「中断」という概念は、「過去の時効期間の経過が無意味となり、新たな時効が進行する」（更新）という意味と、単に「時効の完成が妨げられる」（完成猶予）という意味と、両方の意味で使われている。改正民法は、これを区別し、それぞれの事由について、どちらの効果が生じるかを明らかにした。

	完成猶予	更新
完成猶予及び更新		
裁判上の請求（147条1項1号）	○	○（勝訴判決確定の時から）
支払督促（2号）	○	○（権利確定時から）
和解・民事調停・家事調停（3号）	○	○（権利確定時から）
破産手続参加等（4号）	○	○（権利確定時から）
強制執行・担保権の実行等（148条）	○	○（権利確定時から）
完成猶予のみ（暫定的権利行使の場合）		
仮差押え・仮処分（149条）	○	×
催告（150条）	○	×
協議を行う旨の合意（151条）	○	×
更新のみ		
承認（152条）	×	○（承認時から）
完成猶予のみ（権利行使が困難な状況発生の場合）（158〜161条）	○	×

　(b)　中断の効力の発生時点は、裁判上の請求の場合は訴え提起の時、応訴の場合は訴訟で自分の権利の存在を主張した時、支払督促や強制執行による差押えの場合にはこれら手続の申立ての時である（動産執行につき、最判昭和59・4・24民集38-6-687）。

　改正民法のもとでは、訴えの提起、支払督促など手続の申立てによって「時効の完成猶予」の効力が生じ（新147条1項）、勝訴判決などで権利の存在が確定した時点で「更新」の効力が生じる（新147条2項）という説明をすることになる。

　中断の効力が終了する時点は、新たな時効が進行を開始する時点であり、裁判上の請求の場合は裁判確定の時（現157条2項）、支払督促の場合は確定判決と同一の効力が生じた時、動産・不動産に対する民事執行（強制執行と担保権実行の両方を含む）の場合は債権者が競売代金または配当金を受け取

った時（残金についての時効が新たに進行を開始する）（担保権の実行の場合について、大判大正10・6・4民録27-1062）、金銭債権に対する差押えの場合は転付命令の時（大判大正6・1・16民録23-1）または取立権限に基づいて取立てを終わった時である（この場合も残金についての時効が新たに進行を開始する）。不動産仮差押えの時効中断効は、仮差押登記が残っている間は継続し、その間に仮差押えの被保全債権が判決によって確定しても影響を受けない（前掲最判平成10・11・24）。

改正民法では、時効の完成猶予は、一定の期間続くので、それが始まる時点と終了する時点を考える必要がある。具体的には、それぞれの規定を参照されたい。時効の更新は、裁判上の請求の場合には、勝訴判決の確定時、債務の承認の場合は、承認の時であり、更新の効力が生じる行為がなされた時点である。

(c) 中断の効力は、当事者およびその承継人の間においてだけ生じる（現148条）。ただし、若干の例外がある（現155条・284条・292条・434条・457条）。

▶ ［改正民法］
　　時効の完成猶予または更新は、その事由の生じた当事者およびその承継人の間だけで、その効力を生じる（新153条1項）。現行法と同じである。

(d) 中断後に進行を開始する時効は、原則として前の時効と同じである。ただし、時効期間が変わる場合がある。第1に、短期の消滅時効にかかる債権も、確定判決などによって確定されると、10年の時効に服するようになる（現174条の2第1項、新169条1項）。ただし、5年の商事債権の時効については議論がある。第2に、善意の短期取得時効が中断された後に新たに時効が進行する場合には、占有者が悪意になっているのが通常であり、20年の取得時効しか認められなくなる。

▶ ［改正民法］
　　10年よりも短い時効期間の定めがある場合には、確定判決によって権利が確定すると、その権利の消滅時効期間は10年間となる（新169条）。実際上、問題となるのは、新166条1項1号で主観的起算点から進行する5年の消滅時効と、不法行為の損害賠償請求権についての3年の消滅時効（新724条1号）である。これらについては、確定判決の時から10年の消滅時効が進行することになる。

2 時効の停止（時効の完成猶予）

▶ ［改正民法］

　　時効の完成を一時的に止めることを、改正民法は「時効の完成猶予」と呼ぶが、これには、あえて分けると３種類ある。第１は、裁判上の請求のように、債権者の強い権利行使の手続がとられたが、その手続で権利が確定するまでに一定の時間がかかるため、それまでの間、時効の完成を止める場合である。この場合の完成猶予は、訴えの提起がなされた時から、勝訴の確定判決で裁判が終了するまで、または、取下げで裁判が終了した場合には、裁判終了から６カ月経過するまでである。第２は、債権者の権利主張があるが、第１の場合ほど強いものではない場合である。仮差押え、仮処分、催告がこれにあたる。一定の期間、完成猶予が続く。債権者と債務者の間で協議を行う旨の合意がある場合も、これに類する。第３は、現行法のもとでの「時効の停止」事由とされているものである（現158条）。これについてはは、細かい変更はあるが、改正民法においても、ほぼ同じ内容で「時効の完成猶予」事由とされた（新158条）。

　以下では、現行法で「時効停止」（改正民法では完成猶予）事由とされているものについてのみ説明する。

　(1)　**意義**　　時効の停止とは、時効の完成のまぎわに、権利者が時効中断のための措置をとることが不可能または著しく困難な事情が発生した場合に、時効によって不利益を受ける権利者を保護して、その事情の消滅後一定期間が経過するまで、時効の完成を延期することである。一般にこれを「時効の停止」と呼んでいるが正確な表現ではない。たとえば、債権の消滅時効が完成する４カ月前に、債権者が死亡して相続人が不確定の状態が２カ月間続いた場合に、２カ月間時効の「進行が停止」して、相続人が確定した時点から時効の進行が再開し、時効停止事由が継続していた期間（２カ月間）だけ、時効の完成が伸びるというのであれば、「時効の停止」という表現でもおかしくない。しかし、158条から161条の規定は、そのような考え方に基づいているのではなく、これら各条の規定する事由が発生している間も時効は進行するが、その事由が終了してから一定期間は時効の完成が延期され、一定期間は権利行使の期間が保証されるという考え方に基づいている（上記の例では６カ月の権利行使期間を保証する）。時効完成直前に、このような事態が生じた場合には、相続人が確定するまでの間に、本来の時効期間が到来することが考えられるが、時効は完成しない。相続人確定から６カ月間は、権利行使の機会が保証される。したがって、「時

474 第2編 総 則

効完成の延期」という表現の方が適当である。改正民法は、これを「時効の完成猶予」と呼ぶ。

(2) **停止の事由** 時効の停止は、時効について裁判上の請求その他時効中断の措置をとりえないような、人的障害 (158〜160条) および天災・これに類する外部的障害 (161条) がある場合に認められる。**改正民法**において、この部分は、161条の期間を3カ月に延長したほかは変更がない。

* **時効の停止事由** (1) 「時効の期間の満了前6箇月以内」の時点で「未成年者又は成年被後見人に法定代理人がないとき」は、「その未成年者若しくは成年被後見人が行為能力者となった時又は法定代理人が就職した時から6箇月を経過するまでの間」は、「その未成年者又は成年被後見人に対して、時効は、完成しない」(158条1項)。すなわち、未成年者・成年被後見人の権利の消滅時効や、未成年者・成年被後見人が所有する土地を他人が長期間占有して未成年者・成年被後見人の権利を失わせるような取得時効は、完成しない。

(2) 「未成年者又は成年被後見人がその財産を管理する父、母又は後見人に対して権利を有するとき」は、その権利についての時効（消滅時効）は、「その未成年者若しくは成年被後見人が行為能力者となった時又は後任の法定代理人が就職した時から6箇月を経過するまでの間」は完成しない (158条2項)。本条の趣旨は、未成年者・成年被後見人の権利の保護にあたるのは法定代理人であり、そして、法定代理人との関係で未成年者・成年被後見人の権利を擁護することを、当の法定代理人に期待することはできないので、特にこれらの者に対する関係で未成年者・成年被後見人を保護する点にある。この趣旨からすれば、未成年者・成年被後見人の財産を占有する法定代理人個人のための取得時効についても、本条を類推適用すべきである（通説）。ただし、法定代理人による占有は、一般には、代理人による占有であり、他主占有であるから、取得時効は完成しない。

(3) 「夫婦の一方が他の一方に対して有する権利」についての時効は、「婚姻の解消の時から6箇月を経過するまでの間」は完成しない (159条)。(2)の場合と同じように、取得時効についても類推適用すべきである。

(4) 「相続財産」に関しては、「相続人が確定した時、管理人が選任された時又は破産手続開始の決定があった時から6箇月を経過するまでの間」は、「時効は、完成しない」(160条)。本条は、相続財産に属する権利についてだけでなく、相続財産に対する権利についても、適用がある。すなわち、相続財産に属する権利については、相続財産を管理する者が現われるまでは、請求などによる時効中断の措置をとることができないし、相続財産に対して相手方が有する権利についても、相手方は誰に請求してよいかわからないために時効中断の措置をとることが困難だからである。この趣旨からして、本条の「時効」は、相続財産に不利益となる時効（相続財産に属する権利についての消滅時効・相続財産に属する財産を占有している他人による

取得時効）と相続財産に利益となる時効（相続財産に対する権利の消滅時効・被相続人が他人の財産を長期間占有していたことで進行していた取得時効）の双方を含むものと解しなければならない。

（5）　天災等による時効の停止について現161条は、「時効の期間の満了の時に当たり」、「天災その他避けることのできない事変」（例、大雪・洪水・戦乱による交通途絶、戦乱・地震等による裁判事務の休止など。当事者の病気・不在は含まれない）のために「時効を中断することができないとき」は、「その障害が消滅した時から2週間を経過するまでの間」は「時効は、完成しない」と規定する。本条は、158条・159条の時効停止と違って、要件・効果が明確でない。すなわち、「時効の期間の満了の時に当たり」とは、時効期間の末日の終了の時、というような厳格な意味ではない、と解されているが、どの程度緩く解してよいのか、明らかでない。たとえば、時効完成の2週間前に地震が発生し、裁判所の事務が1週間停止した場合に、本条が適用されないと、本来の時効期間満了時に時効が完成するが、本条を適用できるならば、裁判所の事務再開から2週間は時効は完成しないことになる。最短でも2週間は猶予を与えるという意味で、後者が適当であろう。また、天災事変に該当するか否かに関して、支払猶予令（モラトリアム）が含まれるか否かが問題となる。判例では、支払猶予令で支払いを猶予された期間中当然に時効が停止するのではない、とされる（大決昭和3・3・31民集7-180）[8]。しかし、支払猶予期間中は、債務者は債務を弁済する義務が猶予されているのであるから、その間に時効が完成することはない、と解すべきであろう。そうすると、支払猶予期間が満了すると、直ちに時効が完成するというのもおかしいので、本条を適用して債権者には権利行使のために2週間の期間が与えられるべきである。**改正民法**では、2週間の期間は短すぎるので、3カ月に延長された（新161条）。

（3）　停止の効果（「完成猶予」）　　中断（「更新」）の場合のように、既に経過した時効期間が無意味になるのではなく、その間にも時効は進行するのであるが、本来の時効の完成時期が来ても時効は完成せず、時効の完成が一定期間猶予されるにすぎない。

8）　問題となった債権は、3年の短期消滅時効にかかる債権で、大正12年7月29日から時効が進行し、大正15年7月29日に時効が完成することになっていた。しかし、大正12年9月1日に関東大震災が発生し、9月7日の勅令404号で1カ月の支払猶予令が発せられた。債権者は、支払猶予された1カ月の期間は時効が停止していたという理由で、時効完成時期は大正15年8月29日であると主張したのに対して、大審院は、支払猶予の期間中も時効は進行し、大正15年7月29日に時効が完成したとした。支払猶予期間が終了した後、時効完成時までに2週間以上期間が残っているのであるから、この事案において161条が適用されないという結論は適当である。

476　第2編　総　則

第5節　時効の援用と時効利益の放棄

1　援用・放棄と意思の尊重

　時効はその利益を受ける当事者が援用しないと、裁判所は時効によって裁判をすることができない (145条)。これは日本の時効法の特徴であり、フランス法から承継した制度であるが、ドイツ法には時効の援用という考え方はない。

　時効援用制度の基礎にある考え方は、時効による利益の享受を、時効によって利益を受けるべき者の意思に委ねる、という意思尊重の考え方である。時効によって債務を免れたり、あるいは所有権などを取得したくない者は、時効を援用しなければよいわけである。利益といえども強制されないという考え方は、民法の他の制度にも流れている基本的な考え方である (例、第三者による弁済など (474条2項))。

　しかし、民法は、一方で時効完成によって権利の取得 (取得時効) や権利の消滅 (消滅時効) の効果が生じるとしながら (162条・167条)、他方で時効援用がないと裁判上は時効による効果を主張できないという立場を採用したため、日本の時効制度はわかりにくいものとなっている。この間の矛盾を説明するために学説が苦労している (時効学説)。

　　▶ [改正民法]
　　　時効の援用・放棄については、援用権者の範囲を明確にするための文言変更以外には変更がない (新145条)。

2　援用・放棄の位置づけと時効学説

(1)　**確定効果説＝攻撃防御方法説**　　(i)時効完成によって権利の得喪が実体法的には完全に生じる、とする説である。したがって、時効の援用は、弁論主義の要請からくる単なる裁判手続上のもの、訴訟上の攻撃防御方法にすぎないものとなる (この観点から、この立場を攻撃防御方法説ということがある)。しかも、援用制度は、実体的な権利の得喪が生じているのに、それを職権で認定することを裁判官に禁じているのであるから (145条)、裁判官の権能を制限するということになる (富井)。(ii)しかし、この説によると、当事

者が時効を援用しない場合に、実体法的には時効完成によって権利を失っている者が裁判上は権利者として扱われることになり、適当でない、と批判される（我妻）。

(2)　**不確定効果説＝解除条件説**　(i)時効完成によって権利の得喪の効果が発生するが、確定的にではなく、時効利益の放棄があると確定的に時効の利益を失い、援用があれば権利の得喪が確定的になる、とする（鳩山）。確定効果説よりは、放棄（間接的に援用も）を実体法的に説明する所に特徴がある。すなわち、時効利益の放棄が解除条件となっており、放棄によって、いったん取得した権利を失い（取得時効の場合）、あるいは免れた義務が復活する（消滅時効の場合）。時効の援用があるときは、時効によって得られた権利はもはや後で奪われることはないという意味で確定的になる。(ii)この説は、援用および放棄を訴訟法的な手続としてではなく、実体法的に理解する所に特徴がある。「……所有権を取得する」（162条1項）、「債権は……消滅する」（現167条1項）という実体法的な権利の得喪を示す条文の文言には忠実であるが、逆に援用について十分な位置づけを与えていない、と批判されている。

(3)　**不確定効果説＝停止条件説**　(i)援用を停止条件と考え、援用があって初めて時効の効果が確定的に発生するとする。時効利益の放棄は、逆に、時効の効果を確定的に発生させない行為ということになる。(ii)この説は、時効の援用の意味を重視し、その反面、162条や現167条の文言からは離れた解釈をする。(iii)時効の援用の意義を重視するというこの説の立場をさらに徹底して、援用は時効による権利得喪の要件である、とする説もある（要件説）（星野）。もっとも、援用を時効効果発生の要件とまでいうと、援用を強調しすぎるきらいがある。

(4)　**法定証拠提出説**　(i)かつての確定効果説を再評価しつつ、しかし、法定証拠という観点から、純粋に訴訟法上のレベルで時効を理解しようとする説である（川島）。実体法レベルで権利義務があるということと裁判の結果とが矛盾することがあるのは、当事者主義（弁論主義）の訴訟制度のもとでは不可避のことであり、たとえば、土地の真実の所有者が不法占有者に対して明渡訴訟を提起しても、訴訟のやり方がまずければ、裁判では敗訴する。真実の所有者でも裁判上は権利がないものとして扱われる。時

効の場合も同じである。ここまでは時効の援用が弁論主義の要請からくるものにすぎないと考える確定効果説と同じである。しかし、確定効果説が時効によって実体的な権利の得喪が生じたことを前提とするのに対して、法定証拠提出説は、時効による権利の得喪が生じたことを前提としない。むしろ、時効を訴訟法上の証拠方法であるとし、援用は法定証拠の提出である、とする。(ii)時効の援用の意味を重視する説である。時効の存在理由を継続的事実の推定力（証拠価値）におく考え方と調和的である。

(5) 二段階説（四宮旧版）　時効完成によって時効の援用権が生じ（第一段階）、その援用権を行使すること（援用すること）で時効の本体的効果である実体的な権利の得喪が生じる（第二段階）、という説である（詳しくは、四宮旧版を参照）。実質的には停止条件説や要件説に近い立場といえよう。

(6) まとめ　日本の時効制度は、時効によって実体的な権利の得喪が生じるという原則と、援用を必要とするという原則からなり、両者が多少矛盾するところに問題の根幹がある。法定証拠提出説は徹底した理論を提示する点で優れているが、第1の原則を完全に無視するものであり、問題がある。二段階説は、この矛盾をそのまま理論構成に反映させたものであるが、多少技巧的である。不確定効果説＝停止条件説が、2つの原則を両立させ、かつ、わかりやすい説明として優れている。しかし、どの説によっても、具体的な結論で大きく異なるところはあまりない。

〈参考文献〉　松久三四彦「時効制度」民法講座1巻（1984年）

3　援　　用

(1) 援用権者　　(a) 援用権者が問題となる場面　　(i) 民法145条は、「当事者」が時効の利益を援用しなければならない旨を規定している。そこで誰が当事者として時効を援用できるのかが問題となる。取得時効の例で考えてみよう。所有者Aの不動産を占有者Bが20年占有したことで時効が完成したとする。所有権を取得することになる占有者Bが「当事者」として時効を援用できることには異論がない。では、占有者Bから土地を賃借した者Cや、占有者Bがその土地上に建てた建物の賃借人Dはどうか。これが援用権者の範囲として論じられる問題である。どのような基準で援用権者を判断するかが議論されている。後で詳しく述べるように、判例は、援

第 5 章　時　　効　　第 5 節　時効の援用と時効利益の放棄　*479*

用権者を「時効により直接利益を受ける者」としており（大判明治43・1・25
民録16-22、最判昭和44・7・15民集23-8-1532）、比較的その範囲を狭く解している。
これに対して学説は一般により広く解そうとする。

▶ ［改正民法］
　　　新145条は、「当事者」の意味を明らかにし、その判断基準を示すために、「当事
　　者（消滅時効にあっては、保証人、物上保証人。第三取得者その他権利の消滅について正
　　当な利益を有する者を含む）」という文言を加えた。この基準は、判例のいう「時効
　　により直接利益を受ける者」という表現を意識したものであるが、法文では「正
　　当な利益」となっているので、若干広がる可能性はあっても、狭くなることはない。

　　（ⅱ）　援用権者の基準をあれこれ考える前に、そもそも**援用権者とさ
れることにどのような意味があるか**を考えておく必要がある。それには、次
のような 2 つの場面を分けて考えてみるとわかりやすい。

　第 1 は、援用権者とされる者（先の例では土地の占有者Ｂ）が時効を援用し
たことを前提に（裁判外の援用でもよいとするかが問題だが）、**「援用権者Ｂが援
用したという事実」は誰でも主張できる**ということである（大判昭和10・12・24
民集14-2096）。土地賃借人Ｃはもちろん、地上建物の賃借人Ｄでも主張でき
る。さらには、地上建物の修繕を請け負った請負人Ｅのような者や、不法
占有者Ｆであってもよい。このことは、Ｂ自身が裁判で時効を援用して勝
訴した場合には当然であろう（その後にＡが不法占有者Ｆに明渡訴訟を提起して
も請求は棄却されるべきである。一見不当な結論のようだが、不法占有者にもいろいろ
あり、たとえば、Ｂから地上建物を借りていたが、賃貸借契約が解除され、その後も建
物に居住しているような者も考えられる。これがＢによる時効援用後に、Ａからの明渡
請求で出ていかなければならないというのは適当でない）。だが、Ｂが裁判外で時
効援用の意思表示をしたにすぎない場合には問題が多い。なぜなら、Ｂは
後で援用の意思を撤回するかもしれないし（これは認めるべきではないが）、
所有者Ａとの裁判で敗訴するかもしれないからである。このような不安定
な裁判外の時効援用を前提に、他の関係者がＢの時効援用の事実を主張で
きるのは疑問である。

　第 2 の場面は、援用権を有する占有者Ｂが時効を援用しないときに、あ
るいは時効利益を放棄したときに、土地賃借人Ｃや地上建物賃借人ＤがＢ
の取得時効を主張できるかという問題である。これは援用権を有するとさ
れた者だけができる。145条が扱っているのはこの問題であり、これが援

480 第2編 総 則

用権者の問題である。換言すれば、**援用権者とは他の関係者の意向に関係なく、時効利益を享受することの決定を独立してすることができる者**ということになる。

　(ⅲ)　援用権を有することの意味が以上のようなことであるとして、では、どのような者に時効援用権を認めるべきか。判例は、**「時効により直接利益を受ける者」**という基準を維持しているが、「直接」ということの範囲は明確でない。これを「時効により直接権利を取得し、義務を免れる者」と解すると、かなり限定的になる。消滅時効については、このように解しても、物上保証人・担保目的物の第3取得者などを「被担保債権の消滅時効によって義務を免れる者」といいうるので問題は少ないが、取得時効では取得時効の対象となる土地の賃借人などの援用権を排除することになりそうである（土地賃借人の債権的な権利は、土地占有者＝賃貸人の取得時効の成立によって取得されるわけではないからである）。どのような基準が適当かは、結局、時効をどの程度認めてよいかという基本的な価値判断の影響を受けざるを得ないが、判例の基準は狭すぎないか。取得時効などでは、時効取得者による土地利用、さらにそれを基礎にして土地利用をしている者などが積み重なっており、こうした利用を一定の要件のもとで保護することが財の効率的な利用の観点から時効制度を見たときには必要となる。基準として曖昧さは残るが「時効により正当な利益を有する者」に援用権を与えたらどうか（その結果として、土地賃借人や地上建物賃借人にも援用権を認めてよい）。

　(b)　援用権者の具体例　　(ⅰ)　消滅時効の場合　　①債務者自身が自らの債務の時効の援用権を有するのは当然である。連帯債務者については、各人で時効の完成時期が異なることがあり（債務の承認をした債務者と承認しなかった債務者がいる場合など）、自己の債務について先に時効が完成した連帯債務者Aは、自らの債務についての時効を援用することになる。他の連帯債務者Bの時効が先に完成した場合には、その者の負担部分の範囲でその時効を援用することができる（現439条参照。時効の絶対効を規定した本条は、改正民法では削除されたので、連帯債務者Aは他の連帯債務者Bの債務の時効を一切援用できなくなった。その結果、その債務が時効にかかっていない連帯債務者Aは債務全額を弁済する必要があり、弁済すればBの負担部分について、Bに求償することになる（新445条））。これ以

外の場合については、債務者以外の者が債務の消滅時効を援用できるか、という形で問題となる。

　　　②債権者に対して債務を負っており、自己の全財産が換価処分の対象となる可能性がある者　　保証人（大判昭和 8 ・10・13民集12-2520）、連帯保証人（大判昭和 7 ・ 6 ・21民集11-1186）などは、自らも債務を支払う義務を負っており（保証人・連帯保証人は債権者に対して保証債務を履行する義務がある）、債務者と同等の立場にあるから、主たる債務の援用権が認められることについては異論がない（新145条は、明文で保証人の援用権を認める）。

　　　③担保権の実行によってその対象となっている財産を失う可能性のある者　　物上保証人は、保証人と異なって債権者に対して債務を負っているわけではなく、単に自己の財産を担保に提供しているにすぎない（351条）。しかし、債務者が弁済しないと、物上保証人が担保に提供した財産が換価処分される可能性がある。したがって、物上保証人としては、債務が時効で消滅すれば自己の財産を換価処分されることがなくなる点で利益がある。当初判例は、物上保証人の利益を間接的なものととらえて時効の援用権を否定したが（大判明治43・ 1 ・25民録16-22〔傍論〕）、その後、援用権を肯定した（最判昭和42・10・27民集21-8-2110、最判昭和43・ 9 ・26民集22-9-2002）。

▶ ［改正民法］
　　新145条は、明文で物上保証人の援用権を認める。

　抵当不動産の第三取得者も、債務を弁済する義務はないが、弁済がないと担保権の実行によって担保不動産が換価処分される点で、物上保証人とほぼ同様の地位にある。判例は、当初、第三取得者の援用権を否定していたが（大判明治43・ 1 ・25民録16-22）、その後、援用権を肯定した（最判昭和48・12・14民集27-11-1586）。

▶ ［改正民法］
　　新145条は、明文で第三取得者の援用権を認める。

　これに類するものとしては、仮登記担保やその他の非典型担保の目的物の第三取得者がいる。判例は、かつては再売買予約の目的物について権利を取得した者の時効援用権を否定したが（大判昭和 9 ・ 5 ・ 2 民集13-670は否定）、その後、担保目的でなされた売買予約の仮登記のある不動産の第三取得者につき、時効援用権を肯定した（最判平成 4 ・ 3 ・19民集46-3-222〔百選 4 版Ⅰ-42〕）。

482　第2編　総　則

　　④債権者の行為によって特定の財産的利益を失う可能性がある者　債務者Ｓの詐害行為によって債務者の財産を取得した第三者（受益者）Ｙは、取消債権者Ｘによって詐害行為取消権を行使されると債務者Ｓから取得した財産を失うが（424条）、取消債権者Ｘの債権が時効で消滅すればそのおそれがなくなる。こうした利益を有する受益者につき、判例は、当初は時効援用権を否定したが（大判昭和3・11・8民集7-980）、その後、判例が変更され、援用権を肯定した（**最判平成10・6・22民集52-4-1195**〔百選5版Ⅰ-42〕）。

　　⑤債権者と競争的な関係にある者（後順位担保権者など）　債務者Ｓの財産の上に債権者Ｘの設定した担保権に劣後する担保権を設定した後順位担保権者Ｙが典型である。後順位担保権者Ｙは、先順位担保権者Ｘの被担保債権が時効で消滅すれば、その担保目的物からより多くの弁済を受けられるという利益を有する。その利益は必ずしも確実ではないので、このような者にまで時効援用権を認めてよいかが問題となる。たとえば、第3順位の担保権者は、第2順位の担保権者の被担保債権の額が担保目的物の価値を上回っていれば、たとえ第1順位の担保権者の被担保債権が時効で消滅しても、利益を享受できるとは限らない。

　判例は、売買予約による所有権移転請求権保全の仮登記がなされた不動産に後から抵当権の設定を受けた者には、予約完結権の消滅時効に関して、時効援用権を認める（**最判平成2・6・5民集44-4-599**）。予約完結権が行使されると、仮登記を本登記にする手続（不登法109条）の中で後順位抵当権者の抵当権が抹消される関係にあることを理由とする。これに対して、先順位の抵当権が設定されている不動産の後順位抵当権者については、先順位抵当権者の被担保債権が消滅して後順位抵当権者の順位が上昇し、不動産の換価処分が行われる際の配当額が増加するという利益は、「反射的な利益」にすぎないとして、後順位抵当権者の時効援用権を否定する（**最判平成11・10・21民集53-7-1190**〔百選7版Ⅰ-41〕）。最判平成2年の事案における売買予約による所有権移転請求権保全の仮登記が実質担保目的で使われたのかどうかは不明であるが、仮にそうであると、先順位担保権者と後順位担保権者の利害対立の図式は、この2つの事件においてほぼ同じであり、援用権を認めるか否かの結論が異なることが適当かについては議論の余地がある。

　この問題は、やはり実質的な考察が必要ではないか。問題は、同一の債

務者Ｓに対して競争的関係にある債権者ＸとＹにおいて、一方の債権（Ｘの債権）が時効にかかっているときに、他方の債権者Ｙに、債務者Ｓが時効を援用するか否かにかかわりなく、固有の利益を主張させてよいか否かである。実質は債権者ＸＹ間の争いなのであるから、両者の自由な競争に任せて、Ｙにも時効援用権を認めてよいのではないか。このような考え方からすると、後順位抵当権者はもちろん、同一債務者に対する一般債権者にも他の債権者が有する債権の消滅時効の援用を認めることになろうか（一般債権者による強制執行の段階で問題となる）。新145条が定式化した「権利の消滅について正当な利益を有する者」という基準のもとでどうなるか、今後を見守りたい。

　　　　（ii）取得時効の場合　　取得時効の援用権者に関する判例はほとんどない。判例としては、係争土地の所有権を時効取得すべき者から、その者が同地上に有する建物を賃借している者について、土地の取得時効によって直接利益を受ける者ではないことを理由に、援用権を否定した最判昭和44年7月15日（民集23-8-1520）があるくらいである。しかし、この判例を前提としつつも、Ａの所有する不動産の占有者Ｂから土地賃借権の設定を受けたＣに、Ｂの取得時効の援用権を認める下級審裁判例がある。[1]Ｂから地上権・抵当権の設定を受けた者についても同様に援用権を肯定してよいであろう（四宮旧版）。

〈**参考文献**〉　山本豊「民法145条」民法典の百年Ⅱ（1998年）、森田宏樹「時効援用権者の画定基準について(1)(2・完)」法曹時報54巻6号・7号（2002年）

(2)　**援用の方法**　　(a)　**裁判上の援用・裁判外の援用**　　援用を訴訟上の行為と見る立場（法定証拠提出説が典型だが、確定効果説＝攻撃防御方法説も援用は訴訟上の行為となる）からは、援用は裁判上のものに限られることになる。援用・放棄を時効の効果発生の停止条件・解除条件とみる立場では、援用が裁判上のものに限定される必然性はなく、実際、裁判外の援用でよいとする説が多かった（四宮旧版もこの立場）。両説の違いは、援用権を有する者Ｂが紛争当事者である場合にはあまりない。裁判外の援用を認める立場にたっても、相手方Ａが時効を認めなければ裁判になるのであり、裁判でも

1）　東京地判平成元・6・30判時1343-49は、「時効により直接権利を取得する者のほか、この権利に基づいて権利を取得し、又は義務を免れる者が包含される」という。

484 第2編 総 則

う一度時効を主張することになる（援用権者Bはこれができる）。その際、既になされた「裁判外の援用」を主張しようが、あらためて行った「裁判上の援用」を主張しようが、大きな違いはない。

しかし、援用権を有しない者Cが紛争当事者の場合には、異なる結果となる。「裁判外の援用」を否定する立場をとると、援用権を有しない者Cは、裁判で援用権者Bによる「裁判外の援用」があったことを主張することができず、また、自らは援用権を有しないので、結局、時効の利益を享受することができない。どちらの立場が適当かは難しい問題であるが、既に述べたように、裁判外の援用は後で裁判となった場合に認められるか否かが不安定であるから、このような裁判外の援用を根拠に第三者が時効の利益を享受するのは適当でないと考える。もっとも、取得時効に関して、裁判外の援用を認めるように見える判例もあるが、傍論であり、先例としての意義には問題がある（星野）。

(b) **援用の時期** 口頭弁論終結時までにしなければならない（大判大正12・3・26民集2-182）。時効を援用しないでおいて、あとから別訴で援用することは認められない（大判昭和14・3・29民集18-370）。

(3) **援用の効果の及ぶ範囲** (a) 援用の効果は、それが及ぶ人的範囲に関しては相対的である。時効の援用をするか時効の利益を放棄するかは、もっぱら各人の良心に委ねるべきだからである。たとえば、所有者Aの土地の占有者Bにつき取得時効が完成した場合に、占有者Bが時効の利益を放棄し、他の援用権者C（たとえば土地賃借人に援用権があるとして）が時効を援用すると、土地賃借人Cは有効な賃借権をAに対して主張できるが、B自身は土地を時効取得しない、という解決になる。結局、賃借人Cは土地所有者Aとの間に賃貸借契約が成立するのと同じ扱いを受けることになろ

2） 大判昭和10・12・24民集14-2096は、未成年者による取得時効につき、親権者による時効の援用が問題となったものであるが、判旨は一般論として裁判外の援用でもよいと判示した。しかし、これは傍論であり、親権者に援用権があるか否かが争点であり、この判決はその援用権を認めたものである。

3） 大判大正8・6・24民録25-1095は、被相続人Aのもとで完成した取得時効を遺産相続人Yが援用しても、他の相続人Xの持分には及ばないとする。最判平成13・7・10判時1766-42も、被相続人の占有によって完成した取得時効につき、共同相続人の1人が援用できるのは、その相続分を限度とすると判示した。複数の援用権者（共同相続人）がいる場合の取得時効援用の範囲の問題として扱っている。

第5章　時　効　第5節　時効の援用と時効利益の放棄　　*485*

う。

　また、債権の消滅時効では、債務者Ｓが時効を援用せず、物上保証人Ｈが消滅時効を援用する場合には、債権者Ｘは物上保証人Ｈに対しては担保権の実行ができず、債務者Ｓに対してのみ弁済を請求できるという解決になる。このような相対的解決は、多くの場合には問題がないが、仮に一般債権者Ａにも時効援用権を認めると、債務者Ｓが債権者Ｘに対して時効を援用せず、債権者Ｘに弁済する場合に、ＡＸの関係をどうするか複雑な関係が生じる。

　なお、援用権者が裁判上援用した事実は、何ぴとも別の裁判で主張することができる。しかし、これは援用権の問題ではない。

　（b）　援用の効果の物的範囲も問題となる。たとえば、元本についての援用は利息金に及ぶか、といった問題である。これは援用の意思解釈の問題である。

　(4)　援用の撤回　　判例は、撤回は可能であるという（大判大正8・7・4民録25-1215）。援用をもって訴訟上の防御方法にすぎないとみるからである。

4　時効利益の放棄

　(1)　制度の趣旨　　時効利益の放棄は、完成した時効の利益を享受しない意思を表明することである。時効の利益を受けるか否かを当事者の意思に委ねる考え方によるものであり、援用や時効中断事由としての承認と考え方の基礎を同じくする。

　(2)　時効完成前の放棄（146条）　　時効完成前にあらかじめ時効の利益を放棄することは、禁止される。その立法理由は、これを認めると、時効制度および時効利益の放棄の趣旨に反すること、債権者に濫用されるおそれがあること、に求められている。この条文の反対解釈として、時効完成後の放棄は認められる。なお、時効完成前の放棄と時効中断事由の承認とは異なる。時効完成前の放棄は、典型的には「将来時効が完成したとしてもその利益を享受しない」という意思を表明するものであり、たとえば消費貸借契約を締結するときなどにするものである。もっとも、時効進行中に

4）　大判大正6・8・22民録23-1293は否定するが、疑問。

このような放棄をすることもありうる。この場合にも、将来時効が完成したときに時効利益を享受しないという意思表示は、本条により無効であるが、これまで進行してきた時効についての利益を放棄することはでき、時効中断事由（「時効の更新」）としての承認があったということになる。

(3) **時効完成後の時効利益の放棄**　(a)　**意義**　時効完成後にその利益を享受できる地位にある者（援用権者）が、時効利益を放棄するのは自由である。援用と異なり、裁判外ですることができることに異論がない。時効利益の放棄を時効完成の効果との関係でどのように説明するかは、時効学説によって異なるが、不確定効果説＝停止条件説からすると、まだ援用によって確定的になっていない状態の利益を放棄する意思表示をすることにより、確定的に時効による権利の得喪が生じないということになる。法定証拠提出説によるときは、時効という証拠を援用しないという意思表示という説明や、自己の無権利または義務を自認する行為という説明がなされる。

　時効利益の放棄を意思表示として説明する場合には、時効完成を知らないで債務の存在を認めるような自認行為をした場合を放棄ということはできない。しかし、判例・学説とも、時効完成を知らないで自己の無権利または義務の自認をした者に時効利益を享受させるのは適当でないとして、放棄した場合と同様の扱いをしようとしている。これを意思表示としての放棄と区別して、**時効援用権の喪失**などと呼んでいる。

　(b)　**放棄の方法**　(i)　時効利益の放棄は、単独行為であり、相手方の同意を要しないが（前掲大判大正8・7・4）、相手方に対してなされなければならない（前掲大判大正5・10・13は、銀行の利息の元金組入れの記入はまだ放棄にならないという）。黙示の意思表示としてなされたものでもよい（大判昭和6・4・14新聞3264-10は、債務を承認して支払の意思を表明した場合に関し、「暗黙に放棄した」と推認した）。時効の完成を知ってなされた自認行為は、通常は黙示の放棄と解されるであろう（ただし、知っていることは経験則に反するので推認されるべきでない）。

---

5)　最(大)判昭和41・4・20民集20-4-702〔百選7版Ⅰ-42〕は、信義則を理由に時効援用権を否定。

(ii)　放棄は、自分に不利益な処分をする意思表示であるから、意思表示の一般原則に従い、処分の能力または権限のあることが必要とされる。この点で時効中断事由としての承認では処分権限・能力がなくてもよいとされていること（現156条）と異なる。

(4)　**時効援用権の喪失**　　(a)　時効利益の放棄は、時効利益を享受しうることを知ってなされるものであるが、これに対して時効援用権の喪失は、時効完成を知らずに、自己の無権利や義務の自認をした場合である。たとえば、元利金の支払をなすことを承認した場合（大判昭和13・11・10民集17-2102）、一部弁済（大判昭和12・10・19新聞4202-10）、延期証の差入れ（大判大正6・4・26民録23-672）、分割払いにして利息を免除してくれるなら支払うといった場合（前掲最(大)判昭和41・4・20）などがある。

(b)　判例は、かつては時効利益の放棄は時効の完成を知ってしなければならないという立場を堅持していた。そこで、債務者が時効完成後に自分の債務の承認などをした場合に、債務者が時効を援用することを封じるために、時効完成の事実を知っていたものと推定する、という方法をとった（大判大正6・2・19民録23-311など多数）。しかし、承認等をする場合は、経験則からいえば、むしろ時効完成を知らないことこそ推定すべきであり、また、上記の推定のもとでは、時効完成を知らなかったことを証明すれば、あらためて時効を援用することができる、という不都合が生じる（もっとも、判例は時効完成を知っているという推定を破る証明をなかなか認めないことによって、不都合な結果を避けていた）。このような推定が学説の批判を浴び、判例は、昭和41年4月20日の大法廷判決によって、不自然な推定理論に代えて信義則を持ち出して援用権を制限するようになった。

＊　**時効利益の放棄・援用権の喪失・承認の関係**　　無権利または義務を自認する行為に時効援用権の喪失という効果を認める通説の立場は、時効利益の放棄を意思表示として構成する理論からの解放を意味し、時効利益を享受できなくなる範囲を広げるものである。そして本来の放棄の要件を充たす行為がなくても、時効援用権の喪失が生じるのだとすると、放棄を意思表示として構成したが故に必要とされていた幾つかの要件が本当に必要なのか問題となってくる。すなわち、①自認行為の場合には、相手方に向かってなされるということが必要か、②自認行為をする者に処分の能力や権限は必要か（中断事由の承認では不要）、が問題となる。思うに、①については、銀行の利息の元金組入れの記入などの場合に援用権喪失の効果を認めて

よいと考えるので、相手方に対してする必要はないということでよいであろう。②
については、自認行為の場合も完成した時効の利益を失うことには変わりがないの
で、単なる中断事由としての承認とは異なり、真正の放棄の場合と同様に、処分の
能力と権限が必要であると考えるべきである。

(c) **信義則による時効援用の制限**　判例では、時効の援用権が信義則に
より制限される場合が幾つか認められている。

（i）既に述べた債務の一部弁済などの自認行為がある場合に、判例
は信義則で時効援用権を制限する。

（ii）不法行為の損害賠償請求権の時効につき、被害者（債権者）と
加害者（債務者）の賠償交渉の経緯などから、債務者が時効を援用するこ
とが権利濫用ないし信義則違反と考えられる場合がある。

（iii）その他、多少特殊な場合であるが、時効完成前に主債務を承認
したり、時効完成後に自認行為（一部弁済など）をした保証人が、主債務の
時効完成後に、主債務の消滅時効を援用することが信義則に反するか否か
が議論されている。

＊　**主債務を承認した保証人の時効援用権**　保証債務が関係する場合には複雑な問
題が生じる。今、債権者Aの債務者Bに対する債権を担保するために、保証人Cと
債権者Aとの間で保証契約が締結された場合を考えてみる。

（1）**時効完成前**に、保証人Cが一部弁済などの自認行為をした場合には、①保証
債務の承認にはなるが、主債務の承認にはならない。したがって、主債務の時効は
中断しない（承認による中断効の相対性）。②その後、主債務が時効消滅した場合に
は、主債務者Bは、その時効を援用して債務を免れることができる。③保証人も、
主債務の消滅時効を援用し（主債務者が時効を援用しなくても、保証人には援用権があ
るので、主債務の消滅時効を援用できる）、保証債務の消滅を主張することができる。
保証人に、時効完成前に一部弁済などの自認行為があったとしても、完成した主債
務の時効援用権を制限されない（最判平成7・9・8金融法務事情1441-29およびその
原審である東京高判平成7・2・14判時1526-102）。

（2）**時効完成後**に、保証人が主債務の時効利益を放棄した場合は、どうなるか。
①放棄の効果も相対的に生じるから、主債務者が時効を援用することができるのは
当然である。②その結果、主債務が消滅するが、保証人はその後、あらためて主債
務の消滅時効を援用して、保証債務の消滅を主張できるか。これを認めないと、保
証人は保証債務を履行しなければならないが、主債務者にとっては主債務は消滅し
ているので、保証人が弁済しても主債務者には求償できず、保証人が最終的な負担
をすることになる。学説は分かれているが、原則として保証人はあらためて援用で

きると考えるべきであろう（求償できなくてもよいと考えていた保証人についてのみ援用権喪失の効果を認めればよい）。③一部弁済をするなどの自認行為は、一般には、放棄ないし時効援用権の喪失事由と解されることがあるが、保証人による一部弁済の場合には、②で述べたように主債務者に対する求償ができなくなる可能性があるので、放棄・援用権の喪失という効果を与えるには慎重であるべきである[6]。

(5)　**時効利益の放棄・援用権喪失の効果**　　(a)　時効を援用することができなくなるという効果は、各人毎に相対的に生じる。たとえば、債務者が時効の利益を放棄しても、保証人・物上保証人・担保目的物の第三取得者は、時効を援用することを妨げられない（大判大正5・12・25民録22-2494〔保証人〕、前掲最判昭和42・10・27〔物上保証人〕、大阪高判平成7・7・5判時1563-118〔第三取得者〕）。

(b)　時効利益の放棄の効果が及ぶ物的範囲の問題がここでもある。たとえば、債務者が時効完成後に一部弁済した場合に、債務全額について時効の利益を放棄したことになるかどうかである。これも、結局は意思解釈の問題に帰着するが、原則として債務全額に及ぶと考えるべきであろう。

第6節　時効に関する契約

1　時効と契約

時効に関して契約当事者間で特約をすることができるかという問題である。時効を公益的制度と考えると、その内容を契約で変更することには慎重にならざるをえない。しかし、時効制度の全体が公益的なのではなく、当事者が自由に変更できる部分もある。扱っている問題毎に考えるべきである。

2　時効期間を延長する特約

時効期間を延長することは、時効完成を困難にするが、それは時効完成前の時効利益の放棄が認められないのと同じ理由から、無効であると解さ

---

6)　前掲最判平成7・9・8は、この結論の原判決を維持。なお、基本的に同旨、大阪高決平成5・10・4金融・商事判例942-9。

490　第2編　総　　則

れている (我妻)。しかし、銀行預金について、時効期間を延長する特約は、あまり長期にならないかぎり (20年くらいが限度か)、有効としてよい (金山)。

3　時効期間を短縮する特約

　時効を容易にする特約は、時効期間延長の場合のような弊害がないので、有効と解されている。請負人の瑕疵担保責任を短縮する契約は、実務界でよく使われるが、事業者たる請負人が消費者である注文者に対する関係で、瑕疵担保責任の存続期間を短縮することには問題がある。不当な契約条項として規制されるべきであろう。

　〈**参考文献**〉　金山直樹「権利の時間的制限」ジュリスト1126号 (1998年)

事 項 索 引

あ

IVF（In Vitro Fertilisation）……………… 39
新たな権原 ……………………………… 446
安全配慮義務 ………… 26, 422, 423, 429

い

イギリス法 ……………………… 119, 292
遺骨 ……………………………………… 183
遺言 ……………………………………… 201
　　──の解釈 ………………………… 219
　　──の自由 ………………………… 202
意思自治の原則 …………………………… 44
意思主義 ………………………………… 223
　　契約の成立に関する── … 210, 246
意思能力 …………………………… 43, 44
意思の欠缺 ……………………………… 225
意思の通知 ……………………………… 203
意思の不合致 …………………………… 245
意思の不存在 ……………………… 225, 247
意思表示 …………………………… 204, 221
　　──と法律行為 ………………… 221
　　──の解釈 ………………………… 209
　　──の到達 ………………………… 290
　　瑕疵ある── ……………… 225, 266
　　公示による── ………………… 294
意思無能力 ……………………………… 45
一物一権主義の原則 ………………… 185
一部取消し ……………………………… 335
一部無効 ………………… 286, 316, 324
一般財団法人 …………………… 104, 164
　　──の機関 ……………………… 168
一般社団法人 …………………… 104, 110
　　──の解散 ……………………… 155
　　──の機関 ……………………… 122
　　──の基金制度 ………………… 163
　　──の社員 ……………………… 120
　　──の設立 ……………………… 111
　　──の代表 ……………………… 130
　　──の不法行為責任 …………… 157

一般法人 ──→ 一般社団法人、一般財団法人
一般法と特別法 ………………………… 4
稲立毛 …………………………………… 192
違約金 …………………………………… 286
隠匿行為 ………………………………… 236

う

宇奈月温泉事件 ………………………… 30
梅謙次郎 ………………………………… 7
ウルトラ・ヴァイレース（ultra vires）の法理
……………………………………… 119

え

英米法 …………………………………… 385
営利法人 ………………………………… 105
NPO ……………………………………… 103
援用権者 ………………………………… 478

お

autonomie de la volonté ──→ 意思自治の原則
オーストリア民法 ……………………… 34
オランダ民法 ……………………… 7, 277

か

外形理論 ………………………………… 159
外国人 …………………………………… 42
外国法人 ………………………………… 107
介護保険制度 …………………………… 71
解除条件 ………………………………… 399
海面 ……………………………………… 182
確定効果説 ……………………………… 476
瑕疵ある意思表示 ………………… 225, 266
瑕疵担保責任 …………………………… 262
果実 ……………………………………… 198
過失による詐欺 ………………………… 267
割賦払債権の消滅時効 ………………… 432
カフェー丸玉事件 ………………… 224, 228
貨幣 ……………………………………… 194
仮差押え ………………………………… 467
仮住所 …………………………………… 85

492 ・ 事項索引

仮処分 ……………………………… 467
監事 ……………………………… 154
慣習 ……………………………… 213, 216
慣習法 ……………………………… 217
間接代理 ……………………………… 344
カント ……………………………… 181
観念の通知 ……………………………… 203

き

ギールケ ……………………………… 101
期間 ……………………………… 411
期限 ……………………………… 406
　——と条件 ……………………………… 407
　——の利益 ……………………………… 408
　——の利益喪失条項 ……………………………… 409
既成条件 ……………………………… 400
期待権 ……………………………… 404
　——の侵害 ……………………………… 404, 405
危難失踪 ……………………………… 89
寄附行為 ……………………………… 165
基本財産 ……………………………… 165, 166
基本代理権 ……………………………… 390
欺罔行為 ……………………………… 267
93条但書の類推適用 ……………………………… 358
旧民法典 ……………………………… 7, 180, 270
協議を行う旨の合意 ……………………………… 414, 470, 473
強行規定 ……………………………… 216, 302
共通錯誤 ……………………………… 258, 263
共同親権 ……………………………… 52
共同代理 ……………………………… 357
強迫 ……………………………… 275
協約 ……………………………… 206
許可主義 ……………………………… 102
虚偽表示 ……………………………… 231
居所 ……………………………… 85
銀行取引約定書 ……………………………… 409
斤先掘 ……………………………… 304
金銭 ……………………………… 194
　——の所有権 ……………………………… 194
禁治産者 ……………………………… 49
禁治産・準禁治産制度 ……………………………… 57
禁反言（エストッペル） ……………………………… 385, 393

く

空中地上権 ……………………………… 180

グロティウス ……………………………… 341

け

経済的威迫 ……………………………… 278
経済的公序 ……………………………… 307, 309
芸娼妓契約 ……………………………… 308
形成権 ……………………………… 438
　——の消滅時効 ……………………………… 438
継続的催告 ……………………………… 466
継続的損害 ……………………………… 427
契約 ……………………………… 201, 205
　——の解釈 ……………………………… 209
　——の拘束力 ……………………………… 222
　——の拘束力の根拠 ……………………………… 203
　——の成立 ……………………………… 209
　——の成立に関する意思主義 …… 210, 246
　——の成立に関する表示主義 ……………………………… 211
　——の申込みと承諾 ……………………………… 265
契約解釈に関する表示主義 ……………………………… 211
契約締結上の過失 ……………………………… 259, 265
契約締結の自由 ……………………………… 11, 203
契約内容の自由（契約自由の原則）… 202
ゲルマン法 ……………………………… 199
権限濫用 ……………………………… 137, 230
原始的一部不能 ……………………………… 301
元物 ……………………………… 198
憲法 ……………………………… 12, 312, 418
顕名 ……………………………… 343, 362, 364
権利外観法理 ……………………………… 385, 393
権利失効の原則 ……………………………… 442
権利能力 ……………………………… 9, 33
　——の始期 ……………………………… 34
　——の終期 ……………………………… 40
権利能力なき財団 ……………………………… 109, 167, 177
権利能力なき社団 ……………………………… 109, 169
　——と訴訟 ……………………………… 174
　——と登記 ……………………………… 173
　——の権利義務 ……………………………… 172
権利能力平等の原則 ……………………………… 9
権利保護資格要件としての登記 ……………………………… 273
権利濫用 ……………………………… 30
　——の禁止 ……………………………… 29

こ

行為能力 ……………………………… 46

事項索引　493

――の意義 ……………………… 47
被保佐人の―― …………………… 68
被補助人の―― …………………… 63
公益法人 ………………………… 105
効果意思 ………………………… 223
効果帰属要件 …………………… 296
公共の福祉 ……………………… 21
後見 ……………………………… 70
――の登記 ……………………… 71
後見開始の審判 ………………… 71
後見登記ファイル …… 57, 63, 67, 71, 78
公示催告 ………………………… 90
公示送達 ………………………… 294
公示による意思表示 …………… 294
後順位担保権者 ………………… 482
後順位抵当権者 ………………… 482
――の時効援用権 ……………… 482
公証人 …………………………… 116
公序良俗 ………………………… 306
公序良俗違反 …………………… 307
――の判定時期 ………………… 314
公信力 …………………………… 233
合同行為 ………………… 111, 201, 205
――の解釈 ……………………… 220
公物の取得時効 ………………… 449
抗弁権 …………………………… 421
――の永久性 …………………… 426
抗弁的無効 ……………………… 317
公法人 …………………………… 103
合名会社 ………………………… 98
効力規定 ………………………… 303
効力発生要件 …………………… 296
国際物品売買条約 ……………… 291
個人の尊厳 ……………………… 12
国庫 ……………………………… 104
婚姻による成年擬制 …………… 51
困惑行為 ………………………… 284

さ

債権行為 ………………………… 207
債権者代位権 …………………… 261
催告 ……………………………… 464
財産管理人 ……………………… 86
財産行為 ………………………… 207
財団法人 ………………………… 104

財団法人設立行為 ……………… 165
裁判上の催告 …………………… 466
裁判上の請求 …………………… 461
詐欺 ……………………………… 266
過失による―― ………………… 267
詐欺取消し
――と第三者 …………………… 273
錯誤無効と―― ………………… 322
錯誤 ……………………………… 243
――と瑕疵担保責任 …………… 262
――と契約締結上の過失 ……… 265
差押え …………………………… 467
詐術 ……………………………… 80
サビニー ………………………… 100
サレイユ ………………………… 101
残余財産 ………………………… 156
――の帰属 ……………………… 156

し

死因行為 ………………………… 207
シカーネ（Schikane） …………… 30
時間 ……………………………… 411
始期 ……………………………… 406
事業者 …………………………… 280
時効 ……………………………… 413
――と登記 ……………………… 452
――に関する契約 ……………… 489
――の援用 ………………… 476, 478
――の完成猶予 …… 414, 458, 460, 465, 470
――の更新 ………… 414, 458, 460, 465, 470
――の存在理由 ………………… 414
――の中断 ……………………… 458
――の停止 ……………………… 473
時効援用権の喪失 ……………… 486
時効期間 …………………… 435, 449
時効障害 ………………………… 458
時効利益の放棄 …………… 476, 485
自己契約 ………………………… 353
自己執行義務 ……………… 144, 351
自己取引 ―→ 自己契約
事実たる慣習 …………………… 217
使者 ……………………………… 343
自主占有 ………………………… 445
事情変更の原則 ………………… 263
自然人 …………………………… 33

自然中断	452	準禁治産者	49
自然の権利	34	準則主義	102
自然法	314	準法律行為	203
死体	183	状況の濫用	277
下請代金支払遅延等防止法	278	条件	399
失踪宣告	42, 88	使用者責任	157, 160
——の取消し	91	承諾の発信主義	292
私的自治の原則	10, 201	承認（債務の）	468, 487
自動車	193	消費者	8, 11, 279
死の概念	40	消費者契約	11, 278
支払督促	462	——の定義	279
私法	2	消費者契約法	7, 11, 278, 312
——と公法	2	消費者公序	310
——の公法化	3	情報	183, 264, 278, 285, 286
死亡	40	消滅時効	420
私法人	103	——の起算点	422
社員	120	——の効果	439
——の権利・義務	121	——の存在理由	417
——の資格	120	——の要件	422
——の退社	121	割賦払債権の——	432
——の有限責任	97	形成権の——	438
社員総会	124	商事債権の——	439, 472
社会規範	18	損害賠償請求権の——	427
社会類型的行為	49, 72	条理	215, 218
社団と組合	109	使用利益	200
社団法人 —▶ 一般社団法人		除斥期間	440
終期	406	初日不算入の原則	411
集合物	186	処分行為	207
自由財産	53	所有の意思	445
住所	82	事理弁識能力	50, 61, 62, 66
修正的解釈	212, 218	人格的利益	308
自由設立主義	102	信義誠実の原則（信義則）	
従たる権利	198		23, 218, 318, 442, 488
従物	196	信義則違反	286
受精卵（胚）	39	新権原	446
出生	34	親権者	52
出世払い	400	身上監護	70, 75
受働代理	346, 377	心神耗弱	60, 66
取得時効	443	心神喪失	50
——の効果	456	人体組織	183
——の存在理由	414	信託	194, 345
——の要件	445	じん肺	422, 430
不動産賃借権の——	444	心裡留保	225, 232
受認者（フィドゥシャリー）	145		
主物	196		

事項索引　495

す

スイス民法 …………………………… 102

せ

正権原（juste titre）………………… 414
制限行為能力者 ………………… 47, 49
　──の詐術 ……………………… 80
清算 …………………………………… 156
清算人 ………………………………… 156
性状の錯誤（性質の錯誤）
　…………………… 250, 251, 257, 262
製造物責任法 …………………………… 7
正当価格 ……………………………… 314
正当な理由 …………………………… 391
成年期 ………………………………… 51
成年後見監督人 ……………………… 76
成年後見制度 ……………… 49, 55, 59
成年後見人 …………………………… 72
責任能力 ……………………………… 45
責任無能力 …………………………… 50
説明義務 …………………… 24, 423
設立時社員 …………………………… 111
設立中の財団 ………………………… 167
善意取得 ──→ 即時取得
善管注意義務 …………………… 146, 350
戦時死亡宣告 ………………………… 89
船舶 …………………………………… 193
占有訴権 ……………………………… 142
占有補助者 …………………………… 142

そ

臓器 …………………………………… 183
臓器移植 ……………………………… 184
臓器移植法 …………………… 40, 184
臓器提供 ……………………………… 54
双方代理 ……………………………… 353
双方的無効 …………………………… 317
総有 …………………………………… 172
即時取得 ……………………………… 415
属性の錯誤 ──→ 性状の錯誤
組織体説 ……………………………… 101
損害賠償請求権の消滅時効 ………… 427

た

体外受精 ……………………………… 39
第三者詐欺 …………………………… 269
胎児 …………………………………… 35
代表 …………………………………… 132
代表権（代理権）の濫用 …………… 137
代表理事の権限 ……………………… 132
代表理事の権限の制限 ……………… 132
　定款・総会の決議による── …… 132
　法定の決議の必要性による── …… 133
　利益相反行為となる場合の── …… 136
代物弁済予約 ………………………… 310
代理 …………………………………… 341
　──と委任 …………………… 347
代理権 …………………… 342, 347, 353
代理権授与行為 ……………………… 347
代理行為 …………………… 342, 362
代理受領 ……………………………… 360
代理人 ………………………………… 341
　──による詐欺 ……………… 269
　──の義務 …………………… 350
　──の権限濫用 ……… 230, 358
　──の能力 …………………… 370
諾成契約 ……………………………… 206
他主占有 ……………………………… 445
太政官布告103号裁判事務心得（条理）
　………………………………… 7, 218
脱法行為 ……………………………… 305
他人効 ………………………………… 343
短期取得時効 ………………………… 414
短期消滅時効 ………………………… 419
談合 …………………………………… 311
男女平等の原則 ……………………… 12
団体設立行為 ………………………… 205
団体設立の自由 …………… 101, 105
断定的判断の提供 …………………… 283
単独行為 …………… 201, 205, 377, 401
　──の解釈 …………………… 219
担保物権 ……………………………… 420

ち

地上物は土地に従う（superficies solo cedit）
　………………………………… 191
中間的団体 …………………………… 106

496 事項索引

中間法人法 ················· 7, 106, 170
中国残留孤児 ···························· 89
忠実義務 ················· 145, 350, 354

つ

追完 ································· 297
追認 ································· 335

て

定款 ···························· 111, 165
　──の変更 ························· 169
定款・総会の決議による代表理事の権限の
　制限 ····························· 132
定期金債権 ·························· 435
停止条件 ···························· 399
定着物 ······························ 190
撤回できない代理権 ················· 360
デフォルト・ルール ················· 217
電子消費者契約 ····················· 265
電子消費者契約・電子承諾通知法 ······· 7
電子取引 ······················ 72, 265
天然果実 ···························· 199
天皇 ································· 42

と

ドイツ民法 ······· 7, 204, 265, 269, 310, 314, 385
問屋 ································· 344
動機の錯誤 ················· 243, 250, 262, 274
動機の不法 ·························· 313
動産 ································· 193
同時死亡の推定 ······················ 41
同時履行の抗弁権 ··················· 426
当然設立 ···························· 103
到達主義 ···························· 288
特定非営利活動促進法 ··············· 103
特別権利能力 ························· 42
特別失踪 ····························· 89
特別法は一般法に優先する ············· 4
土地 ································· 189
　──の構成部分 ··················· 189
特許主義 ······················ 102, 103
取消し ························ 319, 329
取消権 ······························ 268
　──の消滅 ······················· 337
取消権者 ···························· 329

取消的無効 ·························· 46
取締規定 ···························· 302
取締規定違反 ······················· 312
　──の取引の効力 ················· 303
取引の安全 ······················ 48, 80
奴隷 ································· 33

な

内国法人 ···························· 107
内心の効果意思 ····················· 224
名板貸 ·························· 304, 386
内容の錯誤 ·························· 243

に

二重効 ······························ 275
日常家事債務 ······················· 392
　──と表見代理 ··················· 393
任意規定 ················· 215, 217, 286, 302
　──の半強行法規性 ··············· 217
任意後見 ························ 50, 59
任意後見契約 ························· 77
任意後見制度 ························· 76
任意後見人 ·························· 78
任意代理 ···························· 346
認可主義 ···························· 103
認証主義 ···························· 103
認定死亡 ···························· 40

ね

年齢の計算 ·························· 411

の

脳死 ································· 40
能働代理 ···························· 346
ノーマライゼーション（normalization）
　····························· 49, 58, 65

は

胚 ·································· 39
賠償額の予定 ···················· 286, 310
白紙委任状 ············· 349, 387, 391, 395
莫大損害（laesio enormis）········· 313
発信主義 ························ 289, 292
阪神電鉄事件 ······················· 36

事項索引　*497*

ひ

ビアレス号事件 …………………… 245
非営利法人 ………………………… 105
被保佐人の行為能力 ……………… 68
被補助人 …………………………… 63
　──の行為能力 …………………… 63
評議員 ……………………………… 168
評議員会 ……………………… 165, 168
表見代表理事 ……………………… 142
表見代理 …………………………… 384
表見法理 …………………………… 233
表示意思 …………………… 223, 224
表示行為 …………………………… 223
　──の錯誤 ……………………… 243
表示主義 …………………………… 223
　契約解釈に関する── ………… 211
　契約の成立に関する── ……… 211
表示上の錯誤 ……………………… 248

ふ

フィドゥシャリー（fiduciary）……… 145
プッサン（Poussin）事件 ………… 264
不確定期限 ………………………… 407
不確定効果説 ……………………… 477
復代理 ……………………………… 352
付合制度 …………………………… 191
不在者 ……………………………… 86
不実告知 …………………………… 281
付随義務 …………………………… 26
普通失踪 …………………………… 89
物権的請求権 ……………………… 421
物上保証人 ………………………… 481
不動産 ……………………………… 189
不動産賃借権の取得時効 ………… 444
不当条項 …………………………… 285
不能条件 …………………………… 401
不法原因給付 ……………………… 317
不法行為 …………………………… 201
不法条件 …………………………… 401
Privatautonomie ─▶ 私的自治の原則
ブラックストン …………………… 101
フランス民法 …………… 7, 34, 181, 269,
　　　　　　　　314, 414, 443, 476
不利益事実の不告知 ……………… 283

へ

ベーゼラー ………………………… 101
片面的無効 ………………………… 317

ほ

包括財産 …………………………… 186
法規範 ………………………… 15, 18
法人 ………………………………… 95
　──の権利能力 ………………… 118
　──の行為能力 …………… 118, 138
　──の善意・悪意 ……………… 143
　──の本質 ……………………… 100
　──の目的 ……………………… 138
法人格 ……………………………… 95
　──の形骸化 …………………… 98
　──の濫用 ……………………… 98
法人格否認の法理 ………………… 98
法人擬制説 …………………… 100, 157
法人自身の過失 …………………… 160
法人実在説 …………… 100, 101, 157
法人否認説 ………………………… 100
法定果実 …………………………… 199
法定後見 …………………………… 59
法定後見制度 ……………………… 60
法定条件 …………………………… 400
法定証拠 …………………………… 418
法定証拠提出説 …………………… 477
法定成年後見 ……………………… 77
法定代理 …………………… 346, 389
　──と表見代理 ………… 389, 392
法定代理人 ………………………… 52
法定中断 …………………………… 452
法定追認 …………………………… 336
法定の決議の必要性による代表理事の権限の
　制限 ……………………………… 133
暴利行為 …………………… 310, 313
法律行為 …………………………… 201
　──の解釈 ……………………… 208
　──の成立要件 ………………… 295
　──の有効要件 ………………… 295
法律の錯誤 ………………………… 258
法律要件 …………………………… 201
保佐 ………………………………… 66
　──の登記 ……………………… 67

保佐開始の審判 …………………………… 67
保佐監督人 …………………………………… 70
保佐人 ………………………………………… 67
　──の代理権 …………………………… 70
　──の同意権・取消権 ………………… 69
補充的解釈 ……………………………… 212, 214
補助 …………………………………………… 60
保証契約 ……………………………………… 206
保証債務の消滅時効 ……………………… 439
保証人 ………………………………………… 481
　──の時効援用権 ……………………… 488
補助開始の審判 …………………………… 62
補助監督人 …………………………………… 66
補助人 ………………………………………… 63
　──の代理権 …………………………… 64
　──の同意権・取消権 ………………… 64
ボワソナード ………………………………… 7, 270
本籍 …………………………………………… 85

み

未成年者 ……………………………………… 47, 51
　──の自己決定 ………………………… 54
みなし到達 …………………………………… 294
身分行為 ……………………………… 207, 264, 401
身分占有（possession d'état）…………… 443
未分離の果実 ………………………………… 192

む

無因行為 ……………………………………… 208
無記名債権 …………………………………… 193
無権代理 ……………………………………… 372
　──と相続 ……………………………… 381
　──と表見代理の関係 ………………… 379
無権代理人 …………………………………… 378
無効 …………………………………………… 319, 322
　──と取消しの二重効 ………………… 321
無効行為の追認 …………………………… 326
無効行為の転換 …………………………… 325
無体物 ………………………………………… 180

め

メイトランド ………………………………… 101
明認方法 ……………………………………… 190, 192

も

申込みと承諾 ………………………………… 291
申込みの拘束力 …………………………… 291
目的財産 ……………………………………… 95
物の概念 ……………………………………… 179

や

約款 …………………………………………… 278
八幡製鉄政治献金事件 …………………… 119

ゆ

有因行為 ……………………………………… 208
有機体説 ……………………………………… 101
有体物 ………………………………………… 180

よ

要式行為 ……………………………………… 206, 295
要素の錯誤 …………………………………… 256
要物契約 ……………………………………… 295
預金債権の消滅時効 ……………………… 433

り

利益相反行為 ………………………………… 350
　──となる場合の代表理事の権限の制限
　……………………………………………… 136
理事 …………………………………………… 127
　──の業務執行権限 …………………… 129
　──の資格 ……………………………… 128
　──の選任・終任 ……………………… 127
理事会 ………………………………………… 153
理事会設置一般社団法人 ……… 123, 130, 132
立木 …………………………………………… 192
倫理規範 ……………………………………… 19

れ

例文解釈 ……………………………………… 213
連帯債務者 …………………………………… 480

ろ

労働協約 ……………………………………… 206
労働契約 ……………………………………… 54
浪費者 ………………………………………… 57, 66
ローマ法 ………………………………… 181, 191, 313

判 例 索 引

（太字は、民法判例百選〔第5版〕～〔第7版〕の
収録判例であることを示す）

明　治

大判　明32・3・25　民録5-3-37 ················· 308
大判　明32・10・3　民録5-9-12 ················· 338
大判　明33・5・7　民録6-5-15 ················· 272
大判　明33・12・5　民録6-11-28 ················· 333
大判　明36・1・29　民録9-102 ················· 140
大判　明36・4・10　刑録9-515 ················· 43
大判　明38・5・11　民録11-706 ················· 44
大判　明38・12・19　民録11-1790 ················· 200
大判　明39・3・31　民録12-492 ········· 269, 370
大判　明39・4・2　民録12-553 ················· 371
大判　明39・5・17　民録12-758 ········· 68, 389
大判　明40・2・12　民録13-99 ················· 140
大判　明40・2・25　民録13-167 ················· 256
大判　明40・3・27　民録13-359 ················· 365
東京控判　明40・6・6　法曹記事17-6-70 ····· 30
大判　明40・7・9　民録13-806 ················· 68
大阪控判　明42・7・8　新聞592-13 ················· 229
大判　明43・1・25　民録16-22 ········· 479, 481
大判　明44・4・7　民録17-187 ················· 449
大判　明44・6・6　民録17-362 ················· 236
大判　明45・3・13　民録18-193 ················· 289
大判　明45・5・9　民録18-475 ················· 310

大　正

大判　大元・9・25　民録18-810 ················· 141
大判　大元・11・8　民録18-951 ················· 409
大判　大元・12・25　民録18-1078 ················· 140
大判　大2・4・19　民録19-255 ················· 364
大判　大2・5・27　新聞869-27 ················· 258
大判　大2・7・9　民録19-619 ················· 140
大判　大2・11・20　民録19-983 ················· 220
大判　大3・3・17　民録20-182 ················· 351
大判　大3・10・27　民録20-818 ················· 216
大判　大3・11・20　民録20-954 ················· 213
大判　大3・12・15　民録20-1101 ················· 255
大判　大4・3・24　民録21-439 ········· 400, 408
大判　大4・5・15　新聞1031-27 ················· 308
大判　大4・12・1　民録21-1935 ················· 408
大判　大4・12・24　民録21-2187 ········· 53, 54

大判　大5・3・14　民録22-360 ················· 298
大判　大5・4・4　民録22-678 ················· 374
大判　大5・6・1　民録22-1113 ················· 91
大判　大5・6・17　民録22-1206 ················· 142
大判　大5・6・29　民録22-1294 ················· 311
大判　大5・7・17　民録22-1395 ················· 216
大判　大5・9・20　民録22-1440 ················· 192
大判　大5・9・20　民録22-1821 ················· 306
大判　大5・10・13　民録22-1886 ········· 469, 486
大判　大5・10・19　民録22-1931 ················· 199
大判　大5・11・22　民録22-2295 ················· 141
大判　大5・12・25　民録22-2494 ················· 489
大判　大5・12・28　民録22-2529 ················· 336
大判　大6・1・16　民録23-1 ················· 472
大判　大6・2・14　民録23-152 ················· 427
大判　大6・2・19　民録23-311 ················· 487
大判　大6・2・24　民録23-284 ········· 250, 258
大判　大6・4・26　民録23-672 ················· 487
大判　大6・8・22　民録23-1293 ················· 485
大判　大6・9・20　民録23-1360 ················· 276
大判　大6・9・26　民録23-1495 ················· 80
大判　大6・10・10　民録23-1564 ················· 310
大判　大6・10・13　民録23-1815 ················· 465
大判　大6・11・8　民録23-1758 ················· 259
大判　大6・11・8　民録23-1762 ················· 423
大判　大7・2・14　民録24-221 ················· 402
大判　大7・3・2　民録24-423 ················· 453
大判　大7・3・8　民録24-427 ················· 136
大判　大7・3・13　民録24-523 ················· 189
大判　大7・3・20　民録24-623 ················· 408
大判　大7・4・13　民録24-669 ········· 189, 442
大判　大7・7・3　民録24-1338 ················· 256
大判　大7・10・3　民録24-1852 ········· 255, 258
大判　大7・10・9　民録24-1886 ················· 469
大判　大7・12・3　民録24-2284 ················· 259
大判　大8・3・3　民録25-356 ················· 31
大（連）判　大8・3・15　民録25-473 ············· 196
大判　大8・4・21　民録25-624 ················· 365
大判　大8・5・12　民録25-851 ················· 68
大判　大8・6・24　民録25-1095 ················· 484

500 判例索引

大判 大8・6・30 民録25-1200 ……………467
大判 大8・7・4 民録25-1215 ………485,486
大判 大8・7・9 民録25-1373 ……………306
大判 大8・9・25 民録25-1715 ……………304
大判 大8・10・23 民録25-1835 ……………374
大判 大8・10・29 民録25-1854 ……………428
大判 大8・11・19 民録25-2172 ……………298
大判 大8・12・2 民録25-2224 ……………464
東京控判 大8・12・5 評論8民1328 ………214
大判 大8・12・13 刑録25-1367 ……………34
大判 大8・12・16 民録25-2316 ……………256
大判 大8・12・26 民録25-2429 ……………469
大判 大9・5・28 民録26-773 …308,313,401
大判 大9・6・5 民録26-812 ……………365
大判 大9・6・29 民録26-949 ……………468
大判 大9・7・16 民録26-1108 ……………449
大判 大9・7・23 民録26-1171 ……………233
大判 大9・11・27 民録26-1797 ……………431
大判 大9・12・18 民録26-1947 ……………23
大判 大10・2・2 民録27-168 ……………465
大判 大10・3・5 民録27-493 ……………438
大判 大10・5・18 民録27-939 ……………220
大判 大10・6・2 民録27-1038 ……………213
大判 大10・6・4 民録27-1062 ……………472
大判 大10・6・24 民録27-1236 ……………102
大判 大10・7・13 民録27-1318 ……………365
大判 大10・8・10 民録27-1480 ……………193
大判 大10・9・20 民録27-1583 ……………304
大判 大10・9・29 民録27-1774 ……………309
大判 大10・12・15 民録27-2160 ……258,262
大判 大11・2・25 民集1-69 ……………236
大判 大11・3・22 民集1-115 …………256,275
大決 大11・4・10 民集1-182 ……………412
大判 大11・8・4 民集1-488 ……………67
大判 大12・3・26 民集2-182 ……………484
大判 大12・5・24 民集2-323 ……………356
大判 大12・6・11 民集2-396 ……………337
大(連)判 大12・7・7 民集2-438 ……………329
大判 大12・11・26 民集2-634 ……………356
大判 大12・12・12 民集2-668 ……………308
大(連)判 大13・10・7 民集3-476 ……189
大(連)判 大13・10・7 民集3-509
……………………………189,448,457
大判 大14・1・20 民集4-1 ……………200
大判 大14・2・3 民集4-51 ……………304

大(連)判 大14・7・8 民集4-412 …………453
大判 大14・12・24 民集4-765 …………374
大判 大15・2・22 民集5-99 …………192
大判 大15・4・21 民集5-271 …………304

昭和元〜10年

大判 昭2・1・31 評論16民415 …………469
大判 昭2・3・15 新聞2688-9 …………257
大判 昭2・3・23 新聞2677-7 …………345
大判 昭2・4・21 民集6-166 …………380
大決 昭2・5・4 民集6-219 …………84
大判 昭2・5・19 刑集6-190 …………118
大判 昭2・5・27 民集6-307 …183,184
大判 昭2・12・10 民集6-748 …………305
大判 昭3・3・24 新聞2873-13 …………469
大決 昭3・3・31 民集7-180 …………475
大判 昭3・5・12 新聞2884-5 …………309
大判 昭3・8・3 刑集7-533 …………309
大判 昭3・8・8 新聞2907-9 …………192
大判 昭3・10・4 評論17民199 …………304
大判 昭3・11・8 民集7-980 …………482
大判 昭4・1・23 新聞2945-14 …………276
大判 昭4・3・19 民集8-199 …………461
大判 昭4・12・21 民集8-961 …………304
大判 昭4・12・26 新聞3081-16 …………213
大判 昭5・3・4 民集9-299 …………375
大判 昭5・5・24 民集9-468 …………411
大判 昭5・7・2 評論19民1016 …………431
大決 昭5・7・21 新聞3151-10 …………52
大判 昭5・9・11 新聞3179-14 …………141
大判 昭6・3・6 新聞3252-10 …………374
大判 昭6・4・14 新聞3264-10 …………486
大判 昭6・5・2 民集10-232 …………412
大判 昭6・6・9 民集10-470 …………237
大判 昭6・6・9 新聞3292-14 …………425
大判 昭6・6・22 民集10-440 …………334
大判 昭6・10・24 新聞3334-4 …233,234
大判 昭6・12・17 新聞3364-17 ………140,141
大判 昭6・12・22 裁判例(5)民286 …………69
大判 昭7・4・19 民集11-837 …………205
大判 昭7・6・6 民集11-1115 …………355
大判 昭7・6・21 民集11-1186 …………481
大決 昭7・7・26 民集11-1658 …………90
大判 昭7・10・6 民集11-2023 …………36
大判 昭7・10・29 民集11-1947 …………310

判例索引　　*501*

大判　昭 7・11・25　新聞3499-8 ················ 391
大判　昭 8・ 1・28　民集12-10 ················· 380
大判　昭 8・ 1・31　民集12-24 ················· 81
大判　昭 8・ 4・28　民集12-1025 ·············· 104
大判　昭 8・ 7・19　民集12-2229 ·············· 141
大決　昭 8・ 9・18　民集12-2437 ·············· 237
大判　昭 8・10・13　民集12-2520 ·············· 481
大判　昭 8・12・19　民集12-2680 ·············· 213
大判　昭 8・12・19　民集12-2882 ·············· 233
大判　昭 9・ 1・13　新聞3665-17 ·············· 374
大判　昭 9・ 3・28　民集13-318 ··············· 304
大判　昭 9・ 5・ 2　民集13-670 ··············· 481
大判　昭 9・ 5・ 4　民集13-633 ··········· 257, 344
大判　昭 9・ 5・ 5　民集13-562 ··············· 68
大判　昭 9・ 7・25　判決全集1-8-6 ············ 193
大判　昭 9・ 9・10　民集13-1777 ·············· 373
大判　昭 9・ 9・15　民集13-1839 ·············· 409
大判　昭 9・10・23　新聞3784-8 ················ 308
大判　昭10・ 1・29　民集14-183 ··············· 258
大判　昭10・ 2・ 4　裁判例(9)民15 ············· 258
大判　昭10・ 2・19　民集14-137 ··············· 433
大判　昭10・ 2・21　新聞3814-17 ·············· 437
大判　昭10・ 4・25　新聞3835-5 ··········· 224, 228
大判　昭10・10・ 1　民集14-1671 ·············· 192
大判　昭10・10・ 5　民集14-1965 ············ 30, 31
大判　昭10・10・10　判決全集1-23-4 ············ 349
大判　昭10・12・13　裁判例(9)民321 ············ 257
大判　昭10・12・24　民集14-2096 ··········· 479, 484

昭和11～20年

大判　昭11・ 8・ 4　民集15-1616 ·············· 405
大判　昭11・ 8・ 7　民集15-1630 ·············· 373
大判　昭12・ 2・ 9　判決全集4-4-4 ············ 233
大判　昭12・ 4・17　判決全集4-8-3 ············ 256
大判　昭12・ 4・20　新聞4133-12 ·············· 308
大判　昭12・ 5・28　民集16-903 ··············· 338
大判　昭12・ 8・10　新聞4181-9 ················ 234
大判　昭12・ 9・17　民集16-1435 ·············· 422
大判　昭12・10・19　新聞4202-10 ·············· 487
大判　昭13・ 2・ 4　民集17-87 ················ 469
大判　昭13・ 2・ 7　民集17-59 ················ 93
大判　昭13・ 2・21　民集17-232 ··············· 258
大判　昭13・ 3・ 5　判決全集5-6-34 ··········· 469
大判　昭13・ 3・30　民集17-578 ·········· 308, 313
大判　昭13・ 6・ 8　民集17-1219 ········· 119, 141

大判　昭13・ 6・28　新聞4301-12 ·············· 31
大判　昭13・ 9・28　民集17-1927 ·············· 192
大判　昭13・10・13　新聞4335-16 ·············· 305
大判　昭13・10・26　民集17-2057 ·············· 31
大判　昭13・11・10　民集17-2102 ·············· 487
大判　昭14・ 3・18　民集18-183 ··············· 356
大(連)判　昭14・ 3・22　民集18-238 ··········· 461
大判　昭14・ 3・29　民集18-370 ··············· 484
大判　昭14・11・ 6　民集18-1224 ·············· 311
大(連)判　昭15・ 3・13　民集19-544 ··········· 432
大判　昭15・ 4・24　民集19-749 ··············· 386
大判　昭15・ 6・ 1　民集19-944 ··············· 338
大判　昭15・ 6・19　民集19-1023 ·············· 137
大判　昭15・ 8・12　民集19-1338 ·············· 457
大(連)判　昭15・12・14　民集19-2325 ·········· 430
大判　昭16・ 2・ 4　新聞4674-8 ················ 349
大判　昭16・ 2・28　民集20-264 ··············· 136
大判　昭16・ 3・25　民集20-347 ··········· 118, 141
大判　昭16・ 6・16　判決全集8-22-8 ··········· 304
大判　昭16・ 8・26　民集20-1108 ·············· 306
大判　昭16・11・18法学11-617 ················· 267
大判　昭17・ 2・25　民集21-164 ··············· 383
大(連)判　昭17・ 5・20　民集21-571 ··········· 392
大判　昭17・ 9・30　民集21-911 ·············· 273
大判　昭17・11・28　新聞4819-7 ················ 289
大判　昭18・12・22　民集22-1263 ·············· 233
大判　昭19・ 6・28　民集23-387 ·············· 246
大判　昭19・10・24　民集23-608 ··············· 304
大(連)判　昭19・12・22　民集23-626 ··········· 397
大判　昭20・ 5・21　民集24-9 ················· 333
大判　昭20・11・12　民集24-115 ··············· 305
大判　昭20・11・26　民集24-120 ··············· 233

昭和21～30年

最判　昭23・12・23　民集2-14-493 ············· 229
最判　昭25・12・ 1　民集4-12-625 ············· 22
最判　昭25・12・28　民集4-13-701 ········ 326, 443
最判　昭26・ 2・ 6　民集5-3-36 ··············· 28
最判　昭26・12・21　民集5-13-796 ············· 84
最判　昭27・ 2・15　民集6-2-77 ··············· 140
最判　昭27・ 4・15　民集6-4-413 ·············· 84
最判　昭28・ 4・23　民集7-4-396 ··········· 41, 359
最判　昭28・10・ 1　民集7-10-1019 ············ 233
最判　昭29・ 2・12　民集8-2-465 ·············· 256
最判　昭29・ 8・20　民集8-8-1505 ············· 238

最判 昭29・8・31 民集8-8-1557 …………… 318
最(大)判 昭29・10・20 民集8-10-1907 ……… 84
最判 昭29・11・5 刑集8-11-1675 ………… 194
最判 昭30・4・19 民集9-5-534 ………… 161
最判 昭30・5・13 民集9-6-679 ………… 144
最判 昭30・9・30 民集9-10-1498 ………… 305
最判 昭30・10・7 民集9-11-1616 … 309, 325
最判 昭30・10・27 民集9-11-1720 … 306, 361
最判 昭30・10・28 民集9-11-1748 ………… 141

昭和31〜40年

最判 昭31・5・25 民集10-5-566 ………… 28
最判 昭31・7・20 民集10-8-1059 ………… 176
東京高判 昭31・8・17 下民7-8-2213 ……… 214
最判 昭31・12・27 裁判集民24-661 ……… 143
最判 昭31・12・28 民集10-12-1613 ……… 231
最判 昭32・2・15 民集11-2-270 ……… 143
最判 昭32・2・22 判時103-19 ………… 143
最判 昭32・11・14 民集11-12-1943 ……… 172
最判 昭32・12・5 新聞83・84-16 ……… 380
最判 昭32・12・19 民集11-13-2299 ……… 253
最判 昭33・3・28 民集12-4-648 ………… 141
最判 昭33・6・14 民集12-9-1492 ……… 263
最判 昭33・6・17 民集12-10-1532 ……… 379
最判 昭33・7・1 民集12-11-1601 … 277
最判 昭33・9・18 民集12-13-2027 ……… 141
最判 昭34・2・20 民集13-2-209 ………… 461
最判 昭34・7・14 民集13-7-960

………………………………… 136, 391, 394
最判 昭34・7・24 民集13-8-1176 ……… 391
大阪地判 昭34・8・29 下民10-8-1812 … 28
東京地判 昭34・11・26 判時210-27 ……… 28
最判 昭35・2・2 民集14-1-36 ………… 234
最判 昭35・2・19 民集14-2-250 ……… 391
最判 昭35・3・18 民集14-4-483 ……… 304
最判 昭35・3・22 民集14-4-551 ………… 84
最(大)決 昭35・4・18 民集14-6-905 ……… 316
最判 昭35・7・27 民集14-10-1871 … 141, 454
最判 昭35・10・21 民集14-12-2661 ……… 386
最判 昭35・11・1 民集14-13-2781 ……… 428
最判 昭35・11・29 判時244-47 ………… 199
最判 昭35・12・23 民集14-14-3166 ……… 469
最判 昭36・4・20 民集15-4-774 ……… 289
最判 昭36・4・27 民集15-4-901 ……… 313
最判 昭36・5・26 民集15-5-1404 ……… 400

最判 昭36・6・20 民集15-6-1602 ……… 28
最判 昭36・7・20 民集15-7-1903 ……… 454
最判 昭36・12・12 民集15-11-2756 ……… 395
福岡高判 昭37・2・27 判時302-20 ……… 387
最判 昭37・3・29 民集16-3-643 ………… 190
最判 昭37・4・20 民集16-4-955 ……… 382
最判 昭37・12・18 民集16-12-2422 ……… 109
最(大)判 昭38・1・30 民集17-1-99 ……… 465
最判 昭38・6・13 民集17-5-744 ……… 304
名古屋高判 昭38・6・19 判時343-2 ……… 54
最判 昭38・9・5 民集17-8-909 … 137, 231
最(大)判 昭38・10・30 民集17-9-1252 …… 466
最判 昭38・12・13 民集17-12-1696 ……… 448
最判 昭39・1・23 民集18-1-37 ………… 305
最判 昭39・1・23 民集18-1-99 ………… 403
最判 昭39・1・24 判時365-26 ……………… 194
最判 昭39・1・28 民集18-1-136 ……… 118
名古屋高判 昭39・2・20 下民15-2-315 … 304
東京高判 昭39・3・3 判時372-23 ……… 395
最判 昭39・5・23 民集18-4-621 ……… 388
最判 昭39・10・15 民集18-8-1671 … 169, 173
最判 昭39・10・29 民集18-8-1823 ……… 304
最判 昭39・10・30 民集18-8-1837 ……… 401
最判 昭40・3・9 民集19-2-233 ………… 31
最判 昭40・4・6 民集19-3-564 ………… 438
最判 昭40・4・22 民集19-3-703 ………… 305
最判 昭40・5・4 民集19-4-811 … 198
最判 昭40・6・4 民集19-4-924 ………… 259
最判 昭40・6・18 民集19-4-986 ………… 381
最判 昭40・7・15 民集19-5-1275 ……… 438
最判 昭40・9・10 民集19-6-1512 ……… 261
最判 昭40・9・22 民集19-6-1656 ……… 134
最判 昭40・10・8 民集19-7-1731 ……… 256

昭和41〜50年

最判 昭41・3・18 民集20-3-451 ………… 238
最(大)判 昭41・4・20 民集20-4-702

………………………………………… 486, 487
最判 昭41・4・22 民集20-4-752 ……… 389
最判 昭41・4・26 民集20-4-849 ……… 141
最判 昭41・6・21 民集20-5-1052 ……… 159
最判 昭41・11・22 民集20-9-1901 ……… 453
最判 昭41・12・22 民集20-10-2168 ……… 234
最判 昭42・4・20 民集21-3-697

………………………………… 230, 231, 358

最判 昭42・6・22 民集21-6-1479
・・・・・・・・・・・・・・・・・・・・・・・・・・・ 228, 231, 232
最判 昭42・7・21 民集21-6-1643 ・・・・・・・・・・・ 448
最判 昭42・10・27 民集21-8-2110 ・・・・・・・・・・ 481, 489
最判 昭42・10・31 民集21-8-2232 ・・・・・・・・・・・・ 235
最判 昭42・11・10 民集21-9-2417 ・・・・・・・・・・・・ 388
東京高判 昭42・12・12 判タ215-106 ・・・・・・・・・ 50
最判 昭43・3・8 民集22-3-540 ・・・・・・・・・・・・ 356
最判 昭43・7・11 民集22-7-1462 ・・・・・・・・・・・・ 345
最判 昭43・9・26 民集22-9-2002 ・・・・・・・・・・・・ 481
最判 昭43・10・8 民集22-10-2145 ・・・・・・・・・・・・ 444
最判 昭43・10・17 民集22-10-2188 ・・・・・・・・・・・・ 239
最判 昭43・10・17 判時540-34 ・・・・・・・・・・・・ 439
最(大)判 昭43・11・13 民集22-12-2510 ・・・・・ 461
最(大)判 昭43・12・25 民集22-13-3511
・・ 150, 152
最判 昭44・2・13 民集23-2-291 ・・・・・・・・・・・ 81
最判 昭44・2・27 民集23-2-511 ・・・・・・・・・・・・ 99
最判 昭44・3・28 民集23-3-699 ・・・・・・・・・・・ 198
最判 昭44・4・3 民集23-4-737 ・・・・・・・・・・・・ 137
最判 昭44・5・22 民集23-6-993 ・・・・・・・・・・・・ 449
最判 昭44・5・27 民集23-6-998 ・・・・・・・・・ 235, 236
最判 昭44・6・24 民集23-7-1143 ・・・・・・・・・・・・ 194
最判 昭44・7・4 民集23-8-1347 ・・・・・・ 141, 142
最判 昭44・7・8 民集23-8-1374 ・・・・・・・・・・・・ 444
最判 昭44・7・15 民集23-8-1520 ・・・・・・・・・・・・ 483
最判 昭44・7・15 民集23-8-1532 ・・・・・・・・・・・・ 479
最判 昭44・7・25 判時574-26 ・・・・・・・・・・・・ 396
最判 昭44・10・7 判時575-35 ・・・・・・・・・・・・ 310
新潟地判 昭44・10・31 判時586-86 ・・・・・・・・・ 80
最判 昭44・11・4 民集23-11-1951
・・・・・・・・・・・・・・・・・・・・・・・・・・・・・・・・・ 173, 177, 178
大阪高判 昭44・11・25 判時597-97 ・・・・・・・・・ 257
最判 昭44・12・18 民集23-12-2476 ・・・・・・・・・ 393
最判 昭45・2・26 民集24-2-104 ・・・・・・・・・・・・ 305
最判 昭45・3・26 民集24-3-151
・・・・・・・・・・・・・・・・・・・・・・・・・・・・・ 252, 258, 261
最判 昭45・6・2 民集24-6-465 ・・・・・・・・・・・・ 239
最(大)判 昭45・6・24 民集24-6-625
・・・・・・・・・・・・・・・・・・・・・・・ 27, 119, 141, 146
最(大)判 昭45・7・15 民集24-7-771 424, 425
最判 昭45・7・24 民集24-7-1116 ・・・・・・・・・・・・ 233
最判 昭45・7・24 民集24-7-1177 ・・・・・・・・・・・・ 461
最判 昭45・7・28 民集24-7-1203 ・・・・・ 388, 395
最判 昭45・9・10 民集24-10-1389 ・・・・・・・・・ 466

最判 昭45・9・22 民集24-10-1424 ・・・・・・・・・ 239
最判 昭45・11・19 民集24-12-1916 ・・・・・・・・・ 239
最判 昭45・12・15 民集24-13-2051 ・・・・・・・・・ 444
最判 昭46・6・3 民集25-4-455 ・・・・・・・・・ 391
東京高判 昭46・7・20 東高時報22-7-119
・・・ 270
最判 昭46・11・30 民集25-8-1437 ・・・・・・・・・ 447
最判 昭47・2・18 民集26-1-46 ・・・・・・・・・・・・ 384
最判 昭47・6・2 民集26-5-957
・・・・・・・・・・・・・・・・・・・・・・・・・・・ 96, 173, 174
最判 昭47・6・27 民集26-5-1067 ・・・・・・・・・・・・ 31
最判 昭47・9・7 民集26-7-1327 ・・・・・・・・・・・・ 270
最判 昭47・9・8 民集26-7-1348 ・・・・・ 445, 447
最判 昭47・11・21 民集26-9-1657 ・・・・・ 144, 368
東京高判 昭48・2・27 判時697-46 ・・・・・・・・・ 446
最判 昭48・7・3 民集27-7-751 ・・・・・・・・・ 382
最判 昭48・10・9 民集27-9-1129 ・・・・・・・・・ 173
最判 昭48・10・26 民集27-9-1240 ・・・・・・・・・・・・ 98
最判 昭48・12・14 民集27-11-1586 ・・・・・・・・・ 481
最(大)判 昭49・9・4 民集28-6-1169 ・・・・・ 382
最判 昭49・9・26 民集28-6-1213 ・・・・・ 272, 273
最(大)判 昭49・10・23 民集28-7-1473 ・・・・・ 310
最判 昭49・12・20 民集28-10-2072 ・・・・・・・・・ 424
最判 昭50・1・17 金融法務事情746-25 ・・・・・ 466
最判 昭50・7・14 民集29-6-1012 ・・・・・・・・・ 159
最判 昭50・11・21 民集29-10-1537 ・・・・・・・・・ 468

昭和51〜60年

東京地判 昭51・1・21 判時826-65 ・・・・・・・・・ 257
最判 昭51・4・9 民集30-3-208 ・・・・・・・・・ 353
最判 昭51・4・23 民集30-3-306 ・・・・・・・・・ 141
最判 昭51・5・25 民集30-4-554 ・・・・・・・・・ 31
最判 昭51・6・25 民集30-6-665 ・・・・・・・・・ 392
最判 昭51・7・8 民集30-7-689 ・・・・・・・・・ 24
札幌地判 昭51・7・30 判時851-222 ・・・・・・・・・ 28
最判 昭51・12・24 民集30-11-1104 ・・・・・・・・・ 449
最判 昭52・3・3 民集31-2-157 ・・・・・・・・・ 446
東京高判 昭52・5・10 判時865-87 ・・・・・・・・・ 277
東京地判 昭52・10・20 判時895-91 ・・・・・・・・・ 349
最判 昭53・2・24 民集32-1-110 ・・・・・・・・・ 326
最判 昭53・3・6 民集32-2-135 ・・・・・・・・・ 450
最判 昭53・4・13 訟務月報24-6-1265 ・・・・・ 465
最判 昭53・5・25 判時896-29 ・・・・・・・・・・・・ 392
東京高判 昭53・7・19 判時904-70 ・・・ 227, 228
最判 昭54・2・15 民集33-1-51 ・・・・・・・・・・・・ 186

判例索引

最判 昭54・4・17 判時929-67 ················· 447
大阪高判 昭54・7・18 刑事裁判月報
　11-7・8-768 ································· 54
最判 昭54・12・14 判時953-56 ············· 374
最判 昭55・9・11 民集34-5-683 ············ 234
東京高判 昭56・2・17 判時999-58 ·········· 311
最判 昭56・3・24 民集35-2-300 ··· 13, 312
最判 昭56・6・16 民集35-4-791 ············ 326
最(大)判 昭56・12・16 民集35-10-1369
　······································· 406, 430
最判 昭57・6・8 判時1049-36 ············· 233
最判 昭57・10・19 民集36-10-2163 ········ 426
東京高判 昭58・1・25 判時1069-75 ········ 294
最判 昭58・3・18 判時1075-115 ·········· 219
最判 昭58・3・24 民集37-2-131 ············ 447
東京地判 昭59・1・19 判時1125-129 ······· 173
最判 昭59・4・24 民集38-6-687 ············ 471
最判 昭59・5・25 民集38-7-764 ············ 446
最判 昭60・11・29 民集39-7-1760 ········· 133
茨木簡判 昭60・12・20 判時1198-143 ······· 82

昭和61〜63年

最判 昭61・5・29 判時1196-102 ·········· 311
静岡地浜松支判 昭61・6・30 判時1196-20
　······································· 422
最判 昭61・9・4 判時1215-47 ············· 308
最判 昭61・11・4 判時1216-74 ············· 12
最判 昭61・11・20 民集40-7-1167 ········· 308
最判 昭61・11・20 判時1219-63 ············ 361
最判 昭61・11・20 判時1220-61 ·········· 311
最判 昭61・12・16 民集40-7-1236 ········· 182
最判 昭62・6・5 判時1260-7 ·············· 444
最判 昭62・7・7 民集41-5-1133 ····· 378, 379
神戸地判 昭62・7・7 判夕665-172 ········· 276
最判 昭62・10・8 民集41-7-1445 ·········· 438
名古屋高判 昭62・10・29 判時1268-47 ····· 239
最判 昭62・11・10 民集41-8-1559 ····· 186, 187
最判 昭63・3・1 判時1312-92 ············· 383
東京高判 昭63・3・11 判時1271-3 ·········· 161
東京地判 昭63・7・6 判時1309-109 ········ 278
最判 昭63・7・14 判時1297-29 ············· 102

平成元〜10年

東京地判 平元・6・30 判時1343-49 ········ 483
最判 平元・7・18 家裁月報41-10-128 ······· 183

最判 平元・9・14 判時1336-93 ········· 250, 254
最判 平元・10・13 民集43-9-985 ············ 464
最判 平元・12・21 民集43-12-2209 ···· 440, 442
東京高判 平2・2・13 判時1348-78 ········· 239
東京高判 平2・3・27 判時1345-78 ········· 258
最判 平2・4・19 判時1354-80 ············· 197
最判 平2・5・28 労経速1394-3 ············· 13
最判 平2・6・5 民集44-4-599 ············· 482
東京地判 平2・11・13 判夕761-219 ········· 449
最判 平2・11・26 民集44-8-1137 ··········· 145
東京高判 平3・2・26 訟務月報38-2-177
　······································· 449
東京高決 平3・5・31 判時1393-98 ········· 67
最判 平4・3・19 民集46-3-222 ············· 481
東京地判 平4・6・19 家裁月報45-4-119
　······································· 44
東京地判 平4・9・18 判時1458-66 ········· 249
最判 平4・10・20 民集46-7-1129 ··········· 442
最判 平4・12・10 民集46-9-2727 ·········· 231
最判 平5・1・19 民集47-1-1 ·············· 219
最判 平5・1・21 民集47-1-265 ········· 374, 381
大阪高決 平5・10・4 金融・商事判例942-9
　······································· 489
東京地判 平5・11・29 判時1498-98
　······································· 258, 284
最判 平6・2・22 民集48-2-441 ····· 422, 430
最判 平6・4・19 民集48-3-922 ············· 397
最判 平6・5・31 民集48-4-1029 ·········· 403
最判 平6・5・31 民集48-4-1065 ·········· 175
最判 平6・9・13 民集48-6-1263 ·········· 384
最判 平6・9・13 判時1513-99 ············· 446
東京地判 平7・1・26 判時1547-80 ········· 243
東京高判 平7・2・14 判時1526-102 ········ 488
大阪地判 平7・2・27 判時1542-104 ········ 214
神戸地判 平7・3・28 判時1550-78 ········· 218
大阪高判 平7・7・5 判時1563-118 ········· 489
最判 平7・9・5 判時1546-115 ············· 12
最判 平7・9・8 金融法務事情1441-29
　······································· 488, 489
東京地決 平7・10・16 判時1556-83 ········· 310
最判 平7・12・5 判時1563-81 ·············· 13
大阪高判 平8・1・23 判時1569-62 ········· 312
最判 平8・3・19 民集50-3-615 ············ 141
最判 平8・3・28 判時1564-17 ············· 464
最判 平8・7・12 民集50-7-1901 ············ 468

最判 平 8・11・12 民集50-10-2591 ………… 447
横浜地判 平 9・5・26 判タ958-189 ……… 257
最判 平 9・7・1 民集51-6-2452 …………… 28
最判 平10・2・13 民集52-1-65 …………… 455
最判 平10・3・10 判時1683-95 …………… 143
最判 平10・4・24 判時1661-66 …………… 428
最判 平10・6・11 民集52-4-1034 ………… 289
最判 平10・6・12 民集52-4-1087 ………… 441
最判 平10・6・22 民集52-4-1195 ………… 482
東京地判 平10・7・16 判タ1009-245 ……… 305
最判 平10・7・17 民集52-5-1296 ………… 382
大阪高判 平10・9・24 判時1662-105 ……… 287
最判 平10・11・24 民集52-8-1737 … 467, 472
最判 平10・12・18 民集52-9-1975 ………… 455

平成11〜20年
東京地判 平11・1・25 判時1701-85 … 73, 74
最判 平11・2・23 民集53-2-193 …… 121, 302
最判 平11・4・27 民集53-4-840 …………… 464
東京高判 平11・5・26 東高時報50-1=12-6
……………………………………………………… 29
最判 平11・7・16 労働判例767-14 ………… 12
最判 平11・10・21 民集53-7-1190 ………… 482
東京地判 平12・1・27 金融・商事判例1100-41
……………………………………………………… 433
最判 平12・1・31 判時1708-94 …………… 143
東京地判 平12・11・24 判時1738-80 ……… 185
鹿児島地判 平13・1・22 環境法判例百選
　2版-81 ………………………………………… 34

東京地判 平13・3・8 判時1739-21 ………… 13
最判 平13・7・10 判時1766-42 …………… 484
東京高判 平13・8・20 判時1757-38 ……… 13
東京地判 平14・3・8 判時1800-64 ……… 252
最判 平15・4・18 民集57-4-366 ………… 315
最判 平15・10・31 判時1846-7 …………… 454
最判 平15・12・11 民集57-11-2196
…………………………………………… 422, 424, 425
最判 平16・4・23 民集58-4-959 ………… 437
最判 平16・7・13 判時1871-76 …………… 444
最判 平16・12・24 判時1887-52 …………… 429
最判 平18・1・17 民集60-1-27 ……… 453, 455
最判 平18・2・23 民集60-2-546 ………… 240
最判 平18・3・17 民集60-3-773 ………… 13
最判 平18・7・20 民集60-6-2499 ………… 188
最判 平18・9・4 民集60-7-2563 ………… 39
最判 平19・4・24 民集61-3-1073 ………… 434
最判 平19・6・7 判時1979-61 …………… 434

平成20年〜
最判 平21・4・17 民集63-4-535 ………… 134
最判 平23・4・22 民集65-3-1405
……………………………………………… 24, 27, 275
最判 平25・6・6 民集67-5-1208 ………… 462
最判 平26・2・27 民集68-2-192 ………… 174
大阪高判 平26・7・8 判時2232-34 ………… 12
東京地判 平27・7・15 金融法務事情2045-90
……………………………………………………… 75
最(大)判 平27・12・16 民集69-8-2427 ……… 13

四宮　和夫（しのみや　かずお）〔1914年〜1988年〕
　　1938年　東京帝国大学法学部卒業、同助手・助教授、神奈川大学・立教大
　　　　　　学教授を経て、東京大学法学部教授。
　　1975年　東京大学退官、その後新潟大学・成城大学教授を歴任。
　　主　著　信託法〔法律学全集〕(1958)、信託の研究 (1965)、請求権競合
　　　　　　論 (1978)、事務管理・不当利得・不法行為上中下巻 (1981〜85)、
　　　　　　四宮和夫民法論集ほか (1990)。

能見　善久（のうみ　よしひさ）
　　1948年　東京生まれ
　　1972年　東京大学法学部卒業
　　現　在　東京大学名誉教授
　　〔主要業績〕
　　『現代信託法』(2004)
　　「共同不法行為責任の基礎的考察(1)〜(8・完)」法協94巻 2 号以下
　　「違約罰・損害賠償額の予定とその規制(1)〜(5・完)」法協102巻 2 号以下
　　「金銭債務の不履行について」来栖三郎先生古稀記念論集
　　「寄与度減責」四宮和夫先生古稀記念論集
　　「法律学・法解釈の基礎研究」星野英一先生古稀祝賀記念論集上巻

　　本書の内容に関する御質問・意見は、jacknomi@hotmail.co.jp
　　その他本書および著者に関する情報は、http://www7a.biglobe.ne.jp/~ynomi/

民法総則〔第 9 版〕　　　　　　　　法律学講座双書

1972(昭和47)年 4 月20日　　初版 1 刷発行
1976(昭和51)年12月20日　　新版 1 刷発行
1982(昭和57)年 2 月25日　　第 3 版 1 刷発行
1986(昭和61)年 9 月25日　　第 4 版 1 刷発行
1999(平成11)年 4 月30日　　第 5 版 1 刷発行
2002(平成14)年 4 月30日　　第 6 版 1 刷発行
2005(平成17)年 5 月15日　　第 7 版 1 刷発行
2010(平成22)年 5 月15日　　第 8 版 1 刷発行
2018(平成30)年 3 月30日　　第 9 版 1 刷発行
2023(令和 5)年10月30日　　同　 4 刷発行

著　者　四宮和夫・能見善久

発行者　鯉渕　友南

発行所　株式会社　弘文堂　　101-0062 東京都千代田区神田駿河台 1 の 7
　　　　　　　　　　　　　TEL 03(3294)4801　　振替 00120-6-53909
　　　　　　　　　　　　　　　　　　　　　　　https://www.koubundou.co.jp

装　幀　遠山　八郎

印　刷　港北メディアサービス

製　本　井上製本所

Ⓒ 2018 Kazuo Shinomiya, Yoshihisa Nomi. Printed in Japan

JCOPY　〈(社)出版者著作権管理機構 委託出版物〉
本書の無断複写は著作権法上での例外を除き禁じられています。複写される場合は、
そのつど事前に、(社)出版者著作権管理機構(電話 03-5244-5088、FAX 03-5244-5089、
e-mail:info @ jcopy.or.jp) の許諾を得てください。
また本書を代行業者等の第三者に依頼してスキャンやデジタル化することは、たとえ
個人や家庭内での利用であっても一切認められておりません。

ISBN978-4-335-31542-8

法律学講座双書

法 学 入 門	三ケ月　章
法 哲 学 概 論	碧 海 純 一
憲 法	鵜 飼 信 成
憲 法	伊 藤 正 己
行 政 法(上・中・下)	田 中 二 郎
行 政 法(上・＊下)	小 早 川 光 郎
租 税 法	金 子 宏
民 法 総 則	四宮和夫・能見善久
債 権 総 論	平 井 宜 雄
債 権 各 論 Ⅰ(上)	平 井 宜 雄
債 権 各 論 Ⅱ	平 井 宜 雄
親 族 法 ・ 相 続 法	有 泉 亨
商 法 総 則	石 井 照 久
商 法 総 則	鴻 常 夫
会 社 法	鈴 木 竹 雄
会 社 法	神 田 秀 樹
手形法・小切手法	石 井 照 久
＊手形法・小切手法	岩 原 紳 作
商行為法・保険法・海商法	鈴 木 竹 雄
商 取 引 法	江 頭 憲治郎
民 事 訴 訟 法	兼子一・竹下守夫
民 事 訴 訟 法	三ケ月　章
民 事 執 行 法	三ケ月　章
刑 法	藤 木 英 雄
刑 法 総 論	西田典之/橋爪隆補訂
刑 法 各 論	西田典之/橋爪隆補訂
刑事訴訟法(上・下)	松 尾 浩 也
労 働 法	菅 野 和 夫
＊社 会 保 障 法	岩 村 正 彦
国際法概論(上・下)	高 野 雄 一
国 際 私 法	江 川 英 文
特 許 法	中 山 信 弘

＊印未刊